元明兴替

一百八十年的战争与秩序重构

刘威 ◎著

民主与建设出版社
·北京·

图书在版编目（CIP）数据

元明兴替：一百八十年的战争与秩序重构 / 刘威著 .
北京：民主与建设出版社，2025. 7. -- ISBN 978-7
-5139-4972-9

Ⅰ. K247.09；K248.09

中国国家版本馆 CIP 数据核字第 2025YX2170 号

元明兴替：一百八十年的战争与秩序重构

YUAN-MING XINGTI : YIBAI BASHI NIAN DE ZHANZHENG YU ZHIXU CHONGGOU

著　者	刘　威
责任编辑	宁莲佳
视觉设计	杨静思
出版发行	民主与建设出版社有限责任公司
电　话	（010）59417749　59419778
社　址	北京市朝阳区宏泰东街远洋万和南区伍号公馆 4 层
邮　编	100102
印　刷	重庆市国丰印务有限责任公司
版　次	2025 年 7 月第 1 版
印　次	2025 年 7 月第 1 次印刷
开　本	710 毫米 ×1000 毫米　1/16
印　张	37
字　数	480 千字
书　号	ISBN 978-7-5139-4972-9
定　价	169.80 元

注：如有印、装质量问题，请与出版社联系。

引言

从唐朝灭亡算起，中国经历了三百多年的动乱，北宋虽然短暂统一过中原及江南，但燕云十六州、河西与西域、四川行省西部和云南都未能重归一统，南宋更是被金国驱逐至长江以南，卑躬屈膝地称臣八十多年。不过，中国历史的周期性显示，大分裂之后必然会大一统，但恐怕没人预料到，完成这一使命的竟是崛起自草原的元朝。

元朝由蒙古孛儿只斤家族建立，在人口、制度、科技方面均不占优势的蒙古人却创造了很多军事奇迹，尤以吞并金朝和灭亡南宋最值得研究。成吉思汗仅率领不到十万铁骑便击垮了金朝数十万大军，踏平中原大半地区。“凡破金九十余郡，两河、山东数千里，人民杀戮几尽，金帛、子女、羊畜牛马席卷而去，屋庐焚毁，城郭丘墟。”①

这段记载不仅证明了蒙金战争的残酷，还引出另外一个问题：蒙古军队为什么能席卷黄河以北？仅是因为蒙古骑兵更善战吗？

若从史料统计的人口数据来看，13世纪初期的金朝人口已经超过了五千万，同时期的南宋也有两千多万人，由此推测金国足以动员五十万到六十万的军队，而野狐岭、会河川之战的史料也明确记载金军多达三十万人，如此庞大的军队为何会在极短的时间里被打垮？缺乏攻坚能力的蒙古军队为何能如洪水般席卷中原？

到成吉思汗西征花剌子模，太师、国王木华黎独自负责蒙金战争时，能用于攻伐金朝的军队不过两万三千人，这比成吉思汗第一次征金

① 引自《续资治通鉴 · 卷第一百六十》。

时还要少，但资源有限的木华黎却一再击败金军，几乎平定了河北、山西、山东大部分地区，甚至在当地建立了有效的统治，这又是怎么回事呢？

事实上，一统九州的蒙古军队并非一支纯粹的蒙古人军队。

成吉思汗、木华黎等蒙古统治者基于蒙古军队数量上的不足，从蒙金战争爆发初期便采用招降纳叛的策略，不断吸收各族武装为自己效力，从而壮大自身军力。这些武装有的是旧辽国的契丹遗民，有的是聚众结寨的地主武装，还有的是战败归附的金朝军队，其数量远远多于蒙古铁骑本身。

在漫长的统一战争中，附蒙武装充当向导，建言献策，南征北战，支撑蒙古逐步建立起对华夏地区的统治。而蒙古统治者也极力扶持附蒙武装的首领，允许他们兼掌兵民、自专生杀、父死子继，由此形成了一个由汉人及契丹等少数民族构成的特殊群体——“汉人世侯”。

汉人世侯领导的军队虽称汉军，却是一支多民族军队，他们在几代蒙古大汗的指挥下，不断蚕食金、宋的土地。这些人尤其擅长攻城拔寨、治理地方，通过不断劝谏，改变了蒙古军队早期只知杀戮的作战方式，代之以吸收人口、兼并土地的方式击垮了金朝，直至灭亡了南宋。可以说，元朝之所以能快速统一中国，是蒙、汉军事集团联合实现的，没有汉人世侯的军队和汉人文臣的协助，元朝很难达成统一。

在这一过程中，形成了几个较大的世侯武装集团，如真定史天泽、顺天张柔、西京刘黑马、东平严实、益都李璮（tǎn）等，其辖地跨州连郡，麾下带甲数万，幕中门客成群，又有自专生杀的特权，如同唐末藩镇，是蒙古政权统治华夏的主要力量，甚至反过来影响了蒙古汗位的归属。

蒙古中统元年（南宋景定元年，公元1260年）年初，忽必烈、阿里不哥兄弟争位。统率漠南汉地的忽必烈得到了汉人世侯的一致支持，从而率领蒙汉联军击败了占据蒙古草原的阿里不哥，同时忽必烈又在其潜邸汉臣刘秉忠、姚枢等人的规划下，改年号“中统”，并于至元八年（南宋咸淳七年，公元1271年）立国号“大元”，定都大都（燕京，今北京），以开平为上都，设立侍卫亲军，完成了从游牧政权到封建王朝的升级，最后实现了统一天下的大业。因此，元朝早期的历史就是一部“蒙汉联合”的战争史。

然而，天下之事分合无常，“飞鸟”已尽，“良弓”何留？

早在蒙古中统三年（南宋景定三年，公元1262年），蒙汉联合的局面就已开始崩塌。忽必烈忌惮汉人世侯的权势过重，以世侯李璮谋反为契机，着手“罢世侯，置牧守”[①]的改革。手握重兵、父死子继、自专生杀的汉人世侯成为历史，代之以蒙古人充各路达鲁花赤[②]、汉人充总管、回回人充同知的制度，忽必烈利用蒙古人、色目人牵制汉人的意图很明显。

随之出现的蝴蝶效应是汉人文臣在朝廷中地位的下降，曾经帮助忽必烈称帝的潜邸汉臣相继淡出，取而代之的是以阿合马为代表的色目官僚，与民休息的政策不被重视，宽纵的统治导致权贵阶层鱼肉百姓，而掠夺、压榨式的敛财制度大行其道，再加上频繁的内战，以及权臣欺君弄权，元朝的经济状况日益恶化，百姓生活困苦，社会矛盾日渐加深。

到元朝末年，黄河决堤所引发的水患造成了长达七年的灾害，流民千里，死者枕藉，底层百姓越发不能忍受元朝的统治，揭竿而起是必然

---

① 《元史·姚枢传》：四年，（姚枢）拜中书左丞，奏罢世侯，置牧守。

② 元朝在行省以下的每个行政区都设有达鲁花赤一职，多由蒙古人担任，达鲁花赤有节制当地兵马的权力，同时也是地方最高行政长官。

的结果。

元至正十一年（公元1351年），以韩山童、刘福通为代表的颍州红巾军，以及徐寿辉、彭莹玉领导的天完红巾军振臂一呼，天下百姓云起响应，不过数年时间，数十万元军被歼灭，元朝在河南、江西、山东等地的统治濒临崩溃，元末义军由此开始了群雄逐鹿的战争。

虽然在这一阶段元朝又出现答失八都鲁、察罕帖木儿、扩廓帖木儿（即王保保）、李思齐、张良弼等新世侯，但他们无法扭转历史的大势，千疮百孔的社会非经大破大立不可，故而他们只能把舞台拱手让给元末群雄。

在元末群雄中，刘福通的韩宋政权、徐寿辉的天完政权、陈友谅的陈汉政权、明玉珍的明夏政权，以及张士诚的张吴政权，都曾雄霸一方，带甲数十万，但为什么完成统一大业的却是寂寂无闻的朱元璋呢？

在朱元璋的《谕中原檄》[①]中，我们似乎能找到答案。在战乱频仍、民不聊生的元末，朱元璋所领导的大明是唯一一个提出“驱逐胡虏，恢复中华，立纲陈纪，救济斯民……拯生民于涂炭，复汉官之威仪”的政权。

比起韩宋政权“重开大宋之天”的口号，朱元璋的檄文站在重振华夏的高度上，不单要推翻元朝，还要立纲陈纪、恢复华夏文化和制度。同时，檄文的最后特别指出：“如蒙古、色目，虽非华夏族类，然同生天地之间，有能知礼义，愿为臣民者，与中夏之人抚养无异。”这表明朱元璋要建立的王朝是以文化礼仪为纽带，不再以血统区分人群，不存在元朝的“四等人”，其民族大同思想是中华民族得以凝聚在一起的前提。

---

① 程敏政所编《皇明文衡》中将朱元璋的北伐檄文冠名为《谕中原檄》，称此文作者是明初大儒宋濂。

朱元璋所领导的义军，规模从小到大，实力从弱到强，一路披荆斩棘，始终坚持拯救生民于水火，行仁义于征伐之间，所以朱元璋领导的军队是元末军纪最好，且唯一能做到几乎不扰民的义军，故而天下百姓争相效命，伐元战争摧枯拉朽，大明王朝一统四海也就不足为奇了。

纵观13—14世纪的中国，从联合到对立，从统一到覆灭，这一百八十年既是元、明关于统治权的争夺，也是无数王侯将相争相登场的舞台，计与谋的较量无处不在，智与勇的博弈贯穿始终，元明兴替这一历史时期独有的魅力值得我们细细品味。

目录 CONTENTS

第四章 初较量，两汗伐宋 /102

第五章 开幕府，兄弟争位 /128

第六章 新秩序，南北混一 /148

第七章 祸患藏，新朝隐忧 /183

第八章 元乱始，义军蜂起 /216

第九章 新势力，兵起濠梁 /265

第十三章 戡乱难，军阀混战 /413

第十四章 复天下，驱逐胡虏 /439

第十五章 攻秦晋，北疆之战 /465

第十六章 征沙漠，明军出塞 /491

第十七章 收巴蜀，明夏战争 /513

第十八章 战南北，覆灭元廷 /533

第十九章 胜何为，元明兴替 /554

序章
崖山梦起时

元至元十五年（南宋景炎三年，公元1278年），一支规模上千艘的船队漂泊在波涛汹涌的海面上，彼时的海上暮色四合，很难看清周遭的环境，骤雨如冰刀一样从漆黑的天空坠落，打得人们不敢抬头，呼啸的海浪犹如巨人的双手把玩着船队，一会儿将他们高高举起，一会儿又重重抛下，不少人在船只的颠簸中不幸落海，剩下的人不得不双手抱着任何能找到的东西，只为了增加一点重量，可这依然不能保证他们不被拖入大海。

船队的最前面，一艘体型庞大的宋朝舰船在海浪中穿行，这艘舰船是当时中国造船业的顶尖之作，虽然没有雕梁画栋，但船体也能略见奢华。这便是宋朝末代皇帝赵昺（bǐng）的座舰。

旗舰上，三军统帅张世杰身披铠甲站在最高处，安抚着惊恐的众人，丞相陆秀夫侧立在少帝身旁，他的目光穿过窗间缝隙，能清晰地看到外面的惨象，心中不免忧虑起来。

这样的景象不知道出现过多少次，张世杰等人带着南宋流亡朝廷从婺州到温州，从温州到福州，又从福州到硇（náo）洲，足足在海上漂泊了两年时间，虽遭元军屡次追剿，依然残存着一口气，没人能想到南宋王朝在大厦倾覆时竟是这般倔强与不屈。

如今，南宋最后的火种在海上逃亡中已经损失过半，仅剩的二十万人早已疲惫不堪，该去往何处成了大多数人心中的疑问。

有人说该航向占城，那里可以重建朝廷；也有人说要躲进琼州，那里可以暂避锋芒。丞相陈宜中自请先往占城安排相关事宜，却一去不返，留在了当地，一国丞相尚且如此，宋朝社稷的前景可想而知。这种行将分崩离析的局面早已被元世祖忽必烈洞悉，他派汉将张弘范率两万精锐南下就是要彻底消灭南宋的流亡政权，而张世杰也找到了最终决战之地——崖山（又作“厓山”）。

崖山位于今天广东新会南五十公里处，是一座被海水环绕的岛屿，西侧与汤瓶山对望，两者间夹着一条浅浅的航道，每天都会有两次涨潮与退潮，水位最低的时候船只并不容易通行，而它东侧的航道更加狭窄，行至北侧时如未遇到潮水，也会被堵住。张世杰之所以选择崖山，一是因为宋军能选择的栖息地已经不多了，二是由于崖山地形相对险要，如同一扇时开时关的大门，宋军可以据险自保。

一抵达崖山，张世杰就立即伐林造屋，在崖山西南建造了三十间行宫、三千座军营，大小战船均用绳索连接起来，部署在大本营西侧的海上，如同一座巨大的水上堡垒，士兵、百姓大多住在船上，少帝赵昺、摄政太妃杨氏和朝廷官员则留在岛上，在一座名为“慈元殿”的临时宫殿里领导着南宋最后的抵抗运动。

元至元十六年（南宋少帝祥兴二年，公元1279年）正月，元军统帅张弘范率领两万水陆大军抵达崖山，他本打算从东侧航道直抵崖山北岸，但过浅的航道让元军船队无法通行，于是他转而向南，惊喜地发现宋军放弃了崖山西南侧的入海口，元军第一时间占领了这里，封锁了宋军从崖山南逃的出口。同时，元军偏师李恒的水师也从崖山北侧出现，他们顺着崖山西侧的航道封锁了宋军船队的北面，两支元军一南一北形成包夹之势。

宋军的部署让人难以理解。从数量上看，他们有军民二十万、船舰上千艘，几乎是元军的十倍有余，完全可以占据崖山南侧出海口，把元军挡在海上。有人建议张世杰移重兵于海口处，进可主动出海杀敌，败可逃入大海，算是上上之策。但是，即使南宋军民同仇敌忾、万众一心，依然不能让张世杰安心，他认为宋军久在海上，一旦分兵防守，就会导致军心离散，何况长年漂泊，众人早已厌倦，都渴望早日结束这种流离状态。不如置之死地而后生，趁三军士气可用时与元军在崖山背水一战，但也就此赌上了整个宋朝社稷。[①]

在张世杰的命令下，南宋军民全部弃岛登船，并纵火焚毁了岛上用于交易物资的行朝草市，把仅有的物资都集中在船上，集结大船千余艘，形成一字阵。船队按方阵集结排列，靠绳索相连，四周修建的楼橹如同城池的楼塔，少帝赵昺的座舰被部署在最中间，四面均有大船保护。看着熊熊燃烧的火焰，所有人都有一种决战来临前的紧迫感。

元军见宋军转移至海上，立即派兵走小路突袭，很顺利地接管了原来属于宋军的阵地，张世杰没有想到他的破釜沉舟让宋军背后出现了一个巨大的缺口，元军得以在那里部署军队，从而轻易切断了宋军上岸补给淡水的路线，但是宋军的船阵依然坚固，元军的突袭对其毫无影响。

问题很快出现，丢失补给线的宋军无法绕过元军找到淡水，士兵们不得不干咽携带的干粮，十多天后众人无不口渴难忍，一些人忍不住用海水解渴，却越喝越渴，不少人因此呕吐、腹泻不止，还未开战战斗力便已大打折扣。这便是元军统帅张弘范所等待的时机。

鼓角争鸣，骇浪震天。元军战舰采用多面打击，从东南北三面朝宋军船阵逼近，其中张弘范所部为主力舰队，配备有一定数量的炮石。远程炮轰尤其适合海战，飞射而出的石弹从升起的巨浪中横穿而过，裹挟着漫天水雾，气势骇人。然而张弘范拒绝了部下炮轰宋军船阵的建议，他认为远距离炮轰会引发大火，宋军很可能为了阻止火势蔓延而散开逃

---

①《宋史·张世杰传》：世杰恐久在海上有离心，动则必散，乃曰："频年航海，何时已乎，今须与决胜负。"

走，因此张弘范决定近战搏杀，从正面包围宋军舰船，以避免他们从某个空隙处突围而去。[1]从张弘范的部署不难发现，元军此战的目的不仅仅是击败宋军，而是要围歼他们，终结南宋流亡政权。

既然要近战，传统的水战战术肯定是第一选择，元军统帅张弘范发现宋军战舰用绳索连接，机动性几乎为零，因此他在决战之前让元军小船装满引火物，试图用“火攻”破敌，熊熊燃烧的元军火船齐刷刷地朝宋军奔驰而去。

对于眼前的一幕，宋军统帅张世杰并不意外，他早已想到了应对元军火攻的计策，他让人在每条船的船身上都涂满厚厚的淤泥，还插上了一些长木杆。这种设计看上去非常简陋，实际上却是应对火攻的最佳方案。当元军火船逼近宋军船阵时，宋军士兵会先用投石、重型弓弩击沉一部分火船，剩下的火船虽然能冲到船阵外围，却会被长木杆远远顶住，根本无法继续靠近，后面的船还会因堵塞而自相碰撞，即便有少数火船侥幸突破木杆，它们也无法引燃厚厚的淤泥。火攻之策毫无用处。

火攻不行，张弘范还想到了劝降。不战而屈人之兵自古便是上上之策，恰好张弘范营中有一个姓韩的降将是张世杰的外甥，张弘范于是三次派此人用高官厚禄劝降张世杰，可是张世杰不为所动，义正词严地说道：“吾知降，生且富贵，但为主死不移耳。”[2]无奈，张弘范又遣人对着宋军士兵劝降道：“汝陈丞相已去，文丞相已执，汝复欲何为？”[3]然而，让元军没想到的是，南宋军民无一人投降。看来劝降也是不切实际的策略。

---

① 《元史 · 张弘范传》：将战，或请先用炮。弘范曰：“火起则舟散，不如战也。”

② 引自《宋史 · 张世杰传》。

③ 引自《续资治通鉴·卷一百八十四》。当时宋丞相陈宜中逃去了占城，文天祥又在五坡岭被张弘范俘虏。

既然炮轰、火攻、劝降都无济于事，元军只能使用最常用的战法：强攻。关于强攻的具体方案，张弘范很敏锐地发现了崖山海面潮涨潮落的基本规律，涨潮时海水由南向北而来，退潮时海水由北向南而去，故而元军可以在退潮时让李恒的北线船队发动攻势，涨潮时又可以让南线船队发起进攻，元军的强攻便集中在大水涨潮退潮之时。

此时的元军船队全面包围了宋军，李恒舰队作为偏师部署在北线，其余船只都在南线，张弘范自己带着最精锐的船舰停靠在距战场一里外的地方，主攻方向是宋军船阵的西南侧，那里将成为最惨烈的战场。

大战很快开始，南线主力全部按兵不动，李恒的船队作为先锋首先借助早潮在北线发起攻势，他们乘着海浪顺流挺进，正面冲撞宋军船阵，飞驰的战船要么在宋军箭弩的射击下被重创，要么笔直地咬上宋军战船。激烈的交锋在两军将士所在的舰船上不断上演，兵器碰撞声、爆炸声、哀号声、求救声不绝于耳。

那个“靖康耻，犹未雪”的大宋终于在社稷存亡的危急时刻迸发了最后一丝血性，从将官到士卒，从官员到平民，男人、女人、老人、少年都手持武器拼死搏杀着，他们已经失去了家园，失去了亲人，身后早已没有了退路，眼前的船舰，头顶的天空，脚下的海洋，无不是他们最后的阵地。仇恨、愤怒的情绪交织在所有南宋军民心中，每一刀，每一枪，每一剑，都汇集了南宋军民的怒火，让眼前的元兵死伤惨重。随着早潮结束，北线元军的攻势在宋军的殊死抵抗下直到正午也没取得任何进展。

不过，北线的胜利并不是战斗的结束，因为南线元军的进攻方向是自南向北，涨潮刚好可以让他们顺流而上，而涨潮的时刻马上就要到了。张弘范为了麻痹宋军，故意让士兵们奏乐，让宋军以为元军准备休息用餐而懈怠。就在宋军准备喘口气时，潮水突然由南向北涌来，张弘范突然下令全线进攻，战斗随即在宋军船队南北两侧同时展开。

同样的冲撞，同样的厮杀，同样的鲜血飞溅，同样的烈焰燃烧，宋军将士还是那样坚不可摧，还是那样英勇无畏，纵然眼前的元军无比勇猛，眼前的场景恐怖骇人，宋军上下依然拼命搏杀，宁可战死，决不后退。

张弘范不断催促战船进攻，一次又一次，一遍又一遍，相同的战场厮杀反复在崖山前上演，战斗就这样一直从早晨持续到了黄昏。宋军疲了，元军累了，两军将士都用最后的力气勉强支撑着，就看谁能坚持到最后一刻。

终于，元军统帅张弘范使出撒手锏，亲率主力船队朝宋军船阵西南角逼近。这支由张弘范直接指挥的船队做了特殊改装，船尾修筑有战楼，里面藏满了士兵，全部手持利刃、弓矢和盾牌。为了隐藏他们，张弘范在船身上覆盖了厚厚的布幔，当宋军射击时，张弘范严令士兵们不得妄动，直到宋军箭矢几乎耗尽，布幔上插满箭矢，张弘范才下令鸣金撤幛，让士兵们猛攻宋军。

刺耳的钲声在这个战场上显得格格不入，宋军丝毫不知这铜钲之声代表着决战，也不知道这是每一个宋军将士的催命曲。元军战舰再次向宋军船阵杀奔而来，密密麻麻的船舰，遮天蔽日的箭雨，轰鸣的炮声，让人难辨方向。

随着倒下的宋军战士越来越多，沦陷的战船也越来越多，烈火开始蔓延，不断有元军士兵跳上宋军战船，砍倒了高高耸立的桅杆，曾经坚固无比的船阵开始动摇。元军战船像极了一群捕杀落水猎物的食人鱼，他们在水中肆意啃咬，成群结队且源源不断，纵然宋军战船有上千艘之多，也抵不住元军的疯狂蚕食，宋军最终溃败，犹如多米诺骨牌一样很快波及整个战场。

日暮降临，战场上血浪腥风。坚持作战的张世杰看着接连倒下的船帆和桅杆，也知道大势已去，他以宋朝社稷为注的赌博一败涂地了。可他不愿意接受战败的事实，当即召集身边的战船，准备从包围中突出重围。然而少帝赵昺的旗舰远在船阵中央，四周堵满了大小船只，突围显然是不可能的，张世杰只能派小船接近旗舰，试图把少帝接到自己船上。

战场上箭矢飞舞，船舰相互冲撞，就连少帝旗舰上的人们也不停地奔跑着，像无头苍蝇一样寻找着生路。当张世杰的士兵划到旗舰处时，陆秀夫无法判断这些人究竟是自己人还是元兵伪装的，他犹豫了，不敢让人带着少帝突围，害怕士兵们挟少帝投降，白白辱没了大宋皇室。为了避免少帝落入元兵手中，陆秀夫果断拒绝了张世杰的士兵，决心和少帝一起坚守旗舰直至最后一刻。

宋朝最后的丞相陆秀夫抱着少帝赵昺立于船头，他只能原地等待，直到元兵的箭矢已经能触及旗舰各处，周遭的船只相继消失于火海，他才无可奈何地告诉少帝赵昺："国事至此，陛下当为国死。德祐皇帝辱已甚，陛下不可再辱！"[①]

说罢，陆秀夫驱赶自己的妻儿跳海殉国，然后便将玉玺绑在少帝赵昺的身上，背着少帝从船头纵身一跃，消失在茫茫汪洋之中。十余万宋朝军民不愿意投降受辱，也相继跳海殉国，他们的眼中虽有畏惧，却不乏与国家共存亡的决绝和勇气。

这是一场悲壮的战斗，也是一场玉石俱焚的战斗，历经数百年的大宋王朝在国破家亡之际依然捍卫着自己的尊严，不屈不挠的精神在崖山

---

① 引自《续资治通鉴 · 卷一百八十四》。

下得到了诠释。硝烟散尽，朝阳升起，大战后的海面一片血红，七天后，十余万浮尸从崖山延伸到海天尽头，千百年来的海战何曾有过如此惨象？

突出重围的张世杰已是强弩之末，他本欲保护杨太妃再寻一个南宋皇室立为皇帝，但杨太妃听闻儿子赵昺已然投水而死，也心灰意冷，遂投海自尽。张世杰几经辗转，却在海上遇到了飓风，将士们都劝他登岸求生，但他自知大势已去，光复大宋再无可能，焚香哀叹道："我为赵氏，亦已至矣，一君亡，复立一君，今又亡。我未死者，庶几敌兵退，别立赵氏以存祀耳。今若此，岂天意耶！"[①]于是投水而死。南宋流亡政权至此彻底覆灭。

宋朝灭亡了，元朝对九州的统治正式开始，全新的社会秩序已然确立，新的王朝能否开创一个后世称颂的盛世呢？历史总是有它自己的安排，崖山之战虽然惨烈，却不是这个时代的终局，统治权的争夺仍未画上句号。

---

① 引自《续资治通鉴·卷一百八十四》。

第一章

战乱起，铁骑南下

汉人世侯的出现

12世纪，衣冠南渡，故国沦陷，狼烟四起，这段岁月是北宋皇室为奴为婢、仰人鼻息的耻辱，也是国破家亡时文人儒士捶胸顿足的叹息，更是北方政权入主华夏的肇始。自后晋皇帝石敬瑭将燕云十六州割让给辽国后，汉唐政权统治上千年的幽燕之地成了北方政权南下的桥头堡，两宋时期虽有北征却始终无法将其夺回，终致女真铁骑南下，汴京（即汴梁，今开封）陷落，辽阔的中原、关陕都成了金国的天下。

大宋王朝会失去半壁江山，幽燕防线的丢失无疑是重要原因，当时的宋人并非都是毫无战略意识的庸才，焉能不知燕云十六州的重要性。可是让宋廷上下想不到的是，从辽到金，燕云地区的中原文化深刻影响了统治他们的少数民族，契丹和女真都在中原文化的作用下，逐步把自己的政权改造成一个兼容中原文化、制度的政权。由此造成的直接后果是，到13世纪时，燕云十六州乃至中原的百姓逐渐脱离了对旧王朝的感情依赖，并在辽、金政权中扮演着重要角色，而辽、金政权的统治者们为了能有效管理新占领的土地，也积极接纳那些有文化、有见识的汉人儒臣和地方豪绅，开始与汉人通婚，改汉名，①彼此的区别不再明显，从而形成了一个新的合作关系，朝廷授予汉臣治理国家的权力，汉臣保障朝廷对多民族国家的有效统治，这使得北方的汉人与南宋的汉人无法再混为一谈，“北人与南人”的说法开始出现。

回顾标志着南宋彻底覆灭的崖山海战，我们不难发现，这场战争虽

---

①《金史·兵制》：及其得志中国，自顾其宗族国人尚少，乃割土地、崇位号以假汉人，使为之效力而守之。猛安谋克杂厕汉地，听与契丹、汉人昏因（婚姻）以相固结。

然名义上是元朝与南宋的战斗，但真正起决定性作用的是一帮元朝汉臣。他们以汉人将领为代表，手握重兵，官居要职，比如统帅张弘范在战前便被忽必烈授予蒙古、汉军都元帅之职，外赐一把可以生杀予夺的宝剑，允许他独自指挥两万元军，且不受蒙古将领制约。[①]这支军团见于记载的三个指挥官，包括统帅张弘范、先锋张弘正、副将李恒都是汉将，这似乎表明，汉人军团在元军中的重要作用。

作为这支汉人占多数的元军的统帅，张弘范的出身是毋庸置疑的，他的家族来自河北易州，是当地小有实力的地方豪强。事实上，张弘范所在的北方汉人群体比南方的宋人更早开始新一轮的民族融合，[②]从燕云十六州并入辽国起算，到金朝末年已经过去了两百多年时间，民族融合早就经历了好几代人。

在张弘范父亲张柔那一代，河北地区还是金国的土地。史料记载，易州张柔兼具慷慨、勇武、豪侠三个特质，[③]这似乎在暗示易州张氏既有钱财又有名望，在别人为生计发愁时，张柔有能力慷慨施舍他人，更有机会练习武艺，行侠仗义。蒙古与金国开战后，地方卫戍部队根本无法保护辽阔的中原，像张柔这样的豪强便走上前台。起初张柔对蒙古人深恶痛绝，散尽家财组建了一支义兵队伍，领导十里八乡的百姓保护自己的土地。

根据《金史·苗道润传》记载，金宣宗将都城迁往汴京后，黄河以北的局势日益混乱，百姓或结成盗匪为祸一方，或组成义兵保护自

---

①《元史·张弘范传》：十五年，宋张世杰立广王昺于海上，闽、广响应，俾弘范往平之，授蒙古、汉军都元帅……帝出武库剑甲，听其自择，且谕之曰："剑，汝之副也，不用令者，以此处之。"

② 两晋南北朝时期，中国经历了第一次大规模民族融合，南北分裂以隋朝统一而结束。

③《元史·张柔传》：柔少慷慨，尚气节，善骑射，以豪侠称。

已，[1]逐渐出现了一些势力较大的武装领袖，张柔就是其中之一，隶属于当时被金朝封为骠骑上将军、中都经略使的义兵首领苗道润麾下。

苗道润所部作为一支民兵武装，在河北一带战绩辉煌，先后收复五十多座城池，张柔深受苗道润信任，最初被授予定兴令的官职，不久又被提拔为清州防御使，后来更是被苗道润表奏为昭毅大将军，遥领永定军节度使，兼雄州管内观察使、权元帅左都监，行元帅府事。

然而，蒙古频繁劫掠，金廷无力收复失地，河北地区像苗道润这样的义兵武装还有很多，他们名义上受到金朝节制，实际上自主性很大，彼此间非常不团结，甚至常常发生火并，苗道润就因此被另一支义军首领贾瑀所杀。

内部斗争激烈的河北义兵犹如一盘散沙，不可能抵御来自蒙古军队的攻击，张柔失去靠山后在狼牙岭（或作郎山、五回）之战中被俘，索性归顺蒙古，借蒙古军队之手为恩主报仇，成功斩杀贾瑀。意外的是，转投蒙古大汗后，张氏一门的命运迎来了重大转折。

像张柔一样因战败而归降蒙古汗国的地方豪强有很多，其中不仅有汉人，还有包括契丹人在内的北方各族，这些人不少是地方上的豪绅，有自己的庄园田产，有自己的佃农、家丁，他们比当时的地方衙门更有号召力，百姓更容易接受他们的领导，这些人曾是金廷统治中原的重要帮手，对于如何联合他们一起抵御蒙古的入侵，金廷并没有交出一份合格的答卷，这直接导致地方豪强武装和金国军队都被蒙古铁骑击败。

对金朝政府的失望与憎恶，以及想要生存下去的强烈愿望，部分人有了脱离金朝统治的想法，他们和易州张氏一样不得不做出抉择，到底

① 《金史·苗道润传》：宣宗迁汴，河北土人往往团结为兵，或为群盗。

是加入曾经的敌人，变成他们征战四方的急先锋，还是螳臂当车，做大势之下的逆行者？

不同的人会有截然不同的选择，或许是为了生存，或许是为了复仇，又或许是为了功名前途，易州张氏最终选择与强大的蒙古政权合作，张弘范就是在这样复杂的环境下成长的。而这些选择加入蒙古阵营的武装首领，有一个独特的称谓——汉人世侯。

汉人世侯，从字面意思上看，他们首先得是汉人，其次还得有世袭罔替的权力。需要说明的是，这一时期的汉人并不单指传统意义上的汉族，正如前文所述，随着女真、契丹等族逐渐吸收中原文化，他们与汉人间的区别已经不再明显，所以在蒙古人看来，这些女真人、契丹人同样也是汉人，故而金朝统治下的各族人民被蒙古人统称“汉人”或“北人”，而相对独立、封闭的南宋人则被冠上了“南人”的称谓。至于世袭罔替，汉人武装的军队、地盘、官职在蒙古统治者的授权下皆可父死子继、兄终弟及，故称世侯。

蒙古人所要扶持的世侯武装通常有三个来源：一是在战争期间直接投降的金朝官军；二是自发组织武装保卫乡里的地主豪强；三是反金起义的武装力量。蒙古人对三者的招揽是非常大方的，即便对方多次与自己交战，蒙古人也能既往不咎，甚至授予其原来的官职，允许他们率领原来的军队，并可以世袭职务和土地。这一政策对吸收北人将领非常有效，比如易州张柔、永清史秉直、威宁刘伯林都是这一时期加入蒙古阵营的汉人世侯，而石抹明安、耶律留哥、石抹也先等契丹将领也在这前后加入。

蒙古对世侯们既有政治上的期望，又有军事上的需求，他们不仅要帮助蒙古汗国在中原地区建立政权，维持基本秩序，还要率军随征，配合蒙古本部军队征战疆场。为了让世侯们具备政治、军事上的双重职能，蒙古通常会把打下的城池交给世侯们管理，而且范围广阔，小的有一个县，大的甚至可以横跨几个州府，如窝阔台汗时期被封为万户的汉人世侯就有张柔、刘黑马、史天泽、严实四人。

各族世侯[①]中，汉人世侯的行政管理能力是一流的，而且由于辖区人口数量庞大、文化程度也更高，他们在蒙古军队中的地位很快得到提升，地方管理的重任后来基本落到了汉人世侯手中，这些汉人世侯不仅有辖区的行政管理权，还能自行征收赋税钱粮，组织军队出征，完全掌握了当地的军、政、财三项大权，加上蒙古人有子承父职的惯例，世侯们也得到了世袭的权力，以都元帅、行省、万户等军职传承权力，他们所管理的辖区就此变成了独立的封国，自由度很大，如同唐末的藩镇。

蒙古授予世侯的权力很大，但并不代表蒙古对世侯持放任态度，他们对世侯们的约束同样很多，比如要求世侯把子嗣派到军中服役，组成质子军，或者直接充当质子约束在后方，易州张柔就有两个儿子为质，辽王耶律留哥也曾遣子入质。

除了质子约束外，蒙古还要求各地世侯如实献纳户口，按时缴纳贡赋，随时准备领兵从征，并要无条件接受汗廷的监督与调查，各族世侯履行义务的积极与否被作为评判是否忠于蒙古的标准，一旦发现不忠，旋即会被无情剿灭。相比于部分世侯之前对金廷的敷衍，归附蒙古的他们因为畏惧蒙古军队的强大实力和蒙古汗廷的铁面无情，往往不敢虚与委蛇，只能忠实地履行自己的义务，他们给蒙古军队带来的助力极大。

世侯的出现改变了蒙金战争的进程，也改变了蒙古对金作战的战术

① 虽然蒙古人将金朝统治下的各族世侯统称为汉人世侯，但为了区分各民族的世侯，本书后文会根据需要对不同民族的世侯按其所属民族作区分。

习惯，以木华黎为代表的蒙古将领开始有意识地控制麾下军队的杀戮，以各种方式拉拢被击败的汉人将领和地方武装，让他们以蒙古军队的名义维持当地秩序，提供兵源和钱粮。

金廷惊讶地发现，仅以两万骑兵经略中原的木华黎很快就把军队扩大到十余万，不是成吉思汗给他派来了大量的援兵，而是大量的金国军民倒戈至蒙古一方，成了对方的急先锋，而更多的城池在保有安全的前提下也相继开城归降，蒙古骑兵不再是来去如风的马上战士，也不再是只会抢人口和钱粮的强盗，他们成了能快速占领城池土地的真正威胁。

对于蒙古汗国来说，各族世侯满足了他们直接统治中原汉地的战略需求，但从另一面来讲，世侯们也间接保护了中原地区的百姓和当地经济，每当蒙古勋贵要屠城灭村时，世侯们多会出言规劝，使得百姓不至于被任意屠杀，城池不被随意破坏，比如石抹明安就曾阻止木华黎坑杀北京大定府的降兵，张柔、史天泽也都阻止过蒙古军队滥杀。更重要的是，随着汉人世侯屡立战功和不断发展壮大，中原文化在蒙古汗国中悄然传播，在一个看不见的战场上，不同的文化激烈地碰撞着。

汉人世侯的出现有着独特的历史背景，他们从出现到消亡贯穿了整部元朝史，在元朝统一中国的战争中既是急先锋，又是主力军，几乎参与了元朝大大小小的所有战役，而要弄清楚他们在13世纪的兴衰荣辱，还要从蒙金战争说起。

蒙金会河川之战

时间回到崖山海战六十九年前，即蒙古太祖五年（南宋嘉定三年，金大安二年，公元1210年），成吉思汗孛儿只斤·铁木真集结大军誓师伐金，正式开启了灭亡金朝的战争。作为金朝曾经的臣属，蒙古人见证了金朝腐朽衰败的全过程，对这个疆域横跨辽东、中原、关陕的庞大王朝越来越不屑，特别是当昏庸无能的完颜永济登上金朝皇位后，成吉思汗敏锐地意识到消灭金朝的契机已然出现，金朝的统治早就不得人心了，治下的各族都有反金活动，其中契丹人和汉人尤其积极。

据《元史·耶律阿海传》记载，旧辽贵族耶律阿海受命作为金国使臣出使克烈部，谒见其首领，当他见到成吉思汗时，心中暗暗称奇，竟然不顾使臣身份，请求效忠成吉思汗，并说金国不修武备，奢侈之风盛行，灭亡指日可待。为此，他把兄弟耶律秃花作为人质交给成吉思汗，完全抛弃了在金国的家眷，从此留在蒙古军中效力，跟随成吉思汗四处征战，立下了很多军功。[①]作为使臣却投奔敌国，耶律阿海虽是个例，却也从侧面反映出金朝的统治早已不得人心。

同样的，金朝统治者也清楚地感受到来自蒙古草原的威胁，特别是当亲金朝的乃蛮、蔑儿乞相继覆灭，汪古部暗中叛金附蒙，以及连西夏这样的大国也向蒙古求和纳女时，金廷已经有人开始高度关注那个荒凉的草原世界，并且把蒙古可能南侵的情报上报给了金朝皇帝完颜永济。可惜，最高统治者宁愿用天下太平的谎言欺骗自己，也不愿意正视即将爆发的战争。

蒙古太祖五年，金国北疆一个名叫纳哈买住（又作纳合买住、纳哈塔迈珠）的边将第一时间把蒙古铁骑即将南下的情报报告给了皇帝完颜

①《元史·耶律阿海传》：阿海天资雄毅，勇略过人，尤善骑射，通诸国语。金季，选使王可汗，见太祖姿貌异常，因进言："金国不治戎备，俗日侈肆，亡可立待。"帝喜曰："汝肯臣我，以何为信？"阿海对曰："愿以子弟为质。"明年，复出使，与弟秃花俱往，慰劳加厚，遂以秃花为质，直宿卫。阿海得参预机谋，出入战阵，常在左右。

永济，完颜永济却认为边境没有争端，是绝不可能有人入侵的。而纳哈买住给出了三点理由：一是邻邦已附从于蒙古，二是蒙古不停地制造军用武器，三是蒙古非常爱惜民力。[①]此三点证明蒙古是在为大战做准备。但完颜永济以边将擅生边隙为由把纳哈买住囚禁，这样一来便无人敢再来报告蒙古人的动向了。

更离谱的是，此时的蒙将哲别（也作遮别）发动了一场小规模的边境侵袭，袭杀了野狐岭正在修筑军事堡垒（乌沙堡）的金兵，洗劫了大水泺、丰利等县，一时间金朝流言四起，人心惶惶，皇帝完颜永济吓得让中都戒严，连朝会都不愿意开，可当他得知蒙古铁骑没有大规模南下的企图后，又立即下令禁止百姓谈论边事，以此营造天下太平的假象。

金国皇帝如此自欺欺人，在应对即将爆发的战争时难免会更加被动。因此，金朝对蒙古的态度是以防御为主，他们修筑了一条号称“金国长城”的防线，试图把蒙古人挡在这之外。这道防线由城墙和堡垒构成，起自桓州，终于陶林，全长约六百里，动员了六十万到七十五万人修筑，防线后方的乌沙堡和乌月营作为指挥中枢，有重兵屯驻。

金帝完颜永济任命平章政事独吉思忠、参知政事完颜承裕统重兵坐镇抚州，负责长城防务。然而，所谓的“长城”只能给人以心理上的安慰，根本挡不住历史的洪流。

蒙古太祖六年（南宋嘉定四年，金大安三年，公元1211年），当成吉思汗率领数万铁骑南下时，金国的“长城防线”根本没有发挥任何作用，而他们信任的汪古部人却成了蒙古人的向导，引领着这支骑兵军团

---

①《续资治通鉴·卷一百五十九》：先是金纳哈塔迈珠守北鄙，知蒙古将侵边，奔告于金主。金主曰：“彼何敢然！且无衅，何能入犯！”迈珠曰：“近见者诸部附从，西夏献女。而造箭制盾不休，凡行营则令男子乘车，盖欲惜民力也。非图我而何？”

绕道东南，直奔长城后方的乌沙堡和乌月营。

当时，平章政事独吉思忠正派人重修前一年被哲别毁坏的乌沙堡，故而没有设防。蒙古这次同样采用轻骑兵快速突袭的战术，突然杀至乌月营前。守军大惊失色，毫无抵抗之力，乌月营就此失守。乌月营既已失守，乌沙堡便成了孤城，而且人力物力都已耗尽，独吉思忠认为难以坚守乌沙堡，于是率部向东撤离，蒙古军队遂再次摧毁乌沙堡。

消息传回金廷后，完颜永济立即罢免了独吉思忠，却让同样有兵败责任的完颜承裕执掌西北军务。完颜承裕本名完颜胡沙，《金史·完颜承裕传》中记载他读了不少孙武、吴起等人所著的兵书，①曾在金宋战争中屡立战功，一路升迁至参知政事，看似也是一员不错的将领，可惜，金宋战争中战功赫赫的完颜承裕徒有虚名，只是个纸上谈兵、贪生怕死的庸才，金帝完颜永济不察实情，反而委以重任。

完颜承裕接掌兵权后，立即撤退到了地形相对险要的野狐岭。按说地形险要就意味着防守方占据了“地利”，本土作战且兵力雄厚就代表得到了“人和”，天时、地利、人和三者至少能保证占有两项，怎么看金军都应该打一场大胜仗。然而还没等完颜承裕做出部署，蒙古军队的三千先锋骑兵业已抵达野狐岭。当地土豪请求让土兵担任先锋，待双方交战后再让完颜承裕的正规军出战。

可是完颜承裕害怕得根本不敢出战，反而询问从野狐岭到宣德的小路要走多远，土豪嗤之以鼻地回答道：“该涧曲折，我辈谙知，行省（完颜承裕）不知用地利力战，但谋走耳，今败矣。”②

① 《金史·完颜承裕传》：承裕本名胡沙，颇读孙、吴书，以宗室子充符宝祗候。

② 引自《金史·完颜承裕传》。

果然如当地土豪所料，期待的决战并没有发生，当天晚上，完颜承裕便带着大队人马逃离野狐岭，蒙古铁骑发现后立即向南追击，尽取野狐岭之地，把金军丢弃的阵地毁坏一空，长城沿线的桓州、抚州、昌州无不暴露在蒙古铁骑的刀锋之下。而完颜承裕继续退却，于会河堡遭遇重创，直到抵达宣德才停下。

九月，蒙古军队攻克德兴，蒙将哲别兵抵居庸关，守将完颜福寿弃关而逃，蒙古军队由居庸关进逼中都城下，大掠金国的群牧监，驱赶大量优质战马而还。须知战马在古代是无可替代的战略资源，金朝直接丢弃大量优质战马等于失去了组建优质骑兵军团的能力，以后只能征集民马，马匹质量大不如前，损失惨重。

既然金国长城防线业已崩溃，金朝君臣就不得不在国境之内与蒙古人较量，他们难以断定哪个决策是正确的：是集结大军与蒙古骑兵野战，还是分兵据守各处城池要塞，以便与蒙古骑兵打阵地战？

在这一问题上，金帝拒绝了众臣提出的三个战略性建议：一是将抚、昌、桓三州军民南迁至大城，以保有人力、财力；①二是在辽东设立行省，防备蒙古军队袭击辽东；②三是派出一支偏师直捣蒙古后方。③

最后，金廷敲定的策略是将河北、河南、山东等地的金军集结到西北路，粗略估计兵力多达三十万人，对外号称“四十万大军”。

---

①《续资治通鉴·卷一百五十九》：先是金上京留守图克坦镒上言：“自国家与蒙古交兵以来，彼聚而行，我散而守；以聚攻散，其败必然。不若入保大城，并力备御。昌、桓、抚三州，素号富实，人皆健勇，可内徙之以益兵势，人畜财货，不至亡失。”

②《续资治通鉴·卷一百五十九》：镒复奏曰：“辽东，国家根本，距中都数千里，万一受兵，州府顾望，必须报可，误事多矣。可遣大臣行省以镇之。”

③《续资治通鉴·卷一百五十九》：金主召平定州刺史赵秉文论备边之策，秉文言：“我军聚于宣德，城小，列营其外，涉暑雨，器械弛散，人且病，深秋敌至，将不利。可遣临潢一军捣其虚，则山西之围可解，兵法所谓出其不意，攻其必救者也。”

蒙古太祖七年（南宋嘉定五年，金崇庆元年，公元1212年），蒙古铁骑自攻破云中、九原诸郡后，又攻克了重镇抚州。金廷以完颜九斤（一作纥石烈九斤）为统帅，完颜万奴为监军，统率新集结起来的三十万大军迎战蒙古军队。

这一次，金朝终于有了足够的资本，怎么都要打一场大战才能交差。相比被罢职的独吉思忠和被贬为咸平路兵马总管的完颜承裕，完颜九斤至少很强硬，并没有畏战的情况。当时有人认为，蒙古军队占领抚州后，将大量牲畜赏赐给兵将，以致牧马多散放于野外，如果乘机突袭，便有可能获得大胜。但完颜九斤反对如此冒险的战法，认为马步俱进才是最稳妥的战法。

会河川战场上，金军依然采用了阵地防守的打法，提前增筑了很多城寨，三十万大军分别部署在不同的位置，试图用阵地战抵挡蒙古恐怖的铁骑。只是这么多军队挤在一处难免拥挤了些。

此时的蒙古军队在数量上与金军差距很大。史料没有明确记载此战蒙古军队的具体兵力，但结合成吉思汗建立的千户制来看，早期的蒙古军队分为九十五个千户，每个千户兵力不固定，多则数千，少则数百，若仅以千户之名来计算，兵力应该不低于九万五千人，接近十万。成吉思汗是否会把全部军队都带到战场呢？这似乎不太可能，毕竟大后方的安全也非常重要，所以蒙古军队与金军的比例应该低于一比三，守在阵地上的金军还是有胜算的。

大战在蒙古战马踏起的烟尘中骤然开始，成吉思汗并不因为自己兵力不足而担忧，反而集中力量率先发动攻势，以左翼攻打重兵把守的獾儿嘴，以中军攻打会河川各堡寨。这正中金军下怀，占有地利的金军奋起反击，战斗力极为强悍，蒙古军队攻打了一天也无法撼动金军阵地，反而损失惨重，第一天的战斗双方打成平手。

不过，金军的胜利只是暂时的。第二天的蒙古大军决心死战，他们以大将木华黎为先锋，奋不顾身地发起冲锋，这支敢死队像锋利的箭头一样很快就贯穿了金军大阵，而成吉思汗率领的主力部队随着木华黎的攻势分批次不断冲向战场，如同海浪一样一波又一波地袭来。

野战经验不足且持久力差的金军顿时乱成一团，成片成片地倒下，他们由女真人、契丹人、汉人组成，本来就不同心，如今看着在阵地上往来冲杀的蒙古铁骑，以及身旁嗖嗖飞过的箭矢，心中的恐惧终于战胜了理智，所有人都转身撤退，只有最前面的部队因为正与蒙古骑兵短兵相接而无法撤离。

会河川阵地被放弃，战场上到处都是金军士兵的尸体和鲜血，蒙古人由此士气大振，毫不犹豫地追亡逐北，射杀、砍杀溃败的金军。

任谁都能看出，一味逃跑是不可能安全脱身的，蒙古骑兵的速度和箭矢射程完全在金军之上，金军只能面对现实，除了死战也别无他法。在经过残酷的血战后，金朝最精锐的三十万大军灰飞烟灭，成吉思汗带着快如飓风的蒙古骑兵一路突破，眼看就要打到金朝中都城下，蒙古人带来的恐惧第一次离金廷这么近。

会河川之战全方位展示了一个日薄西山的王朝的不堪一击。庞大的金国自蒙古南下便开始了崩溃，各地反金势力蠢蠢欲动，不少汉人、契丹人纷纷举起反旗，一个接一个地加入了蒙古阵营。

在山西一线，汾阳郡公郭宝玉本来奉命镇守白登城，是扼守太行山战线的重要力量，却主动投降蒙古军队，打开了蒙古南下的通道，成吉思汗遂令军队攻略云内、东胜、武、朔等州，沿白登山两道直扑金国的西京大同，守将胡沙虎畏敌而逃，西京陷落。

而在辽东一线，霸州契丹人石抹也先听闻蒙古征讨金朝，也主动带着族人投奔成吉思汗，并献计攻取辽东，于是成吉思汗派哲别率领东路军在石抹也先的引导下深入辽东，用计骗开了东京辽阳的城门，东京也跟着陷落。另有作为完颜九斤使节的石抹明安主动归附，威宁千户刘伯林谒军门请降，辽东耶律留哥联蒙抗金。

在这一过程中，第一批加入蒙古汗国的世侯出现，他们对蒙古汗国的作用非常明显。

首先是郭宝玉，此人字玉臣，《元史·郭宝玉传》说他是唐朝郭子仪的后人，通晓天文、兵法，擅长骑马射箭，被金廷封为汾阳郡公。[①]郭宝玉归顺蒙古的起因无疑是金军惨败于野狐岭和会河川，他看出来即将改朝换代。

加入蒙古汗国后，郭宝玉向成吉思汗献上了夺取中原的战略方针："中原势大，不可忽也。西南诸蕃，勇悍可用，宜先取之，借以图金，必得志焉。"[②]这种迂回战略后来被蒙古汗国用在消灭金、宋两朝的战争中，郭宝玉正是首先提出的人。

另外，郭宝玉还建议成吉思汗颁布了五条新令：打仗时不得妄杀；刑狱只处死重罪犯；规定蒙古人、色目人、汉人签丁之法和服兵役的年龄；民匠之地不得超过一顷；无益于国和有损于百姓的僧、道全部禁止。[③]这些制度对蒙古汗国的征金战争具有积极意义，推动了蒙古汗国向封建王朝的转变。

---

①《元史·郭宝玉传》：郭宝玉，字玉臣，华州郑县人，唐中书令子仪之裔也。通天文、兵法，善骑射。金末，封汾阳郡公，兼猛安，引军屯定州。

② 引自《续资治通鉴·卷第一百五十九》。

③《续资治通鉴·卷一百五十九》：又言："建国之初，宜颁新令。"蒙古主从之，于是颁条画五章。如出军不得妄杀；刑狱惟重罪处死，其余杂犯，量情笞决；军户，蒙古、色目人每丁起一军，汉人有田四顷、人三丁者签一军，年十五以上成丁，六十破老，站户与军户同；民匠限地一顷；僧道无益于国有损于民者，悉行禁止之。类皆宝玉所陈也。

其次便是契丹人石抹也先，此人的祖辈宁可率领部落迁徙至荒凉之地，也不肯臣服于金国，石抹也先在先祖反金思想的熏陶下，幼年便立志恢复辽国。他长大后勇力过人，擅长骑射，又多智略，金廷欲征其为奚部长，他却独自逃去深山躲避，等到成吉思汗南下后，石抹也先便主动归附蒙古汗国，向成吉思汗献策："东京为金开基之地，荡其根本，中原可传檄而定也。"[①]此种战略即让蒙古军队向辽东方向发起攻势，切断金廷与"龙兴之地"的联系，毁坏金朝根本，从而扫荡中原。这一战略后来同样被成吉思汗采纳，让金帝完颜永济叫苦不迭。

然后便是石抹明安，此人出生于桓州，性情宽厚，不拘小节，会河川之战时在完颜九斤帐下效力。当时完颜九斤拒绝了突袭蒙古军队的建议，反而认为应该派人责问成吉思汗，于是让石抹明安担任使者，到蒙古军中辱骂成吉思汗。这一决定实在让人摸不着头脑。石抹明安按照完颜九斤之令当面责问成吉思汗，但骂完后，他又请求归附蒙古汗国。成吉思汗遂将其押下，待大战胜利后，再询问他归降的原因，石抹明安说道："臣素有归志，向为九斤所使，恐其见疑，故如所言。不尔，何由瞻奉天颜？"[②]

后来石抹明安随蒙古军队攻取云中东、西两路，成吉思汗一度有罢兵休战的想法，但石抹明安极力劝阻，理由是："金有天下一十七路，今我所得，惟云中东、西两路而已，若置不问，待彼成谋，并力而来，则难敌矣。且山前民庶，久不知兵，今以重兵临之，传檄可定，兵贵神速，岂宜犹豫！"[③]显然，石抹明安的谏言让金朝失去了喘息之机，成

① 引自《元史·石抹也先传》。
② 引自《元史·石抹明安传》。
③ 引自《元史·石抹明安传》。

吉思汗在他的建议下决定继续发兵进攻久不知兵的河北地区，不让金朝恢复实力，这无疑是正确的战略，也加速了河北的沦陷和金朝的灭亡。

第一次蒙金战争以蒙古的全面胜利而结束，成吉思汗在这场战争中的战术特点是野战机动歼灭敌军有生力量，战后采用扫荡式劫掠以破坏敌国经济，对金朝造成重创。而在此战中归顺成吉思汗的郭宝玉、石抹明安、石抹也先、刘伯林等人给蒙古带来了不少军事情报，也提了不少优质建言，这让蒙古人尝到了招降反金官兵的甜头，这些人明显更熟悉金朝和当地情况，从而影响了蒙古汗国之后的征金战略。

不过，蒙古军队在这场战争中虽然赢得很漂亮，但也暴露出他们残忍冷酷的一面。他们对富饶的中原地区极尽破坏之能事，屠杀百姓，毁坏城村，罪行累累。故而，蒙古铁骑即便一口气打到了金朝国都城下，也依然不能灭亡金朝，更不能在中原大地上建立自己的统治，因为民心还不属于他们。

有见识的蒙古人很快发现这样一个问题：蒙古可以无数次入侵中原，也可以无数次击败金朝，但蒙古人如果无法长久地统领中原，就不可能完全击垮金朝，难道他们要和金朝打到天荒地老，或者把富饶的中原变成无人区才能结束战争吗？

毫无疑问，抢掠终究不如统领对方的土地，而要统领土地就必须建立地方秩序，安排管理者，蒙古贵族们能管好中原的城市吗？

蒙古人想要直接统治中原大地，就无法忽视中原庞大的人口基数，也无法忽视中原文化对当地百姓的影响，指望被占领国度的百姓像自己一样过游牧生活是不现实的，而要在短时间内把自己变成一个经验丰富的管理者，同样也是不现实的，所以这一时期蒙古当权者开始思考统治中原的简单、快捷、有效的方式。

当成吉思汗决定把战略重心放到西方战场时，被成吉思汗封为“太师、国王”的木华黎成了接替他指挥蒙金战争的统帅。木华黎极富战略眼光，率先采用了大量吸收汉人豪强的政策，即把愿意臣服蒙古的汉人豪强变成自己的“代理人”，让他们代为统治新占领的土地，“以汉治汉”无疑是最智慧的政策。

蒙古汗国当时的总体国力远低于金、宋两朝。按照《中国历代户口、田地、田赋统计》考证的数据，金朝在公元1207年时的人口超过了5300万，同时期的南宋也有2700多万人。[①]而这一时期的蒙古汗国有多少人呢？史料没有给出具体数据，但结合成吉思汗的千户制来看，蒙古汗国不会超过一百万人。因此，招降并重用各地汉人武装对伐金战争有极大的好处，除了能解决军队、人口不足的问题外，使用汉人管理军队和土地，蒙古统治者即便不用像女真人那样学习中原文化，也能轻松统治中原，以易州张柔为代表的汉人世侯就在这样的背景下出现了。

成吉思汗的征金之战

随着成吉思汗大掠中原北归，第一次蒙金战争结束。作为蒙古对金朝的复仇首战，成吉思汗的对金作战相当成功。战略上，他们先让西夏臣服，保证了侧翼的安全；战术上采用机动歼敌，以破坏敌军有生力量和经济基础为目标，蒙古骑兵惊人的战斗力让久不习兵的河北、山西百姓惊恐难安，而在会河川战役中的辉煌战果足以撼动曾经不可一世的金朝政权，如果他们有先进的攻城器械和火炮支援，攻克金朝中都便如探

① 参见《中国历代户口、田地、田赋统计》甲表44。

囊取物一般。

但是这场战争并没有毁灭金朝，成吉思汗仅满足于掠夺人口和财物，并没有采取有效手段占领辽阔的金国土地，对大多数战略要地也只洗劫而不留兵驻守，他们前脚一走，金廷后脚就派兵将其收复，而没有补给线和攻城技术支撑，再加上蒙古军队数量太少，又使得蒙古军队力有不逮，无法攻克中都城，蒙古统治者这才有了大量起用汉人地主武装和降兵降将的新战略。

其实，蒙古扶持汉人武装等反金势力作为辅助军团的策略，不是木华黎主征金朝时才开始的，也不是一蹴而就的，更不是只针对汉人，其有一个缓慢的形成过程，特别是有了策反各族反金势力的成功案例之后，这一策略越来越被蒙古汗廷重视。

早在蒙金第一次战争结束后，也就是蒙古太祖七年，契丹贵族耶律留哥便在辽东起兵自立，自称“都元帅”，并向成吉思汗称臣。完颜永济大怒，再次任命在野狐岭之战中胆小兵败的完颜承裕为统帅，让他率领六十万大军（对外号称百万之众）镇压耶律留哥。

耶律留哥，契丹人，辽国贵族后裔，金末时官至千户。不过，由于金廷并不信任契丹人，他们下达了一道命令，让两户女真人夹居一户契丹人，其意图无疑是监视对方，这让契丹人非常反感，耶律留哥等契丹人便逃到韩州、隆安一带占山为王，当地官兵无法镇压，反而被杀得一败涂地，耶律留哥的队伍因而声名在外，几个月就聚集了十余万人。

耶律留哥的队伍人数虽多但毕竟不是正规军队，因此他决定依附大国作为靠山，恰好蒙古的按陈那颜、浑都古率兵到达辽东，耶律留哥顺势与按陈那颜折箭立盟，归顺成吉思汗。

面对金朝六十万人的讨伐军，耶律留哥暗自庆幸自己提前向蒙古称臣，而成吉思汗有意搅乱辽东，当即接受了耶律留哥的求援，匆忙派兵增援辽东战场，会同耶律留哥在迪吉脑儿又一次击溃了完颜承裕的大军。这位一遇蒙古每战必败的将军，终于在羞愧和对战争的恐惧中死去，不用再面对成吉思汗的军队了。

凭借蒙古的大力扶持，耶律留哥在广宁一带形成气候，于次年称“辽王”，其政权史称“东辽”。蒙古汗国就这样在辽东埋下了一枚钉子，让金朝如芒在背。毫无疑问，策反耶律留哥的成功让蒙古看到扶持地方势力对金朝的重要牵制作用，算是大范围推广世侯制度的尝试。

同一时间，成吉思汗再次纵马杀向中原地区，开始有意识地占领居庸关以外的土地，首要目标就是西京大同，因为只有啃下大同，才能把整个山西收入囊中，可见此时的蒙古人正在逐步改变“只掠劫不占地”的想法，开始尝试蚕食金国的土地。而要攻打城防坚固的大同，蒙古人不可能指望守将抹撚尽忠像胡沙虎那样不战而逃（胡沙虎在第一次蒙金战争时弃城而逃），自身必须具备持久作战的能力，故而争取当地人的支持非常重要。

蒙古军队攻打抚州威宁县时，守将刘伯林便成了第一个被委以重任的汉人世侯，由于他带着整座城池归顺，蒙古人有意重用他，成吉思汗便问他官居何职，刘伯林回答“都提控”，于是成吉思汗毫不吝啬地让他以原职务统领曾经的军队，之后刘柏林便随蒙古军队转战各处，长期管理一方州县，他的儿子就是后来帮蒙古打天下的刘黑马，位列七大万户之首。

这些人加入后，立即给蒙古带去了金军的城防部署、军队虚实等情报，并在接下来的战斗中充当向导，专门指引蒙古去打守备空虚的城池，甚至写信骗降了一部分胆小怕事的守军，从而减轻了金军的抵抗，成吉思汗因此在山西大杀四方，几乎无人敢挡。

然而，第二次大同之战，成吉思汗遭遇了挫败，蒙古军队虽然采用围点打援的战术，将前来增援大同的金国援军奥屯襄击溃在密谷口，但成吉思汗在围攻城池时被流矢射中，不得不放弃了攻占山西的原定计划。

大同虽然没能攻占，但蒙古汗国通过招降金国将领，授以兵权，委以重任，得到了之前难以得到的军事情报，包括兵力、部署，以及山川险隘的形势地图等等，这些对蒙古攻打金朝起到了重要作用。

更重要的是，大同攻城战的挫败间接证明蒙古军队虽然能在草原上攻无不克，但面对坚固的中原城池，他们缺乏攻城技术，人力也远远不够。金军虽然战斗力不行，但数量庞大，动辄数十万大军着实是不小的压力，而攻城作战在兵法上被认为是下策，非有数倍于敌的兵力和足够的粮草补给不能取胜，因此对北方各族豪强武装的招揽越来越重要。

这一年年底，惊人的消息从辽东传来，坚固的辽阳城被哲别攻陷。

哲别率领一支蒙古偏师快速向东推进，突进至辽阳城下，这正是成吉思汗采纳石抹也先“荡其根本”的辽东战略后所采取的军事行动。起初，哲别也遇到了与成吉思汗类似的问题，坚固的城墙难以攻陷，于是采纳部下提出的计谋，假装率兵撤离，实际却在辽阳城守军以为战事结束时突然折返，乘夜冲入并洗劫了辽阳，之后便满载着战利品凯旋。[1]这让拒绝在辽东设立行省的金帝完颜永济非常后悔。

突破居庸关

蒙古太祖八年（南宋嘉定六年，金贞祐元年，公元1213年），成吉思汗卷土重来。

---

①《元史·太祖本纪一》：冬十二月甲申，遮别攻东京不拔，即引去，夜驰还，袭克之。

这一次，蒙古放弃了难啃的西京大同，而是杀奔怀来—镇州防线，目标是突破居庸关，再次进逼中都城。金帝完颜永济任命左丞完颜纲主持缙山防线的防务，节制早已在当地布阵的术虎高琪。蒙古军队很快攻破宣德、德兴，于怀来大战三日，擒获副统军王檝（jí）。此人面对蒙古人的刀剑毫无惧色，说道："吾以布衣蒙恩，誓捐躯报国。今既偾军，得死为幸！"[①]成吉思汗欣赏他的骨气，当即将其释放并成功劝降，授都统，佩金符，王檝后来成为又一个屡立战功的汉人将领。

在居庸关外，金廷部署了三万到五万人的兵马，由术虎高琪指挥，同时为了保险起见，完颜永济还封完颜纲为缙山行省事，率兵十万作为增援力量。金廷在怀来—镇州一线的兵力就达到了十五万之多。而此时的蒙古依然面临兵力不足的问题，不过他们的骑兵战斗力很强，而且吃苦耐劳，是远胜过金军的精锐力量。

此战中，金军没有像会河川之战那样屯兵防守，而是在完颜纲的率领下主动出击，试图在缙山与蒙古军队决战。显然，金军高估了自己的实力，有坚固的城墙不利用，反而要用步兵去和骑兵打野战，结果可想而知，不仅完颜纲的大军一败涂地，连素有威名的术虎高琪所部亦被击溃，从怀来一路逃回了居庸关，方圆四十里都是死难士兵的尸体。

成吉思汗乘势围攻居庸关，考虑到金军用冶铁术加固了关门，关外百里内又布满了铁蒺藜，蒙古军队没有强攻，而是兵分三路，一路由哲别、速不台在当地人的带领下走小道袭击居庸关南口，一路转身南下突袭了守备空虚的紫荆关，最后一路留在居庸关北口外虚张声势，吸引金军的注意力。

---

① 引自《续资治通鉴·卷一百五十九》。

三路人马中，成吉思汗亲自指挥了对紫荆关的破关行动，顺利进入关内，在易州五回岭又一次击溃了奥屯襄的数万援军，并洗劫了易州和涿州。在涿州，自募数千兵马的地主武装史秉直投奔木华黎，成了继刘伯林之后又一支主动加入蒙古阵营的归附武装。

史秉直的家族在金末很有名望，祖上几代人都有过救济灾民的善举，蒙古铁骑南下时，各地都被劫掠一空，史秉直便和族人商量，与其被抢掠屠杀，不如归附蒙古军队保全自己的族人。于是史秉直带着族人主动前往涿州拜见木华黎，木华黎本想任用史秉直为将军，但史秉直却推荐自己的儿子史天倪，木华黎便让史天倪担任万户。一听史氏家族归顺了蒙古人，周围来投奔史家军的多达十余万。史氏家族的加入，让蒙古汗国得到了数员猛将，史天倪、史天泽、史天祥等都是后来赫赫有名的汉人世侯。

同一时间，哲别、速不台率领的“奇兵”也出其不意地绕到居庸关南口，会合在关外的蒙古军队前后夹击居庸关。金军大惊失色，之前的部署全都失去了作用，士兵纷纷被杀，守将讹鲁不只好打开北口关门投降。蒙古军队就此破关杀入河北，直逼金朝都城中都。

金廷易主

前线情况危急，中都内的金廷也动荡不安。连续的失败让金帝完颜永济的威望大大受损，他不得不采用赦免败军之将的方式收拢人心。在他看来，溃兵败将仍然是他的依靠，只要赦免其罪并加以任用，这些人还是可以成为拱卫都城的屏障的。挑来挑去，完颜永济把在第一次西京之战中不战而逃的胡沙虎赦免，还加封其为权右副元帅，屯兵中都城外，准备抵挡即将兵临城下的成吉思汗。

没想到的是，胡沙虎害怕与蒙古人作战，搞内斗却很在行，竟然于当年八月突然发动兵变，废掉并毒杀了昏庸无能的完颜永济，改立完颜珣为新皇帝，是为金宣宗。

这一变故让金廷的威望进一步受损，朝廷内部人心惶惶、君臣相疑。胡沙虎本来就没什么本事，又是靠政变掌权，自然很不得人心，金宣宗虽然被胡沙虎拥立，但也不想被其架空操纵，遂暗中蓄积力量，悄悄收买军中人心。此时的金廷外患未平，内忧又起，对蒙古铁骑的南侵无能为力。

蒙古太祖八年十月，五千蒙古铁骑逼近中都。眼见蒙古人就要来了，胡沙虎自知不是成吉思汗的对手，当然不想领兵出征，便把军队交给了朮虎高琪，让其出城抵挡蒙古军队，并威胁他若不能获胜便提头来见。此招断了别人的后路的同时，也断了自己的后路。

朮虎高琪一出战，北风大作，吹石扬沙，金军处于逆风位置，根本睁不开眼，蒙古铁骑乘风突击，大败金军。败逃而归的朮虎高琪当然不会傻到自杀谢罪，为了活命，他干脆效仿胡沙虎，突然发兵反攻中都，抬手就砍了胡沙虎的脑袋，乱臣贼子就此殒命。

政变虽平，但战事依旧。成吉思汗击破朮虎高琪后，大军径直包围了中都城。中都作为幽燕地区最重要的城市，有界长三十余里、高十三米的城墙，共计城门十二座，且地理位置险要，“右拥太行，左挹沧海，枕居庸，奠朔方”[①]。如此重要的都市，金廷不可能等闲视之，多年来对其反复修建加固，已经相当坚固，难以攻取。

有上一次西京大同失败的教训，成吉思汗知道自己无法轻易攻克中都城，便采用了“围而不攻”的战术，把金军全部围在城内，然后放任

① 引自《元史 · 地理志一》。

大军沿着中都外围扫荡河北各处州府。

成吉思汗把归附蒙古的刘伯林等汉军四十六都统与蒙古军队分为三路：一路由术赤、察合台、窝阔台走太行山向南进攻，攻破保、遂、中山、邢、洺、磁、相、卫辉、怀、孟各地，抵达黄河，洗劫了泽州、潞州、平阳、太原之间的大片土地；一路由成吉思汗之弟哈撒儿沿海路向东，攻向蓟州所在的辽西地区；一路由成吉思汗本人带着幼子拖雷，攻陷雄、莫、清、沧、景、献、河间、滨、棣、济南等地。

此时的蒙古军队仍然大肆屠戮，凡是不肯归降或与蒙古军队交战过的城市，他们一概屠城报复。虽然蒙古已经开始收降各地反金义军和豪强武装，但要完全摒弃抢掠杀戮的习惯，明显需要更多的时间，故而蒙古军队此次对河北地区的毁坏十分严重，前后攻陷河北九十多个郡，杀戮数千里，仅中都、东平等十一座城池幸免，百姓流离失所、家破人亡。

经过了长时间的扫荡后，蒙古人抢掠了不少财物，但中都城依然坚不可摧。蒙古人因为还没有大规模扶持汉人武装，对遍地烽烟的河北仍然缺乏控制力，无法建立良好且稳定的统治，于是成吉思汗只好用威胁的方式逼金廷求和。胡沙虎才死不久，金宣宗的皇位还没坐热，即便有心杀敌却无牌可打，只好卑躬屈膝地上贡求和。蒙古人开出的价码让金廷颜面尽失，包括进献金废帝完颜永济的女儿岐国公主、五百童男童女、三千马匹及众多财物。将金廷狠狠羞辱了一顿后，得到满足的成吉思汗这才撤去了对中都的围攻，率领大军浩浩荡荡地返回草原。

然而，蒙古主力虽然离开了，但投降蒙古的世侯武装却没有走，他们在成吉思汗的授意下继续留在原来的防区，以蒙古汗国的名义占领了河北的部分土地，并暗中散布间谍，收集军事情报，甚至伺机策反更多的金军和民间武装，成了蒙古插在金朝腹心的匕首，金廷一不小心就会被捅上一刀，而金廷又不敢攻击这些世侯叛军，生怕又把蒙古主力招惹来，只能任由他们胡作非为。这让金宣宗非常没有安全感，中都似乎已经不再适合作为国都了。

攻陷中都城

蒙古太祖九年（南宋嘉定七年，金贞祐二年，公元1214年），金朝君臣终于屈服在蒙古汗国的铁骑之下，上一次蒙古围攻中都时的恐怖场景让新上位的金宣宗心有余悸，随着金长城防线的失灵，桓州、抚州等地已然失守，无数百姓、财货被掳掠到了草原，居庸关以北的大片土地沦为焦土，黄河以北缺粮的情况非常严重，已不能供应中都所需。[①]而辽东一带的叛王耶律留哥已呈割据之势，中都的北面再无缓冲地带，已成为蒙金战争的第一线。“天子守国门”需要莫大的勇气，并不是每一个君王都能做到的，金宣宗显然没有这样的勇气和魄力。

当年五月，金宣宗不顾百官反对，决心迁都到南京（即汴京、汴梁，今开封）。

汴梁曾是北宋的国都，繁荣程度不在中都之下，唯一的问题是地处平原无险可守，但那里在黄河以南，被人们称为“河南”，蒙古若要发动进攻就必须渡过黄河，或者从潼关西侧进入，金宣宗所要建立的新防线就是黄河与潼关一起发挥作用的“关河防线”。

---

①《宋史全文·卷三十》：燕京乏粮，不能应办朝廷百官诸军。今暂往南京，候一二年间粮储丰足，复归未晚也。

客观地说，关河防线的确具有一定的防御力，对不习惯水战、攻坚战的蒙古人能起到遏制作用，但是中都作为金朝都城多年，那里积累了数代人的财富，一朝尽弃着实可惜，更重要的是，中都城是一个国家的精神所在，皇帝带头南迁，某种程度上意味着放弃河北，无疑会让百姓对当前战争产生恐慌的情绪。

变故接踵而至，金廷出于对女真以外民族的警惕，将负责扈从金宣宗的契丹乣军[①]的铠甲装备全部收回，契丹人可不傻，焉能不明白金廷这么做的原因，不满和失望很快就发展成愤怒，与其这样受气，不如直接投奔蒙古人，于是这一支部队突然发动兵变，袭杀了女真主帅索衮（又作索珲、详衮等），推举斫答、比涉儿、札剌儿三人为首领，转身反攻中都城。负责留守中都的平章政事完颜承晖带兵镇压，却在卢沟桥一战中被叛军击败，叛军包围了中都城。

中都城墙坚固且粮草充足，并非能轻易占领的城池，契丹叛军胜在事出突然，金军缺乏准备，但这些人无论是数量、素质还是装备都不足以打一场攻坚战，完颜承晖只要闭门不战，叛军很快就会面临粮草不足、士气低落等问题。叛军深知自己的不足，因此立即遣使赶赴蒙古草原，向成吉思汗投降并请求援军。

此时，成吉思汗并未走太远，他得知金宣宗南迁到河南后便有了撕毁和约的想法，而契丹降兵的来投更坚定了他再次南下的决心。成吉思汗是大战略家，一眼就看出了金宣宗抛弃中都后整个河北、山东、山西都成了让人随意采摘的“果实”，中原百姓必定人心慌乱，眼下正是一战平定河北的大好时机。

---

① 乣军是辽、金两代以北方边疆部族为基础组建的特殊军事组织。

于是，成吉思汗故意怒称：“既和而迁，是有疑心而不释，特以解和为款我之计耳！”[①]蒙古汗国遂以此为由撕毁和约，任命撒木合为蒙古军大将，让石抹明安担任女真降军指挥官，从古北口杀入河北地区，会合契丹降军斫答等人一起围攻中都城，同时还让木华黎、石抹也先率领一路人马杀入辽西，配合辽王耶律留哥扫荡辽东、辽西的金军。

辽西烽火

先说辽西方战场。

蒙古军统帅木华黎，札剌儿氏，身长七尺，长须黑面，猿臂善射，沉毅且多智略，受封为蒙古左翼万户，会河川之战时一马当先，陷阵突破了金军大阵，勇猛非常，与博尔朮为成吉思汗的左右臂膀。

蒙古太祖九年十月，成吉思汗命令木华黎进取辽东。木华黎遂带着石抹也先的归附武装向东京辽阳进发，抵达高州时，卢琮、金朴献城投降。[②]木华黎本打算让石抹也先担任先锋，领一千骑先行出发，直逼辽阳。然而，石抹也先拒绝带那么多兵马出战，他很自信地说道：“兵贵奇胜，何以多为？”[③]

原来，石抹也先事先谍知辽阳守将即将调换，还掌握了对方的行进路线，于是他带着几个骑兵在途中劫杀了这些人，获得对方的官服和官印，然后假冒新上任的辽阳留守叫开了辽阳城门，还命令撤去城墙上的守军，换上了自己的人。第三天，木华黎率兵按约定时间抵达，石抹也先立即打开了城门，辽阳城又一次陷落。

---

① 引自《续资治通鉴 · 卷一百六十》。

② 《元史 · 木华黎传》：命统诸军征辽东，次高州，卢琮、金朴以城降。

③ 引自《元史 · 石抹也先传》。

彼时，木华黎重点攻打的是金朝的北京。北京位于关外的大定府，在今天的赤峰市以南、宁城以西。金朝有五京，即上京（会宁）、北京（大定）、西京（大同）、南京（汴梁）、东京（辽阳），每一京都是一个政治中心，其中上京会宁是女真的龙兴之地，东京辽阳是辽东的首府，汴梁是河南的首府，西京大同是山西的屏障，北京大定则是辽西的中心。

木华黎先取辽西正是为了实现石抹也先当年提出的辽东战略，先割断辽东与金朝的联系，战略上将两者一分为二，各个击破，战术上采用围点打援、扫荡外围的方式，先打弱小的城池，断绝大城的外援，待辽西平定后便挥师向东，会同耶律留哥合围辽东剩下的地区。

大定府虽然还有坚固的城池要塞，但随着金宣宗放弃河北地区，远在关外的辽西诸将对金廷失望至极，镇守大定府的奥屯襄无法有效组织抵抗。木华黎一到，周围城池的守将投降的投降，逃跑的逃跑，唯有高州富庶寨守将攸兴哥拒绝投降，趁木华黎深入辽西时，不断从后方袭扰蒙古军，使得木华黎迟迟不能发动对大定府的总攻。

为此，木华黎调集大部队包围富庶寨反复攻打，可这座军寨规模不大，战斗力却不小，蒙古军缺乏强大的攻坚能力，要强攻富庶寨就会付出巨大的伤亡。木华黎素来多智略，他知道金军之所以还能顽强抵抗，靠的就是主将攸兴哥这个主心骨，于是他将招降书信射入寨中，称只要有人能将攸兴哥的首级献出，城内军民都能免死。

木华黎此举成功离间了城内军民，大家都知道抵抗是要付出巨大代价的，如今可以免死，之前同仇敌忾的士气顿时烟消云散，而攸兴哥如果继续抵抗，就是与全城军民为敌，特别是那些首鼠两端的人随时都有可能背后捅刀子，这让攸兴哥彻夜难眠，思来想去只有主动归降才能保全自己的性命。

木华黎就这样将一员大将收入麾下，攸兴哥日后被成吉思汗赐名为“攸哈剌拔都”，在蒙古的对外征战中屡立战功，成为归附武装的重要成员之一。

蒙古太祖十年（南宋嘉定八年，金贞祐三年，公元1215年）年初，随着北京大定府外围的城池、关隘相继沦陷，木华黎终于得以进军北京大定府。作为金军在辽西的最高指挥官，奥屯襄手里有多达二十万的兵力，这么多的兵马不在木华黎扫荡大定府时主动出击，无疑是严重的失策，等到他们反应过来时，战火已经烧到城下了。

在迎战策略上，奥屯襄苦于兵多而粮少，不得不采用速战速决的策略，于是把军队带出城外决战。从人数上看，木华黎手里的蒙古军队约有两万人，加上降兵降将，总数不会超过五万人，奥屯襄看起来有优势，但结果却非常意外。蒙古军队战力强、士气高，而奥屯襄的金军士气低、战力弱，空有数量优势却无法发挥，结果在城郊花道一战中被木华黎斩首八万余级，主帅奥屯襄逃入城内不敢出来。

此役折损二十万之众，辽西战局至此已成定局，金军从将领到士兵都对蒙古军畏惧到了极点。当年二月，奥屯襄被部下刺杀，余部推举寅答虎为帅，投降了木华黎，北京大定沦陷。

本来，木华黎要按传统屠城，但随军的石抹也先劝说道：“北京为辽西重镇，既降而坑之，后岂有降者乎？”[①]木华黎深以为然，遂作罢。这一次又是靠归降世侯的劝说，蒙古军队才没有屠杀无辜百姓，可见各族世侯对战争也有正面作用，也反映出归附武装在蒙古军队中的地位开始上升。

---

① 引自《元史 · 木华黎传》。

北京大定府沦陷后，辽西就只剩下了兴中府、锦州所在的东部地区。有了大定府这样的先例，木华黎首先遣使劝降兴中府，没想到守将兀里卜非常顽固，坚决不降。但他的部下可不想跟着他送死，于是推举石天应为帅，杀了兀里卜，举城而降。木华黎顺势任命石天应为兴中府尹兼兵马都提控，又把一员悍将收入麾下，此人也成为蒙古军队中最重要的世侯之一。

而在锦州地区，张鲸聚众十余万斩杀了节度使，自称临海郡王，率众归降木华黎，整个辽西地区传檄而定。

接下来再看河北战场。

中都沦陷

彼时的中都已是人心惶惶，好在太子还在城中，军民还有主心骨可依靠。但是金宣宗一听说蒙古人已经杀入关内，他担心儿子会被困在中都，于是下旨把太子召到南京汴梁，这下中都彻底炸了锅，“中都被抛弃”的流言甚嚣尘上，石抹明安率领的大军一包围城池，城中恐慌更甚。聪明的蒙古军队没有立即攻城，而是效仿成吉思汗的战术，对城池围而不攻，散布恐慌情绪。

金宣宗抛弃中都心里有愧，毕竟那里是祖宗基业所在，不能完全不管不顾。同样是在蒙古太祖十年，金廷组织了两路人马北上增援中都，一路为御史中丞李英的数千辆粮车，一路为庆寿率领的三万九千兵马，也带上了大量的粮食。

彼时负责攻打中都的是蒙将三模合（又作三木合），以及归附武装成员之一——契丹人石抹明安。石抹明安既是智将也是勇将，自归顺成吉思汗以来，凭借多次建言献策和实打实的战功，在蒙古军中的地位越来越高。面对坚固的中都城，石抹明安的策略也是围点打援，他就等着金廷派来援军，只要能歼灭这些援军，中都城军民的士气肯定会崩溃。

故而，石抹明安留下三模合的蒙古军队围城，自己率领女真降兵等骑兵部队首先杀奔霸州，将负责运粮的御史中丞李英所部全数击溃，然后又转至涿州，歼灭孤立无援的庆寿。

两路援军被灭，中都彻底失去了希望，守将完颜承晖自杀身亡，副将抹撚尽忠逃走。当年五月，中都城终于陷落。至此，随着金朝旧都的陷落，河北地区的百姓大量逃亡，蒙古大军遂开始转掠河南各地，他们这一次准备依靠归附武装，完全占领当地的城池土地，大有将金朝河北地区逐渐纳入蒙古版图之势。

战火迅速从中都蔓延至整个黄河北岸，各地州府纷纷沦陷，蒙古骑兵来去如风，麾下的契丹、女真、汉人归附军也到处攻城略地，金廷只顾坚守河南一隅，放弃了黄河北岸和潼关以西地区，各地官府、百姓只能靠自身力量坚持抵抗。

而在辽东，本来负责讨伐耶律留哥的金军大将蒲鲜万奴见河北已成蒙古骑兵的猎场，木华黎大军又在辽西一带作战，金廷再无约束辽东的能力，于是这个野心家干脆起兵自立，裂土建国，自称“天王”，建国号“大真”（又作东真、东夏），改元“天泰”，辽东再也不属于金朝了。

不难看出，这一轮的蒙金战争中不乏汉人、契丹等归附武装的身影，成吉思汗果断撕毁和约便是乣军叛金附蒙引发的，攸哈剌拔都、刘伯林、石天应、石抹也先、石抹明安等人也在战争中出力的出力，献策的献策，给蒙古汗国增加了不少赢得战争的筹码。

第二章

新军团，中原纷乱

辽西之乱

公元1215年对蒙古汗国来说意义重大。经过多次重创，金廷抛弃河北已成定局。就在金中都即将沦陷之际，木华黎的辽西战役也基本结束，所有归附将领和地方武装中，尤以率部十万来归的原金国临海郡王张鲸最为强大和重要，而他所占据的锦州是连接辽东和辽西的重要枢纽，战略位置不言而喻。为了继续追剿反抗蒙古的残余势力，成吉思汗亲自诏令木华黎，任命张鲸为总北京十提控，率部随脱忽阑彻里必南下作战。

张鲸，早年事迹不详，史料里很难找到关于他的相关记载，刚一登场就是斩杀金朝节度使，举兵十万归附蒙古，可见此人很不简单。然而，手握重兵且占据要地的张鲸并不想给蒙古人卖命，归附木华黎的本意是为了保住自己的兵马和土地，但要他跟着蒙古将领去打仗，张鲸第一时间想到的是装病拖延。木华黎似乎有所察觉，让同是归附将领的石抹也先担任张鲸所部的监军。之所以没有派蒙古人去，可能是为了掩饰自己对张鲸的不信任，也可能是为了缓解张鲸的不满情绪。

张鲸和其他投降蒙古的将领有所不同，他的部属众多且有富饶的根据地，兵马并未受到蒙古军队的打击，更没有家人为质。成吉思汗虽然已经采用招降纳叛的策略，但像张鲸这样手握十万雄兵的军阀还是让人不太放心，如果他能像辽王耶律留哥那样主动送来人质，蒙古汗廷也许还能稍微安心一些。因此，随军南下作战是证明其忠诚的重要方式。

接到木华黎的征召令后，张鲸按照命令带着军队离开锦州老巢，但走到平州就不动了，整天躺在帅帐里装病。作为监军的石抹也先知道张鲸是有意拖延，不想把军队拉到南方打仗，也不想离大本营太远。于是，石抹也先突然发难，把张鲸直接绑送到成吉思汗帐前。

成吉思汗显然被张鲸的逗留不进惹恼了，“总北京十提控”已经是不小的官了，没想到张鲸居然这么不积极，便质问他：“朕何负汝？”[①]张鲸只好辩称自己是真的病了。张鲸毕竟反状未露，所以成吉思汗给了他一个机会，让他把弟弟张致送到蒙古当人质。结果，病恹恹的张鲸当天晚上就跑了。论奔驰的速度，张鲸哪有蒙古骑兵们快，他很快就被石抹也先擒获，当即被斩。

当年四月，眼看蒙古即将兴师问罪，张鲸的弟弟张致立即在锦州扯起反旗，号“汉兴皇帝”，改元“兴龙”，[②]不久即对平州、兴中、广宁、利州等地发起攻势，试图从蒙古手中夺回整个辽西地区，而那些并非真心归降蒙古的将领也趁机谋反，据城抗蒙，如兴州节度使赵守玉、开义杨伯杰。辽西大乱。

张致举兵自立是蒙古汗国首次遭遇归附武装的大规模反叛。

木华黎当然不会让张致的叛军毁掉自己在辽西打下的战果，他立即组织军队南下讨伐叛军。不过，木华黎的首战却很不顺利，他让在金大安初年归附蒙古的汉人将领李伯通为先锋，哪知此人却被张致阵斩于城北。李伯通的阵亡充分证明了锦州叛军的战斗力，木华黎只能亲自领兵讨伐张致，顺便也试一试归附蒙古的各族武装是否真心效命。

木华黎讨伐张致的阵容比较华丽，集结了吾也而、脱兰阇里必、移剌捏儿三路兵马，其中主力部队指挥官吾也而、脱兰阇里必属于蒙古本部人马，移剌捏儿则属于契丹世侯，他们都是平叛大军的第一序列。除这三人外，木华黎还命令涿州归附的史氏家族参战，包括史天祥、史天

---

① 引自《元史·木华黎传》。

②《元史·太祖本纪》：鲸弟致遂据锦州，僭号汉兴皇帝，改元兴龙。《续资治通鉴·卷一百六十》：鲸弟致，杀长史，据锦州，自称瀛王，改元兴隆。

倪和史进道，他们属于早期归附的汉人世侯，另外受封在义州等地的契丹世侯王珣也在木华黎的平叛大军中，这些人属于平叛大军的第二序列。

木华黎本人率领数万主力相机而动，所采用的政策依然是招降纳叛，对重新归附的将领和兵卒都既往不咎，甚至高官厚禄以待，交战伊始就策反了红罗山的将领杜秀，给出的归降待遇也很诱人——锦州节度使。有杜秀这样的榜样，木华黎平叛的速度很惊人，连被张致奉为上宾的何实也带着三千兵马归附蒙古，所过州县大多重新投降，史载“州郡多杀致所署长吏降”[①]。但战略要地兴中、锦州等地就不那么好打了。

为此，木华黎采用了蒙古军队习惯的战略战术，即先扫平外围，再聚集力量围城。首先展现出军事价值的是汉人将领史氏一族，他们被木华黎委以重任，先是万户史天倪一举夺取平州，史进道收复了广宁，后是史天祥杀奔兴州，生擒了叛将赵守玉，消灭了张致的重要同盟，蒙古军队主力遂在当年年底加紧围攻重镇兴中府。

不过，兴中府是重镇，城防坚固且有重兵把守，可不是那么容易攻占的。木华黎和成吉思汗一样喜欢用归附武装充当攻城的第一梯队，越是遇到坚固的城池，兵力消耗就越大。为了补充损耗的兵力，木华黎命令镇守义州的契丹世侯王珣随征。

王珣本名耶律珣，是旧辽国的大族后裔，金正隆末年，契丹发生叛乱，王珣便随母亲到辽西避难，改姓了王。王珣武力超群，擅长骑射，一个道士见到他后说他会因为一匹青色的马而显贵。一年后，王珣果然遇到了一匹青马，此马乃是一匹良驹，进退周旋无不如意，后来他又得

①《元史·木华黎传》：木华黎率蒙古不花等军数万讨之，州郡多杀致所署长吏降。

到了一柄古刀，上面刻着“举无不克，动必成功”的字样，王珣就带着一刀一马踏上了他的征途。

金末群盗蜂起时，王珣为了保护族人聚众自卫，很快就得到了十多万人，木华黎到来后，王珣果断投奔蒙古汗国，由于他带着十多万人的队伍，木华黎按照成吉思汗的意思授予其元帅之职，兼领义、川二州事，因他皮肤较黑，人称“哈剌元帅”[①]。张致叛乱时，王珣往来征战，所向无敌，最传奇的一次战斗是他用十八个骑兵击溃了叛军一千多骑，俘获了敌军几乎全部战马，如此离谱的战绩难免有些夸大，但王珣勇猛却是不争的事实。鉴于王珣这么能打，木华黎便调王珣增援兴中府战场。

张致也是战略高手，知道蒙古人习惯围点打援，如果他这时率部去救兴中府，很可能被木华黎歼灭在城外。于是，他采用围魏救赵之策，带着军队去偷袭王珣的大本营义州，趁其空虚攻破城防，尽杀王珣家眷亲属。[②]

然而，木华黎根本不会为了王珣的家人撤去包围，张致的围魏救赵并无效果，兴中府很快沦陷。王珣想回去救家人吗？他当然想，只是附蒙武装往往身不由己，任何违逆之举都会招来灭顶之灾，此时的王珣根本没有抗争的能力。

成吉思汗得知此事后，也觉得有些对不住王珣，于是特意遣人转告他说：“汝父子宣力我家，不意为张致所袭。归语汝父，善抚其军，自今以往，当忍耻蓄锐，俟逆党平，彼之族属、城邑、人民，一以付汝，吾不吝也。仍免徭赋五年，使汝父子世为大官。”[③]

---

①哈剌，蒙古语，指黑色。

②《元史·王珣传》：丙子春，张致僭号锦州，阴结开义杨伯杰等来掠义州，珣出战，伯杰引去。会致兄子千骑来冲，珣选十八骑突其前，复令左右掎角之。一卒以枪刺珣，珣挥刀杀之，其众溃走，获其马几尽。时兴中亦叛，木华黎围之，召珣以全军来会。致窥觇（chān）其虚，夜袭之，家人皆遇害。

③引自《元史·王珣传》。

兴中府战事平息后，蒙古大军才转头攻打开义杨伯杰，王珣为了证明自己的价值，奋勇争先，随木华黎迅速攻下了开义，擒获叛将杨伯杰。至此，张致的外围基本被木华黎扫荡干净。

蒙古太祖十一年（南宋嘉定九年，金贞祐四年，公元1216年），辽西之乱迎来高潮，木华黎决意从两翼展开包围，聚歼张致所部，而张致发现木华黎的意图后，也集中兵力从正面突破。有鉴于此，木华黎想到了一个诱敌围歼之计，他让吾也而急攻溜石山，吸引张致救援，自己则带兵屯驻神水县，并派一队兵马埋伏在永德县。此时的张致正率军西征利州，他担心溜石山被蒙古军队占领，便派侄子张东平率领三万步卒、八千骑兵增援溜石山，不出意料，这支军队跳进了蒙古军队的包围圈。

木华黎得报后，于深夜率部急驰向西，会同吾也而、何实等几路兵马合围张东平。由于张东平的兵卒多无铠甲，木华黎遂让一半士兵下马步战，并挑选精于射箭的弓手搭弓远射，射得叛军人仰马翻、一片大乱，待叛军阵线崩溃后，木华黎这才出动蒙古骑兵战术碾轧，其中汉将何实挺枪陷阵，一口气杀了三百多人，蒙古军队旋即阵斩张东平，斩首叛军一万二千八百余人。

惊闻侄子阵亡，张致只好率部撤回锦州坚守，攻势基本变成了守势，辽西之乱进入决战阶段。

接下来的战局没有任何悬念，凯歌高奏的木华黎引大军包围锦州城，麾下包括吾也而、脱兰阇里必、移剌捏儿、史天祥、王珣等众多将帅。时间一久，张致的粮食快要见底，而蒙古军队丝毫没有退兵的打算。叛军虽集中力量进行突围作战，却阵亡三千余人，溺水身亡者不计其数。这种时刻，张致本该安抚人心，团结所有力量，但他一时气急，居然以麾下将领作战不力为由，斩杀了二十余人。

外面是咄咄逼人的蒙古大军，里面是喜怒无常的冷血主帅，锦州人心惶惶，各部将领自然心怀异志。最终，叛军发生内讧，张致被部下高益俘献木华黎军前，锦州陷落。

张致覆灭后，广宁、懿州的叛军残部也开城投降，木华黎为了以儆效尤，震慑各地归附蒙古的降兵降将，除了有用的工匠优伶外，处决了其余所有投降的士卒百姓。当年十一月，辽西叛乱终于结束。

战后，成吉思汗为安抚归附武装，兑现了自己的诺言，赐予王珣金虎符，加金紫光禄大夫、兵马都元帅，镇辽东便宜行事，兼义、川等州节度使。王珣后来随木华黎征战山东，当木华黎主张尽杀叛服不定的新附之民时，王珣极力劝阻道："国朝经略中夏，宜以恩信结人，若降者则杀，后宁复有至者乎！"[①]这又是一例世侯规劝蒙古人不要嗜杀的例子。他死后，儿子王荣祖承袭父职，任荣禄大夫、崇义军节度使、义州管内观察使，成为辽西一带的世侯，一直做到了沿边招讨使，兼北京等路征行万户。

作为汉军武装掀起的大规模反叛，张鲸、张致兄弟领导的临海叛军阵容强大、兵力空前，在辽西引起了不小的骚动。辽西之乱的起因是成吉思汗想让张鲸兄弟率兵随征，这表明蒙古对归附武装是有军事要求的，绝不只满足于臣属关系的虚名，而对于敢于违逆自己的武装，蒙古汗国也会毫不犹豫地出兵弹压。

有意思的是，在这次平叛战争中，发挥主要作用的仍然是木华黎率领的世侯武装，而成吉思汗本人统率的蒙古主力并未参战，这恐怕既是蒙古对归附将领的敲打，也是对世侯武装忠心的检验，结果证明了世侯武装的价值和忠心，因此大规模招降各族武装的政策并未改变。

---

① 引自《元史 · 王珣传》。

也正因为辽西之乱平定得过于迅速，让自称“天王”的蒲鲜万奴最终臣服了蒙古汗国，也让已经占据辽东的耶律留哥对成吉思汗死心塌地。当契丹贵族意图拥立耶律留哥称帝自立时，这位爵位为“辽王”的世侯断然拒绝了，不仅带着儿子薛阇前去朝见成吉思汗，还同意交给蒙古三千质子军以示忠诚，甚至亲手剿灭了妄想恢复旧辽国的契丹叛军，终生不敢叛蒙。

至此，从辽西到辽东，金国在东北的老巢被掀了个底朝天，根基尽失的金人再也无法回到龙兴之地了。

木华黎的新军团

张鲸、张致的辽西之乱是蒙古汗国起用降兵降将后的第一次大规模反叛，波及的范围还谈不上广，却是蒙古对各族世侯们的集中检验，早期归降者如石抹也先、史天倪、移剌捏儿、王珣等人都在此次平叛战役中有良好的表现，这也算是木华黎率领归附武装经略中原前的“军事演习”。

对各族世侯来说，拥兵十万的张鲸兄弟被快速镇压，证明了蒙古汗国的雷霆手段和整体实力是归附武装无法轻易战胜的，因此张鲸兄弟蚍蜉撼树的叛乱对世侯武装起到了警示的作用，故而耶律留哥在一众契丹大臣的推戴下仍然不肯背叛成吉思汗。

参与此战的世侯们都得到了丰厚的报酬，在蒙古汗国的地位也越来越高。

石抹也先，契丹世侯，授上将军、御史大夫、提控诸路元帅府事，镇辽水以西、滦州以东，收编了张鲸兄弟最精锐的一万二千私军，号为

“黑军”，佩金虎符。

移剌捏儿，契丹世侯，绰号“霸州元帅”，因平定辽西之功受封龙虎卫上将军、兵马都提控元帅，佩金符。

王珣，契丹世侯，绰号“哈剌元帅”，加紫金光禄大夫，授兵马都元帅，镇辽东便宜行事，兼义、川等州节度使，佩金符。

史天倪，汉人世侯，授右副都元帅，管领军民二十四万户，佩金虎符。

史天祥，汉人世侯，授提控元帅，掌黑军一部兵马，佩金符。

辽西之乱发生时，金朝中都正好沦陷。当时的北方局势，成吉思汗以一敌多，先打服西夏，再扫荡河北、辽西等地，金朝已经到了大厦将倾的时刻。南迁之后，金廷采取退守黄河以南，全力固守潼关，巩固关陕的大战略，对河北地区只能听之任之。而蒙古汗国也试探性地发起了对河南地区的攻略。蒙将三模合率领一支偏师，借道西夏进入关中，从小关绕过潼关，深入河南地区，一度兵临汴梁不远处的杏花营，但这路蒙古军队毕竟只是小规模部队，而且孤军深入、缺乏增援，未能发动对汴梁的攻势，便被花帽军击退，只得返回黄河以北。

到这时，成吉思汗对金朝的兴趣大为降低，频繁的西方争端渐渐吸引了他的注意力，他决心暂缓对金朝的进攻，集中力量发动对中亚大国花剌子模的新战争，蒙古主力军队便开始收缩到草原，准备随其西征。不过，基本被打残的中原地区也不能完全不管，否则金廷极有可能收复失地，恢复元气。因此，成吉思汗决定组建一支新军团，代替他继续对金作战。

蒙古太祖十二年（南宋嘉定十年，金兴定元年，公元1217年），成吉思汗正式册封木华黎为太师、国王，赐九斿（yóu）白纛（dào），成立蒙、汉、契丹等族的混合军团，允许其自建行省管理军民，全权负责伐金战争，除本部人马外，中原、辽西、辽东等地的归附武装均听其节制，可以自专赏罚，木华黎俨然是被委任一方的诸侯王。

木华黎军团的组成极其复杂，他们并不是一支纯粹的蒙古军队，因为成吉思汗为了彻底消灭领土庞大的花剌子模，调走了几乎所有具有战斗力的蒙古本族军队，留给木华黎的蒙古兵马只有一万三千骑，包括火朱勒（也作火失勒）部千骑、兀鲁部四千骑、忙兀部木哥汉札千骑、弘吉剌部按陈那颜三千骑、亦乞剌部孛徒二千骑、札剌儿部带孙等二千骑，共六位指挥官。其中，带孙是木华黎兄弟，所领导的札剌儿部即木华黎的嫡系部队，类似于亲卫。

一万三千骑的蒙古军团是木华黎的主力，是他的第一序列军团。虽然是主力，但其数量太少，所以木华黎军团还必须有战力不俗的非蒙古军团作为协助。处于第二序列的是由汪古部人和各部抽调的精兵组成的一万混编军团，汪古部虽不是蒙古人，但其归顺时间最早，有引导成吉思汗突破金界壕（即金长城）的功劳，深受蒙古高层信任，他们也以骑兵为主，纵然不如蒙古本族骑兵那样彪悍，却也是金廷不小的威胁。这支军队的高级指挥官约五人，包括按察儿、孛罗、阔阔不花等骁将，他们在木华黎军中与蒙古军队地位相当。

以上两个序列的军团都是比较亲近木华黎的野战骑兵，约有两万三千人。作为蒙古汗国经略中原的新军团，木华黎军团必须要有强大的攻坚能力和守备能力，既要能快速攻城拔寨，还得拥有卫戍地方的能力，草原骑兵肯定不能胜任，各族世侯的价值就体现了出来。世侯麾下的军队同样成分复杂，有民间征募的自卫武装，有原属金军的地方部队，也有以家族、部族为单位的民兵。

根据《木华黎国王麾下诸军考》统计，木华黎麾下的各族世侯约有七万七千人的兵力，多数是汉人和契丹人，还有少量的女真人。这支军队中，高级指挥官共有六人，分别是吾也而、史天倪、石抹也先、刘伯林、石抹孛迭儿、耶律秃花，中级指挥官有兴中石天应、义州王珣、移剌捏儿、史天祥等人。其中，兵力最多的是汉人世侯史天倪所部，约两万四千人，其次则是上将军、御史大夫石抹也先，约有一万三千人，其余将官中，契丹人石抹孛迭儿、都元帅吾也而分领锦州等地的两万降兵，刘伯林、耶律秃花各有一万兵马，加上木华黎的第一、第二序列军团，整个木华黎军团共计十万兵马。

从构成比例来看，木华黎的十万混编军团中，世侯武装占到七成以上，属于绝对多数，而有权独立指挥部属的将官中，契丹世侯数量占第三序列军团的五成以上，位列第一，汉人世侯统属的兵马又占第三序列的四成以上，占整个木华黎军团的三成左右，也有不小的影响力。若论军事实力，整个木华黎军团中排在第一位的应该是契丹世侯，拥有四万人的武装力量，排在第二位的是汉人世侯，拥有三万四千人的武装力量，最后是蒙古、汪古部亲兵，拥有两万三千人的武装力量。因此，木华黎军团中的各族世侯有一定程度的发言权，蒙古将军们不得不重视他们的意见。

作为木华黎军团的第三序列，归附武装的地位虽然不如蒙古将领和汪古部亲军，但由于他们深知中原文化，有很好的管理经验，所辖军民的数量也非常庞大，故而成为木华黎经略中原的真正主力，其作用和地位丝毫不逊于第一、第二序列军团。很多时候，木华黎完全依靠这支归附武装作战，特别是难啃的攻城战，多是各族世侯冲锋陷阵，战后也是靠他们安定民心，恢复生产，提供赋税。

蒙金战争就此进入了第二阶段，即蒙汉联合军团与金国军队的战争。

在这一阶段的战争中，成吉思汗远赴西亚，木华黎军团必须完全靠自己的力量，所以这支军团的容错率很低，一旦失败极可能有灭顶之灾。但对各路归附将领来说，正因为没有强大的蒙古主力作为增援，世侯武装的作用就变得相当重要，若是能在战争中证明自己的价值，不仅能够左右木华黎军团的大战略，还能趁机扩充自己的领地和兵马，提升自己在蒙古汗国的地位。

为此，在世侯们的引导与劝谏下，木华黎一改蒙古军队劫掠的习惯，转而安抚百姓，采取怀柔政策：对于愿意主动来归的金军将领，一律授予其原来担任的职务，并入木华黎军团；对于战败投降的，他也不加杀戮，甚至还加以封赏。

木华黎军团有意识地吸收各地武装力量加入自己的队伍，并招募汉、契丹、女真等族的官员管理地方政府，他们每到一个地方就占领一个城市，任用降官、降将，恢复生产，劝课农桑，纪律严明，这样的转变很好地扭转了中原百姓对蒙古军队的印象，加上又有各族世侯刻意扩充地盘和兵马，中原地区的抵抗程度稍有减轻，这是木华黎能够迅速席卷河北、山西、山东等地的原因之一。

蒙古太祖十二年八月，木华黎于燕、云地区建立行省，作为攻略中原的大本营，新一阶段的战争就此拉开序幕。

金国的大战略

蒙古太祖十二年，成吉思汗西征花剌子模，这对金朝来说是战略反击的绝佳契机。机会虽然来了，但在金廷的朝堂上，本该谈论如何收复河北失地的大臣们却把南宋作为讨论的对象。时值术虎高琪掌权，此人对蒙作战毫无战绩，但为了获得些战绩以巩固自己的权力，他不顾众臣反对，执意推行南征的新战略，其目的就是把北边失去的领土从南边找补回来。这个“北”说的就是蒙古，“南”无疑指的是当时的南宋政权。

南宋政权作为北宋的延续，一直被金朝视为软弱可欺的对象，特别是在岳飞死后，南宋主和派一直把持朝中大权，卑躬屈膝地给金国送上岁币，金廷上下因此很轻视南宋朝廷。然而，看起来软弱的南宋也不是不敢发动战争，主战派韩侂（tuō）胄掌权后，一改往日颓废气象，发动了对金朝的三路北伐，史称“开禧北伐”[①]。

遗憾的是，南宋的北伐过于仓促，无论是军队还是后勤都无法承担这样的大战，毫无悬念地再次败给了金军，术虎高琪就以率两千兵马在秦州击溃三万宋军的战绩登上了金军名将榜，这使得他从心里瞧不起南宋，故而对南征的计划充满了信心。

巧的是，南宋虽然在战后与金廷签订了“嘉定和议”，但一直想着报仇雪恨，当成吉思汗的蒙古骑兵纵横黄河以北时，南宋立即停止了对金国的岁贡。南宋每年要交付的岁币多达银三十万两、绢三十万匹，是金国财政的重要收入，这成了术虎高琪主张南征的主要理由。

南宋软弱却不代表他们毫无血性，更不代表长江防线不堪一击。当年四月，金左都监乌古论庆寿、签枢密院事完颜赛不等奉命南征，起初确实是高歌猛进，但南宋的应对也很迅速，各地军民的抵抗活动非常激烈，仅仅过了一个月时间，各路金军就纷纷败退。到六月时，宋宁宗下诏反击，战火竟然烧到了金国境内，看来“吾国兵较北诚不如，较南则

---

① 时间从蒙古太祖元年（南宋开禧二年，金泰和六年，公元1206年）到蒙古太祖三年（南宋嘉定元年，金泰和八年，公元1208年）。

制之有余力”[①]的说法是完全错误的。

更离谱的是，金廷并未及时调整战略，反而坚持南征并加大赌注。蒙古太祖十四年（南宋嘉定十二年，金兴定三年，公元1219年），金宣宗以名将仆散安贞为统帅，发动了规模更大的三路南征，每路均有三万精兵，但结果与两年前的战事并无不同，各条战线均无功而返，其中南宋名将赵方、孟宗政等人赢得了斩首金军三万余人的枣阳保卫战，[②]该战称得上是南宋对金作战的重大胜利，进一步重创了日薄西山的金朝。

金宣宗凭借“南迁汴梁”和“北失南补”两大战略失误，毫无悬念地荣登“金朝昏君榜”，在金朝灭亡的快车上狠狠踩下了油门。

为什么金廷非要坚持南北开战呢？

若从局势来看，蒙古太祖十二年很特殊，成吉思汗在这一年掉头去打花剌子模了，大量的蒙古骑兵随之西征，河北似乎有恢复和平的可能，南征便没有了后顾之忧。若从女真贵族的角度看，金廷南迁汴京后，随同皇帝南下的还有大量的猛安、谋克，他们失去了河北的土地，现在全都挤在狭小的河南，争夺更多的领土是必然的趋势，而这些人打不过蒙古军队，自然只有打南宋。

金廷会有这一决策，除了术虎高琪的私心使然外，至少反映出金宣宗没有从蒙古手中夺回河北的信心，指望通过向南扩张来恢复国力，而他对南宋实力的错误判断，最终促成了蒙宋联合灭金，非但没有扩张领土，反而引来了更多的敌人。

现在再来看河北、山东的局势。

---

① 引自《大金国志·卷二十四》。

② 《宋史·赵方传》：枣阳城坚，金顿兵八十余日，方知其气已竭，乃召国、再兴还，并东师隶于再兴，克期合战。再兴败金人于瀼河，又败之城南，宗政自城中出夹击，杀其众三万，金人大溃，讹可单骑遁。

贞祐年间，河北纷乱，百姓离散。成吉思汗在河北劫掠扫荡，当地官吏不是被杀就是逃亡，地方秩序几近崩溃，女真贵族或许能南迁求生，但大多数平民百姓却无法安然离去，故而不少人聚众结寨，形成了大大小小的义兵武装。

相同的时代，总会有不同的抉择。义兵武装中，有助金抗蒙的，有降蒙求生的，还有反金割据的，其中河北地区的义兵武装比较倾向于助金抗蒙，山东地区则出现了大量的反金起义军——红袄军。

先说红袄军。

山东又称齐鲁之地，东临大海，南接宋廷，北抵燕云，西靠韩赵，特殊的地理位置让那里风起云涌，蒙、金、宋三国均在这里博弈，山东便成了黄河以北变数最大的地区。

在成吉思汗劫掠和金廷搜刮的双重灾难下，山东百姓的生活极其困苦，反金起义便愈演愈烈，其中最厉害的起义军势力有三股：一是在泰安、淄州出没的刘二祖，麾下有霍仪、彭义斌、石珪等；二是活动在莒州、密州一带的杨安儿，麾下有大将刘整、汲君立等；三是剽掠海州附近的李全，麾下有李福、刘庆福、国安用等。

这些红袄军到处攻城拔寨，部众迅速壮大至数十万人，一度攻占莒州、莱州、登州、海州、沂州、临朐等地，席卷了山东大半地区，杨安儿甚至在蒙古太祖九年时拟定了国号，霸占数个州郡，气焰十分嚣张。

山东有红袄军反金，难免也会有人助金。蒙古太祖九年，金廷以名将仆散安贞为山东路统军安抚使，专事镇压红袄军起义，而他的作战能力相当惊人，在四月至七月间先后击破了三十四万起义军，斩首十余万。到蒙古太祖十年时，杨安儿、刘二祖先后被杀，李全也被赶到海岛上苟延残喘。次年，郝定收拢的红袄军残部再被斩首九万，投降三万，红袄军几乎被打成了一盘散沙，纷纷逃往宋金边境。

战事转变如此之快，刚刚还打得金国军队溃不成军的红袄军，怎么仆散安贞一来就变得如此不堪一击？

其实，仆散安贞麾下镇压红袄军的可不止猛安、谋克的老爷们，他所倚仗的是一支从民间招募的武装力量——花帽军。

花帽军的主将名叫完颜仲元。此人原名郭仲元，在大安年间同郭阿邻应召入伍，累获战功，两人到蒙古太祖十年时已官至节度使，各领一支军队作战，其中郭仲元被调至山东，任知济南府事、权山东东路宣抚副使，人称“郭大相公”，麾下有精兵三万，尤以部将李霆最为骁勇善战。在镇压杨安儿、刘二祖等人的战争中，花帽军身先士卒，作战勇猛，几乎是以绝对的优势一再击败起义军主力，为金国重新收复山东立下了汗马功劳，故而金廷大加封赏，郭仲元、李霆都被赐姓完颜。

花帽军这么能打，金廷自然要把他们派到更险恶的地方，而他们也证明了自己的实力。蒙古太祖十一年，三模合率领一支万余人的蒙古铁骑绕过潼关，一路突袭至汴梁附近，这让金廷恐慌不已，如果汴梁被围，金廷难道还要向更远的地方逃离吗？

关键时刻，正是花帽军及时赶到，在距汴梁三十里的杏花营奋力迎战，才阻止了蒙古军队继续推进。双方具体的战损比不得而知，但结果是三模合仓皇逃离，显然花帽军获得了胜利。能击溃强悍的蒙古铁骑，花帽军的战斗力之强已是公认的事实，虽然人数不多，却是金廷可以倚仗的一支武装力量。

当然，金国可以倚仗的武装力量不可能只有完颜仲元、完颜霆的花帽军。

视线转到河北一带。

受封太师、国王后，木华黎开始经略中原。蒙汉军团对金作战侧重于拉拢反金武装和地方将帅，按照先定河北，次取山东，再图关陕的顺序，木华黎军团在蒙古太祖十二年年底大规模入侵河北，首先发兵攻打最近的遂城、蠡州。

蠡州之战时，金军凭城固守，激烈反抗。木华黎为快速攻破城池，以各族世侯武装充当先锋，命令他们一拨接一拨地往城墙上冲，倒在城墙下的人不计其数，但木华黎不为所动，不管牺牲多少人，他都要拿下蠡州城。

在这种情况下，各族世侯们岂有不拼死奋战的道理，石抹也先不顾城楼上箭如雨下，亲自提刀上阵，身旁的士兵们也踩着尸体蚁附登城。激战中，炮石迎面击中了石抹也先，他当场阵亡，其子石抹查剌阵前承袭御史大夫之职，继续率军作战，城池最终在持续不断的攻势下沦陷。

攻破遂城、蠡州后，木华黎于当年冬季攻陷大名府，然后分兵进入山东，掠取益都、登州、莱州、潍州、淄州、密州等地。第二年，木华黎经太和岭攻略山西，也就是河东地区，当年即攻克太原、平阳、潞州、汾州等重镇。第三年，即蒙古太祖十四年，木华黎又马不停蹄地调兵遣将，攻降岢岚火山军，拔取石州、隰州、绛州。

绛州之战时，蒙古军队又遇到了敌方城池过于坚固的问题，据说绛州城的围楼全是用石头建造的，牢不可破。起初蒙古军队是一点办法也没有，仍旧拿汉军士兵的血肉去拼杀，幸好汉人世侯深谙攻城之道，史天倪采用穴地作战，命令士兵悄悄在城墙下挖地道，使得围楼下方的地基塌陷，绛州遂被攻克。①

①《元史·史天倪传》：己卯，从木华黎徇河东，至绛州，其团楼甃以石，牢不可破。天倪命穴其旁，地虚，楼陷，遂拔之。

说起来，蠡州、绛州两场攻城战很具有代表性。

蠡州之战的规模虽不大，但木华黎强攻城池的决绝让人不寒而栗，在他的督促下，各族武装几乎是被当成炮灰送上了前线，蒙古军队毫无顾忌地用他们的血肉去消耗守军的兵力，连石抹也先这样的大将也要先登陷阵，其余大小将领可想而知。而绛州之战则表明蒙汉军团除了拿血肉强攻外，也懂得随机应变、因势利导，是一支熟知汉军攻城之术的军队。

进取河东的同时，木华黎也不失时机地派人经营山东，拉拢当地武装。史天倪受命担任这一地区的主将，他严肃军纪，不侵犯民财，凡敢偷杀百姓家禽的人一律斩首，一时间远近响应。不过，木华黎军团在此期间打下不少土地，却没有能力完全占领攻陷的城池，不久即收缩战线，从河北大名、山东益都等地撤离，留下了无人管理的真空地带。

至于金国一方，总体来说就一个字——乱。

河北的义兵武装非常多，在大量谋克、猛安南下后，他们便各占山头，其中以苗道润的实力最强，曾收复五十余座城池，但最强的人往往也最招人恨，素来我行我素的他难免与官军产生矛盾，而义兵武装间也彼此不服，都想扩大地盘，战斗常有发生。蒙古太祖十三年（南宋嘉定十一年，金兴定二年，公元1218年），以苗道润被杀为导火索，河北义军的火并情况更加严重，甚至有人投降蒙古，比如易州张柔。

针对河北混乱的局势，金国朝廷展开了激烈的讨论。战，金军不是蒙古铁骑的对手；和，蒙古又拒绝结束战争；唯有“守”字一途，而守又不能一概而守，需要重点防守，且有人防守。金廷讨论的计划是，首先迁民于河南，巩固关河防线，不愿意迁走的，允许他们各推首领，占据险山要地，闲时耕种，战时作战，留在当地与蒙古军队周旋，换言之，即要义兵武装作为缓冲。为了让这些留下的义兵武装发挥作用，金廷明智地授权他们中有威望的首领管理地方，赐予官职。

时间转眼来到蒙古太祖十五年（南宋嘉定十三年，金兴定四年，公元1220年），金廷做出了更加重大的决策，除了扶持当地武装，广发委任状外，还赐以公爵，设置公府，令当地武装首领专制一方。于是，金宣宗遥封河北各地的九个武装首领为公爵，全部兼任宣抚使，赐“宣力忠臣”头衔，这些人分别是恒山公武仙、沧海公王福、平阳公胡天作、易水公靖安民、上党公张开、东莒公燕宁、晋阳公郭文振、高阳公张甫、河间公移剌众家奴。

金宣宗给了九公们很大的自主权，除了手握重兵外，还允许他们任命官吏，征收赋税、钱粮为抗蒙所用，赏罚号令均可自行裁处，收复的失地也听其管理，是为“九公封建”。

河北九公全是在战火中成长起来的，除了晋阳公郭文振是进士出身、东莒公燕宁是金国提控官，其余七公都是义兵首领，尤以恒山公武仙、上党公张开最为强悍，不仅地盘广，而且兵强马壮。

九公之间，实力并不均衡。战力最弱的要数河间公移剌众家奴，其地盘被持续打击，他被迫依附于高阳公张甫，徒有虚名；兵马钱粮最缺的要数晋阳公郭文振，文治有余，武功不足，只能向朝廷和其他公府求粮维持，虽多次辞去爵位，却始终不被同意；而压力最大的数沧海公王福和东莒公燕宁，他们不仅要时刻提防被蒙汉军团劫掠，还要应对来自红袄军残部的攻击，非常窘迫。

但不管怎样，九公即代表九支主要的抗蒙武装力量，金廷允许他们开府募兵，也允许他们管理打下的地盘，多少鼓舞了九公与蒙汉军团争夺河北，让偏居河南的金宣宗有了战略缓冲区，让河南的金国朝廷能苟延残喘。

相比九公，蒙汉军团的武装力量更强，可谓将星云集。这支军团中，能征善战的将领除了带孙等蒙古勋贵外，石天应、移剌捏儿、史天祥、史天倪、张柔、刘伯林、王珣等都熟知军事且骁勇善战。

史天祥，涿州史氏，随史秉直在涿州归附成吉思汗，所属黑军直属于木华黎，早年任都镇抚，募兵万人随木华黎攻取霸州、文安等二十多座城池，因勇猛善战、敢于先登而闻名。先后参与木华黎的辽西、辽东战役，有讨伐答鲁，平定赵守玉、张致叛乱的功劳，历任镇国上将军、利州节度使、所部降民都总管、监军马元帅、权兵马都元帅，蒙古、汉军、黑军俱听其节制。

石天应，兴中永德人，出生在关外的他擅长骑马射箭，性格豪放，颇有豪杰之风，他不仅擅长舞枪弄棒，还“颇知读书”。能文能武的石天应既能上阵杀敌，也能出谋划策，再加上性格大度有领袖气质，乡里百姓多归附于他。[①]蒙古军队南下时，石天应主动归附，深受蒙古高层信任，得封兴中府尹、兵马都提控。石天应擅长打造攻战器械，作战能随机应变，累功历任龙虎卫上将军、元帅右监军、右副元帅等职，所部同样使用黑色旌旗，也称“黑军”。

史天倪，涿州史氏，史秉直之子，跟随木华黎四处征战，组建了数量多达万余人的清乐军，史载其“所向无敌”。[②]他同样参与了木华黎领导的大小战役，又因为智计百出，常常给蒙古高层出谋划策，深得成吉思汗赏识，被成吉思汗亲自封为马步军都统，管领二十四万户。

张柔，易州定兴人，早年受金将苗道润信任，被推举为金朝的定兴令、清州防御使，后迁为昭毅大将军、永定节度使、雄州管内观察使、

---

① 《元史·石天应传》：石天应，字瑞之，兴中永德人。善骑射，豪爽不羁，颇知读书，乡里人多归之。

② 《元史·史天倪传》：至是，天倪选其壮勇万人为义兵，号清乐军，以从兄天祥为先锋，所向无敌。

权元帅左都监，行元帅府事。苗道润被叛徒贾瑀谋杀后，张柔坚持为恩主报仇，被众人推举为行经略使事，替金朝抵御蒙古的入侵。狼牙岭一战，张柔因马失前蹄被蒙古军队俘虏，就此归顺蒙古汗国，参与蒙古的河北征战，最终剖杀贾瑀为苗道润报仇雪恨，从此一心效忠蒙古汗国。

刘伯林，山东济南人，曾任金朝威宁千户。成吉思汗攻打威宁时，刘伯林归顺蒙古，被任命为都提控，负责镇守天成，与金军交战数十次，累有战功，之后参与蒙古对西京大同的战役，因功获得金虎符，充任西京留守，兼任兵马副元帅。木华黎主持对金战争后，刘伯林归于木华黎麾下。其子刘黑马同样骁勇有智略，逐渐从军中脱颖而出，史载其“随父征战，大小数百战，出入行阵，略无惧色”[①]，是第二代汉人世侯中的佼佼者。

除此之外，还有曾经的汾阳郡公郭宝玉、“哈剌元帅”王珣、霸州元帅移剌捏儿、先锋何实以及日后归顺的董俊等人，他们都是木华黎麾下较为著名的战将。

为争夺河北的统治权，汉人世侯与河北九公势必要决出胜负才肯罢休。

九公与世侯的较量

蒙古太祖十五年，木华黎留大将拓拔按察儿坐镇平阳，任命刘世英为绛州节度使，李守忠代理河东南路元帅府事，之后便集结麾下军团的

---

① 引自《元史 · 刘伯林传》。

精锐力量，第二次大举攻伐河北、山东地区。

木华黎所部来势汹汹，首先兵至张柔治所满城，目标是金朝镇守真定府的恒山公武仙。武仙发迹于威州，早年靠聚集乡兵自保被金廷授予威州刺史，因击败真定石海，被加封为权知真定府事、真定府治中等。同年，武仙官拜真定府事兼经略使、权元帅右都监、中都留守，九公封建时赐爵“恒山公”，辖中山、真定、威州、冀州、沃州、平定州、栾城、镇宁、抱犊寨等地，兵强马壮且财力雄厚。

之所以首先进攻真定，可能是因为武仙太让蒙古军队头疼了。在这之前的几年中，屯兵满城的张柔还没有收到攻打真定府的命令，就遭到了武仙的主动进攻。双方第一次交手，武仙就出动了数万大军，而张柔刚刚归附蒙古，又分兵攻取保、易、雄、安等州，身边的兵马不过数百人，要打败武仙，只能用“奇策”。

张柔的“奇策”即疑兵之计。他把城内的老弱妇孺全部赶上城墙，伪装成守军，让远处的武仙以为城内兵马很多。而他自己则带着数百将士潜出城外，绕到敌军后方的辎重大营，尽数烧毁武仙带来的攻城器械。武仙攻城受阻，张柔一边派人到山上插满旗帜，声言有蒙古军队前来救援，一边带着少量骑兵持槊突入武仙军中，同时让山上的士兵曳柴扬尘，鼓噪以进。武仙果然被骗，以为遭到了蒙汉军团的包围，部队一路溃逃，遗尸数十里。张柔乘胜夺取完州，打出了以少胜多的辉煌战绩。

本以为武仙经此一役总该消停了吧，但他根本不像打了败仗的将军。次年，武仙再次提兵来犯，战绩与上一次几乎一样，被张柔乘胜攻取了郎山、祈阳、曲阳，连中山府也被包围。但武仙仍不死心，立即让大将葛铁枪救援中山府。两军交战于新乐，飞矢射中了张柔的下巴，打掉了两颗牙齿，张柔拔矢激战，所部斩首数千级，第三次击败了武仙的军队。可武仙还有兵马，他又派藁（gǎo）城令刘成增援中山，结果再被张柔击败，中山府在援兵尽失后最终沦陷。

若以为此时的武仙元气大伤，那就大错特错了。很快，他便集结重兵直接杀奔张柔的大本营——满城。这么大胆的战术是张柔始料未及的，双方没有野战，一见面就是激烈的攻防战，张柔被围城中，不得不登城督战，飞矢又一次射中他，攻城士兵大呼："张柔中箭了！"但张柔不为所动，拔下箭矢后竟带兵出城搏杀，第五次击败了武仙的军队。

仅仅一个月的时间，张柔与武仙前后搏战了十七次，虽然屡屡夺下武仙的城池，①但武仙总能率部反击，可见武仙军力之多，地盘之大，战斗欲之盛，意志力之顽强，非一般金军可比。

木华黎首先到满城，明显是想先拿实力最强的武仙开刀，意在杀鸡儆猴，震慑河北、山东的各路军阀。而他带来的主将既有世侯武装中实力最强的史天倪，也有战功赫赫的蒙古不花和蒙古铁骑。

蒙古不花率领三千精骑杀出倒马关后，迎头击溃了武仙的大将葛铁枪，轻松歼灭了武仙的野战力量。史天倪一杀入真定府，立即展现出超强的作战能力，沿途逼降各处城寨，但抵达真定时，他也遇到了和张柔一样的恶战，始终无法破城。

见武仙固守真定城负隅顽抗，史天倪果断转攻大名城，在部将多次登城失败后，史天倪冒着箭矢亲自攀梯攻城，一举攻克大名。有张柔、史天倪、蒙古不花联手作战，武仙的真定基本成了孤城。

局势发展如此迅速，武仙在木华黎军团咄咄逼人的攻势下惶恐难安，汉将史天祥乘机建议木华黎招降武仙，并愿意涉险当面劝说武仙。

---

①《元史·张柔传》：（张柔）略地至鼓城，单骑入城，喻以祸福，城遂降。又败仙于祁州，进攻深泽、宁晋、安平，克之。分遣别将攻下平棘、藁城、无极、栾城诸县，辟地千余里。由是深、冀以北，真定以东三十余城，缘山反侧鹿儿、野狸等寨，相继降附。一月之间，与仙遇者凡十有七，每战辄胜。

武仙本就对木华黎军团心有畏惧，军队也在接连不断的战斗中被打光了大半，见对方派大将前来招降，心中已有了降意，而木华黎招揽各路武装向来待遇优厚，允许他继续镇守真定，统率所部兵马。武仙权衡利弊后，最终率真定府军民归降了木华黎。

作为金朝在河北最大的武装势力，恒山公武仙投降木华黎后，蒙汉军团的实力大增，而金朝在河北、山东的抗蒙武装大受震动，一时间人心惶惶。

拿下恒山公武仙后，木华黎遂封史天祥为左副都元帅，率部攻打邢州的遥水山。镇守此地的是武仙的兄长——邢州节度使武贵，他率数万兵马屯驻山上，凭借居高临下的优势和坚固的工事坚守，试图与蒙古军队打阵地战，蒙古军队轻易攻不下来。武仙想去劝降，但武贵并不买账，毕竟他还有数万兵马和坚固的城寨，岂能轻易归顺？

然而，武贵低估了木华黎的世侯武装。史天祥负责指挥攻打遥水寨，他通过认真勘察地形，发现了一条小路可直抵守军背后，但有陡峭的悬崖，难以攀登，于是史天祥一边与部将约定了发动进攻的时间，另一边从所部黑军中挑选了一百余精兵，带着这些勇士悄悄行动，从险峻的小路攀援而上，突袭了武贵的山寨。遭到奇袭的武贵大惊失色，这才率众归顺木华黎。此战让武仙惊呼史天祥的军队如同长了翅膀一样。①

随后，木华黎指挥军团四处攻城拔寨，史天祥相继攻下邢州、磁州、相州三地，蒙古不花又攻取了卫州、怀州、孟州，木华黎所部由此抵达山东济南。

济南当时属于南宋，守将严实本是金国将领，官至权长清令，后转

---

①《元史·史天祥传》：仙惊曰：“公若有羽翼者，不然，何其能也！”

投南宋，被封为济南治中，他利用南宋的资源到处攻城拔寨，势力扩张得相当快。《元史·严实传》载：“宋因以实为济南治中，分兵四出，所至无不下，于是太行之东，皆受实节制。”

面对逼人的攻势，任谁都会害怕，严实知道南宋不会出兵救援，当年七月便率彰德、大名、洺州、恩州、博州、滑州等地三十余万户归降木华黎，木华黎军团再次壮大，势力已经覆盖山西、河北、山东大片区域，可谓威震中原。

面对木华黎军团的咄咄攻势，金廷害怕木华黎会渡过黄河南下，不得不聚集二十万兵马，屯驻黄陵冈，试图挡住木华黎的攻势，并伺机夺得济南。

别看金军兵马有二十万之多，但他们都是杂牌军，即使木华黎只有不到十万人的军团，这些人也不敢与蒙古军队决战，只是先派了两万步兵袭击济南。然而，木华黎很是骁勇，只点了五百轻骑兵就打得这两万兵马溃不成军，旋即进抵黄陵冈，金军战力之弱可见一斑。

黄陵冈战场上，金军隔河列阵，试图以逸待劳把蒙古军队挡在岸边。木华黎见后认为此战不能使用长杆兵器，因为如果用长杆兵器交战，士兵往往在远处刺击，军队很难快速登岸，一旦被敌军挡在水中，阵形必然大乱。因此，木华黎下令骑兵全部下马，手持短剑发起冲锋。骁勇的木华黎军团先是用遮天蔽日的箭雨射杀了不少站在前面的金军士兵，待敌军战线陷入混乱后，再冲杀入阵，持短剑、短枪迫使金军贴身肉搏。金军本就战力不佳，士气也不怎么高，一看对方如狼似虎，顿时军心大乱，一些人被砍倒后，剩下的人吓得赶紧转身逃窜，反被蒙古军队砍死在岸边。

黄陵冈一战，木华黎军团威名大震，大破二十万金军，随即攻取了楚丘、单州、胜州、兖州，包围了东平府。

也是在这一年中，易水公靖安民在易、保、雄、安等州相继沦陷后，被蒙古军队包围在檐车寨，守寨提控马豹为了求生，劫持靖安民的妻儿及寨中老弱投降，靖安民不降，遂被杀害。再加上被红袄军和南宋联手击败的沧海公王福，河北九公在一年之内已有三公败亡。

从这一年的战事中不难发现，木华黎军团因为汉人、契丹人、女真人居多，攻坚作战上相较成吉思汗时期有了很大提升，常常能打下坚固的城池。比如围攻四面环水的楚丘时，各族世侯们就指挥士兵抱着树枝、干草冲到城下填埋壕沟，虽死伤惨重，但瓦解了城外工事，新归顺的汉将严实率先登城，这才袭破了城池。而攻打洺州时，带孙因城池坚固迟迟没有进展，依然是汉人将领石天应前来增援后才攻克了城池。

蒙汉军团席卷河北、山东的攻势，吓坏了早先归附南宋的山东军阀们，这些人不少是起兵反金的红袄军，对金朝本就没有好感，而南宋向来顾虑太多，不敢集全国之力插手山东战事，还把山东义军和江南宋兵区别对待，使得如严实这样的将领相继弃宋投蒙。不久后，南宋涟水忠义统辖石珪因被排挤而归顺了木华黎，被封为济州、兖州、单州都总管；京东安抚使张林也带着军队投降，被封为权山东东路益都等州都元帅府事；郑遵献出蓨县（后改为元州）等地后被封为节度使。

木华黎军团在这一年里威震中原。

第三章

分胜负，蒙金血战

折戟关陕

蒙古太祖十五年年底，木华黎夺取单、胜、兖三州后，进围东平府。东平府是山东重镇，也是宋、金、蒙都想占领的地方，此时坐镇东平的是金国右副元帅、权参知政事、东平行尚书省事蒙古纲，麾下大将王庭玉特别善战，凡是来打东平的，无不被其击败。

不同于太原、平阳等多次被蒙古军队攻陷的城池，东平府的易守难攻不仅体现在守将善战上，也体现在城防工事上，当年成吉思汗三路大军扫荡中原时，连克九十余郡，唯有十一座城池没有攻下，东平就是其中之一。

不仅如此，金廷为巩固对山东地区的统治，曾派山东东路转运使、权知益都府事、行六部尚书宣差便宜招讨使田琢坐镇益都，再加上东莒公燕宁的辖区本就在山东，东平、益都、莒州便形成了一个铁三角，彼此能相互支援。

可惜，益都这一角首先出了问题。田琢本是文吏，不擅长带兵打仗，作战任务多数交给了益都治中张林，但张林野心很大，趁田琢派他带兵收复莱州时发动兵变，赶走了田琢，霸占了益都。等到红袄军李全进犯益都时，张林迫于压力投降了南宋，官至京东安抚使，和李全关系破裂后，他又转投木华黎，摇身一变成了蒙古将领。

即便如此，在木华黎大军围攻东平府时，蒙古纲、燕宁、王庭玉联合作战，依然顶住了蒙汉军团的多次进攻。据《元史·木华黎传》记载，木华黎久攻东平不下，迁怒于攻城不力的吾也而，甚至要亲手斩了他，史天祥赶紧站出来请求代替吾也而攻城，得到了木华黎的许可。但史天祥拼尽全力，同样无法攻下东平城墙。木华黎全程观战，总算认清了东平易守难攻的现实，于是对史天祥说道：“尔力竭矣，宜少休。”[1]这才放弃了对东平的围攻。

凭借东平保卫战的功劳，蒙古纲、燕宁、王庭玉全部官升一级。

木华黎是智将，更是统帅，既暴躁也狡猾，既急躁也冷静，见东平强攻不下，他便留下梭鲁忽秃（也作唆鲁忽秃）和三千蒙古骑兵，让严实设法围困东平，直到城中粮尽。为了实现这一计划，严实和梭鲁忽秃必须解决掉东平的外援，也就是东莒公燕宁，蒙汉军团因而假装解除包围，让金廷误以为蒙古军队彻底放弃了东平，不仅蒙古纲、燕宁上当了，连金宣宗也高兴地恢复了东平的科举考试，真以为山东大吉了。

谁承想，当燕宁从东平府返回驻地时，蒙古军队在途中设伏以待。这一战的具体经过不得而知，但蒙古军队肯定集中了优势兵力，梭鲁忽秃的三千铁骑大概全被派了出去，其结果是东莒公燕宁阵亡，河北九公中又折损一人。至此东平外援全部断绝，仅剩蒙古纲一人坚守东平，势单力孤。

惊恐之余，蒙古纲以东平城粮尽为由上奏金宣宗，请求放弃东平，迁行省于邳（pī）州。但蒙古军队绝不可能让他安然撤离。在蒙古纲率众逃离东平的路上，梭鲁忽秃纵马追杀，斩首七千余级，蒙古纲在数百人的保护下突围逃走。严实、石珪就此进入东平府，分据南北，前者被任命为东平行省，后者被封为东平兵马都总管、山东诸路都元帅，虽然金将郑从宜不久后击败了石珪，但山东全境沦陷也只是时间问题。

《金史·燕宁传》载：“自益都张林逐田琢，继而宁死，蒙古纲势孤，徙军邳州，山东不复能守矣。”

蒙古太祖十六年（南宋嘉定十四年，金兴定五年，公元1221年），

---

① 引自《元史·史天祥传》。

大致平定河北、山东的木华黎把目光聚集到了关陕地区，于十月从东胜州渡过黄河，征召西夏五万兵马助战，当月即攻克葭州，以汉将石天应为权行台兵马都元帅，扼守从河东到关陕的交通要道。关陕战役拉开了序幕。

关陕地区古时被称为关中，是秦、汉、唐等朝的统治中心，以其地理位置险要著称。此时的关陕虽不如曾经那样繁华，但战略地位依然很重要，由于金廷迁都南京汴梁，蒙古军队要攻入河南就必须渡过黄河，或者攻取潼关。潼关向来易守难攻，虽然也曾被蒙古军队突破过，但金军集结重兵守卫潼关后，蒙古军队就不能轻易越关而过了。

如今，关陕便成了蒙古军队突破关河防线的另一个选择，金廷自是知道关中的重要性，积极部署当地的防务，一是调遣善战之将坐镇要地，二是集结重兵屯驻坚城。此时的关陕地区驻扎有多少军队呢？

普遍认为，金廷部署在关陕的军队多达二十万。

据《续资治通鉴·卷一百六十四》记载，移剌蒲阿在给朝廷的奏疏中说道："陕西设两行省，本以籓卫河南。今北军之来，三年于兹，行省统军马二三十万，未尝对垒，亦未尝得一折箭，何用行省？"

由此可知，金军在关陕一线至少设置了两个行省专理军务，部署了不低于二十万的军队，其作用是拱卫南迁后的金国朝廷。

从战略地位上看，关陕的金军随时都能从西线杀入河东，破坏木华黎的大后方，若木华黎军团此时攻入河南，很容易被人切断后路。所以，木华黎的战略计划极可能是先平定关陕，剪除河南的侧翼，然后再从西面攻打潼关，继而进入河南地区。

攻略关陕，木华黎的第一关就是靠近葭州的延安府。延安虽然不算富裕，但其北连西夏，东阻葭州，是不能不攻取的城池。

镇守延安的是金国大将完颜合达，所部兵马约三万人，此人骁勇善战，一上任就向金廷提出了两条重要建议：一是让军队常驻一方，使其熟悉辖区山川地形，以备作战御敌；二是选派老成持重的将领安抚军中老弱，教习军中子弟学习骑射，以备将来。

蒙夏联军即将赶到时，完颜合达与征行元帅纳哈买住商议道："比北方兵至，先破夏人则后易为力。"[①]

这是相当正确的决策，彼时的夏军正在围攻安塞堡，完颜合达挑选了一队精兵，带着干粮昼夜兼程，乘夜突袭了夏军大营，夏军的心理素质和战斗力都不如金军，当即崩溃逃跑，被完颜合达追杀了四十里，跌落崖谷摔死的不计其数，五万夏军就这么被消灭了。消息传到金廷，金宣宗高兴地降诏把完颜合达的战绩传遍河南，一时间完颜合达的名声家喻户晓。

木华黎抵达延安后，在距离城池三十里的地方安营扎寨，而完颜合达率领三万兵马列阵于城东，丝毫不惧怕木华黎军团。蒙古不花率三千骑侦察后，认为完颜合达刚刚赢得胜利，士气正盛，应该像以往一样设伏，诱使敌军主动进入包围圈。木华黎于是在半夜率领大军悄悄埋伏在城东十五里的两个山谷之间。

次日，蒙古不花率部诈败诱敌，完颜合达果然上当追击，结果一到山谷就被木华黎的伏兵杀得溃不成军，当即阵亡七千余人，战马被俘获八百匹。完颜合达只好退守延安，固守不出，任由木华黎围攻了十天，依旧岿然不动。看来木华黎的伏击并未伤及完颜合达的元气，他依然有充足的兵力应对蒙汉军团的进攻。

见一时拿不下延安，木华黎留下部分兵马围城后，又率领大军绕

---

① 引自《金史·完颜合达传》。

过延安，攻取了洛川、鄜（fū）州，十二月又攻取了潼关，试图孤立延安，这也是木华黎的老战术了。然而，完颜合达始终坚守城池不出，蒙古军队来了就打守城战，蒙古军队走了也绝不追击，就算木华黎军团有不少世侯武装，延安依然没有陷落的迹象。

延安之战陷入僵局，木华黎只能继续扫荡延安外围，不久又去攻打坊州。没有木华黎坐镇的河北马上就出了乱子，因为木华黎攻略河北时并未完全消灭金国在当地的武装力量，河北九公尚有五人在与蒙古军队作战，隰州就在这时被金军收复，木华黎只好放弃延安，回大后方“救火”，先是收复了隰州，后又攻取代州作为报复。

为了再次杀入关陕，木华黎采纳汉军将领的建议，在河北一带大兴屯田，伺机消灭河北剩下的威胁。晋阳公郭文振惊恐地上奏金廷：“河朔受兵有年矣，向皆秋来春去，今已盛暑不回，且不嗜戕杀，恣民耕稼，此殆不可测也。”①

蒙古太祖十七年（南宋嘉定十五年，金元光元年，公元1222年）七月，木华黎派蒙古不花引兵出秦、陇以张声势，自己则率军攻拔孟州四蹄寨、晋阳县义和寨、三清岩及霍州山堡。三个月后，木华黎移兵攻打平阳公胡天作，将其包围在青龙堡内，昼夜猛攻。

见青龙堡危急，金廷急调上党公张开、晋阳公郭文振带兵救援，但两军被蒙汉军团堵在距离青龙堡三十里的弹平寨，根本到不了前线。外援断绝后，青龙堡人心浮动，知府事朮虎忽失来、总领提控王和投敌开城，胡天作也被木华黎俘虏，不久因伺机谋叛被处死，河北九公又折损一员。

---

① 引自《续资治通鉴 · 卷一百六十二》。

唯一的好消息是，上党公张开在这一年收复了泽州，高阳公张甫、河间公移剌众家奴联手收复河间、蠡、安、献等地。但木华黎根本不担心，因为他留下史天倪、张柔、刘伯林坐镇河北，严实坐镇山东，不断对剩下的四公发动攻势，张甫、移剌众家奴、郭文振最后还是被击败了。其中，张甫逃去了南宋，被李全之弟李福所杀；郭文振因无钱粮维持军队，只能逃到卫州苟延残喘；移剌众家奴则下落不明。只有张开四处转战，直到地盘全都丢失后，才逃到汴梁，金朝灭亡时死难。

蒙古太祖十七年年底，木华黎稳定了山西、河北的局势后，再次杀入关陕地区。这一次，木华黎依然亲率主力军团深入关陕腹地，目标是重镇京兆府。同时，为了保障后方安全，他让陕西河东路行台、兵马都元帅石天应进取河中府，遏制来自潼关的军事威胁。石天应倒也不负众望，趁守将侯小叔离城外出时，一举夺取河中。

石天应年近六十，算是汉人世侯中的老将，年龄虽大但心态非常积极。镇守葭州时，石天应为了保障蒙古军队从此处渡过黄河，就地制造船只，并尝试修建浮桥。由于当地水流湍急，部将们都认为在这里修桥会徒劳无功，便建议石天应放弃修桥的计划。然而，石天应丝毫不惧艰难困苦，无论别人怎么劝说，他依然坚持修建浮桥，并怒喝道："有沮吾事者，断其舌！"等到浮桥建成之日，人们都心悦诚服。①

占领河中后，木华黎认为只有石天应有能力执掌河东地区，于是任命他为权河东南北路陕右关西行台，节制平阳李守忠、太原攸哈剌拔都、隰（xí）州田雄等将。木华黎遂渡河再伐关陕，攻取了同州、蒲

---

①《元史·石天应传》：遂造舟楫，建浮桥。诸将多言水涨波恶，恐劳费无功，天应下令曰："有沮吾事者，断其舌！"桥成，诸将悦服。

城，进逼京兆府。

河东地区是条狭长地带，论危险只有河中一处而已，石天应的部将们认为河中位置突出，来自京兆府和潼关的金军都可能反攻此处，当地百姓又是新归附的，很不可靠，不应该长期屯驻此处。石天应却认为河中府的位置虽然容易被进攻，但它北接汾州、晋州，西连同州、华州，地域广袤，有数十万户人家，如果在此处修建水道，便可进取关陕，关陕平定则河南不难攻下，而且他自己年近六十，时日无多，一旦卧病在床，只能眼看着后生建功立业，他自然不会甘心，因此他坚持留在河中府作战。

很快，金军就调集军队争夺河中府。石天应兵力不足，无法与之正面决战，故而他派部将吴泽带五百兵马埋伏在城外树林中，试图在金军路过树林时与之出城夹击。然而，吴泽埋伏城外时好酒贪杯，居然喝得酩酊大醉，金军毫无阻碍地直抵城下。这下轮到石天应大惊失色了，他匆忙组织防御，却因寡不敌众于巷战中阵亡，河中府又回到金廷手中，河东地区的局势再起波澜。

石天应阵亡河中的同时，木华黎的主力也遇到了硬茬。此时镇守京兆府的还是完颜合达，此人虽然野战能力一般，但守城很有一套，加上手握二十万兵马，啃不下延安的木华黎在京兆府城下也连连受挫。无奈之下，木华黎留蒙古不花的六千兵马在京兆府城外监视，另分兵三千给按赤一部，让他们守在潼关外，阻止金朝援军从潼关增援关陕战场，而木华黎自己则率领剩下的主力扫荡京兆府的外围，目标是京兆府西侧的凤翔。

金朝似乎也意识到了凤翔的重要性，不断把周围的兵力集中到凤翔战场，使得本就不好打的攻城战更加棘手。镇守凤翔的大将是蒙古军队的老熟人完颜仲元，他手下的花帽军身经百战，纵横山东、河北、山西多年，如今已算是百战之师，而完颜仲元行事也非常胆大，战况危急时敢于直接任命四品以下官吏，因而极大地鼓舞了守军士气，守军交战伊始就展现出宁死不屈的勇气。

当时，考虑到蒙夏联军可能长期围困凤翔，完颜仲元与副帅马庆祥商议后决定趁蒙古军队尚未抵达前坚壁清野，不让他们在凤翔外找到补给。于是马庆祥、治中胥谦各率一队兵马出城实施这一计划，不料两人都遭遇了蒙古军队的先头部队，马庆祥率部奋力作战，边战边退，直到被完全包围后，他自知不能脱身，悲壮地说道："吾属荷国厚恩，竭力效死乃其职也。"[①]全军将士无不应诺。蒙古军队虽反复劝降，但马庆祥、胥谦力战不屈，最终与所部兵士一同战死，无一人投敌。

木华黎征战多年，虽是一员智将，但也有一个毛病，那就是太过急躁，当年久攻东平不下时，他就忙着把主力带去打关陕，延安攻不下时，他又到处转战。如今关陕战场让他处处碰壁，他早已怒火中烧，如同赌徒一样，不断加大自己的赌注，失去了往日冷静的判断，西夏因而被木华黎征调了近十万兵马协同攻打凤翔。一时间，蒙夏联军的营寨遍布凤翔城外，绵延数百里。

然而，正如《孙子兵法·谋攻篇》所言，攻城永远是战争的下下策，坚固的城墙加上拼死抵抗的守军，蒙夏联军发动的多次强攻都以失败告终，凤翔攻坚战从冬天一直打到次年春天还是没有任何进展。

戏剧性的一幕发生了，守将郭虾蟆在城墙上御敌时，偶然发现西夏军中有一人安坐胡床指挥，判定此人必是西夏大将，郭虾蟆于是举起弓矢，在西夏将军抬手的一瞬间，突然发箭射中其腋下没有着甲的位置，当场将其击毙。

---

① 引自《金史·卷六十二》。

惊慌不已的西夏军队失去了指挥，都想撤兵回国，但又害怕木华黎阻止他们离去，竟然在毫无预兆的情况下突然逃走。木华黎得知后大为惊讶，蒙古军队也因友军突然离去士气大跌。仗打到此时，任谁也知道凤翔城是拿不下来了。金军取得了前所未有的胜利，一时间朝野振奋。

愤怒、失望、怨恨、无奈交织在木华黎心中，这位被成吉思汗委任一方的太师、国王终于在各种劝说声中决定撤离关陕，放弃了之前夺下的土地城池。而他的撤军之路也非常艰辛。

石天应在河中战死后，金将侯小叔烧毁了他好不容易才修建的桥梁，蒙古军队返回河北的道路便被切断了。木华黎为了回到河北，让史天祥等将提兵十万收复河中，虽然斩杀了侯小叔，但桥梁一时半会儿修不好，只能转攻河西的十多个堡寨，战事艰难到连负伤在身的移剌捏儿都不得不带伤陷阵。

木华黎哀伤地说道："吾奉命专征，不数年取辽西、辽东、山东、河北，不劳余力；前攻天平、延安，今攻凤翔皆不下，岂吾命将尽耶？"[①]

蒙古太祖十八年（南宋嘉定十六年，金元光二年，公元1223年）春，木华黎几经波折总算撤回到河东闻喜县。来到这里的他再也走不动了，他对兄弟带孙说道："我为国家助成大业，擐甲执锐，垂四十年，东征西讨，无复遗恨，第恨汴京未下耳，汝其勉之。"[②]不久，木华黎病逝，时年五十四岁。

作为蒙古、契丹、汉人联军的第一任指挥官，木华黎率领的蒙汉军

---

① 引自《元史 · 木华黎传》。

② 引自《元史 · 木华黎传》。

团改变了蒙古对外作战的方式，不再肆意掠夺、破坏占领的土地，对各路降兵降将来者不拒，任用他们组建地方政府，招募兵卒协助蒙古军队作战，使得一支以各族世侯武装为主的蒙汉军团像飓风一样扫荡辽阔的中原地区，沉重打击了金朝在山西、河北、山东的统治，为日后彻底消灭金朝奠定了基础。可惜木华黎过于急躁，在没有完全稳定河北、山东的前提下，贸然进入关陕腹地，结果处处碰壁，白白浪费了兵力和时间。

关陕战役会失败固然有很多原因，但最关键的一点是木华黎步子迈得太大，在大后方尚不稳固的情况下贸然西征，须知河北九公仍未被完全消灭，而金廷在各地也有不少兵力，一旦木华黎带着主力离开，金军势必会在其后方发起攻势，河中府的反复争夺以及石天应的阵亡正是这一原因造成的，木华黎险些被困在关中。

另外很重要的一点是金军的战斗力在这几年里显著上升，而所任用的将军也多为名将，比如完颜仲元的花帽军已是百战之师，完颜合达与箭术超群的郭虾蟆都是一代良将，而阵亡河中的侯小叔和宁死不屈的马庆祥同样是忠勇之士，这些人绝非完颜承裕、胡沙虎之流可比，他们齐聚关陕，让关中防线成了铜墙铁壁。

木华黎虽然死了，但蒙汉联合军团却没有就此结束他们的征战，随着各族世侯的势力越来越大，作用越来越明显，成吉思汗也认可了这支由归附武装组成的军团，大力提拔有能力的世侯，其中史天祥、史天倪、刘伯林、刘黑马、张柔、严实等人逐渐成为蒙古汗国在中原地区的直接统治者，麾下不仅带甲数万，而且治下有数十万户百姓，在蒙古与金朝的战争中依然是无法忽视的力量。

河北、山东的混战

蒙古太祖十八年，木华黎于闻喜病逝后，其国王爵位由长子孛鲁继承，中原各地的世侯武装俱听其节制，孛鲁便成为蒙汉军团的第二任统帅。作为木华黎的长子，孛鲁也是一员将才，不仅擅长骑射，而且精通多种语言，其中就包括汉语，《元史·孛鲁传》赞其"沈（沉）毅魁杰，宽厚爱人，通诸国语，善骑射"，拥有这些素质的孛鲁是领导多民族军团的不二人选。

不过，按照成吉思汗的旨意，孛鲁走马上任的首要大事不是继续攻略关陕地区，而是出兵讨伐摇摆不定的西夏政权。木华黎在攻打凤翔时，西夏军不告而别，致使这场战役功败垂成，木华黎本人也因此忧愤成疾，最终病逝军中。成吉思汗为此勃然大怒，对西夏临阵脱逃耿耿于怀，视西夏为征讨金朝的绊脚石，欲除之而后快，所以他凯旋后立即发起了对西夏的灭国之战。

因此，孛鲁接掌兵权后立马停止了原来的征金大战，蒙汉军团主力都随其西征西夏了，已经打下来的山西、河北、山东等地要么放弃，要么都交给世侯武装中的佼佼者管理。当时，蒙古汗国把归附的主要世侯部署在真定、大名、河间、东平、济南各路，意在追剿黄河以北的残金势力，并伺机进取山东。其中坐镇真定府的世侯是蒙汉军团中势力最大的史天倪，官拜金紫光禄大夫、河北西路兵马都元帅，行元帅府事。其族兄史天祥在收复河中府后，佩金虎符，授蒙古汉军兵马都元帅，总领十二万户，镇守河中，也是很受蒙古信任的汉将。

山东乱局

现在回头介绍山东仅剩的红袄军。

红袄军领袖杨安儿、刘二祖被杀后，李全也退至东海。在这样的危局之下，红袄军不得不寻找能提供钱粮的靠山，南宋趁机把手伸了过来，暗中输送钱粮，组织红袄军反攻金军，而李全在杨安儿、刘二祖旧部彭义斌等人投奔他后，实力有所恢复，竟然一度出兵攻占了莒州、密州、青州。

红袄军的胜利让南宋看到了收复山东的可能，于是他们暗中给李全、彭义斌等红袄军提供军资钱粮，将其编为“忠义军”，由坐镇楚州的制置使负责节制，遥控他们继续攻打金国，其中李全战功显著，不仅攻城略地，有俘虏金军高级将领的战功，还成功劝降了割据益都的张林，让青、莒、密、登、莱、潍、淄、滨、棣、宁海、济南以及益都十二郡归附南宋，李全因而得封广州观察使、京东总管，驻军楚州。

南宋有李全、张林、彭义斌、石珪等人的归附，很快变成了积极进攻的一方，到蒙古太祖十五年，严实也以魏、博、恩、德、怀、卫、开、相等九州归附南宋，[①]南宋逐渐获得了对金作战的优势。然而，南宋朝廷因为开禧北伐的失败，始终不肯全力向北，只停留在利用山东归附武装暗中进取的状态，而负责节制忠义军的制置使贾涉及其后继者也没有能力调解各部人马的矛盾，反而试图分化忠义军，导致严实所部最先投奔蒙古。

李全极善钻营，在混乱的局势下表面忠于南宋，实际趁机兼并其他武装，暗中储备军资钱粮，先是假借讨伐石珪之名，收编了涟水忠义军，后又指示兄弟李福争夺张林的盐场，逼张林也投降了蒙古，顺势夺取了青州，之后居然以统一军籍的名义把原属贾涉的一万帐前忠义军

---

①《宋史·李全传》：十三年，赵拱以朝命谕京东，过青厓峒，严实求内附，拱与定约，奉实款至山阳，举魏、博、恩、德、怀、卫、开、相九州来归。

也收入麾下。贾涉逐渐被架空，连大本营楚州也无法控制，只好黯然隐退，不久便病死。贾涉死后的新任制置使许国有意遏制李全势力，却被逐出楚州，家眷均被杀害，后任制置使竟不敢追究。

李全的所作所为让同时归附南宋的原红袄军将领彭义斌大为不满，他是一心进取中原，收复宋朝失地的有志之士，而李全所为明显是要割据一方，于是两人公开刀兵相见。彭义斌上疏南宋朝廷，呈请讨伐李全后进攻蒙金，但南宋朝廷始终想搞平衡，无视李全的反状，一边让李全制约彭义斌，一边让彭义斌压制李全，这种和稀泥的态度让彭义斌变成了被孤立的一方，得不到朝廷支持的他只好放任李全恢复实力。

孤勇者彭义斌

彭义斌早年是红袄军领袖刘二祖的部下，刘二祖被杀后他又追随霍仪，霍仪被俘后他只好与李全合兵一处，归附南宋。从未屈服于金朝的彭义斌一心驱逐蒙古人，梦想恢复中原河山。当李全等武装首领们忙着积蓄兵马钱粮时，只有他一人看到了木华黎死后恢复中原的良机，只有他明白蒙古主力早晚会卷土重来，彭义斌无意龟缩在自己的辖地过安稳日子，他要向河北腹地推进。

蒙古太祖十九年（南宋嘉定十七年，金正大元年，公元1224年）前后，彭义斌率领所部主力正式西征中原，大军直奔守备空虚的汴京以东地区。当地州县缺兵少将，很快就被彭义斌的宋军收复，镇守真定的武仙也在交战中被彭义斌杀得大败而归，附近的百姓、武装纷纷投奔彭义斌，《宋史·李全传》夸张地说彭义斌的队伍扩大到了几十万人。[①]史

---

①《宋史·李全传》：义斌纳全降兵，兵势大振，进攻真定，降金将武仙，众至数十万。

天倪负责镇守河北西路，自是要率军迎战，双方会战于恩州。此战，史料众说纷纭，《元史·史天倪传》认为彭义斌是被史天倪击败而撤退，但更有可能是史天倪于此战大败而逃，任由彭义斌控制了以大名为中心的大片地区。

恩州之战的过程没有详细记载，战后史天倪退回大后方，基本呈守势，而彭义斌却实力大增，回头就收拾了已成为孤军的严实。史天倪和彭义斌到底是谁赢了？就战后的结果来看，彭义斌仍然处于攻势，可见他的兵力并没有太大的损失。反观史天倪就很不乐观了，根据《元史·史天倪传》记载，史天倪此后做的事情基本围绕同一个问题——镇压反叛。当时史天倪听说武仙部将占据腰水、铁壁二寨准备反叛，于是他立即发兵攻打二寨，将武仙的部下一概杀死。[①]如果史天倪在恩州会战中获得胜利，投奔蒙古军队的人应该更多才对，为什么几个小将就敢据寨谋反？因此极有可能恩州之战是彭义斌获胜。

史天倪方面，接下来的问题更严重。史天倪杀了武仙的部将后，武仙深感自己在蒙古阵营里不受待见，害怕史天倪的刀马上就会砍向自己，而他此前被彭义斌击败，实力受损，若正面对战史天倪，胜算是很小的。于是，武仙决定反了。不过，武仙不敢直接起兵谋反，便搞了个鸿门宴，请史天倪过来喝酒，试图用计除掉强大的史天倪。史天倪的父亲史秉直认为武仙不怀好意，劝他不要去赴宴，史天倪却说："我以赤心待人，人或相负，天必不容，愿无虑。"[②]

气度确实是有了，但结果却不是众人想看到的。武仙可没有项羽那

---

① 《元史·史天倪传》：乙酉，师还，闻武仙之党据西山腰水、铁壁二寨以叛，天倪直捣其巢穴，尽掩杀之。

② 引自《元史·史天倪传》。

样的犹豫和仁慈，他毫不客气地杀掉了史天倪，随后大肆屠戮史天倪旧部，唯有他的两个儿子在史秉直的保护下提前去了北京大定府，另外三个幼子均被杀害，而他的妻子因害怕被叛军侮辱，选择了自杀。真定府就此落入武仙之手。

史天倪作为蒙古军队在河北西路的最高指挥官，他的死直接导致蒙古在河北一带的势力动摇，底下的将领和官员不得不跟着一起叛离蒙古。表面上史天倪之死是由于武仙突然叛蒙所致，可武仙又怎么会毫无理由和预兆就起兵谋反，《元史》把这一事变归因于史天倪与武仙不和，但实际是恩州之战对史家势力的打击很大，这才让武仙有机可乘。

随着史天倪被杀，武仙叛蒙归金，镇守东平的元将严实便成了没有援兵的孤军，这就是彭义斌在恩州之战后立即回头讨伐严实的原因。

其实，严实在普通人眼中比李全还要可恨，李全纵然谋私却依然穿着南宋的官服，但严实就不同了，他早年是金国的将领，后来随大流归附了南宋，所以彭义斌接下来要收拾的就是严实。

面对拥兵数十万的彭义斌，严实哪有力量抵抗，连忙向蒙古求援，但远水解不了近渴，蒙古军队太远了，彭义斌很快就逼降了严实留在青崖的大将晁海，俘获了严实的家眷，而严实也被包围在东平。时日一久，东平的粮食吃完了，已有多次投降经历的严实并不介意再一次投降。意外的是，彭义斌却没有杀掉严实，反倒与他结为兄弟，还把手里的兵马分了一部分给他，这让严实受宠若惊。但是严实并未感恩戴德，毕竟彭义斌只是南宋的一枚棋子，他不可能从彭义斌那里获得太大的利益，而蒙古则不然。因此他只是暂时归顺，伺机附蒙。

彭义斌这边忙着收服严实和山东州县，武仙那边当然也要扫平史天倪的旧部。此外，当时留在真定附近的汉人世侯，除了史天倪还有永安董俊。

董俊，字用章，真定藁城人，能文能武。金贞祐年间，藁城令招募士兵，董俊因箭术超群脱颖而出，被破格提拔为大将，太祖十年归降木华黎，不久即被任命为知中山府事，佩金虎符。这非常不寻常，因为金虎符只有万户一级的高级将官才能得到，可见董俊也很得蒙古人信任。

董俊是武仙的老相识了，早在武仙还未封恒山公时，董俊就曾与他争夺定武诸城，一度将武仙逐出真定城，木华黎军团赶来增援时，董俊正困守曲阳，但武仙在围攻曲阳时惨遭大败，这也是武仙被迫投降木华黎的原因之一。

如今，史天倪被杀，董俊独自一人镇守在永安小城，武仙为报当年之仇，欲围杀董俊，这一围就围了一年之久。武仙没能在短时间内拿下董俊坚守的永安，这让敏感的河北地区再起变数，而这个新加入的变数即史天倪的弟弟史天泽。

横空出世，史天泽

史天泽是史秉直的幼子，《元史·史天泽传》记载他身高八尺，声如洪钟，善于骑射，勇力过人。武仙之乱时，史天泽任帐前军总领，刚好护送母亲前往大定府，躲过了一劫。半道上，史天倪的府僚王守道追上了史天泽，将变故详细告诉了他，鼓励他掉头南返，收拢史天倪逃散的旧部。

史天泽知道重回真定是九死一生，但依然决心为兄长报仇，遂变卖了全部家产，就地招兵买马，购置兵器盔甲，同时派人飞马向国王孛鲁“告变”。

史天泽一行南下四处收拢旧部，兵至满城时已得到了不少人马。武仙似乎没有意识到史天泽日渐壮大，没有立即解除对董俊的包围，北上收拾史天泽。

蒙古汗廷那边，国王孛鲁得知河北之变后，立即派大将肖乃台率领三千精锐骑兵增援史天泽，助他收复真定府，同时掉转枪头，准备返回河北，继续未完成的对金战争。

得到蒙古骑兵的增援后，史天泽有了与武仙一战的勇气，当即挥师反攻真定。武仙这才发现史天泽军团已近在眼前，但仍有些轻视对方，毕竟史天泽在之前的战斗中表现平平，没有什么过人的战绩，而且他的军队主要倚仗三千蒙古骑兵，数量还是太少了，武仙遂派麾下大将葛铁枪领兵一万讨伐史天泽。

两军阵前，一方是为兄报仇、视死如归的勇士，另一方却是起兵谋反的叛军，声势上便矮人一头，结果似乎早已注定。史天泽之前显然是被哥哥史天倪掩盖了光芒，他独自领兵作战时，身先士卒，带头陷阵，勇气盖世，这股子狠劲，这股子不要命的胆识，让兵力不足的蒙汉联军士气倍增，杀得葛铁枪溃不成军，狼狈逃窜。史天泽穷追不舍，一举俘虏了葛铁枪，还顺势夺下中山，略定无极，拔取赵州，进军野头。

有了这样的战绩，国王孛鲁便让史天泽承袭了史天倪的河北西路兵马都元帅之职，节制各路兵马，共同讨伐武仙。

新一代汉人世侯领袖史天泽声势大振，周围的武装纷纷投奔，董俊也大受鼓舞，加紧了反击的准备。武仙这下被动了，仓促迎战的他被杀得退守双门，真定又落入蒙汉军团之手。

消息很快传到彭义斌那里，这位大义凛然的抗蒙斗士当然不会坐视史天泽消灭武仙，遂集结本部精锐兵马，连同严实的东平军马一道增援真定战场，眼看就要与武仙会合，夹击史天泽的蒙汉军团了，但关键时刻，严实背叛了对他释而不杀的彭义斌。他的临阵倒戈，让蒙古人掌握了彭义斌的虚实，严实、孛里海等人旋即偷袭彭义斌，迫使彭义斌败退至内黄五马山，形势窘迫，他不得不放火烧山以自保。

然而蒙汉军团岂会就此罢手，史天泽以五十死士强行破寨，孛里海、肖乃台率领的披甲骑兵紧随其后，直入彭义斌营寨，严实也乘势掩杀，彭义斌终于在寡不敌众的战斗中被俘，所部溃散，被杀者有数万之多。

蒙古人见彭义斌是一员悍将，起初也很敬重他，不断劝他归顺蒙古汗国，但彭义斌大义凛然地说道："我大宋臣，且河北、山东皆宋民，义岂为他臣属耶？"①

最终，一心光复故国山河的彭义斌英勇就义，他的忠义军也全军覆没，而南宋朝廷始终没有派来任何援兵。

略定山东

彭义斌所部被消灭后，武仙的征战出现了一次短暂的"回光返照"，他成功说服真定城中的内应设法打开了城门，趁夜袭取真定，迫使史天泽、肖乃台狼狈逃离，投奔了董俊。然而仅仅过了一天时间，史天泽便率领蒙汉军团重新杀回真定，武仙毫无悬念地再次一败涂地，之后被蒙汉军团四处追杀，从一个寨子躲到另一个寨子，直到逃回金廷。真定到东平一线基本恢复了秩序。

没了彭义斌、武仙等人的武装牵制，山东李全便成了蒙古人的下一个目标。当时的西夏战事大局已定，国王孛鲁也带着蒙汉军团主力折返中原，带孙率领的蒙古骑兵首先抵达河北，加上史天泽、张柔、严实、董俊的汉人军团，蒙古在河北地区的军力再次呈压倒态势，先后攻取彰德、濮、东平等地，惯于投机取巧的李全便显得势单力孤。

蒙古太祖二十一年（南宋宝庆二年，金正大三年，公元1226年），

---

① 引自《宋史·李全传》。

战火终于烧到山东腹地。南宋朝廷对李全这些红袄军向来不信任，既不愿意派兵增援，也不允许他们撤到江南，李全所在的益都很快就被蒙汉军团包围。如此局面，李全唯有奋力一战才能保全自己，所以他坚持抵抗蒙古人的进攻，凭借益都城多年积攒的粮食和兵器，把战争拖到了次年三月。

守城战中最害怕的就是粮食不够，益都城不小，百姓也很多，李全军中的粮食很快就见底了，再抵抗下去唯有饿死，但他还有楚州大本营在，于是李全组织全部兵马发动了突围作战。这一战，李全被蒙古人彻底打服了，所部当场阵亡七千余人，只好在当年四月举城投降。

军中诸将本想杀了李全，但国王孛鲁继承了木华黎的战略思想，严格执行招降纳叛的策略，不轻易屠杀降兵降将，还任命李全为山东淮南楚州行省，这位投机分子摇身一变，反倒加入了蒙汉军团，成了山东地区的汉人世侯。

被蒙古重用的李全当然不好意思白拿俸禄，他主动向国王孛鲁请命征讨楚州。本来楚州是李全的地盘，但他被围困在益都后，南宋那边立即出了乱子，有人觊觎他在楚州的财富，有人想杀他在楚州的妻子，还有人贪图楚州的军队和地盘，楚州军因而发生内讧，李全的两个儿子和兄长李福均被杀害，只有妻子杨妙真和儿子李璮逃脱。

李全为报血仇，率军杀回楚州，之后假意投靠南宋，获得了不少军资钱粮，还被拜为节度使。然而，李全此时早已投靠蒙古汗国，他不是抢南宋财货，就是逼南宋朝廷罢免淮南官员，宋廷忍无可忍，决定与之开战，李全遂渡江南下，攻占泰州，与宋军在扬州一线展开对峙。

蒙古太宗三年（南宋绍定四年，金正大八年，公元1231年），后援不济的李全又遇到了缺粮的问题，而他的军队长期在外作战，也早已沦为强弩之末，南宋凭借强大的财力组建的十万步骑大军纷纷集中于前线，把李全困在一处。

李全一心破敌，在战斗中贸然脱离营寨，被宋军趁机切断了退路。李全虽然带着骑兵，但他误入沼泽无法动弹，就这样被宋军用三十多杆枪刺死。不久，宋军挺进楚州，李全余部作战不力，连连战败，最后李全之子李璮带着残部突围逃去了益都，楚州落入南宋之手。

蒙古并没有因为李全的阵亡就放弃李璮的残军，他们按照惯例让李璮继承了李全的楚州行省之职，李璮从此成为割据益都的第二代山东世侯。虽然楚州等地丢了，但山东大部分地区在经过这几年的混战后还是并入了蒙古汗国，而李璮在蒙古的扶持下很快恢复了实力，丝毫不比其父李全时差。至此，蒙金之间只剩关陕、河南两处战场了。

最后的骄傲，忠孝军

随着成吉思汗率领蒙古主力扫荡西夏诸城，立国百年的西夏政权即将宣告覆灭。成吉思汗攻打西夏，除了要报凤翔之战时的背弃之仇，更重要的是要扫平征讨金国的障碍，剪除来自关陕侧翼的威胁。当西夏被打得只剩下最后一隅之地时，成吉思汗便匆忙率部南下关陕，攻取了临洮、洮州、西宁州、河州等关西之地，此举是为全面攻打凤翔、京兆做准备。不过，一代天骄并没有看到攻灭金、夏的最后胜利，他于蒙古太祖二十二年（南宋宝庆三年，金正大四年，公元1227年）七月病逝于六盘山，时年六十六岁。

成吉思汗陨落了，但蒙古汗国的征战之路却没有结束，西夏很快覆灭，最后一任皇帝夏末帝被杀。而此时的金朝却与之前的情况有所不同。就在成吉思汗病逝三年前，昏着迭出的金宣宗驾崩，把皇位传给了他的第三个儿子完颜守绪，是为金哀宗。别看金哀宗的谥号不太好听，但他却是这几年里最靠谱的金国皇帝，上位伊始就忙着修补与西夏、南宋之间的关系，集中力量迎战即将大举南下的蒙古汗国。

金哀宗是为数不多的敢于重整军队的末代皇帝，他明白旧金军腐化堕落、不堪一战的原因，着手从女真、羌族、契丹、回鹘、汉人中选拔精干力量，组建了一支人数不多但战力极强的特种部队——忠孝军。[①]

忠孝军非常强悍，他们中大多数是从蒙古逃回的被俘士兵和百姓，家人被杀，家园被毁，深仇大恨让他们绝不可能轻易投降蒙古。金哀宗为了将其打造成精英中的精英，给忠孝军配备了全新的装备，所发军饷是普通军队的三倍。对他们的作战能力也有相当高的要求，必须达到蒙古骑兵的马上作战水平。

凡加入忠孝军的人，首先要会骑乘，只能步战的士兵没有资格加入忠孝军，而会骑马的士兵还必须善射，[②]不会射箭的士兵在战场上只能当靶子，这也是多次与蒙古弓骑兵较量后总结的经验，换言之，忠孝军必须同时拥有骑马、步战、弓射等多种作战能力，他们既可以是重步兵，也可以是轻、重骑兵，怎么作战全看战场环境如何。

因此，真正能被选拔成为忠孝军的精锐只有七千人。不能达到此项标准的，如能骑马却不能射箭的士兵，则编为候补忠孝军，取名“合里合军”，俸禄是忠孝军的一半，但仍属于忠孝军作战系统。[③]再次一点

---

①《金史·卷二十五·兵》：复取河朔诸路归正人，不问鞍马有无、译语能否，悉送密院，增月给三倍它军，授以官马，得千余人，岁时犒燕，名曰忠孝军。

②《金史·赤盏合喜传》：忠孝军万八千人，皆回纥、河西及中州人夜掠而逃归者，人有从马，以骑射选之乃得补。

③《金史·卷二十五·兵》：又以归正人过多，乃系于忠孝籍中别为一军，减忠孝所给之半，不能射者令阅习一再月，然后试补忠孝军，是所谓合里合军也。

的，则编入步军作战。

金哀宗还按照忠孝军的选拔标准，对原来的亲卫马军进行了选拔，留下了战力与忠孝军相当的五千马军，再加上南京汴梁所屯的一万建威都尉军和三千亲军，金哀宗打造了一支总人数不到五万却有彪悍战力的新军，他们作战时按照忠孝军—马军—步军[①]的顺序进行厮杀，不仅阵线整齐，而且做到了与民秋毫无犯、“街曲间不复喧杂”。[②]

至于他们的统帅，金哀宗千挑万选，挑中了家中世代为将的完颜陈和尚（本名完颜彝）。此人曾在丰州时被蒙古俘虏，因其颇有将才而被留在蒙古军中效力，但完颜陈和尚很快寻机逃回了金朝，被金哀宗委以重任。金哀宗相信这些已经被蒙古重用却一心回归金朝的将领都是真正的忠孝之人，并不因为他们有被俘的经历就歧视他们，这就是金哀宗和一般皇帝不同的地方。也因为这样的度量和见识，曾经投降木华黎的武仙才有勇气杀死史天倪后回归金朝，直到金朝灭亡还在和蒙古人战斗。

关于灭金的大战略，成吉思汗临终时曾留下了“假道南宋”的遗言。之所以会产生这样的想法，原因有二：一是蒙古自立国以来就深谙远交近攻之道，很早就与南宋建立了联系；二是因为金哀宗除了训练新军外，还集中国力打造了“关河防线”，在漫长的黄河边上派驻了二十万守军，其中以潼关作为重点，屯有大量兵马钱粮，绝不允许蒙古人从该处进入河南。

对关河防线的坚固程度以及忠孝军的作战能力，新任蒙古大汗窝阔

---

①《金史·卷二十五·兵》：凡进征，忠孝居前，马军次之。

②《金史·完颜陈和尚传》：忠孝一军，皆回纥、乃满、羌、浑及中原被俘避罪来归者，鸷狠凌突，号难制。陈和尚御之有方，坐作进退皆中程式，所过州邑常料所给外秋毫无犯，街曲间不复喧杂，每战则先登陷阵，疾若风雨，诸军倚以为重。

台并没有清醒的认识，甚至还带着多年以前轻视女真人的骄傲，他并不想花费精力联宋灭金，只想着先攻下关陕，然后再突破潼关，如此河南便成囊中之物。结果，窝阔台汗很快就尝到了苦头。

拖雷监国元年（南宋绍定元年，金正大五年，公元1228年），蒙古大军向东扫荡关陕，试图先攻取庆阳，再打下坚固的凤翔。金朝上下岂能不知道关陕的重要性，他们在此处集结了多达二十万人的军队，包括完颜陈和尚的忠孝军。这一年，两军首次对战于大昌原，史称第一次大昌原之战。

此战，完颜陈和尚面对八千精锐蒙古骑兵，亲率所部四百忠孝骑兵迎战，他们远能骑射，近能挺枪，丝毫不害怕敌军二十倍于己的恐怖兵力差。一上战场，看见那些毁灭他们家园的蒙古人后，忠孝骑兵个个义愤填膺，都抱着杀身成仁的决心，没有任何犹豫，便随着主帅完颜陈和尚陷阵而去。

具体的交战经过已经无法得知，但要迎战二十倍于己的敌军，忠孝军必定用了合理的战阵之法，他们时而拉开距离射箭，时而快速包围落单的蒙古小队，在茫茫大昌原上，四百忠孝军以不竭的体力冲入蒙古军队的人海之中，像一柄利刃一样贯穿了曾经战无不胜的蒙古军阵，史载："是日，（忠孝军）以四百骑破八千众，三军之士踊跃思战，盖自军兴二十年始有此捷。"[①]

《金史》是由元朝丞相脱脱组织编撰的，也就是说忠孝军以四百大破蒙古八千的记载，得到了元朝官方的认可，可见忠孝军的第一次亮相是没有水分的大捷，连蒙古人也惊讶不已。金哀宗得知战况后，感动地

---

① 引自《金史·完颜陈和尚传》。

向天地祖宗告捷，加封完颜陈和尚为定远大将军、平凉府判官，世袭谋克。《金史·完颜陈和尚传》载：“（完颜陈和尚）一日名动天下！”

如果说第一次大昌原之战还有些许侥幸，那接下来的大战则狠狠扇了窝阔台汗一个响亮的耳光。蒙古太宗元年（南宋绍定二年，金正大六年，公元1229年），受大昌原之战的鼓舞，金朝上下的畏战情绪突然消失了，金哀宗力排众议，任用主张战略反击的移剌蒲阿为帅，带着重新归附金朝的恒山公武仙反攻山西潞州。

第二任蒙汉军团统帅、国王孛鲁于公元1228年病逝后，其子塔思继承了爵位，是为第三代国王。窝阔台汗让在中原战场上战绩辉煌的蒙汉军团前去救援潞州，以为能像以往那样轻松击败武仙等手下败将，没想到塔思不但没能救下潞州，连镇守潞州的汉人世侯任存也阵亡了。更没想到的是，金军假装放弃潞州，诱使塔思深入，却在当夜五更突然杀回，大破塔思的蒙汉军团，致使一些蒙古将领的家眷被俘。

次年，关陕战场上，完颜陈和尚率领的忠孝军又一次在大昌原击败了不可一世的蒙古军队，史称第二次大昌原之战。

此时的局面是，金军在东、西两线展开战略反击，收复了太原、潞州，世侯武装的悍将攸哈剌拔都、任存先后战死，在史天泽亲自指挥的卫州战场上，完颜陈和尚以数千忠孝军首次大破世侯武装组建的蒙汉军团，史天泽、张柔等人也溃败而逃。

蒙古太宗三年，蒙古名将速不台率领的蒙古主力也在倒回谷被完颜陈和尚的忠孝军击败，天下为之震动。战局发展至此，窝阔台汗不得不重新审视自己正面突破关河的战略，金军已经不是当年的金军了，关河防线似乎无法逾越，忠孝军的战力不在蒙古精锐之下，两次大昌原之战和倒回谷之战就是最好的证明。

然而，窝阔台汗也是战略家，他知道金朝的王牌只有一个忠孝军，所以他这次让史天泽、速不台在东线制造声势，吸引了金朝的注意，忠孝军因此被调离关陕。窝阔台趁机带上四弟拖雷，集结重兵攻打凤翔，试图先在关陕地区撕开口子。

奇怪的是，之前士气高昂的金军突然停了下来，移剌蒲阿、完颜合达等都认为不能去救凤翔，连完颜陈和尚也觉得凤翔战况不明，不能贸然去战。金军怎么就突然畏战了呢？

金军不敢和窝阔台汗领导的蒙古主力决战凤翔，原因大概有二：其一是因为蒙古人最爱用围点打援的战术，之前金军就吃了好几次亏，现在他们同样拿不准蒙古军队是否在城外设伏，对方兵力太多，设伏的概率很大；其二是金军手里的王牌只有忠孝军，而忠孝军只有七千人，这些年又在关中、河北两头跑，早已疲惫不堪，纵然让他们出击能在一定程度上打击蒙古军队，却未必能歼灭窝阔台汗的主力，一旦忠孝军被打散，下面的仗又该怎么打？

所以金军选择静观其变，伺机再动。可惜蒙古军队没有让对方找到一点儿破绽，打完了凤翔之战的全场，一点儿机会也没给金军。凤翔的重要性不言而喻，没有了这座战略要塞，京兆府就没了屏障，很难守住。移剌蒲阿、完颜合达一商量，决定把关陕的百姓全部迁入河南，将防线收缩到潼关一线，忠孝军也可以在这里休整，他们认为有重兵把守的潼关是不会被蒙古突破的。

这一决定在今天看来是极其错误的。凤翔沦陷后，金朝尽弃包括京兆府在内的关陕地区，蒙古汗国至此彻底扫平了河南的外围，金朝便只剩下关河防线和河南一隅之地，这让蒙古得以集中力量攻略河南。金朝再想收复关陕已难于登天。

同样，蒙古要正面突破关河防线也难于登天。这时，“假道南宋”的战略再一次被提了出来，而提出绕过关河防线的人是在凤翔投降的金军将领李昌国。拖雷对这一计划很感兴趣，愿意去做那个侧面突破的人。

窝阔台汗听到此计划，才想起成吉思汗驾崩时就说过这一战略，只因蒙古和南宋联络困难才没有立即实施。如今关陕已被蒙古汗国收入囊中，蒙古便与南宋接壤，联络问题便迎刃而解。拖雷随即前往凤翔，准备从西线南下汉中、四川，然后顺流向东直抵河南腹地。而窝阔台则率领主力攻打河中府，依然是走黄河一线的正面。另外，蒙古还派了按陈那颜率领世侯武装组成的蒙汉军团从山东南下，作为东路军从侧面佯攻，以便牵制金军的兵力。

这就是窝阔台汗的“三路南征计划”，这一计划的核心无疑是拖雷的三万西路军，他们放弃正面攻打潼关，穿过南宋境内可直接抵达金朝都城汴京南方的邓、唐，那里缺兵少将，正好可以打对方一个措手不及。很明显，一旦拖雷进入河南，金军只能分兵支援都城，这些兵力除了从关河防线上抽调外，没有任何办法，曾经铁板一块的关河防线很难不出现漏洞，只要有漏洞，窝阔台汗的主力就可以正面突破，与拖雷合围南京汴梁，金国的气数就会终结。

事实上，历史的发展和蒙古人的构想完全一致。南宋虽然对蒙古也很警惕，但对金朝的百年仇怨，让他们一时间失去了理智，只要是对金朝不利的，那就是对南宋有利的。而拖雷也不容对方不借道，一路强行破关入川，把川北地区大掠了一番，连克一百五十余座城寨。没有准备好的南宋无力阻止蒙古军队通过，只能顺水推舟让他们穿过了自己的国土。拖雷就此进入金国腹地，准备渡过汉江。

局势的发展让金哀宗震惊，拖雷的三万蒙古骑兵近在眼前，汴梁无兵可守，金廷不得不急召移剌蒲阿、完颜合达、完颜陈和尚、武仙、张惠等将的十五万金军前去拦截，关河防线的漏洞也如预期一样出现。现在，金军唯一的筹码就是兵力优势，毕竟拖雷只有三万人，而金军却有十五万之多，而且蒙古军队是孤军深入，没有粮草补给和援兵增援，若是金朝坚壁清野，拖住蒙古军队，拖雷的远征军将粮尽援绝。

关于是否要坚壁清野，金哀宗断然否决，他是一个心系百姓的皇帝，纵然坚壁清野能狠狠打击拖雷的蒙古军队，但这把双刃剑也会砍伤自己。百姓流离失所逃至河南一隅，生活本就困苦不堪，要是再烧毁他们的家园，逼他们继续流浪，纵然金军能打赢这一仗，又拿什么面对天下百姓？故而金哀宗坚定地说道："南渡二十年，所在之民，破田宅，鬻妻子，竭肝脑以养军。今兵至不能逆战，止以自护，京城纵存，何以为国，天下其谓我何？朕思之熟矣，存与亡有天命，惟不负吾民可也。"①

风雪三峰山

蒙古太宗三年十二月十七日，拖雷的三万蒙古军队开始强渡汉水，四天后全部渡河。战争打到这个份儿上，金军已经没有任何回旋的余地，唯有死战方有转机。然而，作为金哀宗最信任的将领，移剌蒲阿迟疑了，此刻的他是十五万金军的最高统帅，手里仅骑兵就有两万人，完颜合达、完颜陈和尚、武仙、张惠均听其节制。张惠认为应该迅速出击，在蒙古军队半渡时打其措手不及，可是移剌蒲阿固执地认为应该等对方主动前来，以防守为主，避免像大昌原之战那样放走敌军。移剌蒲

① 引自《金史·哀宗本纪》。

阿的迟疑最终导致拖雷顺利渡河。[①]

防守也不是毫无道理的，蒙古军队的战斗力普遍强于金军，又全是骑兵，野战的威胁会非常大，而金军多步兵少骑兵，最稳妥的作战方式是用阵地战消耗敌军，因此，移剌蒲阿选择了禹山作为自己的阵地，将十三万步兵部署在山前，两万骑兵部署在山后，指挥部设在高山之上，有居高临下的优势。

拖雷的三万骑兵很快抵达禹山，为了不让金军看穿自己的行动，他故意让骑兵散开呈雁翅状，看上去四面八方都是蒙古骑兵，实际却派了一万偏师绕到禹山后侧，分三队发起进攻，试图从这里突破。移剌蒲阿还是一如既往地想防守，不允许金军出山迎战，可蒙古骑兵不会如他们所愿，刀都架到脖子上了，金兵不得不挺身而战。

阵地防守的好处这时体现了出来，拖雷的骑兵连续发动三次冲杀，三次都被金军骑兵击退，蒙古军队四处寻找突破口，哪里有机可乘就攻打哪里，完颜合达则率部四处督战。当时高英所部一度被蒙古军队诱出阵地，遭到蒙古军队背后包围，眼看就要崩溃，完颜合达率部杀来，稳住了局势，差点把指挥不力的高英就地正法。而后蒙古军队又去打另一处的樊泽，完颜合达又率部增援，这才打退蒙古军队。

拖雷四处冲杀，依然无法突破金军防线，只得退到三十里外扎营。这算是一场胜利，却不是决定性的。花帽军张惠建议趁着金军士气大振，立即追击拖雷所部，因为他发现蒙古军队虽有三万人，但能作战的只有两万人，剩下的一万人不过是辎重部队，再加上连日作战，蒙古军

① 《金史·移剌蒲阿传》：十二月，北兵济自汉江，两省军入邓州，议敌所从出，谓由光化截江战为便，放之渡而战为便，张惠以“截江为便，纵之渡，我腹空虚，能不为所溃乎？”

队早已疲惫，金军主动出击的胜算会很大。

可是，移剌蒲阿始终不敢主动出击，依旧坚持防守到底，他诡辩道："江路已绝，黄河不冰，彼入重地，将安归乎，何以速为？"[①]

没能及时发动追击的金军很快就傻眼了，因为战斗次日他们就找不到蒙古军队了，营地空空荡荡，整整四天没有任何消息，邓州往来逃难的人络绎不绝，独不见蒙古军队的踪迹。

难道拖雷撤离河南了？当然不可能。

此时拖雷率领三万蒙古军队隐蔽在光化对岸的枣林中，"昼作食，夜不下马"[②]，林外的人完全听不到任何声响。

拖雷之所以这么做，很可能是为了打金军一个措手不及。须知金军十五万人龟缩在禹山上，粮食消耗巨大，必须从外面运送补给，没有补给运来，金军自己也得出来找食物，到时候，补给来了打补给，金军动了打金军。

很快，无法探明蒙古军队动向的金军坚持不住了，他们决定离开禹山，到邓州补充粮食。当这些饥饿的金军路过枣林时，拖雷所部突然从林中杀出，将毫无准备的金军杀得一团大乱。

由于时值傍晚且事出仓促，移剌蒲阿、完颜合达没有弄清蒙古军队真正的进攻重点，虽然率部作战却忽略了一支百余人的蒙古骑兵，这队人马非常准确地找到了金军的辎重所在，杀得金军尽数丢弃了自己的物资。金军不敢与拖雷决战，只能且战且退，连夜躲进了邓州，蒙古军队顺势包围了邓州。

---

① 引自《金史 · 移剌蒲阿传》。

② 引自《金史 · 移剌蒲阿传》。

当时金军害怕士兵在夜晚迷路，特意连续鸣钟召集四散的士兵，可见金军的队伍都被打散了。但在给金哀宗的奏报里，移剌蒲阿、完颜合达竟把此战写成了大捷。

为什么拖雷的百余骑兵能准确找到金军的辎重所在？

其实拖雷不仅是指挥大师，还是个谍战大师，他在禹山之战结束后，立即派了十来人到金军大营中，这些人大吐苦水，让移剌蒲阿以为他们是受不了苦，要来投奔。移剌蒲阿把这些人安排在了后军。结果这十人在查明金军情报后全部扬鞭逃走，金军的部署就此被拖雷全盘掌握。

拖雷在邓州打了三天，发现没有汉人世侯支持的骑兵很难打下坚固的城池，于是便抛下邓州，率部直逼南京汴梁。这下移剌蒲阿坐不住了，他是金哀宗最后的希望，若是躲在邓州任由蒙古军队包围都城，那他的罪过可就大了。即便再不想主动出击，这次也不得不出阵。

蒙古太宗四年（南宋绍定五年，金正大九年，公元1232年）正月，拖雷以札剌儿的三千骑兵殿后，很快北上席卷泌阳、南阳、方城、襄城、陕州。金廷囤积的物资被蒙古军队付之一炬，这意味着后面追来的十五万金军不会得到任何补给。金哀宗得知战况后，急得让人掘开河堤，引水护卫都城，同时还把尚书省和枢密院搬到了皇宫内，以便随时探讨军情，可见金廷上下已经非常紧张。

拖雷的机动作战逼得太紧，十五万金军不得不兵分数路向北追击，昼夜奔驰。蒙古军队抵达五朵山时，天降大雾，部队不小心迷了路，负责殿后的札剌儿被金军追上，损失惨重，气得拖雷立即将其撤换。

蒙古军队抵达沙河时，拖雷问计于诸将，苏布特建议用“疲敌”之策，这是很高明的一招，金军连日追击，早已疲惫不堪，要是还得不到休息，战力就会大大降低。拖雷继续发挥他机动作战的本事，一边诱敌来战，一边却退而不战，金军刚追过沙河，拖雷就逃到另一边，金军刚想扎营休整，拖雷又率部杀过河，假装要挑起决战，金军不得不放弃休息，日夜警戒，疲于奔命。

金军追不到蒙古军队，但又不能一直追着蒙古军队跑，于是他们开始向都城撤退。拖雷依然不肯让金军休息，日夜追击金军，直到距离钧州三十五里的黄榆店。当时天公也不作美，先是下雨，接着又下雪，这让连续强行军的金军士兵苦不堪言。

正月十六日，雪越来越大。

拖雷的蒙古骑兵有机动优势，因此他不再满足于尾随追击，而是绕到金军前方，砍倒树木堵塞道路，给撤离的金军制造麻烦。

另一边，金廷的信使不断送来金哀宗的诏令，原来关河防线已经被突破，窝阔台汗的蒙古军队有直逼南京汴梁的危险，金哀宗慌忙召十五万金军北上，试图在都城附近部署防线。这下移剌蒲阿更不能等了，必须快速北上。

金将杨沃衍挥军拔树开道，武仙、高英为先锋向北冲撞，蒙古军队一路退至三峰山，终于不再机动，而是停在了三峰山的东北、西南两侧，任谁都能猜出，三峰山就是拖雷精心选择的战场。十五万金军很快也抵达三峰山，蒙金之战的最后较量终于开始了。

三峰山位于今禹州市西南，因有三座山峰而取名三峰山。由于山体较高且陡峭，山顶无树，三峰山战场似乎并不利于骑兵作战，拖雷选择此处反而不会让移剌蒲阿和完颜合达害怕。彼时的蒙古军队因兵力有限，没有完全控制整座高山，而是分布在山的西南、东北两侧。

金军仗着人数优势，兵分三路，全面挺进三峰山，其中武仙、高英攻打山的西南面，杨沃衍、樊泽攻打山的东北面，完颜陈和尚率领的忠孝军正面出战，张惠、按得木等占据了高山顶端，形成居高临下的优势，各路人马很快就对拖雷的两路蒙古军队发起全线进攻。

这是多日来金军最酣畅的时刻，他们终于逮到了一直“逃跑”的拖雷，誓要杀尽这些像兔子一样的敌人，因此爆发出惊人的战力，步军挥舞着长枪奋力猛刺，弓箭手在后方齐射，喊杀声、哀号声在三峰山间回荡，仿佛每一个地方都在战斗。

参与三峰山决战的金军将领可谓金末的全明星阵容：移剌蒲阿是金哀宗最信任的将领；完颜合达有多次击败南宋、西夏的战绩，是金末名将；完颜陈和尚的数千忠孝军有多次击败蒙古军队的战绩；武仙又与蒙汉军团交战多年，作战经验丰富，生命力顽强；而花帽军张惠有“赛张飞”的美名；按得木也是熟悉蒙古军队作战习惯的北人武将。这样的阵容是金哀宗的全部王牌加底牌，是金朝最后的精锐力量。

在众将的奋力搏杀下，拖雷的三万军团全线溃退，蒙古军队在三峰山西南、东北的阵地均被金军压制，不得不退到三峰山东部狭小的区域里，胜利似乎就在眼前，站在山顶观战的按得木、张惠大喝道：“此地不战，欲何为耶？”[①]遂率山顶的上万金军骑兵从高处快速冲杀而下，其势声如洪钟，其速快如奔流，长枪与长剑碰出了火花，飞矢与飞石如骤雨般落下。

须臾，风雪大作，白雾蔽空，人们几乎不能看清对方。本就不高的气温继续降低，而三峰山战场已经堆积三日的大雪几乎淹没了士兵的膝盖，脚下的土地多是麻田，土质本身便非常疏松，在这样的地面作战，再稳重的将士也难保不摔倒。一些金军士兵多日行军，竟然有人三天没有进食，而大雪纷飞的天气，让本就饥肠辘辘的他们渐渐失去了行动

① 引自《金史 · 移剌蒲阿传》。

力，很多人被冻得不能行动，手指几乎断裂，连兵器和铠甲都结了一层厚厚的冰。

现在双方都到了人类体能的极限，金军无法适应如此恶劣的大雪天气，作战能力大大降低，而蒙古军队连日机动作战，战马和士兵也疲惫不堪，如今他们都已是强弩之末，谁能坚持到最后一刻，谁就是这场世纪较量的最终赢家。

终于，战场西北侧出现了另一支军队，一支生力军。

这支军队的前部先锋高高举着太师、国王木华黎曾经的军旗，旗下是蒙汉军团的第三任统帅、国王塔思，和他一起来的还有窝阔台的援兵——主将口温不花和万余蒙古骑兵。密集的蒙古军旗迎风猎猎作响，风雪中，利刃长矛格外显眼。蒙古军队上下顿时士气大振，任何风雪都不足为惧，所有疲惫都烟消云散，他们从西、东两侧反包围了十五万金军。

这是拖雷早就设计好的围歼之计，还是窝阔台汗的援军来得太及时？金军上下已无心纠结这些。从包围到反包围，从胜利到失败，金军的三峰山之战激烈、悲壮，他们在这里用尽了全部的力量，洒下了所有的热血。没有援军，没有粮食，没有温暖的衣衫，金军再无翻盘的可能。

拖雷知道金军已成困兽，若发起全面进攻，蒙古军队同样会遭受巨大损失，于是，他在判断金军已经疲惫到极点后，故意放开了一条前往钧州的通道，任由金军朝那里突围。求生的欲望让这十五万金军彻底崩溃，各部将领纷纷夺路而逃，武器丢了一地，战旗丢了一地，凡是还没被冻僵的士兵都选择了逃跑。而蒙古人早就在他们的前方埋伏了一支兵马，等混乱的金军进入伏击圈后，蒙古军队顷刻杀出，像割麦子一样成片成片地杀掉金军。

“金军遂溃，声如崩山，忽天气开霁，日光皎然”[①]，本来还有些视线不清的蒙古军队此时彻底看清了整个战场，追杀更是无一遗漏，十五万金军几乎全军覆灭。

张惠、高英、杨沃衍、樊泽悉数阵亡当场。

移剌蒲阿在逃向南京汴梁的途中被俘，蒙古人试图劝降他，但移剌蒲阿怒喝道：“我金国大臣，惟当金国境内死耳！”[②]于是被蒙古人斩首。

完颜合达、完颜陈和尚突围至钧州，蒙古军队很快包围该城反复攻打。城破之日，完颜合达被俘杀，完颜陈和尚自报姓名，只求死得堂堂正正，拖雷意欲劝降，完颜陈和尚终不为所动，遂被杀。

唯有“战场不倒翁”武仙知道钧州难以久持，率三十骑躲入林中，之后游击各处，一度恢复十余万兵马，但大势已去，终究是蚍蜉撼树。

至此，集结了金末全明星阵容的十五万大军烟消云散，金哀宗最后的希望也不复存在。

这一战，蒙古军队赢得很漂亮，也赢得很惊险，拖雷从渡江开始便不断袭扰金军，以超高机动不断诱敌、疲敌，成功打掉了金军的补给辎重，并耗尽了金军的体力，这在之后的决战中起到了决定性的作用。但他在三峰山之战的最后关头几近崩溃，虽然《元史》把这一段写成了拖雷故意诱敌，但若无国王塔思和口温不花率领的蒙汉军团及时加入，拖雷能坚持到几时尚无定论。

三峰山之战后，蒙金战争的大势已经无可逆转，窝阔台汗突破了关

---

① 引自《金史 · 移剌蒲阿传》。

② 引自《金史 · 移剌蒲阿传》。

河防线，潼关守将投降，数路蒙古军队合围南京汴梁，汴梁被摧毁，金哀宗被迫流亡蔡州一线。而南宋北上参与灭金之战，彻底浇灭了女真人复兴金国的最后一点儿火种。蒙古太宗六年（南宋端平元年，金天兴三年，公元1234年），蔡州在断粮三个月后沦陷，金哀宗、金末帝（完颜承麟）于同日殉国，立国一百多年的金朝终于被蒙古汗国消灭了。

第四章

初较量，两汗伐宋

窝阔台汗的三路伐宋

蒙古太宗六年，蒙宋联军攻破蔡州城，金朝最后两任皇帝均殒命于该城。虽然拖雷在战略大迂回时强行穿越宋境，并攻城拔寨，沿途造成了相当大的破坏，但南宋朝廷因为对蒙古汗国颇为忌惮，并不想因此事与蒙古交恶，窝阔台汗也及时命令拖雷停止对宋地的掠夺，允诺共同灭金后把河南之地交给南宋政权，蒙宋联合灭金最终得以达成。不过蒙古并没有如约把河南之地交给南宋，而南宋也不敢提出占领河南的想法，矛盾就此出现。

蒙古汗国的灭金之战屠戮过多，对河南地区的破坏非常严重，当地百姓不是死于战火，就是被掳掠成奴，曾经繁华的河南地区一片破败，不少城市成了空城。再加上黄河决堤，洪水泛滥，饿殍遍野，瘟疫横行，很难算清楚到底有多少人死于这场战乱。

时值酷暑来临，蒙古人素来不喜欢南方炎热的气候，都不想在这样的地方久待，于是蒙古汗国任命汉人将领刘福为河南道总管，代为管理黄河以南地区，蒙古军队主力尽数北返。让人想不到的是，蒙古军队北返的消息传到临安后，呼战之声甚嚣尘上，淮东安抚使赵范与淮东提刑赵葵率先提出了乘势抚定中原，收复东京开封府、西京河南府和南京应天府的计划，朝臣郑清之力赞其说。史称“收复三京之议”。

此时的南宋皇帝是宋理宗赵昀，他还不到三十岁，血气方刚的理宗皇帝喜动不喜静，一心想完成先辈未竟的事业，明显倾向于收复三京，支持主战派。而冷静的朝臣们纷纷提出异议，反对背弃盟约，理由有三：

一是经过战乱的河南经济凋敝、人口锐减，多年不事耕种，再加上水灾和蝗灾，收复其地后还得自己花钱恢复生产、赈济灾民，用南方的人力、物力来填补北方，得不偿失。①

二是蒙古军队虽然北撤，但并不表示他们放弃了河南，一旦他们发现南宋背盟，草原骑兵必定迅速南下，而宋军长驱千里去争夺一些空城，事后还要不停地转运粮饷，很不划算。②

三是当下已经消灭金朝，应与蒙古保持和平，“以守为实，以战为应”，一旦草率开战，牵连甚广，百姓遭受战乱，死者枕藉，即便获胜，所得不过荒芜之地与累累白骨。③

从朝臣们列举的三条反对理由来看，南宋朝廷也不是愚昧无知的，他们还是能准确预测这场战争的后果。可是利弊已经如此明显，年轻的宋理宗还是力排众议，非要出兵河南，收复三京。史称“端平入洛”的军事行动就此拉开序幕。

蒙古太宗六年六月，宋廷以赵范总领战事移镇黄州，令全子才率一万人为先锋，赵葵率淮西兵五万人攻取泗州，正式开启了蒙宋战争。当月下旬，汴京都尉李伯渊杀守将崔立，投降宋军。全子才兵不血刃地收复汴京后，兵分两路向西攻打洛阳，第一路的一万三千淮西兵先行，第二路的一万五千庐山强弩军紧随其后，各带五天粮草。由于蒙古军队主力尚未到来，当年七月，宋军的第一路兵马顺利收复洛阳。可是问题

---

①《续资治通鉴 · 卷一百六十七》：淮西运判杜杲（gǎo）上言曰：“臣备员边郡，切见沿淮旱蝗连岁，加以调发无度，辇运不时，生聚萧条，难任征发。中原板荡，多年不耕，无粮可因。千里馈运，士不宿饱。若虚内以事外，移南以实北，腹心之地，岂不可虑？”

②《续资治通鉴 · 卷一百六十七》：范参议官邱岳曰：“方兴之敌，新盟而退，气盛锋锐，宁肯捐所得以与人耶？我师若往，彼必突至，非惟进退失据，开衅致兵，必自此始。且千里长驱以争空城，得之当勤馈饷，后必悔之。”

③《续资治通鉴·卷一百六十七》：淮西总领吴潜，亦告执攻，论“用兵复河南，不可轻易。以金人既灭，与蒙古为邻，法当以和为形，以守为实，以战为应。自荆襄首纳空城，合兵攻蔡，兵事一开，调度浸广，百姓狼狈，死者枕藉，得城不过荆榛之区，获俘不过暧昧之骨，而吾之内地，荼毒已甚……”

随之而来，与之前宋廷大多数朝臣所担忧的一样，汴京到洛阳一带残破不堪，加上河水决堤，粮运困难，已入洛阳的宋军既不能在当地找到粮食，也无法及时运来粮食，攻克洛阳的第二天，他们就把粮食吃完了。

更糟糕的是，来去如风的蒙古骑兵在第二路宋军距洛阳三十里处时突袭了正打算生火做饭的宋军，宋军本就战斗力不行，又没有准备，被蒙古军队杀得七零八落，不少人跳入洛水后淹死，主帅杨谊仅以身免。

八月，蒙古军队包围洛阳城。城内的宋军得知后军已经全军覆灭后自然军心动摇，根本不敢在城内久待，转而向西突围，结果失去城墙保护的他们被追上的蒙古军队歼灭殆尽，洛阳再次失陷。而在汴京的赵葵、全子才等宋军主力当然也吓破了胆，以蒙古军队决破黄河堤坝和粮草不济为由率军南撤，放弃了之前的全部战果，南宋的“端平入洛”遂告破产。

纵观整场战役，宋军表现平平，汴京、洛阳都是不战而降，所占城池均为空城，而当他们正面对抗蒙古军队时，野战能力奇差的真实战力便彻底暴露在蒙古人面前。了解了宋军实力的蒙古汗国至此再无顾忌，以塔思为代表的蒙汉军团极力主张征讨南宋，并表示愿意担任先锋，①蒙宋之间的大战已不可避免。

蒙古太宗七年（南宋端平二年，公元1235年）六月，窝阔台汗起三路兵马，以次子阔端为西路军主帅，三子阔出为中路军主帅，大将口温不花为东路军主帅，分别攻打巴蜀、荆襄和淮西。南宋的地理位置比起金朝稍有优势：巴蜀以秦岭为界，有“蜀道之难，难于上青天”的说

① 《新元史·卷一》百十九：塔思对曰：“臣不逮先臣武，然杖国威灵以行天讨，汛埽（sào）江淮，归我版籍，臣敢以死自力，不劳乘舆践卑湿之地。”帝说，赐黄金甲、玻璃带及良弓二十，命与皇子阔出总军南伐。

法，崎岖的山路不利于蒙古骑兵驰骋；而多江多河的江东地区，水道纵横且复杂，没有水师是很难过去的；至于荆襄地区，自古就是兵家必争之地，宋军在这里部署了重兵，再加上坚固的城防工事，同样不是蒙古骑兵轻易能打下来的。

因此，与蒙金战争相同，蒙古汗国所倚重的并不只是自己的草原骑兵，三路大军各有世侯武装作为辅助：中路军阔出麾下配置的是资历、能力都很强的世侯张柔；东路军口温不花麾下是名将史天泽；西路军阔端，他们在开战伊始并没有去攻巴蜀，而是逼降了金朝灭亡后依然坚守巩昌的汪世显，并任其为前部先锋。

汪世显，字仲明，本姓王，其父彦忠因隶属于汪古部，故改姓汪。汪世显早前在金朝为官，屡立战功，当时军储匮乏，汪世显便把家产拿出来换成军粮，深受金朝器重，后来官至镇远军节度使、巩昌便宜总帅。金朝灭亡后，各地纷纷投降，唯有汪世显镇守的巩昌不降，直到王子阔端到来后，问他金朝已亡，还在为谁守城，汪世显才说："大军迭至，莫知适从，惟殿下仁武不杀，窃意必能保全阖城军民，是以降也。"[①]

虽然巩昌汪氏自称是汪古族人，但他们长期盘踞巩昌一带，效忠金朝多年且熟悉汉军战法，常被当成汉人世侯的一员来看待。

窝阔台汗的征宋战略，简单来说是"三路并进，合力向东"。恰好三路大军的攻伐任务中以西路军的难度最低，而以东路军的难度最大，所以蒙古汗国的策略是先由西路军占领巴蜀，然后从夔州顺流向东增援荆襄战场，会合中路军、东路军一起进攻江东。这样的策略与"假道南宋"的伐金策略很相似，都是着重于侧面突破，看来无论是金朝的关河

① 引自《新元史·汪世显传》。

防线，还是南宋的长江天险，蒙古人都很是忌惮。

首先是西路军战场。

阔端率领的西路军以汪世显为先锋，首先渡过嘉陵江，攻向沔州地区。镇守这里的宋军大多畏战，唯有高稼、曹友闻两人奋力抵抗，奈何蒙古军队兵力雄厚，号称五十万，宋军不敌，高稼、曹友闻先后阵亡于沔州、阳平关，秦岭门户就此丢失，蒙古军队由此从利州、文州入蜀，于蒙古太宗八年（南宋端平三年，公元1236年）攻破潼州、成都等川北、川中之地，大肆破坏蜀中地区。

然后是中路军战场。

蒙古太宗七年七月，口温不花出兵攻打唐州，“端平入洛”的极力鼓吹者赵范、全子才等人尽弃邓州、唐州之地，荆襄门户由此打开。次年正月，中路军主帅阔出攻打荆襄，世侯张柔、应州郭胜、钧州孛术鲁九住、邓州赵祥等人俱为先锋，于四月间攻陷随州、郢（yǐng）州、荆门，八月攻陷枣阳、德安府，襄阳也在不久后投降蒙古军队。

然而，比起西线的畅通无阻，蒙古军队在多水路、坚城的荆襄遇到了强有力的抵抗，始终无法像西路军那样纵横数千里，而蒙古军队的运气也不太好，中路军主帅阔出于十一月突然死于军中，致使蒙古军队各自为战，其攻打江陵的战役很快就成了中路军战场的大挫败，因为蒙古军队前所未有的强敌——孟珙登场了。

孟珙，字璞玉，随州枣阳人，出身将门，四世祖孟安曾跟随岳飞征战，故而孟珙自幼熟知岳飞精忠报国的往事，成年后的他随父孟宗政参加枣阳保卫战，大败金国兵马，逐渐崭露头角。蒙古太宗五年（南宋绍定六年，公元1233年）时，孟珙先是击溃武天锡二十万乱军，又歼灭金恒山公武仙的残部，迫使七万金军投降。蒙宋联手灭金时，孟珙又担任攻打蔡州的宋军主帅，是南宋为数不多的能拿得出手的将领。

江陵之战时，孟珙知道蒙古军队善战，非智计不能获胜，鉴于自己兵力较少，他通过改变军队旌旗颜色的方式，让士兵来回反复走动，一会儿从东边出，一会儿又从西边回，晚上也让人整夜举火，火光照耀数十里，让人弄不清宋军到底有多少兵力。凭此疑兵之计，孟珙突然发起攻势，连破蒙古军队二十四座营寨，救回两万多被俘军民。东线口温不花声势浩大地攻打黄州时，蕲州、安庆守将张可大、李士达等弃城逃走，孟珙却率部大胆反攻，竟然把蒙古军队又全部给赶了回去，宋军由此士气大振。

鉴于孟珙拥有如此优秀的指挥能力，宋廷加封其为京湖置制使，命令他收复失地，孟珙当即展开了一系列反攻行动，这让蒙古军队遭遇了前所未有的挫折。从蒙古太宗十年（南宋嘉熙二年，公元1238年）到太宗十一年（南宋嘉熙三年，公元1239年），孟珙成了蒙宋战争的主角，他率领的宋军三战皆捷，先后收复郢州、信阳、樊城、襄阳、蔡州等地，蒙古军队之前不可一世的嚣张气焰，在孟珙的打击下几乎荡然无存，所得城池也全部吐出，荆襄战场基本恢复到之前的状态。

收复失地后，孟珙认为收复荆襄不难，难的是如何守住它们，与其在敌军兵临城下时抽调兵马增援，不如加强当地防御力量，组建卫戍军团，建立一道稳固的防线。①

有鉴于此，孟珙致力于加强荆襄地区的守备能力，他把蔡州、息州投降的兵马编为忠卫军，把襄阳、郢州的降人编为先锋军，用以增强襄

① 《续资治通鉴 · 卷一百六十九》：珙因上奏曰："取襄不难，而守为难，非将士不勇也，非军马器械不精也，实在乎事力之不给尔。襄、樊为朝廷根本，今百战而得之，当加经理，如护元气，非甲兵十万，不足分守。与其抽兵于敌来之后，孰若保此全胜！上兵伐谋，此不争之争也。"

樊的守备力量，[1]同时大力强化江陵的防御力量，引水护城，形成水道防线，使得“三百里间，淼然巨浸”[2]，蒙古军队无法轻易攻城，终孟珙一生，蒙古始终无法达成其战略目标。

最后是东路军战场。

东线的口温不花在攻打淮西时，同样遭遇了当地宋军的激烈抵抗。蒙古太宗九年（南宋嘉熙元年，公元1237年）十月，口温不花集结重兵包围光州，史天泽率部猛攻，先克外城，再破子城，光州沦陷。攻打复州时，宋军以三千舟师结栅于江上，史天泽亲自摇桨督战，率四十敢死之士突破船栅，复州又沦陷。

蒙古军队势不可当，直至遇到孟珙。当蒙古军队攻打黄州时，名将孟珙率部增援，之前蒙汉军团的光芒立即褪去，竟然被打得大败。

口温不花转而攻向安丰，本以为安丰是个软柿子，没想到安丰守将杜杲也不是泛泛之辈，此人极为擅长守城，且富有远见，昔日“端平入洛”时，他是地方官员中唯一一个敢上疏反对草率北伐的人。蒙古军队攻打安丰时，杜杲“缮城守御”，蒙古军队以火攻城，每烧毁一段楼橹，杜杲就立即补上，任蒙古军队毁坏多少，宋军总是能立即修复，并与蒙古军队反复争夺，使得蒙古军队常规攻城手段全数失效。

口温不花又选了些敢死之士组成巴图鲁，试图强攻城墙，但杜杲也选出精通箭术的士兵，专射巴图鲁的头目，巴图鲁在箭矢的持续打击下，最终崩溃逃窜。强攻之策同样也失效了。

口温不花又命人填埋壕沟，分筑二十七道堤坝，杜杲率部出城与之

---

① 《续资治通鉴 · 卷一百六十九》：乃以蔡、息降人置忠卫军，襄、郢降人置先锋军。

② 引自《续资治通鉴 · 卷一百七十一》。

争夺，蒙古军队遂发动火攻，哪知天降大雪，宋军援兵也及时抵达，口温不花再次战败，被迫解除了安丰之围。

蒙古太宗十年，不甘心失败的口温不花遣麾下大将察罕进兵庐州，所部号称八十万，一抵达庐州就将城池团团包围，修筑了长达六十里的土城，增筑的围城堤坝高度甚至超过了城墙，打造的攻城器械也是安丰之战时的数倍。面对来势汹汹的蒙古军队，宋廷仍以杜杲为守将。杜杲命人用火油浸湿柴草，然后点燃丢到土坝下方，熊熊火焰使得蒙古军队无法靠近。杜杲又命人架起高炮，射击对面的蒙古军队，蒙古军队惊骇逃窜，竟然被宋军打得大败，还被宋军一路追杀了几十里，东路军战场也基本恢复到战前状态。

毫无疑问，南宋虽然整体战力不足，但在孟珙、杜杲等人的努力下，纵然蒙古军队屡次进攻中路和东路，却依旧无法改变两条战线都进入僵持阶段的现状。然而蒙古太宗十一年八月，蒙古汗国的西路军却大有进展，兵锋已经抵达夔州一线，身后的汉州、邛州都被占领，整个巴蜀之地几乎全部沦陷。按照窝阔台汗的战略，西路军一旦攻取夔州，便可以顺流向东，会合中路军攻占荆襄之地。

孟珙第一时间看破了蒙古人的战略，在谍知对方号称有八十万之众后，他没有避战，而是将兵力移向西线，派两千人屯峡州，一千人屯归州，一千人屯施州，五千人驻松滋，增置营寨，分布战舰，迅速建立了应对阔端所部的防线。双方于归州展开激烈的大战，宋军凭借自身的水战优势和坚固的防御工事，获得前所未有的大捷，迫使蒙古西路军暂时退却，夔州亦被收复。

蒙古太宗十二年（南宋嘉熙四年，公元1240年），孟珙探知蒙军世侯张柔在襄樊、信阳等处屯田并打造战船，猜到了蒙汉军团准备发动渡江作战的意图，于是他转守为攻，兵分数路发起突袭，他们见粮仓就烧，见船舶就毁，宋军也把蒙军的劫掠战术用到了对方身上，蒙军在江北蔡州一带的粮草物资几乎损失殆尽，其渡江作战的计划被迫无限期延后。此后，孟珙在荆襄、川东等地招募民兵，屯田筑城，积极布置防线。窝阔台汗的三路并进之策因中路、东路宋军的顽强抵抗基本宣告破产。

三路伐宋结束后，南宋朝廷对四川的重视程度大幅度提高，有意选派贤臣良将经营巴蜀，以避免蒙古军队用同样的战法再次攻破四川防线。为此，南宋朝廷任命蒙宋战争期间战功卓著的余玠担任四川制置使兼知重庆府，负责重整四川防务，此人在蒙古太宗十三年（南宋淳祐元年，公元1241年）率领水军大败蒙古悍将察罕，是熟知兵事的南宋战将。

事实证明南宋朝廷的用人非常正确，余玠主政四川期间，收复失地，改革弊政，遴选人才，破格提拔了播州冉琎、冉璞兄弟，他们协助余玠改革四川防务，将容易失守的州郡治所迁移至险要的地方，修筑了青居、大获、钓鱼、云顶等十余座山城要塞，这些城池在广袤的四川盆地星罗棋布，扼守各处交通枢纽，彼此声援，如此便将四川变成了易守难攻之地。任谁都能看出，新的四川山城防御体系将成为蒙古人再次入蜀的重大挑战。

蒙古太宗十三年年末，不利的战事并没有阻止窝阔台汗继续享乐，常年酗酒的窝阔台汗不顾群臣劝谏，在游猎后依然放纵豪饮至深夜，次日竟然不能言语，当天就病逝了，时年五十六岁，在位共十三年。由于窝阔台汗早年中意三子阔出，意图把大汗之位传给阔出一脉，但阔出却先死于蒙宋战争的中路军战场，而阔出的长子失烈门过于年幼，无法服众，窝阔台汗便不好公开把失烈门定为储君，本打算等失烈门年长一些后让他到军中积累威望，可是窝阔台的猝然离世使得这一计划无法实现，各路宗王都觊觎起汗位来，蒙古汗国的汗位之争终于摆在了台面上。

汗位争端的开始

窝阔台汗的突然去世让南宋政权暂时躲过了一劫，其实不只是南宋，蒙古西征欧洲的军队也在大汗死讯传来之际结束了自己的军事行动，东欧乃至整个欧洲同样也躲过了一劫。对于窝阔台汗的死，蒙古人不免遗憾万分，遗憾错失了一个征服世界的机会，更遗憾的是汗位继承人在窝阔台汗生前并未敲定，这使得蒙古汗国高层开始了对权力的角逐。

汗位争端

蒙古汗国的汗位，除了窝阔台之外，成吉思汗四子拖雷一直是众人心中的热门人选，因为按照蒙古“幼子守灶”的习俗，成年的儿子必须离家自己建帐篷，唯有幼子有资格继承父亲的遗产，所以拖雷继承蒙古汗国的大汗之位顺理成章。但是成吉思汗虽然喜欢拖雷，却不打算把家业都交给他，或许是拖雷的三个哥哥都很优秀，又或许是成吉思汗认为拖雷的威望不足以统治整个汗国，拖雷与汗位失之交臂了。

同样与汗位失之交臂的还有成吉思汗的长子——朮赤。按照汉家礼法，嫡长子是最有资格继承家业的人，因为年长的人资历深、威望高，比他的兄弟们更成熟，也更容易积累功勋。可惜朮赤的情况却不是这样，他只是理论上的嫡长子，成吉思汗对他的感情始终很矛盾，因为他的母亲孛儿帖在怀上他时被蔑儿乞人抢走了很长一段时间，他是在敌人部落里出生的。有了这样的经历，就算嘴上不说，成吉思汗和众兄弟心里依然充满了怀疑，担心术赤压根儿就不是黄金家族的子嗣，其中以成吉思汗次子察合台表现得最为明显。这样很好理解，如果没有术赤的存在，察合台就是嫡长子，不就更有资格继承汗位了吗？而成吉思汗给术赤起的名字意为“客人”，连他的封国也是距离蒙古本土十分遥远的钦察草原，从钦察草原到京师要走二百多天，[①]又怎么统治蒙古汗国呢？似乎这些都在暗示术赤无缘蒙古的汗位。

窝阔台汗死后，谁来继承庞大的蒙古汗国呢？按照蒙古的传统和成吉思汗的遗命，新的大汗必须得到忽里勒台的推举，成吉思汗的兄弟们和他们的直系后裔都有投票权，也就是说，大汗之位是通过选举产生的，并不是哪个宗王血脉可以一直把持。彼时的宗王之长是术赤系的拔都，他是术赤的次子、钦察汗国（金帐汗国）的统治者，当时他正远征欧洲，战功赫赫，如果术赤系没有血统上的疑点，拔都继位的概率很大。

已经得到权力的家族肯定不想让权力溜走，窝阔台汗刚驾崩，皇后乃马真便称制代理国政，她力推自己的长子贵由。作为窝阔台的长子，贵由的存在感很低，据说他的身体不好，老是病恹恹的，明明是大汗的长子，却只能在长子西征中当拔都的副手，窝阔台不仅不信任贵由的军事能力，更不想让他积累军功，自然也就不会让他继承汗国。但是乃马真不这样想，她利用代理国政的优势大力扶持贵由，帮他拉拢人心并培植党羽，为接下来的大选做准备。

这样一来，拔都与贵由母子的关系进一步恶化，根本不愿意参加乃马真给贵由安排的忽里勒台，索性称病不来。最有发言权的宗王之长不

---

① 《元史 · 术赤传》：其地极远，去京师数万里，驿骑急行二百余日，方达京师。

来参会，贵由的当选又岂能服众？大会因此一拖再拖，直到乃马真称制第三年（南宋淳祐四年，公元1244年）才在和林召开第一次集会，拔都始终托词不至，最终于乃马真称制第五年（南宋淳祐六年，公元1246年），大会在没有宗王之长参与的情况下召开，确立了大汗之位在窝阔台汗后裔中选出的原则，贵由当选。

整整五年时间没有大汗，蒙古统治者们的不和何其明显，贵由汗与拔都的矛盾在窝阔台汗生前就已经公开化，现在贵由称汗，两人的矛盾已经到了要兵戎相见的地步，据说拔都的钦察汗国行事越来越独立，有脱离蒙古汗国的迹象。对贵由汗来说，拔都的态度严重影响了蒙古大汗的权威，只有打服拔都或者消灭拔都，窝阔台系才能永远把大汗之位握在手中。事实上，贵由汗是对的，任何分裂的苗头都可能变成燎原之火，他不能看着钦察汗国开了分裂的先例。

蒙古定宗三年（南宋淳祐八年，公元1248年），贵由汗以叶密立河畔适合养病为由率部向西进发。拔都第一时间收到了这一情报，紧张地调兵遣将，集结分散的主力军队，当时不少人认为贵由汗“养病”只是借口，其实是西征拔都，然而没想到的是，贵由汗还没到目的地就驾崩于别失八里，在位仅三年时间。这时的拔都已经率领钦察汗国主力向东挺进，准备迎战贵由汗的大军，在得到大战不可能发生的消息后，他也没有立即返回封国，而是停在了阿剌塔黑山，主动召集起忽里勒台。

这一招是高明的，刚刚称制的海迷失本想效仿乃马真皇后，把她和贵由汗的儿子推上汗位，没想到拔都抢先了一步，于是她也学习拔都，托词大会应该在蒙古本土举行，号召窝阔台系宗王都不要参会，只派使者代为出席，察合台系宗王与术赤系宗王延续了上一代的矛盾，同样不愿意参会，这反而促使拔都能自由操纵大会。拔都可不管窝阔台系、察合台系宗王参不参加，大会照常举行。

如果拔都利用这次机会自己登上蒙古大汗之位，窝阔台系、察合台系肯定不会心服，蒙古汗国势必发生内战，但是拔都看得长远，他要的是专制钦察汗国，而不是蒙古大汗的虚名，所以他授意忙哥撒儿首先推戴拖雷的长子蒙哥，然后自己再带着众人附和。

蒙哥，拖雷的长子，拖雷系的当家人，他曾随窝阔台征战中原，又参与了拔都领导的长子西征，战功赫赫且足智多谋。和已经去世的乃马真一样，蒙哥的母亲唆鲁禾帖尼也是位出色的女性，她与拖雷生有蒙哥、忽必烈、旭烈兀、阿里不哥四个儿子，其手腕和谋略是海迷失望尘莫及的，乃马真在世时唆鲁禾帖尼还不敢露头，现在她无所顾忌地帮蒙哥拉选票，以类似的手法获得了宗王们的好感和支持，而拔都与蒙哥关系一直很好，术赤系的宗王都愿意支持蒙哥。

有了拔都的极力拥戴和唆鲁禾帖尼的暗中操作，蒙哥顺利通过了第一轮的忽里勒台，众人约定来年春天到斡难河克鲁伦河畔重新开会。海迷失和她的儿子们当然要竭力阻止蒙哥当选，因此拔都命其弟别儿哥等人率领大军护卫蒙哥返回蒙古，武装召集忽里勒台。最终，在没有窝阔台系宗王和察合台系宗王也速蒙哥参会的情况下，拔都强行把蒙哥推上了汗位，是为蒙古汗国的第四任大汗蒙哥汗。

蒙哥汗的继位之争虽然尘埃落定，但也埋下了汗国分裂的种子。窝阔台系、察合台系不认同这一结果，他们认为上一次大会已经约定汗位只能在窝阔台系后裔中传承，现在拖雷系后裔蒙哥继位，岂不是打破了当时的誓言。拖雷系、术赤系宗王则认为，贵由当选本就不合法，窝阔台汗生前中意孙子失烈门，乃马真不顾先汗遗愿强行推举了贵由，所以贵由不是合法的继承人，他的子孙自然也不能成为大汗。

术赤系和拖雷系一派，窝阔台系和察合台系一派，蒙古两股势力的敌对状态已经初见端倪。

迂回战略

五年的汗位之争让南宋得到了喘息之机，但是随着新大汗的确立，蒙宋战争还要继续。此时的南宋也发生了一些变化，首先是名将孟珙黯然离世，新上任的京汉制置使名叫贾似道，荆襄防线出现了问题。其次是恢复巴蜀并一度远征汉中的余玠被谗言中伤，明明是公忠体国的一方柱石，却落得去职暴卒的结局，[①]巴蜀防线也出了问题，南宋自毁长城由此开始。

对刚刚登上汗位的蒙哥汗来说，树立大汗威望并巩固拖雷系对汗国的统治至关重要。由于汗国西侧属于拔都的钦察汗国，蒙哥汗不可能绕过拔都再去征讨欧洲，因此他树立大汗权威的最佳选择是消灭南宋，窝阔台汗生前有灭亡金朝的功绩，却没能完成对南宋的吞并，只要自己能消灭南宋，还有哪个宗王敢说自己不配当蒙古的大汗？

按照蒙哥汗的战略构想，自己的几个兄弟都要领兵出征，以便快速积累军功并巩固拖雷系的地位。他率领蒙古主力走巴蜀道，顺长江向东征讨南宋；次弟忽必烈开府于金莲川，统领漠南汉地军政，率领蒙汉军团从中原发兵征讨荆襄；三弟旭烈兀率领十万蒙军攻打伊朗高原到埃及的地区，目标是木剌夷国、阿巴斯王朝、阿尤布王朝；而幼弟阿里不哥按照蒙古“幼子守灶”的习俗留在蒙古草原监国，由阿蓝答儿辅佐。

蒙哥汗的攻宋战略实际上与窝阔台汗的三路伐宋的构想相差无几，都是重点突破巴蜀、荆襄，但是经过窝阔台汗的尝试，蒙古汗国渐渐明白南宋的优势在于地理环境和城防技术，若继续按照之前的战法死磕，损失会非常大，唯有调整战略，减小正面攻宋的难度。至于如何减小正

---

①《宋史 · 余玠传》：宝祐元年，闻有召命，愈不自安，一夕暴下卒，或谓仰药死。

面作战的难度，蒙哥汗的父亲拖雷早就示范过了，当初他采用绕道四川迂回作战的策略，成功穿插到金朝后方的邓、唐，使得关河防线失去了作用，如果蒙古军队能避开难打的荆襄防线，南宋是不是会步金朝后尘呢？

其实，最早提出战略迂回的是曾经的汾阳郡公郭宝玉。郭宝玉认为西南诸部悍勇可用，能借之图金，[①]用于当下，就是可以借道西南诸部的领地绕到南宋侧后方。此时在南宋西南侧的正是大理国，大理国偏居云南，论军事实力肯定不能和蒙古汗国相提并论，比起拖雷的借道，蒙哥汗决定直接消灭大理国，把整个云南作为进取湖广的基地。因此，在正式攻伐南宋前，蒙哥汗的战略目标是消灭大理国，受命出征大理的是他的弟弟忽必烈和大将兀良合台。

忽必烈出生于蒙古太祖十年，他皮肤黝黑，在众多兄弟中显得比较内敛，行事颇为谨慎，性格上没有旭烈兀那般张扬，又没有阿里不哥那样讨人喜欢，但他却是最具潜力的蒙古宗王，谦虚，低调，有城府，懂得韬光养晦。蒙哥汗也很信任这个兄弟，认为他是远征大理的最佳人选，只有意志力坚定的忽必烈能熬过这段艰难的征程。至于兀良合台，他是蒙古名将速不台的儿子，追随父亲多年征战，也是一员骁勇善战的猛将。

蒙古宪宗三年（南宋宝祐元年，公元1253年）八月，忽必烈率领数万大军自临洮出兵远征，兵分三路南下。西路军由兀良合台统领，穿过吐蕃东部地区，顺手招降了不少番兵助战；东路军由宗王抄合、也只烈

---

①《元史·郭宝玉传》：木华黎引见太祖，问取中原之策，宝玉对曰："中原势大，不可忽也。西南诸蕃勇悍可用，宜先取之，借以图金，必得志焉。"

统领，沿途过茂州，绕成都，抵建昌；中路军由忽必烈亲自统领，过威州、黎州，越大渡河，渡金沙江，行程二千余里，所过之处，降者招募为军，抵抗之徒一律消灭。

当年年底，忽必烈率部攻克大理，国王段兴智弃城而逃，权臣高祥被杀于姚州，大理国的行政系统基本瘫痪。大局已定，忽必烈遂留兀良合台继续追剿大理残余势力，自己率领中路、东路军凯旋。到蒙古宪宗五年（南宋宝祐三年，公元1255年），兀良合台攻克鄯阐，生擒国王段兴智，大理国至此覆灭。蒙古宪宗七年（南宋宝祐五年，公元1257年），兀良合台从大理出兵，征伐南宋藩属安南国。次年，安南王遣使求和，蒙古汗国基本完成了对中国西南地区的占领，南宋的侧翼已经完全暴露在蒙古铁骑的兵锋之下，蒙哥汗的三路伐宋即将开始。

折戟，钓鱼城保卫战

鉴于蒙古军队缺乏水师的现状，蒙哥汗采用郭宝玉的迂回战略，试图先平定西南大理国，然后再取道广南西路、荆湖南路，进攻荆襄防线。蒙古征伐大理的战役并无太大难度，忽必烈撤回漠南汉地后，兀良合台受封大元帅经营西南，平定了大理残余势力，逼迫安南归顺蒙古，实行战略迂回的时机已经成熟。蒙古宪宗七年十月，蒙哥汗督师南征，蒙古汗国的伐宋之战正式开始。

这一年，蒙哥汗率部自大漠南下，路途遥远尚未进入战场，忽必烈也在漠南地区整备兵马，没有立即出兵，蒙古汗国此时的进攻军团共分两路：一路是纽璘会同关陕刘黑马、川北汪德臣等人的蒙汉军团，进攻成都平原；另一路是宗王塔察儿率领的河北蒙汉军团，自邓州南下，攻打襄阳。两路人马中，塔察儿遭遇了宋军的顽强抵抗，无法突破襄阳防线，纽璘则一路扫荡，战果颇丰，为蒙哥汗南下扫清了障碍。

次年二月，蒙哥汗抵达黄河，恰逢河水结冰，蒙古军队用沙土覆盖冰面，大军踏着沙土渡过黄河，驻跸六盘山，集结各路军马。三个月后，蒙哥汗誓师南征，亲统四万精锐，号称十万，兵分三路进入四川。此时的纽璘已在遂宁箭滩渡击败了宋将刘整率领的兵马，川内蒙军遂大举挺进成都平原，将四川制置使包围在云顶山城中，不久粮尽城破，成都及周边城市相继沦陷。

彼时南宋的巴蜀防线相较于窝阔台汗时已有了改进，正如前文所述，考虑到成都平原无险可守，名将余玠将防御重点转向重庆所在的川东。为了增强川北到川东各要害区域的防御能力，他采取了据山建城的策略，依托各地山川地形，修建了苦竹隘、鹅顶堡、大获城、平顶城、得汉城、运山城、青居城、钓鱼城等二十余座山城堡垒，这些山城堡垒无一不是建在高山险隘之上，旁边多临河流，既能阻止敌军走陆路通过，又能切断河流的航道，而且易守难攻，形成了以点守面的格局，各地路府治所也迁入山城中，使得山城同时兼具政治、军事职能。

因此，蒙古军队攻克成都并不代表占领了巴蜀，蒙哥汗必须攻破巴蜀的各处山城，才能顺利抵达重庆—夔州一线，才有可能顺流杀向荆襄地区。

当年十一月，蒙哥汗通过汪德臣修建的浮桥进抵剑门关，纽璘率部北上会合，两军一起攻破了第一处山城堡垒苦竹隘。随后，蒙哥汗大军势不可当，一路攻城拔寨，连克鹅顶堡、大获城、运山城、青居城、大良山城，很快就抵达了合州城下。难道余玠精心构建的山城防御体系就这么轻易地崩溃了吗？

合州，涪江、嘉陵江、渠江三江汇聚之处，有一座名为钓鱼山的高山耸立在河岸旁，扼守三江水陆要道。钓鱼山之所以名为“钓鱼”，据说是因为很久以前三江洪水泛滥，百姓流离失所，被迫跑到高处躲避，人们虽然躲过了洪水的吞噬，却抵不住饥饿，直到一位天神降临在山上，用手里的鱼竿钓起来无数鲜鱼，百姓们才活了下来，故而这座高山被命名为“钓鱼山”。神话虽然是虚构的，但钓鱼山险要的地形和它独特的自然环境却是当地百姓在战乱时的避难所，无论是在神话中，还是在现实里，钓鱼山都是保护当地百姓的最后一道屏障。

钓鱼山海拔三百八十五米到四百米，三面环水且有陡峭的山壁，要攀登这座高山显然不是件容易的事情，但是山的最高处却犹如平地一般，人们可以在山顶耕种、养殖禽畜水产，因为钓鱼山顶并不缺乏水源和沃土。余玠看到了钓鱼山的战略价值，花费了不少精力在钓鱼山筑城，钓鱼城就此出现，成为蒙哥汗由蜀入楚的最后一道关隘。

钓鱼城的防御到底有什么特别之处?

其实，钓鱼山的地形虽然险要，但要成为一座坚固的堡垒还得看如何利用山势与环境。当今不少学者认为，军事实力一般的南宋在其他许多方面领先世界，拥有当时世界上最先进的科技和工艺，对于如何在高山险隘上修筑城池，南宋的工匠有很多办法。钓鱼城的修筑就充分利用了山势，修建了约八公里长的城墙和八座城门，几乎每一段城墙都建在陡峭的山崖边缘，轻易无法登墙，而它主要的城门又都建在无法攀登的绝壁处，比如护国门外沿着几乎垂直的山壁开凿了很多圆孔，平日插上木板便成了栈道，战争时所有的木板都会被拆掉，进攻方因此很难找到直抵城门的道路。

而且钓鱼城依照山势修建了内城和外城两道防线，内城居中且在山的高处，可以实施从上至下的远程打击，仅有南侧一座护国门，就算攻城方突破了外城城门、城墙，也要攻下更高的内城城墙才行，这种双城墙设计与欧洲东罗马帝国的君士坦丁堡非常相似。而它的外城陡峭绵长，西侧由南向北是镇西门、奇胜门，东侧由南向北有小东门、东新门和青华门，北侧只有一处出奇门，南侧则修建了两道一字城墙，夹着南水军码头和始关门。

对于守城作战，守军英勇、城池险要两大要素通常能挡住敌军的正面强攻，但人都是要吃饭喝水的，没有充足的补给还是不能长期坚守。好在钓鱼山有相当优越的自然条件，其最高处先后开挖出包括大小天池和九十二处泉眼在内的多处水源，守军有取之不竭的干净水源，又有很多平坦的土地可以耕种，粮食也不成问题，只要进攻方打不下城墙，守军可以一直坚守。

更重要的是，钓鱼城军民团结一致、众志成城，他们抵抗蒙古入侵的意志非常坚决，守将王坚面对南宋降蒙将领晋国宝送来的高官厚禄，严词拒绝，并把背叛国家的晋国宝斩首示众，行事果决，不留退路。而城内的百姓和官兵也誓死捍卫自己的家园。

有城坚固如此，有将忠义如此，有军奋战如此，有民团结如此，面积还不到三千平方米的钓鱼城注定成为蒙宋战争史上的一个传奇。

蒙古宪宗九年（南宋开庆元年，公元1259年）早春，蒙哥汗的大帐出现在钓鱼城东边约五公里的石子山上，四万蒙古军队会同史天泽、汪德臣等人的蒙汉军团将整个钓鱼城团团围住。关于钓鱼城守军的兵力，大多数资料认为仅有四千六百人，而蒙古军队仅大汗蒙哥带来的主力就有四万人，再加上数量不明的蒙汉军团，其兵力远远超过了宋军。

蒙古军队通过对钓鱼城的仔细勘察，发现西、北、东三侧都只有一条路可以上山，而且山路狭窄，一旦发动攻城战，大军无法迅速接近，奔袭过程中就会被宋军射杀一拨人。自己的大型投石车仰角不够，无法轰击到城楼上；弓箭力道又不足，从远处根本射不到墙上，近处仰射又没什么威力；而能保护攻城士兵的吕公车因没有宽阔的道路，完全推不上去，蒙古军队只有搭着云梯蚁附登城，伤亡不可估量。

不难发现，钓鱼城的防御难点应该在城南的水军码头和护国门。因为水军码头是整座城池唯一能与外界联系的通道，宋军不但可以把情报从这里送到临安，也可以从这里派军队出城发动奇袭，城外的援兵也能通过战船把物资补给送到城内。拿下城南的水军码头就能隔绝守军与外界的联系，能大大地打击守军的士气，只要拿下了水军码头，蒙古军队就能直接攻打正南面的护国门，一旦突破了护国门，钓鱼城势必易手。

二月攻城的头两天，蒙古军队调集了为数不多的战船正面攻打城南水军码头，同时派汪德臣率领一部分蒙汉军团攻打码头西侧的一字城墙，史天泽率领另一支兵马攻打码头东侧的一字城墙。大战非常激烈，王坚组织守城官兵奋力反抗，但还是没能保住城南水军码头，蒙古军队因此士气大增，乘胜夺取了始关门，进抵护国门。

然而，护国门非常难打，被拆除的栈道、高空射来的飞石很快让蒙古军队败下阵来，蒙古军队越往高处攀登，就越容易被宋军的滚木礌石击中，不少人哀号着跌落山崖，侥幸杀到城门下的士兵因无法破门也被宋军乱箭射杀，蒙古军队的攻势被迫中止。蒙哥汗知道正面攻打护国门没有胜算。

次日，蒙古军队改变了进攻重点，汪德臣率部转攻城西的镇西门。镇西门是镇守西城的坚固据点，这里的地势很高，唯一能通往城门的山路两侧都很陡峭，蒙古军队攻杀了一整天也毫无进展，无数士兵葬身在城楼下，看来镇西门的防御能力丝毫不输给护国门。那钓鱼城的其他城门又如何呢？之后，蒙古军队不断试探钓鱼城各处城门的防御能力，整个三月都没有任何突破，汪德臣、董文蔚等蒙古军队大将一个接一个地败下阵来。迟迟找不到钓鱼城的破绽，蒙哥汗非常气恼，难道蒙古军队的战果只有一个小小的水军码头吗？

蒙哥汗不甘心，奈何此时连天公也不作美，倾盆大雨突然袭来，连续下了二十天之久，山路崎岖，道路泥泞，蒙古军队无法在这样的环境中作战，只好待在帐篷里。南方潮湿炎热的天气让蒙哥汗非常不适，但他又不想离去，军中有人建议派兵围着钓鱼城，主力绕过合州直奔重庆，待与忽必烈会师后夺取南宋首都临安，这才是第一要务。这是比较合理的建议，但蒙哥汗不以为然，所以战争还将继续。

连日的大雨让南宋官兵得到了喘息之机，蒙哥汗却不想让蒙古军队待在帐篷里无所事事，他很清楚强攻难以奏效，如今山路被大雨冲刷，更加难行，强攻定然没有任何成功的可能。既然强攻不行，那偷袭呢？蒙古军队通过征战欧亚各国不断学习先进的军事技术，特别重视各种攻城术，蒙哥汗因此想到了穴地作战。

穴地作战，简单来说就是挖地道，可突袭入城或毁坏城墙。突入城内就是从城墙下绕过去，直接杀到城内扰乱敌军部署；而毁坏城墙通常会把地道挖到城墙下，然后用干木撑起城墙的地基，乍一看没有任何变化，但一旦点燃这些支撑木，城墙就会轰然坍塌，攻城方可趁机杀入缺口。

说起穴地作战，史天泽最有发言权，他的兄长史天倪是这方面的高手，曾以穴地作战攻克了坚固的绛州城，故而蒙汉军团是有经验可循的。不过，这次负责穴地作战的是汪德臣，因为蒙哥汗划分战区时把城西交给了汪德臣，把城南和水路交给了史天泽，而最适合穴地作战的是城西奇胜门，只要能突破此门，蒙古军队就能直抵马鞍山，马鞍山的高度与内城墙相差无几，届时宋军便再无居高临下的优势。不得不承认，战阵经验丰富的蒙哥汗是一位合格的进攻将领，一眼便看到了钓鱼城的第二处防御难点。

穴地作战难度不小，工程量非常大，钓鱼城的地形严重限制了蒙古军队的行动，但钓鱼山植被茂密，能掩盖蒙古军队的秘密行动。在挖地道的过程中，蒙哥汗也没有闲着，他不想把赌注押在一个地方，护国门同样是他心中的突破口。相比镇西门，护国门的视野更清楚，植被多长在城墙处，蒙古军队挖地道很容易被宋军发现，所以他想到的策略是夜袭。

夜袭，这一任务难度同样很高，其关键在于如何做到出其不意，如果在还没发动进攻时就被守军发现，那这场夜袭便算不上成功。负责夜袭任务的依然是汪德臣，之所以选他，可能是因为巩昌汪氏长期坐镇利州一带的川北地区，积累了不少川地作战的经验，这是史天泽所不具备的。

夜幕降临后的钓鱼城一片死寂，没有月光，正是汪德臣所部最好的掩护。随着火光突然出现，云梯迅速搭上城墙，无数蒙汉军团士兵像蚂蚁一样顺着梯子冲上城墙，宋军大惊失色，但迅速反应过来，双方很快就在护国门处厮杀开来。这一次，蒙古军队掌握了主动权，成功打了宋军一个措手不及。看着不断冲上城墙的蒙古军队，宋军越战越吃力，难道护国门就要失守了吗？

当然不会。王坚和他的军队从未让钓鱼城的百姓失望。就在汪德臣厮杀正酣时，喊杀声突然从他身后响起，蒙古军队的后续部队顿时乱成一团，守将王坚居然带着一支敢死队出现在蒙古军队后方，同样打了他们一个措手不及，以彼之道还之彼身。蒙古军队的惊慌情绪迅速蔓延，已经攻上城头的士兵也开始动摇。宋军见主将作战成功，士气大振，于是对蒙古军队发起前后夹击，终于让其大败而逃，汪德臣又一次从护国门下败退。

王坚不是在城内吗，他是怎么从天而降的呢？

原来，钓鱼城除了难以攀登的城墙，还有不少暗道，其中护国门的东侧峭壁上就有一个，名为飞檐洞，它本是天然形成的山间裂缝，宋军加以改造后变成了一个可以出城的暗道，最窄处只能容下一个人通过。洞的尽头在绝壁上，周围有大量植被遮盖，蒙古军队根本发现不了。王坚带着五十个死士穿过暗道后，系着绳索从绝壁上缓缓滑下，然后绕到蒙古军队身后发动了奇袭。虽然这支奇兵只有五十人，但漆黑的夜色帮了大忙，蒙古军队看不清宋军的实际情况，自然也弄不清王坚到底带了多少人，惊慌让他们失去了冷静的判断，误以为宋军人数很多，于是放弃抵抗撤退了。

护国门的夜袭失败后，汪德臣并不甘心，同样的战术被他用到了奇胜门下，可惜结果还是一样，看来夜袭也不顶用。时间很快来到了五月，长时间的攻城作战让蒙古军队疲惫不堪，而炎热的天气又让他们难以忍受，痢疾、霍乱开始在蒙古军队中流行，据说连蒙哥汗也染了病。等到六月，挖了很久的地道终于大功告成，蒙哥汗再也坐不住了，果断命令汪德臣率兵从地道杀入外城。

宋军完全没想到钓鱼山这样的地形也能挖一条地道，镇守奇胜门的宋军官兵明显慌了手脚。正面有搭着云梯攻城的，背后又有从地下钻出的，一时之间到处都是蒙军士兵。战斗在激烈的厮杀后结束，宋军官兵几乎全部阵亡。汪德臣等人立即挥师占领马鞍山制高点，并用云梯攻击内城城墙，局势似乎已经无可挽回。

随着奇胜门和马鞍山的陷落，钓鱼城守军不得不退至内城继续作战。在整个钓鱼城之战中，汪德臣无疑是战功最显著的将领，城南水军码头和奇胜门都是他的战绩，此时的汪德臣志得意满，认为钓鱼城守军军心已动摇，按照以往的经验，这种情况多半会开城投降，不少汉人世侯都是在类似的情况下归顺了蒙古汗国，所以汪德臣单骑来到城墙下，大呼道："王坚，我来活汝一城军民，宜早降。"[①]

话音刚落，城墙上顿时飞石如雨，汪德臣躲闪不及，被飞石砸中，身受重伤的他不久便死去。恰逢天降大雨，攻城方阵脚不稳，云梯又突然断裂，后面的兵马无法支援前军，再加上指挥官意外阵亡，各部人马乱成一团，蒙古军队这才放弃占领内城的尝试，撤回马鞍山阵地，近在眼前的破城机会就这么没了。

蒙哥汗怒不可遏，他没想到小小的钓鱼城居然这么顽固，没想到王坚居然会选择死战不降。在蒙古汗国征讨四邻的战争中，"识时务"的归顺者不计其数，像汪德臣、张柔、刘伯林等世侯虽然声名显赫，但无一不是背弃旧主之人，蒙古人很少遇到像钓鱼城军民这样团结的对手，也很少遇到像王坚这样有气节的忠义之士。钓鱼城虽小，却因守城军民团结一致而拥有无穷的力量。

七月，钓鱼城之战的军报接连传到临安，南宋朝廷深知钓鱼城的重要性，如果钓鱼城保不住，蒙古军队便可顺流而下，于是令吕文德率领战舰千余艘突破蒙古军队的水上封锁，进入重庆，目的是增援坚守待援的王坚。然而，蒙哥汗虽然损失了汪德臣，但他还有熟悉水战陆战的史天泽。史天泽率领蒙汉军团顺流而下，将军队分成三队，夹江而战。吕文德哪里是蒙汉军团的对手，与史天泽三战三败，不得不率残部逃回重庆，增援钓鱼城的计划破产。

援军来不了了，钓鱼城军民的士气并未因此受挫。蒙哥汗病情日渐严重，他做了最后一次尝试，在马鞍山上修了一座望楼，用以观察守军的整体部署，然后让蒙古军队从马鞍山方向全线进攻钓鱼城的内城。战

① 引自《新元史·汪德臣传》。

斗十分激烈，所有守城军民都抱着必死的决心抵挡蒙古军队最后的猛攻。时间似乎在大战中停止了，人们已经记不清到底杀了多少敌人，也记不清身上划过了多少道伤，只是不停地挥舞着兵器，一遍又一遍，直到战斗的呼喊声渐渐消失，直到眼前的蒙古军队士兵都倒在地上。

终于，蒙古军队撤退了，蒙哥汗撤退了，王坚率领的钓鱼城军民挺过了最可怕的进攻。宋军为了表明继续抵抗的决心，从天池里捞了两条大鱼，裹着上百张面饼，并夹着一封示威信，投到城外的蒙古军队阵地上。

信上霸气地写道："尔北兵可烹鲜食饼，再守十年，亦不可得也！"①

蒙哥汗放弃了，而且是不得不放弃，有人说他在马鞍山督战时被宋军飞石击中，也有人说他因疫病未及时治疗而病危，总之他在留下数千兵马继续包围钓鱼城，并命令其余军队转攻重庆后，驾崩于温汤峡，时年五十二岁。合州之围就此解除，蒙哥汗三路伐宋的计划再难实现。

此时的忽必烈正率领蒙汉军团往攻鄂州，而兀良合台也按计划带着南路军取道广南西路，杀到了潭州城下，他们都还不知道蒙古大汗蒙哥已经驾崩，汗位之争又一次威胁着这个庞大的国家。

---

① 引自《合州志》。

第五章

开幕府，兄弟争位

开府金莲川

随着领导蒙汉军团的木华黎家族的影响力下降，蒙古汗国治下的汉人文武亟需一个新的代言人和领导者。合州钓鱼城之战落幕后，南宋政权暂时得到了喘息之机，华夏大地乃至欧亚的焦点就此转移到另一个人的身上，此人有千里迂回征讨大理的战绩，也是整个汗国中对汉法治国践行最力、最彻底的宗王，他就是拖雷的嫡次子、蒙哥汗的兄弟——孛儿只斤·忽必烈。

忽必烈在众多兄弟中最好学，也最内敛，他谦逊而不张扬，虽非豪情万丈，却充满了智慧和城府。蒙哥汗执掌大蒙古国后，忽必烈受命管理漠南汉地军国庶事，[①]这让他有更多机会了解各族世侯和汉人名儒，并与这些人建立了深刻的联系。忽必烈似乎天生就对文化历史感兴趣，很早就喜欢寻访前代帝王的事迹，尤其是当他听说唐太宗李世民广延四方智杰以成就帝业后，决心效仿前人所为，因此他身边逐渐聚集了一帮文臣大儒。

忽必烈在出镇一方前，便以学习治国之道的名义搜罗有学之士，刘秉忠、赵壁等人都是在这一时期被招入藩邸的名士，这些名士是真有才学，并非咬文嚼字的腐儒，所提见解往往能切合实际，且常有开创之言，而且他们非常热衷于在蒙古宗王中传播中原文化，大力引导忽必烈认识汉法对治国的重要性，忽必烈深以为然并积极学习，对中原文化逐渐有了基本的了解。

---

①《元史·世祖本纪》：六月，宪宗即位，同母弟惟帝最长且贤，故宪宗尽属以漠南汉地军国庶事，遂南驻爪忽都之地。

忽必烈借助已经加入藩邸的刘秉忠等人，大力招揽文人，通过“引荐”的方式不断吸引更多的人才加入，如赵壁引荐了营州柳城人姚枢，后来史天泽推荐了自己的幕僚张德辉，张德辉又举荐了元裕、李治等二十余人。

如此种种，通过积极招揽，幕僚们相互推荐，忽必烈的藩邸很快就聚集起一个庞大的汉人文臣集团，其中姚枢类似于忽必烈的军师，能运筹帷幄决胜千里之外；刘秉忠、许衡、徐世隆是忽必烈日后政权的制度设计者；赵壁、郝经、马亨善于筹钱储粮，是忽必烈征战四方的钱粮保证。有了这一帮汉人文士相助，忽必烈的幕府已如同一个朝廷。

蒙哥汗即位之初，即授命忽必烈管理漠南汉地，蒙哥汗如此安排，一方面是因为富饶的汉地必须掌控在拖雷系宗王手中，另一方面可能是由于忽必烈在汉人中很有威望，又很了解汉人汉法，所以让他主持漠南汉地军国庶事，后来又把关中京兆府也封给了他。当时的中原、关中相当混乱，被封在各地的蒙古勋贵往往横征暴敛，地方政府缺乏有效的管理手段，施政形同掠夺，农业、商业无不凋敝，百姓生活在水深火热之中。

忽必烈采用姚枢、刘秉忠等人的建议，首次开始推行汉法治国，在邢台成立了安抚司，在关陕成立了宣抚司，在河南成立了经略司，三司均选贤任能，惩治贪腐，劝课农桑，致力于减轻百姓负担，恢复各地的秩序。其中经略司还有防备南宋的职责，忽必烈采用汉人世侯史天泽的建议，在邓州、唐州一带广为屯田储粮，提供给士兵耕种的农具，且战且耕。又于卫州设立都运司，修建运粮甬道，沿河修筑粮仓，转运粮食。不出三年时间，中原号称“大治”。

有了汉人文臣的辅佐，忽必烈把中原各地治理得有声有色，但只有文臣相助就足够了吗？当然不够。除了文臣外，武将也是忽必烈不可或缺的力量，好在经过数代人的经营，自木华黎时代就开始出现的各族世侯武装日渐壮大，一些世侯已经传至子孙，形成世代相传的军事化集团，他们随蒙汉军团四处征战，已经与蒙古形成利益共同体，原来的民族界限也越来越模糊，蒙古人没有刻意区分这些契丹人、女真人、汉人组成的“北方人”，将这些世侯率领的军队一并称为“汉军”。

和需要一一招揽的汉人文臣不同，汉人世侯们一直效忠于蒙古汗廷，他们被安排在不同的地区，负责维持地方治安和征战四方，当时比较大的汉人世侯是窝阔台汗时所创建的汉人三万户，三万户的地位超过一般汉人世侯，是世侯武装的代表和高级统帅。

居汉人三万户之首的是关陕的刘黑马，他是刘伯林的儿子，为山西太原、平阳、成都等路万户，麾下有不低于五个汉人千户，而且部分将领甚至晋升为新的万户，刘黑马因此成为众万户之首。其次是真定史天泽，他是史天倪的弟弟，有讨伐武仙的功绩，为邓州旧军万户，真定、河间、大名、东平、济南等路万户。最后是石抹查剌，他是兴州、北京（金朝设立的北京路）、懿州、临潢府、平滦州、燕京、顺天府等路管军万户，其地盘在辽东一带，是镇守女真、契丹等处的将领。

除了汉人三万户外，随着蒙古对外征战的胜利，之前并非万户的汉人世侯也不断有人晋升为新的万户，比如张柔、严实、郝和尚拔都等。另外还有一些后归附蒙古的地方军阀，比如巩昌汪氏的汪世显，他在窝阔台汗时期归附蒙古，受封为巩昌等二十四处便宜都总帅，出兵四川时屡立战功，其子汪德臣又在追随蒙哥汗围攻钓鱼城时阵亡，汪德臣之子汪惟正因此得以袭职，成为第三任巩昌世侯。还有如山东红袄军李全，因其本身就掌控着不少地盘，蒙古汗国直接授予他原来的官职，其子李璮，行省益都，盘踞山东，李家虽然没有万户之名，但实力不低于史天泽这样的万户。

从汉人世侯所镇守管理的地方来看，蒙古汗廷将这些随军征战过的世侯武装分散部署在河北、河南、山西、陕西、山东乃至辽东的庞大区域。忽必烈在得到蒙哥汗允许他管理汉地的授权后，对汉人世侯们就有了直接管理权，这些汉人世侯因此把忽必烈视为自己的顶头上司，听从忽必烈的安排。忽必烈幕府中的文臣也非常清楚汉人世侯对忽必烈的价值，不遗余力地帮助忽必烈与他们建立更加广泛的联系；而汉人世侯也同样看重忽必烈的作用，甚至主动把自己的幕僚推荐到忽必烈的幕府中，从而加强自己与忽必烈的联系。久而久之，汉人世侯便成了忽必烈的外藩臣属。再加上忽必烈的宿卫武将阿里海牙、廉希宪、董文忠、昔班、阔阔等武臣，忽必烈集团文武兼备。

公元1256年，忽必烈为了巩固自己对汉地的统治，开始着手建立一座能够号令中原各地的大本营。还在藩邸时，木华黎之孙霸突鲁就对忽必烈说道："幽燕之地，龙盘虎踞，形势雄伟，南控江淮，北连朔漠。且天子必居中以受四方朝觐。大王果欲经营天下，驻跸之所，非燕不可。"[①]忽必烈遂命刘秉忠在桓州东、滦水北的龙岗相地筑城，当地因盛产金莲花，又有金莲川之名。新城耗费了大量的人力、物力，历时三年才建成，取名"开平"。[②]

开平城，即日后大元王朝的上都，位于蒙古草原以南，旧金朝中都城以北，是联系蒙古与中原的交通枢纽，在这里建设城市表明忽必烈意在推行汉法治理汉地，改变游牧迁徙的习惯，以固定的据点经营自己的领地。忽必烈以开平为根据地，经营漠南汉地各路府，故其幕府有"金

---

① 引自《元史·霸突鲁传》。

② 《元史·刘秉忠传》：初，帝命秉忠相地于桓州东滦水北，建城郭于龙冈，三年而毕，名曰开平。

莲川幕府”之称，而加入忽必烈幕府的蒙汉臣属就成了未来元朝的开国班底。

随着金莲川幕府的出现，忽必烈在汉地的势力越来越大，蒙哥汗让忽必烈管理汉地的初衷是巩固拖雷系的地位，强化对汉地的统治，没想到忽必烈把汉地快经营成独立王国了，其所推行的汉法政策固然有利于恢复当地经济和秩序，但不可避免地剥夺了蒙古勋贵对地方的掠夺权，这让很多封在汉地的蒙古贵族不满，他们迅速抱成团，向蒙哥汗告发忽必烈的不臣之事，主要围绕两条理由：一是“中土诸侯民庶翕然归心”[①]，二是“王府诸臣多擅权为奸利事”[②]。

严格来说，这两条都不是诬陷，忽必烈推行以汉法治汉地的新政很得中原民心，百姓对新政非常拥护，自然也就拥护忽必烈，而汉法治国也符合汉人世侯的利益，他们与忽必烈的联系进一步加深，一定程度上成为利益共同体。至于“王府诸臣多擅权为奸利事”，恐怕不利于蒙古贵族掠夺地方百姓的事情都会被他们认为是“奸利事”，哪怕是忽必烈的命令，蒙古贵族也会把责任推到王府诸臣的身上，从而指责金莲川幕府为所欲为。

蒙古保守势力的告发让蒙哥汗产生了警惕，毕竟在权力面前，亲情根本不值一提，而蒙哥汗又对分裂汗国的行径非常敏感，因为到他这一代，蒙古统治阶层逐渐离心，这主要是转移窝阔台系汗位所导致的：钦察汗国拔都对蒙哥汗当选立下了汗马功劳，蒙哥汗只好放任钦察汗国专制西方；察合台汗国和窝阔台汗国虽然名义上没有独立，但他们对蒙哥

① 引自《元朝名臣事略 · 卷十一》。

② 引自《元朝名臣事略 · 卷七》。

汗肯定是不服的，这也让蒙哥汗无力控制西亚；再加上远征叙利亚的旭烈兀，过于庞大的蒙古汗国已经很难像成吉思汗时代那样团结，蒙哥汗不能再让最近的汉地也脱离掌控。

蒙古宪宗七年，蒙哥汗突然解除了忽必烈的兵权，以忽必烈腿脚不便为由，中断了让他从中路攻打荆楚的原定计划，改派塔察儿独自领兵围攻襄阳一线，同时设立钩考局，让亲信阿蓝答儿、刘太平等人到河南、陕西一带进行财务审计，实际就是要收集忽必烈“不臣”的证据，史称“阿蓝答儿钩考”。

阿蓝答儿等人是相当顽固的蒙古保守势力，对忽必烈推行汉法深恶痛绝，他们对蒙哥汗非常忠心，自然不遗余力地搜罗证据，共列出一百四十二项条款进行钩考。由于忽必烈是宗王，阿蓝答儿等人不好直接开刀，便把矛头对准了金莲川幕府的汉人文臣和各地的汉人世侯，据说阿蓝答儿所获权力极大，除了史天泽、刘黑马这两大万户外，其余汉人世侯均在钩考之列，连忽必烈的首席汉人幕僚赵壁、马亨等人都不能幸免。而且阿蓝答儿可以不经禀报便宜行事，随意拘押汉人文武，以致被用刑折磨至死的官员比比皆是，仅陕西宣抚司就有二十多名汉官死于钩考。

忽必烈一手建立的安抚司、宣抚司、经略司均被撤销，所司官员无一例外地被钩考，轻的只是关押受刑，重的被直接送往和林处罚，汉人世侯史天泽、幕府武将廉希宪等为了保护下属，主动出来承担罪责，史天泽更是豪言道：“我为经略使，今不我责，而罪余人，我何安乎！”[①]可惜阿蓝答儿根本不买账，依然大肆钩考各级官员，使得中原

① 引自《元史·史天泽传》。

汉地人心惶惶，似乎忽必烈的金莲川幕府就要分崩离析了。

这时，姚枢找到忽必烈献策道：“帝，君也，兄也；大王为皇弟，臣也。事难与较，远将受祸。莫若尽王邸妃主自归朝廷，为久居谋，疑将自释。”[①]

姚枢的话点醒了忽必烈，既然不能正面对抗大汗的钩考，不如放弃一切既得利益，把王妃和孩子全部送回和林当人质，自己也亲自前往和林朝见蒙哥汗，这比任何书信辩解都有效。毫无疑问，姚枢的计策极具智慧，看起来是退让，实际却是以退为进。忽必烈就此离开金莲川北上，于和林朝见自己的兄长蒙哥汗。

据说忽必烈见到蒙哥汗时恭敬地叩拜，陈述衷情，没有一丝不满的情绪，像一只被折断翅膀的雄鹰，蒙哥汗心生怜悯，毕竟两人一母同胞，是一起长大的患难兄弟，他们经历了拖雷离奇逝世后的宫廷诡谲，也一起挺过了贵由汗统治的那段冷酷岁月，更一起见证了忽里勒台拥戴蒙哥的历史时刻。还没等忽必烈开口说话，蒙哥汗先忍不住了，当即抱着弟弟哭泣，忽必烈也痛哭不已。无论有多少猜忌，这一刻两兄弟都释然了，史载：“及世祖见宪宗，皆泣下，竟不令有所白而止，因罢钩考局。”[②]

阿蓝答儿的钩考骤然开始又猝然结束，虽然短暂，但对汉地行汉法的打击巨大，充分反映出蒙古保守势力的强大，要在中原地区推行汉法，可以说是困难重重。蒙哥汗并没有借这场闹剧铲除金莲川幕府，究其原因除了与忽必烈的兄弟情谊外，汉法治国的有效性本身也是不争的

---

① 引自《元史 · 姚枢传》。

② 引自《元史 · 姚枢传》。

事实，蒙哥汗不可能不顾及汉人世侯，也不可能无视中原大治的成果，若让一切回到最初的状态，是不利于蒙哥汗南征的。

然而，蒙哥汗和蒙古保守势力没有想到的是，阿蓝答儿钩考的严酷让中原汉人更加归心于忽必烈，汉人世侯和汉人文士都发现了这样一个事实：在蒙古汗廷的高层中，只有忽必烈愿意接受汉法，如果有一天他不在了，落在汉人头上的将是场难以预料的灾难。

经过这场钩考的考验，汉人世侯和幕府汉臣更坚定地站在了忽必烈一边，他们把前途和政治理想都寄托在忽必烈身上，尽心竭力地辅佐他继续未完成的事业，从而让忽必烈在事实上成了汉人世侯的唯一领袖，中原地区虽未封给忽必烈，却早就成了他的领地。在忽必烈迎来命运转折的那一天，汉人世侯将站在忽必烈一边，对抗来自蒙古草原的守旧势力。

忽必烈的抉择

忽必烈与蒙哥汗尽释前嫌后，他的地位恢复如初。当时，因未能参加三路伐宋之战，原本由忽必烈节制的蒙汉军团被宗王塔察儿带去攻打襄阳了，然而襄阳之战并不如蒙哥汗预期，塔察儿迟迟无法推进，中路军进展迟缓。忽必烈遂请旨要求前往中路军，蒙哥汗便恢复了忽必烈的兵权，让他节制包括塔察儿在内的中路蒙汉军团，发兵攻打荆襄地区。

蒙古宪宗九年，忽必烈率部抵达前线，集结重兵准备渡过淮河。他没有选择塔察儿一直打不下来的襄阳，而是打算从襄阳东侧的鄂州突破。塔察儿一军则被安排为偏师，作为忽必烈主力军的侧翼掩护力量。

蒙汉军团主力方面，忽必烈兵分两路而进：西路是忽必烈率领的精锐兵马，径直攻破大胜关南下；东路则由汉人世侯张柔指挥，取道虎头关，直逼黄州。两路人马计划会师于鄂州。

忽必烈、张柔抵达江边时，宋军已经沿江布置了防线，用大船扼守渡口，列成密集阵形迎战。但由于南宋沿江制置副使袁玠对当地渔民横征暴敛，渔民竟然主动给忽必烈提供渔船渡江，还愿意充当向导，蒙古军队便有了强行渡江的船只。

汉将董文炳率先请战，让他的兄弟董文忠率领不到两百人的敢死队，架着艨艟正面冲锋，且战且呼，士气骇人。宋军一经交战就乱成一团，董文炳看准时机，指挥麾下将士全线冲撞，生生撞开了宋军的防线，蒙汉军团遂弃舟登岸。蒙古军队的野战能力远远超过了宋军，董文炳上岸后就像饿狼冲入羊群一样，又是砍杀，又是放火，宋军很快就全线溃败，任由蒙汉军团肆意杀戮。次日，忽必烈大军全数渡江，当即包围了鄂州，同时分遣部分兵马沿江攻向江西，拔取了瑞州。

消息传到临安后，宋廷震动，一边招募民兵戍守，一边加筑平江、绍兴、庆元等地城堡，内侍董宋臣甚至奏请宋理宗迁都，可见忽必烈成功渡江的消息给他们带来了多么大的恐慌。

十月，南宋朝廷派右丞相兼枢密使贾似道领兵救援鄂州。为了等待援兵，鄂州守将张胜登城高喊停战，诈称要议和，蒙古军队信以为真，果然停止了攻城并暂时退走。此时已到十一月，宋军趁蒙古军队暂缓进攻鄂州的契机，派高达率部进入鄂州城，贾似道也抵达战场，蒙古军队这才知道上当，遂派大将苫彻拔都儿再次攻城，鄂州守将张胜出城迎战，被蒙古军队大败，宋军只好紧闭城门坚守，忽必烈多次发起强攻，但始终不能得手。

鄂州攻防战期间，蒙哥汗驾崩钓鱼城的消息也传到了荆襄。起初，忽必烈不为所动地说道："吾奉命南来，岂可无功遽还？"[1]似乎他对蒙哥汗之死并不在意，他所想的是利用此次伐宋之战积累战功，以便他日回到大漠参加忽里勒台时更有发言权。然而，漠北的局势瞬息万变，作为拖雷幼子的阿里不哥按照"幼子守灶"的习俗监国，坐镇和林，手里不仅有从父母那里继承来的部众和土地，还有召开忽里勒台的便利优势。

当时拖雷系宗王中，旭烈兀率领十五万大军西征叙利亚，正准备攻打埃及，路途遥远的他根本来不及回来参加忽里勒台，唯有阿里不哥和忽必烈两人有可能，而这两人都有继承蒙古大汗之位的野心。阿里不哥利用自己坐镇首都和林的优势，立即开始了夺位行动：他一边派脱里赤前往燕京主持行省事务，收缴钱粮，签民为兵，试图把蒙汉军团收入自己帐下；另一边又让刘太平等心腹赶赴关陕，成功把戍守六盘山的浑都海、成都的密里火者、青居的乞台不花拉入了阵营，同时伺机策反刘黑马等汉人世侯。

如此一来，阿里不哥的势力很快深入从河北到陕西的漠南汉地，明显是要夺走忽必烈管理的领地。这下忽必烈再也坐不住了，继续打下去怕是连大本营都要被阿里不哥吞并了。蒙古军队当时攻打鄂州已超过百天，张柔让何伯祥制造出了鹅车，凿洞打穿了城墙，还派勇士多次先登西南角，但仍然没有攻破鄂州的迹象。

恰逢南宋奸相贾似道两次求和，许诺割让江南以北的土地，并每年上贡银钱二十万两、绢帛二十万匹。忽必烈便顺水推舟地表示了同意，不过他急于回到燕京，也不等双方正式签订和约便匆匆撤兵，仅留张柔

---

① 引自《元史 · 世祖本纪》。

统率部分蒙汉军队等待南路军兀良合台的兵马，会合一起撤回国内。

兀良合台所部总兵力约一万三千人，自蒙古宪宗八年（南宋宝祐六年，公元1258年）从大理出发后，一路北上，多次与宋军交手，于宪宗九年突破老苍关，在昆仑关地区用前后合围的战术击溃了南宋六万兵马，之后便势如破竹，一路连克宾州、象州、辰州、沅州等地，径直包围了潭州。不过，潭州守军奋力抵抗，兀良合台久攻不克，士气已然开始下滑。忽必烈的信使赶来后，兀良合台才知道三路伐宋的计划无法执行了，于是撤去了潭州之围，自新生矶渡江北返，至此蒙哥汗的三路伐宋不了了之。

蒙古军队的退走让贾似道捡了个大便宜，他故意隐瞒了自己与忽必烈求和之事，反而伪造战绩并以大捷上报宋理宗，宋廷上下哪里知道蒙古内乱之事，还真以为贾似道是一代名将，把蒙古数万大军打得落荒而逃，当即下诏褒奖，封贾似道为少师，晋爵卫国公。不久后，宋理宗驾崩，四十三岁的赵禥即位，是为宋度宗。新皇帝喜好酒色，无心朝政，更不关心蒙宋战争，贾似道由此专权，蒙蔽上听，南宋国势日渐衰微。

次年年初，忽必烈率领蒙汉军团返回燕京，脱里赤大惊失色，准备送交阿里不哥的钱粮、新兵都被忽必烈扣住。忽必烈回来后，脱里赤这个假的燕京行省便被罢免，所下发的政令也统统作废。忽必烈怒火中烧，遣使怒责阿里不哥欲偷偷夺取漠南汉地，阿里不哥鉴于忽必烈手握重兵且已返回燕京，不敢发生正面冲突，便好言相劝，声称他已筹备好忽里勒台，让忽必烈尽快到漠北参加大会。

该不该去漠北？

忽必烈心中犹豫不定，按照蒙古汗国的传统，忽里勒台是选举大汗的必经程序，要想成为下一任蒙古大汗，是应该前往和林参会的。然而，漠北早已被阿里不哥党羽控制，这一去岂不是羊入虎口？心怀顾虑的忽必烈只能带着脱里赤先行回到了自己的大本营——开平府。

金莲川幕府中，忽必烈的臣属们争论不休：蒙古勋贵想回到和林，但又拿不出应对阿里不哥的办法。汉臣刘秉忠、姚枢等人则认为忽必烈不应该拘泥于传统，毕竟阿里不哥在和林胜选的概率要远大于忽必烈。一则阿里不哥是“监国”，有“幼子守灶”的先天优势，且长期经营和林一带，关系网错综复杂，势力根深蒂固，难保不会对忽必烈动手；二则蒙哥汗的心腹阿蓝答儿和蒙哥王子阿速台、玉龙答失、昔里吉等人都站在阿里不哥一边，而忽必烈这边只有宗王塔察儿等东道诸王的支持，不敌阿里不哥一方。

在当时的蒙古汗廷中，成吉思汗的兄弟们多封在草原以东地区，包括木华黎的后裔也多在那里，他们形成了东道诸王集团；而成吉思汗的儿子们多被封在草原以西，察合台汗国、窝阔台汗国、钦察汗国依次向西延伸，被称为西道诸王。

有意思的是，忽必烈的领地在关陕京兆府，所节制的漠南汉地离东道诸王更近一些，他们关系也非常亲密，以宗王塔察儿为首的东道诸王都支持忽必烈继承汗位；而阿里不哥的封地靠近西道诸王，西道诸王有不少人支持阿里不哥，比如窝阔台后裔海都。蒙古草原上形成了东军和西军两大阵营。

单论名义上控制的地域范围，东、西两大阵营其实差别不大，但一个国家的实力从来不是只看土地大小，还要看军、政、财三项指标，忽必烈的东军地盘虽然不算大，但囊括富饶的河北、辽东、山西、陕西、河南等地，这里人口稠密，经济发达，还是农耕区，且有各大汉人世侯的鼎力支持，忽必烈要兵有兵，要粮有粮，综合实力非常强大。反观阿里不哥一方，他们虽然拥有战力不俗的蒙古本土精锐，可能还包括一定数量的蒙哥斡耳朵，但草原最缺钱粮，西道诸王名义上支持，却未必会拿家底帮阿里不哥夺位。因此，忽必烈直接以武力与阿里不哥争夺汗位的胜算大于选举。

事实上，阿里不哥也知道两者实力上的差距，所以他采纳阿蓝答儿之策，趁忽必烈南下伐宋之际，立即派脱里赤接管燕京行省，并联络驻扎在关陕、巴蜀的浑都海等人，就是要把河北、陕西、四川等地控制住，如此便能封锁忽必烈的归路，削弱他的实力。然而，汉臣郝经力劝忽必烈放弃鄂州北撤，①阿里不哥的计划才未能得逞。忽必烈已经打定主意不去和林，廉希宪、赵良弼等重臣遂建议忽必烈直接在开平召开忽里勒台，抢在阿里不哥前通过推选。②

忽必烈在开平另行召开忽里勒台是否合法呢？

理论上，忽里勒台只是要蒙古勋贵参加，并没说必须在什么地方召集，而拔都当年为了帮助蒙哥汗继位，也曾单独召开过忽里勒台，抢先推举蒙哥为大汗。有这样的先例，忽必烈当然也可以不在蒙古本土召开忽里勒台。这么一分析，忽必烈在开平召开大会并无不妥之处。

蒙古宪宗十年，东道诸王齐聚开平府，四十四岁的忽必烈以术赤、察合台等宗王路途遥远，无法按时参会为由，先行召开了推举新大汗的集会，与会宗王都是忽必烈的支持者，毫无悬念地支持他成为新一任的蒙古大汗。新大汗首次颁布年号“中统”。并遣使告知远在漠北的阿里不哥。得知消息的阿里不哥大怒，也于次月举行忽里勒台，选举自己为蒙古大汗。蒙古汗国第一次出现了两个大汗，欧亚大

---

①《续资治通鉴·卷一百七十五》：郝经曰：“……虽大王素有人望，且握重兵，独不见金世宗、海陵之事乎？若彼果称遗诏，便正位号，下诏中原，行赦江上，欲归得乎？愿大王以社稷为念，与宋议和，令割淮南、汉上、梓、夔两路，定疆界岁币，置辎重，率轻骑而归，直造燕都，则彼之奸谋，冰释瓦解……”

②《续资治通鉴·卷一百七十六》：希宪、良弼及商挺等力言：“先发制人，后发人制，逆顺安危，间不容发，宜早定大计。”

陆最强大的政权就此分裂。

争位，两个大汗

蒙古中统元年夏季，两个大汗都没有立即发兵征讨对方，相互间打起了口水仗。阿里不哥一方都是蒙古勋贵，肯定没有忽必烈一方的汉人笔杆子多，交锋并未取得任何实质性成果。转眼秋季就快到来，表面上都没有动作的两人，私底下却在拉拢蒙古各大宗王，他们不约而同地盯上了察合台汗国。

彼时的察合台可汗哈剌旭烈已死，执政的是其遗孀兀鲁忽乃，忽必烈意欲扶持阿必合失继承察合台汗国，而阿里不哥意欲扶持阿鲁忽执掌察合台政权，两人都是察合台后裔，都有继承权。然而，忽必烈扶持的阿必合失还没到察合台汗国就被阿里不哥挟持了，现在就看阿鲁忽能否顺利即位了。

插手察合台汗国内政的同时，忽必烈和阿里不哥又开始了各自的军事行动。大战大致分为两个战场，蒙古草原是主战场，漠南汉地则是次要战场。首先出现冲突的是次要战场，当时的关陕、巴蜀名义上受忽必烈节制，但浑都海、刘太平、密里火者、乞台不花等人都准备响应阿里不哥，忽必烈明白稳定漠南汉地的重要性，首先任命廉希宪、商挺为陕西、四川等地正、副宣抚使，赵良弼为参政，让他们前往京兆府控制当地兵马钱粮，当即捕杀刘太平等人，清除了阿里不哥在京兆府的势力。

同时忽必烈又命令汉人世侯们相继出兵，消灭重兵屯驻巴蜀的阿里不哥一党，刘黑马旋即在成都突然发难，诛杀了密里火者，汪惟正则在青居城杀掉了乞台不花，这下六盘山的浑都海便失去了策应，形势非常不利，本来还打算支持阿里不哥的纽璘见状也不敢轻举妄动了。趁此时机，主持关陕、巴蜀的廉希宪、商挺、赵良弼商议决定，让汪良臣会同宗王合丹（窝阔台汗之子）、八春的军队，兵分三路进讨六盘山的浑都海。

此时的局面是，关陕地区只有浑都海一人成功举事，其余的阿里不哥党羽都被诛杀在起兵之前，但由于忽必烈已经收拢河北、河南诸路兵马前往草原决战，燕京一带的兵力屈指可数，若浑都海直接挥师杀向燕京，便可以把忽必烈堵在长城之外，从而与阿里不哥合围忽必烈，战局就会瞬间倒向阿里不哥。可惜，浑都海不愿意坐困孤城，同样不敢冒险偷袭燕京，当即放弃大本营向漠北撤退，很快就渡过黄河与阿蓝答儿所部会合于甘州，他们仗着兵马众多，试图正面迎战合丹、汪良臣的部队。

浑都海的决定缺乏魄力，白白浪费了偷袭忽必烈后方的机会。关于是否要与忽必烈决战的问题，阿里不哥军内部出现了严重的分歧，大将哈剌不花对浑都海的决定感到失望，他认为自己的意见被无视了，一气之下竟然独自带着军队向西离开，还没开战阿里不哥军便自损一员大将，可是浑都海、阿蓝答儿不以为意，依然决定与忽必烈军决战。

大战在耀碑谷爆发，本来两军势均力敌，浑都海、阿蓝答儿军马较多，理论上并不惧怕合丹、八春、汪良臣等人，然而开战后风沙骤起，遮蔽了两军的视线，连战马也不肯轻易冲入风沙之中。

汪良臣见状，下令所有人下马步战，他率领步军直接冲进风沙中，成功击穿了敌军左翼，顺利绕到了阵后。八春率领部队主力从正面冲杀，死死地缠住了阿里不哥军的中军，汪良臣趁此时机很快从后方杀向阿里不哥军右翼，右翼没想到自己的后背会出现敌军，在汪良臣、八春的前后夹击下也跟着崩溃了，合丹又率部挡住了败军的退路，忽必烈的三位将领很快就完成了对阿里不哥军的全面包围。

面对如此局面，即便浑都海、阿蓝答儿军坐拥蒙哥汗留在六盘山的两万精锐骑兵和数量不明的步兵，却依然大败，阿蓝答儿、浑都海都在此战中被杀，余部不是降于忽必烈，就是溃散远遁，关陇一带的阿里不哥势力就此被扫除一空。

关陇战场的胜负直接影响了阿里不哥的大战略，失去左膀右臂的阿里不哥除了蒙古草原外便再无倚仗，但他此时也顾不上许多，因为忽必烈率领的主力大军即将朝草原杀来，阿里不哥又不愿意亲征，只派麾下的两位宗王率领军队去迎战。

然而命运似乎并不眷顾他，忽必烈的先锋也孙哥仅一部人马就把阿里不哥派出的两位宗王打得溃不成军。不久后，忽必烈本人亦率领蒙汉军团主力向和林进发。阿里不哥大惊，缺乏实战经验的他哪里能应对如此局面，当即抛弃了和林，一路狂奔躲入了自己的封地，蒙古汗国的都城和林就此落入忽必烈之手，忽必烈的大汗之名便更加名正言顺了。

蒙古中统二年（南宋景定二年，公元1261年）春，部队战败、心腹被杀、物资匮乏的阿里不哥第一次感到了绝望，他害怕忽必烈的大军一旦追来就会彻底消灭他，于是遣使诈降，称愿意拥戴忽必烈为大汗，但因粮草不足、马儿不肥，只能来年再亲自前去谢罪，望忽必烈能暂缓进兵。没想到忽必烈竟同意了，也许是忽必烈不想手足相残，也许是战线拉得太长，缺乏足够骑兵的蒙汉军团无法深入，总之战事就这么莫名其妙地暂停了。

谁料夏季刚过，稍稍恢复了元气的阿里不哥立即率领兵马向和林杀来。他事先告知镇守和林的也孙哥，称自己是来拥戴忽必烈的，也孙哥竟然信以为真，未加防备，哪知阿里不哥毫无信义，突袭了也孙哥，不仅夺回了和林，还乘机占领了整个漠北草原，大军直逼开平。

得知这一变故的忽必烈似乎并不惊慌，虽然漠北草原丢了，但他手里的蒙汉军团毫无损失，漠南又修建有坚固的城池，并不是阿里不哥能轻易啃下来的骨头，于是忽必烈召集多达十余万的蒙汉军团出征，包括以史天泽为首的汉人世侯均受命随征。兵种齐全且作战经验丰富的汉军会同东道诸王的蒙古军在戈壁附近与阿里不哥的蒙古精锐展开了决战。

大战的具体经过已经不得而知，但可以预见结果。忽必烈一方的蒙汉军团有充足的补给，而且是以逸待劳，人数上也很有优势，仅汉人世侯的军队就多达数万人；而阿里不哥虽然取得了和林之战的胜利，但他靠的是诡计与突袭，并不是堂堂正正的大战，且一路奔袭，其军队早已疲惫不堪。双方一经交手，阿里不哥军就被蒙汉军团打得阵脚大乱。史天泽等汉军发挥了重要作用，在决战中勇猛冲杀，实现了侧翼突破再合围的经典战术。阿里不哥军损失惨重，当夜就逃离了战场。

奇怪的是，忽必烈仍然没有追击阿里不哥，可能这一战蒙汉军团的损失也不小，毕竟阿里不哥一方是精锐的蒙古本土骑兵，多步兵而少骑兵的蒙汉军团根本无法在大战后追击对方，只能任由阿里不哥逃走。

跑了一段路的阿里不哥发现忽必烈没有追击，立即收拢兵马，他决定再用一次奇兵突袭战术，于是立即掉转马头，于十日后重新杀来。不过，忽必烈虽然没有料到阿里不哥会再次杀来，但蒙汉军团的战斗经验丰富，又习惯打阵地战，根本不惧怕敌军偷袭，双方从白天杀到天黑，阿里不哥始终无法撼动忽必烈军阵，只好再次撤退。

蒙古中统三年，忽必烈整整一年没有向阿里不哥发动新的攻势，这倒不是他故意延误战机，而是因为山东大后方出现了叛乱，他不得不把汉人世侯的兵马派去平叛，但他在实力上依然对阿里不哥有压倒性的优势，因为忽必烈拥有整个漠南汉地，可以得到源源不断的物资和兵马，之前决战的损失立即得以恢复。而阿里不哥困守草原，粮食物资日渐匮乏，军心也因此下降得很厉害。忽必烈聪明地捏住了阿里不哥的七寸，严密封锁草原，断绝阿里不哥获得任何物资的可能，要不战而屈人之兵，把阿里不哥军饿死在漠北。

之前被阿里不哥派去察合台汗国的阿鲁忽如其所愿地成了新的察合台可汗，然而这位新可汗也是个野心家，更是个忘恩负义之徒，一旦转换身份，立马改变了立场。在阿鲁忽看来，没有兵马、钱粮的阿里不哥终究不是忽必烈的对手，且阿里不哥的战争就像个无底洞，不断要察合台汗国提供兵马和钱粮，阿鲁忽勃然大怒，抢回了被阿里不哥征发的财物，正式倒戈忽必烈。

阿里不哥本就饿红了眼，就等着察合台汗国的物资“救命”，哪里能容忍阿鲁忽的背叛，他也不去打忽必烈了，当即掉转枪头攻打察合台汗国，竟然打败了拥有十五万兵马的阿鲁忽，还夺取了察合台汗国都城阿力麻里，汗位还没坐热的阿鲁忽被迫流亡。

此时，如果阿里不哥利用占领的察合台汗国养精蓄锐，也许还能与忽必烈再次决战，但这位屡次战败又遭人背叛的大汗，一气之下竟肆意欺凌自己的部众，致使他众叛亲离，而他本就不多的精锐骑兵又在攻打察合台汗国时损失了不少，阿里不哥错误的战略决策反而让他更加处于劣势。

不久后，阿鲁忽找准时机反攻阿里不哥，察合台汗国内部也有人响应，而此时的阿力麻里又因为忽必烈的严格封锁而发生了严重的饥荒，阿里不哥的部下相继逃离，再也没有作战能力的阿里不哥已经输掉了这场战争。

蒙古中统五年（南宋景定五年，公元1264年），阿里不哥终于向忽必烈低下了头，狼狈地前往忽必烈的驻地投降。他跪倒在忽必烈的脚下，恳求其原谅，两兄弟旋即相拥而泣，情形和当年蒙哥汗与忽必烈见面时一模一样。忽必烈原谅了自己的弟弟，他要借阿里不哥的臣服向整个草原世界宣布，孛儿只斤·忽必烈才是蒙古汗国唯一的大汗。

经历了长达五年的战争，蒙古汗国在形式上终于恢复了统一，但实际上已四分五裂，伊利（旭烈兀在西亚所建立的政权）、钦察、察合台、窝阔台几大汗国都以不同的速度走向了独立，这个庞大的国度再也无法回到成吉思汗时代的局面了。

纵观蒙古汗国的汗位之争，忽必烈能赢过阿里不哥，来自漠南汉地的支持起到了决定性的作用，因为没有中原的钱粮物资作为支撑，忽必烈很难坚持作战五年时间，也不可能严格封锁草原，把阿里不哥饿得众叛亲离。同样，双方展开决战时，阿里不哥手里的蒙古骑兵拥有质量上的优势，忽必烈凭借汉人世侯们的倾力支持，依靠数量更多且经验丰富的蒙汉军团才击溃了不可一世的草原骑兵，这是他能获胜的关键。

另外所不能忽视的一点是，忽必烈在这场内战中做出的一系列正确决策多出自幕府汉臣：如果没有郝经力劝忽必烈放弃鄂州北还，可能阿里不哥早已切断了忽必烈的归路；如果没有赵良弼、刘秉忠、姚枢等人建议忽必烈在开平抢先召开忽里勒台，忽必烈很难得到讨伐阿里不哥的正当名义；如果没有廉希宪、赵良弼、刘黑马等人迅速诛杀阿里不哥一党，控制关陕和巴蜀，忽必烈很难把阿里不哥困在漠北一隅之地。

由此可见，忽必烈能顺利登上蒙古大汗之位，并不是因为他多么得蒙古人的拥护，而是他有漠南汉地和汉人世侯的鼎力支持，这也使得他更加倚重汉人文武。可以说这场内战是蒙汉军团与蒙古守旧势力的正面较量，赢得胜利的不只是忽必烈，还有他身后的汉人文武。

第六章

新秩序，南北混一

世侯李璮谋反

济南，刚刚经历了一场血战的大地格外萧瑟，肃杀的寒风中夹杂着浓郁的血腥味，这座本是山东第一大城的城池如今满目疮痍，昔日热闹的街市依然还在，只不过再也没有了叫卖的小贩和穿梭的行人，曾经的高台楼宇只剩石柱依旧，木材不是被烧掉，便是被搬上城楼，早已没了踪迹。不过，有一件事情值得注意，那就是忽必烈麾下的汉人世侯几乎都聚集于此，蒙汉军团的旗帜依然在风中猎猎作响。

夜晚因城内百姓多已饿死而格外寂静，城外的蒙古军队大营却人声鼎沸，虽说这样的景象在乱世很常见，但在金朝灭亡二十八年后，中原早已在蒙古国治下，本不该有这样的杀戮景象，然而人们对权力的争夺始终没有停止。或许是为了野心，或许是为了理想，又或许是为了自保，曾经作为蒙古汗国征战中原的中坚力量的汉人世侯终于有人起兵谋反了，此人正是山东第一大世侯——李璮。

李璮，忽必烈亲封的江淮大都督，山东第一大军阀，他的父亲是红袄军曾经的领袖之一——李全。李全曾经为了反金而投奔南宋，又因蒙古的强大攻势而投奔蒙古，被蒙古汗廷拜为山东淮南楚州行省。刚一背弃南宋，李全就自告奋勇地讨伐昔日的老东家，最后在扬州落得兵败身死的下场。

李全是个很有争议的人物，他起自草莽，靠一身胆识杀出了功名，他的履历绝对当得起“励志”二字，但人们绝不会把“忠孝”两个字与他挂钩，他的征战始终围绕如何壮大自己的势力这一目标，因而反复无常，为人所不齿。李全之子李璮承袭了益都行省的职位后，第二代世侯同样秉持发展自身势力的战略目标，对蒙古汗廷虚与委蛇。

在李璮效忠蒙古的那段时间里，汗廷多次向他征兵，但李璮均拒不分兵，就连蒙哥汗都无法把李璮的兵马调走，只因李璮坚持认为益都是阻挡南宋的海路枢纽，一旦分兵就难以保全，汗廷也只好作罢，因此当汉人世侯普遍因蒙古的对外战争而消耗大量兵马后，唯有李璮的实力不减反增，甚至南下攻取了南宋的涟水四城，并从汗廷要来了大量的粮草、物资，囤积了巨大的财富。不仅如此，蒙古为了避免地方出现反叛，不允许各地私自扩建城池、修筑城墙楼塔，但李璮以南宋将要北上攻打益都为由，擅自加筑城池，把他的大本营建得固若金汤。

李璮要干什么？南宋真有这么可怕吗？

如果单看李璮给忽必烈的奏报，他负责的江淮防线似乎战火不断，一会儿是南宋集结了七万五千人要北伐涟水，一会儿是江上出现了一万三千余艘战船，一会儿又是大破宋军十万兵马，好像南宋已经与蒙古全面开战了，殊不知此时的南宋风平浪静，一味偏安，李璮的几十封奏报是当时最大的假新闻。

忽必烈及他的汉臣们真的相信吗？

不信不行，因为李璮不是普通的汉人世侯，虽然此人并没有像史天泽、张柔一样四处征战，但他在蒙古汗国的关系错综复杂，与汉人文臣、蒙古勋贵都有非比寻常的联系，其中有两条关系最为重要：一是李璮迎娶了东道宗王之首塔察儿的妹妹，与成吉思汗的黄金家族建立了姻亲关系；二是他的幕僚王文统在他的推荐下成了忽必烈的重臣，官至中书省平章政事，位于宰执之首，姚枢、许衡、窦默等旧臣均遭到王文统的暗中打压。加上其他看得见和看不见的关系，李璮在蒙古汗廷的地位几乎达到了能与所有汉人世侯分庭抗礼的地步，就算史天泽、张柔等人见了他都要礼让三分。这般殊荣加身，李璮还是不知足，他无时无刻不想着反叛蒙古，直到忽必烈与阿里不哥的夺位之战进入白热化阶段后，李璮等待多时的机会终于来了。

蒙古中统三年，李璮买通了从山东到开平的各地驿站，他让在汗廷当人质的儿子李彦简从私驿逃回。二月，李璮将涟水、海州等三城交还南宋，袭杀了治下各城的蒙古戍卫和达鲁花赤，发兵攻陷了益都，算是正式举起了反旗，并有意向南宋投诚。

南宋朝廷考虑再三后，接受了李璮的归附，遥授他为保信宁武军节度使、督视京东河北等路军马，并封其为“齐郡王”。不过，宋廷并没有忘记李璮父子的所作所为，加官晋爵都是虚名而已，南宋并没有发起大规模的军事响应，就想看看李璮能把蒙古内部搅成什么样子。同样，接到李璮反蒙檄文的还有中原各地的汉人世侯，他们也都非常冷淡，抱着看热闹的态度等待忽必烈的回应。

若说时机，李璮起兵之时正是将蒙古政权赶出中原的绝佳时机，当时忽必烈的主力都北上草原了，汉人世侯大多派兵参战，各地的守备力量并不强大，而忽必烈的大本营开平和燕京非常空虚，如果李璮果断地奔袭燕京，抢占居庸关等要隘，便可把忽必烈挡在山外，如此河北、山东必然震动，然后再发兵攻取山西，联络河南、关中的汉人世侯，忽必烈的帝国恐将崩溃。

然而，李璮蛰伏了几十年，一味求稳，他想到的战略是立即攻取济南坚守，然后就没有下文了。李璮在想什么？他在等各地汉人世侯的响应。可是世侯们让他大失所望，仅太原路总管李毅奴哥、达鲁花赤戴曲薛有所回应，反叛引起的效应低得让人怀疑这就是一个局，他是唯一入局的赌徒，没有盟友。南宋和汉人世侯都没有提供有力支持，李璮必须一个人面对忽必烈的怒火。

忽必烈对李璮的反叛并非毫无察觉，早在三年前，大臣粘合南合就提醒过忽必烈：“李璮承国厚恩，坐制一方，然其人多诈，叛无日矣。”[1]次年郝经也提醒道：“塔察国王与李行省肱髀相依，在于背胁。”[2]忽必烈一代英主，岂能不有所防备？只不过当时他的首要大事是讨伐阿里不哥，还无法把精力用在李璮身上，李璮突然谋反，忽必烈只能暂时中止与阿里不哥的战事，让阿里不哥得到了喘息之机，这也是中统三年双方都没有较大战事的原因。

比起李璮的独角戏，忽必烈的号召则群起响应，各路汉人世侯纷纷掉转枪头，忽必烈以宗王合必赤总领各军，诏令水军万户解成、张荣贵集结于东平，济南万户张宏、归德万户邸浃、武卫军将官薛军胜等人兵会滨棣，南北夹击李璮。次月，忽必烈又让万户史枢、兀良合台之子阿术领蒙古军队主力南下济南，大破出城劫掠的李璮叛军，斩首四千人，迫使李璮退守济南。不久，万户韩世安又在高苑再次击破李璮叛军。五月时，作为汉人世侯之首的史天泽带着严济、董文炳、严忠范等人也加入战局，受命与宗王合必赤共同攻打济南。

史天泽到达济南后，认为济南城墙坚固，强攻会有很大损失，不如修建长围困住李璮，待他粮草耗尽便可不战而胜。这正是李璮最害怕的事情，至此他已动弹不得，唯有等待。叛军上下心怀忐忑，士气低落，非常悲观，大局似乎已经无可逆转。

世侯董文炳随即发起招降攻势，主张“只惩恶首，余罪不问”的策略，越来越多的叛军官兵出城投降，李璮已然无法约束部下。[3]七月，被围三月之后，济南崩溃在即，李璮突围失败后终于绝望，在杀死了妻

---

① 引自《元史 · 粘合重山传》。

② 引自《元史 · 郝经传》。

③《元史·董文炳传》：文炳曰：“穷寇可以计擒。”乃抵城下，呼璮将田都帅者曰：“反者璮耳，余来即吾人，毋自取死也。”田縋城降。

子儿女后，乘船投入大明湖，奈何水浅未死，反被蒙古军队擒获。《元史·史天泽传》记载，史天泽毫不犹豫地诛杀了李璮，而且直接在军门前处决，并未押到忽必烈面前。①

诛杀叛乱恶首乍看没有问题，但细细想来却让人不寒而栗。按照明代《前闻纪》的记载，世侯严忠范质问被缚的李璮："此是何等做法？"李璮却反问道："你每与我相约却又不来。"严忠范大怒，一刀刺中李璮，阻止了他继续说话。史天泽又质问道："忽必烈有何亏你处？"李璮说道："你有文书约俺起来，何故背盟？"史天泽听后立即让人处死了李璮。看来史天泽立斩李璮是为了安定一众汉人世侯的心，怕被李璮牵连。这一切都发生在宗王合必赤面前，很快就传到忽必烈的耳中，忽必烈对汉人世侯的态度由此变得更加微妙。

《前闻纪》的描述是否真实还有待商榷，以李璮在汉人世侯中的地位来看，他是有能力与史天泽等世侯结盟的，否则他为什么要在济南浪费时间等待其他人的响应呢？但考虑到李璮父子的发家史，益都李氏是汉人世侯中独树一帜的派系，只有他们没有随蒙古军队四处征战，和史天泽、张柔等人都没有同袍之谊，如果汉人世侯可以分类的话，张柔、史天泽、刘伯林这种是最早随木华黎征战的旧世侯，李璮父子却是后来加入的新世侯，他们未必能站在一起。

不管李璮之乱是否与史天泽等人有关，忽必烈对汉人世侯的忌惮却与日俱增，担心过分依赖汉人世侯的军事力量会让他在中原的统治变得更加危险，若有朝一日反叛的是史天泽、张柔这样的大世侯，响应的是河北到河南的各路汉军，自己又该如何平定呢？

---

①《元史·史天泽传》：（史天泽）生擒璮，斩于军门，诛同恶者数十人，余悉纵归。

"罢世侯，置牧守，行迁转，废世袭"的元初改革终于拉开了序幕。

大元，大统一王朝

汉人世侯的壮大

汉人世侯自北方附蒙武装发展而来，从成吉思汗征讨金朝开始，蒙古就有意识地拉拢各方势力加入自己，重点针对金朝叛军、地方武装，因此早期的世侯武装主要有三个来源：一是被蒙古军队击败的金朝官兵，二是组织民兵自卫的地方武装，三是始终坚持反金的起义军。

到成吉思汗西征花剌子模，木华黎率领两万余人的五投下军[①]征讨中原时，因兵力严重不足，就更加看重对契丹、汉、女真等族势力的收编，先后出现了辽人石抹也先、威宁刘伯林、顺天张柔、真定史天倪父子等早期加入蒙古军队的武装力量，这些武装力量组成了一个由契丹、汉人等族构成的北方世侯集团，在随木华黎征战河北、山西、山东的战争中立下了赫赫战功，逐渐把金廷在河北的土地吞入腹中。

普遍认为，蒙古汗廷早期对中原实施的是间接统治，也就是让世侯武装们分别代管一块区域，闲时生产，战时出征，故而这些将军们被赋予了极大的权力，能同时管理民政和军事，而那些早期加入盟国军队的武装首领随着战功不断增加，麾下军队不断扩编，官职不断上升，地盘

① 所谓五投下军，是指弘吉剌、亦乞列思、兀鲁兀、忙兀、札剌亦儿这五个蒙古部落，这五个部落是忽必烈建立元朝的坚实基石。

也在不断增加，尤以汉人武装发展得最快。

到窝阔台时期，蒙古正式设立了汉军三万户，以刘伯林之子刘黑马为首，其次为契丹贵族石抹札剌和真定史天泽。须知，在成吉思汗时期，蒙古虽然封了一些归降将领为万户，如史天倪一登场即被授予万户之职，但当时的万户仅是沿用金朝的官名，并不是蒙古军制的万户，其权力和地位远远低于蒙古左、右万户长，而窝阔台汗封的汉军三万户则是拥有地盘、军权、属民、财赋等独立权力的军阀，地位很高。

值得注意的是，汉军三万户中契丹族只占三分之一，为首的还是汉人刘黑马，汉人明显更有发言权。等到世侯武装再次扩大后，蒙古汗廷又新增了四个万户，分别是严实、张荣、张柔和塔不已儿，从名字就能看出新增的四个万户中依然是汉人占比更大，七大万户中汉人将领已经达到了七成。后来这些万户世侯的一些部将因功也晋升为万户：邸顺受封行军万户，郝和尚拔都受封宣德西京等五路万户，刘福受封坚河桥万户，解诚受封水军万户。另外，巩昌汪世显虽然没有受封万户，但官职是巩昌等二十四路便宜都总帅，在陇西一带有很大的权力。

等到忽必烈时期，归附武装大部分都是汉人武装，契丹、女真武装虽然也还有不少，但随着战争消耗，人口不足的他们无法快速补充，数量和地位都有明显下降，因而汉人武装备受倚重。

汉人世侯中以受封万户为标准，记载于史料上的人很多，比如滨棣万户韩世安、郑州行军万户张邦直、亳州万户张弘彦、邓州新军万户史枢、邓州旧军万户史格、归德万户邸浃、东平万户严忠嗣、济南万户张宏、河东道征行万户李彀、淄莱水军万户张马哥、北京等路征行万户王荣祖、平阳太原两路万户郑鼎、水军万户张荣实、成都经略使总管万户刘元振、大名万户王文干、山西两路新军万户耶律忙古带，以及万户刘琛、李恒、郑鄠（hù）、武秀、宋仲义、脱察剌等等。

这些汉人万户中许多都有错综复杂的家族渊源，如史枢、史格是同族，严忠嗣是东平万户严实的第三子，王荣祖是辽西王珣之子，因此，真正具有代表性的世侯其实只有七个家族，分别是真定史氏（史天泽）、顺天张氏（张柔）、西京刘氏（刘黑马）、巩昌汪氏（汪德臣）、东平严氏（严实）、益都李氏（李璮）、济南张氏（张荣），合称为“七大世侯”。

七大世侯麾下有数量很多的千户和百户，构成了汉人世侯的第二阶梯，如史天泽麾下有郭侃（郭宝玉之子）、董文蔚、董文炳、张林、张思忠、李伯祐、张兴祖、崔德彰、王庆渊等，他们经略河南，军驻邓、唐，辖地“西起武当，东抵下邸，缮治壁垒，亘数千里”[①]。张柔麾下有何伯祥、王安仁、解诚、贾文备、乔惟忠、郝亮和、王仲仁等，他们镇戍河南，经略淮南，屯兵亳州、杞县。刘黑马麾下则有郝和尚拔都、梁瑛、石抹高奴、田雄、郑鼎、李彀等，辖区从关陕到巴蜀，屯驻成都，经略全蜀。严实占据山东西部，李璮割据山东东部，汪德臣领有陇西一带，都是实力雄厚的大军阀。

各大汉人世侯帐下兵多将广，领地广阔，多的有兵马五六万，少一些的也有两三万，一旦联合起来，足以出动二十余万精锐，这个兵力想要撼动蒙古对中原的统治，也不是不可能。汉人世侯之所以能快速壮大，除了得益于他们不断征战外，最重要的还是蒙古汗国赐予的特权太大，简单来说，主要有五项特权，分别是兼掌兵民、自辟僚属、专征税赋、世代相袭、自专生杀。

兼掌兵民，即世侯不仅有权管理军队，还有权管理民政，也就是

---

①出自吴澄《崔公墓表》，《钦定四库全书·吴文正集》收录，转引自赵文坦《汉人世侯与蒙汉关系的演变》。

说，他们管民，管兵，管一切，士兵效死于前，百姓听命于后，一个家族可以包揽地方主要的行政、军事、官职，父亲可以是将军，子侄又能专管百姓，一门之内只手遮天，形同封国。

自辟僚属，即世侯能自行招揽门客，把有才的学子纳入麾下，任命各阶幕府官职，协助他们管理地方政府的一般事务，也就是有地方官吏的任免权。世侯因此项特权大力发展文教，保护并招揽了不少有学识的文士，如丁居实、张德辉、杨果、刘汝翼、李大节、赵振玉、王若虚、李治出自史天泽门下，郝经、王鹗、李特立、敬铉原是张柔的幕臣，商挺、宋子贞、王磐、刘肃曾是严实的僚属，中书省平章政事王文统则是李璮的门客。有才干的幕僚或被推荐或被招揽，最后大都成了忽必烈幕府的重要汉人文臣，负责制定律法、编修史书、设计制度、确定典章，从而帮助忽必烈推动汉法治汉地。而且汉人世侯还大力推广儒学，在地方建立学校，普及教育，如严实一手创立的东平学府就成为当时汉人学子步入仕途的重要阶梯，不少忽必烈的廷臣都有在东平学府学习的经历。

专征税赋，即世侯有权征收赋税，因为蒙古汗廷早期不懂如何收税，便采用包税制，也就是定下一个固定税额，世侯只需要上交如数的税赋即可，至于他们如何收税，收了多少税，蒙古汗廷是不会过问的。这就意味着世侯只要征收超过朝廷索要的税收，多出的就是他们自己的利润，因此对老百姓的盘剥越厉害，世侯赚得就越多，权力非常大。

世代相袭、自专生杀都是字面意思，即世侯可以把军队、官职、地盘传给自己的后代，对麾下士卒、辖地百姓可以随意杀伐，世侯可以是法律的执行者和解释人，即便朝令夕改，也无人能够反驳。《元文类》载："时天下新定，未有号令，所在长吏皆得自专生杀，少有忤意，则刀锯随之，至有全室被戮，襁褓不遗者。"

强大的汉人世侯虽然没有诸侯之名，也无王爵加身，但他们几乎就是独立的封建领主。对忽必烈来说，他们如同一把双刃剑，既能帮助他击败漠北的阿里不哥，同时也能将蒙古势力赶出中原。

罢黜世侯，集权中央

事实上，蒙古统治者早已看到了放任汉人世侯发展壮大所带来的隐患，从窝阔台汗时起就不失时机地削夺世侯权力，或派监察官，或置十路课税使，或派五部将分镇中原各地，总之就是要加强对汉人世侯们的约束。而军队一直是世侯的关键力量，蒙古汗廷每次发动大规模作战时，都会召集世侯军队参战，一边削弱、消耗他们的军力，一边将世侯军队拆分到不同的地方，并任命新的万户、世侯来制衡那些大世侯。

在李璮叛乱之前，忽必烈就曾试图限制、削弱汉人世侯们的权力，他在廷议中公开了这一企图。众世侯得知后，公推张柔劝阻忽必烈，而张柔知道削弱世侯权力势在必行，不敢直接与大汗对着干，于是他退而求其次，委婉地暗示削夺世侯权力相当于抹杀他们祖先的功绩，不如广派监察官加以限制。如此一来，忽必烈就得到了直接派驻达鲁花赤的机会，于是汗廷立即设立了十道宣抚司，限制世侯的权力。

不过，监视毕竟不是有效制约世侯的手段，鉴于汉人世侯们的军力强大，忽必烈于中统元年采纳汉臣姚枢、商挺的建议，精选汉人世侯麾下精兵强将组建中央禁卫军，是为侍卫亲军。早期的侍卫亲军名为“武卫军”，大概有三万人，以史天泽、张柔、严忠济的军队被抽调得最多，他们的部将也就此脱离原来的统帅，如董文炳后来官至侍卫亲军都指挥使，彻底脱离了史天泽的军队，成了忽必烈的嫡系人马。

到至元年间，侍卫亲军基本成形，由蒙古人、色目人、汉人诸卫构成，但仍然以汉人卫军、汉人将官的人数最多，战斗力也以汉人卫军最为强悍，他们全都来自各大世侯的旧军。

让人没想到的是，李璮的公然谋反非但没有动摇忽必烈对中原的统治，反而加速了汉人世侯的衰亡进程。史天泽断然处死李璮后，他并未感到安心，忽必烈对汉人世侯态度的转变，史天泽岂能不害怕，恰逢汗廷再次出现削夺汉人世侯权力的声音，史天泽干脆自己上疏称："兵民之柄不可并居一门，行之请自臣家始。"[①]

于是，史氏一门主动解除兵权者多达十七人。忽必烈由此正式开启了兵民分离的改革。各大汉人世侯纷纷自行解除兵权，或者交出管民权，要么专管军队，要么只管百姓，反正就是不能同时掌控兵、民，大多数世侯迫于压力都改任文官。忽必烈趁机整编军队，把汉人世侯的私家军改组为国家的地方戍卫军。

兵权削了就够了吗？当然不够，忽必烈很快在"世守"这一特权上做文章，于中统五年"始罢诸侯世守，立迁转法"[②]，也就是废除汉人世侯可以世袭官职、属地的权力，规定世侯的后代不得承袭父职，但可以"荫叙"，也就是改授其他官职，调至外地为官，通常他们荫叙的官职要远远低于父辈的职务，比如万户之子可能变成千户、百户或文官，而任职的地方也不会在父辈任职之处，从而避免他们在同一个地方形成根深蒂固的关系网，是为"迁转"。

同时，忽必烈为了加强对世侯们的控制，避免出现不可预知的反抗，又于蒙古中统四年（南宋景定四年，公元1263年）扩大质子军，规定诸路官员子弟必须入质，这些人质通过训练和特别教育，成为忽必烈

① 引自《元史·史天泽传》。
② 引自《元史·世祖本纪》。

的亲卫，甚至能选入禁卫军怯薛军，感情上与忽必烈更加亲近。该政策一方面让各地世侯们有所顾忌，另一方面也保证了下一代汉人军官会忠于蒙古，一举两得。

当然，忽必烈对汉人世侯的改革不仅局限于削兵权、罢世守，他还剥夺了世侯对赋税的征收之权，废除了万户可以管理奥鲁[①]的权力，同时遍设达鲁花赤，将原来交给汉人世侯管理的土地收归国家，百姓也划入民籍，曾经的汉人世侯现在只能按时领取国家给予的俸禄，以及获得份田收入，既加强了国家对地方的管理，也增加了国家的钱粮收入，避免了地方势力对百姓的剥削。

另外，忽必烈有意加强汉人以外各族在朝中的地位，毫不留情地杀掉了曾是李璮幕僚的“宰执”王文统，此人对忽必烈的贡献被比作元初的萧何，奈何他虽然官至汉臣之首，却暗中与李璮书信往来，关系非常暧昧。一些回回大臣趁机上疏道：“回回虽时盗国钱物，未若秀才敢为反逆。”[②]

忽必烈深以为然，在汉人文臣帮助他建立起中央集权的封建制度，汉人世侯们再也无法威胁朝廷后，他旋即开始打压各级汉人文臣，疏远曾经立下汗马功劳的刘秉忠、姚枢等人，大肆起用以阿合马为首的回回大臣，甚至定下了“蒙古人任达鲁花赤，汉人任总管，回回人任同知”的地方制度，形成了掣肘和监视汉人官僚的新体制。在中央又时常设立尚书省，用色目贵族来敛财执政，削弱汉人文臣在朝中的影响力，金莲川幕府的汉人文臣们逐渐淡出了朝野，即便荣耀加身，却再也不是这个

---

① 蒙古人出征时留守后方或随军家属、辎重的总称。

② 引自《牧庵集·卷十五·姚枢神道碑》。

时代的主角了。

可以看出，蒙古对汉人世侯从削弱到罢免经历了一个非常漫长的过程：早期是设置课税官分享税赋之权；后来是不断用战争调走他们的军队，把汉人军队放在攻城杀敌的第一序列，从而消耗了数万乃至数十万汉军；到忽必烈时，干脆把精锐的汉军编入侍卫亲军，从而形成中央强于地方的格局。

利用李璮之乱的契机，忽必烈名正言顺地开始了废黜汉人世侯的改革，从军权、财权、世袭等方面全方位地剥夺汉人世侯的权力。有意思的是，这一过程极其顺利，并没有出现第二个李璮，何也?

除了张柔、史天泽等大世侯的大力支持外，曾经被汉人世侯送给忽必烈的主要汉人文臣也起到了重要的作用，他们为忽必烈出谋划策，建立汉法制度，推行儒家文化，想尽办法为中央集中权力，消除世侯的威胁，逐渐把忽必烈的蒙古政权改造成一个中央集权的封建王朝，汉人世侯对地方的代理统治最终成为这一改造的过渡。

然而，随着汉人世侯的罢黜，汉人在地方的军事力量基本被忽必烈掌控，中央又效仿宋金建立了封建集权制度，汉人文臣就失去了利用的价值，失去外藩世侯声援的他们相继被回回人等色目人取代，阿合马因此专权几十年，汉人世侯和文臣大力推行汉法的进程陷入停滞，甚至略有倒退。

这让各级汉臣都很不满，他们怎么都没想到，他们帮助忽必烈成功废黜世侯制度后，自己反而成了下一个被削夺权力的对象。

汉人文臣当然不甘心就此被抛弃，他们围绕权力展开了激烈的争夺之战，竟然要提前拥立太子真金，然而太子真金虽认同中原文化，却英年早逝。更有一些汉人错误地用暗杀手段除掉了权臣阿合马，这让忽必烈更加提防汉臣，变本加厉地抬高色目人的地位，限制汉人的权力，朝廷陷入了长期的权力争斗。

至元八年，忽必烈下诏建国号“大元”（取自易经“大哉乾元”之意），以大都为都城，开平为上都，实行两都巡幸制。中央设立中书省、枢密院、御史台，地方设立行中书省和宣抚司，建路府州县，遍置官吏，一个中央集权的国家出现了。

汉人世侯和文臣作为建立元朝的最大功臣，最终都成了王朝的垫脚石，他们的理想只成功了一半，成功的一半是让蒙古从游牧政权脱胎升级为中央集权的封建王朝，失败的一半是汉法不能得到完全推行，汉人没能得到应有的权利，无法与蒙古人共治天下。不稳定的新秩序势必迎来新一轮的洗牌，这不过是时间问题。

襄樊攻坚战

忽必烈与阿里不哥争夺汗位的那段日子，南宋得到了长达六年的太平。正如前文所述，贾似道伪造战绩并与忽必烈私下议和，蒙古军队撤离后，南宋朝廷都以为贾似道是当世的孟珙、余玠，贾似道因此得到了皇帝的宠信和重用，始有专权之机。蒙古至元元年（南宋景定五年，公元1264年）五月，宋理宗驾崩，宋度宗即位，新皇帝沉溺酒色，任由贾似道把持朝政，南宋国势愈加衰弱。

而蒙古汗国从未放弃过消灭南宋的企图，忽必烈早在中统三年就发布过伐宋诏书，但迟迟未能成行，完全是因为阿里不哥和李璮两人的叛乱牵制了蒙汉军团的兵力，一旦忽必烈坐稳大汗之位，伐宋之战便立即开始。而此时的南宋政权并不知道忽必烈伐宋的决心，更不知道贾似道的所作所为加速了蒙古灭宋的进程。

为什么说贾似道误国呢？

首先，忽必烈撤离鄂州前，贾似道私下答应割地赔款给蒙古，等忽必烈正式即位后，蒙古国信使郝经便代表忽必烈入宋履约，贾似道得知后害怕其私下媾和之事暴露于朝堂，于是命人将郝经扣留在真州，既不杀他，也不让他回去，反正就是两边拖着。这惹怒了忽必烈，成了蒙古讨伐南宋的借口。

其次，贾似道当权以后，为了保证自己的地位不被动摇，大肆排除异己，特别是对手握重兵的边将始终不放心，他安排亲信俞兴为四川制置使，此人与当时担任潼川安抚副使的刘整有旧怨，一上任就开始调查刘整的军费问题，明显是要找个理由将其定罪诛杀。刘整不是贾似道的人，他屡屡上疏朝廷辩解，却被贾似道压下，自知大祸将至的刘整于中统二年携泸州十五郡三十万户请求投降蒙古。

彼时，镇守陕、川一线的万户之首刘黑马最先收到刘整归降的请求。部分将军认为刘整无故投降可能有诈，建议不要接受。但刘黑马之子刘元振力排众议，认为南宋权臣当国，边将受到排挤，投降并无可疑之处，决心亲自前去受降。刘黑马虽然知道危险，但考虑到刘整归降将有利于蒙宋战争，于是同意儿子孤身前往。

刘元振的冒险是值得的。刘整方才谋叛南宋，俞兴便集结兵马，打算快速荡平叛乱，刘元振的及时到来让守军有了援军，也让他们有了对抗南宋官军的勇气，守军因而坚持作战。从正月一直坚守到五月，俞兴攻城甚急，破城就在旦夕之间。刘元振非常重视刘整和泸州，坚决不肯突围离开，不断向父亲刘黑马请求援军。

刘黑马当时已经重病缠身，为了组织兵马救援泸州，仍然亲自负责督运事务，最后累死在任上，时年六十三岁，被蒙古汗廷追赠为太傅、秦国公，谥“忠惠”。最终，蒙古增援部队顺利抵达泸州，刘元振、刘整旋即率兵出城夹击宋军，打得俞兴大败而逃，泸州之围遂解。

刘元振的行为得到蒙古汗廷的赞赏，忽必烈同意他继承刘黑马的军队、地盘，封其为成都军民经略使，刘元振成为威宁刘氏的第三代世侯。而刘整也被授予夔路行省兼安抚使之职，自此南宋的军事机密通通被送到了北方。

刘整是知道南宋虚实的高级武官，不仅知道南宋整条长江防线的部署和兵力，更知道南宋防线的突破口所在，他上疏忽必烈："攻宋方略，宜先从事襄阳。襄阳吾故物，由弃勿戍，使宋得筑为强藩。若复襄阳，浮汉入江，则宋可平也。"[①]

蒙古由此改变了伐宋的大战略，不再执着于蒙哥汗的迂回战略，而是准备从襄阳中路突破，顺长江而下，掩袭江淮。

要实现这一战略，攻取襄阳便成了重中之重。刘整对襄阳的情况也了然于胸，他同样给出了攻取襄阳的具体方略，简单来说就是利诱吕文德，以互市贸易为由在襄阳外围设置榷场。榷场表面上是蒙古人建的市场，实际却是别有洞天的堡垒，能作为军事基地封锁襄阳外围。吕文德贪图小利，居然同意蒙古人在鹿门山、白鹤修筑堡垒，襄阳南北援军由此被遏制。

蒙古至元四年（南宋咸淳三年，公元1267年）十一月，腾出手来的忽必烈，以兀良合台之子阿术为都元帅，携南宋叛将刘整、世侯史枢等，集中蒙汉军团主力攻打襄阳，蒙古灭宋之战正式开始。

战争伊始，阿术便在白河口修筑堡垒断绝襄阳粮道，又采纳刘整的计策，建造了五千艘战船，日夜训练水军，得水师七万余人，并在汉水中建造高台，与夹江堡相对，再加上之前已经修建的榷场堡垒，蒙古军

---

① 引自《续资治通鉴·卷一百七十八》。

队全方位封锁了襄阳。

蒙古至元六年（南宋咸淳五年，公元1269年），蒙汉军团首席上将史天泽领兵增援襄阳战场，考虑到襄阳城池坚固难以强攻，史天泽建议采用攻打济南时的围城策略，加修了一道从万山到百丈山的长围工事，在岘山、虎头山筑一字城，使蒙古军队各处堡垒连成一片，进一步封锁了襄阳城的外围，至此蒙古军队已在襄阳外围连筑十座城池。当年三月，阿朮发动了对樊城的试探性攻势，于赤滩浦击败了宋荆湖都统制张世杰的兵马，沿江制置使夏贵率部运送粮食增援襄阳，但因蒙古封锁严密，根本不能入城，只与襄阳守将吕文焕远远地交谈了几句，便匆忙逃离。

七月，连日大雨，汉水上涨。宋将夏贵再次领兵增援襄阳，故意派兵在东岸林谷间活动，吸引蒙古军队注意，但阿朮并未上当，还准确猜到了夏贵的突破方向在新城，遂于虎尾州成功阻击宋军，大败夏贵所部，击沉其战船五十余艘。而率领水师增援夏贵的殿前副使范文虎又在灌子滩遭遇惨败，范文虎乘轻舟逃走。十二月，吕文德悔恨自己因贪图小利而让蒙古在襄阳城外修筑榷场，导致襄阳城被蒙古军队逐渐包围，终于忧愤成疾，当月病逝。

襄阳的战况让宋廷意识到了问题的严重性，蒙古至元七年（南宋咸淳六年，公元1270年），宋廷以李庭芝为京湖制置使，督师救援襄阳。宋将范文虎是贾似道的女婿，害怕李庭芝主持襄樊战场后会立功，于是暗中写信给贾似道阻止李庭芝在襄阳立功，贾似道便下令范文虎所部由朝廷直接指挥，李庭芝无权节制范文虎。这样一来，范文虎就一味拖延，整日饮酒作乐，始终不与李庭芝协同作战，李庭芝多次催促进兵，范文虎总是以朝廷没有下达命令为由拒绝。

当年二月，襄阳守军苦于被围困，出动两万步骑、二百艘战船突围，猛攻蒙古万山堡，却因没有援军策应，被万户张弘范击溃。十二月，张弘范建议史天泽加强万山、灌子滩的工事，襄樊粮道遂被蒙古完全切断，现在宋军想派军增援也不可能了。这期间，贾似道为了一己私欲，故意蒙蔽圣听，严密封锁襄阳被围三年的消息，使得襄樊战场的情况急转直下，已呈不可挽回之势。

也许是意识到问题已经难以隐瞒，贾似道终于在当年十月给范文虎下达了救援襄阳的命令。可是范文虎并没有立即出兵，而是拖延到次年四月才攻向襄阳城南，毫无悬念地被阿术击退，长达半年的拖延耗尽了宋军的士气。

两个月后，范文虎率领两淮水师及殿前司卫卒十余万人攻打鹿门。阿术夹江为阵，仅令一小股兵马攻打宋军的前锋，十余万宋军便乱成一团，蒙古军队遂鼓噪而前，吓得范文虎丢弃战鼓、仪仗，连夜逃走，不少宋军将士在混乱中被俘，所携带的辎重都成了蒙古军队的战利品。

外援如此不堪一击，襄阳守军只好自己设法突围，他们一边招募民间骁勇，一边伺机突袭蒙古军队防线。然而，直到元至元九年（南宋咸淳八年，公元1272年），被围五年之久的襄阳还是不能突破包围，屡次出击又屡次被击退。蒙古军队在这一年的十一月将回回人建造的攻城炮回回炮运到襄阳战场。回回炮是一种用于攻城的投石机器，臂杆很长，因此射程也非常远，所负载的巨石体积很大，足以重创城墙。蒙古军队决定将回回炮首先部署在樊城战场，受命架炮的正是南宋降将刘整。

刘整选择在襄阳东三十里的樊城郊外建立攻城阵地，试图在樊城拦马墙外立起回回炮。宋军见状猜出了蒙古军队的企图，于是出城争夺阵地。蒙古军队且战且守，当夜风雪大作，城楼上又箭矢如注，蒙古军队在如此密集的远程打击下依然坚守不退，其中汉军精锐极为骁勇，一人倒毙，余者顶上。一番血战后，蒙古军队还是顺利将回回炮部署完毕。

次年正月，张弘范率部猛攻樊城，被流矢射中却依然攻破樊城外城，进迫内城。

樊城与襄阳唇齿相依，两城之间的江中建有铁索浮桥，援兵能相互支援，张弘范多次进攻始终无法攻克樊城的内城，于是他建议阿术水陆并进，先毁掉樊城与襄阳间的浮桥，蒙汉军团的水师总管张禧受命发起攻势。此时的蒙古军队已经拥有了数量不少的水师战船，集中力量攻打浮桥后，宋军勉强抵抗了一段时间，最终浮桥被毁，樊城与襄阳的联系就此彻底断绝，没有援兵的樊城在张弘范的又一次炮轰下城墙失守。

樊城守军的抵抗意志坚定，始终不愿妥协，城墙失守后众人纷纷退守街巷，守将牛富率领百余人与蒙古军队展开了激烈的巷战，史载：“富率死士百人巷战，元兵死伤者不可计，渴饮血水，转战而进。”[①]

蒙古军队每过一条街道都要与宋军血战一场，一些宋兵藏在房屋中，时而射来一箭，时而窜出一枪，蒙古军队被打得如惊弓之鸟，看哪里都像有伏兵，于是他们遇到房屋就纵火焚烧，不管里面是百姓还是宋兵，由是民居尽数被焚毁，大火蔓延成灾，天空被映照成赤红色，战况极其惨烈。坚持到最后的宋军守将牛富最终力竭，赴火而死，樊城陷落。

樊城失守后，襄阳已成孤城，外面的宋军进不来，里面的宋军也出不去。蒙将阿里海牙将回回炮搬到襄阳城外，以密集的火炮猛烈地轰击城墙和街道。回回炮射程远，威力大，一时齐射，漫天火石密密麻麻砸下，触地即炸裂开来，散开的火石四溅，点燃了周遭的民居，灼伤了城中军民，每一次齐射都有无数人被火炮炸死。谁也无法判断火石坠落的位置，即便拼命

---

① 引自《宋史纪事本末·卷一〇六》。

逃跑还是不能躲过一劫，城中士气由此瓦解。

蒙古军队的损失同样很大，继续血战明显不如劝降守将。

刘整先被派到城下劝降，但守将吕文焕射箭拒绝，差一点就要射中刘整。不过，这些并没有动摇蒙古军队劝降的决心，阿里海牙判断宋军军心已然瓦解，亲自到城下劝降，承诺饶恕襄阳所有军民，并折矢起誓。弹尽粮绝的吕文焕万般无奈，终于开城投降，被授予襄阳大都督。

元至元十年（南宋咸淳九年，公元1273年），襄阳陷落，南宋的长江防线犹如一条长蛇被拦腰斩断，局势急转直下。

南宋朝廷为此震怒，免去范文虎总中外诸军之职，改以张世杰督诸军代守郢州，李庭芝为淮东制置使镇守扬州，夏贵为淮西制置使镇守庐州，陈奕为沿江制置使镇守黄州。范文虎畏敌不前且贻误战机，以致襄樊陷落，南宋朝野沸腾，却仅官降一级，仍旧令其知安庆，这样的结果与奸相贾似道不无关系。元至元十一年（南宋咸淳十年，公元1274年）七月，宋度宗驾崩，贾似道为继续把持朝政，坚持拥立年仅四岁的嘉国公赵㬎，是为宋恭帝。

奸臣当道，幼主嗣位，南宋的命运似乎已经注定。此时的蒙古大汗、大元皇帝忽必烈并没有放缓灭宋的攻势，当即签军十万余人增援前线蒙古军队。

时任中书右丞相的史天泽推荐伯颜、安童都督诸军南征，发动最后一轮灭宋战役。忽必烈计划多时后，决定以史天泽、伯颜两人并为右丞相主持南征事宜，以阿术为平章政事，阿里海牙为右丞，吕文焕为参知政事，行省事于荆湖，以合达为左丞相，刘整为左丞，塔出、董文炳为参知政事，行枢密院事于淮西，合兵二十万南征。

不过，征战多年的史天泽已是风烛残年，在抵达郢州时患病，很快就因病情加重无法赴任，不久即病逝。作为汉人世侯成就最高的一人，史天泽几乎参与了蒙古统一战争中的每一场战役。他早年随父亲史秉直归顺太师、国王木华黎，又随兄长史天倪镇守真定，征战河北、山西，曾是蒙汉军团在河西地区的最高指挥官，后来参与灭金、伐宋的一系列战役，执掌经略司，最终坐上了中书省右丞相的高位，是忽必烈最倚重的汉人世侯。这样一个能征惯战的将军，一生低调、谦逊，即便他荣登右丞相的高位，他的府邸依然门可罗雀，被誉为“上不疑而下不怨”，是元初的郭子仪。[①]据说史天泽离世前依然惦记战事和百姓，他没有别的要求，只上疏道：“臣大限有终，死不足惜，但愿天兵渡江，慎勿杀掠。”[②]

史天泽终年七十四岁，初被忽必烈赠太尉，谥“忠武”，后又被追赠为太师，晋爵“镇阳王”。作为汉人臣将却能在死后获得王爵追赠，史天泽在忽必烈心中的地位可见一斑。

蒙宋战争的终局

史天泽离世后，忽必烈当即决定让伯颜一人总领河南江北行省诸军伐宋。

伯颜，其祖上曾任成吉思汗八邻部左千户，其父曾随旭烈兀西征，伯颜因而生于西域，熟知西方之事，后被旭烈兀派回蒙古奏事。忽必烈见到伯颜后立刻发现了他的才能，便留下伯颜，直接拜为光禄大夫、丞

---

① 《元史 · 史天泽传》：是以出入将相五十年，上不疑而下无怨，人以比于郭子仪、曹彬云。

② 引自《元史 · 史天泽传》。

相。伯颜虽然不是生长在中土，却非常精通汉家文化，不仅能说汉话，还能吟诗作对，其辩才、韬略均高出常人。他的出现使南宋再也无法像前两次那样躲过一劫了。

正所谓事不过三，经过窝阔台汗、蒙哥汗的两次大规模对宋作战，忽必烈的灭宋之战已是第三次蒙宋战争了，南宋不可能永远都是幸运的一方，如今奸臣当道，名将孟珙、余玠、王坚都已作古，虽然还有张世杰、陆秀夫、文天祥这样的忠臣，但南宋王朝大厦将倾，独木又如何能支撑得住呢？

元至元十一年九月，伯颜兵分三路南征，其淮西、淮东方面军俱为牵制，主力由襄阳入汉渡江，以降将吕文焕为先锋，阿术领张弘范所率蒙汉军团为中军，急攻郢州，旌旗遍及数百里。宋将张世杰誓死坚守郢州，集中宋军各路精锐于此地顽抗元军，蒙汉军团数次发动对郢州的攻势均没能奏效，战事一度非常有利于南宋。

然而，伯颜不是蒙哥汗那样的固执之人，见郢州有南宋重兵守卫，他毫不犹豫地采纳绕过坚城的建议，派总管李庭、刘国杰南下偷袭了黄家湾堡，借助该处西侧的河沟，将元军战船拖入藤湖之中，然后由藤湖驰入汉水，于十月二十四日乘风纵火攻陷沙洋城，三日后屠新城三千宋军，十一月进克复州，大军于蔡店完成集结，准备渡江。

当时的南宋淮西制置使夏贵率领上万艘战船抵御伯颜攻势，分守汉口各处要害，并另外派遣一军于江中布阵，使得元军无法继续前进。

伯颜知道强攻难以攻破宋军阵线，于是采用疑兵之计，聚兵包围汉阳，扬言要从汉口渡江，诱使夏贵将宋军主力全部移到汉口一带，而元军趁宋军转移，迅速攻取了兵力薄弱的沙芜口，然后又佯装攻打阳罗堡，引得夏贵又去支援阳罗堡。阿术则急趋青山矶，于雪夜发起强渡，身中流矢亦不后退，俘获宋军战船千余艘，遂架起浮桥登陆。

战报传至夏贵处，宋军上下震惊不已，抵抗意志顿时瓦解，当即放弃阳罗堡，朝庐州方向撤退。伯颜遂攻陷阳罗堡，斩杀宋军八千余人。

伯颜进抵鄂州后，知道这是忽必烈也不曾攻下的城池，便改用攻心之计，将俘获的三千宋军战船尽数焚毁于江上，大火造成的浓烟遮蔽天空，非常骇人，宋军守将因而失去抵抗的勇气，开城投降。当时，从汉阳到池州，南宋沿江诸郡望风而降，连范文虎也带着安庆投降了伯颜，形势于南宋而言非常窘迫。

元至元十二年（南宋德祐元年，公元1275年）正月，南宋朝堂群情激愤，贾似道虽然一再推托却不得不上表出征，毕竟众意难违，为此南宋集结了各路精锐兵马共计十三万余人，以贾似道为统帅，试图在丁家洲与元军决战。当时的局势是，贾似道不敢集中全部兵马与伯颜拼死一搏，故而他将军队一分为三，让孙虎臣率领七万精锐屯驻丁家洲前线，夏贵率领二千五百艘战船横亘江中，自己带着后军守在鲁港，同时派使臣向伯颜求和，以缓元军兵锋。

然而，蒙古人素来憎恶没有信义之人，伯颜不可能与贾似道再次议和，他当即率领全部兵马夹江而进，以猛将阿术为先锋直接攻击丁家洲的七万宋军，配合远程弩炮轰击孙虎臣的中坚，宋军由此大乱，孙虎臣带头逃跑，宋军士气顷刻瓦解，士兵们纷纷逃离战场。

夏贵见此情形，也带着战船撤离，对贾似道吼道："彼众我寡，势不支矣。"[①]贾似道惊慌失措，只好下令撤退，宋军由此全线溃退，被元军一路追杀，溺死者不计其数，十三万人死伤甚众，把江水都染成了血红色。宋军所带辎重全部被伯颜缴获。建康、太平、和州、无为、兴

① 引自《宋史纪事本末·卷一〇六》。

国、兴隆相继沦陷。

即使如此，贾似道也不敢与元军撕破脸，还主动把之前扣留的元使郝经送还，如此奴颜婢膝，终于惹怒众人，南宋朝廷遂发起对贾似道的弹劾，终于将这个祸国殃民的奸臣罢免。贾似道在流放途中被杀，但是战局已经无法挽回。

丁家洲之战后，伯颜一度被忽必烈召回大都，因为北边又出现了叛乱。趁此时机，南宋在张世杰、文天祥等人的坚持下发动反攻，收复了不少失地。但相比阿里不哥和李璮之乱，北边的局势对忽必烈的帝位并无太大影响，伯颜很快回到南方战场，于十月发起对南宋都城临安城的三路攻势。元军以阿剌罕率领右军赶赴独松关，董文炳率领左军攻打江阴、华亭，伯颜率领中军进犯常州。

常州城外，蒙古军队的攻势残忍至极。伯颜奴役城外居民垒土筑台，人、土均被堆上土垒填埋，活埋者不计其数，元军甚至还将部分百姓杀死用来煎油作炮。蒙古军队猛攻常州两日，破城后大开杀戒，将城中军民屠杀殆尽。

元至元十三年（南宋德佑二年，公元1276年）正月，形势危急的南宋任命文天祥为右丞相兼枢密使，让他带队向伯颜求和。伯颜的大军即将兵临临安城下，又怎么会与文天祥和谈？当即扣下文天祥并把他送往北方，不过文天祥在途经镇江时脱逃，之后辗转各地组织义军继续抵抗蒙古。

然而，南宋太皇太后谢氏早已被元军攻势吓破了胆，身边众臣皆畏敌如虎，无心抵抗，为求得一时的生路，最终带着宋恭帝献表投降，陆秀夫、张世杰等人坚持抗蒙，不愿意归顺蒙古，遂保护着宋度宗的另外两个皇子赵昰（shì）、赵昺逃向东南沿海，试图以残兵余地和元军周旋。

二月，伯颜接受了南宋朝廷的降表，传檄各地，招降未降诸城。三月，伯颜率领蒙古军队主力进入临安城，将宋恭帝及太后、太皇太后等人送往大都，忽必烈履行了伯颜不杀降帝的诺言，封宋恭帝为瀛国公，然后召回伯颜，以蒙汉军团和南宋的新附军队对张世杰等人的流亡政权展开追剿，直到至元十六年的崖山海战才把南宋流亡政权彻底消灭。

至此，元世祖忽必烈在经过了长达十二年的征战后终于灭亡了南宋政权，完成了统一大业，自石敬瑭割让燕云十六州与契丹后，中国九州之地总算归于一统。

纵观蒙古汗国的世界征伐战，欧亚大陆几乎遍遭战火，罗斯、花剌子模、阿拔斯、金朝等政权均在蒙古的铁骑下迅速瓦解，唯有南宋政权抗住了两位大汗（窝阔台和蒙哥）的攻势，直到忽必烈来攻时方才灭亡，在那个奸臣当权误国且名将尽失的年代，宋军还能与数十万蒙古军队对峙长达十二年之久，不得不说是个奇迹。

汉人世侯的归宿

随着“罢世侯，置牧守”的元初改革得以有效推行，汉人世侯由盛转衰，他们的时代迎来了谢幕，各大世侯的结局各不相同。正如前文所述，元初的汉人武装虽然很多，但有权、有兵又有地的世侯主要集中在七个家族中，分别是真定史氏（史天泽）、顺天张氏（张柔）、西京刘氏（刘黑马）、巩昌汪氏（汪德臣）、东平严氏（严实）、益都李氏（李璮）、济南张氏（张荣）。

七大世侯麾下有很多千户、百户，所拥有的兵马多则五六万，少则二三万，辖地也跨州连郡，范围很大。虽然如此，汉人世侯却不是拥有一方封国的诸侯，他们仅是代替蒙古勋贵管理百姓、军队的军官。在作战指挥上，汉人将领需听命于蒙古指挥官，如《元史 · 肖乃台传》载："朝廷以肖乃台功多，命并将史氏三万户军，以图南征。"管理地方时也不能无视蒙古勋贵的命令，如《元史 · 忙兀台传》载："忙兀台，蒙古达达儿氏。祖塔思火儿赤，从太宗定中原有功，为东平路达鲁花赤，位在严实上。"因此他们更像是统治者的代理人，而非统治阶级本身。

最直接的证据是，蒙古汗廷会按战争需要调动世侯的驻地，比如史天泽从真定到了邓州，张柔从顺天到了亳州，刘黑马从西京到了成都。同时，蒙古统治者会在汉人世侯的辖区内大行分封，根本不会顾及汉人世侯的利益，严实的东平辖区两次险遭蒙古勋贵瓜分。

根据《元史 · 王玉汝传》记载，窝阔台汗在位时本打算把东平划分成十块，专门赐给蒙古勋贵功臣，严实故吏王玉汝得知后忧虑地说："若是，则严公事业存者无几矣。"于是他在夜晚时故意到耶律楚材帐外哭诉，说他身为严实的使者却不能保护东平的土地，辜负了严实，唯有死在荒野。耶律楚材听后动了恻隐之心，便带他求见窝阔台汗，王玉汝乘机进言道："严实以三十万户归朝廷，卒无异志，今裂其土地，析其人民，非所以旌有功也。"[①]窝阔台汗这才放弃了分其地的打算。然而贵由汗在位时，蒙古统治者又打算把东平分封给勋贵，仍然是王玉汝据理力争才得以避免。

史书虽然只记载了寥寥数笔，背后却是汉人世侯与蒙古统治阶级激烈的博弈。

事实上，东平严实的遭遇并非个例。

---

① 引自《元史 · 王玉汝传》。

窝阔台丙申分封时，中原各地均有大片土地和众多百姓被封给蒙古勋贵，有给公主、驸马的，有给郡王、万户的，涉及真定、太原、平阳、邢州、洺州、大名、东阿、泰安、济南、益都、曹州、高唐、德州、宁海、河间等地，其目的，一是封赏蒙古贵族，二是削弱汉人世侯的实力，三是通过核查户籍，找出被隐匿的人口，增加税赋收入。

不管动机为何，蒙古统治者在中原各地分封土地，充分表明汉人世侯并非裂土封疆的诸侯，仅是派驻一方的管理者，他们的地盘、军队随时都可能被剥夺。

蒙古统治者与汉人世侯的关系从来都是不平等的，他们之间既相互利用，又不乏提防与猜忌。

对蒙古大汗来说，人口不过百万的蒙古要击垮五千万人的金国和两千万人的南宋，没有汉人世侯加盟是根本做不到的，而要有效管理新占领的土地，没有汉人世侯的协助同样是不行的，故而汉人世侯作为蒙古统治中原的代理人，既是不可或缺的军事力量，又是极为优秀的管理者。可以说，蒙古人之所以能快速统一中国，是蒙、汉有效联合的结果。

然而，汉人世侯的不断壮大难免让蒙古统治者心生警惕，蒙古高层对汉军官兵的信任并非毫无条件，最典型的例子就是强征人质，七大世侯都有亲属被蒙古扣为人质的经历，比如史天安、史天泽早年就是留在木华黎身边的人质，严实的长子严忠贞也当过一段时间的人质，就连叛臣李璮也不得不把儿子李彦简送去当人质。可见，蒙古统治者并不放心汉人世侯，纳贡入质是最基本的控制手段。

除此之外，窝阔台汗让五部将分镇中原也是蒙古汗廷不信任世侯的表现。《元史·阔阔不花传》载："岁丙申(公元1236年)，太宗命五部将分镇中原，阔阔不花镇益都、济南，按察儿镇平阳、太原，孛罗镇真定，肖乃台镇大名，怯烈台镇东平。"上述地区非常特殊，益都是李璮的地盘，济南是万户张荣的辖区，平阳、太原是刘黑马的驻地，真定是史天泽的大本营，东平则是严实的老巢。如此一来，各大世侯都在蒙古将领的直接监视下，谁也不能违抗汗廷的命令。

可即便约束手段如此之多，蒙古贵族依然不信任汉人世侯，甚至有故意欺凌他们的事情发生。以顺天张柔为例，据《元史·张柔传》记载，蒙古元帅孱赤台就曾多次欺辱张柔，欲除之而后快，孱赤台对中都行台说："张柔骁勇无敌，向被执而降，今委以兵柄，战胜攻取，威震河朔，失今不图，后必难制。常欲杀我，我不敢南也。"为此，孱赤台将张柔囚禁在土牢中，周围布满了甲士，就等着第二天将其处决。然而孱赤台突然暴毙，此事才不了了之。张柔身为一方世侯，麾下带甲数万，战功赫赫，却仍被蒙古贵族肆意欺辱，岂是张柔软弱可欺？

实际上，张柔的遭遇反映出汉人世侯在蒙古统治阶级的眼中不过是棋子、仆从而已，他们的地位根本不能和蒙古勋贵相提并论。

同样，蒙古勋贵在作战时也并非完全信任麾下的汉人世侯。三峰山会战后，金哀宗逃离都城汴京，朝归德方向退却。蒙汉联军一路追击至归德，达鲁花赤撒吉思不花（也作撒吉思卜花）受命出任监军，史天泽、张柔、董俊等世侯均在其麾下。然而，关于作战的具体部署，撒吉思不花打算紧靠城墙背水扎营。史天泽极力反对，理由是背靠河流会让军队失去退路，一旦敌军进攻，蒙古军队就会进退两难。张柔也认为，如果金军开门出战，必定把蒙古军队挤到河中，到时候就危险了。但撒吉思不花不信任汉人将领，一意孤行，不予采纳世侯们的正确建议。结果，金军果然主动发起夜袭，蒙汉联军进退两难，溺死者不计其数，撒吉思不花所部几乎全军覆没，曾经力战武仙长达一年的董俊当场阵亡，仅张柔率百余人突围。不得不说，如果不是蒙古勋贵拒绝接受汉人世侯的正确建议，也不会导致整支军队覆灭，像董俊这样的骁将更不会死得如此狼狈。

上述事例均能反映蒙古与世侯间的真实关系，提防与猜忌让汉人世侯们如履薄冰，不遗余力地协助蒙古铁骑征战四方，小心翼翼地侍奉蒙古大汗，生怕成为第二个张鲸、李璮，然而他们的权力最终还是在蒙古高层的打压下逐渐被收回，不再如昔日那般威风八面、雄踞一方，他们或凭借战功与忠心，勉强得以功成身退，或因丧失实权，不甘受辱，最后落得惨遭灭门的下场。

顺天张氏

张柔自归降蒙古后一直征战在最前方，经历了蒙古灭金、伐宋的大多数战役，同时还参与了忽必烈与阿里不哥的内战，更是镇压李璮的重要力量，他不仅在战场上勇于搏杀，还曾保护并厚待名士，救回了金末状元王鹗，后来他献上《金实录》，受封“安肃公”，至元四年又晋封为“蔡国公”，一年后去世，时年七十九岁，元廷追赠其为推忠宣力翊运功臣、太师、开府仪同三司、上柱国，谥“武康”。延祐五年（公元1318年），又加封为“汝南王”，谥“忠武”。

张弘范作为顺天张氏的第二代世侯，有覆灭南宋的功绩，前途本不可限量，但他在崖山海战后不久即病死，时年四十三岁，算是英年早逝。元廷同样认可张弘范的功绩，追赠他为银青荣禄大夫、平章政事，谥“武烈”。至大四年（公元1311年），加赠推忠效节翊运功臣、太师、开府仪同三司、上柱国、“齐国公”，改谥“忠武”。延祐六年（公元1319年），又加保大功臣，封“淮阳王”，谥“献武”。他的儿子张珪凭借父辈的功勋官至中书省平章政事，爵位“蔡国公”。

张氏一门双王，又有实封的国公爵位，可谓风头无两。然而，顺天张氏毕竟不是统治阶级，随着世侯作用的淡化，他们的荣耀如烟花一样短暂。元中期两都之战爆发时，张珪率族人驱逐乱兵，保护乡里，反而得罪了当权派，最后落得阖门被屠的结局，其先辈的丰功伟绩就此烟消云散，再也无人提及，成了被元廷抛弃的对象，令人唏嘘。

西京刘氏

刘伯林是汉人中归降最早的，其地位仅次于耶律留哥，先后追随木华黎征战河北、山西，他坐镇满城期间，多次与武仙交手，成功阻止金军收复失地。执掌威宁期间，刘伯林保护百姓，劝课农桑，《元史·刘伯林传》称赞他管理有方，“邻境衰败而威宁独为乐土”。刘伯林于蒙古太祖十六年病逝，时年七十二岁，累赠太师，封“秦国公”，谥“忠顺”，算是得到了善终。

西京刘氏的第二代世侯刘黑马同样军功卓著，成吉思汗时期就曾有击败金将忽察虎数十万大军的战绩，窝阔台汗时期又被封为万户，位列汉军三万户之首，参与三峰山之战，长期坐镇陕西、四川一带。忽必烈争位时期，刘黑马有从龙之功，迅速平定了四川、陕西，避免阿里不哥党羽夺取川陕地区，功劳很大。刘黑马管理四川期间，夙兴夜寐，非常尽责，最后累死在成都路军民经略使任上，被追赠为太傅、“秦国公”，谥“忠惠”。

第三代世侯刘元振袭父职，初任成都路军民经略使，本来有招降泸州刘整的大功，奈何遇到了忽必烈罢世侯的改革，刘元振遂被降为成都副万户，后任潼川路副招讨使，至元十二年去世，后代虽一直活跃在元朝官场上，但也不似先辈那样声名显赫了。

真定史氏

史氏一门在木华黎征讨金朝时出力最多，足迹遍布整个中原地区，他们的宗族应该很大，蒙金战争初期，为了保护自己的宗族，史秉直说服族人一起投奔蒙古，刚一加入木华黎的队伍，就得到了万户的任命，虽然此万户并不等同于后来的汉军万户，但足见他们的兵马不少，否则不会让蒙古勋贵这般重视。

史氏一门可以说是汉人世侯中名将最多的。

史怀德，史氏的第一代领导者，随木华黎攻打大宁时勇于先登，被流矢击中阵亡，是早期世侯中为蒙古效死的代表。其兄史秉直擅长管理后勤事务，归降木华黎时极力推荐儿子史天倪掌兵，自己则驻守霸州，后任行尚书六部事，主管粮饷，深受蒙古高层信任，年老致仕后回归家乡，是为数不多能安享晚年的汉人世侯。

史天倪是天生的军事指挥官，也是史氏一门的第二代领导者，此人作战勇猛，出场就是万户，征战期间战绩辉煌，随木华黎接连攻陷河北、山西、山东大多数城池，成为河西地区汉军的最高指挥官，但他倨傲的性格以及对人性的错判，使得他被武仙设计杀害。若非英年早逝，史天倪肯定会有更大的作为。

史天泽同样是一代将星，继承史天倪的地盘、军队后，以微弱的兵力驱逐武仙，收复真定，随蒙古军队灭金、伐宋，攻陷汴京、归德，屯兵邓州，官至中书省右丞相，是世侯中唯一一个做到出将入相的汉人将领。纵观整部元朝史，汉人中能做到中书省右丞相的，只有史天泽、太平两人而已。他死后，元廷累赠其为太师、“镇阳王”，谥“忠武”，足见史天泽在元廷的地位。

此外，史天祥、史天安、史楫、史权、史格等人都在蒙古政权中扮演重要角色，他们随蒙古军队四处作战，立有殊功，不是官至万户、总管，就是被封为右丞、行省平章政事等高官，也算是结局不错的世侯家族了。

东平严氏

严实以三十万户归附蒙古，辖地千里，境内数十城，曾是山东地区最强大的世侯。虽然他三易其主，有俘杀彭义斌的背义之举，但客观看待严实的一生，他多次劝谏蒙古当权者不要滥杀，救回了很多人。比如收复山东时，带孙欲屠彰德全城百姓，是严实力谏："此国家旧民，吾兵力不能及，为所胁从，果何罪耶！"蒙古军队攻克濮州、东昌后，又要屠城，还是严实劝谏："百姓未尝敌我，岂可与执兵刃者同戮，不若留之，以供刍秣。"[①]这才保住了千千万万人的性命。

此后，严实随蒙古军队征战，虽然没有过于耀眼的战绩，但多次出手保全百姓，曾用金银财宝从蒙古铁骑的屠刀下救回了很多人，仅灵璧一县就有五万人因他被赦免；他还曾在道路上煮粥供应流亡的饥民，使得逃避战乱的人不至于被活活饿死。

严实在管理东平期间，一直致力于保护华夏文化，兴建学校，推崇儒学，庇护四方文人学士，使得东平文化繁荣，为忽必烈的幕府提供了很多人才，对恢复中原文化贡献良多。

蒙古太宗十二年，严实去世，时年五十九岁，被元廷追赠为"鲁国公"。《元史·严实传》记载他死后"远近悲悼，野哭巷祭，旬月不已"，可见严实深得民心，为百姓所爱戴，这与他数次易主的行为形成强烈的反差。由此看来，评价一个人不应只看某件事，而应看他一生所为。

然而，严实的子孙后代就没有史氏那样幸运了。

忽必烈罢世侯时，严氏内部兄弟阋墙，为了争夺东平的管理权，弟

---

① 以上两段引文均引自《元史·严实传》。

弟严忠范告发兄长严忠济有不法行为，忽必烈遂将严忠济罢免，严氏一门由此开始衰落。后来，严忠范因作战不力被革职查办，最后作为使臣被南宋所杀。

严忠范之弟严忠嗣继承严氏职务、军队后，随元军征讨南宋，多有战功，但即使如此，忽必烈依然毫不留情地削弱严氏兵权，严忠嗣最后被免职闲居，他一直期盼重回政坛，可惜严氏一门早已被元廷抛弃，直到严忠嗣去世，元廷也没有再次起用严氏的打算。

巩昌汪氏

巩昌汪氏世代显赫，可能得益于汪古族的身份，以及巩昌孤悬西北，需要时刻应对来自察合台汗国的战争威胁，元廷一直没有迁移汪氏到其他地方，这让他们可以在当地形成根深蒂固的宗族势力。

首代世侯汪世显的地位不低于张柔、史天泽，被追赠为“陇右王”，是世侯中又一个得到王爵追赠的。其子汪德臣受封为“陇西公”，孙汪惟贤被追赠为“南安国公”，汪氏子孙即便不入朝为官，也能在属地呼风唤雨。

其他世家

济南万户张荣生前即被授予“济南公”的爵位，死后也被追赠为“济南王”，儿子张邦杰袭爵“济南公”，孙子张宓官至吏部尚书、行省参知政事，也算是荣耀不衰的家族了。还有董俊一族，自董俊战死疆场后，董文炳等人深受元廷信任，成为忽必烈的心腹，出任侍卫亲军都指挥使，同样是荣宠不减的汉人世家。

不论汉人世侯当初有多么显赫，在忽必烈罢世侯的改革下，这些专制一方的世侯军阀们都逐渐退出了历史舞台的中心，如张氏一系阖门被屠，严氏一族被无情抛弃，其他大大小小的汉人武装领袖或转为文职，或调离辖地，或降级贬官，他们的子孙后代即便能担任高官要职，也都没有真正的实权，已沦为史书中的配角，逐渐消失在历史的长河之中。

第七章

祸患藏，新朝隐忧

潜邸汉臣的失势

从蒙古太祖元年成吉思汗建立蒙古政权，到至元十六年元世祖忽必烈统一中国，蒙古人在不到一百年的时间里东征西讨，向西征服了花剌子模、罗斯、钦察、阿拉伯帝国、保加利亚、匈牙利、波兰、亚美尼亚、格鲁吉亚，向东兼并辽东、金国、高丽，向南吞并西夏、大理、南宋。无论是罗斯的荒原、伊朗的黄沙，还是辽东的风雪、江南的水乡，都留下了蒙古铁骑的身影。

元朝脱胎于大蒙古国，元世祖忽必烈取“大哉乾元”之意给自己的政权命名，以大都、上都为两京，即便是四大汗国独立后，元帝国依然领有岭北、蒙古、辽东、中原、江南、川滇等地，故其地北逾阴山，西极流沙，东尽辽左，南越海表。《元史・地理志一》载：“自封建变为郡县，有天下者，汉、隋、唐、宋为盛，然幅员之广，咸不逮元。”

地域辽阔的元朝分镇藩服，以行省划分天下，设行省、路、府/州、县四级，设立了皇帝直辖的中书省，和臣属管理的十一个行中书省，分别为岭北、辽阳、河南江北、陕西、四川、甘肃、云南、江浙、江西、湖广、征东（非常设），共计一百八十五路、三十三府、五百五十九州、一千一百二十七县。此外，元朝时中央首次直接管辖青藏地区，由宣政院直辖，设吐蕃等处宣慰司。其疆域东起日本海，西至天山，北包贝加尔湖，南抵南海，如此辽阔的版图不仅前朝未曾有过，在当时的整个世界都找不出来第二个。

元世祖忽必烈能坐拥如此辽阔且富饶的江山，都是谁的功劳呢？

毫无疑问，在蒙古人征战四方的历程中，最有战斗力的蒙古铁骑在早期征战中发挥了至为重要的作用，特别是在西征欧洲的战线上，蒙古铁骑被称为“毁灭世界的力量”“是上帝带给他们的惩罚”，可见蒙古军队给西方人留下了多么难以磨灭的影响。

然而，与蒙古早期征战不同的是，忽必烈能统一中国，很大程度上倚仗的是中国北方各族的支持，而不单单是蒙古人的铁骑。从木华黎征讨金朝开始，蒙古南征的主力始终是以汉人、契丹人为代表的世侯武装集团，其所率领的军队有大量的汉人、契丹人及女真人。关于汉人世侯的起落已无再次叙述的必要，但与之同时存在的汉人文臣却不得不提。

不难看出，忽必烈能打败阿里不哥，登上大汗之位，全赖他成功得到了漠南汉地作为自己的筹码。以成立金莲川幕府为标志，忽必烈思大有为于天下，延揽四方文学之士，求问治国之道，在他的幕府里聚集了一大帮汉人儒臣，这些人对忽必烈倾囊讲述治国之道，灌输“汉地应该推行汉法”的思想，引导忽必烈成为推行汉法的代言人，其目的是把中原上千年的文化制度保留下来。

在推行汉法的过程中，金莲川幕府的汉人文臣是主要力量，深得忽必烈的信任与重用，日后不是执宰中央，就是督牧地方，其中以刘秉忠、姚枢、许衡为代表与核心。刘秉忠类似于总策划，营建上都开平、修筑帝京大都、选定“大元”国号均是他的手笔；姚枢则更像是高级谋士，为忽必烈争天下建言献策，破除阿蓝答儿钩考，与蒙哥汗和解，禁止战争滥杀；而许衡建典章，定官制，兴汉学，他是当时具有真才实学的名儒良臣。

忽必烈在这些汉臣的帮助下，首先在邢州、京兆等地推行汉法，取得大治，证明了汉法治汉地的可行性，也坚定了忽必烈推行汉法的决心，随后他大胆地把汉法推广到全国各省，到他登上汗位，改元“中统”，立“大元”国号，设立中书省、左右六部，建立侍卫亲军，确定礼仪制度，元朝以汉法为基础的政治制度基本成形。而汉学在这一时期也广为传播，国家选拔优秀蒙古子弟学习儒家治国之道，培养下一代的蒙古勋贵。

不过可惜的是，在依靠汉人文臣草创大元王朝后，以李璮谋反为转折点，汉人世侯的权力被收回，汉人文臣被取代，以阿合马为代表的回回人迅速占据了朝堂的重要职位。

忽必烈不再重用汉人，其原因有很多，比如长期四处征战以及供养蒙古勋贵导致财政赤字，而汉法强调重农桑、宽赋税、省徭役，意在兴农富民，这都不是短期能看到成效的事情，再加上李璮这样的世侯举兵谋反，忽必烈对汉臣日渐警惕，因此逐渐疏远汉臣，开始重用回回人，以达到平衡政治势力和迅速弥补财政缺口的目的。

中统三年，回回人阿合马被任命为领中书左右部兼诸路都转运使，负责转运粮食、盐、茶、醋、酒、铁等财货。至元元年，阿合马升任中书省平章政事、荣禄大夫。至元四年，忽必烈设立专事理财的尚书省，以阿合马为平章尚书省事，掌管元朝的财政大权，大肆搜刮民间财富，一时间中央财政收入暴涨，而民间百姓却多困苦。

阿合马及其党羽奉行的理财政策多是开源而非节流，即用开辟新税源的方式为国家增加财政收入。至于开辟财源的方法与途径，他们以朝廷之名行商贾之事，网罗天下大利，竭尽所能地掠夺民间财富，其中比较典型的举措即“官营垄断”“滥发钞币”。

阿合马曾上奏忽必烈说：“北盐药材，枢与公履皆言可使百姓从便贩鬻。臣等以为此事若小民为之，恐紊乱不一。拟于应天府、卫辉等路，籍括药材，蔡州发盐十二万斤，禁诸人私相贸易。”[①]意思是禁止

① 引自《元史·阿合马传》。

民间私自售卖药材、盐等生活必需品，全部改为官营，百姓只能按阿合马定的价格购买，如此便成暴利。

“……应公私铁鼓铸，官为局卖，仍禁诸人毋私造铜器。如此，则民力不屈，而国用充矣。”[①]阿合马也提倡把铁器的销售权收归国有，百姓铸造的铁质农具一律上交官府，然后从官府购买统一的农具，价格仍由官府决定，从而赚取利润。

至于滥发钞币，阿合马在没有增加货币储备金的情况下，大量印发中统钞，用这些钞币大量购置民间的物资，换取金银实物，导致钞币在短时间内迅速贬值，百姓手里的财富都变成了大为贬值的中统钞。仅至元十二年年底的两个月间，中统钞的发行量就增加了十倍，后来便迅速变成了一堆废纸，那些用货物换取钞币的商贾纷纷破产，民间财富被大量集中到阿合马手里，中统钞的信誉因而荡然无存。

不难发现，阿合马的政策有竭泽而渔之嫌，虽为国家带来了短期的财政增长，但从长期来看，会严重打击社会经济，不利于统一战争后恢复社会经济秩序，是典型的饮鸩止渴。

“阿合马、张惠，挟宰相权，为商贾以网罗天下大利，厚毒黎民，困无所诉。”[②]

随着阿合马敛财政策的“成功”，忽必烈越来越倚重回回人。阿合马及其党羽为了进一步集中权力，大肆卖官鬻爵，把重要岗位安排给色目人，排斥儒士，驱逐金莲川幕府曾经的汉人文臣，方法主要有三：一是用奏请升迁的名义行架空之实，中书右丞相安童就差点被荣升“三

---

① 引自《元史·阿合马传》。

② 引自《元史·阿合马传》。

公”，丧失宰相实权；二是鼓动忽必烈加大尚书省权力，与儒士汉臣主导的中书省分庭抗礼，逐渐架空最高权力机构；三是奏请裁撤御史台等行政机构，阻止成立门下省，削弱其他衙署对尚书省的制约能力，逐渐将权力集中到色目人手中，使得尚书省独大。

忽必烈对阿合马等人的信任，对财富的贪婪，以及对潜邸汉臣的猜忌，使得阿合马、桑哥等人所推行的敛财之法大行其道，儒学汉法受到了极大的打击，很多旧政策都被改变或废止，尚书省实际架空了中书省。

典型的表现就是曾经担任主要职位的汉人文臣一个接一个地赋闲。比如，姚枢曾是中书左丞，参与机要军政，后来竟变成了好听却没有权力的翰林学士承旨。许衡也曾是中书左丞，后来被迫以年老多病为由辞去官职，不久被任命为国子监祭酒，但因阿合马断绝国子监供应，导致学子相继离开，使得推广汉学的国子监名存实亡，许衡最终请辞归乡，郁郁而终。另外如商挺这样在内战时立有大功的旧臣，居然都没能得到善终，实在令人唏嘘。

除此以外，木华黎后裔安童因为支持儒家治国之道，逐渐被阿合马架空，明明是权力最大的中书省右丞相，却连人事任免都无权插手，眼看着中书省沦为陪衬，最后还落得被罢相的结局。

《元史·阿合马传》载：“内通货贿，外示威刑，廷中相视，无敢论列。有宿卫士秦长卿者，慨然上书发其奸，竟为阿合马所害，毙于狱。”阿合马在位日久，专权敛财，专事蒙蔽，成功排挤掉潜邸汉臣后，在朝中更是肆意妄为，无所顾忌地残害忠良，如此倒行逆施已然引起了朝堂公愤。

至元十九年（公元1282年），趁忽必烈率领太子真金等人前往上都之际，以益都千户王著为代表的部分官员，伪装成太子真金的车驾于夜间还京，急召阿合马拜见，阿合马尚未查明真假，变被强行拉至近前，当场被铜锤击碎脑袋而亡。事后，王著等人伏诛，但新的权臣卢世荣、桑哥又在忽必烈的扶持下相继走到前台，虽然这些人也没能得到善终，但忽必烈依然热衷于从民间敛财，而且没有改变用色目大臣制衡汉臣的政策。这说明打压汉人文臣，弃儒学而用敛财之法，都是元朝统治者认同的政策，阿合马、桑哥等权臣不过是朝堂争斗的棋子而已。

到忽必烈晚年，金莲川幕府曾经的汉人文臣相继离世，加之支持儒学汉法的太子真金早逝，新的汉臣无法在朝堂争斗中压倒色目大臣，汉人臣工的政治地位在事实上已经低于蒙古人、色目人，成了第三等级，这进而影响了整个社会。那些曾经辅佐忽必烈建立元朝的汉臣尚且被色目理财派打压到相继边缘化，没有官职、财富、土地的汉人百姓只能卑躬屈膝、忍气吞声，接受不公平的命运，所以史学界认为元朝存在一种四等人的等级制度：以蒙古为第一等级，其次是色目人，再次是汉人，最次是南人（南宋汉人）。

《元史·刑法四》载："诸蒙古人与汉人争，殴汉人，汉人勿还报，许诉于有司。"不管这里所说的蒙古人是侍卫亲军还是怯薛贵族，"勿还报"剥夺了汉人正当防卫的权利，本身就是不公平的体现，先不说蒙古人把汉人殴打致死的极端情况，就算真能撑到他们去报官，谁能保证官府一定会秉公处理？这导致普通百姓的境遇完全取决于为官之人的良心，一旦吏治腐败，百姓将无处申冤。

可是统治阶级依然不知警惕，只醉心于争权夺利、搜刮财富，不断侵占民田、兼并土地，还滥发钞币，引起了严重的通货膨胀，导致破产的百姓越来越多，许多人卖儿卖妻，直至自己也沦为驱口，成为权贵们鞭打、欺辱的对象，正是"天高皇帝远，民少相公多，一日三遍打，不反待如何”[1]。

大蒙古国的分裂

忽必烈虽然南迁大都，让自己的统治中心尽可能向中原靠拢，但始终坚持两都巡幸制，每年都会回到邻近草原的上都开平，此举正是为避免自己的影响力远离漠北草原，之后历代元朝皇帝大多坚持巡幸两都，形成了常例。

然而，大蒙古国的疆域过于辽阔，钦察草原的钦察汗国已经远达欧洲，旭烈兀的伊利汗国雄踞两河流域，察合台汗国控制着从河中到今天新疆的大片土地，纵然元廷维持着自己对蒙古草原的影响力，却无法把统治延伸到整个大蒙古国，究其原因，很大程度上是拖雷一系在争夺汗位时动摇了大汗的权威。

正如前文所述，成吉思汗钦定的继承人是窝阔台汗，他顺利通过了忽里勒台的推选，法理上没有任何问题，其子贵由汗继位时也按例通过了忽里勒台，他与宗王们还约定汗位只在窝阔台系子孙中传承，但窝阔台系的统治仅传承了两代人就迅速被拖雷之子蒙哥抢走，蒙哥汗的上位成了对大汗权威的第一次破坏。蒙哥汗驾崩后，围绕汗位的继承权，拖雷系子孙间又发生了争斗，忽必烈、阿里不哥都自称大汗，两人间的大战持续了数年之久，进一步动摇了汗位的神圣性。

在这段汗位无法确定的混乱时期，远离蒙古本土的蒙古勋贵们可没

① 引自《台温处树旗谣》。

有闲着。

成吉思汗建国之时，蒙古诸王的封地虽然遍及整个国家，但统治者始终没有放弃对整个国家的控制，诸王封地间会穿插很多大汗的直辖领，这些领地由汗廷派驻达鲁花赤管理，他们的存在使得诸王不能轻易脱离中央的管理。

可是，当忽必烈与阿里不哥展开长时间的战争后，蒙古汗廷对各地的管理变得有心无力，那些派驻各地的长官不是被诸王驱逐，就是转身投靠了诸王，钦察汗国、察合台汗国和伊利汗国都在这一时期迅速兼并汗廷的直辖领，把自己的封地连成一片。而忽必烈和阿里不哥为了争取各汗国的支持，自然没有深究这一行为，实际上他们也没有能力阻止这一趋势。等到内战结束后，各大汗国已经具备独立的行政、军事和财税体系，汗王们在自己的土地上极具权威，蒙古大汗的权威似乎已经无法影响这些遥远的土地了。

除了以上三大汗国外，在蒙哥汗时期被一度打压到快销声匿迹的窝阔台系宗王也突然崛起。作为窝阔台汗的直系子孙，海都自认为他比任何人都有资格继承蒙古大汗之位，但他的封地只有贫瘠的海押立，这让他十分不满。

在忽必烈和阿里不哥相争时，海都坚定地站在阿里不哥一边，利用阿里不哥的支持逐渐凝聚窝阔台系诸王的力量，虽然阿里不哥最终战败，但海都把窝阔台汗曾经的封地基本统一了起来，以叶密立为中心的窝阔台汗国就此横空出世。

忽必烈考虑到自己在上都开平继位并不符合蒙古传统，遂在至元元年向各大汗国的汗王们发出邀请，试图召开一场有各宗王参加的忽里勒台，钦察汗王别儿哥、察合台汗王阿鲁忽、伊利汗王旭烈兀都表示将要赴会，时间就定在三年后（即公元1267年）。不过，同样得到邀请的海都却用“牧马尚瘦”的借口拒绝与会，忽必烈起初并未重视，只要能得到其他三个汗国的承认，海都终将屈服于自己。可惜，三年期限未到，三个汗国就因为土地争端爆发了第一轮战争。

钦察汗王别儿哥首先攻打伊利汗国，理由是钦察汗国曾帮助旭烈兀攻城略地，而旭烈兀却不肯把阿塞拜疆作为酬劳割让给钦察汗国。趁钦察汗国主力外出征战，察合台汗王阿鲁忽顺势发兵攻打钦察汗国，抄了别儿哥的大后方，别儿哥无法回师，便向海都求援，海都立即攻向察合台汗国，四大汗国间由此陷入混战，让他们携手拥立忽必烈的可能性几乎不存在了。显然，没人在乎顶着蒙古大汗之名的忽必烈的态度。

到蒙古至元三年（南宋咸淳二年，公元1266年），别儿哥、阿鲁忽、旭烈兀三位汗王都已离世，他们的继任者对参加忽里勒台毫无兴趣，再加上海都的威胁日益严重，忽必烈明显不可能得到忽里勒台的正式推举了，他的蒙古大汗之名到底合不合法呢？

为了恢复蒙古大汗的权威，忽必烈打算逐一降服各汗国，首当其冲的就是最近的察合台汗国。察合台汗王阿鲁忽去世后，木八剌沙继承了汗位，忽必烈看出了此人威信不足，立即派察合台次子莫阿秃干之子八剌回察合台夺取权力，八剌如愿取代了木八剌沙，掌控了察合台汗国。但让忽必烈气愤的是，八剌并不想当元朝的傀儡，很快就与忽必烈发生了冲突，夺取了今天新疆喀什一带。由于海都想趁察合台汗国内乱之际夺取察合台汗国的土地，八剌与海都很快也爆发了冲突。

本着敌人的敌人就是朋友的原则，为了彻底消灭海都的窝阔台汗国，忽必烈暂时压住了自己对八剌的怒火，遣使联合钦察汗王忙哥帖木儿、察合台汗王八剌，试图多面夹击海都，而他自己也派兵向阿里麻力方向挺进。这场战争虽然打了起来，但远远没有忽必烈预想的那样激烈，海都不仅作战能力很强，外交手段也不差，他以忽必烈违背蒙古传统为说辞很快就离间了各方势力，首先与钦察汗国建立了联盟，然后在钦察汗国的帮助下与八剌鏖战。

蒙古至元六年，各方汗王在调停人的斡旋下于塔拉思达成和解，宣布要维护蒙古传统，并一起瓜分了阿姆河以北的土地，三方势力就此建立了“塔拉思联盟”。很明显，塔拉思联盟是没有拖雷系宗王参加的同盟，也就是说，忽必烈建立的元朝和旭烈兀建立的伊利汗国都是他们的敌人。这一事件被认为标志着大蒙古国正式分裂。

塔拉思联盟的成立把窝阔台汗国和察合台汗国绑在了一起，这使得元朝的西面出现了一个庞大的反叛势力，他们不断袭扰元朝的疆土，忽必烈因频繁的军报焦头烂额，他的注意力明显从中原转向了西域。更麻烦的是，海都巧妙利用察合台汗王八剌对伊利汗国的军事失利，成功插手察合台汗国内政，连续扶立了三位汗王，新上任的汗王笃哇出于对海都扶持的感激，基本沦为海都的附庸，海都相当于控制了两个汗国。

大战爆发在至元十二年，海都率领叛军攻至漠北，围住皇陵三日不去。忽必烈深感事态严重，立即派他的第四个儿子北平王那木罕出镇漠北，率领包括丞相安童、宗王阔阔出、昔里吉、玉木忽儿、灭里帖木儿、脱黑帖木儿等人组成的联军。这支联军规模看起来很大，可惜众人各怀鬼胎：昔里吉乃是蒙哥汗之子，内心深处其实也是渴望大汗之位的，随着年龄的增长，这种渴望就越来越强烈；而玉木忽儿是阿里不哥之子，同样认为汗国不应该属于忽必烈。

多年来的汗位争夺严重削弱了大汗的权威，让越来越多的人认为自己也有资格继位，争位的隐患变成了现实。至元十三年，昔里吉携众人发动叛乱，俘虏了北平王那木罕、宗王阔阔出和丞相安童等人，弘吉剌部首领只儿瓦台于应昌起兵响应，又一个大汗出现了。

忽必烈闻报大惊，立即派丞相伯颜领兵镇压近在咫尺的只儿瓦台，扑灭了身侧的叛乱，但昔里吉的叛军主力很快向东发动进攻，与元军展开了长达五年的大战，忽必烈始终无法将其彻底歼灭。元朝的问题越来越多，也越来越让人头痛，大汗的权威进一步削弱。

至元十八年（公元1281年），叛军内部发生分裂，脱黑帖木儿因为不满昔里吉的无能，决定拥立蒙哥汗的孙子撒里蛮为新汗。玉木忽儿不服，与脱黑帖木儿发生战争，脱黑帖木儿所部几乎都倒戈到玉木忽儿一方，撒里蛮也只好投降昔里吉。不过，昔里吉对主动来降的撒里蛮很是苛刻，决定把他押至钦察汗国监禁。

押送的队伍途经撒里蛮的封地时，撒里蛮被其部众成功救出，昔里吉当即派兵讨伐撒里蛮，这下连昔里吉的部下也觉得他太过无情，居然临阵倒戈到撒里蛮一方。玉木忽儿得知后，自以为能收拾残局，也派兵讨伐撒里蛮，结果连他的军队也一并投降了撒里蛮，撒里蛮就此控制了昔里吉的叛军势力。深知自己的实力不可能长期与元朝抗衡，何况还有西边的海都不断威胁着自己，撒里蛮终于向忽必烈投降，昔里吉之乱这才结束。

虽然昔里吉之乱只是忽必烈统治期间的一段插曲，却使得他的大汗权威进一步受损，而海都利用昔里吉之乱这段时间，进一步发展壮大，夺取了阿里麻力，并不断向东方发展。

为了强化自身的权威和统治，越来越不信任各宗王的忽必烈决定加强对东道诸王的控制。此前拥护忽必烈的东道诸王之长塔察儿早已死去，继任者乃颜意在扩大自身领土，不断把势力深入到辽东更远处乃至高丽地区。忽必烈为了限制东道诸王的扩张，于至元二十三年（公元1286年）撤销山北等路宣慰司，成立东京等处行中书省，这让乃颜等宗王非常不满。

至元二十四年（公元1287年），海都与乃颜结成联盟，双双发兵攻打元朝，一时间忽必烈东、西两线同时受敌，形势更加窘迫。忽必烈无奈，急忙召集汉军北上，御驾亲征讨伐乃颜。大战中，忽必烈乘坐象舆临阵，本要借此展示大汗威仪，没想到叛军强弓劲弩射得他不得不狼狈地从象舆上下来。

镇压这场叛乱比起打败海都还稍微容易一点，毕竟乃颜实力不济，又近在忽必烈统治中心一侧，再加上汉军诸部对蒙古勋贵毫无畏惧，厮杀不留一丝情面，乃颜遂被抓获斩杀，余党哈丹又坚持了一些年，直到至元二十九年（公元1292年），东道诸王的叛乱才彻底结束。

前有昔里吉之乱，后有乃颜反叛，忽必烈不仅没能迅速镇压海都之乱，反而引发了更多的叛乱，这让忽必烈变得畏首畏尾，对全力讨伐海都显得有心无力。当时的海都继承了蒙古铁骑的机动作战风格，不断向漠北中心推进，一旦元军主力杀来，便立即掉头撤回，诱使元军发动追击。可是由于元军的主力多是汉军，骑兵作战并不比海都厉害多少，纵然有伯颜领军，元军始终无法取得决定性战果。

至元二十六年（公元1289年）时，晋王甘麻剌与海都激战于杭爱山时差点儿被围歼，幸好色目将领土土哈将其救出，但和林一度落入海都之手。战事没有进展，忽必烈也只好不断换将。终忽必烈一朝，元军始终不敢深入追击海都叛军，双方互有交锋，战火波及草原各地，直到至元三十一年（公元1294年），七十九岁的元世祖忽必烈驾崩，海都之乱依然没有结束，大蒙古国的分裂已无法挽回。

混乱的元朝皇室

不同于历朝统治阶级，元朝统治者没有“嫡庶有别”“长幼有序”“立嫡立长”的共识，而是保留了很多草原政权的习俗和制度。对于皇位传承问题，元朝延续了大蒙古国的选举制度忽里勒台，这让蒙古贵族有资格、有条件干预皇帝废立，而“幼子守灶”的习俗又让皇室内部出现纷争，长子、幼子为了皇位争端不断，各党派间也内斗不止，以致出现了兄传弟、叔传侄的现象，这些让皇位传承变得日益复杂难测。

至元二十三年，年仅四十三岁的元太子孛儿只斤·真金病逝。真金本不是元世祖忽必烈的长子，之所以能被立为太子，是因为他的长兄朵儿只很早就去世了，真金又得到当时汉臣们的鼎力支持，忽必烈这才立真金为太子，尝试按照中原朝廷的传统把皇位传给嫡子中最年长的。然而，激烈的政治斗争让这位年轻的太子饱受惊吓，竟然先于忽必烈病逝。

真金一死，元朝的皇位传承秩序也面临新的挑战。长期以来，只有真金才能继承皇位是众多大臣的共识，真金一派在朝堂里也很有影响力，纵然忽必烈还有很多儿子，却无法将他们立为新的继承人。因此，元世祖决定在真金的三个儿子甘麻剌、答剌麻八剌、铁穆耳里挑选皇储，而他最后选择的新储君是真金的幼子铁穆耳。

根据《中国历代战争史（第13册）：元代》的描述，铁穆耳有“材勇”，善辞令，也就是说他既有蒙古人的勇武，又有讨人喜欢的口才，再加上是真金幼子，自然容易得到祖父忽必烈的偏爱。至元二十五年（公元1288年），铁穆耳受命出征参与讨平东道诸王之乱，有阵斩哈丹、尽降辽左诸部的功劳，威望由此大增。五年后，忽必烈正式将铁穆耳立为皇储，命其抚军漠北，主导平定海都之乱。

“废长立幼”在历朝历代都会遭到非议，但符合蒙古“幼子守灶”

的习俗，铁穆耳就此在至元三十一年忽必烈驾崩后继承皇位，史称“元成宗”。

作为习于军旅且长于戎阵的皇帝，元成宗铁穆耳继承了祖父忽必烈好战的性格，年轻且激进的新皇帝不能忍受海都长期作乱于西北，决心征召更多兵卒，花费更多军资，彻底消灭叛王海都。为此，铁穆耳不顾国家需要休养生息的现实情况，开始部署对海都叛军的战略反攻。

具体来说，元成宗的戡乱作战可以概括为“三个支点”和“五支军队”。“三个支点”是屯有重兵的防御基地，作为抵御海都深入漠北的军事屏障，分别是和林、别失八里、察罕淖尔，其中晋王甘麻剌开府和林，北庭军屯驻别失八里，安西王阿难答率河西诸军守卫甘肃。而“五支军队”是指处于“三个支点”之间的元朝机动部队，他们负责进击、支援，可以自由调动，由大将床兀儿等人负责指挥，受宁远王阔阔出和高唐王阔里吉思节制。

元贞二年（公元1296年），阿里不哥长子药木忽儿等宗王在大将土土哈等人的策反下，率领一万二千人归附元朝，带来了海都叛军内部的很多绝密消息，此事促成了元成宗大规模讨伐海都的作战。大德元年（公元1297年），由药木忽儿等归附之军和元成宗信任的钦察军、阿速军组成的联军，出其不意地击败察合台汗王笃哇所部，然后翻越阿尔泰山攻入海都腹地。

海都以大将帖良台布阵于达鲁忽河，沿河布置栅栏，命士卒下马持弓矢严阵以待。元军大将床兀儿见状并无惧意，命令军队吹响铜角，让士兵以角声高声附和，营造出极为骇人的气势，随即率部发起强渡作战。

帖良台担心木栅栏和弓矢无法阻挡床兀儿，于是又让士卒上马作战，叛军内部因此乱成一团，白白失去了远程射杀床兀儿的机会，元军由此策马越过栅栏，大败叛军，追奔了五十余里。

紧接着，床兀儿又遭遇了赶来增援帖良台的孛伯，此人将军队驻扎在背靠河水的高山上，占尽了地利优势。然而床兀儿勇猛异常，竟然指挥军队仰面攻山，反把叛军击溃，又一路追杀了三十余里。

次年，床兀儿以类似的战术再次击败笃哇大军，海都一度远遁。三战三捷的战绩让床兀儿领导的钦察军在元廷声名鹊起，床兀儿也因此官拜镇国上将军。

大德三年（公元1299年），元成宗以侄子海山总领漠北诸军。次年，拜月赤察儿为太师，协力征讨海都叛军。最终的决战发生在大德五年（公元1301年），海都率领笃哇等叛王兵分五路进犯和林，首战于铁坚古山之地，被床兀儿奋力击退。两天后，海都攻向合剌哈塔，笃哇攻向兀儿秃。海山兵分三部迎战，以床兀儿为左翼，月赤察儿为右翼，自己居于右翼后方。

床兀儿所领左翼勇猛如前，一出手就杀得笃哇所部大败而逃，几乎全军覆灭，笃哇也被箭矢射中膝盖，狼狈而逃。至于右翼，由于由海都亲自指挥，战事异常激烈，第一天就把元军击退，次日又成功突破元军阵线，将月赤察儿指挥的整个右翼军团团包围，局势非常紧张。海山见状大怒，挥刀欲亲临战阵，被部将强行拦住。

关键时刻，被海都包围的月赤察儿越战越勇，披甲持矛陷阵，独自率领亲卫杀入混乱的军阵之中，其余元军将领都被主帅的英勇激发了斗志，纷纷随之冲杀，元军势如洪流，竟然强行撕开了海都的包围，从其后军杀出，与海山会师。

此战，双方应该是打成了平手，但元军有整个中国的物资作为支撑，可以再战无数次。而海都此次倾巢而出，损失了大部分兵马，笃哇的主力也几乎被全灭，实力遭到重创，已经很难恢复。在回师途中，海都终于死了，元朝史料认为他是在战斗时受伤，又因为未能完成其志向，郁郁而亡。

海都死后，笃哇拥立海都之子察八儿，反过来控制了窝阔台汗国。自知不能战胜元朝的笃哇于大德七年（公元1303年）遣使求和于海山，海山采纳月赤察儿之谋，为防生变，不等元成宗决策便接受了笃哇、察八儿的投降。至此，持续了三十多年的海都之乱终于结束，元朝勉强恢复了对漠北草原的控制，但连年的大战让这片土地更加荒凉了。

海都之乱结束后，元朝的内部争斗旋即开始。

如果元朝的皇位一直按照“幼子守灶”的规则传承下去，也许还能避免皇室内部的争斗，可惜元成宗酗酒成性，竟然没能活过四十三岁，而他的儿子早于他去世，兄弟们也先后离世，元朝的皇位突然就没有了继承人，皇室内斗难以避免。

当时，最有资格继承皇位的是真金一脉其他分支，也就是元成宗的几个侄儿们。

甘麻剌的长子系：晋王也孙铁木儿，镇守漠北且有西北诸王支持，军功赫赫。

答剌麻八剌的次子系：怀宁王海山，长期在漠北练兵，次子系的实际领导者；寿山（爱育黎拔力八达），与母亲答己同在河南怀州，离大都很近，但没有足够兵权；阿木哥，母亲是汉人侍女郭氏，因有汉族血统不受元廷重视，既无封号，也无兵权。

皇后卜鲁罕与元成宗侄儿们的关系都很差，她非常担心这些人上位后会对自己不利，于是急召安西王阿难答进京，试图凭借拥立之功控制朝政，继续享受荣华富贵。这位安西王出自元世祖忽必烈之子忙哥剌一脉，并非真金后裔，但他曾受命统领河西诸军，手握十五万雄兵，如果他称帝，真金一脉的子孙难保不被清洗，这自然引起了真金旧党们的不满，于是以哈剌哈孙为首的真金派召来了距离大都最近的寿山，大都城内就此出现了两派人马。

在这样的情况下，皇后卜鲁罕、安西王阿难答决定在三月初三发动政变诛杀寿山及其母亲答己，然后直接即位称帝。然而，寿山在哈剌哈孙、老师李孟的鼓励下提前行动，在三月初二时谎称怀宁王海山的使者抵达大都，有要事告知安西王。安西王阿难答错判了形势，兴冲冲地跑来议事，结果被哈剌哈孙领导的怯薛当场擒获，所部投降。

控制大都后，寿山本可以自己称帝，但他听说哥哥海山已经率领三万漠北精锐向大都靠拢，而且有意争夺帝位后，明智地选择出任“监国”，并表示拥戴海山继承皇位，毕竟枪杆子在人家那里。

当年五月，海山率领三万精锐抵达上都，当即召开忽里勒台，宣布继承皇位，是为元武宗。鉴于弟弟寿山在关键时刻铲除安西王一党，事后又愿意拥戴自己，元武宗便立寿山为皇储，并承诺皇位以后在两兄弟的儿子之间交叉传承，是为“兄终弟及”。

至大四年，在位不到五年的元武宗病逝，皇太弟寿山即位，史称元仁宗。元仁宗即位后，立即开始了一次针对哥哥旧党的清洗，其目的明显是要撕毁两兄弟间的约定，阻止武宗一脉继承皇位。

延祐三年（公元1316年），元仁宗果然违背约定，改立自己的儿子硕德八剌为太子，还把武宗嫡子和世㻋（là）贬为周王，远派云南。不甘心就此“流放”的和世㻋在途经山西时发动叛乱，可他很快就因实力弱小而一败涂地，最后逃往察合台汗国避难。

延祐七年（公元1320年），硕德八剌继位，是为元英宗。硕德八剌当初能被顺利立为太子，很大程度上是因为得到了太皇太后答己的支持，而太皇太后的目的无非是扶持傀儡皇帝继续控制朝政，但是元英宗一即位就以雷霆之势铲除了太皇太后的所有党羽，完全控制了朝政。

元英宗上台后大力招揽、选拔众多汉族大臣，裁汰大批冗员，实施“助役法”恢复农业生产，限制蒙古贵族权力，并颁布《大元通制》来规范国家秩序。这些改革如果能得到长期执行，元朝还有可能消除潜在的隐患，但这些新政无疑触怒了势力庞大的蒙古、色目保守派。

至治三年（公元1323年），元英宗自上都返回大都的途中，御史大夫铁失、同知枢密院事也先铁木儿、齐王月鲁帖木儿等人突然发动政变，诛杀了元英宗，史称“南坡之变”。

没人想到，政变幕后策划人居然是蛰伏多年的长子系领袖晋王也孙铁木儿，他利用英宗触怒蒙古、色目贵族的时机拉帮结派，终于把元朝的皇位从次子系抢到了长子系手中，他顺利即位，是为泰定帝。

这么一来，真金太子的三个支系都有人称帝，其中幼子系成宗一脉已经绝嗣，次子系只剩武宗的两个儿子和世瑓、图帖睦尔。由于周王和世瑓早已逃去察合台汗国，泰定帝的威胁只有年幼的图帖睦尔，因此他表面上封图帖睦尔为怀王，实际却把他软禁在建康，准备一旦时机成熟就将其诛杀。

为稳坐帝位，泰定帝上位后立即诛杀了政变功臣们，可惜人算不如天算，他酗酒成性，夜夜笙歌，称帝才五年就不行了，武宗一脉的和世瑓、图帖睦尔都还没来得及收拾，而他的儿子阿速吉八过于年幼，根本无法应对复杂的皇室争端，忠于次子系的蒙古、色目贵族蠢蠢欲动。

泰定帝在病入膏肓时决定前往上都休养，可能他准备让儿子直接在上都继位，因为不少元帝都是在上都登基，那里属于蒙古旧土，召开忽里勒台也比较方便。如此一来，泰定帝的支持者和主要军队都赶去了上都，大都城内只留下了少部分人马，由佥枢密院事燕铁木儿主持大都事务。

燕铁木儿，生于至元二十二年，祖先是被蒙古征服的钦察酋长，其祖父土土哈在世祖、成宗两朝时就深受信任，一度官至正二品的同知枢密院事，其父床兀儿在海都之乱时率领钦察卫屡立战功，成宗朝时又在漠北三战三捷，受封镇国上将军，后因拥护武宗称帝，更得荣宠，任中书省平章兼知枢密院事，朝堂一把手。仁宗即位后也不敢得罪床兀儿，每次见到必定赐座，每开宴会一定赏赐吃食，其家族地位之高远非一般权贵可比。

燕铁木儿自少年时就与次子系走得很近，曾担任武宗的怯薛十余年，官至正二品的同知宣徽院事。然而长子系代表泰定帝即位后，燕铁木儿等次子系旧党就屡遭打压，被逐出了权力中枢，燕铁木儿的官阶降到了正三品，皇帝去上都也不会带上他，这让燕铁木儿等人非常愤怒，早就准备起事了，只是因为泰定帝在位而迟迟不敢行动。

泰定帝一派显然低估了燕铁木儿的野心和能力，他的身边早已站满了支持武宗血脉即位的次子系旧臣，这些人日夜谋划，就等着泰定帝驾崩。燕铁木儿继承了从父辈那里传下来的钦察左卫，在军中威望很高，愿意跟着他起事的人不少。次子系在上都、大都均有不少文臣武将支持，一旦泰定帝在上都驾崩，这些人便会同时行动诛杀泰定帝在两都的党羽，拥护怀王图帖睦尔入大都即位。

泰定五年（公元1328年）七月，泰定帝于上都驾崩，中书省左丞相倒剌沙掌控了朝政，辽王脱脱、梁王王禅等人均是他的党羽。然而，倒剌沙并未发现燕铁木儿的密谋集团，没有马上召开忽里勒台拥立泰定帝幼子。燕铁木儿抓住了这个短暂的时机，立即派兵控制大都宫禁，抓捕、诛杀了上都的文武大臣，并派人前往江陵迎回图帖睦尔，同时还写信拉拢河南省平章政事伯颜，因为图帖睦尔必须经过河南才能抵达大都，如果河南支持泰定帝一脉，燕铁木儿的计划就会落空。

所幸伯颜深受武宗厚恩，其家族本属蔑儿乞部，在元朝的前途有限，但武宗大力提拔伯颜，使其官至河南平章。一听说要拥立武宗之子进入大都即位，伯颜当即对燕铁木儿表示："公尽力京师，河南事我当自效。"①

伯颜说到做到，亲手斩杀了反对图帖睦尔称帝的河南省平章曲烈、右丞别铁木儿、参政脱别台等人，自募兵马数万人，封锁各地关隘要道，并将各万户府拉入麾下。八月，图帖睦尔一行抵达河南，伯颜亲自领兵护送其北上大都，于当月二十七日进入大都。大都派的所有准备工作均已完成，就差登基的仪式了。

直到这时，丞相倒剌沙才发现燕铁木儿等人的图谋，处决了准备在上都起事的图帖睦尔支持者，可是先机已失，图帖睦尔即位已经进入倒计时，倒剌沙只能召集各路人马，准备反攻大都。当年九月，丞相倒剌沙拥护阿速吉八在上都即位，是为天顺帝。同一时间，图帖睦尔在大都即位，是为元文宗，燕铁木儿被封为太平王、中书右丞相兼知枢密院事，伯颜受封御史大夫。

随着两位皇帝各自登基称帝，大都派和上都派的对决正式开始，一场动摇元朝国本的战争即将展开。

丧钟之声：两都之战

黑夜中的塞外宁静诡谲，寒风似乎只需一声怒吼，便能吓得百里内的野草倒伏在地，颤抖着身子不敢抬头，飞禽走兽也消失得无影无踪，

---

① 引自《元史·伯颜传》。

若不是风声里夹杂着几声哀鸣，人们一定以为草原的夜晚都是这般死寂。月光下，一队骑兵风驰电掣地狂奔着，他们人数不多却各个宝甲在身，整齐的队形让人远远一望便会生出几分畏惧，这是元朝治下的钦察骑兵，多少年前也只有成吉思汗的骑兵才能有如此强大的气势，现如今即便是蒙古怯薛也未必有此等战斗力。

钦察人本不属于蒙古草原，他们世代生活在黑海之滨的钦察草原，有着和蒙古人相似的游牧民族习俗，是伏尔加河一带可怕的骑兵力量。公元13世纪时，蒙古大军西征至黑海，部分钦察人被迫成为蒙古人的奴仆，因具备战斗价值开始被蒙古贵族重视。到忽必烈时期，钦察人的勇猛善战在蒙古军中越发明显，凭借历代钦察人的赫赫战功，他们终于从奴仆的队伍中脱颖而出，以钦察左、右二卫的建制出现在侍卫亲军中，共计三十五个千户，先后参与了元朝在草原的一系列战役，包括平定海都之战，从此钦察人成了蒙古军中不可忽视的力量。

这支在塞外狂奔的钦察骑兵出自钦察左卫，领头的便是燕铁木儿的兄弟撒敦、儿子唐其势，此刻正值两都之战爆发的关键时刻，他们本来奉命扈卫泰定帝留守上都，但燕铁木儿秘密派塔失帖木儿潜入上都，通知两人立即撤回大都，为了不被丞相倒剌沙的党羽发觉，他们甚至抛弃了自己的家眷，连夜逃离上都，头也不回地奔回关内。[①]

幸运的是，撒敦、唐其势的谨慎是正确的，倒剌沙很快对大都的支持者们举起了屠刀，如果两人没有立即逃回，估计会成为倒剌沙胁迫燕铁木儿的人质。倒剌沙晚了一步，当他发现撒敦、唐其势逃走时，已经来不及去追了。

---

①《元史 · 燕铁木儿传》：弟撒墩、子唐其势时留上都，密遣塔失帖木儿召之，皆弃其妻子来归。

泰定帝死后，以丞相倒剌沙、辽王脱脱、梁王王禅为代表的长子系拥立泰定帝不满十岁的儿子阿速吉八为帝，据上都为大本营，构成“上都派”。以燕铁木儿、伯颜、撒敦、脱脱木儿为代表的次子系拥立武宗次子图帖睦尔为帝，据大都为大本营，称“大都派”。两派人马都宣布自己是元朝正统，指责对方为逆臣，于是兵戎相见，战火波及大半个中国。这场大战被称为“两都之战”。

首先来看看两都阵营各自的实力。

上都派：以上都为大本营，辖下包括辽东、岭北、陕西、四川、云南各行省，麾下兵力多达十五万，其中主力为蒙古三军之首的怯薛军，侍卫亲军中的阿速卫、唐兀卫、西域卫等色目卫军，漠北、辽东诸王麾下的蒙古军，以及陕西、四川的探马赤军。代表人物是丞相倒剌沙、辽王脱脱、梁王王禅、湘宁王八剌失里、宗王失剌、也速帖木儿、辽阳行省平章秃满迭儿等。

大都派：以大都为统治中枢，辖下包括河北、山西、河南、湖广、江浙、江西等行省，麾下兵力约十万，其中主力为侍卫亲军中的钦察卫、汉人诸卫军，另有左、右翊蒙古侍卫亲军，以及河南、山东的探马赤军。代表人物是佥枢密院事燕铁木儿、河南江北行省平章伯颜、知枢密院事脱脱木儿等。

从地域上看，上都派所占领的地盘刚好围绕燕山山脉，东起辽东，西至陕西，南到四川、云南，正好把大都派的势力包裹在内，形成了一个三面合围之势，但缺点是地广人稀且经济凋敝，粮食供应长期依赖中原、江南地区，一旦开战就必须改由草原牧民供应，打持久战的能力极其有限。大都派的地盘非常巧合地包括了几乎整个中原、江南地区，这些地方都曾是汉人的家园，人口稠密，农田肥沃，粮食储备充足，他们可以切断南方向塞外运粮的补给线，还能从各行省征召更多汉人士兵入伍，打持久战的能力远非上都派可比。

从兵力上看，上都派的军队为元朝的主要军事力量，包括蒙古战斗力最强的怯薛军，漠北、辽东诸王的蒙古军，以及色目人组成的侍卫亲军，他们是曾经横扫九州的元军主力。而大都方面的精锐就显得非常寒碜，主要作战力量只有燕铁木儿世袭的钦察左卫，以及主动来投的阿速卫，其他如汉人卫军、河南探马赤军人数虽多，但都不是野战力量，长期负责运粮、屯田，一旦开战很难顶住精锐的蒙古诸军进攻，燕铁木儿手里可打的牌显得捉襟见肘，因此上都派只要打垮了钦察、阿速两卫，基本就算打垮了大都派，优势非常大。

鉴于军事实力上的差距，燕铁木儿除了拉拢河南江北行省平章伯颜，还积极插手湖广、江浙两省事务，先是抓捕了湖广行省左丞马合某，后以中书右臣曹立为江浙行省平章政事、朵儿只为江浙行省左丞相、阿儿思兰海牙为江南行台御史大夫，其目的在于抢在上都派之前占领两个钱粮大省，这一操作对战争的走向起到了决定性的作用。

另外，燕铁木儿利用上都军家眷多在大都的优势，立即封闭了各处城门、关隘，禁止任何人擅自离城，胁迫上都军的家眷为人质，积极策反上都派麾下的色目诸卫军。第一个倒戈来投的就是阿速卫，他们的战斗力很强，与燕铁木儿的钦察卫不相上下。其他侍卫亲军虽然没有立即倒戈，但也因家眷在他人手中，作战时难免畏首畏尾，首鼠两端。

表面上看，燕铁木儿所在的大都派胜算渺茫，他们不仅军事力量薄弱，也没有塞外诸王的支持，手里最多的是汉人卫军，战斗力不足不说，在元朝的地位还很低，缺乏号召力。然而，燕铁木儿乃是一代枭雄，是成宗时期名将床兀儿的接班人，自幼熟悉军务且富有战略眼光，一边通过占据河南、江浙掌控了庞大的人口、钱粮资源，另一边又扣押上都军家眷为人质，积极策反各侍卫亲军，很快就得到了战斗力强悍的阿速卫效忠，再加上兄弟撒敦、儿子唐其势的安全返回，燕铁木儿没有了后顾之忧，可以全力对上都军作战。

八月，占有军力优势的上都派从两个方向展开进攻，主攻方向是燕云地区，以蒙古怯薛、色目侍卫亲军为主力，兵分四路，分别对迁民镇（明初设山海关）、古北口、居庸关、紫荆关发起攻势，其作战意图是合力攻打大都，直接扑杀元文宗。辅攻方向则是从关中向山西、河南、湖广地区同时推进，由陕西探马赤军担任主力，作战意图是扰乱大都的大后方，切断大都与江浙间的补给线，本质上算是燕云战场的南路军，虽然是次要战场，但他们一旦占领河南到山东一线，大都方面将失去所有物资支援，势必成困兽之斗。

第一战：宜兴之战

首先上场的是上都派代表宗王失剌、平章乃马台，进攻方向是古北口。古北口、居庸关两地是燕铁木儿重点防御的关隘，撒敦、唐其势以及钦察卫、阿速卫都在这一条防线上。见上都兵马来攻，大都军先锋大将脱脱木儿没有坚守待援，而是趁敌尚未抵达关隘时，率领刚刚归附的阿速卫抢先发动进攻，在宜兴打了上都军一个措手不及。大意轻敌的失刺落荒而逃，平章乃马台被俘斩，侍卫亲军中的贵赤卫主动投降。

宜兴一战，两都都没有下大筹码，有彼此试探之意，但燕铁木儿明显赢了很多，不仅将对方一个宗王杀退，还策反了贵赤卫。这么一来，大都军就有钦察、阿速、贵赤三大精锐色目侍卫，底气也多了不少。

至于上都派，他们并没有认真分析此战的失败，特别是没有注意到大都军的主动攻击战术，以为对方只是一时侥幸。

第二战：榆林之战

古北口退敌的同时，居庸关方向上的上都军也逐渐出现，他们由上都派主要统帅梁王王禅领导，麾下包括右丞相塔失帖木儿、太尉不花、平章买闾、御史大夫纽泽等大将，驻扎在榆林一带。

与宜兴一战思路相同，燕铁木儿同样本着可以输人手但绝不输气势的原则，命令兄弟撒敦率领钦察卫率先出阵。九月初一，大都军踏起的烟尘一路席卷而来，梁王王禅完全没有想到大都军会主动来攻，连布阵的命令都没有下达，两军就混战在了一起。其结果可以预见，没有阵形的上都军犹如无头苍蝇一样，一会儿向东边射箭，一会儿向西边冲锋，毫无章法可言，很快就在精锐的钦察卫攻杀下一片大乱，纷纷朝大后方逃跑。燕铁木儿见撒敦得手，立即钦点了一支轻骑，快速杀出居庸关，一路狂追上百里，直到怀来才停下。

第二战榆林之战也以大都军的胜利而结束。这两场战斗燕铁木儿一方都没有依托关隘防守，而是直接以少打多，以快速作战的方式，在敌军立足未稳的时候决战。估计上都军完全没想到居于劣势的燕铁木儿一方胆子如此大，可谓兵行险招。

第三战：白浮之战

前两场大战，大都军赢得不算侥幸，统帅应对得当，命令果断、迅速，但上都军却败得很让人意外，明明占有军力优势，而且又是多路进攻，怎么一点儿协同作战的常识都没有？有了前两次惨败的教训，上都军决定打一场协同作战。这一次，上都军方面的主力是漠北诸王中最精锐的辽东蒙古军，由辽王脱脱、辽阳行省平章秃满迭儿指挥，他们很快就攻破了迁民镇，推进到蓟州一线。

来不及休整的燕铁木儿立即抽调镇守古北口、居庸关的钦察、阿速两卫，分别由撒敦、脱脱木儿领兵向蓟州一线增援，而他本人也调集其他主力准备东征。让人意外的是，就在燕铁木儿把主力全数调往蓟州时，上都军在梁王王禅的率领下，于九月十六日突破居庸关，直逼大都城下。一时间，大都东、西两线均有大敌来犯，且战斗力都不弱，局势非常危急。

梁王、辽王的军队都很强悍，先打谁好呢？

其实燕铁木儿根本没有选择的余地，辽东军被阿速卫、钦察卫挡在蓟州一线，距离大都还有一段距离，暂时可以不管，然而梁王就不一样了，他的游骑已经抵达大都近郊，身在大都的元文宗都坐不住了，慌忙召集城内仅剩的士兵，准备御驾亲征，与梁王决战城下。如此看来，梁王王禅的军队已经把战火烧到眼皮底下了，不能不管。

于是，燕铁木儿当机立断，又下令主力全数掉转方向，由东转西急行军，同时抓紧时间吃饭，沿途完全不休整喘息，仅用一天时间就折返距大都城不远的榆河。听说皇帝要御驾亲征，燕铁木儿单骑前往劝谏："陛下出，民心必惊，凡剪寇事一以责臣，愿陛下亟还宫以安黎庶。"[①]

燕铁木儿的担心是有道理的，现在两个皇帝都自称正统，却都站不住脚，因为上都的天顺帝一派本就是靠南坡之变上位的篡立者，而大都的元文宗是武宗次子，只是在哥哥没有回来前当个"替身"，他们中的任何一个先离开自己的大本营，都很容易被敌人宣传成兵败而逃，这样军心就会动摇，万一有人学司马懿诛曹爽之计，关闭大都城门，拒绝皇帝返回，那一切就都晚了。

---

① 引自《元史·燕铁木儿传》。

果然，就在燕铁木儿把元文宗劝回大都的第二天，阿速卫指挥使忽都不花、塔海帖木儿、同知太不花便密谋造反，燕铁木儿当即将造反扼杀在萌芽之时，这让元文宗对燕铁木儿的先见之明大加赞赏，从此凡事都以燕铁木儿的意见为主。

随后，燕铁木儿兵至榆河，正好撞上了梁王王禅的先锋部队，燕铁木儿直接带着钦察骑兵杀奔而去，又一次把立足未稳的上都军杀得狼狈而逃，直到在红桥遇到梁王王禅的主力为止。

榆林之战的惨痛经历还历历在目，梁王王禅再次看见燕铁木儿难免怒火中烧，当即指挥大军发起全线进攻，两军旋即在红桥两侧展开激烈的争夺，目标都是占领红桥。此战，燕铁木儿没有坐镇后方指挥，因为上都军兵力远多于大都军，而且以逸待劳，优势很大。他拔出马刀，纵马驰入敌军阵中，沿途连砍带撞，攻势凶猛。身后的色目卫军见主帅如此舍生忘死，士气大振，纷纷冲杀而去，一路风卷残云，所过之处必定是断臂残肢。

上都军自然也不甘示弱，枢密副使阿剌帖木儿、指挥忽都帖木儿指挥上都军正面对战燕铁木儿，双方很快杀到近前。短兵相接时，阿剌帖木儿持戈挥舞冲刺，直奔燕铁木儿面门，燕铁木儿身经百战且胆识过人，居然以短刀应对，一个侧身格挡，顺势挡开了阿剌帖木儿的长戈，然后挥手一刀砍中对方左臂。[①]同一时间，燕铁木儿部将和尚也在交战中砍伤了上都军忽都帖木儿的左臂。上都军两员大将同时败下阵来，让其余上都人马惊惧不已，而梁王王禅又不敢亲自上阵格杀，气势顿时一落千丈，红桥旋即被燕铁木儿占据。

---

① 《元史 · 燕铁木儿传》：阿剌帖木儿执戈入刺，燕铁木儿侧身以刀格其戈就斫之，中左臂。

虽然放弃了红桥，但梁王王禅兵力依然充足，而且他知道燕铁木儿擅长追击，坚决不肯退走，于是双方隔河对峙，以弓矢相互射击，以避免任何一方发动渡河作战。燕铁木儿发现，如果一直这样僵持，对兵力不足的大都军很不利，毕竟辽东军此时还在蓟州一带肆虐，保不齐哪天就杀到通州、大都了。

思前想后，燕铁木儿第一次决定以退为进，放弃了刚刚得手的红桥，转进至白浮之野，引梁王来战。那里地形相对平坦，适合色目骑兵驰骋。九月二十日，梁王王禅毫不意外地率部追击，以为是自己逼退了燕铁木儿，双方立即在白浮之野展开鏖战。

燕铁木儿一如既往身先士卒，亲手持刀纵马杀敌，但他并不想靠蛮勇取胜，而是设计诱使上都军集中到中央，然后命令知枢密院事也速答儿、八都儿、亦讷思分为三队，张开两翼包抄上都军。这一部署让梁王王禅大感意外，上都军旋即败退，一路弃尸无数。

九月二十二日，梁王王禅收拢溃兵，再次于白浮之野挑战燕铁木儿，战斗变得更加激烈，一时间刀剑、长矛相互碰撞，两军将士彼此追逐砍杀，战马相互奔驰冲撞，鲜血四溅，哀号震天。燕铁木儿所过之处无人能挡，抬手之间皆是鲜血、断肢，史载其“手毙七人”。[①]作为统兵大将却能陷阵搏杀到这种程度，燕铁木儿在气势上远远胜过梁王王禅。激战一直持续到申时，双方都因精疲力竭而宿营对垒。

然而，燕铁木儿一方的色目侍卫亲军擅于打恶战，能忍耐艰苦的作战环境，这是逐渐腐化堕落的蒙古本土军队不能做到的。当夜二更，燕

---

①《元史·燕铁木儿传》：辛巳，敌军复合，鏖战于白浮之野，周旋驰突，戈戟戛摩。燕铁木儿手毙七人。

铁木儿叫醒了疲惫不堪的军队，遣阿剌帖木儿[1]等三将率领一百精骑快速杀出，悄悄接近了毫无防备的上都军，对着营地齐放箭矢，同时他们高声号叫，仿佛有数万大军来攻。由于是深夜时分，上都军并不知道战场的整体情况，也弄不清敌军是谁，敌军在哪，还以为燕铁木儿的主力已经突破了营门，竟然自相残杀起来，直到天亮才发现打的是自己人。

天起大雾，梁王王禅带着仅剩的上都军退至一处山谷重整，天晴后才出山列阵，试图依山而战。燕铁木儿没有主动进攻，始终坚守不出，任由敌军列阵了一整天，直到气力消耗了大半。当夜，燕铁木儿故技重施，让兄弟撒敦率部绕到王禅大营后方偷袭，然后命令八都儿正面劫营，两个方向几乎同时出击，一边用箭雨无差别射杀，一边吹铜角惊吓敌人，果然引发了上都军的第二次营啸。一时间上都军各路人马自相残杀，难分敌我，很快就溃不成军。梁王王禅再无重整的信心，当即带着少数侍卫逃走。天亮后，燕铁木儿派兵发起追击，在昌平以北追上了溃逃的上都军，旋即斩首数千，俘虏上万人马，梁王王禅单骑逃回上都，可谓狼狈到了极点。

白浮之战还是大都派获得全胜。

第四战：枣林、澶州之战

梁王王禅的主力全数被歼灭后，上都军就只剩下了辽王脱脱的辽东军还有点战斗力。上都方面继续破关奔袭大都，九月二十六日，古北口又一次被上都军攻陷。燕铁木儿以撒敦为先锋大将，趁敌军还在埋锅造饭时开战，纵马践踏敌军士兵，扰乱了敌阵，大都军主力随后发起

---

① 与前文的阿剌帖木儿并非同一人，两人分属不同阵营。

追击，狂奔四十余里，至牛头山下，俘获驸马孛罗帖木儿、平章蒙古答失、牙失帖木儿、院使撒儿讨温等，余下的败兵在向北逃亡时遭遇燕铁木儿夜袭，狼狈溃退回古北口。

九月二十八日，上都方面发起了最后的总攻，东路以辽东军为主力攻陷了通州，西路军则突破了紫荆关，同时逼近大都城下。燕铁木儿分出四千骑兵给先锋大将脱脱木儿，命令他无论如何也要挡住西路上都军，自己则率领主力向东增援通州，把辽东军逼过潞河，双方夹河对阵。然而辽东军却在深夜时分放弃营地逃走，这等于把自己的后背交给了对手。燕铁木儿又一次发挥自己的追击特长，在檀子山的枣林与辽东军主力决战。

此战，燕铁木儿从白天一直杀到了天黑，其子唐其势勇猛过人，攻陷了辽东军营地，阵斩阳翟王太平。辽东军死伤惨重，尸横遍野，余部连夜惊溃失散。

现在，上都军四路大军就只剩下攻破紫荆关的西路军，他们一度击败了脱脱木儿的四千大都军，兵至澶州。可是燕铁木儿一如既往地不肯休息，让人在马嘴上套上袋子，里面装上马食，一边纵马急速折返西线，一边在马上给奔驰中的战马喂食，昼夜兼程，直抵卢沟桥。西路上都军见燕铁木儿突然折返，惊慌失措，竟然全数逃走。燕铁木儿随即凯旋大都城，上交了缴获的战利品，大都军民一时间载歌载舞，士气大振。战争的天平已经完全向大都一方倾斜了。

最后一战依然在辽东发起，他们在平章秃满迭儿的率领下，再次从古北口杀入关内，可惜连战连败的上都军已经没有了翻盘的可能，燕铁木儿的主力一到，这些人立即溃败千里，辽东行省平章秃满迭儿独自逃回辽东，阿剌帖木儿、安童、朵罗台、塔海等上都军大将均被俘获处斩。至此，上都军的燕云战线全数溃败，无一例外。

随着上都军燕云战场的败北，上都军内部也纷纷倒戈相向，辽东诸王中齐王月鲁帖木儿本就立场不坚定，见大都军战无不胜，燕铁木儿又有意策反，他终于率部突然奔袭上都城，于城外击败上都所剩不多的军队，辽王脱脱阵亡，梁王王禅逃走。十月十三日，陷入绝境的倒剌沙肉袒出降，奉上皇帝玉玺，被元文宗处死，天顺帝则在乱军之中不知所终，两都之战基本画上了句号。

本来一路高奏凯歌的上都陕西探马赤军，破潼关，克洛阳，三路人马在山西、河南、湖广都取得大捷，眼看就要实现战略目标，却听说上都失守，连天顺帝都不知道哪里去了，他们只能溃散逃命，各省相继归附元文宗。

两都之战无疑是席卷元朝各省的大混战，虽然主要战场在燕云一带，但山西、四川、云南、陕西、河南、湖广均有大战，波及的土地城池不计其数，死难的平民百姓更是多不胜数，据说连崖山之战的“灭宋功臣”张弘范家族也在兵乱中被屠灭殆尽，可见此战对元朝的波及面何其广，破坏性何其大。

元文宗能以弱胜强，大都方面的最高指挥官燕铁木儿绝对是首功，他不仅在战场上身先士卒、舍命搏杀，还能因敌制胜、奇谋百出，他以一人之力往返东西战场数百里之地，无论远近，每战必至，战必陷阵，胜必追击，这样惊人的毅力、体力、能力，上都方面根本没有他的对手。元文宗曾劝他不要如此不顾及自己的性命，留在后方坐镇指挥即可，但燕铁木儿却说道：“臣以身先之，为诸将法，敢后者军法从事，托之诸将，万一失利，悔将何及？”[①]难怪元文宗视燕铁木儿为再造社

① 引自《元史·燕铁木儿传》。

稷的功臣，封其为太平王、答刺罕、开府仪同三司、上柱国、录军国重事、中书右丞相、监修国史、知枢密院事，无论大小政事均由燕铁木儿先行裁决后再报皇帝。

两都之战的结局确实很让人意外，上都方面有蒙古怯薛、侍卫亲军主力，且同时从四个方向发动攻势，燕铁木儿兵力有限，无法分兵，只能东西两线来回跑，不能休息不说，还时刻要以少打多，但凡有一战失败，基本就无回天之力了，因此大都派的容错率很低，根本不敢输。然而，在这种情况下，大都军却把曾经横扫欧亚的蒙古怯薛打得一败涂地，很显然上都方面犯了大错，这个错并不是今天人们常说的分兵作战，而是上都方面明明可以同时入关让燕铁木儿首尾不能兼顾，他们却各自为战，缺乏协同作战意识，让大都军得以各个击破。

除此之外，大都占有河南、江浙等省，兵马、钱粮都可以及时补充，上都一方却远在塞外，资源明显不足，和当年阿里不哥的情况如出一辙，这也是上都军失败的原因之一。不过比起这些，两都之战暴露了元朝真实的军事水平。曾经战无不胜的蒙古军队已经不是麾下色目、汉人诸卫的对手了，腐化堕落让他们从将官到士兵都失去了战斗力，如果有一天那些被歧视、欺压的下层百姓奋起反抗，那元廷还能维持自己的霸权吗?

第八章

元乱始，义军蜂起

权臣当国十五年

王忽察都，这个在元朝历史上并不是很重要的地方，曾是武宗皇帝大力修建的中都，但它和上都、大都相比显得过于寒酸，几乎没有太多人会关注这个地方，似乎也并不会发生什么大事。天历二年（公元1329年），中都突然热闹起来，元朝的文臣武将齐聚于此，曾是那般冷清的中都终于有了都城的繁荣景象，这一切都因为一个人的驾临——元明宗和世㻋。

元明宗和世㻋是武宗皇帝的长子，本来应该作为皇太子继承仁宗的皇位，但仁宗为了立自己的儿子硕德八剌为太子，便把和世㻋封为周王并遣送云南，愤愤不平的和世㻋遂于陕西起兵，失败后被迫流亡察合台汗国。

泰定帝死后，由于和世㻋远离大都，燕铁木儿、伯颜便迎怀王图帖睦尔入大都主持大局，但图帖睦尔迟迟不肯即位，因为按照“武仁之约”，兄长和世㻋才是法定的皇位继承人，图帖睦尔只能“暂代”，故而即位后的图帖睦尔第一时间就明确宣布：“谨俟大兄之至，以遂朕固让之心。”[①]现在战事已定，元文宗是不是该让出皇位了呢？

天历二年正月，元文宗遣文武大臣奉表劝进，和世㻋于当月二十八日在和林以北即位称帝，是为元明宗。四月初七，燕铁木儿率队迎接元明宗，并奉上传国玉玺。一行人于八月初一抵达王忽察都，元文宗也于次日赶来朝见，被元明宗封为皇太子，并约定皇位在两兄弟的后代间交替传承，这与当年的武仁之约一模一样。然而，才过了四天时间，历经

---

① 引自《元史·文宗本纪》。

艰难险阻的元明宗却突然暴毙而亡。

关于元明宗的暴毙，《元史·文宗本纪》最后一段的诏书说得很明白："文宗稔恶不悛，当躬迓之际，乃与其臣月鲁不花、也里牙、明里董阿等谋为不轨，使我皇考饮恨上宾。归而再御宸极，思欲自解于天下，乃谓夫何数日之间，宫车弗驾。海内闻之，靡不切齿。"说这段话的人不是别人，正是元朝最后一任皇帝——元顺帝。有皇帝的官方认证，元明宗的死基本算是盖棺定论了，真凶即元文宗图帖睦尔。

元文宗谋害明宗的动机明确，权力这个东西一旦体验过，便很难放弃，元文宗好不容易才在两都之战中坐稳皇位，现在仅凭一句话就拱手让人，任谁也不会甘心。当然，元文宗敢公然杀死自己的兄长，肯定少不了一帮权臣的支持，太平王燕铁木儿可能就是其中的主导者之一。

作为两都之战的最大功臣，燕铁木儿对明、仁两位皇帝登上帝位有巨大的贡献，元明宗非常清楚燕铁木儿的功劳，即位后当面嘉奖燕铁木儿，认可了元文宗对他的封赏，仍命其为中书右丞相，开府仪同三司、上柱国、录军国重事、监修国史、大都督、领龙翊亲军都指挥使事、答剌罕、太平王，并加拜为太师。[①]细心的人不难发现，元明宗授予燕铁木儿的众多职务中，竟然少了两个官职——御史大夫、知枢密院事。[②]这两个职务，前者可以弹劾百官，后者事关兵权，而太师仅为虚名，并不是燕铁木儿最想要的。

据《元史·明宗本纪》记载，燕铁木儿觐见元明宗时所汇报的第一

---

① 《元史·明宗本纪》：四月癸巳，燕铁木儿见帝于行在，率百官上皇帝宝，帝嘉其勋，拜太师，仍命为中书右丞相、开府仪同三司、上柱国、录军国重事、监修国史、答剌罕、太平王并如故。

② 《元史·燕铁木儿传》：二月，迁御史大夫，依前开府仪同三司、上柱国、录军国重事、太平王。未几，复拜中书右丞相、监修国史、知枢密院事、领都督府龙翊侍卫亲军都指挥使司事，就佩元降虎符，依前开府仪同三司、上柱国、录军国重事、答剌罕、太平王。

件事，是让他选贤臣执掌枢密院、中书省、御史台，没想到元明宗顺势任命心腹哈八儿秃为中书平章政事，伯帖木儿为知枢密院事，常侍孛罗为御史大夫，根本没有征询燕铁木儿的意见，然后又设立行枢密院，所任命的行枢密院事、知行枢密院事中也没有燕铁木儿的名字。

紧接着，元明宗立即下令，凡是国家政务，要严格按照章程定制办事，[①]同时决定严肃风纪，凡诸王、百司违法越礼者，全在弹劾查办之列。[②]也就是说，新皇帝要求中书省按照制度办事，同时又要御史台严查风纪，燕铁木儿也要遵纪守法并按章程办事。在文宗朝专权独断的燕帖木儿自然大为不快，并且害怕新皇帝会先拿自己开刀，这样一来，很难说明宗的死和他没有关系。

元明宗驾崩后，燕铁木儿第一时间抢得玉玺，以皇后的名义劝元文宗速速返京，途中他白天率领宫廷卫士护驾，晚上亲自穿上铠甲在皇帝住所外巡逻。一行人抵达上都时，燕铁木儿急不可耐地率领百官劝进，元文宗就此复位。

一切都如燕铁木儿所预想的那样，元文宗没有大的志向，对执政也没有太大抱负，凡事都以燕铁木儿的意见为主，成了事实上的傀儡皇帝。为了感谢燕铁木儿的两次拥戴之功，元文宗想方设法加恩于他，首先追赠其曾祖父班都察为溧阳王，祖父土土哈为升王，父亲床兀儿为扬

---

①《元史·明宗本纪》：朕今居太祖、世祖所居之位，凡省、院、台、百司庶政，询谋佥同，摽译所奏，以告于朕。军务机密，枢密院当即以闻，毋以夙夜为间而稽留之。其他事务，果有所言，必先中书、院、台，其下百司及纮（hóng）御之臣，毋得隔越陈请。宜宣谕诸司，咸俾闻知。傥违朕意，必罚无赦。

②《元史·明宗本纪》：帝特命台臣曰："太祖皇帝尝训敕臣下云：'美色、名马，人皆悦之，然方寸一有系累，即能坏名败德。'卿等居风纪之司，亦尝念及此乎？世祖初立御史台，首命塔察儿、奔帖杰儿二人协司其政。天下国家，譬犹一人之身，中书则右手也，枢密则左手也。左右手有病，治之以良医，省、院阙失，不以御史台治之可乎？凡诸王、百司，违法越礼，一听举劾。风纪重则贪墨惧，犹斧斤重则入木深，其势然也。朕有阙失，卿亦以闻，朕不尔责也。"

王，再加上他自己的太平王，一门四代为王也算是荣宠至极。

天历三年（公元1330年）二月，元文宗为表示对燕铁木儿的尊敬，让人在北郊为燕铁木儿立碑纪功。至顺元年（公元1330年）五月，元文宗又下诏合并左、右丞相职务，任命燕铁木儿一人为大丞相，还特别规定凡是号令、刑名、选法、钱粮、制造等一切中书省事务都由燕铁木儿总管裁决，诸王、公主、驸马、侍从、大小衙门各级官吏敢有越过燕铁木儿奏报皇帝的，一律按违制论处。

元文宗把所有政务大权通通交给了燕铁木儿，而不得越级奏报的命令更是把皇帝自己变成了聋子、瞎子，等于让燕铁木儿当上了没有冠冕的皇帝。

元文宗赐予燕铁木儿的荣誉还不只这些，至顺二年（公元1331年）二月，元文宗在兴圣宫西南给燕铁木儿建造府邸。三月，赐给他一百名饲养鹰的臣属。十二月，元文宗收养燕铁木儿之子塔剌海为养子。至顺三年（公元1332年）二月，又任命燕铁木儿为奎章阁大学士。后来还不断赐给他大量的田地、林场，恩宠不断。

燕铁木儿自专权以来，行事也越发跋扈。据说他开一次宴会就要杀掉十三匹马，还把泰定帝的皇后收为夫人，前后共娶宗室之女多达四十人，有的仅带回家三天便厌倦了，又把她们打发回娘家，家里的姬妾多到他自己都认不过来。[①]有一次他在赵世延家中赴宴时，看见角落里有一女子非常美丽，便问周围此女是谁家的，想带回府中，结果身边的人大惊道："此太师（燕铁木儿）家人也。"[②]知枢密院事阔彻伯、脱脱木儿等十人忌恨他

---

①《元史·燕铁木儿传》：先是，燕铁木儿自秉大权以来，挟震主之威，肆意无忌。一宴或宰十三马，取泰定帝后为夫人，前后尚宗室之女四十人，或有交礼三日遽遣归者，而后房充斥不能尽识。

②引自《元史·燕铁木儿传》。

权势过重，密谋反对他，燕铁木儿得知后立即派阿速卫将一干人等抓获处死。生杀予夺均不奏报皇帝，燕铁木儿的权势可见一斑。

可能是把大权打包交给燕铁木儿后太无聊，元文宗在后宫享乐过度，在位仅四年很快就不行了，临终前他悔恨自己当初杀死了明宗，遗命由明宗之子继承皇位，算是一种赎罪。彼时，明宗在世的儿子共有两人——十三岁的长子妥懽（huān）帖睦尔、六岁的次子懿璘质班。燕铁木儿为了继续把持朝政，极力拥护懿璘质班即位，是为元宁宗，可是新帝在位才四十三天就驾崩了。燕铁木儿本意是改立文宗之子燕帖古思为帝，但皇太后坚决不同意，或许是出于对政治斗争的畏惧，又或许是燕帖古思太小，皇太后力推妥懽帖睦尔继位，燕铁木儿不得已，只好召回十三岁的妥懽帖睦尔。

和当年迎回明宗一样，燕铁木儿同样亲自前往迎接，其目的无疑是试探这位年仅十三岁的少年，但让他意外的是，当燕铁木儿挥舞着马鞭指点江山时，妥懽帖睦尔无动于衷，全程一言不发，这让燕铁木儿摸不清他的意图。回到大都后，燕铁木儿迟迟不拥戴妥懽帖睦尔即位，时间一过就是好几个月。

至顺四年（公元1333年），长期过着酒池肉林生活的燕铁木儿死于血尿症，[①]妥懽帖睦尔这才能够继承大位，史称“元惠宗”或“元顺帝”。

元顺帝自幼便接受儒家文化熏陶，比之前的皇帝更看重儒家文化。元顺帝即位时年仅十三岁，根本不具备掌握朝政的能力，伯颜迅速成为继燕铁木儿之后的新权臣。

---

①《元史 · 燕铁木儿传》：至是荒淫日甚，体羸溺血而薨。

伯颜，蔑儿乞氏，性格刚毅沉稳，明达事理且行事果断，曾祖父探马哈儿、父亲谨只儿都曾担任宫廷宿卫，伯颜也因此被派至武宗藩府做事，先后参与武宗大小战事，论功排在第一位，被授予“伯颜拔都儿”的称号。在武宗一朝，伯颜的履历非常丰富，先后担任吏部尚书、尚服院使、御史中丞、尚书平章政事、阿速卫达鲁花赤、江南行台御史中丞、御史大夫、江浙行省平章政事、陕西行台御史大夫、南台御史大夫、江西行省平章政事、河南江北行省平章政事。

从履历来看，伯颜长期担任御史台的首脑，又有江浙、陕西、河南、江西等地方一把手的履历，不仅从政经验相当丰富，而且在地方上也有不少追随者。两都之战时，伯颜担任河南江北行省平章政事，有护卫文宗皇帝北上、输送粮草物资的大功。文宗继位后，大力提拔伯颜，同样让他开府仪同三司，礼遇如同诸王。元顺帝继位后，伯颜被任命为中书右丞相、上柱国、监修国史、太师、奎章阁大学士，兼领司天监、威武、阿速各卫，元统元年（公元1333年）十一月晋爵“秦王”。

伯颜的强势崛起，难免让元廷分成两派。燕铁木儿的兄弟撒敦接过兄长的中书左丞相一职，受封“荣王”；燕铁木儿的儿子唐其势又担任御史大夫，总管汉军、女真、高丽万户府达鲁花赤；燕铁木儿的女儿伯牙吾氏是元顺帝的皇后，这些人自然不愿意让伯颜分享权力。

撒敦去世后，元顺帝让唐其势担任中书左丞相一职，这一安排本来合情合理，但元朝以右为尊，年轻气盛的唐其势认为天下是靠他们一家打下来的，如今却让伯颜担任右丞相，是小皇帝忘记了燕铁木儿一家的功劳，于是准备阴谋废掉元顺帝，另立宗王晃火帖木儿为帝。

至正元年（公元1341年）六月三十日，唐其势在东郊埋下伏兵，亲自带队闯入皇宫擒拿元顺帝。伯颜事先得到情报，同样在宫中隐藏了伏兵，一举擒杀了唐其势及其同党，余下的人都投奔了唐其势的叔父答里。答里同样参与了叛乱，拒不接受朝廷招抚，连续诛杀多名朝廷使臣，起兵对抗朝廷。伯颜于是调集军队前往镇压，答里势单力孤，最终兵败被杀，燕铁木儿一族遂被清洗，连皇后伯牙吾氏也被废黜杀掉。

除去燕铁木儿一族后，伯颜终于成为元朝说一不二的权臣。然而比起燕铁木儿，伯颜的口碑相当差，他是一个坚定的反汉法派，上台伊始便开始推行激进的改革，变更祖宗之法，监视并限制元顺帝起居。据说伯颜统领各卫精兵，出行仪仗常常充塞街道，队伍庞大得让人咂舌，连皇帝的仪仗都不能与之相比。伯颜还常常打压政敌，曾诬陷郯（tán）王谋反，元顺帝不相信，伯颜竟然假传圣旨将郯王处决。后来他又不经过元顺帝同意，私自把反对他的宣让王、威顺王贬官，制造各种官司打压政敌，这让日渐长大的元顺帝非常愤怒。

伯颜仇视汉人，这加速了元末农民起义的进程。伯颜专政期间大肆打压汉人，出台了很多荒唐的政令，比如不允许汉人农民使用铁质农具，不准汉人持有兵器、马匹，不准汉人学习蒙古、色目文字，停罢科举考试，甚至打算把刘、李、赵、王、张五大姓的汉人通通处决。

这一时期，无论是生活在最下层的驱口，还是在衙门里当差的汉人官吏，都遭到不同程度的歧视和羞辱，矛盾空前高涨。河南江北行省台掾范孟就因为长期被歧视、打压，联合了一群有志之士，假传诏书，竟然诛杀了河南江北行省平章政事月鲁帖木儿、左丞劫烈等行省官员，然后又伪造虎符调动河南江北行省军队，准备举兵谋反，但因范孟一直打着皇帝旗号行事，很快就被人识破并杀死。

范孟好歹是吃皇粮的小吏，衣食应该是无忧的，连他都受不了伯颜的歧视政策，更何况那些生活在温饱线之下的百姓。范孟一案本该引起元廷的警醒，但伯颜不仅不改变政策，反而对汉人打压越来越严重，政令越来越离谱，连元顺帝都觉得非常不安，担心早晚要出大事情。事实上，有这样想法的人不在少数，伯颜的侄儿脱脱同样认为伯颜的倒行逆施早晚要惹出大事，于是他对父亲马扎台儿说："伯父骄纵已甚，万一天子震怒，则吾族赤矣。曷若于未败图之。"[①]

马扎台儿认为儿子说得对，但由于行事困难，迟迟下不了决心。当时朝廷内外都是伯颜的党羽，只有世杰班、阿鲁是皇帝的心腹，脱脱便与之交往，逐渐让元顺帝知其"大义灭亲"的意愿，于是元顺帝常常召脱脱入宫议事，谋划除掉伯颜。

后至正六年（公元1346年），伯颜邀请太子燕帖古思去柳林狩猎，脱脱、世杰班、阿鲁等人趁伯颜离开城池，立即带领宿卫封锁城门宫禁，控制了进出城门的钥匙，连夜把元顺帝接到玉德殿，召集中书省、枢密院等文武大臣入宫，起草诏书罗列伯颜罪状，夜四更时便将诏书发往柳林，宣布贬伯颜为河南江北行省左丞相。伯颜得知后大惊，立即策马回城，但脱脱坐在城楼上，拒不打开城门，并对伯颜的卫兵们说道："有旨黜丞相一人，诸从官无罪，可各还本卫。"[②]

树倒猢狲散，伯颜权势滔天时，他的称号多达二百四十六个字，每次出行必定是前呼后拥，如今一听从官无罪，这些人立马投奔脱脱，纷纷背弃伯颜。伯颜还想面见皇帝辩解，但脱脱根本不给他这样的机会，催促他立即上路。三月，元顺帝下令把伯颜流放到南恩州阳春县，心灰意冷的伯颜最终病死在龙兴路驿站内。

伯颜之死实乃咎由自取，身为朝廷大臣不顾国家安危一意孤行，又无视皇帝命令假传圣旨，其对汉人百姓的打压、迫害加速引发了元末农

---

① 引自《元史 · 脱脱传》。

② 引自《元史 · 伯颜传》。

民起义，元朝的覆亡实际上从伯颜专权时便开始了。

伯颜死后，兄弟马扎台儿继任中书右丞相，脱脱担任知枢密院事、忠翊卫亲军都指挥使，提调武备寺、阿速卫千户所，兼绍熙等处军民宣抚都总使、宣忠兀罗思护卫亲军都指挥使司达鲁花赤、昭功万户府都总使。至正元年，马扎台儿称病辞去相位，脱脱正式成为中书右丞相，录军国重事，成为继伯颜之后的第三位权臣。

脱脱，“生而岐嶷，异于常儿”[①]，少年时臂力过人，能挽弓一石，长大后由浦江大儒吴直方担任教师，因此脱脱熟知儒家文化。上台后的脱脱颇有作为，当即废除了伯颜制订的荒唐政令，重新恢复科举考试和太庙四时祭，给郯王、宣让王、威顺王平反昭雪。此外，他还开马禁，减盐额，蠲（juān）负逋（免除积欠的租税），选儒臣经筵，朝廷内外都称赞脱脱是多年不遇的贤相。

事实上，脱脱确实称得上是一位贤能的宰相，他执政期间知人善任，行事有序，极大地消除了伯颜当政时的不利影响，而且他还不贪恋权位，曾因身体不佳连续十七次辞去相位，后护送父亲马扎台儿到甘肃养老。直到马扎台儿去世后，脱脱才于至正九年（公元1349年）重新受命担任中书右丞相。

脱脱执政时期，元朝看起来一切都开始走向正轨，但实际并不能扭转国家崩塌的趋势。

至正四年（公元1344年），河南淮北地区连下二十几天的暴雨，曹县境内的白茅堤发生了大规模的决口，洪水迅速淹没了济宁、济南，还向河北肆虐，元朝在北方的盐场、粮道都被大水吞没，北方经济遭遇重

---

① 引自《元史·脱脱传》。

创。几乎是同一时间，南方出现了一伙海盗，专门截杀朝廷向北运输粮食的官船，大都方面因而同时失去了漕运和海运两条生命线，形势非常严峻。这一时期，元廷不知出于何种原因，迟迟不肯派人赈灾，修复黄河河道，以至于洪水泛滥，当地百姓濒临绝境。

至正九年，元顺帝急于解决上述问题，便反复催请脱脱复相，因此脱脱重新担任中书右丞相的第一件事就是治理水患，然而脱脱没有想到，元朝的崩塌就始于治水。

成功的治水，失败的治乱

至正四年爆发的黄河水患规模极大，洪水从曹县开始，连破白茅堤、金堤，大水一路蔓延开来，北踏安山，东侵运河，席卷从济南到河间的大片土地，元廷两漕运司盐场尽数瘫痪，江浙、湖广供应北方的钱粮也难以转运，当地百姓家园被毁，四处逃亡，流民随处可见。元廷在此期间多次寻求治水之策，但朝廷官员大多不敢担责，一味地告诉元顺帝，这不能做，那不可行，总之就是一句话：治水不可行。

看着滔滔洪水不断蔓延，淹没的城池、土地越来越多，元廷虽然焦急却始终拿不出治河方案，一拖就是七年之久。七年间北方的百姓不仅要忍受各地贪官污吏的盘剥，还要四处逃亡，前有夫卖妻，后有父卖子，饥饿、疾病让他们看不到活路。

其实，水患影响的远不止平民百姓，元廷定都燕北，粮食多靠南方漕运，数量不低于五百万石，而冲出黄河旧道的洪水恰好侵入了大运河，航道就这样被截断了，要继续转运粮食就必须绕道或开新航路。另外，元廷在河北地区经营了大量的制盐场，盐是国家专营的商品，盐税是元廷的主要收入之一，现在大水把盐场淹没了，税收锐减。

因此，对元廷来说，洪水肆虐的时间越久，朝廷收入的钱粮就越少，而开支却越来越大，再不治水的话，元朝政府自己就先得破产了。

可是长期以来，元廷臣工、勋贵们都不敢去治水，原因有三：一是因为蒙古、色目贵族长期享乐，又不学习汉人的文化制度，对治水毫无经验，没有人知道治水的方法；二是因为愿意治水的人根本不敢毛遂自荐，既害怕治水失败被治罪，又担心治水加重徭役，引发不可知的叛乱；三是因为元廷的财政收入年年降低，可动用的资金已经严重不足，而治水又是特别花钱的事情，朝廷拿不出钱治水。

这就引起了一个矛盾命题：治水耗资巨大，而元廷财政紧缺，可如果不治水，元廷的财赋还会进一步减少，以后就更没法治水了。

到至正九年时，急于治水的元顺帝想起了脱脱，恐怕也只有这位辞职的贤相能力挽狂澜了，于是反复催请脱脱复相。脱脱就在这样的大环境下重新登上了中书省右丞相的宝座。

元顺帝算不上是治国能手，但他解决问题的思路倒是符合一般管理学。要论治水的专业能力，他自己肯定没有，也撑不起这么大的项目，那就得找敢做事、有魄力的人代劳，放眼整个元朝，只有脱脱能担此重任，而脱脱正好主张集国家之力整治水患。同样，对脱脱来说，论治水他的专业性也不够，还得再找个专业对口的工程师来领导项目具体实施。

事实证明，要论治理黄河的本事，还得是读书人最有发言权，也最具专业性，而贾鲁就是脱脱心目中的理想人选。

贾鲁，字友恒，河东高平人，《元史·贾鲁传》赞其“幼负志节，既长，谋略过人”。他在仁宗、英宗两朝的科考中以明经科选入乡贡，泰定初年得到了第一份工作——东平路儒学教授。不久后他就被聘为宪史，接着进入行省官署做事，任行省掾，后任潞城县尹（相当于当地县长），头上只有达鲁花赤一个上司。这段经历可能只是为了积累基层经验，很快贾鲁又升为丞相东曹掾，成了丞相府的幕僚，随后又被提拔为户部主事。

父亲病重期间，贾鲁辞官归乡，丁忧结束后只能到太医院做事，恰好脱脱在这时准备修《宋史》，贾鲁得以参与其中并大展才华，后被提调为山东道奉使宣抚幕官，因在考核中获得第一名，官授正七品中书省检校官，任上又因建言献策直击要害被提拔为监察御史，历任御史台都事、山北廉访副使、工部郎中。至正八年（公元1348年）二月，元顺帝因贾鲁善于工程事务，让他代行都水监，贾鲁因而前往黄河考察水患，往返数千里，回来后立即上奏了两套治水方案：

第一套是省钱省时不治本的方案，即修筑黄河北岸的堤防，以避免黄河横向破堤，此举仅能避免水患蔓延到更多地方。

第二套是费钱费人能治本的方案，即征召民夫同时疏浚、堵塞河道，引导黄河向东进入旧道，从根本上解决水患问题。

可惜贾鲁的方案没有被采纳，倒不是朝廷觉得不对，而是没人敢接下这么大的项目，所以元廷提拔贾鲁为正五品右司郎中，算是一点点安慰。直到至正九年脱脱重新担任中书省右丞相，他召集朝廷官员商讨治理水患的策略，贾鲁利用这次会议再次提出了他的两个治水方案，让脱脱眼前一亮，这不就是他要找的专业工程师吗？于是脱脱向元顺帝举荐贾鲁主理治水一事。

工程师是有了，项目的启动资金还是个问题。为了让贾鲁的方案得到落实，脱脱决定变更钞法筹集资金。

元朝时期，朝廷通过建立储备金制度发行钞币，老百姓只能用钞币买东西，但由于官场腐败，政府发行的钞币远远多于储备金，钞币因此贬值，一百贯钱的钞币可能还买不到一贯钱的米。

脱脱的做法就是发行新钞币，人为提高钞币的价值，比如规定用一贯钱的新钞可以换取一千贯的旧钞。可是等百姓拿旧钞换了新钞没多久，新钞也因发行过度而大量贬值，结果一贯新钞连一文钱的东西都买不到，通货膨胀更加严重。元廷自己却收回了大量钞币，这些正好可以用来充当治水项目的启动资金，只是苦了百姓。

至正十一年四月，贾鲁在脱脱的大力举荐下连升六级，直接出任工部尚书、总治河防使，官职进秩二品，授以银印，专事治理黄河水患。

上有元顺帝支持，下有脱脱领导，贾鲁得到了征调中书省、河南江北行省各处民夫、钱粮的权力，所在地区的官、军、民一律归其节制。贾鲁于当年四月征发汴梁、大名等十三路民夫共计十五万，另外调来了驻守庐州等地的十八翼官军两万人，前者是用来整修河道的徭役，后者是用来监视民夫的监工。《元史·河渠三》载："自黄陵冈南达白茅，放于黄固、哈只等口，又自黄陵西至阳青村，合于故道……七月凿河成，八月决水故河，九月舟楫通，十一月诸埽诸堤成，水土工毕，河复故道。"

仅仅用了八个月时间，贾鲁奇迹般地修复了二百八十里的河道，黄河水患终于结束了。然而，水患虽解，但另一个麻烦随之出现——就在贾鲁夙兴夜寐治理水患的同时，黄河河道里却挖出了一个独眼石人。

"休道石人一只眼，此物一出天下反。"

元朝的河南江北行省面积很大，覆盖今天的安徽、湖北、河南、江苏四个省的大部分地区。黄河水患发生后，河南江北行省不仅要提供大量的徭役，还要输送粮食物资给朝廷治水，百姓生活困苦艰难，再加上贾鲁治水的工期定得很死，作为监军的官兵肯定不敢怠慢，日夜驱赶民夫劳作，饿死、累死的人不计其数，当地早已民怨沸腾。

白莲教领袖韩山童家族世代以烧香传教蛊惑无知百姓，发展的信徒非常多，这些人聚在一起，利用宗教信仰密谋作乱，经过几代人的努力，白莲教在河南江北行省已经有了相当广泛的民众基础，到韩山童这一代，白莲教的规模虽足以起事却屡屡不能成事，很大程度上是因为元朝在地方的军事力量远大于白莲教，而白莲教信徒多为普通百姓，不但过于分散不易聚集，而且有能力做大事的寥寥无几，简单来说就是队伍质量不高。

能世代传教惑众，韩山童家族是有一定文化基础的，韩山童本人还当过教书先生，在当地很有名，被人称为“韩学究”。为了解决队伍质量问题，拉拢更多高质量人才，韩山童早在黄河水患初期就大搞政治宣传，编造谣言称：“天下将大乱，弥勒佛出世。”[①]其言直指推翻元廷，因此身边逐渐聚集了颍州人刘福通、罗文素、盛文郁、王显忠、韩咬住等同样想推翻元朝的志士。

这些人里有个叫杜遵道的，他的见识远高于韩山通，曾上疏脱脱的父亲马扎台儿求开武举考试，被授予掾吏，但他拒不就任，反而和刘福通等人一起加入了韩山童的白莲教。他知道白莲教要拉拢更多的人加入，就必须有符合大众心声的政治口号，于是诈称韩山童是宋徽宗八世孙，应当做天下的主人，以此密谋“反元复宋”。

“复宋”口号一经提出，加入韩山童队伍的高质量人才越来越多，队伍也越来越成熟。

---

① 引自《新元史·韩林儿传》。

至正十一年四月，元廷聚集十五万人治理水患给韩山童的宣传工作带来了极大便利，韩山童等人便预先在黄河河道里埋下了独眼石人，背刻“休道石人一只眼，此物一出天下反”的字样，[1]不知真相的民夫凿河取石后都惊讶不已，奔走相告，还不等韩山童等人开口，天下将乱的谣言就迅速在黄河南北传开。当年五月，韩山童、刘福通等人杀黑牛、白马盟誓，准备在颍州起事。集会进行时，因消息泄露，诸人被官差围捕，韩山童被俘虏斩杀，妻子杨氏带着儿子韩林儿逃入武安藏匿。

虽然韩山童被杀，但刘福通却带着主要力量逃脱，不久正式举兵占据朱皋，以“虎贲三千，直抵幽燕之地；龙飞九五，重开大宋之天”[2]为口号，分兵连陷罗山、真阳、确山，大掠舞阳、叶县，又克汝宁、光州、息州，聚众十余万人，义军以头裹红巾为标志，史称“红巾军”，又因白莲教烧香拜佛，也称“香军”。一时间官军闻之四溃，反元声浪席卷黄河南北。

天下百姓苦元久矣，颍州起事如同暴雨前的一声惊雷，各地志士见元廷拿刘福通的红巾军毫无办法，于是纷纷举事响应，都以头戴红巾作为标志，红巾便成了反元义军统一的象征。大致上讲，至正十一年到至正十二年（公元1352年）的义军都聚集在河南江北行省，他们分为六路人马，分别是刘福通的颍州红巾军、徐寿辉的天完红巾军、芝麻李的徐州红巾军、布王三的北锁红巾军、孟海马的南锁红巾军、郭子兴的濠州红巾军。

---

①《新元史·韩林儿传》：时河决而南，丞相脱脱从贾鲁议挽之北流，兴大役。福通乃预埋一石人，镌其背曰：“休道石人一只眼，此物一出天下反。”

② 引自《红巾军旗联》。

徐寿辉，罗田人，体貌伟岸，为人慷慨，不拘小节。[①]袁州僧人彭莹玉、麻城人邹普胜某日看见徐寿辉在河中洗澡时霞光四射，顿觉此人有“天命”，立即把此事广为宣传，并推徐寿辉为王。众人于至正十一年九月攻克蕲水、黄州，立国号“宋”（又称“天完”），年号“治平”，分兵占据湖广、江西、江浙部分州府，兵力多达数万人。

芝麻李，原名李二，萧县人，因用自家芝麻赈济灾民，被称“芝麻李”，在徐州一带很有号召力。他与赵均用、彭大（又作彭二、老彭）等八人乘夜在徐州城内外纵火举事，当夜聚众万人捕杀当地官吏，占有徐州，不久又攻克宿州、丰县、沛县、虹县等地，军队同样多达数万人。

郭子兴，定远人，为人侠义，好打抱不平，经常出钱杀牛宰羊结交各路豪杰。至正十二年春，郭子仪与孙德崖等五人聚集数千人起事，占据了濠州，五人都自称“元帅”，分掌各部，协商治理濠州，所部被称为濠州红巾军。

布王三，据说他原名王权，于至正十一年十二月在邓州、南阳起事，所部被称为北锁红巾军。竹县人孟海马则在房州、均州起事，攻陷襄阳、荆门、陕州、归州等地，所部被称为南锁红巾军。北锁、南锁红巾军主要位于河南江北行省西部，靠近四川、湖广等行省，兵力同样有数万之多。

六路义军中，最让元廷忌惮的其实只有两路，分别是刘福通的颍州红巾军、徐寿辉的天完红巾军。两者一南一北，刘福通主攻河南、河

---

① 《续资治通鉴 · 卷二百一十》：蕲州罗田人徐寿辉举兵为乱，亦以红巾为号。寿辉体貌魁岸，木强无他能，以贩布为业，往来蕲、黄间，因烧香聚众。

北，徐寿辉则谋夺湖广、江西。

其中，刘福通的势力集中在汝宁、安丰、归德交界处，辖下主要包括颍州、安丰、罗山、亳州等城，他们的目标是向北光复大宋旧都汴梁，这也符合他们“反元复宋”的政治口号。芝麻李所部、郭子兴所部、北锁红巾军三路人马其实都是响应刘福通的势力。至于徐寿辉的天完军，他们虽然没有把自己与宋朝皇室扯上关系，却依然以“宋”为国号，本质上还是在告诉百姓其要恢复汉家天下，故而初期发展得相当迅速。

至正年间的黄河水患彻底引爆了中原大地，以红巾军为代表的义军在短短数月内攻城拔寨、席卷四方，赤色的军旗迅速插遍了黄河、长江之间的河南江北行省，元朝统治九州的秩序在这一刻崩塌，蒙古铁骑横扫宇内的历史已不再是让世人战栗的噩梦，一个全新的时代在红巾军的旗帜下拉开序幕。高坐大都的元廷会允许他们实现“复兴故国”的梦想吗？

烽火江河间

红巾军的队伍发展得很快，但让元廷没料到的是，他们攻城略地的速度更快，河南江北行省的城市纷纷沦陷，元廷官吏被大肆捕杀，元廷驻军则惨遭驱逐。义军能如此快速地发展壮大，除了不断的天灾和权贵阶层的掠夺导致各地百姓群起响应外，还有另外一个重要的原因——隳（huī）城令。

至元十三年九月，也就是忽必烈即将占领南宋时，他为了避免汉人据城谋反，下令摧毁沿淮各地的城墙，这样蒙古骑兵就可以纵马攻杀而不必攻城。[1]两个月后，忽必烈又下令摧毁襄汉、荆湖诸城，次年二月又毁坏吉州、抚州二城。到至元十五年八月，忽必烈采纳了安西王相府之言，进而大肆毁坏川蜀地区的城邑城墙。《元史·世祖本纪》载："川蜀悉平，城邑、山寨、洞穴凡八十三，其渠州礼义城等处凡三十三所，宜以兵镇守，余悉彻毁。"

由此可见，元廷的隳城令在数年间迅速波及中国南部大部分地区，造成历朝建设的城防体系全面崩坏。关于隳城令的真实性，除了《元史》中的相关记载，元代人俞希鲁所著的《至顺镇江志·卷二》也记载道："元混一海宇，凡诸郡之有城郭皆撤而去之，以示天下为公之义。"

如今义军蜂起，元朝地方卫军反而没有可以据守的城墙，于是只好弃城逃走，任由义军迅速扩大地盘。元顺帝被迫在至正十二年四月下令各地重新修建城墙、堤防，[2]然而要彻底平息叛乱，除了派兵镇压外，没有更有效的办法了。

在元廷看来，南方红巾军实际只有两支，分别是以亳州为中心的颍州红巾军和以蕲水为据点的天完红巾军。相较而言，两者的威胁也是有高低之分的。

颍州红巾军起事较早，宣传口号深入人心，徐州芝麻李、濠州郭子兴、北锁红巾军都是他的附从者，他们西起南阳，东到徐州，如同一把利剑将元朝的河南江北行省拦腰斩断。

最要命的是，徐州所在位置刚好掐断了大运河的航道，江浙行省向

---

①《元史·世祖本纪》：命有司隳沿淮城。

②《元史·顺帝本纪》：诏天下完城郭，筑堤防。

大都运输粮食物资的漕运就此断绝，而且刘福通等红巾军主力兵指汴梁、洛阳（河南府），一旦让他们光复了旧宋国都，其对整个华夏地区的号召力就会大大增加，威胁不可等闲视之。

河南叛乱的消息一传到大都，元廷立即开始调兵遣将，首先上场征讨颍州叛军的队伍是由赫厮虎赤率领的六千阿速军。阿速军在两都之战时曾是燕铁木儿以一挑四的王牌侍卫亲军，当时是打遍蒙古、色目无敌手的虎狼之师，如今才过去二十三年，元廷依然坚信阿速军是能扶大厦于将倾的救命稻草，所以他们给赫厮虎赤的权限也很高，允许他“并诸路汉军讨之”①。除了赫厮虎赤的阿速军，元廷为了尽快恢复被徐州芝麻李切断的漕运，还在两淮招募了五千盐兵，他们连同知枢密院事月阔察儿的兵马一起进攻徐州。

从元廷的部署来看，第一轮围剿的战略是重点突破，即由赫厮虎赤领导阿速军为主力，从正面攻打汝、颍的刘福通，两淮盐兵及月阔察儿则合力进攻徐州芝麻李，前者的目的是镇压最有号召力的初代红巾军，打掉义军的领军者，后者是要恢复大都漕运，保障元朝的正常运转。

两军阵前，赫厮虎赤率领阿速军大摇大摆地踏上战场，他所要面对的是一群从未受过训练的乌合之众，是一群连饭都吃不饱的田间农民，是一群挣扎在生死线上的无名之辈。然而，元军低估了这群义军，更错判了他们的数量和战斗力。远处斜阳下，戴着红头巾的起义军稀稀拉拉地缓缓出现，他们很快连成一线，而且越来越多，一眼望不到尽头，转瞬之间已是漫山遍野的威武之师，从未受过训练的义军民兵丝毫不惧怕甲胄满身的阿速亲军，他们都曾是在生死边缘挣扎的贫苦农民，他们也

---

①《新元史·韩林儿传》：枢密同知赫厮虎赤，率阿速兵六千，并诸路汉军讨之。

都是妻儿离散、家园毁灭的可怜人，他们已无畏惧。

众人的精彩会战并没有发生，不过二十余年的短暂岁月，曾经虎啸燕云的阿速军已不复当年之勇，面对越聚越多的红巾军，赫厮虎赤及麾下的阿速军的士气瞬间荡然无存，他们已经握不住刀剑了，眼看红巾军逐渐向自己逼近，赫厮虎赤再也忍不住了，本能地拍马惊呼："阿卜，阿卜（快跑，快跑）！"

主帅未战先逃，六千阿速军当然不会傻傻地待在原地等死，纷纷转身逃跑。没了主心骨，诸路汉军也跟着崩溃。红巾军很快发起追击，肆无忌惮地砍杀敌人，元军所部皆溃，生者寥寥。这就是元廷期待的首战，一场单方面的屠杀，看来元朝真的日薄西山了。

元廷毕竟体量巨大，从来不缺上阵杀敌的军队，赫厮虎赤的阿速军是不能指望了，朝廷又招来了新的队伍——平章巩卜班奉命统率数万侍卫汉军及蒙古军再次杀奔颍州前线。可是巩卜班也是如同赫厮虎赤那样大意轻敌的贵族，他倒没有在交战时一触即溃，只不过他过分轻敌，根本不把当下的战争当回事，整日饮酒作乐，把作战当成游戏。

红巾军选择了一个没有月光的暗夜，突袭了醉酒不醒的巩卜班，元军又一次整齐划一地溃逃了，连主帅都来不及带走，事后才发现巩卜班倒在了乱尸堆中，早已死去。

连输两阵，中书右丞相脱脱不得不重视起来，当即征调各处精锐兵马，派自己的亲兄弟也先帖木儿和卫王宽彻哥统率三十万大军南征，旋即攻克颍州红巾军最北部的据点上蔡，俘虏大将韩咬住，宗王神保也攻破颍州、徐州之间的睢阳、虹县，有拦腰斩断刘福通和芝麻李联系的架势。《新元史·韩林儿传》载："福通惧，严兵拒守。"

本以为这会是元军围剿作战的转折，没想到至正十二年五月时，总指挥也先帖木儿却停在沙河按兵不动，既不进攻，又不转移，前不前，后不后，像一个体积巨大的猎物昏睡在战场中间。

也先帖木儿不愿意继续作战，刘福通和他领导的义军却没有心思中场休息，既然元军傻待着不动，那就只好由红巾军亲自上门“叫醒”。刘福通又一次发挥了夜袭作战的特长，乘夜突袭了也先帖木儿的大营。

由于是夜晚作战，元军的视线不清，红巾军多举火把、多擂战鼓，营造出远超实际的声威，昏暗的火光配上鲜红的头巾，元军根本分不清虚实，到处都是红色的浪潮，像有无穷无尽的兵马，这让元军自己先慌乱起来，居然不分敌我，在营地里自相残杀。

作为最高指挥官的也先帖木儿也是和赫厮虎赤、巩卜班一样的三流将领，当元军自相残杀时，他没有第一时间稳定局势，组织反击作战，而是上马逃走。当时左右侍卫拉住也先帖木儿的马，试图劝他留下来安抚军队，但混乱的局势早就让他吓破了胆，他竟然不知羞耻地说道：“我非性命耶？”[①]随即挥刀砍倒侍卫，策马狂奔而去，一口气跑了近三百里，直达汴梁城下，气得汴梁守将怒斥道：“汝为大将，见敌奔溃，吾将劾汝，此城不能入也。”[②]

卫王宽彻哥也在亳州因醉酒被义军擒获。

三场大战的战报让脱脱颜面尽失，元顺帝也愤怒地斥责脱脱平叛不力。

朝中大臣纷纷借机弹劾也先帖木儿，明着是针对也先帖木儿见敌奔溃，实际是要削弱、打击脱脱一党，把脱脱拉下丞相之位。脱脱当然不

---

① 引自《新元史 · 韩林儿传》。

② 引自《新元史 · 韩林儿传》。

能忍气吞声，当即把指桑骂槐的臣僚全数贬官发配，[①]曾经的贤相如今也变成了权臣。

至正十二年八月，为了安抚焦躁的元顺帝，脱脱决定亲自领兵南征，旋即率领大都的侍卫亲军，会同漠北蒙古精骑、中书河南诸路汉军兵马，浩浩荡荡地杀奔徐州。

脱脱没有把枪头对准近日凯歌高奏的刘福通，而是直奔徐州芝麻李，这么做的原因充分说明漕运阻断对元廷的影响远比刘福通的兵乱严重，元廷确实身处水深火热之中，已经到了破产的边缘。

不过，脱脱毕竟是元末一代贤相，挽大厦于将倾正是他的使命，他的围剿战略是三路并进，让义军首尾不能兼顾：一路由他亲自率领，直奔徐州；一路由元帅董搏霄率领，剑指安丰；另一路由左丞太不花率领，攻打汝宁。三路人马在两个月的时间里连战连捷，深入河南江北行省数百里。其中元帅董搏霄终于打出了元军的正常水平，他们在淝水乘夜造桥渡河后，用步骑协同、前后夹击的战术把数倍于己的义军歼灭在合肥，乘胜攻克了安丰。左丞太不花也顺势攻取了汝宁，把刘福通逼到了亳州。

至于脱脱本人，他率领元军精锐齐聚徐州城下，把芝麻李的数万大军死死地围在城内，准备彻底消灭徐州义军。元军像一群暴怒的野兽，围着城池昼夜攻打，让义军毫无突围的可能，徐州外城很快就被元军攻破，义军死伤惨重。脱脱乃是名将之后，心理素质极强，最惊险的时候，义军的铁翎箭从他身旁呼啸而过，射死了他胯下的战马，但脱脱不

① 《元史 · 脱脱传》：陕西行台监察御史十二人劾其丧师辱国之罪，脱脱怒，乃迁西行台御史大夫朵儿直班为湖广行省平章政事，而御史皆除各府添设判官，由是人皆莫敢言事。

为所动，依旧坚守在原地指挥元军继续进攻。

事实证明，一支军队的战斗力很大程度上取决于指挥者的表现。脱脱身先士卒、不畏险境的勇气让元军找回了士气，作战越来越勇猛，义军犹如困兽之斗再无翻盘可能。血战过后，徐州城池最终陷落，义军领袖芝麻李殒命，赵均用、彭大率领一群死士奋力突围，侥幸逃入濠州。

到至正十三年（公元1353年），知枢密院事老章也成功打下西线的南阳、唐州，北锁红巾军也被元军重创，红巾军从西至东都是败报，战争局势开始逆转。

元朝与红巾军第一阶段的较量充分暴露了元军自身战斗力的大幅下滑，如果没有脱脱亲自上阵指挥，元军未必能胜过红巾军，要是有一天脱脱不在军中指挥了，元军是否还能抗住恶战呢？

那一天还真就来了，而且来得还很快。不知道是元顺帝离不开脱脱，还是政敌害怕他长期掌兵，一听说徐州光复了，元顺帝紧张的心立刻就放松了，当即召回脱脱，加封其为太师，并赏赐醇酒、珠衣、白银、宝鞍等，还立碑纪念脱脱平定徐州的功绩，对形势过于乐观。

脱脱走后不到一年时间，战况又一次发生逆转。元廷以为刘福通被逼入亳州后不过是垂死挣扎，便调集由宗王八秃率领的蒙古主力围攻亳州，结果却是元军全线溃败，八秃当场阵亡，安丰旋即被红巾军再度占领，颍州也在次年重新回到了红巾军阵营，刘福通基本夺回了被脱脱抢走的地盘。

至正十五年（公元1355年）二月，刘福通在砀山夹河找到了韩山童的儿子韩林儿，随即将其迎回亳州，宣称其为宋朝赵氏后裔，不久即拥戴韩林儿登基称帝，国号“宋”，年号“龙凤”，追尊韩山童为太上皇，封韩林儿的母亲杨氏为皇太后，以杜遵道、盛文郁为丞相，刘福通、罗文素为平章，刘六为知枢密院事，颍州红巾军至此正式升级为

“宋军”。各地义军纷纷纳表称臣，接受龙凤年号，义军兵力猛增至三十万人。看来元廷与义军的较量是双方长期的博弈，短时间内还难以分出胜负。

也许元廷会感到疑惑：为什么义军每每能绝处逢生？其实这不难理解，在天灾人祸不断的元末，越来越多的贫苦百姓连活下去都成了奢望，他们渴求一个机会，一个改变命运的机会，加入义军、推翻现有秩序就是这样的机会。视底层百姓为驱口的元廷很难理解“水可覆舟”的道理，民心所向的义军早已不能简单定义为“贼寇”了，他们是以恢复“大宋”为目标的新势力。

元末军阀初现

在至正十一年到至正十五年的五年时间里，元廷为了镇压河南江北行省的红巾军，先后六次派遣数十万中央军南下，包括赫斯虎赤的阿速军、也先帖木儿领导的侍卫亲军、脱脱和宗王八秃带来的蒙古精锐，但他们都没能彻底消灭以刘福通为核心的起义军，反而还损失了近二十万常备军，曾经威名赫赫的色目侍卫亲军和蒙古本土军队在这场战争中完全跌落神坛，也让元廷直接控制的常备军数量大大降低。

徐州沦陷后，脱脱被调回大都，得到喘息之机的红巾军很快恢复战斗力，歼灭了宗王八秃的数万元军，建立了以“宋”为国号的龙凤政权，河南江北行省中部大部分地区再次脱离了元朝的控制。奇怪的是，韩宋政权建立后，元廷并没有让脱脱再次领兵南征，也没有派新的将领南下，而是留下中书左丞太不花的军队继续与宋军纠缠。明明宋军的势力越来越大，为什么元廷不派部队增援前线呢？

元廷反常的表现也许与常备军成建制地消失有关。从赫厮虎赤的六千阿速军，到也先帖木儿的三十万大军，再到连主帅八秃都阵亡的数万元军，由元廷中央直接领导的常备军在这些年里恐怕已经损失了十之七八，剩下的战斗力一部分在太不花手里，另一部分在湖广行省应付天完政权。元廷不是不想继续增援河南战场，只是朝廷已经没有更多的军队可以调遣了，这恐怕才是脱脱没有再次返回前线的原因。

战争不会因为元朝兵力不足就中场休息，宋军和天完军通过吸收贫苦百姓加入，规模不断膨胀，不仅人才济济，而且已经有了杀出河南、湖广的能力。其中天完军早在至正十二年时就已经兼并了大半个湖广行省，并出兵攻克了江西行省的袁州、瑞州、南昌、建昌、抚州、徽州，到至正十三年时甚至杀入了杭州，势力扩张至江浙行省。

河南的红巾军虽然是元廷最痛恨的叛乱领导者，但徐寿辉的天完军利用山高皇帝远的优势，沿着长江顺流而下，已经严重威胁到元朝的钱粮基地——江浙，这就不是地方官军能独自应对的了，如果任由天完军继续发展，一旦江浙也落入敌手，元朝的财政就会彻底崩溃，从而丧失对整个国家的控制力。

因此，脱脱做了两手准备：一是在大都附近大量开垦军屯田，用以应对可能到来的粮食危机；二是说服元顺帝继续征召、训练新军，包括召集从漠北到高丽的各地军队，从而为下一次南征做准备。

不过，恢复朝廷兵力肯定需要大量时间，而屯田也不是一天两天就能成功的，所以元廷只能让地方上的探马赤军自己想办法剿灭叛军，必要时还默许他们招募民兵武装，从而解决兵力不足的问题。这给元朝的军事体系带来了一定程度的改变，过去无论是侍卫亲军还是地方军队其实都是由枢密院直接管理的，任何地方政府不得组建私人军队，不得在朝廷规定的范围外扩充兵马，基本上限制了地方军队的规模，也保障了中央对军队的绝对控制。如今，元廷一方面要地方政府自己剿灭叛军，另一方面又不肯派遣更多的军队增援地方，自然无法再限制地方将领招募私人军队，一些致力于剿灭叛军的官员们逐渐和力求自保的地主豪绅结为联盟，联手发起对各路叛军的围剿，很大程度上缓解了元廷的战争压力，但也如同打开了潘多拉魔盒，让私人武装的规模快速膨胀，地方军阀逐渐出现，短期内确实起到了遏制叛军势头的作用，但从长远看却是饮鸩止渴，后患难料。这与当年汉人世侯出现的情况很相似。

在这一过程中，地方武装势力中两个杰出的军事人才——答失八都鲁、察罕帖木儿脱颖而出。

答失八都鲁，蒙古人，祖上是镇守地方的探马赤军，其父囊加台曾任四川行省平章政事兼宣政院使，控制着整个四川行省。两都之战时，囊加台是上都派的坚定支持者，即使上都当时已经被燕铁木儿拿下，天顺帝又不知所终，囊加台依然不肯归顺元文宗，反而烧绝栈道，自称“镇西王”，继续对大都派作战。

当时，囊加台的兵锋很盛，共分三路兵马出击：第一路向南迫降播州宣慰使万户杨燕里不花，兵至云南乌江驿；第二路攻破兴元府，占据鸡武、三义、柴关等驿；第三路攻破白土关，进逼襄阳。云南、贵州、陕西、湖北都因蜀兵而陷入战火之中。元文宗不得不调集河南、江浙、江西、山东各路兵马及左右翼蒙古侍卫军围剿，这才迫使囊加台罢兵投降，囊加台旋即被元文宗处死。

意外的是，囊加台以大逆不道之罪被抄家，他的儿子答失八都鲁却保住了性命，继承了祖上的万户之职，镇守罗罗宣慰司。答失八都鲁丝毫没有受到父亲的影响，在任上征讨播州土著，参与云南平叛，反而升任大理宣慰司都元帅，至正十一年被调任四川行省参知政事，奉命率领麾下三千探马赤军征剿襄阳的红巾军。

至正十二年，答失八都鲁请命攻打襄阳，那里的义军多达十余万，而他只有三千人马。这该怎么打？正常情况下元军是不可能有胜算的，但是答失八都鲁利用朝廷默许地方自募武装的机会，联合襄阳官吏、土豪，得到了两万兵力的私人武装。这些地主武装加以训练，很快就变成了一支战力不输正规军的部队。

蛮河之战时，答失八都鲁遭遇了数倍于己的红巾军，对方据守河岸，就等着答失八都鲁冒险渡河时发起攻击。答失八都鲁并未退缩，而是精选了一支骑兵，抄小道悄悄绕到红巾军身后，决战时，这支部队趁敌军注意力都集中到正面战场时，突然杀入战场，猛攻红巾军侧后方，迫使红巾军阵形大乱，全线溃败。答失八都鲁由此一路追杀至襄阳城下，又一次击败惊魂未定的红巾军，生擒义军将领三十余人。

答失八都鲁随后对襄阳展开围攻，内设八支翼军包围襄阳城，外设八座营寨，分别在虎头山、楚山等要害位置，截断了义军粮道，把襄阳城围了个水泄不通。随着城内粮食逐渐耗尽，不愿跟着红巾军丧命的百姓派了两人出城投降，约定在五月初一四更天时接应官军入城。

当夜，答失八都鲁一边派人潜入城北水中，凿穿了红巾军的船底，另一边派一千人在内应的帮助下悄悄爬上城墙，打开了城门。官军就此杀入城中与红巾军巷战，天亮时基本攻陷城池。奔逃的败兵企图登船逃离，结果战船因漏水而倾覆，溺死的义军不计其数，北锁红巾军领导者布王三也于此役被斩，官军收复襄阳。答失八都鲁因功晋爵资善大夫，弟弟识里木被封为襄阳达鲁花赤，儿子孛罗帖木儿被封为云南行省理问。

至正十三年，答失八都鲁平定青山、荆门、均州、房州等地，俘获叛军将领杜将军，次年又击败赵明远军，攻克峡州，官拜四川行省平章政事，兼知枢密院事，总领荆、襄各处兵马。当年十月，答失八都鲁会同中书左丞太不花攻打安丰，击败苗军，收复河阴、巩县等地。至正十五年，因太不花畏敌不进，答失八都鲁乘机兼并了他的军队，得到“便宜行事”的特权，这意味着答失八都鲁可以先战后奏，初步具备了成为大军阀、大世侯的条件。

元顺帝对答失八都鲁寄予厚望，当年六月便将其官职改为河南江北行省平章政事，此举无疑是在告诉众人，现在答失八都鲁是平定韩宋政权的总指挥了，因此他转而向北推进，谋划歼灭刘福通的叛军主力。

答失八都鲁自起兵以来从无败绩，对天完军、宋军的攻略也是凯歌高奏，可真到了与宋军主帅刘福通交战时，答失八都鲁的地主武装却突然不行了，于长葛被义军兵马杀得一败涂地，他连忙率部逃至中牟。刘福通乘胜追击，又用他最擅长的夜袭战术再败答失八都鲁，还俘虏了他的儿子孛罗帖木儿。

幸好元军将领刘哈剌不花料敌于先，判断刘福通必然会去截营，于是他在宋军回师的要道上设伏，刚好杀了刘福通一个措手不及，抢回了元军物资，解救了孛罗帖木儿。然而，击败河南剿匪总指挥的刘福通不会等答失八都鲁恢复元气，当即率领三十万兵马直奔河南首府汴梁城的门户中牟。此时答失八都鲁困守汴梁，已经无力增援中牟，若是中牟沦陷，汴梁陷落也只是时间问题。

在此危急时刻，元末名将、地主武装领导者察罕帖木儿终于登场。

察罕帖木儿，字廷瑞，乃蛮氏，长于河南沈丘，“身高七尺，修眉覆目”，曾考中进士，闻名乡里，史载其有“当世之志”。[①]至正十二年，河南红巾军起事，席卷汝州、颍州等地，察罕帖木儿在沈丘募兵数

①《新元史·察罕帖木儿传》：察罕帖木儿幼笃学，应进士举，有时名。身长七尺，修眉覆目，左颊有三毫，怒则竖立，慨然有当世之志。

百人与信阳罗山人李思齐联手击破当地起义军，收复了罗山一带，因功受封汝宁府达鲁花赤，屯兵沈丘。

察罕帖木儿虽然中了进士，但并无军职在身，他是自费征募民兵武装参与作战，创业团队才数百人而已，比答失八都鲁的开局还要艰难很多，完全是凭自己打出来的功名。后来他与李思齐转战河北，屡次破敌，官至中书刑部侍郎。

至正十五年，数万苗军占据荥阳，声援刘福通，察罕帖木儿率部大胆夜袭，几乎歼灭了全部苗军，抢在刘福通攻打中牟前屯驻中牟，挡住了三十万宋军北伐的通道，可谓胆大至极。须知，察罕帖木儿手里的兵马可没有三十万这么多，恐怕连对方六分之一都不到，敢于正面对抗刘福通，勇气着实不小。

看起来这是一场悬殊的对决，但察罕帖木儿的出现给元末乱世加入了一个重大的变量，一个可能彻底颠覆局势的变量。

中牟位于汴梁以西不到三十公里处，它向西五十公里可至荥阳，向南五十公里又可至长葛，贾鲁河绕城而过，朱仙镇在其南面，这座算不上险要的城池却承载着无比厚重的历史。在察罕帖木儿据守此处前，中牟并无多大声名，刘福通所领导的宋军刚刚在长葛大破河南江北行省平章政事答失八都鲁的官军主力，苗军又适时地占据荥阳归附宋军，从而对汴梁形成了两面夹击之势，如果没有援军加入，汴梁必然沦陷。但是，察罕帖木儿出现后，宋军原来的部署便被完全打破，荥阳的苗军几乎被察罕帖木儿全歼，刘福通的宋军也无法渡过贾鲁河，只有吃下中牟才能毫无后顾之忧地包围汴梁城。

对此时的察罕帖木儿来说，仅凭一腔热血是不足以击败三十万宋军的，他必须选择合适的战略与战术。眼下，察罕帖木儿只有两种方案：第一种是收缩兵力至中牟城内，凭借城墙和贾鲁河与宋军周旋；第二种是主动出击，抢在刘福通大军还未下寨休整时挑起决战，逼他们到有利于官军的地方作战。

先说第一种方案。察罕帖木儿的兵力远不及刘福通的宋军，虽说借助城墙和河流防守可以增加守军优势，兵家自古也有“一夫当关，万夫莫开”的说法，人力不足的劣势可以通过地形、关隘来弥补，但这有一个前提，那就是地形必须险，比如剑门关、钓鱼城就是这种堡垒要塞。然而，中牟并不是兵家必争之地，究其原因恐怕与河南太过广阔平坦有关，当地城池都没有高山险隘可以依凭，很容易被敌军包围并切断粮饷，进而慢慢饿死。而刘福通的宋军人力资源充足，完全可以先包围中牟，再西进攻打汴梁，所以察罕帖木儿如果选择守城战，就等于把自己关进了笼子。

既然守城的方案会导致必败的结局，那就只有进攻了。但察罕帖木儿那点儿兵力有击败数十万宋军的可能性吗？此事尚无定论。如果是色目侍卫亲军或者蒙古本土军队，元军必败无疑，这些人早就腐化堕落了，前几次中央军的惨败就很能说明问题。

察罕帖木儿和蒙古贵族老爷们大不一样，他虽然也是探马赤军出身，但毕竟生活在地方上，没被京城的奢靡风气过分侵蚀，而且最主要的是，察罕帖木儿的军队几乎全是自募武装，这些人出身都不高，有的本身就是贫苦百姓，还有的是想通过从军博个功名的地主乡绅，毕竟元朝的科举制度无法满足这些人的仕途需求，从军是另一个进入官场的途径。因此，察罕帖木儿的军队是能打恶战并愿意打仗的，这与时刻盼着早点回家过逍遥日子的勋贵老爷们不同。

那么察罕帖木儿的军队是不是类似于刘福通的红巾军呢？当然不是。

红巾军的参与者基本都是最底层的无产者，他们的经济基础非常差，盔甲、武器、战马都很稀缺，军费、粮饷很大程度上靠抢劫地方政府，这也使得他们无差别地打击一般地方豪绅，自然不容易得到士大夫和有产者的支持。

察罕帖木儿就不同了，他的军队更像是士绅阶层投资入股的联合体，开局就有很好的经济基础，而且领导者自己就具备基本的作战技能，还有一些地方上的军户加入队伍，这些人更容易训练成正规军。再加上士绅们自掏腰包，军费来源不是问题，察罕帖木儿可以给一部分精兵装备精良的铠甲、武器，这让他有条件打造一支战力不俗的陆战力量，比鱼龙混杂的红巾军更加职业化、专业化。

事实上，察罕帖木儿手里就有一支这样擅长肉搏作战的精骑锐卒，《新元史·察罕帖木儿传》中多次提到察罕帖木儿的这支“铁骑”。[①] 须知精锐铁骑的组建成本要远远高于一般步兵，不但要有合适的战马，而且一定要职业军人，维护费用也非常高。

骑兵适合在开阔的平地作战，中牟城外就有这样的大平原，察罕帖木儿当然更愿意选择野战。不过，要与三十万大军野战，普通士兵心里还是会畏惧，毕竟数量悬殊，平均算下来每个人要对付五到六个人才行，就算三十万人伸着脖子等察罕帖木儿砍，那也要花不少时间。悬殊的兵力对比，难免会打击士气。

察罕帖木儿是天生将才，很清楚士气对军队作战的影响有多大，他为了打消士兵们的顾虑，在战前就召集各部将领开了个动员会，直言不讳地阐明了此战的危险程度，并表示自己一定会与将士们同生共死，同

① 《新元史·察罕帖木儿传》：察罕帖木儿追袭之，蹙以铁骑……察罕帖木儿自将铁骑，昼夜驰二百里赴之……自将铁骑屯杏花营…… 因纵铁骑击之，悉擒其众。

时描绘了一幅击败红巾军后的美好景象：不仅可以获得无数战利品，还可凭借军功直接获得提拔，因为私人武装的军职任命权不在朝廷而在统帅，察罕帖木儿有这样的权力。

简单来说，察罕帖木儿阐明了一个简单的道理：拼死一战就能升官发财，心存畏惧只会战死沙场。《新元史·察罕帖木儿传》载："察罕帖木儿严阵待之，以死生利害谕士卒，皆贾勇决死战。"事情就这样出现了转机。

决战之日很快到来，刘福通的宋军已经近在咫尺。察罕帖木儿果断放弃中牟城，率领全数兵马出城布阵，以精骑为前锋，列锐卒为两翼，故意拉开大军队列的横纵宽，意在制造兵力雄厚的假象，迷惑不明真相的宋军士兵。

随着战鼓声隆隆响起，察罕帖木儿旋即拔出腰间宝剑，率领身边的精锐骑兵首先纵马杀出，两侧的兵马依次跟上，极速奔杀而来的元军将士踏得大地都在颤抖，扬起的烟尘升入空中，士兵们一边冲锋一边呐喊助威，战鼓也不断鼓舞着前进的勇士。元军看起来毫不畏死，他们藐视一切的气势，足以震慑占据兵力优势的宋军士卒。

忽然，狂风大作。猛烈的暴风从元军身后呼啸而来，战场上顿时飞沙走石，烟尘遮天蔽日，无数沙石直击宋军将士眼面，遮挡了他们的视线。

狂风像一双推着元军前进的大手，势不可当。察罕帖木儿的健卒铁骑御风而进，乘势突入宋军中坚，似一击落雷撬开了宋军大阵的中央，无数装备简陋的宋军士卒当即被撞得人仰马翻，就算侥幸没被刀剑砍死，也多被迎面而来的骑兵当场踩死。

察罕帖木儿高举利剑在宋军阵中肆意砍杀，惊得周遭宋军惊慌四窜，紧跟而来的元军步兵迅速围住宋军溃兵收割人头。元军的"刀锋"

就这样一点一点深入宋军核心，刘福通的营寨就在那里。看着越来越近的察罕帖木儿，刘福通也无法扭转战局，因为大风所制造的混乱已经完全瓦解了宋军的士气。宋兵人数虽多却训练不足，各部之间缺乏职业军队的作战默契，在元军的冲击下都成了无头苍蝇，辨不清方向，只能继续原地打转，拼命自保。

战斗从白天一直持续到深夜，随着察罕帖木儿所率的精兵猛将“刺穿”了宋军中坚，宋军士气完全崩溃，各部人马纷纷溃败，乘着夜色各自逃回大营。元军在战场上到处攻杀，一一歼灭那些不肯离去的宋军，直到战场上的宋军旗帜全部倒下，元军才收兵回营。当夜，惊恐未定的刘福通连觉也不敢睡，立即带着残兵败将摸黑逃走，丢弃了全部辎重。

中牟保住了，汴梁保住了，河南保住了。

中牟之战，察罕帖木儿以史诗般的战绩名震黄河南北，这位如同朝阳般的元廷新秀打出了元军从未有过的自信，一时间风头无两。元顺帝和脱脱看到河南战报时，他们没想到一支名不见经传的地主武装居然这么强悍，更想不到这个名叫察罕帖木儿的将军即将成为元朝的柱石，成为红巾军的噩梦。

龙凤三路北伐

中牟之战的惨败又一次重挫了颍州红巾军光复汴梁的计划，顶着大宋名号的韩林儿若没有汴梁城在手，就不能名正言顺地称自己是宋朝继承者。自刘福通宣布重建大宋政权起，他就把自己置于退无可退之地，元廷和各地豪强、义军都密切关注着局势的发展，如同镁光灯下的舞台容不得表演者有一丝一毫的失误，这既让刘福通阵营成了元廷倾力征剿的对象，也让他们成了反元人士的先锋与表率，胜则反元之火燎原，群雄必定蜂起响应，败则复国之梦破灭，义军上下难有生者。

答失八都鲁、察罕帖木儿领导的地主武装出现后，义军高层不得不重新思考反元战争的大战略。在这之前，红巾军的策略是吸纳四方百姓，大范围地袭取城池和乡村，诛杀元廷地方官吏，然后就地歼灭不堪一击的中央军，逐步扩大势力范围。然而现在却行不通了，因为接替中央军上场的地主武装非常强悍，不仅军队战斗力很强大，连指挥官也是那个时代的名将，宋军明显不敌，如果继续和他们硬碰硬，不知何年何月才能拿下汴梁。

一个大胆的作战计划在宋军高层的作战会议上被提出——分兵北伐。

分兵北伐，即放弃把兵力集中起来重点突破的旧战略，改为分选精锐兵马，从西、中、东三个方向全面突围。也许人们会疑惑，明明宋军就打不过察罕帖木儿的地主武装，怎么反而还敢分兵作战呢？

其实，元朝官军中只有察罕帖木儿、答失八都鲁的地主武装不好对付，其他的地方卫戍部队都是阿速亲军一样的枯木朽枝，不堪一击，如果宋军绕过察罕帖木儿的军队，把战火烧到更远的州府，甚至烧到大都城下，局势会怎么发展呢？

不难发现，战火一旦绕过河南烧到北方，为避免红巾军的旗帜插到大都城下，元廷就会调集军队四处救火，战略上被动抵挡官军的围剿作战，就会变成宋军到哪里，官军就得跟到哪里，主动权也会转移到宋军手中。而且宋军分散多个行省，官军便无法把兵力集中在汴梁一线，一旦他们也分兵追击，刘福通就能乘机攻打汴梁。这就是分兵北伐的意义所在。

韩宋政权的分兵北伐共分西、中、东三路，西路军的目标是关中、甘肃，中路军主攻山西、河北，东路军直指山东，而刘福通领导宋军主力伺机收复汴梁，巩固河南大本营。因韩林儿的年号叫“龙凤”，这次分兵北伐又称“龙凤北伐”。

其实，分兵北伐的策略并不是刘福通在中牟之战后才想到的，早在至正十五年，红巾军就已经尝试把战火烧到关中地区，受命出征的两位统帅名叫李武、崔德。当时的红巾军还没有制订兵分三路的大战略，只是试探性地向关中扩张。这支人马的战斗并不算强悍，元豫王所率领的军队却无法剿灭他们，于是急忙上疏求援，元廷立即让察罕帖木儿率部征讨。察罕帖木儿便进驻虎牢关，挡住了西路军进入关中的通道。李武、崔德自知不是察罕帖木儿的对手，便从盟津渡转向河北地区，沿途烧杀抢掠，结果被追上的察罕帖木儿剿灭殆尽。

至正十六年（公元1356年），西路军在得到援兵后再次攻破陕州。陕州的位置在函谷关以西，恰好切断了函谷关与洛阳、汴梁间的联系。此时的元廷还看不出宋军的战略意图，又让察罕帖木儿伺机收复陕州，而察罕帖木儿重点防守的还是东侧的汴梁，于是乘夜夺取了东面的淆陵，把军队驻扎在道路交会处。可是宋军凭借陕州险要的地势据城固守，还不断从南山运来粮草辎重，并没有向东移动的迹象。

察罕帖木儿猜出宋军的目标根本不是汴梁，而是陕西，于是他命令士兵在营地里焚烧马粪，伪装成生火做饭的炊烟，实际上却带着全数兵马乘夜绕过陕州，快速攻克函谷关北侧的灵宝，又一次挡住了宋军进入关中的通道。

西路军刚要发兵攻打函谷关，猛然回首发现元军已经近在眼前，但又不敢直接与察罕帖木儿决战，只好放弃陕州，向北渡过黄河，攻破了平陆，劫掠了安邑，试图进入河北开辟新的战场。察罕帖木儿可不敢让他们接近大都，遂指挥他的精锐铁骑长途奔袭，对西路军穷追不舍。宋军始终不敢迎战，被逼入下阳津，跳河溺死者不计其数，不久后因无法突破察罕帖木儿的围追堵截，这支兵马便自行溃散了。

两次西征的失败并没有改变宋军西进关中的计划。至正十七年（公元1357年），宋军改变了进攻方向，全部向南转进，不再攻打函谷关。这也很好理解，察罕帖木儿坐镇河洛，宋军无论怎么打都无法通过这道防线，于是计划从其他路线入关。

关中，名字听起来很像是一处四面都是关隘的盆地，但它其实并没有想象中那样密不透风，秦末乱世各路诸侯进攻咸阳时，刘邦就是走武关一线进入了关中，压根儿没去过函谷关。现在宋军的想法也差不多，西路军改道去了南边襄阳，绕了一大圈打下了西北侧的商州。商州的位置已经位于武关以内了，再往上就是蓝田，之后便是奉元。

宋军在这一年的战略转进确实让元廷意外，他们成功突入关中的军事冒险证明了元廷防线的脆弱，鼓舞了红巾军从更多的方向发动攻势，最终形成了三路并进的龙凤北伐。

从至正十七年六月开始，宋军祭告天地，三路军相继出发。中路军由关先生、破头潘、沙刘二、冯长舅、王士诚指挥，方向是河北、山西。西路军由白不信、大刀敖、李喜喜挥军奔赴关中，增援李武、崔德的兵马，分别劫掠同州、华州，兵临灞上。东路军则由毛贵统率，他们早在当年三月便打下了山东莱州等地，现在开始攻略整个山东地区。刘福通以重兵屯驻许、颍等地，时刻关注着察罕帖木儿的行动，随时准备突袭汴梁城。

战局从这时开始变化，元廷应对也越发束手束脚。当年七月，山东义兵万户田丰投降毛贵，济宁落入东路军之手。八月，刘福通指挥盛文郁攻克归德、曹州。九月，宋军从曹州北上，攻克大名，进入河北一带。同月，中路军连克潭州、陵州、潞州，也深入至山西境内。如此混乱的战局，该先打哪股宋军成了元廷的新问题。

首先向元廷发来求救信的还是关中，察罕帖木儿恰好离陕西较近，于是率领麾下精锐进入关中抵挡西路军的攻势，击溃了白不信等人领导的西路军，斩首数万级。西路军被迫放弃攻打奉元的计划，向南攻克了兴元，然后又从兴元向西北方向推进，绕开了奉元，攻陷了更西侧的秦州、陇州，然后占据了巩昌。

西路军这一招与之前绕开函谷关相差无几，打下巩昌后，西路军这才转向东边，准备攻打凤翔。凤翔就在奉元西侧不远处，是奉元的门户，一旦陷落，奉元就成了被包夹在中间的饺子，早晚必被攻陷。

察罕帖木儿当然知道西路军的战略目标，不过西路军自攻陷巩昌后便有意放缓了攻势，似乎是在聚集力量，也有可能是畏惧察罕帖木儿的地主武装，想就地防守。察罕帖木儿没有干耗着，但他也不想去打巩昌，因为地主武装都是自己的兵马，死一些就少一些，当然要用在刀刃上，因此他没有直接前往凤翔，而是把军队驻扎在远离凤翔的地方，决定诱敌来犯。

察罕帖木儿在此期间故意派出间谍潜入巩昌，大肆散布凤翔守备空虚的谣言，说元军早已军心涣散，不少人逃去了奉元，似乎已经放弃了凤翔。白不信等西路军将领未能识破察罕帖木儿的计谋，果然全数杀奔凤翔，还把城池围了数十重。

一得到西路军包围凤翔的消息，察罕帖木儿立即点齐全部精锐铁骑，抛下了所有步兵，马不停蹄地奔袭凤翔城。这一战可谓精彩绝伦，察罕帖木儿麾下的骑兵就像是发现了猎物的饿狼，以极快的速度杀入了西路军的防线，根本不作任何休整和准备，立即开始了撕咬，如同当年项羽打巨鹿之战，头也不回地往数倍于己的敌军中间冲杀，连续突破了数十道防线，杀得西路军人仰马翻、哀鸿遍野。

凤翔城内的守军见援军如此生猛，当即打开城门杀出，配合察罕帖木儿的骑兵内外夹击，西路军由此大败，主力几乎损失殆尽，白不信等人溃逃，仅剩下李喜喜占据的巩昌。察罕帖木儿展开反攻，派李思齐包围巩昌，李喜喜自知难以坚守，被迫突围，逃入四川，后来又被明玉珍消灭。西路军宣告失败。

至正十八年（公元1358年），元军平定关中地区后，察罕帖木儿接到了增援冀宁的命令，于是掉转枪头杀向山西。不过，察罕帖木儿深谙兵法，既然中路军喜欢搞分兵出击，那元军就没必要直接去追，而是分出一部分兵力屯驻潼关，堵塞南山山口，又派兵占据绛州、阳城、闻喜等地，堵住他们进入陕西的通道，察罕帖木儿自己再率部埋伏在南山险要位置，杀了关先生等人一个措手不及，中路军被迫逃走。

察罕帖木儿吸取了征讨西路军的教训，知道宋军喜欢战略转移，他不想再让宋军从自己眼皮子底下绕到后方，于是开始了他精心设计的封锁作战，同样也是兵分三路：一路屯驻泽州，封锁了碗子城；一路驻扎在上党，封锁了吾儿谷；最后一路占据并州，封锁了井陉口。

这么部署如同打造了一个“捕鼠网”，让中路军不能到处乱窜，整个太行山一线因此都被连成铜墙铁壁，中路军多次进攻，都无法突破防线，不仅无法进入陕西，更无法撤回河南。察罕帖木儿麾下部将关保、虎林赤一路追着中路军打，多次击败关先生等人。中路军见状，只好做了一个比西路军更大胆的决定：向塞北转战。

九月，中路军在关先生、破头潘等人的带领下，抛下了身后的元军，向北攻陷了大同，逃入塞外。十二月，中路军在塞外千里转战，攻克了无人守备的上都开平，焚烧了元朝在这里的宫殿。这座元世祖忽必烈曾经的大本营，刘秉忠精心修筑的城市，金莲川幕府的所在，算是元朝的龙兴之地，如今被义军付之一炬，似乎也在暗示大元王朝的气运将尽。接着，中路军又向东攻下了全宁，转战进入辽阳行省，占据了辽阳城。中路军从察罕帖木儿的捕鼠网里逃走了。

察罕帖木儿远在冀、晋，肯定指望不上了，元廷只好自己上阵剿敌。元丞相太平以为中路军只是为了到处抢劫，不会长期占据辽阳，因为他们之前打下大同、上都、全宁后立马就撤走了，于是派儿子也先忽都领兵收复辽阳，摆明了是要等中路军撤离后接收地盘，好攒一点儿军功。没想到，中路军占据辽阳城，把贸然前来的也先忽都杀得大败而逃。

杀退元廷中央军后，中路军也不考虑反攻关内，而是去打近在眼前的高丽国。高丽国与元廷的关系密切，曾被元朝划为征东行省，作为支持元军征讨日本的大后方。

中路军杀入高丽后大显神威，连战连捷，于至正十九年（公元1359年）攻克高丽西京，至正二十年（公元1360年）攻克高丽王都，高丽国王狼狈逃离国都，留下的文武大臣都投降了关先生等人，并把女儿、姐妹送给中路军将士当妻妾，以此来迷惑他们。

不久后，中路军将士心生懈怠，高丽人便把他们的战马都困在了林中，然后突然发动反击，诛杀了所有不会说高丽语的人，中路军大败，关先生阵亡，余部逃回了辽东。经过高丽战役，中路军的兵力已不到原来的十分之一，他们除了冒险入关，似乎也没有任何其他选择。随后，这些人在孛罗帖木儿军队的打击下全部投降。中路军也宣告失败。

无论是中路军还是西路军，宋军的打法都很冒险，完全是流寇式的作战，既不能建立一个根据地，又不能歼灭元廷的生力军，像无头苍蝇一样到处乱窜，虽然给元廷造成了不小的震动，却没能把已有战果转化成自己的硬实力，最终也没能走得更远。

和西、中两路人马不同，东路军的打法就很有战略眼光，毛贵领兵作战并不执着于战利品，而是注重安定百姓，建立义军政府。他在山东到处攻城略地，除了强攻城池外，还广发委任状，招降元廷官兵，兵力像滚雪球一样增长得很快。

至正十八年正月，东路军攻克东平，二月攻陷济南、济宁（济宁曾被元廷夺回）、东昌。毛贵遂设置宾兴院，选用元廷旧官吏，以姬宗周等人分守各处城池，于莱州屯田三百六十处，自行补充军粮，史载：“（毛贵）公私田赋，十取其二，民颇归之。”[①]

毛贵虽然出自红巾军，但其战略眼光却高于普通红巾军，甚至高于宋军最高统帅刘福通，他在山东任贤安民，屯田养兵，实力大幅度增长，当地百姓投身红巾军的比比皆是，毛贵于是分兵攻克包括清州在内的整个山东，还派兵渡海增援辽东的中路军，袭扰高丽海岸线，甚至向北攻下了直沽、蓟州，直抵大都城不远处的柳林，几乎已经能看见元朝的皇宫了，他们距离实现目标不过一步之遥。

元廷大惊，一些大臣建议元顺帝逃离大都，要么去投陕西，要么逃往塞外，局势一度非常有利于东路军。可惜，在进攻大都的过程中，西路军、中路军都无法配合东路军的行动，元廷还有中央军可用，孛罗帖木儿领导（此时答失八都鲁已死）的地主武装也开始向大都紧急靠拢。最终，元将刘哈剌不花带着必死的决心与毛贵决战于柳林，远离大本营又没有后援的东路军战败，终究没能推翻元朝，被迫逃回山东养精蓄锐，试图恢复元气。

令人欣慰的是，宋军三路人马的分兵出击极大地扰乱了元朝的战略部署，最有能力剿灭宋军的察罕帖木儿辗转各处，根本没时间关注蠢蠢

① 引自《新元史·韩林儿传》。

欲动的刘福通。

至正十八年五月，刘福通率领宋军主力再次杀奔汴梁城，没有察罕帖木儿坐镇的汴梁哪里是宋军的对手，元守将竹贞弃城而逃，汴梁终于竖起了宋军旗帜。刘福通旋即把韩林儿迁至此处，定汴梁为大宋国都，自封为太保（刘福通谋杀了前丞相杜遵道，集中了权力），授毛贵、田丰丞相头衔，封王士诚、杨诚、陈猱头、续继祖为平章，刘珪为知院，红巾军总算达成了“重开大宋之天”的战略目标。

江浙盐贩

也许人们会奇怪，韩宋红巾军把元朝搅得天翻地覆时，作为国家顶梁柱的中书右丞相脱脱到哪里去了，怎么就没见脱脱领兵征讨刘福通呢？其实，在元廷眼中，河南红巾军是被区别对待的，刘福通领导的韩宋政权无论把声势闹得多么大，不过是一群乌合之众，早晚都会被剿灭，真正被视为大患的始终是那些破坏元朝漕运和海运的贼寇。这也就解释了为什么脱脱第一次出征不去颍州，反而到了徐州。

视线来到元朝的江浙地区，当地是元朝的钱粮大省，人口稠密，经济也非常发达。作为定都在幽燕的政权，元朝长期面临北方产粮过低的问题，而大都数十万百姓和塞外各部都依靠朝廷划拨钱粮，粮食成了元朝第一战略资源，其地位甚至超过了马匹，江浙就是唯一能给大都输血的长期“饭票”。

粮食从江浙运到大都，路程在一千五百公里以上，这么远的距离，如果靠陆上运输肯定得用大量的骡马，沿途的消耗巨大，累死的骡马还得另外算钱，故而元廷采用的是漕运和海运的方式。海运不用多说，沿着海岸线一路向北即可抵达山东、天津，唯一的问题是海运常常受天气影响，一旦遇到恶劣的海上气候，运粮船很容易沉没。故而漕运才是元廷最喜欢的运粮方式。

元廷重视漕运的另一个原因是海运在至正八年时就变得非常不稳定。方国珍，一个高大、威猛的海盐贩子，其祖上世代以贩盐航海为生，此人在至正八年时被人诬告私通贼寇后，干脆带着一帮兄弟逃到海上，聚集数千人发动了叛乱，专门打劫朝廷的运粮船，海运当即瘫痪。因此方国珍成为元廷的心腹大患，元廷数次派兵征讨。

第一个前来讨伐方国珍的是行省参政朵儿直班，那个时候的地方卫戍部队就像绣花枕头，一交战就被俘虏了大半，朵儿直班为了保命便向朝廷担保方国珍是良臣，授其定海尉。干了没几天的方国珍可能觉得拿俸禄还不如抢劫来得快，又扯旗造反了，继续打劫过往船只，还劫掠了温州。

第二个来讨伐方国珍的是行省左丞孛罗帖木儿，级别是高了不少，但能力却没怎么提高，又被方国珍俘虏了。朝廷只好让大司农达识帖睦儿来招降。方国珍又穿了几天官袍，等到河南红巾军起义后，他不想跟着去平叛，又扯旗造反，逃回海上，还诱杀了台州路达鲁花赤泰不华。

方国珍两次反叛，按理说元廷应该集中力量剿灭这伙海寇，但方国珍手眼通天，很懂人情世故，派人把一筐又一筐黄金白银送到大都，拿人手短的大臣们便力主再次招降方国珍，于是方国珍被任命为徽州路治中。

可是方国珍还是不满意，再次出兵，又攻陷台州，还焚烧了苏州的太仓。什么意思呢？就是告诉元廷官位还是给得不够高。对元廷来说，海运本来就不安全，方国珍这么一闹海运基本就中断了，与其屡次剿匪，不如直接让方国珍来管理海运，于是封了他个海道漕运万户。现在方国珍是新世侯了，自己管理海运，总不好再抢自己的船吧？

事实证明此举确实有用，毕竟粮食都从自己手底下过，随随便便也能揩点油，方国珍根本不再需要明抢。元廷从未像今天这样无奈，不管粮食被方国珍“贪墨”了多少，只要海运能送来几船，方国珍就是大功一件，不久还提拔他为行省参政，成了省府的高级官员。

那为什么颍州的红巾军没有这样的待遇呢？关键还是方国珍掐住了元朝的命脉，元廷不得不好言相劝，甚至是好生伺候着，毕竟论海战能力，蒙古骑兵肯定干不过方国珍的海盗船。

海运时断时续，元朝就更加依赖大运河的漕运航线了。

然而，至正十一年的红巾军起义很快截断了元朝的漕运线，芝麻李所占据的徐州就是大运河上的重要枢纽，所以脱脱不得不亲自带兵讨平徐州，恢复了漕运航道。显然，脱脱还是没有正确认识到韩宋红巾军的潜在威胁，在消灭芝麻李后就草草班师回朝，剩下的工作交给了其他人，结果叛乱越剿越严重，贼寇也越杀越多，工部尚书贾鲁病逝在围攻濠州的战场上。脱脱并不知道，这些他根本瞧不上眼的地方恰恰藏着能推翻元朝的力量。

糟心的事情发生在至正十三年，脱脱好不容易才恢复了大运河的漕运线，没想到河道上也出了个专门打劫的盐贩子。此人名叫张士诚，小字九四，泰州人，他和三个弟弟长期贩私盐为生，生意时好时坏。因为贩盐是上不了台面的勾当，被严厉禁止，张士诚的私盐生意便没有保障，一些大户常常拿了他的盐却赖着不给钱，张士诚也没法到官府申诉，否则先被抓的肯定是他自己。

据说就是因为被人拿捏到了痛处，越来越多的生意收不回钱，张士诚的生意越来越不好做，再这么下去早晚得破产。那些知道他是贩盐的人还经常羞辱他，丘义就是欺辱他的人里的代表。于是，在一个月黑风高的晚上，张士诚带着十七个生死兄弟冲入丘义家，诛杀了丘义满门，随后他们又把那些欠钱不还的富户一个接一个地灭门，还纵火烧了这些人的房子。

事后，张士诚知道自己只有造反才有活路，就跑到盐厂招募人手，那些盐工都认识张士诚，早就不想当低贱的盐户了，索性跟着张士诚一起造反。这些人当即攻下泰州，兵力增长到一万余人，不久后又杀死行省参政赵琏，攻克兴化，在德胜湖建立了营寨。

有了兵马，张士诚开始朝大城进发，镇守高邮的元朝官吏胆小懦弱，根本不敢坚守城池，张士诚只率数千人就冲进了城内，元朝守将当即弃城而逃，高邮就此落入张士诚之手。

高邮陷落，元廷立即慌了：大运河从高邮经过，张士诚把这里一占，漕运不就跟着断了吗？于是元廷还是采用对付方国珍的那一套，能招降的就招降，直接把万户的委任状送到高邮。不过张士诚的野心可比方国珍大多了，万户算得了什么，他要的是王爵，竟然把元廷使臣李齐杀了。

这下元廷怒了，派枢密院都事石普领兵一万讨伐张士诚。石普早有对敌之策，认为高邮靠着湖泊，骑兵不如步兵好用，当即带着一帮精锐步兵乘夜偷袭了城外叛军，连拔十多座营寨，不久就包围了高邮城。石普亲自领兵进攻高邮北门，战况一度非常有利于元军。

张士诚的叛军见石普骁勇，都不敢进攻，本来是来看热闹的蒙古骑兵见高邮叛军不敢抵挡，于是准备趁机捞一把，因为元朝一直有个不成文的规定——头功得是蒙古人的。这些骑兵立即策马冲进城门，把石普的兵马挤到了一边。

可真到了两军交战时，蒙古骑兵在巷战里被杀得哭天喊地，于是又头也不回地冲出城门，也不管眼前的石普友军，只顾一味冲撞，石普的兵马就这样被友军骑兵挤到了湖中，溺死者不计其数。张士诚趁势追杀，石普当场阵亡。

第一次高邮讨伐战就这样结束了，元廷只好派平章咬住、廉访使王也先帖木儿再次招安张士诚，可张士诚还是我行我素，根本瞧不上元廷的委任状。

至正十四年(公元1354年)，张士诚兵多将广，又有击败元中央军的战绩，旋即祭告天地，自封为诚王，立国号“大周”，建元“天祐”。六月，周军攻略扬州，江浙行省丞相达识帖睦尔战败，天长诸县落入周军之手。元廷这才弄明白，张士诚看不上万户的委任状是因为他的野心已经到了要裂土封疆的地步，这还了得？看来不集结重兵镇压还真不行了。

当年九月，中书右丞相脱脱上疏元顺帝请求讨平高邮张士诚，顺帝遂下诏授予脱脱总领诸王南征之权，包括节制诸侍卫亲军兵马，中书省、御史台、枢密院、六部及各司官员均由脱脱自行选任。从塞外草原到高丽王国，各地精锐兵马都在脱脱的召集下集结起来，对外号称百万大军，旌旗相连千里，金鼓震动天地，元朝自建国以来从未有过如此规模的出征仪式。

脱脱之所以要搞这么大的阵仗，原因大概有三：一是向天下人宣扬自己的权势；二是下定了屠灭高邮叛军的决心；三是打算以讨伐高邮的名义扫荡整个河南江北行省，彻底消灭刘福通的红巾军。

张士诚的兵马不过数万人，哪里见过这么庞大的元军，只好撤回高邮城防守，他留在城外的军队无一例外的全被脱脱轻松歼灭。十一月，脱脱正式包围了高邮城，并分兵攻略六合、天长等地，高邮外城很快沦陷，张士诚及一众亲信已经做好了自刎的准备。

看来高邮张士诚根本不是丞相脱脱的对手，一旦和真正的元军精锐交手就变成了待宰的羔羊，元军恢复大运河指日可待了，剿灭河南义军也指日可待了。然而，历史在这里来了个惊天大反转，权势滔天的脱脱突然收到了来自元顺帝的诏书，他的官职、爵位、兵权都被收走了，曾经指点江山的一代权相突然变成了被流放的囚徒。

元顺帝罢免脱脱的决定看起来不可理喻，实际却早有端倪。根据《元史·脱脱传》记载，脱脱掌权后睚眦必报，得罪了很多大臣，就连当年他辞去相位后帮助他脱离政敌别尔切不花迫害的哈麻，在恢复相位后，他也因为听信亲信的谗言，与之疏远，还降了哈麻的职，把曾经的恩人变成了死敌，这导致朝廷反脱脱势力空前强大。同时，脱脱插手储君册立，反对元顺帝立奇皇后之子爱猷识理达腊为太子，因为他更倾向于立蒙古族皇后弘吉剌·伯颜忽都的子嗣，[①]这又得罪了以奇皇后为首的后宫势力。

消灭张士诚，恢复大运河航线，这在脱脱看来是当前第一要务，是关系元朝生死存亡的大事，但元顺帝没有这么高的觉悟，因为脱脱插手皇储废立已然触及皇帝的底线，看着脱脱召集上百万军队一起南征，元顺帝难免生出一丝担忧，若脱脱也像燕铁木儿、伯颜那样专权会怎么样？元顺帝很容易被人挑拨，再加上哈麻、奇皇后等人反复进谗言，意志不坚定的元顺帝还是动摇了。

脱脱好用是不假，但功高震主肯定不行，干预皇储废立就更不行了。在哈麻等人三次上疏弹劾脱脱后，元顺帝终于下定决心罢免脱脱，以脱脱的百万军队战事不利、劳师费饷为由，褫夺脱脱的官职、爵位，

---

① 《元史·脱脱传》：哈麻尝与脱脱议授皇太子册宝礼，脱脱每言："中宫有子，将置之何所？"以故久不行。

将其发配淮安，后安置亦集乃，后又驱逐至遥远的云南，最终于至正十五年十二月，用一杯毒酒将其赐死，脱脱时年四十二岁。

其实，脱脱收到诏书时，他的参议龚伯曾提出应对之策，即以将在外君命有所不受为由，故意不打开顺帝的诏书，待消灭张士诚后再交出兵权。然而脱脱听后却说："天子诏我而我不从，是与天子抗也，君臣之义何在？"[①]于是毫不犹豫地打开了诏书，交出了兵权，并把自己的三千匹名马分别赐给了将士们，让他们服从朝廷派来的使臣，黯然退出了历史的舞台。

一些忠于脱脱的将领宁死也不愿意接受这样的结局，[②]另一些人不愿意继续作战，纷纷逃离战场，这支号称百万的大军竟然在随后几个月中不战而溃，还有不少人干脆当了叛军，也开始了烧杀抢掠。

张士诚得救了，元朝却危在旦夕。自此以后，元廷再也无法召集这样的一支中央军，只能完全依靠来自地方的地主武装。元末乱世以高邮之战为节点，进入了另一个阶段。

直到至正二十二年（公元1362年），冤死的脱脱才得到平反，恢复了之前的官爵和荣誉，但大错已铸，再无挽回余地，有元臣感叹道："奸邪构害大臣，以致临敌易将，我国家兵机不振从此始，钱粮之耗从此始，盗贼纵横从此始，生民之涂炭从此始。设使脱脱不死，安得天下有今日之乱哉？"[③]

脱脱死了，元朝横扫河南的机会一去不复返，但历史的焦点却没有

---

① 引自《元史 · 脱脱传》。

②《元史 · 脱脱传》：客省副使哈剌答曰："丞相此行，我辈必死他人之手，今日宁死丞相前。"拔刀刎颈而死。

③ 引自《元史 · 脱脱传》。

因为脱脱的离去而离开，时代的弄潮儿在人们毫无察觉时登上了历史的舞台，他就藏在高邮不远处的濠州。

第九章

新势力，兵起濠梁

濠滁立业

至正十二年，徐州城陷入一片火海，红巾军领袖芝麻李被杀，余部在赵均用、彭大等人的带领下向南逃窜，躲进了濠州城。徐州收复后，元廷顿感万事大吉，漕运又通了，粮食和岁币又能运了，丞相脱脱便被紧急召回大都封赏，可是徐州叛军还没有被完全消灭，难道又要提前庆祝胜利？当然不可能了，脱脱走前还是把接下来的战事做了安排，任命心腹贾鲁为八卫汉军指挥官，负责踏平濠州，势要把赵均用、彭大等人一并诛杀。

濠州战场上，元军来势汹汹，把城池围得水泄不通，有之前踏破徐州的战绩，这些元兵个个信心满满，准备大掠一番。作为成功治水的工部尚书，贾鲁凭借治水之功晋升荣禄大夫、集贤大学士、中书左丞，他对红巾军恨得直咬牙，誓要把河南的红巾军消灭殆尽。这也很好理解，治理黄河水患本是大功一件，但治水却治出了红巾军，贾鲁因此如鲠在喉。

当年脱脱提议治水时，上一任工部尚书成遵坚决反对，他指出水患虽然严重，但把二十万民夫集中到黄河，万一有人登高一呼，祸乱恐怕比水患还严重。[①]脱脱可是说一不二的主，心里早就打定主意要治好黄河，哪能允许这种反对的声音出现，更何况这个反对的理由还真有说服力。脱脱不想动摇元顺帝治水的决心，当即罢免了所有反对者，把贾鲁提拔到工部尚书的位置，治水便成了定局。然而，成遵一语成谶。

---

① 《元史·成遵传》：丞相脱脱已先入贾鲁之言，及遵与秃鲁至，力陈不可，且曰："济宁、曹、郓，连岁饥馑，民不聊生，若聚二十万人于此地，恐后日之忧又有重于河患者。"脱脱怒曰："汝谓民将反耶！"自辰至酉，辨论终不能入。

还没等黄河问题解决，红巾军就起兵了，贾鲁顶着巨大的压力，以雷霆之势完成了浩大的黄河工程。结果红巾军起义迅速蔓延各地，到处都是红头巾，难免有人会旧事重提，指责脱脱、贾鲁贸然治水。

因此，贾鲁很想消灭红巾军，恢复河南江北行省的秩序，这样他的治水才算彻底成功。

丞相脱脱看人很准，他发现贾鲁不仅脑子好使，做事的决心还很大，领兵追缴叛军余党的重任非贾鲁不可。就这样，文官出身的贾鲁披上了战甲，负责指挥八卫汉军兵马，与总兵官平章月可察儿一同攻打濠州。决战之前，贾鲁慷慨誓师道："吾奉旨统八卫汉军，顿兵于濠七日矣。尔诸将同心协力，必以今日巳、午时取城池，然后食。"①

说罢，贾鲁拔剑指城，策马直前，元军纷纷朝濠州城杀奔而去。这本应该是濠州城最终的结局，但贾鲁杀抵城下时，突然头晕目眩，力不能支，竟然跌落马下，只好在营中休养，但他仍然命令元军奋勇杀敌。贾鲁突然病重对元军士气的打击很大，刚刚还是气吞山河的虎狼之师，顿时没了气势。

不久后，贾鲁病逝军中，时年五十七岁。

贾鲁的死来得太巧、太突然了，危若累卵的濠州城有如神助，竟然在城破的前一刻得救了，剩下的元军没了之前的气势，在连续啃了五个月的城墙后，最后选择了放弃，狼狈撤走。历史的聚光灯就这样来到了这座毫不起眼的小城——濠州。

濠州隶属于安丰路，北临灵璧，西靠怀远，东接泗洲，南坐定远，濠水在城前流过，城市就建在河道间的夹角中，这种地势易守难攻不

---

① 引自《元史·贾鲁传》。

假，但城市三面均被山水限制，也间接限制了它的发展，濠州很难发展成一座像徐州一样的大城。

濠州虽然不起眼，但它却在元末频频出现在元廷的军报中。正如前文所述，就在刘福通等颍州红巾军起事的同时，濠州城被一伙豪侠强占了，领头的叫郭子兴，祖上是曹州人，此人喜好打抱不平，又爱仗义疏财，结交游侠，就这样聚集了数千人，打下了濠州城。

不过，和刘福通这样的枭雄相比，郭子兴决心不够坚定，做事不够狠辣，举事后和孙德崖等五人一起治理濠州，都称元帅。本来是被推举的领袖，后来反而被其他四人排挤，常常受制于人，最后不得不待在府里不理政事，眼看就要被彻底架空了。[①]

幸运的是，郭子兴的转机很快就来了。至正十二年，一个头裹红巾的年轻小伙冒冒失失地来到濠州城门前，当时的濠州正被元军围攻，正常人都是拖家带口逃离濠州，这个小伙却反其道而行，这让守门的兵卒心中起疑，当即把小伙给绑了，然后以捉住元军奸细的名义把他送到郭子兴面前，就等着郭子兴一声令下，好拿小伙的人头祭旗。

命运有时候就是这样，越是凶险，往往越是暗藏机遇，小伙的机遇就是能和郭子兴见上一面，这是关系他命运前途的关键时刻。史料没有详细记载小伙被押到郭子兴面前后发生了什么，只知道郭子兴与小伙相谈甚欢，之后把他留在身边，担任亲兵长。刚刚还是即将被砍头的奸细，转头就被提拔为元帅的亲兵长，能有如翻天覆地的转变，小伙的气质、胆识、见解肯定发挥了巨大的作用，这段史书没有具体

① 《明通鉴·前编卷一》：初，子兴起濠，同事孙德崖等四人，与子兴而五，各称元帅，不相下。四人日事剽掠，子兴意轻之，四人浸不悦，合谋倾子兴。

描述的会面绝对是影响中国历史的重要一瞬，小伙的人生从此也走上了快车道。这位小伙就是未来大明王朝的开国皇帝朱元璋，此时他还叫朱重八。

关于郭子兴对朱重八的态度，《明通鉴·前编卷一》记载道："久之，甚见亲爱，凡有攻伐，必召与谋，命之往辄胜，子兴自是兵益盛。"

果然，英雄不仅要有说服人的口才和智慧，还得有达成目标的能力和手段，郭子兴正为精兵猛将不足而烦恼，朱重八的到来不仅让郭子兴多了一个智囊，更多了一员征伐的猛将，这种兼具谋略和勇武的人才可遇不可求，郭子兴的近况大为改善，对朱重八的重视也与日俱增，连郭子兴的夫人张氏也催促他把养女马氏早点嫁给朱重八，理由是不能让这样的豪杰投入别人门下。[①]

郭子兴深以为然，当即将好友马公托付给他的女儿马氏许配给了朱重八，正式招他为女婿，赐名元璋，字国瑞，此时朱元璋才二十五岁出头。

关于朱元璋的身世，《明史·外戚·陈公传》记载了这样一个故事。崖山海战时，一个陈姓宋兵投水未死，意外地被海浪推到了岸边，他和几个生还的宋人靠着残留的粮食勉强挺了过来，不久即被元兵俘虏。然而俘虏陈氏的元兵统领竟是他曾经的上司，统领不忍杀死他，便将他藏在甲板下，每天从甲板缝隙倒下汤汁，这才让他活了下来。后来元军将领发现了他，准备把他丢入大海，恰在此时，狂风大作，骇浪惊

---

①《明通鉴·前编卷一》：至是欲以妻太祖，子兴次妻张氏复趣之，曰："今天下乱。君举大事，正宜收召豪杰。吾见朱某诚异人，可与共功业，慎勿弃之，以资他人用。"

天，元军将领非常惊恐，统领便诈称陈姓宋兵会巫术，可以改天换日。陈姓宋兵只好假装施法，不想恶劣的天气果然转晴，元将信以为真，于是好吃好喝地招待陈姓宋兵，还把他送上了岸。

逃出生天后，这个陈姓宋兵不愿意再入伍当兵，就跑到盱（xū）眙（yí）津里镇隐姓埋名，后来还生了两个女儿，长女嫁给了季家，次女嫁到了朱家，而他自己一直活到了九十九岁。历史的车轮从来不会停歇，它总是在让人想不到的地方埋下伏笔，嫁给朱家的陈氏次女连续生下了六个孩子，最后一个男孩出生于天顺元年（公元1328年），他就是今天濠州城内的朱元璋。

幼年时的朱元璋家境贫寒，至正四年的饥荒夺走了父母和兄长们的性命，而嫁出去的姐姐下落不明，身无分文的朱元璋连埋葬父母的钱都没有，如今，朱元璋的人生迎来了新的起点，他的命运与郭子兴紧紧地绑在了一起。

此时的濠州城又是什么局面呢？

作为濠州元帅，郭子兴的府邸却门庭冷落。郭子兴自从被其他四个元帅排挤后，他手中的权力就一天比一天小，人们发现遇事找郭子兴可能根本不管用，郭府就变得更加冷清了。更糟的是，赵均用、彭大逃入濠州后，仗着兵强马壮，两人立马反客为主，把五个元帅置于麾下，郭子兴的地位进一步下降。

濠州战役结束后，赵均用、彭大都僭号称王，一个称永义王，一个称鲁淮王。小小的濠州城居然出了两个王加五个元帅，地盘不大，兵力不多，钱粮不足，排场倒是高出各路群雄不少。山头林立的最大问题就是政出多门，两个大王谁也不服谁，五个元帅肯定也要各自站队。

有意思的是，孙德崖等四个元帅都站队赵均用，只有郭子兴一个人力挺彭大，彭大这边就显得人手不足，好在彭大的兵马很多，并不会因为其他元帅都投靠赵均用就落得下风，郭子兴的地位因此勉强上升了一点儿。

可是郭子兴耿介有余而智谋不足，且他不事钻营，难免得罪赵钧用一伙人。且他发现赵均用和孙德崖是一丘之貉，他们都不顾民生，只知道作威作福，因此非常看不起赵钧用。郭子兴心里藏不住事，这种情绪直接表现在了行动上，《明史·郭子兴传》便说郭子兴“薄均用”。赵钧用本就心胸狭隘，再加上孙德崖从旁煽风点火，便动了杀心，直接找了个理由把郭子兴给绑了，囚禁在孙德崖家中，准备捏造个由头杀了他，这样也可以削弱彭大的实力，以便日后兼并彭大的队伍。

朱元璋赶紧带着郭子兴的两个儿子去找彭大，彭大当然不会袖手旁观，都知道郭子兴是他的人，就这么被赵均用杀了，以后濠州谁还肯听他的命令。彭大当即带着朱元璋等人撞开了孙德崖的府门，砸开了郭子兴身上的枷锁，要不是当时元军包围了濠州，估计赵均用和彭大马上就要打起来。

这件事不免让朱元璋陷入了沉思，他的岳父加事业引路人由于性格上的缺陷，很难在山头林立的濠州长期站住脚，随着赵均用的实力日渐壮大，彭大这棵树也抱不了多久了。乱世要生存，就得壮大自己的实力，朱元璋首先想到的是招募兵马，但狭小的濠州就这么点儿人口，再也挤不出啥油水了，于是他向郭子兴请命去周边募兵，在老家招募了七百多人，儿时的玩伴徐达、汤和在这时加入了他，朱元璋因此得到了镇抚之职。

徐达，字天德，世代务农为业，性格刚强坚毅，作战威武勇猛，年少时就有很远大的抱负，此时方才二十二岁，《明史·徐达传》称赞他“言简虑精”，指挥作战令行禁止，且善于抚慰士卒，还能与士兵同甘共苦，与民秋毫无犯，朱元璋曾夸奖他：“受命而出，成功而旋，不矜不伐，妇女无所爱，财宝无所取，中正无疵，昭明乎日月，大将军一人而已。”[①]

汤和，字鼎臣，同样是少年大志，还是孩童时就爱练习骑射，指挥玩伴们作战，成年后身高七尺，豪爽洒脱，有智慧，多谋略，《明史·汤和传》称赞他“沉敏多智数”，投奔郭子兴后当即被授予千户之职，是朱元璋同乡中最亲近的朋友之一，不过他喜欢喝酒，常因醉酒而犯下过失，但仍是一员虎将。

虽然七百人不多，但在郭子兴看来却是超额完成了任务，只是问题依然没能解决，赵均用、彭大各自为政，相互使绊子，濠州军怎么也走不出去，压抑的氛围和危险的环境让朱元璋萌生了帮郭子兴另立山头的想法。不过朱元璋此时应该还没打算建立个人势力，他还没有真正脱离郭子兴的队伍，所有行动都是得到郭子兴支持的，也借了郭子兴的大旗，离开濠州的目的是壮大郭家军的力量，而不是自己占山为王，因为他的名声、威望根本不足以自立。

至正十四年，朱元璋把七百兵马交给了郭子兴，以继续募兵的名义取得了离开濠州的许可。临走前，朱元璋只向郭子兴要了二十四人作为亲兵，这些人都是愿意和朱元璋离开濠州的同乡，而且只认朱元璋为大哥，是朱元璋最早的支持者，这二十四人就是徐达、汤和、吴良、吴祯、花云、陈德、顾时、费聚、耿再成、耿炳文、唐胜宗、陆仲亨、华云龙、郑遇春、郭兴、郭英、胡海、张龙、陈桓、谢成、李新材、张赫、周铨、周德兴，而此时谁也不会想到，这二十四人将来会成为一个王朝的开国元勋。

带着二十四将离开濠州的朱元璋犹如蛟龙入海，虎归山林。可仅靠

---

① 引自《明史·徐达传》。

他们肯定是无法闯出一番天地的，他还得继续募兵，募更多的兵。这队人马就跑到定远境内，一边招募新兵，一边寻找人才，有了几百人后，朱元璋决定冒险收编周围较大的山寨。朱元璋很快找到了目标，定远张家堡有一伙民兵搞了个组织叫“驴牌寨”，人数有三千之多。这伙人结寨自保，又没有地盘和百姓，时间一长，粮食就不够了，正为投奔哪个山头而发愁呢。

这不正是上天送来的兵马吗？不过朱元璋只是濠州的小镇抚，名气太小了，三千人马投谁也不会投奔他呀，于是朱元璋打起了郭子兴的旗号，带着费聚等几人直奔驴牌寨。驴牌寨一看有人上门，立马出来几十号人，手里都拿着武器。费聚见状想回去把兄弟们都叫来，朱元璋却不同意，都来了也才几百号人，难不成还能吓倒三千人吗？他单骑上前，独自下马过河，点名要见驴牌寨的首领。对方不知朱元璋底细，见他这么有胆识，也觉得是个人物，立马出来和他答话。

朱元璋说道：“郭元帅与足下有旧，闻足下军乏食，他敌欲来攻，特遣吾相报。能相从，即与俱往，否则移兵避之。”①

一看是濠州元帅的使者，驴牌寨当即表示愿意加入红巾军，但还需要时间和其他兄弟商量。朱元璋便解下佩囊交给对方当作信物，还把费聚留下等待。但是三天后，费聚却一个人跑了回来，说驴牌寨反悔了，准备去投奔其他山头。

这哪能行，煮熟的肥鸭子岂能让它飞了？

朱元璋立即点齐了三百人，直抵驴牌寨。对方以为朱元璋要来攻打驴牌寨，也全都跑出来列阵，然而朱元璋并没有这么做，而是告诉对

---

① 引自《明史纪事本末 · 卷一》。

方绝不勉强他们，说郭元帅准备了些好酒菜，邀请他们去赴宴。寨主不疑有他，因为郭子兴仗义疏财的名声早就人尽皆知了，于是带着一帮人出寨答谢。没想到寨主一到朱元璋近前，一伙人蜂拥而上，架着寨主就跑。

三千民兵搞不清楚怎么回事，以为寨主真的和他们去吃酒了，并未追赶。过了一会儿，朱元璋派人告诉剩下的民兵，说寨主已经投奔了郭子兴，让他们赶紧跟来，顺便把寨子也烧了。寨子一烧，三千人彻底没了退路，只好真的跟着降了朱元璋。

收了驴牌寨三千人后，朱元璋又以类似的方法收降了秦把头的八百人，得到近四千人的朱元璋已经不满足于小山寨了，他把目光投向了更大的山头，盘踞横涧山的元军义兵多达两万人，领头的张知院有这么多人手却没有什么作为。朱元璋让花云领兵夜袭横涧山。花云也是一员猛将，几乎无人能挡，张知院阵亡，部将缪大亨为活命只能加入了红巾军。

朱元璋很快便以郭子兴的名义拉起了一支两万多人的队伍，定远人冯国用、冯国胜（后改名冯胜，又名冯宗异）、李善长都在这时加入了他。其中，冯国胜雄勇多智略，不仅通晓兵法，而且很擅长领兵作战，是难得的帅才，而他的兄长冯国用文武双全，智虑绝人，给朱元璋提出了“占据金陵，四面出击，倡导仁义，天下可定”的战略规划，①这让朱元璋看到了新的人生方向。

但朱元璋也很清楚，手里目前的两万人马都是奔着郭子兴来的，如

---

①《明史纪事本末·卷一》：国用对曰：“金陵龙盘虎踞，帝王之都。愿先拔金陵，定鼎，然后命将四出，救生灵于水火，倡仁义于远迩，勿贪子女玉帛，天下不难定也。”

果他们知道自己是拉大旗作虎皮，说不定马上会离开。朱元璋没有把这支队伍带回濠州，因为那样做郭子兴的地位虽能上升，却还是赵均用、彭大的手下，而自己也依然是个小人物，因此朱元璋决定用这两万人打一块根据地，帮助郭子兴脱离濠州。

朱元璋的目标是扬州路境内的滁州，滁州位于濠州东南侧，定远刚好夹在两者中间，可以作为联络点，而滁州目前还是元军的地盘，打它是名正言顺。郭子兴非常同意朱元璋的方案，如果朱元璋能在滁州开辟一个根据地，自己在濠州的话语权也能增加不少，要是实在混不下去了还能去滁州自立。

七月，朱元璋领兵攻打滁州，勇武的花云再次充当先锋，单骑杀入元军阵营，居然从数千人的军队中横穿而过，元军上下没有一人能把他拦下。这一番操作下来，元军士气大跌，都有了畏战之心。朱元璋趁义军士气大振，带着全数兵马发动总攻，胆小的元兵很快败逃，滁州就此陷落。

看着滁州城头升起的义军旗帜，踌躇满志的朱元璋第一次尝到了权力的味道，如今的他已经不再是那个战场上拼命搏杀的小兵了，一方百姓成了他守护的对象，数万军队是他实现志向的伙伴，连失散的侄子朱文正、外甥李文忠也前来投奔，前路虽然凶险却充满了希望。从这时起，朱元璋算是正式进入了历史舞台的中央。

东进和州

滁州朱元璋这边刚刚开辟根据地，濠州郭子兴那边却出事了，因为郭子兴靠山彭大死后，继承人彭早住威望不足，赵均用意图兼并彭早住的队伍，便拉着濠州全部人马去打泗洲，还让朱元璋也带兵去守盱眙。

朱元璋肯定不愿意，好不容易才有了自己的地盘，现在一纸文书就想兼并他的队伍，绝无可能，于是找了个理由推辞了。事实证明朱元璋的决定是正确的，赵均用扩张地盘是假，兼并各部是真，两个大王很快发生火并，彭早住被乱箭射杀，郭子兴也再次沦为阶下囚，濠州军成了赵均用一个人的了。

朱元璋担心郭子兴性命不保，于是和赵均用打起了感情牌，写信说道："公昔困于彭城，南趋濠，使郭公闭壁不相纳，死矣。得濠而踞其上，更欲害之，背德不祥。"①

当然，赵均用一看就不是个重感情的人，朱元璋话锋一转，接着威胁道："且郭公易与耳，其别部在滁者，兵势重，可虑也。"②

赵均用忌惮朱元璋手里的数万兵马，而朱元璋先和他打感情牌，说明朱元璋不想翻脸，赵均用无法控制滁州的兵马，干脆卖了朱元璋一个人情，把郭子兴和他手下的一万人马放还滁州，郭子兴就这样在滁州重新建立了大本营。

有了新地盘，郭子兴逐渐忘乎所以，忘记了这份基业是朱元璋一手打下的，立即着手集中权力，收走了朱元璋的兵权，甚至想把他的幕僚李善长等人也一并调走。这不是犯了和赵均用一样的老毛病吗？不过朱元璋也没有办法，地盘是他打的不假，但兵马都是以郭子兴的名义招募的，除了最初的那几十个人，其他人都不是他的嫡系。

这时郭子兴又想称滁阳王，朱元璋劝他说："滁州四面是山，商旅

---

① 引自《明史纪事本末·卷一》。

② 引自《明史纪事本末·卷一》。

不通，不是可以久待之地。”[①]且当时元丞相脱脱正攻打高邮，一支元兵已经杀到滁州不远处的六合，现在称王就是引火烧身，他们根本抗不住脱脱百万大军的进攻。

十月，六合元帅遣人向郭子兴求救，郭子兴本不想发兵，但朱元璋却认为唇亡齿寒，六合一旦失守，元军很快就会杀到滁州来，不如主动去帮忙。郭子兴听后还是很犹豫，又想占卜看看吉凶。朱元璋愤怒地说道：“事之可否，当断于心，何祷也？”[②]

于是，郭子兴同意朱元璋率部前往瓦梁垒，与耿再成一同坚守据点。在那里，元军的攻势相当猛烈，几乎要在日暮前攻破城墙，只因夜战困难才作罢，义军只能连夜修补壁垒，第二天重复相同的战斗。朱元璋从没遇到过这么艰苦的战斗，时间一长也支持不住了，只好掩护当地百姓仓皇撤走。

可是就这么跑了，元兵肯定是要追击的，到时候能不能回到滁州还不一定呢。朱元璋决定用伏击之策，就找了一处山涧埋伏了起来，故意让耿再成率领小股部队诱敌深入，元兵中伏大败，损失了不少辎重和战马。这伙元兵见朱元璋的队伍确实不好对付，再加上朝廷的目标不是滁州，便就此作罢，放弃了攻打滁州的计划。

此行虽然没能保住六合，但朱元璋也不是一点儿收获都没有，他在这时得到了两员大将——虹县人胡大海、邓愈。

邓愈，原名邓友德，勇气绝伦，十六岁时便担任先锋冲锋陷阵，无所畏惧，《明史·邓愈传》赞其“每战必先登陷阵，军中咸服其勇”。

---

①《明史·郭子兴传》：子兴至滁，欲据以自王。太祖曰：“滁四面皆山，舟楫商旅不通，非可旦夕安者也。”子兴乃已。

② 引自《明史纪事本末·卷一》。

邓愈性格谨慎，老成持重，做事往往精益求精，领兵打仗很有方略，而且他严守法度、军纪严明且心系百姓，从不劫掠无辜百姓，但凡麾下将领有欺压百姓之事，他一律军法处置。朱元璋直言不讳地称邓愈是大明可以依赖的“长城”。[①]

胡大海，字通甫，身长面黑，智力过人，特别擅长带兵打仗，常常叹息说：“吾武人，不知书，惟知三事而已：不杀人，不掠妇女，不焚毁庐舍。”[②]可见此人不是只知道抢掠的匪寇，而是心系百姓、知道民间疾苦的统帅。而且胡大海心胸宽广，待人以诚，对待部将、士卒很是宽厚，从不吝惜赏赐，连敌军中投降而来的人都承认胡大海对待他们非常好，又因为他严守军纪，大公无私，在军中很有威名。

至正十五年春，兵多将广的滁州也遇到了濠州相同的问题：饥荒。郭子兴不由得佩服朱元璋的见识，四面都是山的滁州确实不可久留，于是召集诸将商议向哪里发展。朱元璋想起了冯国用曾说过的战略规划，当即提出攻打和州的建议。

和州在滁州的东南侧，紧靠长江。朱元璋之所以建议攻打和州，主要是因为和州对面就是太平，沿着太平向北就可以抵达集庆，所以朱元璋是想先取和州，再打太平，最后占领集庆。

郭子兴觉得朱元璋的建议很正确，但是和州的元兵很多，远在滁州之上，怎么才能打下城防坚固的和州呢？

朱元璋早就想好了，他建议将兵马分成两队，一队穿元军的青衣，冒充来自庐州的元军，谎称给和州送补给，另一队则穿红衣，与青衣军

---

① 《明史·邓愈传》：已而遇春克襄阳，以愈为湖广行省平章，镇其地，赐以书曰：“……我赖尔如长城，尔其勉之。”

② 引自《明史·胡大海传》。

相去十里，青衣军混入和州后举火为号，红衣军乘势杀出，内外夹击，可一战攻下和州。

郭子兴觉得此法可行，让妻弟张天祐统率青衣兵，耿再成指挥红衣兵。两队人马先后出发，张天祐抵达陡阳关时，当地父老还真把他们当成了元军，纷纷用酒肉犒劳。青衣兵一看老百姓这么热情，又有吃的，旋即跟随他们而去，谁承想张天祐一喝酒就误事，居然忘记了时间。

后面的耿再成等了许久也不见信号，焦急、按捺不住的他认为张天祐已经得手了，于是率领兵马杀向和州。元军守将见后根本不慌，命令士兵在城墙上架起飞桥，士兵们纷纷从飞桥缒下，一番搏斗下来，耿再成大败而逃，被元军一直追杀到了千秋坝，幸好天色已晚，否则耿再成很可能会被俘虏。

回去后，耿再成把事情的经过说了一遍，认为张天祐肯定阵亡了。事实上，张天祐的军队吃完饭后才想起去和州城，路上刚好碰见凯旋的元军。张天祐的出现让他们毫无防备，再加上之前的战斗已经消耗了他们大半体力，结果被酒足饭饱的张天祐杀得大败，当夜就逃离了和州，和州易手。

另一边，滁州城外刚好来了支元兵，他们是来招降郭子兴的。此时的滁州兵马都被张天祐带去打和州了，耿再成又兵败而归，城内已经没有多少兵马了。要是元军现在攻城，郭子兴怕是真要完了。

关键时刻，还是朱元璋冷静应对，他把城内百姓和三座城门的守军全部调到南门，伪装出人山人海的假象，然后让元军使者到南门相见。元军使者见后，以为滁州兵强马壮，只好悻悻而归。元军见无法说服郭子兴，又打不下城池，不久便撤走了。直到这时郭子兴等人才知道和州原来已经被张天祐占领了。

一边是张天祐贻误战机，耿再成兵败而归，另一边是朱元璋智计退敌，保全滁州，郭子兴本想削弱朱元璋的权力，提拔妻弟张天祐当和州守将，奈何张天祐不成大器，差点误了大事，现在大家都交口称赞朱元璋，他也只好任命朱元璋为和州总兵，节制和州兵马。

对朱元璋来说，镇守和州又是一次外放的好机会，但问题是攻打和州的兵马大多是郭子兴的旧部，几个主将也是张天祐带去的，朱元璋能指挥徐达、汤和等人，却不一定能指挥动这些人，所以和州总兵也不是那么好当的。

一到和州，朱元璋就做了两件事，一是立威，二是安民。要立威，朱元璋可以用杀人的办法，可如果真的动了刀子，诸将心里怨恨不说，事后也可能留下隐患，他的策略是既要“威慑”诸将，又要让诸将“服气”，怎么做呢？

朱元璋故意隐匿了委任状，只说是郭大帅派来协助防守的，众将看朱元璋这么年轻，都没把他当回事。议事的时候，朱元璋故意最后一个到，其他人纷纷抢到了右边的座位（当时以右为尊），唯有朱元璋一个人坐到了左边。可一提到修缮城池的具体问题时，其他人都说不到点子上，朱元璋却思路清晰，给出的方案也是分工明确，诸将都暗暗称赞。

等到任务期限截止，只有朱元璋一人按质按量完成了修缮任务，其余将领竟然无一人完成。这时的朱元璋再也不隐藏身份了，直接拿出委任状，宣布自己就是郭子兴任命的和州总兵。而按照军法，凡是没能按时完工的人一律要被惩处。诸将顿时大惊，冷汗直流。

但朱元璋话锋一转，说道：“总兵，主帅命也，非我专擅。今甃城皆不如约，事何由济？自今违者，军法从事。”[①]诸将一听，这才松了

---

① 引自《明史纪事本末·卷一》。

一口气，都有种死里逃生的庆幸，自是再也不敢违反朱元璋的军令了。朱元璋仅此一计，既立了自己的威，又施了众人的恩，还展现了自己的能力，一箭三雕，不可谓不高明。

众人既然已经信服，朱元璋立马着手安民。安民不难，朱元璋刚进城的时候就发现和州军军纪败坏，大肆掠夺他人妻女，现在便命令诸将释放所有掠夺来的妇女，让她们的家人到军营前领人。一时间，当地百姓争相拥向军营领人，再次看见亲人的他们喜极而泣，对新到任的和州总兵交口称赞，和州秩序大定。

军心，民心，朱元璋都有了，现在就差军功了，能打胜仗的将军才能得到士兵的信服。和州紧靠长江，过河就是太平，距离滁州反而很远。和州丢失后，元军立即调集军队试图反攻，首先分兵屯驻高望、新塘、青山、鸡笼山等处，封锁了各处要道，阻断了和州与滁州的联系。失去滁州家小的消息，和州军上下难免紧张不安，朱元璋第一时间带兵出击，猛攻各处元兵。没想到元兵趁朱元璋离开和州城，绕过他偷袭和州。计是好计，只可惜元军的战斗力太差，当时和州只剩下书记官李善长，而元兵居然连李善长也打不过，反被守军杀死了不少人，后方的山寨又被朱元璋烧了个精光，进退失据，只好全部渡江逃走。

和州地方不大，麻烦却不少。

刚刚才赶走元军，老熟人孙德崖又来了，因为他们那里也遇到了饥荒，没粮食了。听说和州有粮食，孙德崖便带着部队过来找饭吃。朱元璋接纳了他，还让他把军队驻扎在城内。按说朱元璋是当年亲自闯入孙德崖府中救郭子兴的将领之一，他很清楚郭子兴与孙德崖已经到了势同水火的地步，为什么要迎孙德崖入城呢？

朱元璋有自己的考量：同为义军的他们虽然有些矛盾，但若能化敌为友，结成统一战线，力量就壮大了。且有了这份人情，假如他日自己也有困难，孙德崖还好意思不帮忙吗？仇恨不久记，利益才是第一位。

可惜郭子兴不这么想，听说仇人进入了和州，他当即点齐兵马，气势汹汹地杀奔和州。时移势易，如今郭子兴控制着滁、和两州，兵强马壮，良将众多，孙德崖却像乞丐一样到处流窜，正是报仇的时机。

孙德崖得知郭子兴也来到和州后，知道对方不怀好意，当即辞别朱元璋，要把部队拉走。郭子兴一见朱元璋就破口大骂，朱元璋知道老丈人生气，只好连连告饶，但他更害怕两军在和州大打出手，于是亲自送军队出城。由于军队人数过多，朱元璋先一步出城，孙德崖在最后压阵。然而朱元璋出城没多久，孙德崖和郭子兴就打了起来，孙德崖被郭子兴生擒。

朱元璋得知后，预感大事不妙，拔马就跑，但还是被孙德崖的军队扣下了。郭子兴气急败坏，本想杀了孙德崖解恨，奈何女婿也成了别人的人质，不得不交换人质，先用徐达换回了朱元璋，最后再放了孙德崖。

这件事后，郭子兴就气病了，于至正十三年三月病逝，留下儿子郭天叙、郭天爵两人。没了老元帅，郭家军该由谁来领导，朱元璋，郭天叙，还是张天祐？就当时的情况来看，朱元璋、郭天叙都有自己的支持者，军队也分成两派，谁也不服谁。于是众人商议后，决定投靠韩宋政权，此时的韩宋政权俨然是各路义军的领袖。

韩林儿很快就送来了册封的圣旨，郭天叙为元帅，张天祐为右副元帅，朱元璋为左副元帅。也不知道作为使者的张天祐是怎么向刘福通汇报的，朱元璋就这么排到了第三位，气得朱元璋怒吼道：“大丈夫宁能受制于人耶！”[①]吼归吼，朱元璋也不得不默认，好在韩林儿的任命让他可以作为领导者参与管理整个郭家军，只要架空郭天叙和张天祐就

---

① 引自《明史纪事本末 · 卷一》。

行。这对朱元璋来说是一个新的起点。

定鼎金陵

在和州的这段日子，朱元璋始终没有忘记自己的目标，那就是攻取集庆。别人攻占集庆多是为了那里的金银财宝，而他却是为了占据古都成就一番伟业。然而，是不是得到和州就意味着能够夺下集庆呢？当然不是，虽然和州看起来距离集庆很近，实际却有看不见的“万里”之遥。

第一个问题是长江。朱元璋的义军来自濠州、滁州，全都是陆军，没有水军怎么渡过波涛汹涌的长江？游泳肯定是过不去的，何况还要带上粮草、武器等辎重。

第二个问题是防线。集庆作为元朝统治江东的主要据点，不仅屯有大量兵马，而且周围的太平、溧阳、溧水、芜湖等地都是它的屏障，镇江、常州、广德等地也有不少可以增援它的驻军，这样一来，它就拥有了数条防线。

攻打集庆是真正的难题，没有决心和信心是不可能实现的，朱元璋为此日夜谋划建立自己的水军，可是白手起家谈何容易。正在朱元璋为此发愁时，巢湖水师的使者俞通海来了。

巢湖位于和州西侧的巢县，属于庐州路的辖区。庐州左君弼为了消灭巢湖水师，不断派兵进攻他们。左君弼也是一员猛将，再加上他有庐州各地的资源支持，实力不足的巢湖水师渐渐处于下风，眼看就要被歼灭在巢湖了，他们商量后决定投靠和州，因为他们听说和州军已经加入了韩宋政权，是韩林儿的外藩。

朱元璋大喜过望，他期盼已久的水师终于来了。不过，巢湖与和州之间没有水路，巢湖水师要加入和州军就必须向南穿过无为州旁的水道，然后在芜湖附近进入长江，顺长江才能抵达和州。这条路线非常长，自然变数也很多，沿途的元军更是不少，朱元璋顾不了那么多了，他决心收编巢湖水师，再难也得试一试。

为此，朱元璋带上了自己的兵马亲自前往巢湖。在那里，他登上了巢湖水师的战船，见到了巢湖水师的几位主将，不禁暗自高兴，因为这帮人中，赵普胜、廖永安、廖永忠、俞廷玉（俞廷玉是俞通海兄弟的父亲）、俞通海、俞通源、俞通渊、赵伯仲、桑世杰、张德胜、华高等都是很有潜力的战将，一口气收编了这么多的人才，还得到了期盼已久的水师。

告别了巢湖水师的大本营，朱元璋带着巢湖水师向长江进发，一路上都很顺利，眼看就要通过入江口了，海将蛮子海牙的率领的元军战船却突然出现，堵住了河口，挡住了巢湖水师的去路，朱元璋等人进退不得。朱元璋想得到巢湖水师就必须先打败实力更强的元军舰队。

几番水战下来，巢湖水师均不能突破楼船高大的元军舰队，只能退守黄墩。蛮子海牙似乎猜到了朱元璋急于拉巢湖水师入伙的意图，坚决不肯放巢湖水师进入长江。朱元璋也急了，当即驾驶小船借助水势突出重围，只身返回和州召集兵马。不久后，朱元璋带着从和州商贾那里借来的大批商船，满载着士兵杀回战场。

这一次，巢湖水师战力迸发，他们会同朱元璋的和州兵马猛攻蛮子海牙，从陆上和水上夹击对方，而且巢湖水师战船体型较小，在水中灵活机动，蛮子海牙的战舰却高大笨重，速度便不如对手，常常击不中对方。恰逢连日大雨，水位暴涨，朱元璋旋即拍板：突围就在此时，纵舟浔阳桥。

突围方案极为冒险，大家都很担心水涨得太多，而浔阳桥又太矮，船身万一高于大桥而被堵住，届时蛮子海牙再从后面追来，巢湖水师和朱元璋就要全数落水喂鱼了，于是朱元璋决定带着一批不怕死的兄弟首先尝试冲过浔阳桥。

这完全是孤注一掷的豪赌，朱元璋等人架着飞船直冲浔阳桥时，速度和水势完全无法控制，要是船身真的高于大桥，结局只有船毁人亡。然而，第一批飞船驾着风浪从桥下堪堪而过，未伤及分毫，众人见状顿时发出惊天欢呼，于是士气大振的巢湖水师纷纷满舵跟上，奋力地划桨突围。后面的蛮子海牙船身过大，无法通过，只能看着朱元璋等人逃入长江。

一入长江似蛟龙，昔日旧舟踏征途。曾经被庐州兵马欺负的巢湖水师驶入了滚滚长江，从此成为朱元璋攻略江南的重要力量。谁能想到，这支看似弱小的水师将和朱元璋一起在鄱阳湖中赢得一场中国历史上规模最大的水战；又有谁能想到，他们还将在数十年后驶入万里海域，跟着一个名叫郑和的人远赴非洲大陆，开创万国来朝的盛景。

有了水师的加入，和州兵马终于能渡过滚滚长江了。可要在哪里登陆呢？如果直奔集庆，义军所要面对的风险非常大，都知道集庆有重兵防守，而且蛮子海牙还在集庆坐镇，义军水师很难在集庆城下占到便宜，因此最稳妥的办法还是走陆路，按原计划攻打太平，从太平北上进攻集庆。

打太平，朱元璋决定先取采石，取采石势必先克牛渚。义军人马乘着水师战船浩浩荡荡地杀奔采石矶。元军早有防备，于滩头列阵迎战，还部署了大量弓弩飞石。义军一到，元军立即万箭齐发，连射飞石，义军水师但凡有人过于靠近便会被打得船毁人亡，大军被阻挡在距离滩头十米远的地方。

朱元璋很着急，目标近在咫尺，战船却无法靠近，要是一直这么僵持下去，蛮子海牙的战舰一旦过来增援，义军就要腹背受敌。正在朱元璋发愁之际，只见船队中冲出一艘小船，船上只有一个彪形大汉，身上背着长槊，双手奋力地划着桨。众人不禁惊呼，这不是要去送死吗？

可是，彪形大汉毫无畏惧，迎着箭矢、飞石勇猛向前，锋利的飞箭从他的脸旁嗖嗖飞过，落石在他的身旁激起了数丈水浪，小船依然无惧无畏地接近滩头。朱元璋顿时来了精神，聚精会神地看着这个勇猛的士兵，只见大汉在接近滩头的一瞬间忽然举起长槊刺向对面的元兵，元兵被这快如闪电的攻势杀得猝不及防，当即中槊倒地。

大汉身手敏捷，顺着长槊的方向纵身一跃，稳稳地跳上了岸，旋即疯狂地挥槊横扫，把周遭的元兵杀得血肉横飞，惊得众人争相奔逃。

义军被这一幕深深鼓舞，朱元璋挥军跟上，战船纷纷张帆冲锋，也都不避飞来的箭石。一靠上滩头，众将纷纷跳上岸，各自砍杀。元军防线从一处到两处，如同崩塌的堤坝，一发不可收拾，最终全线溃逃，采石矶就这样被义军占领。

那个驾驶飞船抢滩登陆的大汉，正是后来名震天下的常遇春。

常遇春，字伯仁，相貌奇特魁梧，果敢有力，擅长骑射，原属盗贼刘聚的部下，因刘聚只知剽掠，没有志向，遂决心投奔红巾军。第一次见到朱元璋时，他正在大树下睡觉，梦中听见有人呼唤他起来拜见主人，一睁眼就看见意气风发的朱元璋，当即拜倒并求为先锋。但朱元璋并未立即接纳常遇春，而是说道：“汝特饥来就食耳，吾安得汝留也……俟渡江，事我未晚也。”①

① 引自《明史·常遇春传》。

如今常遇春用实际行动证明了他的勇武，朱元璋当即兑现诺言，将常遇春收入帐下，拜为先锋。常遇春性格豪迈，作战如同迅雷，常常独自带兵突入敌军阵中，能在乱军中杀进杀出，其吼叫声如洪钟，令敌人战栗。他虽然不爱读书，带兵作战的方式却常常与古人兵书所言相同，再加上他善于抚慰士卒，故而能得到一群死士追随，所以常遇春冲锋陷阵从无败绩，军中都称其为“常十万”。[①]朱元璋可能没有想到，这个彪形大汉正是上天赐给他的良剑利刃，是一柄无坚不摧的长矛。

占领采石矶后，义军缴获了不少粮草物资，众人惊喜万分，纷纷把战利品往船上搬，准备打道回府。朱元璋的目标是太平，现在士气正旺，怎么能就此放弃？于是，朱元璋带着徐达等人怒气冲冲地赶到岸边，不由分说便把战船的缰绳全部砍断，任由船只漂走。[②]众人一看，战利品没了，船也没了，除了继续向前，别无他途。太平随即被义军攻陷，元万户纳哈出被俘，平章完者不花、万户万钧、达鲁花赤普里罕忽里等弃城逃走。

太平虽然被义军攻克，但元廷在附近还有大量的兵马。首先是元军主将福寿统率的元军主力，兵强马壮且粮草充足，驻地正是集庆；其次是蛮子海牙的元军长江水师，他们对义军的威胁很大，随时能切断义军与后方的联系。除此之外，元军还有一支地主武装，统帅是陈野先、康茂才，兵力在四万到五万之间。朱元璋等人就像杀入狼群的猎人，需要时刻防备着敌人的反扑。

---

① 参见《明史 · 常遇春传》：遇春尝自言能将十万众，横行天下，军中又称“常十万”云。

②《明通鉴·前编卷一》：乃悉断舟缆，放急流中，舟皆顺流东下，谓诸将曰：“太平甚近，当与公等取之。”

不久，元军开始实施第一轮反攻作战，兵分两路而来：第一路由蛮子海牙、阿鲁灰率领元军舰队再次攻向采石矶，封锁了姑孰口，算是截断了义军与和州的联系。第二路由义兵元帅陈野先、康茂才率领四万元军水陆并进，反攻太平城。

面对陈野先的两路元军，朱元璋同样采用了分兵之策，由他自己率领主力正面迎战陈野先，另派徐达、邓愈从两侧绕过元军，埋伏在他们后方的襄城桥，义军由此形成包夹之势，主力若胜则前后合围，主力若败则由偏师救援，是非常稳妥的计策。

决战时，义军以一当十，攻势猛烈，陈野先的元军数量虽然很多，但都不敢死战，等到他们的攻势受阻后，这些人习惯性地战略撤退，正好误入徐达、邓愈的伏击圈，因此阵势大乱，全线崩溃，陈野先当场被俘。

朱元璋不想杀陈野先，他这一路征战下来总喜欢招降纳叛，增强自身实力，如今见陈野先也是一员悍将，遂决定将其收入麾下。然而，陈野先表面上答应朱元璋，心里还是向着元廷，为了不让朱元璋看出自己是诈降，陈野先假模假样地给逃散的旧部写信，要他们及时归附义军。本来只是做做样子应付一下，没想到元军义兵还真的全数来投，陈野先暗自后悔，但随即想到了一个更阴毒的诡计。

八月，义军开始展开对集庆外围的扫荡，由徐达领兵相继攻克溧水、溧阳、句容、芜湖等地，这些地方呈扇形分布在集庆东侧，之所以要先打这些地方，很明显是为了断绝周围元军增援集庆的通道。朱元璋给徐达的任务即坚守以上城池，阻止元军突破防线，增援集庆城。从这一部署可以看出，朱元璋很有战略意识，现在就只剩下“关门打狗”了。

一个月后，义军主力正式进攻集庆城，郭天叙、张天祐、朱元璋、陈野先分别率领各自兵马攻打一处城墙。战斗非常激烈，元兵统帅福寿亲自提剑督战，蛮子海牙的水师又在侧后方袭扰，义军的伤亡很大，各处战线均无任何进展。

现在义军三大首脑齐聚集庆城下，陈野先终于等到了使出绝杀之计的时候了。为了能一举成功，陈野先很早就与元军统帅福寿达成默契，故意在义军面前表现出战况激烈，骗得了三大元帅的信任。等到战况进入僵持阶段后，陈野先突然倒戈相向，和福寿的兵马一同攻打义军。

由于事先没有防备友军，郭天叙、张天祐的军队很快被元军包围在城下，身后的营寨旋即被攻破，两人均战死当场。而朱元璋得益于距离陈野先的防线稍远且麾下猛将无数，竟然在元军的重重包围下强行突围。陈野先为了赶尽杀绝，亲自带兵追击，结果在途经葛仙乡时被当地乡民百户意外刺死。剩下的追兵只好退屯方山，朱元璋在损失了上万兵马后才安全退回太平。第一次集庆攻防战失败。

第一次集庆之战的失败改变了江东的局势，郭天叙、张天祐战死沙场不说，麾下不少优秀将领也一并阵亡，朱元璋本人也损失了上万人马，再加上倒戈相向的四万陈野先旧部，以及屯驻采石矶的蛮子海牙，义军从优势一方变成了劣势一方。更糟糕的是，徐达的偏师同样没能守住集庆外围的阵地，溧水、句容、芜湖等地相继失守，只剩下溧阳一座孤城，而且与太平之间还隔着元军，两支人马都被包围了。

虽说被包围了，但朱元璋并没有自乱阵脚，现在他是义军唯一的元帅，可以名正言顺地发号施令，再也不用像原来那样还得征求其他人的意见。因此，朱元璋借机重新整编了义军，将自己的部下安排在重要职位上，把邵荣、赵继祖等郭家将也一并收入麾下，如此便完全掌控了郭子兴的旧部。同时，也许是吸取了陈野先的教训，朱元璋释放了在太平俘虏的万户纳哈出，临走时还善意地告诉他：“为人臣者各为其主，况尔有父母妻子乎！”[1]言外之意是你不归附我是可以理解的。这份情义为后来的辽东之战埋下了伏笔。

内部事务处理完毕，朱元璋开始着手解决外部问题。元军的几路人马中，蛮子海牙的水师阻断了义军与和州大本营的联系，将士们不知道家里情况，难免军心浮动，所以解决蛮子海牙是当务之急。这一次，朱元璋还是决定倚仗水师破敌，可是蛮子海牙的水师战力很强，打败他并不容易，朱元璋这时想到了一员猛将——常遇春。

朱元璋一反常态，没有让水师主将廖永忠、俞廷玉等指挥水师，而是把部队交给了常遇春，让他从水路直接攻击蛮子海牙的战船。另外，为了转移蛮子海牙的注意力，朱元璋率领主力部队从太平出发，首先进攻元军陆上的防线，从而牵制元军兵力，等到元军把兵力部署到陆地上后，常遇春率领的水师才振帆杀出，直冲元军水师。

至正十六年二月，义军主力趁蛮子海牙兵力集中到正面战场时，出奇兵攻击其侧后方的水寨，常遇春又一次驾船飞驰入阵，纵火焚烧元军水师，大火随着风势和攻势很快覆盖整座元军大寨，元军战船几乎被焚毁殆尽，蛮子海牙仅以身免，元军的长江水师就这样被歼灭了。

摧毁元军水师后，义军与后方建立了联系，军心恢复稳定。朱元璋不打算休整，决心在元军重新组建水师前杀奔集庆，再次派徐达攻克溧水、句容、芜湖等地，恢复了对集庆的战略包围。这时，元军改变了战略部署，不再固守城池，而是把主力调到城外，分兵扼守集庆外的战略要地，御史大夫福寿亲自坐镇蒋山，陈野先之子陈兆先屯兵方山，呈掎角之势。

---

① 引自《明史纪事本末 · 卷一》。

三月，朱元璋统率水陆大军杀向方山，陈兆先大营很快就被攻破，三万六千元军全部投降。这些降兵都是朱元璋的老熟人了，上一次他们在陈野先的带领下诈降，如今已是第二次投降，虽说朱元璋表示不计前嫌，但他们心里都很不安，害怕像秦末巨鹿之战后的秦军那样被集体坑杀。

朱元璋看出了降兵们的顾虑，专门从他们中间挑选了五百勇士组成亲卫队，由爱将冯国用统领，晚上睡觉时独独留下他们在身边宿卫，自己则解甲安眠至天亮。这样一来，数万降兵总算放下心来，军心日趋稳定。

方山已破，福寿已成孤军。这一次，义军既不用担心蛮子海牙，也不用担心地主武装，数万虎狼之师终于扑向了他们期待已久的猎物——集庆。三月初十，义军猛攻蒋山防线，冯国用领五百亲卫队先登陷阵，攻破防线，义军随即追亡逐北直抵城下。常遇春、胡大海等人率领敢死队架着云梯攻城，像蚂蚁一样源源不断杀向城楼，福寿力战阵亡，蛮子海牙突围逃走，地主武装康茂才率余部投降。

集庆终于陷落了。旧时建康城，今日元璋府，江东第一古都属于朱元璋了。

朱元璋从至正十二年加入义军，到至正十六年占领集庆，短短四年时间，不到三十岁的他便实现了别人穷尽一生也未必能实现的目标，当初冯国用规划的“占据金陵，四面出击，倡导仁义，天下可定”的战略，已经顺利实现了第一步，也是最关键的一步，朱元璋由此走向历史舞台的中心。也许人们会问，同时代的英雄豪杰那么多，为什么脱颖而出的是白手起家的朱元璋呢？

朱元璋出身自贫苦人家，当过牧童，当过流民，也当过和尚，他能在大多数人活不下去的时候活了下来，可见他的求生欲极强，意志力非常人可比。尝遍人间冷暖的他也懂得民间疾苦和百姓所盼，起兵以来就主张严肃军纪、禁止抢掠、废除暴政、安抚百姓，这些措施无一不是他争取民心的体现。

起事以来，朱元璋不断招揽有志之士，不仅收罗勇士猛将，也招募儒士学者，李善长、冯国用、陶安、李习、杨宪、胡惟庸等文人书生都在这期间被招入幕下，他的麾下文武皆备，谋划合理，军政有序，这和同时代只知道抢掠地盘的群雄大不相同。他可以不计前嫌，与仇人和解（孙德崖、陈野先旧部）；他也可以纵敌归山，不加条件（纳哈出）；他甚至会礼葬敌军将帅，善待生者（福寿）。正如清代史学家谷应泰总结的那样，朱元璋兼有“五德”：“（朱元璋）进冯国用之谋，是其仁也。褒嘉靳义，礼葬福寿，赴子兴之难，纵野先之去，是其义也。克太平而延见名士，入金陵而拊慰父老，是其礼也。还军降定远，移师救六合，借天语以拒酖（dān）毒，环宿卫以定反侧，是其智也。击海牙于黄墩，麾遇春于采石，坐叱元使者，不奉韩林儿，是其勇也。嗟乎！濠城之起，始于揭竿，乃能规模弘敞，有兹不世出之略，是则五德既备，百神自呵，而术数之家，沾沾以休征福应为王者受命之符，则但知其得天，而不考其顺人，良足哂也。”[①]

江东攻略

夺占集庆后，朱元璋俨然有了割据一方的资本，滁州、和州、太平、集庆连成一片的范围并不算小，仅集庆一地就给朱元璋提供了多达

---

① 引自《明史纪事本末·卷一》。

五十万人的军民。这意味着朱元璋领导的义军势力既得到了坚固的根据地，又得到了足以开疆拓土的资金、人口，他现在要钱有钱，要人有人，要粮有粮，有了足够的资本，他于是决心继续扩大自身势力，把更多的土地纳入统治。

从这一刻起，朱元璋身上发生了些许变化。

首先是身份上的变化。至正十六年七月左右，得知集庆已被朱元璋占领，且郭天叙、张天祐俱已阵亡后，韩宋朝廷决定设立江南行中书省，以朱元璋为平章政事，手下诸将均升为元帅，授权其经略江东。这么做等于正式承认郭家军变身为朱家军了，郭子兴仅剩的儿子郭天爵因而只得到了个虚衔，最终还落得身首异处的结局。同月，按照朱元璋的授意，诸将尊奉朱元璋为“吴国公”，竖起了大宋吴国公的旗号。

论官位，朱元璋是韩宋皇帝任命的江南行省一把手；论爵位，朱元璋又是高于一般义军将帅的公爵。双重身份加持下，他已经是“行丞相、总省事”的一方诸侯了，由此开府设官，建立幕府，以李善长、宋思贤为参议，以李梦庚、陶安等为左右司郎中，以徐达、汤和为同佥枢密院事，以冯国用为帐前亲军总制都指挥使，复置左、右、前、后、中五翼元帅府及五部都先锋，以王习古、王德为提刑按察司佥事。第一届应天政权领导班子建成。

然后是心态上的变化。以占据集庆为分界线，朱元璋不再把自己视为和元廷抢土地的起义军，而是统治天下的新君主。既然是君主，就要有臣民，更要得民心，而要得民心，他就不得不改造曾经的郭家军，把他们打造成一支能代表天下百姓的“仁义之师”。早在当年三月，朱元璋便着手严肃军队纪律，严禁他们再搞烧杀抢掠的老一套，还和徐达、常遇春演了一场戏，假称要军法处置屡次纵容士兵抢掠的常遇春，等诸将一起前来求情时，他再以不侵害百姓为条件赦免常遇春，诸将自此便不好再违反军纪了。

这一年，胸怀成就大业之志的朱元璋改集庆为应天，意为顺应天意。

在成就大业的路上，朱元璋所奉行的大战略来自两个人：一个是早期加入他的冯国用，他提出了“占据金陵，四面出击，倡导仁义，天下可定”的战略构想，这是为朱元璋成就帝业而提出的计划；另一个是儒家学者朱升，他建议朱元璋“高筑墙，广积粮，缓称王”[①]，其核心思想是厚积薄发，放弃虚名，切不可像其他义军领袖那样早早称王称帝，引来元军的疯狂攻打。

朱元璋虽然文化程度不高，但善于学习，而且求知欲非常旺盛，肯听取智者的意见，还能举一反三，最重要的是他还特别能忍耐，能忍住欲望，止住虚荣心。冯国用、朱升的战略思想之所以能得到执行，很大程度上是因为朱元璋能做到不急不躁、忍而不发、稳中求进。因此，朱元璋的实力增长很快却不容易引起敌人的重视，元廷始终没有把攻略重点转向江东的朱元璋，一直以为只有韩宋政权和天完政权才是最大的对手，殊不知朱元璋的破坏力几乎是摧枯拉朽的。

建立应天政权时，朱元璋所面临的局势是比较有利的。前文所述的龙凤三路北伐此时正在高潮阶段，元廷的大量兵力被集中到北方地区，南方只能由各地守将自行守卫，应天府周围虽然驻守着大量元军，却基本没有外援。

其中，元将定定把守镇江，别不华、杨仲英屯驻宁国，青衣军张明

① 《明史纪事本末 · 卷一》：闻前学士朱升名，召问之。对曰：“高筑墙，广积粮，缓称王。”太祖悦，命参帷幄。

鉴占据扬州，八思尔不花驻扎徽州，石抹宜孙镇守处州，石抹厚孙守卫婺州，宋伯颜不花盘踞衢州。基于这一现状，朱元璋决定继续向南发展，先占据江浙行省，再图其他地区，因而首先攻克了应天东面的镇江和南面的广德，分别由徐达、邓愈镇守。

元朝的江浙行省很大，也很富饶，包括今天的浙江、福建、江苏南部和江西部分地区，一直是给元廷输送钱粮的大后方，丞相脱脱两次南征都是为了恢复江浙与大都的交通线。然而，这么重要的行省却没有一个强势的管理者，当时受命治理江浙行省的达识帖睦迩是文官出身，曾任中书省平章，因深受元顺帝信任被提拔为江浙行省左丞相，而且有专制一方的权力，可以不经过禀奏自行任命官吏。即使如此，达识帖睦迩依然无法有效整合江浙行省的力量，整天忙着保卫大本营杭州，这都是因为“江浙的盐贩们”太不省心了。

至正十五年，在高邮之战中死里逃生的张士诚再也不想待在淮东地区了，他没有推翻元朝的雄心，只想找一块沃土安个小家，战火纷飞的江北地区实在不是一个可以睡安稳觉的地方。于是，张士诚率领麾下军队从南通（当时也叫通州）渡过长江，先克平江，再取常州、松江等地，基本占领了长江三角洲。张士诚至此迁都平江，把承天寺作为王宫，射三箭于房梁作为标记，积极攻略江浙。

眼看张士诚就要打到杭州了，打不了仗的达识帖睦迩病急乱投医，到处请外援，请来的是苗族统帅杨完者和他麾下的十万苗军。这支苗军战力很强，曾参与镇压各地义军的军事行动，作战经验丰富，唯一的问题是军纪太差了，走哪儿抢哪儿，根本不像一支官军。但是达识帖睦迩没办法，他只有找来杨完者才能保住杭州。因为杨完者的到来，张士诚在攻打嘉兴时就碰了钉子，连败数阵，损兵折将，不甘心的他又让兄弟张士德走小路偷袭杭州，同样被赶来的杨完者击败。

一时之间，张士诚与达识帖睦迩进入拉锯阶段，都不能吃掉对方，消耗了不少精力。趁着这个间隙，朱元璋决定开始他的江东攻略，于至正十六年九月，特地遣杨宪为使与张士诚通好，意在保证东线领土无忧，还亲自写了一封示好的信：

“近闻足下兵由通州，遂有吴郡。昔隗嚣据天水以称雄，今足下据姑苏以自王，吾深为足下喜。吾与足下东西境也，睦邻守国，保境息民，古人所贵，吾甚慕焉。自今以后，通使往来，毋惑于交构之言，以生边衅。”①

通常情况下，多一个朋友总比多一个敌人强，何况张士诚正与元军交战，与朱元璋交好是比较明智的选项。不过，朱、张之间的同盟并未建立，张士诚不仅扣下了杨宪，还派兵攻打镇江。不少人认为是因为朱元璋在信中误把张士诚比作隗嚣，引得张士诚大怒，这才导致双方没能建立友好关系。这种说法有待商榷，如果仅仅是因为信中比喻不恰当就挑起战端，张士诚的气量就太小了，更大的可能是张士诚想拿下整个常州，把整个太湖都包裹起来，但是朱元璋首先攻取了宜兴，摘掉了常州的西南角，这让张士诚非常不满。

这是朱元璋始料未及的，但他并不担心，因为镇江前线很快传来捷报，徐达在龙潭大败张士诚的兵马。可惜，镇江之战只是个幌子，那里并不是张士诚的进攻重点，他真正的目标还是宜兴。趁朱元璋主力鏖战镇江之时，张士诚又转攻宜兴，斩杀大将耿君用，宜兴落入张士诚之手。

得知张士诚斩将夺城后，朱元璋也怒了，再也不搞表面上的睦邻友

---

① 引自《明史纪事本末 · 卷四》。

好了，直接令徐达围攻张士诚的常州，誓要报丢失宜兴之仇。见朱元璋大举来犯，张士诚立即派兄弟张士德率数万兵马救援常州。

在张士诚的阵营中，领兵打仗的工作基本都靠张士德，长江三角洲地区就是由张士德一力攻下的。徐达很清楚，常州守军拼死坚守的原因是张士德增援的消息，如果他能把这支援兵悉数歼灭，常州守军便会失去抵抗意志。于是，徐达命令围城部队撤离，退军到十八里外。

表面上，徐达装出一副严阵以待的样子，实际他已经制订了作战策略，将兵马分为三股，一股分作为伏兵绕到张士德身后埋伏，一股是部署在战场侧翼的铁骑，而徐达率领主力正面迎战张士德。

交战后不久，徐达的铁骑突然杀出，从侧翼撞入张士德的方阵，横穿而过，弄得张士德阵脚大乱，全线溃退。张士德只好指挥军队退走，试图重整后再回来与徐达较量。没想到徐达早就预知了战局的发展，他所派出的伏兵就埋伏在张士德撤退的路线上，前后一合围，张士德大败，手下大将沦为俘虏。当年十月，华云龙、王弼等人也在旧馆击败了张士诚的另一个兄弟张士信，擒获骁将汤元帅，不少兵马投降。

这下轮到张士诚派使臣了，他当即表示愿意交割粮食二十万石、黄金五百两、白金三百斤作为犒军的礼物。朱元璋哪里会同意，当初双方势均力敌时正好结盟，现在张士诚军队大败，张、汤二元帅还成了俘虏，拿下常州几乎成了板上钉钉的事情，又怎么会轻易退兵？所以朱元璋不仅要张士诚放还杨宪，还要对方把已死的耿君用和被俘的将领都还给他，另外贡粮数额上涨到五十万石。

张士诚求和的诚意显然不足，要是他再遣使者加大筹码，朱元璋也许会同意退兵，然而张士诚没有这么做，而是派大将吕珍领兵再次增援常州，并用间谍策反了刚刚投降徐达的七千军队。这些人的突然叛变给攻城军队带来了极大的麻烦，徐达一度被包围在了牛塘，迟迟不能突围，幸好常遇春、廖永安、胡大海及时发现，率兵击退了叛军，否则后果不堪设想。这次叛变和陈野先当年的叛变一样恶劣且危险，给朱元璋造成了不小的打击，该怎么管理投降的军队，这成了朱元璋不得不思考的问题。

至正十七年二月，朱元璋以耿君用之子耿炳文为大将，领兵攻打湖州境内的长兴。长兴位于太湖的南部，攻下长兴就能阻断张士诚从太湖南面来犯的通道。耿炳文为父报仇，战意高昂，一举击败张士诚大将赵打虎的三千兵马，擒其守将李福安、答失蛮等，获战船三百余艘，之后又击败张士诚派来的援兵，牢牢占住了长兴。朱元璋便以耿炳文为元帅，专事镇守长兴。

三月，张士诚已经无法组织更多援军增援常州，常州城内的粮草旋即被消耗一空，守将吕珍不得不弃城逃走，常州全境并入朱元璋的势力，由汤和领兵镇守。

打下常州和长兴后，朱元璋居于太湖以西，张士诚盘踞太湖以东，双方基本都失去了和谈的意愿。虽然东线不能保证平安无事，但朱元璋并没有因此放弃原定的南下策略，加上手里的军队充足，他立即调徐达到南线，于当年四月攻入宁国。见城池久攻不克后，朱元璋便亲自领兵上阵，打造攻城飞车，编竹为重蔽防止火烧，数道并进，日夜猛攻城池。守将杨仲英力不能支，只好开城投降，骁将朱亮祖、十万军士和两千匹战马归顺了朱元璋。

急攻宁国对朱元璋意义重大。宁国位于应天以南、广德以西，紧邻杭州，打下宁国意味着朱元璋可以从南面包围张士诚，阻止张士诚向杭州扩张，同时他也打开了进入江浙行省南部的通道，可以大举攻略当地城池。更重要的是，朱元璋得到了以朱亮祖为代表的十万降兵，他们的加入让朱元璋的实力又上升了一个台阶，对付张士诚的底气就更足了。

五月，朱元璋继续增兵太湖一线，一路由俞通海率领水师攻破了马迹山的水寨，抵达洞庭山口，张士诚大将吕珍来战，俞通海右眼被箭矢射中依然不为所动，还命令将士披上自己的甲胄立于船头，惊得吕珍只好退走。另一路则由张鉴、何文正率兵渡江进攻江北泰兴，同样在击败了张士诚的援兵后占领城池，打开了进入扬州的通道，也与常州形成了一双拳头，对准了江阴。

六月，朱元璋命令赵继祖、郭天禄、吴良等人从常州进逼江阴。张士诚的军队分驻秦望山，与主城一南一北，成掎角之势。本来这是很稳妥的策略，但交战当日天空突然降下暴雨，大风摧屋拔树，以致守军视线不清，弓矢被风吹得威力全无。赵继祖等人顺势猛攻，占据秦望山，溃兵连忙逃回城池，全都堵在了西城门处，结果被追兵逐一斩杀，江阴也落入朱元璋之手。

江阴距离张士诚的都城平江仅一百余里，它的陷落严重限制了张士诚的活动空间，此前他还可以沿长江水陆并进围攻镇江，现在没了江阴作为枢纽，张士诚的军队已经无法从长江攻向应天，反而是平江随时有被朱元璋偷袭的可能。

七月，徐达领兵伺机收复之前丢失的宜兴，由于张士德坐镇常熟，徐达便分出一队兵马交给先锋赵德胜，命其牵制张士德的兵马，阻止援兵接近宜兴。赵德胜主动出击攻打常熟，张士德率兵于城外列阵迎战。或许是赵德胜的名声太小，又或许是张士德因优势过于明显而自大，张士德在交战时草率出击，中了赵德胜的埋伏，混乱中落马被俘，被押送应天软禁，常熟落入朱元璋之手，张士诚的都城平江已完全暴露在朱元璋面前。张士德作为张士诚手里最能打的将领，他被俘严重打击了张士诚的军事实力。

同时，南线在邓愈、胡大海的率领下，攻克了徽州路，守将八思尔不花逃走，万户吴纳自杀。北线在缪大亨的指挥下，降服了扬州张明鉴的数万人马，扬州也并入朱元璋的势力。

至此，仅用一年时间，朱元璋连续吞并镇江、广德、常州、宁国、江阴、徽州、扬州，把地盘扩大了三倍之多，算是在江东地区站稳了脚。江浙行省丞相达识帖睦迩这才发现，朱元璋是比张士诚还要可怕的反贼，而张士诚也明白自己不能继续两线作战，要么投降朱元璋，要么归附元廷，张士诚和元廷现在是越看对方越顺眼，联合起来对付朱元璋似乎成了他们最佳的选择。

至正十七年八月，张士诚通过杨完者与达识帖睦迩和解，正式撤去诚王称号，接受元廷授予的太尉之职，以每年按时上贡粮食为条件，继续保留军队和地盘，他摇身一变成了元朝的地方军阀。张士诚从独立沦为半独立，狂妄自大与目光短浅是根本原因。除了朱元璋，海上的方国珍和杭州的杨完者也是他的对手，树敌过多难免多线作战，再强大的狮子也经不住群狼的围攻，由盛转衰也就不足为奇。朱元璋的江东攻略由此进入一个新的阶段。

苗帅杨完者的败亡

朱元璋的江东攻略让他和张士诚结下了大怨，当初朱元璋主动示好结盟，张士诚非但不考虑现实利益，反而拘押使臣杨宪并攻打镇江，致使自己多线作战，西边打朱元璋，南边打杨完者，海上还要抵挡方国珍，被动不说且毫无战略规划可言。如果说张士诚很强大，那也过于抬举他了，张士诚的淮军势力实际上很缺能打硬仗的将领，张士诚长期依靠兄弟张士德在外作战，张士德在常熟之战中意外被俘后，张士诚的军事实力迅速下降。

张士诚想要回兄弟，赶紧派使臣向朱元璋求和，开价是每年输送十万石粮食和一万匹布。朱元璋见张士诚低头低得过快，很怀疑他的诚意，一旦释放了张士德，张士诚便能快速恢复军事实力，到时候能不能按时收到粮食和布匹尚未可知，故而朱元璋扣住了张士德，坚决不放人。最后，张士德为避免哥哥因为自己受制于人，选择绝食而死，临终前还送出密信让张士诚投靠元廷对抗朱元璋。

张士诚疲于应对，只能向元朝的江浙行省丞相达识帖睦迩投降。达识帖睦迩愿意接纳张士诚，除了杨完者的撮合外，真正的原因是张士诚一旦改旗易帜，元朝便在形式上恢复了对淮北、长江三角洲的统治，再加上更早前接受招安的方国珍，元朝便可以把江浙的粮食从海路运往大都，专门由张士诚和方国珍督办，暂时解了燃眉之急。这么一来，江浙的义军势力就只剩下朱元璋一路人马了，元军自然要集中力量讨伐应天。

彼时的江浙元军中，能打仗且手握大军的只有三人，分别是苗军统帅杨完者、太尉张士诚和石抹宜孙兄弟。这三支人马中，杨完者是最能打的，兵力也有十万人之多，张士诚多次与杨完者交手，几乎没有胜绩，可见此人的强悍。

杨完者，原名杨通贯，史载其“性勇敢，多权略，所统獠瑶号为答剌罕，能以兵法部勒其众”[①]。早年的杨完者曾自筹兵马、钱粮，打败了占领湖广的天完皇帝徐寿辉，还收复了重镇武昌，又多次击败各地的红巾军，官至都元帅，所部不受行省节制。在与张士诚的较量中，杨完

① 引自《新元史 · 杨完者传》。

者曾与张士诚三兄弟大战两场。

第一场大战中，杨完者屯兵嘉兴，军容鼎盛，骁将张士德不敢进犯，遂绕过苗军，偷袭杭州得手。可是战略的胜利没能改变战术的失利，杨完者接报后立即兵分三路回援，于皋亭、谢村、央城巷三战三捷，歼灭张士德大部分人马，达识帖睦迩这才得以重新回到杭州。《新元史·张士诚传》载："士德众大溃，十丧七八。"

第二场水战中，杨完者采用诱敌深入之计，故意引张士信的水军沿河而下进攻嘉兴，以伏兵火烧张士信数百艘战船，大火焚烧四十里，被烧死、淹死的士兵不计其数，《续资治通鉴·卷二百一十三》载："斩首万七千级，俘者数千，张士信以伏水遁还。"

若说杨完者威震江浙也毫不夸张。不过，杨完者来自湖广行省，在江浙行省没有根基，也没有地盘，一到富饶的杭州，他的士兵就肆无忌惮地一路抢掠，丝毫不顾及行省丞相达识帖睦迩的感受，甚至还搞出了强娶蒙古贵族女子的荒唐事，很快就得罪了江浙的大小官员。

达识帖睦迩怒归怒，但还不敢明着发作，毕竟张士诚打不赢朱元璋，只能让杨完者带着他的苗军去试一试。至正十七年八月，刚刚夺取徽州的朱元璋南线军团又马不停蹄地杀向婺源，婺源位于徽州路的西南角，不拿下这里就无法完全统治徽州。当时的朱元璋将军队一分为三，其中两路人马分别向浙东和浙南进攻，东线军团就集中在太湖一带，南线军团则刚刚打下徽州。发现徽州城空虚的杨完者，立即率领数万苗军杀奔徽州，企图大肆抢掠一番，顺便断了胡大海的归路。

其实，杨完者早就想出兵了，不过此人很有耐心，一直在暗中观察朱元璋的军事部署，始终一动不动，其目的便是寻找可乘之机。当南线军团的胡大海率领主力离开徽州时，杨完者就像准备捕猎的鹰，突然动若雷霆，让人猝不及防。朱元璋当时还在应天一带，距离徽州两百多公里，根本来不及增援，而胡大海要从婺源撤回来也需要时间，难道徽州又要丢了？

当然没有，徽州的南线军团主力虽然被带走了，但总指挥邓愈却独自留下镇守孤城。邓愈，前文已经介绍过，投奔朱元璋时带了上万兵马，他作战勇猛，善于用兵，参与了朱元璋的太平、集庆、广德等战役，受命镇守广兴，任元帅。当时朱元璋信任的各路将领中，徐达、邓愈是排在头两位的。自从占领应天以来，徐达负责东线战事，邓愈就负责南线作战，因为南线战场更广阔一些，胡大海、常遇春、李文忠等也被派往南线。

杨完者带兵杀来后，邓愈并没有慌张。稳妥的办法是立即带上少数人马撤离徽州，等与胡大海的主力会合后再带兵反击，但是邓愈偏偏放弃了最稳妥的策略，而是召集兵马，登坛演讲，鼓舞士气，先化解众人惊恐的情绪，然后他做了个更大胆的决定，故意打开四座城门，设下疑兵之计，直接对杨完者亮明了底牌。没想到杨完者果然犹豫了，所有人都不敢第一个冲进城门，害怕中伏被杀。杨完者本来就是被请来的外援，拿钱办事，现在局面诡异，犯不着冒险。

同一时间，得知杨完者偷袭徽州，胡大海立即放弃了婺源，率领全部兵马回援。邓愈大胆的计策为自己赢得了宝贵的时间，等到杨完者回过神来，胡大海已经回来了，邓愈见状也不用疑兵之计了，旋即率领兵马从城内杀出，会同胡大海的主力前后夹击苗军。杨完者阵脚大乱、前后被围，如果想获胜就只能拼死一战，但他毕竟是别人请来帮忙的，怎么会赌上自己的身家性命，于是他毫不犹豫地率部逃走了，徽州之围就此化解。

杨完者与朱元璋义军的第一次交锋败得很难看，在达识帖睦迩眼中等于是一枪没放，还阵亡了一个镇抚李才，将领吴辛、董旺、吕升等多人被俘，连婺源也一并丢了，他自然大为不满。

至正十八年三月，巩固了徽州的邓愈、胡大海连同李文忠的生力军，一起穿过东面的昱岭关杀向了建德路，先在淳安击败了长枪元帅余子贞，后又歼灭了遂安守将洪元帅的五千援军，不久即攻克建德。建德在杭州正南方，此地一失，达识帖睦迩就再也睡不好了，于是杨完者率领数万苗军又来了。

这是杨完者的第二次出场，上一次已经丢了不小的脸，现在义军都已经打到杭州外围了，再不用点力怕是真说不过去了，杨完者因此率领大军水陆并进，先派出了一支精锐步兵作为开路先锋，把声势搞得很大。

没想到这支精锐先锋步兵正好撞上朱元璋的外甥李文忠率领的生力军，虽然李文忠年纪很小，但他可是一个狠人。两军一交锋就呈一边倒之势，苗军被李文忠所部尽数杀死，首级全部摆在木筏上。载着苗军首级的木筏顺着河流而下，把跟在后面的水军吓得魂飞魄散，当即掉头逃跑。

杨完者与义军的第二次交锋输得比第一次还要难看，达识帖睦迩更愤怒了。眼看自己麾下的苗军将领不争气，杨完者也不敢再分兵了，直接由他本人带着大军再次杀入建德，准备报李文忠羞辱之仇。

决战的战场上，邓愈坐镇中军指挥，以李文忠、胡大海为左右两翼，骑兵、弓兵部署得当，阵形严密有序，让对面的杨完者大吃一惊。杨完者曾以为朱元璋的淮西义军是一群只知道蛮干的农夫，没想到邓愈等人的排兵布阵已经相当专业，比当年的南宋军队都强出不少。

时移势易，如今的元军再也不能在战场上轻视义军了，一交手元军就被打得丢盔弃甲，任杨完者如何勇猛，数万苗军依旧连败数阵，几乎是毫无招架之力，前后投降之人多达三万，杨完者本人也被迫退守乌龙岭。一个月后，杨完者再次败于义军，只能狼狈逃走了。

杨完者与义军的第三次交锋，彻底扯下了这位苗军统帅的遮羞布，曾经大败张士诚的苗军，在朱元璋的军队面前不堪一击，杨完者本人也毫无胜绩可言，他的威信，他的名誉，他的资本，在徽州、建德战场上丢了个干净。

曾经打败徐寿辉和张士诚的苗军，为什么一遇到朱元璋的军队就不行了呢？

杨完者之所以会在遇到朱元璋的义军后迅速溃败，与他的军纪涣散有很大关系，这些苗军其实战力都不弱，但由于他们过于放纵，整天只知道抢掠奸淫，士气早已大不如前，等他们进入杭州后，苗军便被杭州城内的莺歌燕舞严重腐蚀，战斗力大幅度下滑，连杨完者自己也忙着娶妻享乐，他麾下的苗军将士自然有样学样。故而，杨完者麾下的苗军不是败给了纪律严明的朱元璋，而是败给了让人欲罢不能的酒色财气，他们最后的结局也就可以预料了。

杨完者一败再败，达识帖睦迩不愿再虚与委蛇，旋即拉下了脸，准备抛弃杨完者了。

可是，杨完者并未意识到问题的严重性，他仗着还有数万苗军在手，依然在杭州城内飞扬跋扈，他的苗军打不赢义军便拿老百姓出气。对达识帖睦迩而言，苗军如果能击败义军，那还有存在的价值，但是苗军非但打不赢义军，还祸害百姓，那就没有存在的必要了。为了避免杨完者继续在杭州作威作福，达识帖睦迩头脑发热，竟然想了一个驱虎吞狼之计，暗中联络张士诚，让他出兵袭击杨完者，准备与这个毒瘤切割。

张士诚是何等精明的人，这个买卖简直是上天送给他的大礼。当年八月，达识帖睦迩为配合张士诚行动，伪造了一份元廷的出征令，让杨完者继续进攻浙东，同时让张士诚出兵讨伐淮南。杨完者不疑有他，立即将麾下军队尽数派出，自己则留在杭州，这可能是因为他不想去冒险了，而更可能是被达识帖睦迩故意留下的。

然而，张士诚并没有去淮南，待杨完者的苗军全数离开杭州后，张士诚立即折返杭州，达识帖睦迩亲自打开城门将其迎入，尽杀杨完者左右亲随，把杨完者包围了起来。曾经不可一世的苗军统帅杨完者，怎么都想不到自己会被上司出卖，更想不到这次军事行动根本就是一个局，只是为了抓住他一人。不堪受辱的杨完者最终选择自杀。苗军阵营得知后大乱，不少人干脆降了朱元璋，其中桐庐就有三万苗军归降。

杀掉杨完者让达识帖睦迩开心了一阵，但他很快就发现自己的愚蠢惹了大麻烦，因为张士诚并不是真心归降元廷，他会投诚，一是因为朱元璋扩张得太快，二是杨完者逼得太紧，三是方国珍不断骚扰海岸线。方国珍已经与张士诚和解，张士诚还愿意听命于达识帖睦迩完全是因为杭州还有数万苗军，如今没了苗军，张士诚又怎么肯继续听命于文官达识帖睦迩呢？

杨完者被杀，数万苗军全都成了敌人，壮大了朱元璋不说，连杭州、嘉兴等地都被张士诚的军队占领了，曾经怎么也进不了杭州的张士诚，现在完全控制了浙东地区，达识帖睦迩除了顶着个江浙行省丞相的虚名外，实际权力已经都归了张士诚，自己反而成了张士诚的傀儡，专门负责盖章签字，江浙行省彻底乱了套。

趁着元军内讧之际，朱元璋立即把矛头指向了镇守婺州、处州的石抹宜孙兄弟。至正十八年十月，胡大海首先兵发婺州，连破五座元军营寨，在抵达兰溪时又击败上千元军，活捉廉访使赵秉仁。同一时间，徐达、邵荣也加紧了对宜兴的围攻，他们按照朱元璋的指示，派水师统帅廖永安兵出太湖，切断宜兴与张士诚的联系，对宜兴实施全面的围困，弹尽粮绝的宜兴终于在当月初九被攻破。

唯一的遗憾是，在攻破宜兴后，廖永安率领水师乘胜追击，在太湖上遭遇了张士诚大将李伯升率领的援兵，双方在水上鏖战了许久，但由于李伯升兵力占优且廖永安船只搁浅，这位朱元璋的水师大将就这样意外被俘。张士诚爱惜廖永安的才能，试图招降他，但廖永安死心塌地追随朱元璋，始终不肯投降，朱元璋也试图用三千俘兵交换人质，但基于兄弟张士德被俘的仇恨，张士诚也坚决不同意，廖永安最终在被俘八年后死于平江，被朱元璋追赠为“楚国公”。

杨完者的死给江浙行省的局势带来了新的变化，本来有数万苗军在手的达识帖睦迩还能与朱元璋对峙一阵，但他驱狼吞虎后，张士诚已经取代了元廷在江浙的影响力，仅剩的石抹宜孙兄弟也成了孤立无援的地方兵马，早晚会被朱元璋的义军吃掉，江浙行省正走向朱、张两雄二分其地的局面。

王者之师的铸就之路

在长江南北的广阔天地间，朱元璋的发迹是最晚的。当他还是一个小兵头时，徐寿辉的天完政权就已经席卷湖广诸郡，张士诚的盐兵盐将也已割据一方，而刘福通重建的韩宋政权俨然有掀翻元廷的趋势，可是这位出身平凡的小伙却只能孤身投军，既没有声名，更没有本钱，这样一个一无所有的小兵怎么就在数年间做到了称雄一方呢？

机遇：郭家军的舞台

必须承认的是，朱元璋的发迹要特别感谢一个人，那就是郭子兴。

郭子兴早年的名声很好，喜欢行侠仗义，在乡里很有声望，再加上他小有资财，喜好宴请，很容易得到人们的追随。[①]不过，开创基业是非常困难的，郭子兴单枪匹马无法成事，颍州红巾军准备多年才成功举事，芝麻李也因家财万贯才有人追随，因而“单薄”的郭子兴找了些豪杰共图大事，这才顺利进占濠州城，但也导致城内同时有五个元帅主事。

那时的义军构成非常复杂，各路豪杰占山为王者多不胜数，小一点儿的自己建个山寨打家劫舍，大一点儿能纠集兵马攻略县乡，他们要么根据地域所属相互吞并，要么小者加盟大者不断扩大规模。因此，那些带着队伍来投的人才会被重视，而朱元璋孤身一人投军，其他元帅大概会不屑一顾，但郭子兴却很重视他，不仅把他留在身边，还把养女马氏嫁给了他，这对朱元璋来说是很关键的一步。

郭子兴是朱元璋的伯乐，他提携了朱元璋，也为他提供了一个可以施展拳脚的舞台，这个舞台何其重要，若没有这个舞台，小兵朱元璋何时才能出头？又如何在那个刀口添血的时代活到最后？有了这个舞台，朱元璋才能结识更多的义军将领，才能拉出一支二十四人的小队伍，才能南略定远，才能攻占滁州。

很多人以为朱元璋自离开濠州起便“自立”了，殊不知以朱元璋的名号根本无法降服驴牌寨、横涧山这样的大山寨，二十四人的小队伍也不可能迅速扩张壮大，人们多是仰慕郭子兴的威名才愿意接受朱元璋的指挥，朱元璋也从未在此时宣布另立山头，他麾下的将领们也不认为朱元璋是他们的唯一领袖。

朱元璋很清楚依附强者的重要性，他有野心，也有想法，但更有

---

① 《明史 · 郭子兴传》：（郭子兴）及长，任侠，喜宾客。

理智，当郭子兴在濠州命悬一线时，朱元璋果断迎接郭子兴到滁州另起炉灶，宁可丢失兵权也不愿袖手旁观，难道他不想趁机打出朱家军的旗帜吗？他不可能不想，但仅凭他的声望很难留住这支队伍，故而还无法脱离郭子兴，这种局面直到郭子兴去世时都是如此，朱元璋虽然不满意韩宋政权任命郭天叙为元帅，但还是坦然接受了位居第三的现实，毕竟在当时的环境下，他若真的纵容陈野先倒戈一击，其实也是把自己置于危险之中，而当时损失的兵力多达上万人，能不能东山再起都成问题，万一元军追亡逐北，穷追猛打，又截断他们逃回和州的水路，朱元璋未必能突出重围，冒这么大的险仅为坐上头把交椅，是不是有些不理智？

朱元璋的发迹得益于郭子兴的赏识，也得益于郭子兴的名号，更得益于郭家军的征战，不过朱元璋能变“郭”为“朱”，他的个人魅力也起到了很大的作用。

军纪：苍生民心的争取

以攻占应天城为分界线，朱元璋从这一刻起算是真正自立门户了，但龙盘虎踞的应天并不是随便什么人都能驾驭的，彼时的江浙风起云涌，张士诚已经渡江而下，占据太湖沿线，他与应天的距离最近，又岂能不谋划夺占这座古都？而西边的天完政权越发壮大，一度攻入杭州，他们有强大的水师力量，顺江而下攻向应天是早晚的事情。再加上杭州的达识帖睦迩和杨完者，朱元璋是夹在群雄中的新势力。

在东、西、南三面受敌的情况下，朱元璋为什么能迅速脱颖而出，挺过一次次危机，还一步步扩大封疆，直到兼并群雄呢？

可以说，朱元璋与元末群雄最大的不同就是他的军队更像一支“官军”。所谓“官军”，不是指元廷的政府军，而是能代表天下百姓的王者之师。

早在朱元璋攻取滁州前，冯国用便提出了“占据金陵”的战略规划，时人都注意到了冯国用所述战略的前半段，即“金陵龙盘虎踞，帝王之都。愿先拔金陵，定鼎”，却鲜有人重视这战略的后半段，那就是“救生灵于水火，倡仁义于远迩，勿贪子女玉帛，天下不难定也”。

也就是说，冯国用提出的战略不只是创立基业，还要站在拯救天下生灵的高度，要朱元璋一统天下。

显然，朱元璋听懂了冯国用所述战略的要义，那就是“救生灵”“倡仁义”“勿贪掠”，这些看起来很普通，但在当时却是非常难做到的事情，既要带兵征战，又要约束军队，稍有不慎便会得罪自己的麾下将士，毕竟这些莽夫都是为了财宝和美妇才愿意舍命搏杀的，现在要以王者之师的标准限制他们，无疑很困难。不过，一旦朱元璋的军队做到了，他们与其他军阀的区别就出现了，赢得民心的“核心竞争力”也就有了。

打造一支王者之师很不容易，朱元璋并非一蹴而就，他时刻不忘把军纪军规和止暴安民摆在第一位。

至正十五年，郭家军打下和州时，朱元璋便被派到和州当总兵，可他在那里看到的却是郭家军肆意抢掠杀戮，不少妇女被抢到了军营中。这样一支随意掠人妻女的队伍与各路军阀没有什么区别，有哪个百姓愿意拥护这样的队伍呢？所以朱元璋在掌控和州后的第一件事便是约束军纪，把抢来的妇女悉数放还，“（百姓）相携而去，人民大悦”。①

---

①《明史纪事本末·卷一》：太祖恻然，召诸将谓曰：“诸军自滁来多，掠人妻女，军中无纪律，何以安众？凡所得妇女悉还之。”于是皆相携而去，人民大悦。

攻占太平前，朱元璋苦于战事艰难，便许诺克城之日允许士兵大肆抢掠。不知道是不是这个决定提振了士气，太平最终被义军顺利攻克，但朱元璋立马食言，在克城的前一刻找来李善长，让他赶紧准备榜文，一旦入城就张榜重申军纪，严禁士兵抢掠城中百姓，更不允许他们伤害百姓。对那些违反此令侵犯百姓的人，朱元璋毫不犹豫地将其处斩示众。

这一斩让城中肃然，让义军看到了朱元璋整肃军纪的决心，也让百姓看到了“王者之师”的气度，对宣传朱元璋所领导的部队起到了积极作用。很明显，有了这一出戏，朱元璋爱护百姓的名声就会随着太平百姓的口口相传迅速传至应天，乃至更多的地方，这无疑会帮助他不费一兵一卒得到更多的城池。

和州归还妇女，太平怒斩士卒，朱元璋对军纪的约束是逐步递进的，他在和州看见士卒掳掠妇女时并未处罚任何人，只是及时纠正错误，但在攻下太平时却毫不犹豫地举起屠刀，既是警告，更是震慑。到定鼎应天后，朱元璋为了约束军纪，已经把刀举向自己的爱将了。

按照冯国用的战略，打下应天后，朱元璋只需要坐镇指挥，命将四出即可，可是一旦他不亲自带兵了，将领们是否会自行其是，又搞烧杀抢掠的老一套？出兵攻打镇江前，朱元璋担心诸将不能严守军纪，于是绑了常遇春，列举了他多次纵容士兵违反军纪的过失，准备依军法处置。李善长赶紧求情，他一开头，诸将肯定也一起下跪求情，朱元璋遂以不违反军纪为条件赦免了常遇春。

这一幕当然是朱元璋、李善长、常遇春三人事先商量好的“苦情戏”，却达到了朱元璋想要的效果。

随着这样的事情越来越多，严守军纪逐渐成了义军的共识，朱元璋按照自己的规划有序改变郭家军曾经的肆意妄为，他要这支军队脱胎换骨，成为拯救生灵于水火的王者之师，故而他不厌其烦地告诫诸将“克城虽以武，而定民必以仁”的大方针，还强调“政当抚恤，使民乐于归附，则彼未下郡县亦必闻风而归”。[①]

之后的史料中便很难找到义军欺压百姓的例子，屠城、抢掠从此不再出现在朱元璋的军队中，更多的城市、县乡闻风而降，投军的良家子弟也越来越多，天下百姓无不拥护这样的军队。

救民于涂炭，除暴去苛，这些真的被朱元璋做到了，曾经弱小的郭家军正逐步向官军迈进，王者之师已经初见端倪了。

屯田：强军足粮的保证

战争向来耗资靡费，朱元璋约束军纪、不抢百姓固然能让很多城乡主动归降，可作战的钱粮物资又从何而来？如果一边宣扬不侵犯百姓，另一边却对百姓课以重税，那岂不是掩耳盗铃，自欺欺人吗？

在铸就王者之师的路上，朱元璋遇到了另一个难题：如何在减轻百姓负担的同时保证军队有作战的钱粮物资供应？

其实，每逢乱世都会出现这个问题，高明的政治家、军事家曹操就轻松解决了这个问题，办法即“军屯田”：让军队垦田，自给自足，不仅能保证军队的士气，还能减轻百姓供给的负担。

朱元璋很早就意识到粮食问题的重要性。至正十五年，在滁州建立新据点的义军很快就遇到了缺粮的问题，那时大家都知道困守孤城是不

---

① 《明史纪事本末 · 卷二》：太祖既抚定宁越，欲遂取浙东未下诸郡，集诸将谕之曰：“克城虽以武，而定民必以仁。吾师比入建康，秋毫无犯，故一举而遂定。今新克婺州，政当抚恤，使民乐于归附，则彼未下郡县亦必闻风而归。吾每闻诸将下一城，得一郡，不妄杀人，喜不自胜。盖为将者能以不杀为心，非惟国家所利，即已亦蒙其福。尔等从吾言，则事不难就，大功可成矣。”

行的，但他们还没想到解决生产力不足的根本办法，只是制订了另找他处就食的简单应急之策，之后大军便打下了和州，暂时填饱了肚子。

然而，缺粮的根本原因是战乱不断，百姓无法按时耕种，军队又肆意掠夺，以致人口大量丧失，耕地也不断荒芜，再加上天灾不断，富裕的长江流域也很难找到足够的粮食。濠州的孙德崖就因当地缺粮而到和州“就食”，这直接导致郭子兴与孙德崖兵戎相见，朱元璋也一度被孙德崖的部众俘虏，险些命丧于此。

史书记载和州之乱是由于郭子兴记恨仇人孙德崖而起，但那些只是表面现象，在资源本就不多的淮西，郭家军自己的粮食都不够吃，才被迫发兵攻下了和州，打和州虽然有朱元璋进军应天的小心思，但粮食需求也很关键。如今孙德崖没饭吃就跑到和州抢粮食，郭子兴又怎么能忍得了？

朱元璋知道，要军队打仗就不能不让他们吃饱饭，可是百姓又有多少粮食可以供应军队呢？要是军队能自己生产粮食，百姓的负担就会相应减轻，恰好战乱时代有大量荒地无人耕种，若把它们集中划拨给军队屯垦，粮食的问题不就解决了吗？

屯田，军民共屯的新模式开始出现。朱元璋于至正十八年任命康茂才为营田使，命其执掌水利，修筑堤防，目的就是让军队下田耕种，以缓解军中日益增长的物资需求。不久后，朱元璋的地盘里出现了兵农合耕的有趣场景，那些平日里提剑征战的赳赳武夫，如今也面朝黄土背朝天，与百姓一并挥舞着锄头劳作。

当然，屯田不能只搞试点工程，朱元璋意图把屯田制度推广到全军，很快就下令各军兵马都要屯田养兵，甚至还把屯田的成果一一记录，评定战功时也会拿出屯田记录对比，以作为提拔任用的标准。至正二十三年（公元1363年），为了应对即将爆发的大战，朱元璋对屯田的要求也更加严格，一再重申屯田之令，还特意褒奖了屯田效果最好的康茂才，要诸将及时开垦，以康茂才为榜样。

当然，褒奖的同时也有处罚，朱元璋对屯田的重视还体现在“禁酒”一事上。

当时的粮食本来就不多，可是为了满足官吏、将军的酒欲，一些粮食被拿来酿酒，这并不符合朱元璋屯田养兵的初衷，故而他下达了“禁酒令”，不允许种植酿酒的作物，也禁止将领饮酒误事。[①]然而，胡大海的儿子却带头违反了禁令，朱元璋便要将其处死以整肃军纪，都事王恺因胡大海征战在外，建议朱元璋从轻发落，但朱元璋却坚决地说道：“宁可使大海叛我，不可使我法不行。”[②]于是断然处决了胡大海之子。

事实上，屯田制度的推行不仅是为了应对粮食不足的问题，就算百姓能提供足够的粮食，天下也没有饥荒，朱元璋依然不愿意废除屯田制度。在朱元璋心中，屯田制度还有另外一个用途，即打造一支兵农合一的军队。

所谓兵农合一，简单来说就是农兵制度，该制度下的军人战时是士兵，闲时是农民，有战争则带上武器随军队四处征战，没有战争就回家老老实实种地，得到的粮食一部分留给自己，另一部分上交军队，作为下次军事行动的军粮。

之所以要推行农兵制度，朱元璋可能已经看到了统一天下后的新问

---

① 《明史纪事本末·卷二》：下令曰：“予自创业江右，十有二年，军国之费，吾民效顺转输，心甚悯焉。曩（nǎng）因民间造酒，糜费米麦，故行禁酒之令。然不塞其源而欲遏其流，不可也。其令今岁农民毋得种秫。”

② 引自《明史·胡大海传》。

题，那就是如何安置数十万军队。如果用钱粮养着他们，不打仗的他们很容易变得懒散，耗费也很大，但如果就地遣散这些人，身怀武艺的他们游手好闲，很容易惹出麻烦，为患一方。因此，既要留下军队，又不能花钱养他们，农兵制度适逢其时。

将土地划拨给军队，让军队平日里继续屯田积粮，自己养自己，等到有战事的时候，他们再披甲上阵，保家卫国，如此不用花费一分钱便能养活数百万大军。朱元璋因此自豪地说："吾养兵百万，不费民间一钱！"①

这种制度的好处是为国家节省了很多支出，比如军粮支出、装备支出、管理支出：一来军队自己下地耕种，不需要朝廷另外划拨粮食，国家便可以下调税赋，甚至免除部分地区的税赋，帮助当地经济快速恢复；二来朝廷让农兵自己准备武器、铠甲，或者划出一部分人户一起维持这项开支，就节省了一笔很大的装备购买支出，农兵自己出钱买装备自然要保养装备，又节约了保养费用；三来管理有农田耕种的农兵肯定比管理没有战事游手好闲的职业军人要容易，这中间节省的支出也不小。

屯田养兵的制度催生了卫所制的雏形——至正十八年成立的管领民兵万户府，朱元璋对中书省明白无误地阐述了自己的思想："古者寓兵于农，有事则战，无事则耕，暇则讲武。今兵争之际，当因时制宜。所定郡县，民间武勇之材，宜精加简拔，编缉为户，立民兵万户府领之。俾农时则耕，闲则练习，有事则用之。事平，有功者一体升擢，无功者还为民。如此则民无坐食之弊，国无不练之兵。以战则胜，以守则固，

① 《明季北略 · 卷五 · 毛羽健论卫军官兵及屯田》：太祖高皇帝曰："吾养兵百万，不费民间一钱，夫不费钱之兵，何兵也，即今各省直之卫所军也。"

庶几寓兵于农之意也。”[①]

有了屯田制度，朱元璋即便没有张士诚的浙东之富、陈友谅的湖广之大，也同样能养出数十万大军，这在朱元璋逐步统一天下的历程中起到了至关重要的作用。

人才：谋攻兼备的核心

毫无疑问，军纪有了，粮食有了，王者之师就只缺人才领导了。

关于人才，朱元璋同样早早就开始谋划组建自己的幕僚队伍，冯国用、李善长无疑是朱元璋早期的左右手。对于这些有学问的读书人，朱元璋求之若渴，每攻占一处地方，就会派人去寻访当地有名望的读书人，想方设法拉入自己的队伍。

须知，读书人可不能简单理解为读过书的人。在那个战火纷飞的年代，读书是有门槛的，普通百姓填饱肚子都成问题，又哪有精力去读书呢？何况元朝极为忌惮汉人，不主张蒙古、色目贵族学习中原文化，这势必导致文化教育停滞不前，太学、县学、乡学几乎成了历史，因此凡是能在那个年代读书的人，多是士族子弟，或是当地富绅，他们在乡里很有名望和号召力。

招揽读书人，不仅能壮大军队的“智囊团”，还能笼络士族豪绅，赢得社会各界的支持，有百利而无一害。

朱元璋为了招揽读书人，花了很多工夫。这些工夫不仅表现在形式上，也表现在诚心上。攻克太平之时，朱元璋除了第一时间约束军队纪律，同时还亲自邀见了当地名士，探讨天下大势，明面上是闲聊，实际

① 引自《明史纪事本末 · 卷二》。

是在筛选可以加入自己的谋臣。在攻克应天后，朱元璋大搞了一场抚慰父老的活动，表明自己不是那些只知道打打杀杀的红巾军，而是尊重士族豪绅的新势力，招揽读书人意图非常明显。

为了彰显自己对读书人的重视，朱元璋主要有两个举措：一方面，朱元璋张榜求贤，广为招揽；另一方面，对那些声名显赫的人，他很重视形式和排场，比如攻陷镇江时，朱元璋就派侄儿朱文正携带白金文绮主动去请秦从龙（字元之），还亲自率队前往龙江迎接。[①]他的这些举措，既表现了对读书人的重视，也宣扬了他求才若渴的政策。

后来更进一步，朱元璋专门请来了青田刘基（即刘伯温）、浦江宋濂、龙泉章溢、丽水叶琛四大贤士，特意在应天修建了“礼贤馆”。[②]一方面彰显了自己对读书人的重视，另一方面也是为了日后组建自己的智囊团。随着疆域的日渐扩大，读书人的不断加入，这座礼贤馆的规模也逐渐扩大，到明朝建立后，礼贤馆便发展为翰林院，成为朱元璋收揽天下英才的重要机构。另外，朱元璋也把尊重读书人上升到推崇儒家文化的程度，不仅主动到孔庙拜谒孔子，还出钱修缮被损坏的庙宇，并召集读书人劝学、劝农桑。

朱元璋的这些举措对拉拢各地士族有很大的作用。

整肃军纪、军队屯田、广纳人才，三者是朱元璋的军队不同于元末群雄的重要特征，也是“救生灵”“倡仁义”“勿贪掠”的具体体现，还是朱元璋的队伍越战越强并最终能成为王者之师的根本原因。此三者

---

①《明史纪事本末·卷二》：太祖兵东下，谓徐达曰：“镇江有秦元之者，才器老成，入城，当为吾访之。”徐达等至镇江，得从龙，还报，太祖喜，即命朱文正以白金文绮往聘之。既至，太祖亲至龙江迎之以入。

②《明史纪事本末·卷二》：三月，刘基、宋濂、章溢、叶琛至建康，入见。太祖喜甚，曰：“我为天下屈四先生。”赐坐，从容与论经史，及咨以时事，甚见尊礼，命有司创礼贤馆处之。

虽然名目不同，但都是争取民心的重大举措，军纪是不扰民，屯田是不征民，人才是不失民，有此三项政策的加持，朱元璋的军队越来越像一支符合天下百姓利益的官军，腐朽堕落的元朝军队早已不能与之相比。

从朱元璋铸就王者之师的这一刻起，天下大势就已经可以预见了。

第十章

建天完，荆楚霸主

天完政权兴盛史

虽然朱元璋在江浙行省扩张得很快，但他所处的位置至少是三战之地：东面的张士诚、方国珍是盐贩子出身，特别喜欢在暗处使坏，训练并派出了不少间谍，这些人白天收集情报，晚上负责策反各级将领，汤和攻打镇江时陈保二突然叛逃张士诚，①徐达攻打常州时被七千降兵“捅刀子”②，淮西旧将谢再兴携诸全归附张士诚，③其实就是这帮人干的“好事”。

南面的福州、漳州一带仍然在元廷手中，当地元军虽然是一盘散沙，但奈何距离过远，朱元璋鞭长莫及。至于西边，也就是湖广、江西两个行省，那里是天完政权的地盘，这些人比张士诚等人的威胁高得多。

说起天完政权，他们起事的时间丝毫不比刘福通晚，攻击性也一点儿不比韩宋政权差。从至正十一年起兵以来，天完政权便在徐寿辉、邹普胜、彭莹玉等人的带领下，席卷包括湖广、江西乃至四川等行省在内的大半个长江流域。与韩宋政权相同，天完政权也是头戴红巾的义军，由于活动范围在长江沿岸，相比于北方的刘福通等人，说他们是南系红巾军也并无不妥。

这支政权在组织力和号召力上与韩宋政权有很多相似之处，比如都宣传弥勒佛降生，都以推翻元朝统治为最终目标。因此，天完红巾军的

---

①《明史纪事本末·卷四》：九月，徐达围常州。初，常州奔牛坝人陈保二聚众，以黄帕裹首，号黄包军。汤和等下镇江，保二降，至是，复叛归张士诚，诱执詹、李二将去。

②《明史纪事本末·卷四》：十一月，士诚诱我新附军叛去，助彼来战，徐达被围于牛塘。

③《明史纪事本末·卷四》：夏四月乙丑，诸全守将谢再兴叛降于张士诚。

主要成分也多是贫苦的下层百姓，豪绅、大地主都不喜欢他们，队伍早期发展得非常迅速，但中后期就变得后继无力了。

在领导层面上，天完政权的核心是徐寿辉，此人前文已经略有讲述，他的最大特点是形象气质特殊，身形伟岸，且其待人接物很有气量，故而很得人心，队伍也就更容易被拉起来。

天完政权的队伍里还有不少能征惯战的将领以及出谋划策的谋士，比如彭莹玉、欧普祥、倪文俊、邹普胜、陈友谅等。其中，彭莹玉凭借多年传教积累的威望，很容易吸引贫苦百姓加入，是天完政权早期的灵魂人物。

从天完政权的活动轨迹来看，他们主要在长江中游活动，意图平定湖广到江西的长江中游地区，然后再图恢复江浙、四川的整个长江沿岸，看起来是要恢复南宋鼎盛时期的疆域。故而现在有一些资料显示，天完政权其实根本不叫天完，他们的国号是“宋”，[①]这和韩林儿的宋虽然不是同一个宋，但两者借宋之名号召天下百姓加入的意图却是完全相同的。

天完政权能够快速坐大，其实和朱元璋一样，都得益于北面的韩宋政权太抗打了，吸引了元军的大部分兵力。然而，天完政权的发展很快迎来了他们的瓶颈期。至正十三年时，曾经一度攻克杭州的天完军迅速败退，彭莹玉阵亡，国都蕲水沦陷，数百位主要领导者被杀，徐寿辉仅带着少部分人躲入黄梅山中。在元顺帝眼中，天完真的要完了。

天完政权的生命就像是一道波浪线，迅速迎来了波峰，又顷刻跌入

---

① 宋濂《宋学士文集 · 銮坡前集 · 于指挥墓志铭》：“今元政大乱，天下兵动，江东西北为盗区，分宁徐寿辉建伪号曰宋。”另有明玉珍衣冠墓出土的《玄宫之碑》：“淮人立徐主，称皇帝于蕲阳，颁万寿历，建元治平，国号宋。”

了波谷。究其原因，天完政权最大的问题至少有两点：一是领导层权力不集中，徐寿辉受人拥戴称帝，并无太大才能，心软且不敢御下，以致部将各自为政，派系林立，无法形成一个有力的拳头。[①]二是在拉拢士族和读书人方面乏善可陈，政权依旧停留在流寇阶段，反而促成有志之士助元讨之，很难建立一个稳固的封建政权。[②]

其实，天完政权的两大症结中，后者是很容易解决的，看看朱元璋从农民起义军到封建君主的过程就知道，只要肯向史书学习，不难找到成功的榜样。但是第一个问题却非常致命。徐寿辉心慈手软，随着队伍和地盘越来越大，他的软弱就越来越明显，这和朱元璋非常不同，所以下面有能力的部将逐渐走向了失控。

如果说彭莹玉是天完政权创建时的领导者，那么带领天完政权涅槃重生的领导者就是倪文俊了。倪文俊，号蛮子，黄州渔民出身，很早就加入起义军，随军转战各地。国都蕲水沦陷时，倪文俊退到沔阳湖区打游击，元军虽然很想将其彻底消灭，但元廷更想灭掉张士诚，主力便被抽走了大半，只能任由倪文俊在沔阳发展水军。倪文俊是天生的水军将领，本就是渔民的他在水上作战非常勇猛，没能彻底剿灭倪文俊成了元军最大的失误。

随着元军相继离开湖广行省，倪文俊的水军也越来越强。至正十五年年初，倪文俊率部攻克沔阳，重新举起了天完旗帜，四个月后又攻破中兴路，下一步就是近在咫尺的武昌了。当时坐镇武昌的是元朝的威顺王宽彻普化，他在天完政权第一次“波峰”时被打得丢盔弃甲，连大本

---

① 《新元史 · 列传一百二十三》：寿辉性宽纵，权在群下。

② 《新元史 · 列传一百二十三》：先是，承平日久，寿辉兵四出，州县皆望风降附。已而民习见，不以为意，于是智勇之士多思自奋，为朝廷讨贼。

营都丢了，于是他总结经验，不想再放任叛军壮大，遂抛弃了防守城池的策略。

这一次，宽彻普化率领水师倾巢出击，主动讨伐倪文俊。主动出击，这一决定的确是勇气可嘉，但宽彻普化似乎忘记了倪文俊是渔民出身，水战正是人家的长处。不过，元军底气很足，毕竟钱包很鼓，打造了很多巨型战舰，宽彻普化这次就带了超过四十艘战舰，同时把三个儿子报恩奴、接待奴、佛家奴也一起带上了战场。

元军的四十艘战船来势汹汹，看起来相当可怕，可是他们很快就证明了水上作战不是水上游戏，宽彻普化和麾下将领显然不懂水战，更不懂长江水情，他们沿着河道逼近沔阳时，恰好遇到了水位下降，再加上河道一进入沔阳境内就变得非常狭窄，四十艘大型战舰在鸡鸣汊纷纷搁浅，堵了个严严实实。

看到这一幕，倪文俊知道战机已至，当即命人准备了大量装满易燃物的小木筏，点燃后任其顺流而去。熊熊燃烧的小木筏可不长眼睛，不管对面的战舰多么巨大，不管上面有多少官兵，反正撞上一个就烧毁一个，无法移动的战舰只能一个接一个被点燃，元军士卒只好纷纷跳水逃命。倪文俊旋即率领义军杀出，几乎全歼了这支元军，并俘杀了宽彻普化的三个儿子。

宽彻普化从此逃离了武昌，再也不敢回来。倪文俊则抓住时机连克武昌、汉阳、岳州、饶州、澧州、黄州、辰州、常德、陕州等地，同时把东躲西藏的徐寿辉接到了汉阳，改汉阳为天完新都，自任丞相，总领军国大事，把天完政权推向了第二个“波峰”。

这时的徐寿辉一如既往地宽纵，大小政事均倚仗倪文俊，自己则形同傀儡，倪文俊在事实上成为天完政权的核心领导者。随着战事越来越顺利，地盘越来越大，倪文俊的权力欲望也就跟着膨胀了，也许是发现天完政权难有前途，也许是与皇帝徐寿辉产生了矛盾，倪文俊突然与元廷秘密联络，打算把自己打造的新天完给卖了，条件是湖广行省平章一职。

丞相暗中通敌，这对天完政权来说无异于晴天霹雳。天完政权内部迅速开始站队，大多数人不愿意归顺元朝，徐寿辉也第一次表现出自己的立场，誓要推翻元朝才肯罢休，毕竟自己都当了好几年皇帝了，投降等于是自杀。队伍开始慢慢边缘化倪文俊。

但是元廷似乎对倪文俊不感兴趣，连一个湖广行省平章都不愿意给他。这又是怎么回事？倪文俊控制了大半个湖广行省，用一个平章之职就能把他招降，按理来说是很划算的事，这一年的江浙，元廷就用太尉之职收编了张士诚的队伍，同样的方法为什么不用到倪文俊身上？

历史的细节消失在了史书里，而且是关键的细节。这里有两个问题需要讨论：一是倪文俊为什么突然想投降？二是元廷为什么不让倪文俊投降？

关于第一个问题，答案很可能是徐寿辉“觉醒了”。徐寿辉一直是个傀儡，之前听彭莹玉的，现在听倪文俊的，然而我们不该忽略徐寿辉的人生经历，他也是提着刀剑杀出了一条血路的豪杰，绝对不该是个软柿子。再加上他当了很多年的天完皇帝，他难道不想大权独揽、一言九鼎？因此，徐寿辉可能在暗中培植势力，逐渐从倪文俊手里收回权力，两人无法和睦相处，倪文俊才萌生了把天完卖了的想法。

关于第二个问题，原因大致有两个。

一是没有“引荐人”。张士诚之所以能快速被收编，其中最关键的因素是江浙行省右丞相达识帖睦迩引荐，达识帖睦迩在杨完者的劝说下决定接受张士诚的条件，授予其太尉一职，元顺帝自然也就认可了。但是倪文俊没有引荐人，他把威顺王宽彻普化赶出武昌后，湖广没了首脑，谁来给他引荐？而且他杀了宽彻普化的三个儿子，他们都是元廷皇室后裔，自然会被元廷记恨。

二是倪文俊不是天完政权名义上的最高领导者，他只是丞相，是元廷眼中的伪丞相，是天完的管理者却不是所有人，没有拍板的权力，万一天完政权不愿意跟着投降呢？总之，倪文俊能不能带着整个天完政权归降是个很大的问题。

之后，更诡异的事情发生了。至正十七年，已经大权在握的倪文俊突然想当皇帝了，密谋杀害徐寿辉。按理说已经把徐寿辉变成傀儡的他应该能轻松达成目标，但结果却是倪文俊狼狈逃往黄州，投奔老部下陈友谅去了。[①]

然而，倪文俊逃去黄州后，很快就传来了他的死讯，黄州元帅陈友谅毫不客气地杀掉了这个一手提拔他的老上司。元末另一个枭雄终于登场了。

和倪文俊一样，陈友谅也是沔阳渔民出身。不同的是，陈友谅的文化程度更高，曾在县里当过小吏，而且他的胆子更大，手段更毒辣，此人在起兵之前就以强横闻名，有记载说他和兄弟陈友仁等人劫掠乡里，元兵竟拿他们一点儿办法也没有。等到徐寿辉的天完政权席卷湖广行省后，陈友谅果断带人投奔了徐寿辉，被倪文俊收入帐下，担任他的簿书掾。什么是簿书掾？其实就是高级秘书官，这可能是因为陈友谅的文化程度高，能给倪文俊出谋划策。在这个位置上，陈友谅肯定立了不小的功劳，不久即被倪文俊提拔为领军元帅，镇守黄州。

如此看来，倪文俊有恩于陈友谅，那么为何陈友谅要杀他呢？如果

---

①《新元史·列传一百二十三》：文俊怙侈自专，谋杀寿辉不果，奔黄州。

以为陈友谅杀倪文俊只是为了给徐寿辉表忠心，顺便讨封赏，那就大错特错了。陈友谅是懂乱世规则的，他知道地位和前途绝对不是领导给予的，而是要自己去争取，而最需要争取的便是兵权，有军队在手，就没人敢轻视他。因此，陈友谅杀死倪文俊的主要原因是为了兼并他的旧部。根据《新元史·列传一百二十二》记载，倪文俊旧部中不少人跑到归州结寨自保，陈友谅第一时间向这些人伸出了橄榄枝，顺利将他们全数并入自己的队伍。[①]

徐寿辉以为在倪文俊之乱中自己是最大的受益人，但他并不知道陈友谅同样也是受益人，而且这个受益人马上就搞出了更大的动静。杀掉倪文俊后，陈友谅先是自称宣慰使，后又自封“平章”。这是典型的僭越之举，没有中央的任命，陈友谅就敢自封官职，不臣之心已经初见端倪。不过徐寿辉看在陈友谅及时诛杀了叛徒倪文俊的功劳上，顺水推舟地认可了他的平章之职。这对陈友谅非常重要，因为黄州领兵元帅的头衔限制了他的发展，但行省平章就不同了，有权自由征讨一个行省的各个州府，打下来的地盘当然也可以自己管理。

陈友谅兼并了倪文俊的旧部，就有了兵；得到了行省平章的任命，就有了权。有兵又有权的陈友谅马上就开始了他的开疆拓土之战，目标就是天完军几员悍将都不曾打下的安庆。

安庆位于长江中游地区，顺流向东可至太平、应天，往上游又能到武昌、汉阳，不难发现，安庆是长江水道的咽喉，东屏江淮，西扼荆楚，这意味着安庆将成为兵家必争之地。更重要的是，安庆西北是大别

---

①《新元史·列传一百二十二》：文俊党在归州者，保山栅自守，友谅使其弟友能及部将欧普祥等招之，久始降。

山，东南又是黄山，长江自两山之间流过，安庆犹如一道门锁住了长江下游的入口，天完军想要朝江浙发展，非打安庆不可。元廷肯定知道安庆的重要性，派驻安庆的守将是当时朝廷为数不多的文科榜眼、进士及第——淮南行省左丞余阙。

余阙，字廷心，以科举入仕，当过地方官员，也在中央任过要职，还参与撰写辽、金、宋三朝史书，这表明他曾辅佐丞相脱脱执政，后来余阙被下派到地方任廉访使、淮西都元帅府副使、佥都元帅府事、江淮行省参知政事，直到被提拔为淮南行省左丞，这期间他奉命长期镇守安庆。在天完军早期的攻略中，安庆成了他们最难啃的“硬骨头”，余阙在长达六年的时间里屡次击退天完军的进攻，而且他还不忘加固城池，一边加高城墙达近九米，一边深挖三条长壕，引水环城，从而形成了比较坚固的城防工事，可以说安庆能成为元末著名的坚城全靠余阙的经营。

至正十七年，有粮有兵又有钱的陈友谅只差有地了，他把目光集中到安庆，视余阙为最大的对手。为了能打下安庆，陈友谅积极寻找盟友，成功把有强大水师的赵普胜拉入伙，遂指挥水陆大军围攻安庆。赵普胜在巢湖水师跟着朱元璋进入长江的时候已经归顺朱元璋，如今怎么又加入了陈友谅的队伍?

赵普胜，人称“双刀赵”，作战勇猛，胆气纵横，是一方豪杰。其实，巢湖水师是由赵普胜一手创立的，他在联合俞、廖两大家族后，成立了赵、俞、廖共同坐庄的巢湖水师。巢湖水师早期活动在池州、太平、安庆一带的长江上，积极配合天完军攻城略地，多次击败元军，最鼎盛的时候向东占领了太平，向南打下了池州，是天完政权最倚重的水上力量。然而，随着元军集中力量镇压湖广义军，巢湖水师和天完军都由盛转衰，赵普胜遂萌生了协助朱元璋渡江的想法，其本意是加盟，而不是归附。

朱元璋是什么人？胆识、心机、手段都高出各路群雄，看着如此强大的巢湖水师，他怎么会甘心对方只与自己达成合作关系，因此自渡江开始，朱元璋就开始了自己的各种策反、拉拢手段，俞通海家族和廖永安家族都被他策反，独留最大的头目赵普胜不肯归附。

为了重新夺回巢湖水师的控制权，赵普胜和朱元璋明里暗里都在较量，最终结果是朱元璋以雷霆手段诛杀了反对者，赵普胜只好带着自己的支持者脱离巢湖水师，重新向西投奔天完政权。但是西归的赵普胜始终无法建立理想的根据地，因为长江也有他打不下的地方，那就是余阙镇守的安庆。至正十六年，赵普胜集中力量围攻安庆长达二十余日，始终不能攻下城池，反而损兵折将，其势力一度大衰。

如今，陈友谅以天完平章的身份邀赵普胜一起攻打安庆，赵普胜自然是欣然前往。

有了水师协助的陈友谅攻势很猛，一开战就在安庆外围的小孤山血战四日，拔除了余阙留在城外最重要的据点，至此安庆成了孤城，被陈友谅重重包围，战斗昼夜不息。面对陈友谅的围攻，余阙亲自提剑搏杀于各处城头，一度重伤十余处，但他依然不肯离开战场，任由飞矢从他的脸侧不断飞过，惊得士兵们纷纷冲上去为他遮挡箭矢，他却说："汝辈亦有命，何蔽我？"①

元末乱世，能称为元朝柱石的只有三人，分别是丞相脱脱、察罕帖木儿和余阙。脱脱除暴政，治黄河，平叛乱，屡次救元朝于危难；察罕帖木儿以一己之力踏破汴梁，抚定河南，遥控陕晋，纵横黄河内外；而

① 引自《元史·余阙传》。

余阙则在没有外援的情况下，镇守安庆长达六年，阻止义军把长江上下游连成一片，被《新元史》赞为“江淮保障”。

然而，英雄也有力竭的时候。余阙以安庆一隅之地终究难以抗衡日渐壮大的义军，最终，陈友谅以百道并进，修飞楼、树栅栏猛攻各处城墙，安庆终究还是陷落了。看着城内燃起的熊熊大火，余阙知道大势已去，恨天命不在元朝，恨朝廷不派援军，恨义军凶悍残忍，随后挥剑自刎，坠入清水塘中，成就了大丈夫死社稷的壮举。据说得知余阙的壮举后，连凶悍的陈友谅也心生敬畏，命令士兵厚葬了余阙。朱元璋得知此事后，也追封余阙为淮南江北行省平章，豳国公，谥“忠宣”。

安庆既已陷落，天完军再无后顾之忧，陈友谅遂纵兵驰骋江西各地，攻克龙兴、瑞州、抚州、吉安、建昌、赣州、汀州、信州等地，再加上襄阳、南康、江州等地，陈友谅的辖地已经超过徐寿辉，成为天完政权最大的军阀。此时的天完政权已然走向了鼎盛，如果陈友谅与徐寿辉能相安无事，天完政权可能还有更大的发展。可惜历史总不能让人如愿，天完政权在陈友谅坐大后终于走到了它的终点。

天完政权衰亡“始”

至正十八年到至正十九年间，陈友谅的军事征战走向了高潮。尽占整个江西行省后，天完军兵分数路，由康泰率军攻入福建，由熊天瑞率军杀入广东，再加上占据重庆的明玉珍，天完政权的旗帜已经飘扬在自四川到江西的大半个长江流域，如果能打下朱元璋的江东地区，南宋时的疆域基本能得到恢复。

同年十一月，朱元璋的重点进攻对象是江浙仅剩的抵抗力量石抹宜孙、石抹厚孙兄弟，但胡大海的婺州攻略迟迟没有进展，为避免战事发生变数，朱元璋特地召回徐达坐镇应天，自己亲率十万水陆大军支援婺州战场。此时坐镇婺州的是石抹厚孙，他在经过胡大海的军事打击后，基本失去了夺回丢失县城的能力，而且因战事胶着，城内守将间的分歧也越来越明显，很难做到团结一致，这可急坏了镇守处州的石抹宜孙。

石抹宜孙自幼喜好读书，擅长诗歌，对知识的渴望已经到了痴迷的程度，故而他深受儒学影响，重情也重义，曾主动把承袭的父职让给嫡出的弟弟石抹厚孙，对母亲也非常孝顺。

如今弟弟和母亲都被困在婺州，石抹宜孙心急如焚，哭着说道："义莫重于君亲，食禄而不事其事，是无君也；母在难而不赴，是无亲也。无君无亲，尚可立天地间哉！"[①]遂命参谋胡深、章溢打造数百辆狮子战车，领数万民兵先行驰援婺州，自己则点齐一万精兵随后跟进。

对此等局面，朱元璋根本不担心，因为他听说胡深的援军即将抵达松溪，当地道路崎岖狭窄，战车在这样的地方根本跑不起来，只能缓慢通过，无法形成有效的作战阵形。朱元璋便挑选了一些精兵埋伏在松溪梅花门，待胡深的战车进入伏击圈后，义军突然杀出，把胡深的援兵截成数段，成功各个击破。援兵听说作为主力的战车全数被歼，都吓得不再前进，纷纷逃回处州。

消息传回婺州，守军本来还心存侥幸，现在都失去了主意，士气顿时跌到了谷底，一遭到朱元璋的进攻便土崩瓦解，婺州、石抹厚孙母子均落入义军之手。朱元璋遂改婺州为宁越府，不久又更名为金华府。朱元璋所部入城后严肃军中纪律，与民秋毫无犯，迅速恢复了当地秩序。

---

① 引自《元史·石抹宜孙传》。

次年正月，朱元璋再次召集诸将强调“克城以武，戡乱以仁”的战略思想，[①]派胡大海攻克了诸暨，留其指挥南线战事，全权负责攻略处州、衢州、绍兴等未下州县，自己则返回应天指挥新的战事。

关于处州、衢州、绍兴三地的攻略，胡大海首先尝试进攻绍兴，那里是张士诚的地盘。从地图上看，绍兴位于杭州东南侧，如果被朱元璋占领，杭州等地就会被三面包围，很难独善其身，故而张士诚集中力量守卫绍兴，胡大海攻了很久也无法克城，不得不退回。不久，张士诚遣大将吕珍反攻诸暨，引大水灌城，胡大海带兵夺回大坝，反向灌水淹没吕珍大营，吕珍力不能支，只好与胡大海和谈，各自罢兵返回。关于绍兴的反复拉锯，究其原因是张士诚过于强大，杭州的援兵源源不断，想要以一支偏师夺取绍兴是非常困难的。

眼见无法攻克绍兴，胡大海便调整方向，专攻处州、衢州。受命攻打衢州的常遇春向来喜欢恶战、急战，一抵达战场便立起奉天大旗，把衢州六座城门围得水泄不通，用打造的吕公车、仙人桥、长木梯、懒龙爪杀向城池，高度几乎与城墙持平，同时在衢州大西门外深挖地道，试图从地下攻入城池。

元军守将宋伯颜不花拼尽全力抵抗，一面把芦苇捆成束点燃，用它们焚烧吕公车，一面用长斧头砍断长梯，还用千斤秤钩住懒龙爪，同时修筑夹城阻止敌军从地道进入城内，战事一度僵持长达两个月之久。最终，常遇春亲率精兵攻破了南城瓮城，烧毁了守军的架炮战具，贪生怕死的院判张斌便私下投降，于夜间引常遇春从小西门入城，生擒守将宋

---

① 《明史·太祖本纪》：十九年春正月乙巳，太祖谋取浙东未下诸路。戒诸将曰：“克城以武，戡乱以仁。吾比入集庆，秋毫无犯，故一举而定。每闻诸将得一城不妄杀，辄喜不自胜。夫师行如火，不戢将燎原。为将能以不杀为武，岂惟国家之利，子孙实受其福。”

伯颜不花，攻占衢州。

衢州失守，处州的北部防线均暴露在义军的兵锋之下，当时石抹宜孙分兵据守城外各处要害，以胡深守卫龙泉，叶琛守卫桃花岭，参谋林彬祖屯葛渡，镇抚陈仲真等屯樊岭，整体来看是比较稳妥的部署。然而，经过多年征战，元军屡战屡败，士气早已衰竭。同年十一月，胡大海、耿再成联手进攻处州，胡深第一个投降，并送来了处州守军的具体布防图，声称处州兵马容易打败。

有了内应和情报，胡大海当即兵出樊岭，耿再成则以奇兵绕到桃花岭后侧，两面夹击，连克桃花、葛渡二座砦垒，义军遂直抵处州城下。石抹宜孙本想抵挡一阵，但一交手便被胡大海打得溃不成军，而叛徒胡深还献出龙泉、庆元、遂昌、松阳四城，石抹宜孙只好带着残部逃走，处州失陷。不久，石抹宜孙在庆元被耿再成斩杀。青田刘基、浦江宋濂、龙泉章溢、丽水叶琛就是在这时归顺的朱元璋。

至此，江浙行省的元军只剩下盘踞福建的陈友定，但他们已不再是义军的主要对手了。

此时真正能称为朱元璋主要对手的，是尽占湖广、江西的天完政权。天完政权与朱元璋之间的仇怨很早就已经产生，大概在至正十五年，赵普胜脱离巢湖水师归附天完政权后，便集中精力攻略安庆，虽然仅凭他一已之力未能打下安庆，却还是成功占据了池州等地，而池州位于长江以南，属于江浙行省范围，当地被朱元璋视为必争之地。

至正十七年，陈友谅联合赵普胜等人大举围攻安庆，池州因而兵力空虚，这让朱元璋看到了攻打池州的好时机。偷袭池州极有可能得罪当时风头正盛的陈友谅，但因为池州地理位置重要，朱元璋决心夺占池州，建立一条拱卫应天的长江防线。同年十月，朱元璋命常遇春率精锐兵马由铜陵奔袭池州，水师统帅廖永安、吴祯领战船协助，亲兵舍人李文忠负责策应。大军从早晨战至中午，攻破北门，斩杀守军主将洪元帅，擒获副将魏寿、徐天雄等，池州易手。

池州与安庆唇齿相依，陈友谅、赵普胜岂会任由朱元璋夺占此处？得知城池陷落后，陈友谅亲率百余艘战船反攻池州，但这一战明显没有做好充分的准备，常遇春携刚刚攻占池州的威势，就地迎战陈友谅的战船，凭借地利优势大破天完水军，陈友谅不得不暂时退回安庆，但他与朱元璋的梁子算是正式结下了。

至正十八年四月，经过几个月的休整和准备，陈友谅遣赵普胜屯驻沙河下游的枞阳，修建了一座水师营寨，不久即率领水陆大军再次杀奔池州。上一次朱元璋攻打池州能得手就是因为赵普胜等主将去打安庆了，池州无大将镇守，如今常遇春、廖永安、李文忠等人都已经被调至其他战场，池州又一次空虚了，结果可想而知，朱元璋的池州守将赵忠连同增援池州的太平守将刘友仁都一败涂地，池州再次回到天完政权手中。

池州、安庆同属天完政权对朱元璋是非常不利的，这两个地方刚好一南一北卡住了长江中游的通道，朱元璋无法继续向长江上游发展，陈友谅却可以顺流而下攻入江浙行省，这意味着朱元璋的地盘马上就要遭到攻击了。

不到一年时间，陈友谅果然兵分两路攻打江浙，一路从信州方向攻打金华，另一路则从池州进攻宁国府太平县（不是当涂的太平）。负责太平这一路的便是坐镇安庆、池州的赵普胜。赵普胜因朱元璋夺走了自己的水师，征讨朱元璋相当卖力，时常出动水师劫掠长江沿岸城镇，让朱元璋忧心不已。

这一次，赵普胜同样让朱元璋焦虑难安，因为赵普胜虽在太平县一带被程允、汪炳击退，却依然保持着很强的攻击性，他率部转掠青阳、石埭等县，直到佥院张德胜把他的水师打垮才完全退走。虽说赵普胜暂时退走了，但长江沿岸被搞得一片狼藉，而赵普胜始终占据着安庆、池州，随时可以卷土重来。

被动防守肯定不是办法，必须夺回池州，拿下安庆，才能把战略防守变成主动进攻，否则任由赵普胜这样没日没夜地劫掠，宁国、徽州、太平等地的防线早晚要垮掉。

趁着赵普胜的进攻暂时被打退，朱元璋调遣大将徐达、俞通海、赵德胜实施战略反击。徐达是朱元璋阵营里的首席陆军大将，麾下是常年与张士诚和元军对抗的老兵精锐；俞通海又是巢湖水师指挥官之一，麾下是赵普胜的老部下，很熟悉他的作战风格；而赵德胜长期在长江沿线坐镇，对池州等地的情况非常熟悉，刚刚才击退了赵普胜。这三人搭档十分合理，个个都能掐住赵普胜的命门。

至正十九年四月，徐达等人一商量，决定暂时不去池州，而是杀奔赵普胜的枞阳水寨。枞阳水寨在安庆境内，扼住了安庆、池州两岸的交通，赵普胜基于这一据点的重要性，亲自坐镇此处。徐达、俞通海之所以不打容易打的地方，却直奔敌军主帅的老巢，是有很深的战略考量的，不排除已经事先做了战略推演。

如果徐达等人先去收复池州，那肯定只能走陆路，因为赵普胜的枞阳水寨能阻止俞通海的水师登陆池州，而走陆路打池州就必定强攻城墙，耽误时间不说，赵普胜还可能率部来援，徐达等人就会面临被夹击的危险。可是如果徐达等人绕过池州，直接去打安庆的枞阳水寨就不同了，池州守将没有足够的水师，无法渡江前来救援枞阳水寨，而赵普胜刚刚在赵德胜那里吃了败仗，士气可能还没有恢复，如今直接去打他的老巢，能进一步打击他们的士气，从气势上就赢了对手。

战事非常顺利，当年四月的枞阳水寨杀声震天、烽火遍野，赵普胜的军队还没从上次大败的阴影里恢复，惊恐的情绪让他们丧失了大部分战斗力，在俞通海水师的冲撞、火烧、炮击下很快崩溃，士兵们纷纷跳水逃走，连作战经验丰富的赵普胜也不得不抛下旗舰快马逃走，丢弃了不少艨艟巨舰。

枞阳水寨既破，安庆与池州的水上交通便被切断了，这又让池州的守军非常惊慌，毕竟他们被朱元璋的军队战略孤立在远离友军的地方，没有友军的支援，谁还能安心守城呢？不久，徐达等人转攻池州，守将洪钧等几乎没有抵抗便被生擒，池州又回到朱元璋的阵营。消息传回应天，朱元璋大喜过望，当即擢升徐达为同知枢密事，其余诸将都有不同程度的封赏。[①]

这还不是战役的全部。四个月后，朱元璋遣义子朱文逊、秦友谅渡江占领无为州，次月，徐达等人借由无为州登陆长江北岸，大举侵入安庆腹地，乘夜偷袭了桐城东侧的浮山砦，大败赵普胜部将胡总管，并一路追杀逃兵至潜山。前来抵挡的参政郭泰试图在沙河一线部署兵力，阻止徐达继续深入，但他哪里是徐达的对手，当即被打得溃不成军，自己也当场阵亡了，潜山就此落入徐达手中。

现在再来看安庆的局势，安庆主城位于枞阳西南侧的长江口，潜山又在安庆西北方，枞阳、潜山连成一线刚好压在安庆的头顶，池州又在安庆的长江对面，如今三地都在徐达手中，明显有战略包围安庆之势，来自西侧的赵普胜陆军很容易被潜山的军队挡住，来自水上的陈友谅水师又容易被池州守军拖住，安庆便只剩下西南侧的小孤山一处缺口了。

---

①《明史纪事本末 · 卷三》：时太祖经营浙东，方忧普胜剽掠，闻捷大喜，擢徐达同知枢密事，诸将升赏有差。

局势如此有利于朱元璋，安庆陷落在即。

然而，意外出现了。九月，已呈合围之势的朱元璋一方正式攻打安庆主城。安庆主城枕靠长江，非用水师不可，指挥官便落到水师统帅俞廷玉头上。这一役，无论是《明史》还是其他明史资料，都没有记载具体的作战细节，但可以知道俞廷玉受命总领水陆大军攻打安庆城，集中了朱元璋不少精锐兵马，被寄予了厚望，但结果却是赵普胜大显神威，阵斩俞廷玉，大破朱元璋的水师。朱元璋一方之前的战果几乎丢失殆尽。

枞阳、池州、安庆一线的战役无疑是朱元璋与陈友谅矛盾升级的爆炸点，双方在安庆、池州一线相互争夺，时而赵普胜攻入江浙行省，时而徐达等人杀入安庆腹地，但双方都没取得决定性的胜利，其中徐达利用赵普胜新败于宁国之机，一路乘胜追杀，先克枞阳水寨，再拔池州、潜山，最后由俞廷玉总领水陆大军合围安庆，即使优势如此之大，却依然不能击败困守孤城的悍将赵普胜。究其原因，也许是安庆城太坚固了，也许是赵普胜太了解巢湖水师了，这支由他一手打造的水师舰队岂能轻易击败自己的创始人。徐达、赵德胜等人就算再能打，如果不能战胜深谙水军战术的赵普胜，就一定无法跨过安庆，当地便会成为两军反复拉锯的战场，一旦陈友谅腾出手来支援赵普胜，池州、太平、应天这些长江下游的城池则危若累卵。

故而，当俞廷玉战死的消息传来，应天诸将不免震惊，与陈友谅的战争前途堪忧，怎么办呢？

作为领导者，朱元璋必须从全盘考虑问题，更要敢于转换思路，穷尽手段。既然现在硬碰硬打不赢赵普胜，那还有没有其他办法呢？

兵者，诡道也。朱元璋立即想到了一招“双重离间”之计，对诸将说道：“普胜虽勇而寡谋，友谅挟主以令众，用间以离之，一夫之力耳。”[1]

具体怎么做呢？

当时的赵普胜有意招贤纳士，麾下猛将如云，谋士当然也很多。其中有一个门客很受重用，常常给赵普胜出谋划策，对朱元璋的威胁不小。于是朱元璋故意派人与此人结交，请客送礼，行事毫不避讳，其目的就是要让赵普胜知道。然后朱元璋写了一封给该门客的密信，里面是反叛赵普胜的计划，并故意让信落入赵普胜之手。赵普胜中计，对该门客失去了信任，要拿其开刀。该门客得知后坐立难安，为了保命只好真的投奔了朱元璋。

接着，朱元璋又给该门客“重金”，让他悄悄去找陈友谅，就说赵普胜正私下接触朱元璋，准备献出安庆等地，背叛天完政权。陈友谅本就是多疑之人，而且他与赵普胜是盟友兼同僚，地位上差距并不大，因此陈友谅一直不放心赵普胜，担心他不满自己在天完专权。现在赵普胜身边的门客前来告密，宁可信其有不可信其无，陈友谅当即派人前往安庆探听赵普胜的虚实。

赵普胜哪里知道朱元璋的“双重离间计”，对陈友谅的使者态度傲慢，不断诉说自己的功劳和能力，顺便夸耀了一番自己的军队。这本来只是简单的邀功，但陈友谅得知后，很容易认为赵普胜话里有话，用夸耀功劳和军队来表明他实力雄厚，暗示陈友谅不要对天完政权有什么非分之想，这也让陈友谅更担心他投奔朱元璋后会让江西门户洞开。

基于对赵普胜的不信任，也基于对天完政权最高权力的渴望，陈友谅以潜山失守为由，率领水陆大军“增援”安庆，并邀赵普胜到船上相

---

① 引自《明史纪事本末 · 卷三》。

见。赵普胜的确如朱元璋所说的那样勇而寡谋，压根没想过处境的危险，不仅欣然前往，还准备了烤羊肉，准备和陈友谅好好喝一顿。与汉高祖刘邦在云梦泽擒获韩信一样，赵普胜在雁汉登上陈友谅的船后，对方根本没和他吃烤全羊，反而把他给宰了。赵普胜本以为是来吃羊喝酒的，没想到自己羊入虎口。

赵普胜一死，陈友谅立即以雷霆之势接管了安庆各处城防，又以徐寿辉的名义兼并了赵普胜的全部军队，这些人中就包括当时还默默无闻的傅友德等人。如此一来，陈友谅在天完政权内部的对手便只剩下重庆的明玉珍了。

这一变故对天完政权的影响极大，赵普胜熟悉水战，长期镇守安庆一线，是天完政权守护江西的第一道防线，徐达、俞廷玉这样的优秀将领都无法彻底击败他，他在安庆的战斗证明了其对抗朱元璋的能力。同时，赵普胜的威望和军队也从侧面牵制了风头正盛的陈友谅，只要赵普胜还在，陈友谅就不敢轻易取代傀儡徐寿辉。

然而，随着赵普胜被杀，天完政权内部能和陈友谅抗衡的势力已不复存在，而陈友谅为了一己私欲诛杀同僚的行为也让天完内部出现分裂，攻略巴蜀的明玉珍痛恨陈友谅薄情寡义、排除异己、拥兵自重，不满的情绪正在不断聚集，这为天完政权的分裂埋下了伏笔，也给之后的战争造成了不可估量的影响。

陈友谅称帝

至正十九年，朱元璋巧妙施展“双重离间计”，让多疑的陈友谅诛杀了长期镇守安庆的赵普胜。这一变故使得天完政权的安庆防线出现重大漏洞，没有赵普胜坐镇的安庆是否还有足以与徐达等人匹敌的武将呢？赵普胜的死像一面镜子折射出了天完政权内部的隐患。长期以来，徐寿辉宽以待人，深居后方，下放权力，天完各地的守将都拥兵盘踞一方，总体来看他们还算相安无事，但陈友谅擅自诛杀赵普胜，兼并其水师的行为，明显让他愤怒不已，这已经触碰了他的底线。

陈友谅并不是追随徐寿辉起兵的嫡系将领，此人在天完第一个“波峰”时加入，全靠前丞相倪文俊大力提拔才能坐镇一方，可是陈友谅先是杀了老上司倪文俊，现在又杀了赵普胜，如此专断嗜杀，哪里像个人臣？徐寿辉虽然缺乏统兵之才，但也不傻，他已经能预见陈友谅的屠刀即将落到自己身上。

徐寿辉自然不会坐以待毙，听任陈友谅继续专断跋扈。当年十二月，徐寿辉决心收回陈友谅的兵权，但直接下令收回兵权肯定行不通，于是他采用了类似汉高祖刘邦制服韩信的策略，打算逼陈友谅就范。

杀了赵普胜的陈友谅这时也在观望，他在观察天完政权内部的反应，果然徐寿辉的使者很快就来了。然而让他意外的是，徐寿辉的使臣压根儿没提赵普胜一事，反而提出了另一个要求：迁都。徐寿辉的使臣告诉陈友谅，江西龙兴即将成为天完新都。这地方侧枕大江，深处江西内地，既远离江北元军，又能成为征服江浙的大本营，而且名字还很有寓意，象征着天完政权将从这里开始兴盛，徐寿辉想迁都于此无可厚非。

龙兴是陈友谅刚刚打下的地盘，位置在鄱阳湖一带，刚好能阻断江州与江西其他州县的联系，如果徐寿辉带着天完中央朝廷进入龙兴，也就意味着他可以直接接管龙兴以南的州县，远在江州的陈友谅很难越过龙兴管理江西其他地区。这怎么能行？陈友谅毫不客气地拒绝了徐寿辉的使臣，连像样一点儿的理由都懒得编。

消息传回汉阳，徐寿辉肯定非常愤怒，这个书记官出身的小吏竟然这么不给自己面子。徐寿辉或许未必真想迁都龙兴，只是通过使臣试探陈友谅对自己的态度，而陈友谅的回复已经充分证明了他有不臣之心。那还犹豫什么？必须以武力收回陈友谅的兵权。

于是，徐寿辉立即集结起汉阳的全部兵马，带着大小文武官员，顺江而下直奔陈友谅的大本营江州。很明显，如果陈友谅继续抗命不遵，徐寿辉便要引兵攻打江州，一举消灭陈友谅。

陈友谅得知汉阳大军浩浩荡荡而来，反而一点儿也不紧张，因为他看到了问鼎天完最高权力的机会，当即率队去“欢迎”皇帝的队伍，同时还邀请徐寿辉进入江州城休息。徐寿辉一听陈友谅服软了，也松了一口气，毕竟陈友谅如果真能这么做，就可以避免一场内战。徐寿辉是个优柔寡断的人，别人稍一退让就急于收手，汉阳大军便停驻江州城外。

殊不知这只是陈友谅的缓兵之计，真实情况是，陈友谅的伏兵早已在城门内各处埋伏了起来，等徐寿辉带着随从入城后，城门突然落下，将后面的队伍通通挡在了外面。城里顿时杀声四起，飞矢如注。徐寿辉的亲兵全数被杀，他本人则被当场生擒。

陈友谅并没有直接杀死徐寿辉，天完皇帝的名号还有继续利用的价值。不久，陈友谅便以徐寿辉的名义收编了城外的汉阳军队，而徐寿辉本人和所有文武官员全被陈友谅软禁了起来，天完中央政权就这样被陈友谅挟持了。至此，陈友谅达成了挟天子而令诸侯的威势，很快便自封为“汉王”，开幕府，置官属，都督湖广、江西诸军事，天完政权在这一刻已经名存实亡了。

天完政权的内乱应该是朱元璋进入江西的好时机，可是赵普胜被杀后，朱元璋却迟迟不敢把手伸向安庆一线，反而把战略重心移向了东线，因为东线的两大军阀都相当不安分。

首先是张士诚，他在至正十九年里先后五次举大兵来犯。正月，张士诚遣大将吕珍率水师攻打诸暨，与胡大海打了个平手。二月，张士诚又遣大将苏同佥率领数百艨艟战舰进攻江阴，被吴良、吴桢兄弟用前后夹击之计击退。同月李伯升入寇临安，同样被平章邵荣击败。三月，张士诚亲自领兵攻打建德，被后起之秀李文忠击退。九月，张士诚转攻常州等地，被吴良等人击退。十二月，张士诚派兵驻扎在杭州新城的三溪，准备再次入寇建德，又被何世明击退。

然后是方国珍，他在至正十九年时见朱元璋势力日渐壮大，担心遭到进攻，便在年初遣使臣刘辰前来归附，献黄金五十斤、白金百斤、金织文绮百匹，称愿意共同进攻张士诚。三月，方国珍又遣使臣张本仁带着温州、台州、庆元三路的土地户籍前来归附，还把次子方关作为质子献给朱元璋。十月，朱元璋为了示好方国珍，厚赐方关并将其送回，任命方国珍为福建行省平章。没想到的是，方国珍持骑墙态度，竟然以年老为由拒绝了任命，却转头接受了元廷的江浙行省平章政事之职，态度微妙。

朱元璋明白，陈友谅越是强大，就越要集中全力与之决战，若是东线的两大军阀在背后捅刀子，他断然无法击败陈友谅。因此，在至正二十年三月，朱元璋以先锋大将常遇春为帅，尝试重兵攻打张士诚的杭州，可是结果却不尽如人意，常遇春久攻不克，一点儿也没有破城的迹象，看来杭州与绍兴一样都是东线很难啃下的硬骨头，着实让人头痛。

比起朱元璋两线作战，陈友谅就没那么多的后顾之忧，虽然明玉珍与之分庭抗礼，但仅仅是断绝往来而已，还没有到兵戎相见的地步，陈友谅完全可以集中力量向江浙行省进攻。至正二十年五月，陈友谅扬言要收复被徐达攻下的枞阳水寨，实则挟持徐寿辉突然带兵杀入池州，试图夺回曾经的地盘。

池州一线，朱元璋派驻的是麾下最优秀的两员大将——徐达、常遇春。徐达虽然不是将相后裔，也没有系统学习过为将之道，但他对领兵打仗无师自通，心中自有韬略，常遇春也是有勇有谋的悍将，一眼就看破了陈友谅的声东击西之计，毕竟陈友谅率领数十万大军来战，绝不可能只打一个小小的枞阳水寨，他的目标必定有值得他亲征的价值，而哪里才有这样的价值呢？不就是与安庆隔江而望的池州吗？

为此，常遇春建议徐达把池州的精兵强将全部调往城外不远处的九华山埋伏，只在城内留下老弱残兵引诱敌军，陈友谅见状果然上当，也不派侦察兵打探一番，就带着数十万大军直扑池州城。可是天完军一到池州城下，城上就竖起好些旗帜，且锣鼓喧天，城外九华山伏兵得到信号后立即冲杀下山，截断天完军归路，联合守军前后合击，阵斩百余人，生擒三千人，杀得陈友谅措手不及。陈友谅旋即退出池州。

从战果上看，池州一战的规模很小，也没有重创陈友谅的主力，充其量也就是挫败了天完军的攻势，并没有决定性的战果。但对陈友谅来说，徐达在池州的伏击之术着实给他留下了深刻的印象，有徐达坐镇的池州并不好夺取，而且朱元璋还在池州一线部署了重兵，这么做的目的无非是想把天完军堵在安庆、池州一线。

陈友谅毕竟是一代枭雄，他发现池州有名将加重兵防守后，反而捕捉到了打破僵局的战机，因为朱元璋的兵力有限，一部分被派往东线抵挡张士诚的袭扰，一部分南下去夺取元朝的疆域，剩下的又被派往池州防备自己，这样的话，池州以北的州县是不是就兵力空虚了呢？

事实确实如此。

就在兵败池州的当月，陈友谅立即率领水师扬帆起航，直接跳过了池州，顺着长江杀向了太平。太平倚靠长江，是应天城的门户重镇，也是朱元璋当年渡江作战的第一关，如今来看更是陈友谅进攻应天的重要关卡，如果能打下太平，天完大军就可以挥师北上，进攻朱元璋的应天大本营了。

太平如此重要，朱元璋自然是清楚的。为了守住太平这一枢纽，朱元璋派义子朱文逊、枢密院判花云坐镇太平。前文已经提到过，花云是追随朱元璋滁州立业的二十四将之一，而且武艺、胆识不凡，曾有夜袭横涧山、单骑破滁州的辉煌战绩，就这些战绩来看，花云是战力不低于常遇春的先锋大将，深得朱元璋信任，故而有资格镇守太平，拱卫应天府的安全。

如果太平有数万人的兵力，加上花云这样的大将，陈友谅是很难拿下的。然而，如今的形势却不是这样，花云虽然坐镇太平，但他的麾下只有三千兵马，手握重兵的徐达又远在池州一线，来不及增援。陈友谅正是看到太平兵力空虚的好时机，断然冒险绕过池州，突然兵临太平城下。

花云见大敌来犯，犯了一个低级错误，他既没有防守采石矶，也没有固守城池，而是将全部兵马调到城外列阵迎战。须知陈友谅可是带着数万大军前来，兵力在花云十倍以上，放弃据守城墙以逸待劳，反而出城与敌军野战，怎么看都不算明智之举。花云曾多次以少胜多，而且次次都是大胜，这次他依然不觉得有什么不妥，信心十足。

太平城外，花云率领三千兵马就地列阵迎战，长矛、弓箭、大刀都部署完毕，只等天完军杀来。花云、朱文逊两员主将策马在阵前飞驰鼓舞士气，背靠城墙的他们试图以置之死地而后生的方式就地击溃陈友谅的大军。可惜他们想错了，陈友谅麾下的天完军是和元军数次交战后幸存下来的精兵猛将，绝不是夜袭横涧山时的一帮草寇，这些人不仅战斗经验丰富，而且作战有自己的章法和习惯，他们与花云所部展开了血腥搏杀，将花云的三千军队一点儿一点儿地剿杀殆尽。

战况越发不利于宋军，花云挥舞着长矛在阵中东驰西冲，但纵然他有万夫不当之勇，也不能改变战局，毕竟双方兵力悬殊，又没有城墙作为掩护，只能挺起胸膛被天完军砍杀，三千人很快就阵亡了一大半，朱文逊也当场战死，花云全靠一身胆量才突围而去，退守太平城。

野战失利，守城就能挽回败局吗？不是说一定不行，但是难度太大，因为作战最看重士气，初战不胜的一方往往士气大跌、军心动摇，很难在后面的战斗中超常发挥。可是花云做到了，带着仅剩的守军抗住了陈友谅长达三天的进攻。

见强攻难以奏效后，陈友谅带着水师战船巡视战场，突然发现城池西南距离江岸很近，于是他率领战船攻打城池西南角。陈友谅指挥将战船靠上城墙，士兵们都从船上跳到城楼上，花云见状赶紧组织增援，可是船只高度与城墙不相上下，天完军登城如履平地，数万天完军源源不断杀入城内，最终守军全线崩溃，花云也在力战中被俘虏。

花云不愧是朱元璋麾下的猛将，即使被敌军用绳索捆住，他依然具有致命的攻击性，竟然对着敌军咆哮道："贼奴，尔缚吾，吾主必灭尔，斩为脍也。"随着一声大喝，花云强行挣断了绳子，夺过敌兵的刀剑，连杀五六人，最后被敌军击中头颅才倒地被俘。为了泄愤，陈友谅将花云绑在舟樯上，用乱箭将其射死，据说花云临死前依然骂不绝口。[①]院判王鼎、知府许瑗皆抗志不屈而死，太平陷落。

太平陷落让朱元璋措手不及，首府应天现在已然门户洞开，陈友谅数万大军近在咫尺，他们下一步要干什么几乎是板上钉钉的事情。这一

---

①《明史纪事本末·卷三》：贼缚云急，云怒骂曰："贼奴！尔缚吾，吾主必灭尔，斩为脍也。"遂奋跃大呼起，缚尽绝，夺守者刀，连杀五六人，复骂曰："贼非吾主敌也。曷不速降。"贼怒，缚云舟樯，丛射之，比死，骂贼不绝口。

战让陈友谅踌躇满志、威望大增，他仿佛看到了攻破应天、一统江南的盛况，也顾不上冷静，当即率部进驻采石，派人以奏事为由，趁徐寿辉没有防备时，突然用铁挝从后方击碎其头颅，然后谎称其暴毙军中。

接着，陈友谅再也不掩饰自己的野心，旋即在采石五通庙登基称帝，立国号“汉”，年号“大义”，以邹普胜为太师，张必先为丞相，张定边为太尉，群臣在风雨里草草结束了朝拜之礼。不久之后，汉帝陈友谅遣使联络张士诚，相约共同出兵讨伐朱元璋。曾经辉煌一时的天完政权终于结束了，一个雄踞湖广、江西的陈汉政权建立，一场江南群雄的大混战即将开始。

第十一章

战群雄，三国较量

汉吴战始

至正二十年是朱元璋戎马征程的重大挑战，太平防线崩溃后，朱元璋的首府应天已经完全暴露在陈友谅的兵锋下，危若累卵且人心惶惶。更麻烦的是，朱元璋同时还得罪了东面强大的张士诚，这位盐贩子出身的大军阀号称天下至富，元朝的东南财政和粮食半数由其把持，有钱有粮的张士诚时常发动对镇江、长兴一带的战役，故而朱元璋的地盘很难跨过太湖。现在陈友谅明智地遣使结好张士诚，相约东西夹击朱元璋，这让朱元璋面临两线作战的考验。

局势的紧张与危险让应天城内的文武官员焦躁不安，他们在朱元璋召集的作战会议上各抒己见，一些人主张决一死战，一些人建议据城坚守，另一些人认为该退守钟山，更有甚者居然提议干脆投降。看着吵个不停的群臣，朱元璋坐在堂上一言不发，面色阴沉，若有所思，以上建言都不是他想听到的结果，这时站在角落里的谋臣刘基引起了他的注意。

刘基，字伯温，处州青田人，自幼天资卓然，远超常人，十二岁即中秀才，二十三岁考上进士，得授八品县丞之职，据传他能一目七行且过目不忘，任何晦涩难懂的文章只需通读两遍即能明白其中的要义。初入仕途的刘基一身正气，秉公执法，与当时的社会风气格格不入，故而引得豪强、地痞处处针对，在职不满一年的他即愤然辞官。

不久，朝廷又征召刘基为江浙儒副提举兼任考试官，没想到刘基官位还没坐热，就选择正面挑战强权，实名检举监察御史，很快就被迫第二次辞官。至正十二年，元廷征刘基为江浙行省元帅府都事，谋划剿灭海寇方国珍，当时元廷主张招安方国珍，但刘基独树一帜，坚决反对养虎为患的权宜之策，弄得自己里外不是人，被元政府、方国珍联合针对打压，气得刘基第三次辞官归乡。

三次宦海沉浮没有让刘基心灰意冷，反而让他看清了元朝行将灭亡的大势，当兵起濠梁的朱元璋高举义旗，以严肃的军纪一步步占据江浙各地后，刘基总算看到了能扫平一方的明主，加入了朱元璋的义军阵营，因其精通兵法诡道，被朱元璋留在身旁充当谋士。

大堂里的群臣吵得越是厉害，刘基的冷静就越是显眼，朱元璋看出他有一肚子话想说，但也没有声张，而是将其唤入内室询问破敌之策。刘基愤怒地说道：“主降及奔者可斩也！”

此言一出，朱元璋迫切地问道：“先生计安出？”

刘基高声说道：“贼骄矣，待其深入，伏兵邀取之，易耳。且天道后举者胜，以逸待劳，何患不克。取威制胜以成王业，在此举矣。”[①]

同样是建言献策，刘基此言一出，高下立见。“贼骄矣”道出了汉军的弱点，“以逸待劳”道出了自己的优势，“伏兵邀取之”又说明了具体的策略，不到百字的方略既给朱元璋鼓了气，又指明了具体的破敌策略，更重要的是为朱元璋勾勒了一幅成就王业的美好前景，朱元璋的战意顿起，当即决定迎战。

不过，既要主动迎战，又要设伏袭击，难度确实不小。按照之前的战例（集庆之战），常规的做法是诈败诱敌，然后实施合围，徐达等人就曾用这样的战术击败过陈野先和康茂才，如今是不是可以故技重施呢？

朱元璋首先否决了收复太平和长途奔袭的提议，主要有两个顾虑：一是太平地处上游，汉军水师超过朱元璋十倍之多，太平短时间内很难

---

① 以上引文均引自《明通鉴·前篇卷第二卷》。

收复；二是担心主力远离应天后，汉军可以派一偏师缠住朱元璋，然后重兵偷袭应天，届时朱元璋又要急行军回援，以逸待劳的优势便不复存在了。[①]所以朱元璋的计划是让陈友谅率领主力大军自己到伏击圈来。

问题来了，陈友谅的汉军以水师为主，大小战船数百艘，如何在开阔的江面设伏而不被发现？又如何才能把对方的船引诱过来呢？

朱元璋想到了一个人，康茂才。

康茂才曾是元军的义兵元帅，但在朱元璋定鼎金陵一战中兵败投降，此人与陈友谅是旧交，关系还不错。不知道是不是受到了赤壁之战的启发，朱元璋决定让康茂才写信诈降，称愿意与汉军里应外合消灭朱元璋。

收到书信的陈友谅大喜，当即问信使："康公何在？"信使回答在守江东桥。陈友谅又问江东桥是怎样的桥，信使回答是座木桥。陈友谅一听更开心了，认为这是天赐良机，如果康茂才真的在守江东桥，直逼应天城下就毫无难度了。

为什么这么说呢？

应天城紧靠长江，陈友谅顺流而下，首先要通过城池西南的江心洲。所谓江心洲，即河床淤沙堆积的小岛，江东桥恰好是连接江心洲与河滩之间的桥梁。因此，陈友谅要么从江心洲登岸过桥，要么绕过江心洲到开阔的龙湾登陆，前者便捷，后者麻烦。如今康茂才镇守江东桥，直接过桥不就得了？

信心大增的陈友谅决心一战而取应天，当即点齐大小战船千余艘，沿着长江顺流而下，战船上升起的风帆在江面上排得密密麻麻，几乎遮

---

① 《明通鉴·前编卷第二卷》：时诸将议先复大平，太祖曰："不可。彼居上游，舟师十倍，我猝难复也。"或请太祖自将迎击，太祖曰："不可。彼以偏师缀我，而全军趋金陵，半日可达，吾步骑急难引还。百里趋战，兵法所忌，非策也。"

住了江水和阳光，如此骇人的景象着实让人胆寒。

得知陈友谅倾巢出动后，朱元璋这边的部署也很快落实下来：首先是遥令南部战线的胡大海率部攻打信州，牵制陈友谅的兵力，缓解应天防线的压力；然后就是把江东桥改建为铁石桥，避免汉军烧毁桥梁，从桥梁处穿过江心洲；最后便是将主力军队一分为六，分别派驻不同的地方，依次拉起龙湾包围网。

第一路由杨璟率领部分水师驻扎在江心洲南面的大胜港（又作大城港），这里是陈友谅最先抵达的地方，却也是河道最窄之处，最多允许三船并行，不适合汉军庞大的水师通过。把杨璟放在这里主要是不让陈友谅从大胜港上岸。

第二路由徐达率兵布阵于应天南门附近，其作用是避免陈友谅强攻江东桥并在当地上岸，直抵应天城南门。

第三路由廖永忠、赵德胜跨新河修筑虎口城，控制秦淮河流域的入口，阻止绕过大胜港、江心洲的陈友谅借秦淮河开到应天城北门。

第四路由张德胜、朱虎等人率水师游荡于虎口城北面的龙江关外，作为水师伏兵，一旦陈友谅攻打虎口城或者在龙湾上岸，就从侧后方发动袭击，专打留在江面上的战船。

第五路由常遇春、冯国胜、华高等人指挥帐前五翼军三万人，埋伏在石灰山两侧，作为关键时刻的伏兵攻击陈友谅的登陆部队。

第六路由朱元璋亲自指挥，埋伏在龙湾不远处的卢龙山上，静待陈友谅大军到来，那里地势较高，可以纵观全局，是极好的指挥大本营。

这是一个比较完美的伏击圈，如同拉紧的口袋，南侧的大胜港就是口袋的底部，北侧的虎口城即口袋的顶部，中部的江东桥已经变成了铁石，陈友谅如果从此处登陆，徐达就会把他挡在城池南门；若是他绕到北边的龙湾，朱元璋便会在卢龙山亲自阻击，常遇春、张德胜的伏兵再从侧翼袭击汉军陆军和水师，就能把汉军封锁在龙湾一线，伏击圈即可功成。

至正二十年五月初十，往日平静的长江江面上波涛汹涌，即使没有河风，也不断有水浪翻滚而来。作为镇守第一道防线的大胜港守将，杨璟仅凭江面水浪的高度就能猜到汉军水师的远近。

水平线上出现了无数汉军战舰，一艘接着一艘，一帆并着一帆，硕大的“汉”字军旗在风中猎猎作响，铠甲蔽身的甲士站满了船头，刀斧、弓箭、石炮堆满了船舱。密密麻麻的战船几乎填满了整个河道，昔日一统北方的前秦皇帝苻坚自豪于其军能投鞭断流，今日的大汉皇帝陈友谅尽占湖广、江西之地，麾下带甲数十万，兵强马壮，战舰盈江，恐怕他也有相同的豪情。

这一次，汉帝陈友谅是抱着占据金陵、吞并吴越的雄心而来，气势非常骇人。

巨舰船头上，身着帝王甲胄的陈友谅眺望着远方，此刻，他并不知道，远在前方的龙湾也有一个人怀揣着帝王之志等待着大战的到来。

龙湾伏击战

水浪飞腾，战船急驰。

此刻，从大胜港到应天的整个江面阴云密布，大战在即的紧张气氛早已蔓延开来。

然而，作为汉吴大战的第一处战场，大胜港内的宋军战船少得可怜，全都被派到江口堵塞河道，统帅杨璟更是高度警惕，一刻也不敢松懈，生怕遭到汉军战舰的突然袭击。

汉军战舰远远望见大胜港后，三艘并两艘地转入狭窄的河道，一时间箭矢与火铳齐发，鲜血与木屑四溅。杨璟整兵御之，拼死力战，身后除了一座残港，没有退路，更无援兵，故而他们方寸之地都不肯放弃。

所幸狭窄的河道限制了舰队的航行，除了三艘船在战斗外，后面的人全都当了观众，这是杨璟唯一的优势。大胜港终究不是汉军的目标，陈友谅很清楚他的船队在大胜港前无法发挥任何优势，更不想在这里浪费时间，他直捣黄龙的作战最忌讳贻误战机。

没能突破杨璟防线的汉军战船相继撤离，重新回到宽阔的江面，径直朝江心洲的江东桥而去。不久，用铁石筑成的江东桥出现在汉军视线中，龙船巨舰上的陈友谅难免心中疑惑，不是说江东桥是木桥吗？怎么会是一座铁石桥？

江东桥安静如常，隐隐能看见藏在远处的伏兵，陈友谅知道上当了，什么里应外合，什么共图大业，全都是诈降的说辞，以铁石筑成的新桥无法用火矢破坏，毁桥通过是极难实现的。

前进还是撤回？

陈友谅决心一赌到底，毕竟上千艘战舰一旦出动，其消耗的钱粮何止百万，如此大阵仗的军事行动，怎么也要掀起一番惊涛骇浪才行，如果就此打道回府，坐镇各州府的将军该怎么看他这个汉帝？这些人都曾是天完皇帝徐寿辉的部下，只因畏惧陈友谅兵力雄厚才不得暂时不俯首听命，要是他首战不胜，势必引起众人的轻视之心，这是万万不行的。

现在，汉军舰队只有一个去处——龙湾。

龙湾在应天城西北侧的近江处，那里地势平坦开阔，非常适合大部队登陆，再往北就是石灰山到龙潭，那里地势险峻，又离应天较远，无法作为登陆地点，陈友谅在不知不觉中正一步步走向朱元璋设下的伏击圈。

也许是为了保险起见，也许是汉军数量太多，抵达龙湾的陈友谅先遣万余人马上岸扎营。远在卢龙山上的朱元璋居高临下，清楚地看到了汉军已经开始登陆。身边的将士安静地蹲在地上，手里紧紧握着刀枪剑戟，就等朱元璋下令出击。

不过，越是大战在即，主帅朱元璋就越是有耐心。彼时的天气极度炎热，他却撤去自己的伞盖和众人一起流汗，只为了鼓励士兵忍耐烈日炙烤。此时的汉军正忙于修筑营寨，消耗了不少体力，加上天气酷热，双方士兵都非常疲惫。诸将建议立即出战，但朱元璋望着头顶上晴朗的天空，坚信不久即会暴雨倾盆，那是绝好的开战信号，足以让汉军上下措手不及，于是让士兵们吃饱喝足，耐心等待。可是众人并不相信真的会下雨。[①]

忽然，狂风从西北席卷而来，黑云会集，惊雷震天，顷刻之间暴雨如注。战机已至，兴奋不已的朱元璋迅速下令出战，赤色的旗帜旋即在雨中挥舞，直指汉军营寨。早已按捺不住的宋军伏兵几乎同时跳出了草丛、树林，漫山遍野的战鼓同时响起，似乎与天上的惊雷同时出现，这让龙湾的汉军将士惊惧不已，纷纷丢下了手中的工具，四处寻找兵器和铠甲。

冲杀声响彻山野，狂奔下山的宋军伏兵势不可挡，他们高举着长矛、利剑，逢人便刺，见栅栏便烧，站在最前面的汉军士兵本就因为修筑营寨累得气喘吁吁，如今在宋军的冲杀下很快乱成一团，不少人淹没在人流中，再也没能站起来。后面的营寨栅栏更是被宋军士兵推倒、掀翻，为争夺尚未完工的工事，战斗进入了野战肉搏阶段。

此刻，前部先锋遇袭并没有改变汉军的登陆计划，由陈友谅亲自率

① 《明史纪事本末·卷三》：众欲战。太祖曰："天将雨，诸军且就食，当乘雨击之。"时天无云，众未信。

领的主力大军也已经抵达战场，双方士兵很快就冲杀在一起，暴雨也随之停止，宋军攻势渐渐变缓，出现了僵持局面。眼见奇袭的效果逐渐消失，朱元璋喝令擂鼓助战，鼓手奋力擂起大鼓，鼓声隆隆，穿云裂石，让疲惫的宋军为之一振。

急促的战鼓声让人热血沸腾，那是拼死血战的命令和战士前进的勇气，黄色的军旗应声挥舞，埋伏在石灰山的常遇春、冯国胜等人终于等到了出战的信号，旋即竖起了大旗，从战场另一侧的山上杀奔而来。万军之中，常遇春还是那个最勇猛的先锋大将，长槊挥舞过的地方无不鲜血四溅、哀号遍野，没有任何兵器能阻挡他的攻势，也没有铠甲、盾牌能挡住那夺命的冲杀，更没有任何箭矢能射伤这位虎狼战将，在阵中来回奔驰的他势不可当，身后的将士同样凶猛异常，与汉军展开了激烈的搏杀。

两个方向的袭击足以让人胆寒，而远处的地平线上突然又出现了另一支军队，他们高举着龙凤大旗，领头的正是朱元璋麾下第一大将——徐达。徐达本来部署在应天城南门，当他得知陈友谅绕过江东桥后，立即带着全部军队直奔龙湾战场，他们的突然出现让朱元璋一方士气大振，也极大地动摇了陈友谅一方的士气。不久后张德胜、朱虎的水师舰队也加入战斗。

多个方向的奇袭终于让汉军上下阵脚大乱，那些心理素质不佳的士兵此刻更加慌乱无措，再也坚持不住了，纷纷转身向着战船停靠的江岸逃去。

军心早已离散的汉军大势已去，谁也无法阻止这股奔逃的洪流，即便是陈友谅也不行，逃兵们就这样裹挟着他一起向江边溃逃。而刚刚还是波涛汹涌的江水突然退潮了，体型庞大的汉军战船纷纷搁浅，动弹不得，部署在秦淮河以及龙江关外的宋军战船旋即杀来，纵火焚烧逃之不及的敌船，更多的汉军士兵不得不跳水逃生，但铠甲过于沉重，跳水的士兵多溺死河中，浮尸和挣扎的士兵遍布江面，鲜血把江水染成了赤色。

如今的陈友谅惊恐不已，他的龙船巨舰搁浅难行，刚刚还不可一世的陈友谅只好跳到一艘小船上慌忙逃离。周遭的将帅见后纷纷效仿，都丢弃了自己的巨舰，抢夺吃水较浅的小船逃命。朱元璋就此俘获降兵七千、巨舰上百艘、战舸数百艘。[①]他登上陈友谅的龙船巨舰后，看着地上康茂才的诈降信，不禁嘲笑道："彼愚至此，可嗤也。"[②]遂命令宋军继续追杀陈友谅。

龙湾之战并未结束，追击同样惊心动魄。陈友谅携一众小船拼命逃跑，身后的宋军追兵穷追不舍，俘获了一船又一船降兵，击沉了一艘又一艘战船。战至慈湖时，狗急跳墙的陈友谅下令点燃部分战船，并把它们堵在河道上，试图挡住追兵。不料，宋军大将张德胜驾着一艘战船横冲火船，竟然生生撞出了一条通道，后面的宋军振奋不已，也相继撞开了挡在面前的火船，继续追杀而去。

最激烈的战斗发生在太平采石矶，狼狈不堪的陈友谅下令残部上岸布阵，又是举枪，又是射箭，试图利用采石矶的险要地形挡住追兵。可惜，宋军的士气已然到了顶点，驾船冲杀的张德胜无惧无畏，第一个跳船登岸，但被无数刺来的长矛贯穿了身体，当场阵亡。不过这并没有削弱宋军登岸的勇气，无数士兵相继跳上采石矶肉搏，史载："廖永忠率所部大呼陷阵入，华云龙跃马捣其中坚。有王铭者，独驰入其阵，贼攒槊刺之，伤额，战

---

① 《明史纪事本末 · 卷三》：内外合击，友谅兵大溃走，趋舟，值潮退，舟胶浅，杀溺死者无算，生擒七千余人，收得巨舰百余艘，战舸数百。

② 引自《明史纪事本末 · 卷三》。

益力，流血淋漓，旋回三匝，独所杀伤过当，贼大败。”[①]

汉军的抵抗终究只是徒劳，朱元璋的将帅们身先士卒，舍命搏杀在战场第一线，即便面门被击中，即便身受多处箭伤，他们依然能陷阵死战，三进三出，如入无人之境，他们的英勇无畏不仅鼓舞了自己的士兵，也极大地震撼了惊慌失措的汉军官兵，汉军最终全线溃败。战场终于成了单方面的屠杀，如果汉军士兵此刻还不选择投降，那么就只有倒地身亡这一种结局。采石矶和太平城就此被宋军全数收复，数万人马投降了朱元璋。

已然失魂落魄的陈友谅再也无心作战，带着身边的亲信，头也不回地逃去了江州，连重镇安庆也不敢多待一刻。这倒不是陈友谅被吓得方寸大乱，而是朱元璋的目标远不止收复太平。其实，陈友谅的决定很明智，曾是赵普胜部将的张志雄在龙湾一战中被任命为先锋大将，但他一直想为旧主报仇雪恨，如今陈友谅兵败如山倒，张志雄旋即投降了朱元璋，把安庆城兵力空虚的情报和盘托出。[②]

朱元璋不仅是战术高手，更是眼光长远的战略大师，抓住了扩大战果的机会，不久即包围了空虚的安庆城昼夜攻打，最终如愿夺取了重镇安庆，龙凤大旗就此插到了江西，战火也烧到了陈友谅政权的腹地，汉吴大战的局势出现转折。要是陈友谅躲进了安庆，恐怕此刻已经被朱元璋团团围住，再想突围而去就不那么容易了。

龙湾伏击战极其辉煌，陈友谅拥有上千艘战舰，以十倍于朱元璋的

---

① 引自《明史纪事本末 · 卷三》。

② 《续资治通鉴 · 卷二》百一十五：志雄本赵普胜部将，善战，号长张，尝怨友谅杀普胜，故龙湾之战无斗志。及降，言于公曰：“友谅之东下，尽撤安庆兵以从。今之降卒，皆安庆之兵，友谅既败走，安庆无守御者。”

优势却被对方伏兵击溃，而朱元璋的兵马见于史料记载的只有帐前五翼军三万人，朱元璋以少胜多，俘获巨舰百艘、战船数百艘、降兵数万，不仅收复了丢失的旧地太平，还一举夺取了重镇安庆，把战火烧到了敌人眼前，如此辉煌的战绩是朱元璋这些年里最大的成就，拉开了其战略反击的大幕，意义重大无比。

不仅如此，龙湾一战的胜利撕裂了陈汉政权，那些曾是天完旧将的各地统帅、官吏，只因陈友谅兵强马壮、战舰众多才俯首听命，如今其主力遭到重创，威望也一跌到底，那不可击败的神话全都成了笑话，天完旧将们便再无顾虑，纷纷举兵反叛。七月，徐寿辉旧将浮梁院判于光、左丞余椿，击走汉将辛同知，举饶州投降邓愈。九月，徐寿辉旧将欧普祥击败陈友谅兄弟陈友仁，以袁州来降。再加上南线主将胡大海顺利夺取了信州，陈汉政权在这一年里有土崩瓦解之势，汉吴之战的攻守之势就此转换。

然而，陈友谅岂能甘心就此失败？正所谓“百足之虫死而不僵”，陈友谅还有湖广、江西大部分地区，麾下兵力依然不少，反扑只是早晚的事情，两大强权的决战即将拉开帷幕。

吴汉攻守相易

龙湾之战，陈友谅以数十万之众、战船千余艘激战于应天城下，本以为优势在手的汉军竟然被朱元璋的数万宋军一战击溃，还被朱元璋的追兵追亡逐北，连续丢失太平、安庆两座重镇，以致天完旧将纷纷举兵反叛，局面几乎回到了诛杀赵普胜之前。一场战役的失败就导致如此规模的全国反叛，刘基的评价比较中肯：“友谅劫君而胁其下，下皆乖怨。性剽悍轻死，不难以其国尝人之锋，然实数战民疲。下乖则不欢，民疲则不附……”①

陈友谅会有龙湾之战的惨败其实并不意外，这些年里他发展得太顺了，先是兼并倪文俊旧部，后又抢下赵普胜水师，再加上夺占徐寿辉的兵权，打江西、占湖广、侵福建都未遭遇重创，这让他产生了错误的认识，自恃兵强马壮，以为一统天下只是时间问题。但他并没有想过，这么多军队都是从别人那里抢的，有多少人是真心归附于他。人心不齐的汉军要赢得接下来的恶战恐怕并不容易。

不过，陈友谅毕竟地盘大、军队多，龙湾伏击战里损失的军队大多来自安庆，有不少是赵普胜曾经的部下，他还有江州嫡系、汉阳各部可以倚仗，因此不久他便发动了对朱元璋的战略反击。

大致来讲，反击分为两个方向的作战：第一个方向是重镇安庆，那里是连接江西、江浙的战略枢纽，兵家必争之地；第二个方向则是胡大海夺取的信州，当地虽然不是什么重镇，却挡住了汉军进入福建的通道，并从侧后方威胁江西、湖广的安全。

先说南线战事。至正二十一年（公元1361年）三月，陈友谅听说镇守信州的胡大海撤回了金华，只留下养子胡德济和少部分兵马，当即遣麾下大将李明道领重兵围攻信州，阵斩了胡德济部将夏德润，击退了胡大海部将缪美，牢牢围住了信州。可惜，李明道没能在胡大海赶回前攻破信州。六月，紧赶慢赶的胡大海终于率部回援，与胡德济前后夹击，歼灭李明道所部，还意外俘获了李明道和汉军宣尉王汉二。

陈友谅没想到，王汉二的被俘又一次引发了陈汉政权的分裂。镇守建昌的陈汉平章王溥是王汉二的兄长，之前朱元璋派兵多次攻打建昌，

① 引自《明太祖实录·卷五十八》。

连悍将朱亮祖亲自上阵也不能得手。现在俘获王汉二后，李文忠便说服王汉二劝降了王溥，建昌一地也脱离了陈友谅，南线战场非但没有被汉军占到便宜，反而还多丢了一座城池，陈友谅对此失望至极。

再来说北线战事。北线的军队是来自江州的陈友谅嫡系，领兵大将是汉军中最能打的太尉张定边，此人能征惯战，远非李明道可比，一到安庆就发动了凌厉的攻势，当年七月即攻克了安庆，守将赵仲中败逃回应天后被愤怒的朱元璋当即斩首。安庆得而复失对朱元璋来说非常不利，这意味着汉军战船又可以大摇大摆地杀奔太平，甚至是应天，这种敌人朝发夕至的不安让朱元璋坐不住了。

决心攻伐陈友谅后，朱元璋向降将李明道询问汉军内部情况，李明道随即痛陈陈友谅政令不一，与汉军将士离心离德，[①]现在正是出兵讨伐陈友谅的最好时机，这让朱元璋信心倍增。当年八月十二日，朱元璋乘坐龙骧巨舰，领水陆大军逆江攻打安庆城。一到安庆，朱元璋便让军队上岸下寨，营造出即将攻城的假象，实际却趁安庆守军专注守城之际，让廖永忠、张志雄突袭了安庆水寨。可是即便拔掉了安庆水寨，安庆城依然坚不可摧，宋军对城墙的围攻持续了整整一天，却一点儿也没有破城的迹象。

张定边素来勇猛善战，在陈友谅军中的地位极高，是陈汉政权中能独当一面的大将。这一战，张定边调度有方，守军顽强抵抗，任宋军如何攻城，安庆始终没有任何沦陷的迹象。现在对朱元璋来说只有两个选择：一是继续围攻安庆，直到将其夺下为止；另一个是立即改变作战计

---

①《明史纪事本末·卷三》：太祖决计伐陈友谅，会李明道具言："友谅弑徐寿辉后，将士离心，政令不一，骁勇如赵普胜，又忌而杀之，虽有众，不足恃也。"

划。刘基见安庆一时难以攻下，建议朱元璋迅速放弃安庆，直奔陈友谅的江州大本营。

为什么要这么做呢？从安庆的战略位置来看，谁能控制安庆，谁就能掐住长江中游的通道，攻取安庆的确是稳妥的策略，但有猛将张定边坐镇的安庆非常难打，不花点儿时间肯定是不行的。时间一久，朱元璋的兵马难免锐气尽丧，万一陈友谅的援军赶来和安庆守军内外夹击，宋军就危险了。

朱元璋可不是固执之人，他立即采纳了刘基的建议，留下一部分人马继续围攻安庆，避免守军出城切断大军后路，剩下的则全数乘坐战船直奔陈汉政权的都城——江州。幸运的是，陈汉政权内部确实是人心离散，朱元璋路过小孤山之时，汉军大将傅友德、丁普郎举兵投降，不费一兵一卒又得两员猛将。这是一个极好的信号，证明汉军上下绝非团结一致，大兵一至便能引发各地守军的反叛。

傅友德是宿州相城人，字惟学，早年因黄河泛滥到处逃难，对元廷憎恨至极，恰好刘福通率领红巾军起义，徐州也被芝麻李等人占领，傅友德遂加入了徐州红巾军，但徐州很快被元朝丞相脱脱攻破，傅友德又继续流浪，几经辗转加入了刘福通的红巾军。龙凤三路北伐时，傅友德随西路军作战，却因察罕帖木儿攻势太猛，西路军败逃至四川，傅友德就在这支队伍里，之后便投降了天完政权征西大将军明玉珍，可惜他并没有得到明玉珍的重用。心有不甘的傅友德便去投了陈友谅，没想到陈友谅此人更加狠毒，傅友德更不得志了，心中一直想找个明主效忠。朱元璋一来，傅友德终于有了自己的明主，被安排在常遇春帐下作战。

此时的陈友谅并没有想到朱元璋敢抛下安庆直奔江州，他还没有做好准备，因为他的江州嫡系还在安庆一线，远水解不了近渴，江州大本营反而空虚得很。见朱元璋水师大举来犯，巡逻湖口的汉军战船吓得连一箭一枪都不敢放就逃跑了。这些人的胆怯证明了江州城的空虚，以及陈友谅的慌乱无措。

宋军这边，朱元璋知道此战的最大优势在于敌军没有防备，故而不敢耽误片刻，生怕汉军做出合理部署，旋即下令水师统帅廖永忠一抵达江州便立即攻城。廖永忠极善于水上作战，发现靠近江水的城墙高度与战船相差无几，于是他让战船全部掉头，在船尾架起高桥，然后倒着航行，把名为“天桥”的高桥搭上城墙，[①]宋军便从这些“天桥”飞速登城，从城墙各处围攻江州，攻势很猛，让守军大为惊慌。

陈友谅本就弄不清朱元璋的虚实，手里的兵力也严重不足，现在听说城墙被突破，各处都有宋军的进攻，他既害怕被困在江州，更害怕陈汉各处守军会出现第二次反叛潮，遂带着朝廷官员和家眷连夜逃离城池，直奔汉阳而去，江州就此落入朱元璋之手。

江州一失守，周围的汉军都乱了阵脚，朱元璋又一次展现了扩大战果的本事，一路追亡逐北，连克蕲州、黄州、兴国、黄梅、广济等处城池，邓愈也攻下了抚州，诸路大军此时再回头收拾已成孤城的安庆。张定边自知安庆难以久守，匆忙杀出重围，安庆守军只好投降。

好消息还不止这些，镇守龙兴的陈汉江西行省丞相胡廷瑞同样对陈友谅心怀不满，一听说江州失守，胡廷瑞果断抛弃大势已去的陈友谅，也遣使求见朱元璋，要求归降，条件是不解散旧部。

朱元璋听说胡廷瑞要求保有原来的军队，心中还有些犹豫，刘基见状立即用脚轻踹朱元璋的胡床，朱元璋瞬间明白了刘基的意思，[②]旋即

---

①《明通鉴·前编卷二》：时廖永忠以舟师前导，见州城临江，守御甚面，乃预度城高下，造桥于船尾，名曰“天桥”。

②《明史纪事本末·卷三》：伪汉江西行省丞相胡廷瑞守南昌，遣其部将郑仁杰诣军门纳款，且请禁止数事，勿散离其所部兵。太祖有难色，刘基自后踢所坐胡床。太祖悟，许之。

正色道："郑仁杰至，言足下有效顺之机，此足下之明达也；又恐分散所部，属之他将，此足下之过虑也。吾起兵十年，奇才英士，得之四方，其有能审天时，料事机，挺然委身而来者，盖其意立欲立功当世，垂名后裔。大丈夫相遇，磊磊落落，一笑契合，洞见肺腑，故尝推赤心以待之，随其才而任使。兵少则益之以兵，位卑则隆之以爵，财乏则厚之以赏，此吾待将士之心也。安肯散其部属，负人求归之心哉。陈氏诸将，如赵普胜骁勇善战，以疑见僇，猜忌若此，事竟何成。近有龙江之役，长张、梁铉、彭指挥诸人来降，视吾诸将，恩均义一，无有所间。及长张破安庆，梁铉等攻江北，功绩并著。此数人者，其自视无复生理，尚待之如此，况足下不劳一卒，以完城来归者耶！得失之机，间不容发，其早为之计。"①

简单来说就一个意思：胡将军多心了，我不仅不会解散将军的军队，缺粮的我就送粮，少兵的我就增添兵马，我对那些战败被俘的尚且加以重用，更不要说将军这种带着整个龙兴来归的一方诸侯了。

历史真是惊人的相似，这一幕与秦末汉初刘邦的故事相差无几，彼时的汉大将军韩信尽占齐国，遂挟地求封为假齐王，刘邦兵困荥阳，本想怒斥，张良、陈平便从下面踩住刘邦的脚提醒他不要得罪韩信，刘邦立即反应过来，大方地封韩信为货真价实的齐王，于是稳住了韩信，等到灭了项羽后才对韩信秋后算账。

胡廷瑞收到书信后，遂带着整个龙兴投降了宋军，朱元璋于次年亲至龙兴抚慰，改龙兴为洪都，以邓愈为江西行中书省参知政事，镇守洪都。至此，陈汉政权的江西行省也被朱元璋撕开了口子，江西全境危急。

---

① 引自《明史纪事本末 · 卷三》。

洪都的战略地位更胜安庆，徐寿辉就曾打算迁都此地，只要占领洪都，陈友谅的江西各州府都会与汉阳失去联系，孤绝无援，早晚会被人攻破。如今，朱元璋不费一兵一卒尽得洪都全境和当地兵马，实力又大幅度提升，不久就得到了瑞州、吉安、临江等处，吴汉之战的攻守之势已然转变。

不过，洪都这样的重镇可不止胡廷瑞一员大将，虽然他是陈汉政权的江西行省丞相，但麾下还是有很多陈友谅旧将，这些人可不一定都想反叛陈友谅，以祝宗、康泰为首的降兵就不甘心归附朱元璋，一直伺机待变。巧的是，机会还真就来了。

至正二十二年正月，胡廷瑞暗中告诉朱元璋，说祝宗、康泰并非真心归附，需要提防二人。也许是并不相信胡廷瑞的话，也许是想用真心收服两人，朱元璋没有处置他们，反而以二人为将，命令他们跟随徐达攻打陈友谅，自己则带着胡廷瑞回了应天。朱元璋刚得了洪都就解除了胡廷瑞的兵权，但是要完全控制洪都绝不像拿捏胡廷瑞一人这么简单。

祝宗、康泰见朱元璋和胡廷瑞都走了，自己手里又有朱元璋交给他们的军队，遂密谋反叛。大军出征至女儿港时，两人便抢了布贩的布料，改旗易帜，正式举兵反叛。镇守洪都的邓愈完全没料到二人会谋反，并未加以防备。叛军的突袭让邓愈猝不及防，城中乱成一团，知府叶琛拼死抵抗后阵亡，而邓愈本人仅带三十余骑逃离，沿途被叛军围追堵截，从者全数牺牲，邓愈连换三匹马后才逃回应天。

所幸屯兵湖广沌口的上将军徐达得知兵变后立即率部转进洪都，周围的宋军也各自出兵围剿，祝宗、康泰二人并未掀起多大的风浪，洪都很快就收复了。虽然这一变故对朱元璋的势力没造成什么损伤，但大将降而复叛却是很危险的信号，这证明朱元璋对投降的军队没有建立有效的约束与管理，随着地盘越来越大，投降的军队会更多，如何有效管理这些人，成了当下亟待解决的问题。

洪都的短暂丢失引起了朱元璋的重视，他认为："南昌（洪都）控引荆、越，西南之藩屏，得南昌，去陈氏一臂矣，非骨肉重臣不可守。"[①]

那么，谁最适合守卫这么重要的城池呢？

此时，朱元璋想到了一员大将，此人既是他的血脉至亲，又是能征惯战的猛将，那就是朱元璋的亲侄儿——朱文正。

苗兵之乱

至正二十二年既是朱元璋与陈友谅攻守之势转变的一年，也是朱元璋势力内部反叛最严重的一年。这一年，朱元璋的战略重点是对陈友谅实施战略反击，徐达、常遇春率领的宋军主力基本集中在安庆到江州一线的长江沿岸，其余各地多由地方元帅、守将自行镇守。总体而言，东部战线主要应对张士诚，防线是从江阴到长兴的太湖沿岸，统帅包括汤和、耿炳文、吴良等人；南部战线针对福建陈友定和台州方国珍，重点在金华、处州、严州一线，统帅包括胡大海、李文忠、耿再成等人。

东部战线和南部战线相比，太湖对面就是张士诚的大本营平江，战场纵深严重不足，仅需防守即可；而南部战线则有广阔的发展空间，向南可至广东，向东又可以去福建，必要时还能出兵湖广，威胁陈友谅的南部领土，故而朱元璋在龙湾之战时命令胡大海出兵攻打信州，目的即

① 引自《明史纪事本末 · 卷三》。

要牵制陈友谅的兵力。

打下信州后，朱元璋将信州改为广信，胡大海管理的地盘就更大了。从《明史》《明通鉴》等史书来看，胡大海此人能征惯战，又兼具勇敢、智慧、忠诚等优点，是很好的统兵大将，而且他对军队纪律要求很高，严于律己，比元末大多数将领都优秀，同时期的常遇春就改不了诛杀俘虏、降兵的毛病，比如九华山伏击了陈友谅后，他就擅自处决三千俘虏，惹得朱元璋十分不快，迟迟不敢让他专制一方，每次出征前，朱元璋都要反复告诫常遇春不要擅自杀人，可常遇春常常是当面答应，事后又是一通屠杀，回来再跪地认错，很让人不放心。故而像胡大海这样带兵严格又知分寸的将领是理想的统兵大将。

可是，胡大海也有自己的问题，他对谁都推心置腹，不加辨别，对降兵降将也丝毫不加防备，如此盲目地信任他人，很容易出问题。

当时胡大海麾下战力最强的军队，除了从朱元璋那里带出的淮西嫡系，还有一支从元朝投降而来的苗军。这些苗军本是追随杨完者进入江浙的外来兵团，但杨完者被达识帖睦迩和张士诚联手诛杀后，走投无路的苗兵元帅蒋英、刘震、李福等人便在桐庐投降了胡大海，胡大海见他们能征善战，便将其置于麾下，待之不疑。

胡大海待苗兵们是推心置腹、信任有加，连苗帅李福自己也说“胡参政待我辈甚厚”，可见胡大海对苗兵们的“恩”是得到了他们一致认可的。然而，吴汉之战开始后，苗兵们便蠢蠢欲动，伺机谋叛，只因为胡大海对他们太好才迟迟不肯动手，直到李福说服了众人：“然兵之柄在主将，不杀主将，则事不成；举大事，宁暇顾私恩乎！”[①]

---

① 本段引文均引自《明史纪事本末·卷二》。

为何苗军明明已经投降了朱元璋，却始终想着反叛呢？

苗军之所以要密谋作乱，大概有两个原因：一是因为他们在追随杨完者时，习惯了烧杀抢掠、无法无天的日子，如今胡大海的军队纪律严明，与民秋毫无犯，这让苗兵们失去了发财的机会，心中自然是不满意的；二是苗兵当初投降朱元璋是因为元廷抛弃了杨完者，这让剩下的苗兵以为元廷也要抛弃他们，可是事后他们才发现达识帖睦迩和张士诚都在争取他们加入，一方是官军，一方是义军，权衡过后他们选择了元军阵营。

至正二十二年二月初七，蒋英等人邀请胡大海到苗兵军中观看射弩表演，胡大海出府后，蒋英的党羽便跪在胡大海的坐骑前，说蒋英要诛杀自己，胡大海刚刚转头看向蒋英，蒋英便从袖子里抽出铁锥，佯装要攻击告密的部下，实际却突然转向，击中了胡大海的头部，并将其斩首。随后，苗兵迅速行动，分别攻占城内衙署，斩杀胡大海之子胡关住、总管高子玉、郎中王恺，尽占金华之地。

十一日，处州苗兵元帅李佑之、贺仁德按照事先的计划，也在当地举兵叛乱。行省枢密院判耿再成当时正在宴饮，得知苗军全数叛乱后，到处召集士兵，奈何事出突然，仅有二十余人可用，但耿再成还是上马作战，大骂："死贼，何负尔，反耶？"[①]然而苗兵根本不予理会，纷纷用长矛攻击耿再成，这位曾随朱元璋攻克应天的大将，最终被活活刺死。同时被杀的还有省部事孙炎、朱元璋养子朱文刚等人，处州陷落。

不到五天时间，朱元璋的南部战线丢失了金华、处州两座重镇，损

① 《明史纪事本末·卷二》：院判耿再成方与客饮，闻变，即上马收军，不及迎战，骂曰："死贼，何负尔，反耶？"

失了培养多年的胡大海、耿再成，死难的各级官吏和百姓已经难以统计，如不加以处置，苗兵势必与陈友谅、张士诚形成三面包围之势，到时候可就真的危若累卵了。

苗兵之乱发生时，金华典史李斌怀揣着行省大印匆忙逃到城墙上，缒到城外，连夜逃到严州向李文忠告变。李文忠得知叛乱消息后，处置也非常果断，一边向朱元璋禀告叛乱一事，另一边不等命令便迅速集结兵马，以元帅何世明、郭彦仁为先锋，杀奔金华，企图打苗兵一个措手不及，而他自己则等严州各地守军集结后，也举兵杀入金华平叛。

同时，胡大海养子胡德济闻讯后，同样领兵杀入金华，会同李文忠一起讨伐叛军。苗军起事虽然果决，但作战能力乏善可陈，再加上李文忠所部行动迅速，苗兵还没有做好应对部署，只能抛弃金华投奔了张士诚。

同年四月，朱元璋收到苗兵作乱的消息后，立即任命平章邵荣为平叛大将军，率领应天五万主力奔赴处州平叛。面对邵荣率领的宋军主力，再加上李文忠的严州兵马和耿天璧等人，处州叛军李佑之、贺仁德孤军难支，又没能像金华叛军那样及时逃走，只能躲在城内负隅顽抗。邵荣可没有胡大海这么仁慈，他昼夜攻打处州，最终烧毁了城池东北门，纵兵杀入城内，尽斩处州叛军，李佑之、贺仁德均被处决。

金华、处州之乱对朱元璋的打击很大，虽然事后被各路将领及时平定，但回头细想，朱元璋不免冷汗直流，因为就在金华苗兵作乱的同一时间，张士诚的弟弟张士信率领的十万大军也恰好进犯诸全，是机缘巧合，还是早有预谋?

所幸镇守严州的李文忠及时领兵救援，又放出谣言，说平章邵荣正率领平定处州的五万兵马增援诸全，左丞徐达也统兵五万自徽州来援，张士信所部军心浮动，恰逢胡德济自广信赶来，与守军击鼓、鸣炮，虚张声势。因夜色太黑，虚实难辨，张士信真以为是邵荣等人的援兵到了，旋即抛弃营寨，连夜逃走，部下自相践踏，损失惨重。诸全之围得解。

总之，苗兵之乱毫无征兆，让朱元璋失去了大将胡大海、耿再成，损失不可谓不大。失去二人后，朱元璋必须重新选择南部战线指挥官，外甥李文忠虽然只有严州数千兵马，但他全程参与处置苗兵叛乱，又有用计吓退张士信的智慧，总领全局的能力已经非常突出，更何况他还是有血缘关系的亲人，朱元璋遂大胆任命李文忠为浙江行中书省左丞，总制严州、衢州、广信、处州、诸全军马，成为新的南部战线统帅。

如此一来，朱文正坐镇江西洪都，李文忠坐镇江浙严州，朱元璋的两大血亲便有了节制各路将领、拱卫朱氏领土的权力，这既是保证领土安全的决定，也是培养家族势力的必要之举。事实上朱元璋并没有信错人，两人都是独当一面的大将，不久考验的时机就到了。

张士诚的战略

龙湾之战后，朱元璋的实力急速增长，特别是在熊廷瑞举龙兴归顺后，江西行省的九江、瑞州、临江、吉安、建昌等地相继改易旗帜，等于是割掉了陈友谅近一半的领土。

不过，领土扩张得过快，问题来得更快，先有金华、处州苗兵叛乱，后有祝宗、康泰反攻洪都，各地降将都蠢蠢欲动，背后是各方势力看不见的“暗战”，这也意味着朱元璋集团并非铁板一块。

想当初，陈友谅为牵制朱元璋的兵力，特地写信劝张士诚出兵应天，东西夹击朱元璋，如果张士诚在龙湾之战时真的率部来战，朱元璋的压力将会很大，但是张士诚并没有来。

张士诚不愿意掺合龙湾之战，不排除是因为陈友谅的胜算远大于朱元璋，若出兵协助陈友谅，即便能分到长兴、江阴、扬州等地盘，也保不齐占领应天的陈友谅会在某天举兵来犯，但如果陈友谅败了，起码三家势力还能保持战略对峙，这在当时看来应该是比较正确的决策，故而张士诚抱着坐山观虎斗的心态，等着陈友谅和朱元璋两败俱伤。

只不过张士诚没想到的是，陈汉政权太过松散，上下离心离德，将士各怀鬼胎，仅龙湾一战之败，陈汉政权的江西几乎土崩瓦解，连国都江州都岌岌可危，朱元璋坐大，俨然有超越陈友谅的趋势。这么一来，张士诚不得不出手干预。

至正二十年九月，张士诚的情报网络疯狂地工作，迅速将朱元璋亲征陈友谅的消息传回了平江。

张士诚应该能猜到，朱元璋为了消灭陈友谅带走了应天的大部分兵力，如此便削弱了长兴到江阴的太湖防线，正是出兵攻克整个太湖的最好时机，只要拿下太湖，空虚的应天城唾手可得。

于是，张士诚拜爱将吕珍、徐义为统帅，领兵数万入寇，第一战就斩杀了诸全守将袁实，接着又兵分三路攻打长兴。长兴是朱元璋在太湖沿岸最坚固的据点，也是应天城东边的门户重镇，一旦失守，宜兴、广德便都有危险。当时奉命镇守长兴的依然是耿君用之子耿炳文，他擅长守城，虽然没有随徐达、常遇春攻城略地的战绩，但如何调配守军，如何利用城墙、箭楼，这都难不倒他。吕珍、徐义在这一战中未能攻下长兴，反而折损了总管汤全、张琪。

至正二十一年十月，张士诚拜大将李伯升为大将军，领兵十余万，水陆并进，再寇长兴。此时的长兴只有守军七千余人，怎么看都敌不过张士诚的水陆大军。而朱元璋远在九江一带，消息要传到那里还需要一段时间，放任不管的话，长兴必危，故而不远处的陈德、费聚、华高也不等命令，当即兵分三路来援，试图与耿炳文内外夹击，击退李伯升。

然而，屡试不爽的内外夹击这一次未能奏效。李伯升在张士诚的阵营中算是仅次于张士德的战将，本来就不好对付，何况现在还有十余万大军在手。双方一交手，李伯升便发动了一次成功的夜袭，同时进攻三路援兵，陈德、费聚、华高旋即溃败。

援兵一败，长兴的情况就危急了。镇守长兴的耿炳文除了婴城固守再无他法。李伯升来势汹汹，将十万人马分成九座大寨，切断了长兴与外围的一切联系。为攻克坚固的长兴城墙，李伯升制造了一种高度超过城楼的楼车，士兵可以站在楼车顶端，窥探城内部署，也可以把投石车、弩箭搬到楼车上，从高处射杀城内守军，这对仅有七千余人的守军威胁极大。

除了巨型楼车，李伯升还派敢死队带着土石冒死冲到城墙下，拼命填埋壕沟，耿炳文见状遂让士兵反复射箭，阻止敌军填埋工事，双方为争夺壕沟死伤惨重。另外，李伯升也不忘攻击长兴水门，而他所采用的办法是火攻，即将一些小船点燃，让它们顺风撞向城门，守军为扑灭大火，又是倒沙水，又是砸巨石，一会儿守壕沟，一会儿堵城门，兵力不足的耿炳文兼顾东西，昼夜应敌，疲惫到了极点。

即便攻城方的花样如此之多，长兴守军还是坚守了一个多月。李伯升一方攻城甚急，士兵们往往阵亡城下，损失也不小，时间一久军心便有些动摇了，当初的锐气丢了大半。

不久后，朱元璋得知了长兴危急的消息，立即任命常遇春为大将，领兵数万增援长兴。常遇春的大名，李伯升岂能不知，一个月的强攻下来，攻城方的粮食也快吃完了，守军却依然顽强，如果常遇春再和他们内外夹击，李伯升恐怕无法再次取胜，于是他毫不犹豫地抛弃了大营，迅速朝平江大本营撤退。常遇春顺势追杀，俘斩五千余人。

张士诚再攻长兴的计划又失败了。

两攻长兴之战发生在金华、处州苗军之乱前，再加上其间张士信十万大军围攻诸全一战，在不到一年的时间里，张士诚先后出兵多达二十万，迫切地对朱元璋发起进攻，这既证明了他仍有开疆拓土之心，也应了陈友谅东西夹击朱元璋之约。

接下来，张士诚并没有因为三次兵败就气馁，而是“明战”“暗战”一起来，一边重新聚集兵力，谋划下一次的进攻，另一边继续搞情报战，很快就在至正二十二年十一月策反了池州元帅罗友贵，朱元璋不得不调常遇春、赵德胜迅速平叛，虽然事态没有进一步扩大，但这着实让朱元璋又心惊了一把。

张士诚的开疆拓土之心从未像今天这样急切，既然一条防线攻不下，为什么不换一个进攻方向呢？太湖以北正是小明王韩林儿的地盘。

现在回头再看江北局势，韩林儿、刘福通自汴梁失陷后就退守安丰，龙凤三路北伐的西路军和北路军相继失败，山东红巾军也走上了下坡路，而与郭子兴有深仇大恨的赵均用离开濠州后，努力向淮安发展，虽一度占据淮安，被韩林儿封为淮南行省平章政事，但元军很快卷土重来，赵均用地盘又被夺走，只好逃向山东，却引发了更严重的内讧，此事待后文再表。

数年下来，安丰的韩宋地盘日益缩小，韩宋政权如同风中残烛。所幸元军统帅察罕帖木儿的首要目标是山东，暂时没有去打安丰的计划，这让韩林儿等人得以苟延残喘。对张士诚来说，安丰、淮安一带的义军相对薄弱，再加上朱元璋奉韩宋政权为宗主，消灭韩林儿、刘福通，不就等于打掉了朱元璋的屏障吗？因为只要拿下安丰，元军主力就能快速南下，与自己合力讨伐应天朱元璋。

不管是为了扩大地盘，策应陈友谅，还是为了与北面的元军主力联合，张士诚决定集结重兵攻打安丰韩林儿。至正二十三年三月，张士诚领兵十万亲征安丰，大军轻松击溃了刘福通派出的军队，很快就把安丰城包围得水泄不通，昼夜攻打。危急之下，刘福通不得不向唯一还效忠于韩宋政权的江南行省平章、吴国公朱元璋求援。

接到求援信后，应天城内的文臣武将展开了激烈的讨论，以刘基为代表的部分人坚决反对朱元璋救援安丰，理由是陈友谅、张士诚都在寻找进攻应天的机会，一旦出兵救援安丰，敌人可能乘虚而入，所以不能轻举妄动。[①]

不过，朱元璋没有采纳刘基的谏言，而是立即召回了徐达和常遇春，准备以自己最为强大的阵容去救援被困安丰的韩林儿。细说起来，刘基从未尊韩林儿为主，曾戏称其为“牧竖”，坚决不行朝拜之礼，[②]而今天他反对救援安丰的理由也不无道理。那么朱元璋为什么铁了心要救援安丰呢？是以此标榜“忠义”，还是借机掌控红巾军残部？

不管是哪一种原因，不管是出于怎样的考量，朱元璋亲征了，而且是带上徐达、常遇春一同远征安丰。这意味着朱元璋主力北上，应天城空虚，陈友谅可以反击了。比起之前攻打长兴、诸全的策应，张士诚去打安丰的决策，真正地缓解了陈友谅的压力，也给对方制造了收复江西失地的机会。朱元璋露出了自己的要害。

陈友谅时刻不忘反击朱元璋，并不断蓄积着力量，在江西逐渐丢失

---

①《明史·刘基传》：基曰：“汉、吴伺隙，未可动也。”

②《明史纪事本末·卷二》：二十一年春正月朔，中书省设御座，奉小明王行庆贺礼。刘基怒曰：“彼牧竖耳，奉之何为！”

后，他打造了数量众多的巨型楼船，其战舰高达数丈，分上中下三层，每层都设有马棚，下方有板房，外侧涂以丹漆，层与层之间厚到连说话声都听不见，还修筑有望楼箭塔数十座，外侧裹以铁皮，像是一座座水上堡垒。

如今朱元璋去了安丰，踌躇满志的陈友谅便亲率号称六十万的汉军空国而出，用数千艘新打造的巨型战舰，满载着文武官员及其家属、士兵顺流而下，准备一战荡平朱元璋的势力，而陈友谅剑指的第一个猎物即朱文正镇守的洪都城，那座天完皇帝徐寿辉至死也没能得到的“龙兴之城”。

吴汉之战的最后决战终于要来了。

第十二章

拨千斤，江南归一

围攻洪都城

洪都控引荆越，是西南藩屏，得洪都即可得江西。洪都对吴汉之战的重要性不言而喻，不论是朱元璋还是陈友谅都视洪都为必争之地。自从上一次邓愈被祝宗、康泰二人的叛军突袭得手后，朱元璋就对洪都城的防御格外重视，这里不仅要大将镇守，还得有坚固的城防工事。为此，朱元璋特地调派大都督朱文正、参政邓愈、副元帅赵德胜、亲军指挥薛显共同镇守洪都。

大都督朱文正，乃是朱元璋大哥朱重四（南昌王朱兴隆）之子，幼年时随父母在乱世颠沛流离，父亲死后只能和母亲王氏一起投奔朱元璋，少年时的朱文正英姿飒爽，深得朱元璋喜爱，稍稍长成后便随军作战，常常挺枪冲杀、不避斧钺，可谓英勇非常，在朱元璋渡江夺取应天的战斗中，朱文正立下了汗马功劳。当时，朱元璋曾问朱文正想要什么赏赐，没想到这位年轻的将军竟然回答道："叔父成大业，何患不富贵。爵赏先私亲，何以服众！"[①]朱元璋因此愈发器重他。

随着朱文正立下的战功越来越多，他在军中的地位也就越来越重要，一路官至枢密院同佥。当朱元璋准备收拢兵权，加强对麾下诸将管理时，朱文正成了他的执行人，得以出任大都督府的第一任大都督，节制内外诸将。那时的朱元璋还没有成立五军都督府，因此大都督是仅次于朱元璋的高级武官。朱元璋把军中地位仅次于自己的人放在洪都，可见他对洪都的重视。

作为朱文正的副手，邓愈、赵德胜都是沙场宿将，其中邓愈很早就

---

① 引自《明史 · 朱文正传》。

展现了自己的军事能力，在义军中长期担任大将，每战必先登陷阵，他是朱元璋派到南部战线的主要统兵将领之一，也曾是镇守广德、洪都的第一任元帅，如今能再次回到洪都，是朱元璋给他戴罪立功的机会。

至于赵德胜，他虽然不如邓愈出名，但也是相当强悍的沙场骑将，身形魁梧高大，臂力远超众人，擅长使用长槊，且能在马上舞槊作战，每战必定先登陷阵，从这些特征来看，赵德胜属于使用长杆兵器的骑兵将领，敢于深入险境。而且从资历上看，赵德胜一点儿也不比徐达、常遇春差，他在朱元璋进占滁州时加入义军，先后参加了朱元璋的东进和州、飞渡采石、攻防集庆等一系列大战，是朱元璋信任的淮西嫡系。《明史·赵德胜传》中认为赵德胜在朱元璋攻克集庆之战中功劳最大，[①]这个评价足以证明赵德胜的勇武。在定鼎金陵后，赵德胜常常作为副将随军作战，先和徐达攻克镇江，又随邓愈攻取广德，还同常遇春攻打常州，当年徐达被叛军围困于牛塘时，是赵德胜率先杀破敌阵救出徐达，后来与张士诚在常熟大战时，也是赵德胜冲锋陷阵，一举擒获了敌将张士信，还平定了宜兴叛乱，可谓立下了赫赫战功，因此被朱元璋授予怀远大将军、中翼左副元帅之职。龙湾之战时，赵德胜奉命修筑虎口城，作为单独一支兵马被部署在伏击圈北侧的秦淮河口，成功把汉军逼向龙湾。之后在朱元璋取九江、收江西的一系列大战中都可以看到赵德胜的身影，他已经被正式提拔为后翼统军元帅。祝宗、康泰二人叛乱时，赵德胜率部攻打叛军，身先士卒，作战英勇，被火炮炸伤了肩膀，但还是随大军一起收复了洪都，因功官拜佥江南枢密院事，协助朱文正守卫洪都，在当时的洪都守军中，

---

①《明史·赵德胜传》：从常遇春败蛮子海牙于采石，破陈兆先营于方山，下集庆，功最。

排在第三位次。

再说薛显，此人虽然不是早期追随朱元璋的将领，但他参加义军的时间很早，隶属于赵均用麾下，同样也是能征惯战之将，一度官拜元帅，随赵均用在淮安一带发展，逐渐成为军中副手。赵均用死后，薛显便携泗州降于朱元璋，被授予亲军指挥一职，不久即被派往洪都随大都督朱文正守卫城池，是洪都守军中的第四号大将。

洪都的守将阵容中除了以上四人，还有元帅牛海龙、赵国旺、许珪、朱潜、程国胜等人，他们无一不是久经战阵之将。

洪都有强大的指挥官阵容，城防工事同样也不差。洪都古城的位置临江靠山，共有八座城门，像一颗钉子扎在赣江到鄱阳湖之间，有一城控江百船莫能过之险。早在朱元璋夺取洪都之初，他就认为此地必将迎来大战，而洪都旧城西南段城墙靠近赣江，敌军战舰一旦来攻，可以直接从船上登上城楼，连攻城塔都用不上，所以朱元璋把洪都城西南段城墙向内侧迁移三十余步，拉开了城墙与江面的距离，同时还因为城池东南空旷，在该处扩建了城墙，多围了二里地，尽可能地抢占了有利地形。

如此一来，洪都城的规模就远大于旧城，而且拉开了与赣江的距离，敌军战舰无法直接攻城，东南又被城墙围了一大块地，敌方陆军也不好下寨扎营。可能朱元璋自己都没有想到，这些改建措施对即将到来的洪都之战意义非凡。

至正二十三年四月二十三日，洪都城外的江面旌旗密布，数百艘巨型战舰及千余艘小船顺江而来，庞大的船体和恐怖的船首让人不寒而栗，陈友谅亲率号称六十万的水师乘风破浪，那气势似乎要把洪都城一口吞下，沿江的渔船和城外的百姓早已吓得四散而逃，只留下洪都城孤立在江岸边，等待着生与死的考验。

陈友谅对洪都城并不陌生，仍然坚持称其为龙兴城，在他的印象中，洪都城紧靠赣江，巨型战舰刚好可以靠上城墙，故而他的第一道命令是让先锋舰队立即靠城进攻。然而等舰队抵达洪都城西南时他才发现，战船无法靠上新城墙，大军只能靠岸下锚，让步兵上岸攻城。缺乏攻城用具的汉军只好就地砍伐树木，打造攻城器械。这些波折浪费了宝贵的时间，让守军得以从容部署守城兵力。

按照大都督朱文正的部署，城内守将被派往洪都八座城门，由参政邓愈守抚州门，赵德胜守宫步、士步、桥步三门，薛显守章江、新城二门，牛海龙、赵国旺、许珪、朱潜、程国胜守琉璃、澹台二门，朱文正则亲率二千精锐居中策应各处，随时准备增援。至于他们有多少兵力，实难找到准确记载，有人认为总兵力有两万到三万人，也有人认为不低于四万，甚至有人怀疑洪都部署了多达八万的兵力，集中了朱元璋在江西的大部分力量。不管哪种说法正确，洪都守军的兵力远低于汉军是不争的事实。

二十七日，在浪费了四天时间打造攻城器械后，陈友谅终于发起了对洪都城的强攻，第一个目标是邓愈镇守的抚州门。之所以要选这里，主要是因为抚州门外地形相对开阔，可以让步兵下船进攻，但邓愈早就做了充足的准备，城门、城墙前都布置了陷阱、拒马，攻城方不得不先拆除障碍，守军便可趁机痛击敌军。

汉军也明白攻城的难度，特地给攻城步兵准备了箕状竹盾，这种盾牌防御力一般，但贵在重量轻，有利于步兵持盾快速奔跑。一经交战，密密麻麻的汉军步兵便高举竹盾快速推进，邓愈遂令守军连续放箭，箭矢打击盾牌的声音此起彼伏，伴着中箭士兵的哀号声，数万汉军步兵还是冲杀至城下，很快就拆除了防御工事，架起云梯，开始攻城。

战斗非常激烈，汉军不仅用云梯爬墙，还推来了攻城锤，巨大的锤头在士兵的推动下不断轰击城墙，邓愈一边让士兵用火箭射击攻城锤，一边让人把烧得滚烫的热油一锅一锅地倒下城墙，那些冲在最前面的汉军士兵，不是被落下的飞石砸落，就是被滚油烫得从空中跳下，惨叫和喊杀声不断。汉军源源不断地登上城墙，又被守军拼死推下，双方在城墙上反复攻杀，激烈非常。

然而，随着巨大的锤头一遍又一遍地轰击，“轰”的一声巨响，城墙倒塌了二十余丈。疯狂的汉军士兵纷纷冲向缺口，试图从那里杀入城内。邓愈很清楚，如果不拼死堵住这个缺口，洪都迟早会丢失。于是邓愈调来火铳手，一阵枪响后，汉军瞬间倒下了一大片，剩下的人被突然出现的火铳吓得不轻，纷纷朝墙外逃去，可他们很难躲过城墙上的弓矢，不少人当场阵亡。

同时，邓愈也不忘命令士兵推来一段木栅栏，趁敌军短暂退却时横在缺口处，等敌军下次来攻时，守军就用长矛从栅栏的缝隙间刺杀敌兵，使其不敢接近，然后让石匠、木匠协助守军迅速修补城墙。朱文正见邓愈处战况激烈，旋即命令牛海龙等将率部前来支援。在经过一昼夜的激烈争夺后，邓愈成功击退了汉军的进攻，还顺利修复了倒塌的城墙，洪都守军为此士气大振，但李继先、牛海龙、赵国旺、许珪、朱潜、程国胜等将都战死当场，战况激烈程度可见一斑。

在围攻洪都城的日子里，陈友谅没有让六十万大军傻傻待在赣江浪费时间，而是分兵攻略江西各地，沿江攻占了吉安、临江二郡，切断了洪都与江西各地的联系。五月初，汉军转攻由薛显镇守的新城门。然而让汉军想不到的是，他们刚刚把攻城器械运到新城门处时，薛显却主动打开城门，亲率一队死士杀出城外，对着惊恐的汉军士兵连砍带杀，并当场斩杀陈友谅的平章刘震昭。汉军大溃，被迫撤退。

六月，陈友谅又改变了策略，转攻水关，双方围绕水关栅栏展开激烈的争夺。大都督朱文正亲率两千精锐驰援水关，所采用的方法也是用长矛不断刺杀近前的汉兵，好几拨冲杀在前的人都被当场刺死。

不过，汉军有陈友谅这样的悍将指挥，战斗力也不容小觑，即使长矛利刃非常可怕，汉军士兵依然拼死向前，竟然徒手去抓长矛，并将其夺下，反过来刺杀宋军，并借机向前推进。

朱文正见长矛屡屡被夺走，于是下令把剩下的长矛统统烧成铁钩状，然后刺向汉军，火红的铁钩温度极高，汉军士兵一伸手便被滚烫的铁钩灼伤，纷纷丢下不敢再碰，守军遂将汉军刺退。恼怒的陈友谅亲自督战，汉军士兵还是无法攻下水关。几番交手下来，汉军士兵哀号震天，死伤惨重，水关同样难以突破。

见强攻难以奏效，陈友谅又改为“攻心”战术，把从吉安、临江抓获的守军将领刘齐、朱叔华、赵天麟拖到洪都城下斩首示众，以此告诉守军洪都已成孤城，再不投降结局就和这些人一样。可惜朱文正和洪都守军毫不畏惧，他们决心死守洪都城，即便陈友谅把再多的俘虏拉到城下处决，也依然不为所动。

不久后，陈友谅又转攻宫步、士步二门。镇守此处的元帅赵德胜本就是猛将，常常带着士兵在城墙上风卷残云般地屠杀登城敌兵，汉军连续攻打多次都被赵德胜一一击退，城墙上和城楼下的汉军尸体越来越多，赵德胜战无不胜。不过，战斗激烈而又持久，多次攻城的汉军发现赵德胜常常亲自带人巡视城墙各处，这让他们有了可乘之机。

汉军派了一队弓箭手埋伏在宫步门外，待赵德胜进入射程后，这些人张弩射击，恰好射中赵德胜腰脊，箭伤深达六寸。然而赵德胜还是将其强行拔出，鲜血流淌不止，他自知死期将至，遗憾地说道：“吾自壮岁从军，伤矢石屡矣，无重此者。丈夫死不恨，恨不能扫清中原耳。”[①]说罢不久便去世了。

洪都之战即便激烈到如此程度，战况依然有利于守军，陈友谅的数十万大军始终没有找到突破口，屡屡更换攻击重点，又屡屡被守军击退，激烈的战斗日复一日，双方都非常吃力。

洪都城毕竟不算大城，士兵、粮草都很有限，如果继续这样战斗，守军早晚要被杀戮一空，城池陷落只是时间问题。朱文正于是遣千户张子明赴应天求援，又诈遣死士出城约降，陈友谅以为洪都守军坚持不住了，于是放缓了攻势，可是洪都守军在约定投降的那一天毫无降意，陈友谅方知中了缓兵之计，怒杀诈降的士兵。但他不知道的是，千户张子明已经乘渔船从水关悄悄潜出，途经石头口，昼行夜止，半月即抵达应天。

朱元璋询问道：“友谅兵势何如？”

张子明回道：“友谅兵虽盛，战死亦不少。今江水日涸，巨舰将不利，又师久粮乏，援兵至，可必破也。”

有了自己的判断后，深知决战终不可免的朱元璋终于下定了决心，旋即慷慨激昂地对张子明说道：“归语文正，但坚守一月，吾当自取之。”

求得援兵的张子明颇为振奋，当即离开应天，准备尽快把好消息带给守军将士。可惜，汉军兵力雄厚，到处都布有巡逻哨，当张子明回到湖口时，汉军士兵将其俘获。陈友谅大喜，想让张子明欺骗守军，就说朱元璋不会来了，让他们快点投降。张子明假装答应，等到被汉军押到城墙下时，他突然改口说道：“主上令诸公坚守，大军且至矣。”[②]

---

① 引自《明史 · 赵德胜传》。

② 以上对话引自《明史纪事本末 · 卷三》。

听到援军即将抵达的消息，早已疲惫不堪的洪都守军顿时士气大振，争相欢呼。看到这一幕的陈友谅恼羞成怒，旋即将张子明斩首祭旗，随后又展开激烈的攻城战。可是，已经看到希望的洪都守军如有神力相助，战斗起来更加勇猛，精力似乎用之不竭，所有人都拼命在城墙上搏杀，击退了陈友谅一次又一次的进攻，因为他们知道只要坚守到援军出现的那一天，自己就能活下去。

激烈的战斗持续着，洪都城外血水横流、尸陈遍地。战斗日复一日地进行，陈友谅在这里足足耗费了八十五天时间，已是师老兵疲，直到鄱阳湖的水面上出现了朱元璋的“朱”字帅旗。

二十万宋军水师踏浪而来，火红色的军旗在阳光下格外耀眼，战鼓声雷动，震天动地，遮蔽江面的船帆下有无数渴望荣耀的战士。龙骧巨舰的船头上，身披战甲的朱元璋扶刀直立，南方最大的两股义军誓要决出胜负才肯罢休。

安丰救援战

至正二十三年，陈友谅围攻洪都城的同时，朱元璋率徐达、常遇春等大将匆忙奔赴安丰战场。安丰距离朱元璋的大本营应天城不到两百公里，但由于安丰在长江以北，所以周围元军较多。此时的安丰城相当危急，别看张士诚屡屡败于朱元璋，其军力还是不能小觑，昔日纵横江北的刘福通如今困守孤城，粮草即将耗尽，再不突围便只能活活饿死。

对于朱元璋是否会来救安丰，刘福通心里是没有底的。随着守军的粮草全数耗尽，刘福通决定放手一搏，与其待在安丰城内饿死，不如率领全部人马突出重围，若侥幸杀出也有一线生机，于是刘福通率领仅剩的义军，护着小明王韩林儿于深夜发起突围。

突围的战斗并不顺利，张士诚麾下大将吕珍早已布下天罗地网，就等着守军主动杀出，现在全部等在城外壕沟。

关于刘福通的结局，史书众说纷纭。《新元史·韩林儿传》认为刘福通和韩林儿突围成功，朱元璋率部赶到，大破吕珍所部，将韩林儿等人安置在滁州宗阳宫中，最终刘福通和韩林儿在大明开国之际一起被沉江而死。[①]

但《元史纪事本末》《明史》《明史纪事本末》《明通鉴》都记载吕珍攻破安丰城，杀掉了刘福通。朱元璋救援安丰之战的具体经过我们不得而知，可以确认的是，这场战斗的结果是韩林儿落入朱元璋之手，被安置在滁州城，但安丰也没有并入朱元璋的势力，而是被元军占领，事后朱元璋的大军放弃安丰而去攻打庐州左君弼了。

哪种记载的可信度更高呢？

《明史纪事本末·卷四》有这样一段描述："三月，张士诚、吕珍率众十万围刘福通于安丰，福通遣人间道求援。珍破安丰，杀福通，据其城，韩林儿走滁州。太祖率徐达、常遇春等往讨之。"

注意其描述的顺序，吕珍先攻破安丰城，斩杀刘福通，占据安丰城，韩林儿再逃向滁州，太祖等人才前往讨伐。

如果记载顺序没有问题的话，真实的情况应该是安丰城内粮草耗尽后，刘福通带着韩林儿一起突围，自己却在战斗中阵亡，以致吕珍顺势夺取了安丰城，但是韩林儿却成功脱逃到了滁州，朱元璋这时率部赶

①《新元史·韩林儿传》：至正二十二年，张士诚遣其将吕珍攻安丰，林儿与刘福通乘风雨溃围而出，明太祖自将救之，大败珍兵，迁林儿于滁州之宗阳宫，栅而守之，日给廪饩数斗。……二十五年，吴左丞廖永忠及朱镇抚具舟楫迎林儿及福通，归金陵，次瓜步，永忠沈之于水，以覆舟闻。林儿僭号十三年而亡。

到，反攻安丰城，打败了吕珍。

不管怎样，安丰城下依然有一场大战。

当时吕珍已经攻克安丰城，知道朱元璋的大军即将抵达，他据城广修栅栏防御，还深挖壕沟，高筑工事，准备以逸待劳，迎战朱元璋。

朱元璋一方到达战场后直接摆开阵势，把军队分为左、中、右三部，同时发动对安丰的进攻。

大战非常激烈，三部人马的战况各不相同。其中，朱元璋的中路军极可能集结了精锐力量，他们在汪元帅的率领下，一举攻破吕珍中垒，但左、右两翼都不顺利，这些人虽然一度杀过壕沟和工事，却在吕珍的顽强抵抗下反而被困在工事、壕沟处，两翼进退不得，都有溃败的风险。

关键时刻，还是常遇春力挽狂澜，高举着长槊，策马跃出。史载“遇春横击，三战三胜”[①]，大破吕珍各部。

关于常遇春的“横击”究竟是怎样的作战方式，有两种可能：一种是左、右两翼溃败后，常遇春败而不退，反而挥舞长槊继续攻击，单独冲入敌阵搏杀一通后，又安然杀出，如此反复三次皆无人能敌，这种勇猛与无畏鼓舞了身边的将士，这才反败为胜，扭转战局。还有一种可能是战术方向的调整，即常遇春见敌军中央被汪元帅攻破后，于是掉转进攻方向，不再向前进攻，而是率领士兵从敌军侧翼横向突击，拦腰斩断敌军阵形，杀入中央位置，由此导致敌军阵形大乱，常遇春于是连续三次冲入敌阵砍杀，又从另一侧杀出，反复三进三出，终于让吕珍的阵形全线溃败。

---

① 引自《明史纪事本末 · 卷四》。

安丰之战中，常遇春的勇武毋庸置疑，对战局的发展也起到了决定性作用。

同一时间，镇守庐州的左君弼率领大军增援张士诚，又与朱元璋大战于安丰城下，纵然左君弼是一支生力军，朱元璋大军已经久战疲惫，但他们还是先击败吕珍，再战胜左君弼，两路人马各自溃逃，朱元璋还遣徐达、常遇春领兵追击，一度包围庐州城，连续攻城三月之久。

先不说吕珍有张士诚给他的十万大军，左君弼敢来与朱元璋决战，他所带来的生力军少说也有数万之多，这场史学家着墨不多的安丰救援战，至少是多达二十万人的大混战，其惊险程度就值得大书特书，也正因为此战规模不小，陈友谅才敢带着大军突袭洪都城，毕竟从任何一个角度看朱元璋都难以快速脱离安丰战场。

可惜，陈友谅猜对了朱元璋那边的大战，却错判了自己对洪都的围攻，结果白白耽搁了八十多天，等到朱元璋达成战略目标，亲率二十万主力南下，陈友谅不得不面对士气正旺的朱元璋生力军，而汉军早已军心浮动、疲惫不堪，粮草也已消耗过半，这场大战似乎在开始时就注定了结局。

决胜鄱阳湖

至正二十三年七月初六，朱元璋于龙江集结二十万水陆大军，正式举兵杀奔鄱阳湖，他与汉帝陈友谅的最后决战终于爆发了。关于这场大战，后世多认为陈友谅的重大失误是没有趁朱元璋去救安丰时突袭应天，似乎只要陈友谅放弃洪都直奔应天，应天便唾手可得。那么事实是否如此呢？

吴汉相争从至正十九年的安庆之战到至正二十三年的洪都攻防，历时近四年，四年时间里双方“明战”“暗战”往来不休，特别是在龙湾伏击战后，双方最高统治者都清楚对方的实力了，在大战略上也从试探转为决战，故而朱元璋不可能不加强长江流域的防线，陈友谅也绝不会天真到相信可以孤军深入。

对陈友谅来说，朱元璋的应天大本营是数朝古都，有“龙盘虎踞”之势，既能依托长江天险抵御北方威胁，又能控制南北交通要道，若非围困并强攻，很难将其打下来。汉军在龙湾之战时算不上孤军深入，那时的他们已经占领了太平一线，进攻应天是顺理成章的，可是即便优势如此之大，汉军还是败给了以逸待劳的朱元璋，这正说明攻占应天的前提是剪断它的羽翼，稳扎稳打，而不是直捣黄龙。如果陈友谅非要冒险突袭应天，无非有两种可能。

第一种情况，汉军久攻不克，朱元璋回援后，汉军进退失据，两面受敌。

第二种情况，汉军袭破应天，而朱元璋尚未赶回。

第一种情况无需多言，那么第二种情况呢？按照朱元璋的战略部署，数十万宋军被分成三大块，主力是朱元璋带去安丰的徐达、常遇春所部，东线是部署在太湖的汤和、耿炳文、吴良所部，南线又分为江西洪都的朱文正和节制严州、诸全等地的李文忠两部人马，这些人没有一个被汉军击败。

也就是说，打下应天的陈友谅还要消灭以上各军，才算真正的胜利。否则数十万汉军一旦进入应天，朱元璋即可马上调集各方军团切断汉军归路，数十万汉军反而成了孤军，粮草如若断绝，汉军恐难顺利脱身。

此外，陈友谅空国而出，留下了毫无防备的大后方，若朱元璋部署在南线的军团逆流去打武昌，陈友谅能快速返回吗？

故而挥师直奔应天的风险很大，断不可能击败稳扎稳打的朱元璋，先打洪都就是为了解决朱元璋的南线军团，收复丢失不久的江西行省，这既能砍断朱元璋的臂膀，又能恢复自身的实力，是比较合理的战略。

唯一的问题是，镇守洪都的朱文正和他麾下的将士太强悍了，任凭六十万汉军如何攻城，洪都始终屹立不倒，陈友谅就此错失了张士诚送给他的最好战机。

七月十六日，朱元璋率领二十万水陆大军抵达鄱阳湖口。鄱阳湖位于今天的江西南昌，湖水深而静，少有近海那样的惊涛骇浪。整个鄱阳湖形似干瘪的口袋，南北两端很长，而东西两侧很窄，若说余干州是口袋的底部，那口袋顶部就在南湖嘴，两者直线距离不低于一百一十公里，因此从南到北的战线非常长，活动空间也很大。

抵达战场的朱元璋没有第一时间去救洪都城，而是立即分兵筑水寨、布陷阱于泾江口和南湖嘴，同时又让信州兵马前往武阳渡布防，这个渡口在洪都东南位置，紧邻余干州，朱元璋这么部署的目的明显是要“绑住口袋”，把数十万汉军装在袋子里，可见朱元璋在鄱阳湖大战尚未开始时就已经决心“围歼”陈友谅的全部主力，而在这之前，关于朱元璋征战的史料从未有过他指挥二十万兵马的记载，可见朱元璋应该动用了全部精锐，决心死战一场。而陈友谅在得知朱元璋的大军已经抵达湖口后，也立即进入鄱阳湖。两军于当月二十日在康郎山遭遇，决战就此打响。

往日平静的鄱阳湖从未像今天这样喧嚣，幽静的湖水从未像今天这样激愤，八十万大军和上千艘战船聚集于此，汉军战舰高大如同巨兽，前后相连，旌旗遮天，宋军战船小巧灵活，状如飞鱼。中国历史上规模最大的水战注定会留下浓墨重彩的一笔。

陈友谅凭借高大、坚固的船体，以密集的船阵向前碾压，作战方式以冲撞为主，兼以石弩射击，气势骇人。朱元璋的舰船相对较小，不可能用小船正面冲撞，故而多配备火铳、石炮，让麾下大将分掌各部，灵活机动歼敌。其所采用的战术是将战船分成十一队，以鱼鳞状的密集排列错位御敌，先以火器实施远程打击，稍近再以弓弩齐射压制，最后靠船接舷搏杀。

对朱元璋来说，两方船只的差距是很明显的，若只靠火炮、弓弩射击，时间一长同样也会落败，唯一可能击败敌军的方式，只有接舷。因为陈友谅的汉军虽然数量很多，但真正有战斗力的不多，其主力在龙湾及江州已经损失了不少，而且船上不少是大臣和家眷。因此，朱元璋在第一次交锋时的计划是把水战变成陆战。

随着鼓声雷动、号角齐鸣，战船上的两军将士早已按捺不住，大战前的动员无须多言，士兵们都知道此战的意义如何，更知道功名富贵在此一战，几乎是在同一时间，两方战舰相对冲杀而去。

陈友谅的战舰庞大而坚固，即便不用出战也能在气势上赢过宋军几分，朱元璋此战的关键在于战胜士兵们的恐惧，故而首先出阵的先锋船队必须要勇敢无畏，这样才能鼓舞后面跟进的宋军。上将军徐达、先锋常遇春、水师主将廖永忠担起了这样的重任，首先率领麾下战船扬帆疾进，他们无一不是朱元璋势力中久负盛名的猛将。而陈友谅一方的先锋也挥舞军旗，率领一众巨型战舰杀来。

隆隆的火炮声在战船乘风破浪之际响彻天际，燃烧的火石穿过翻滚的波涛，跃入高空的水浪似乎要直冲云霄，接连的爆炸在两军船身上炸开了数个窟窿，将无数勇敢的士兵炸得血肉横飞，升腾而起的硝烟笼罩了整个湖面。宋军船队中，徐达指挥的战船冲在最前面，箭矢飞弩从他的身旁嗖嗖飞过，石炮在他的船边重重砸入水中，战船在巨大的爆炸声中剧烈晃动。

然而，徐达没有畏惧，眼前的巨舰越恐怖，湖面越沸腾，他的命令就越急促，奉命划桨的船夫也就越卖力，只为迅速穿过敌舰火力的射程区。战场上往往只有最勇敢的将士才能在冲锋中生还，徐达、常遇春、廖永忠等将驾着舰船踏浪而进，在炮石、箭雨的覆盖下，强行冲抵敌舰近前，早已引弓待命的将士纷纷放箭，火铳也奉命射击，双方前锋展开激烈的交战。

“咚咚咚”的连声撞击伴着激起的水浪，宋军先锋船队先后展开接舷作战，勇敢的士兵纷纷攀上敌舰，随即便是刀枪剑戟的激烈碰撞，火炮、箭矢已经无用武之地，近身肉搏前只有勇者才能生存。接舷战的交锋中，徐达率领的船队大败敌军前锋舰船，阵斩一千五百人，缴获一艘巨舰而还。而俞通海率领的炮船乘风而进，以炮火连续击沉二十多艘战舰，炸死、烧死、溺死的汉军士兵不计其数。①

汉军舰队不甘示弱，立即发动猛烈的反击，重点目标就是深入战场的徐达船队。激烈的火炮对射让大火迅速蔓延至双方战船上，徐达的旗舰也因此燃烧起来，汉军见后加速撞向徐达，试图乘机击沉徐达座舰。朱元璋见后，立即指挥各部战船增援徐达，双方围绕在徐达战船附近展开激烈的搏杀，远一点的战船上的士兵拼命发射火炮，近一点的战船上的士兵想方设法登船肉搏。徐达拼死力战，一边扑灭大火，一边指挥反击，最终迫使敌军舰船撤退。

随着激烈的交战从先锋船队扩展到全军，宋军的布阵已经出现漏

---

①《明史纪事本末 · 卷三》：戊子，徐达、常遇春、廖永忠等进兵薄战。达身先诸将，击败其前锋，杀千五百人，获一巨舟而还，军声大振。俞通海复乘风发火炮，焚寇舟二十余艘，杀溺死者甚众。

洞，汉军太尉张定边决定向朱元璋的旗舰发起进攻，当即率领身边的船只直扑朱元璋，试图擒贼擒王。由于朱元璋将身边的不少船只派去增援徐达了，自己反而势单力孤，不得不赶紧掉转方向加速划行，试图拉开与张定边的距离。

没想到的是，由于形势异常紧急，朱元璋的座舰一时不慎，竟然撞向沙滩，搁浅了。汉军见状都像看见猎物的猎犬，纷纷朝朱元璋围了过去。一些水性好的汉军士兵直接跳入水中，试图游到朱元璋旗舰处，另一些人则跳上岸，准备从沙滩方向攻击朱元璋，还有些远处的炮舰不断射来火炮、箭矢。一时之间，汉军舰队将朱元璋的旗舰里里外外围了数层，朱元璋陷入腹背受敌的险境。

此时能护在朱元璋身边的都是他的心腹与嫡系，这些人不惜以性命为代价保护朱元璋，主动用身体遮挡射来的箭矢，一人被射死就又顶上一人。指挥韩成为扭转战局，主动率领一队人马发起冲锋，将跳上船的敌兵一一斩杀，但他在激烈交战中不幸落水阵亡。其余将领如元帅宋贵、陈兆先和百户程国胜相继效仿，皆战死当场。

这些人的牺牲为援军抵达争取了时间，宋军各路船舰纷纷前来救援朱元璋，俞通海、廖永忠驾驶的快船左右夹击张定边船队，疾驰的快船激起了高高的水浪，竟然把搁浅的朱元璋旗舰重新推入水中，朱元璋这才得以脱险。

危急时刻，常遇春救主心切，单舸冲向张定边，抬手一箭正中其身，虽未将张定边杀死，却成功惊退了敌船。但常遇春自己也因速度过快冲上了沙滩，幸而各部宋军船舰相继抵达，身受重伤的张定边只好放弃了俘获常遇春的机会，匆忙率部逃离。

激烈的康郎山之战一直从白天持续到日落，双方久战疲惫却始终未能分出胜负，朱元璋遂下令收兵休整。第一轮交锋结束。

当夜，朱元璋召开作战会议，调整了船舰编队，撤下了受损严重的船只，重新分配了各部兵力。也许是意识到陈友谅的舰队不是短时间内能击败的，担心远在太湖的张士诚会搞突然偷袭，朱元璋让徐达暂时撤回应天城布防，以保障大本营的安全。

二十二日，朱元璋下令吹响号角，第二轮交锋正式开始。

这一次，陈友谅也重新布置了阵形，放弃了各船独立战斗的方式，改用铁索把所有巨舰连接成阵，舰队顿时成了一座能在水上移动的城池，“旌旗楼橹，望之如山”[①]，看来汉军准备以庞大的船身正面冲撞宋军，把朱元璋碾成粉末。

宋军这边，朱元璋仍然坚持接舷近战。一些勇敢的士兵驾驶战船强行近身，有的战船不幸被炮火当场击毁，有的战船则被巨舰撞翻，士兵悉数葬身大海，还有大量士兵在接舷战中战死。大将张志雄的舰船在火炮对射中桅杆被击毁，船只难以航行，汉军遂发起围攻，张志雄被迫挥剑自刎。大将丁普郎挥剑搏杀，身负十余处伤，直至被敌军斩下头颅，他的身体依然站立不倒，保持着举剑战斗之姿。另有余昶、陈弼、徐公辅等大将悉数战死。

面对这样的形势，宋军将士都畏惧不前，其中右翼船队居然开始掉头后退。朱元璋大怒，当即斩杀队长等十余人，却还是不能阻止各船后退。元帅郭兴建言道：“非人不用命，舟大小不敌也。臣以为非火攻不可。”[②]

如果陈友谅读过陈寿的《三国志》，就该知道铁索连舟最怕火攻，

---

① 《明史纪事本末·卷三》：友谅悉巨舟连锁为阵，旌旗楼橹，望之如山。

② 引自《明史纪事本末·卷三》。

因为一旦火势开始蔓延，各船之间的铁链就会阻止他们脱逃，火势很快就会波及整个舰队。朱元璋再次召来了常遇春，命其找来大量渔船，上面装满火药，外侧盖上芦苇。黄昏时分，突然吹起了东北风，朱元璋立即让人在七条渔船上绑上草人，外侧裹以铠甲、兵器，由一群死士驾船直冲汉军。

渔船体型小、速度快，再加上有东北风加持，七条渔船犹如飞鱼快速接近汉军。汉军炮舰不断射击渔船，却因目标太小，始终无法将其击沉。风势越来越大，渔船即将撞上汉军巨舰时，死士点燃了火药。

“轰，轰，轰”几声巨响，渔船撞上汉军巨舰后发生了爆炸，大火迅速在汉军船阵中蔓延开来，任凭他们如何浇水也无法抵消大风带来的影响，火势非但没有减退，反而因为大风蔓延到了更远的巨舰上，甚至蔓延到了陈友谅的水寨，烧毁巨舰数百艘，陈友谅的兄弟陈友仁、陈友贵及平章陈普略均被烧死，湖水也被烈焰映成赤色。

《明史纪事本末·卷三》载：“至晡时，东北风起，太祖命以七舟束草为人，饰以甲胄，持兵戟，若斗敌状，令敢死士操之，备走舸于后。将迫敌舟，乘风纵火，风急火烈，须臾抵敌舟，焚水寨数百艘，燔焰涨天，湖水尽赤，死者大半。”

第二轮交锋中，朱元璋以火攻之计大破陈友谅的铁索连舟，先败后胜。但汉军毕竟有六十万之多，当日损失尚不致命。

二十三日，双方展开第三轮交锋，战斗进程基本和前两次一样，汉军以巨舰实施野蛮撞击，朱元璋则利用小船优势，机动灵活地射击敌船，不时发动接舷战。不过，陈友谅在这一天的战斗中发现只有朱元璋的座舰用的是白色桅杆，遂决定在次日交战时，专攻桅杆为白色的战舰。

这一消息被朱元璋掌握。二十三日当夜，朱元璋下令把所有桅杆都涂成白色。到二十四日的第四次交锋时，汉军舰队发现宋军战船都是白色桅杆，一时间竟然不知该进攻哪艘船才好，结果作战忽东忽西，毫无章法可言。

等到他们好不容易找出朱元璋的旗舰，刘基又及时劝朱元璋更换了船只，结果汉军奋力击沉了朱元璋曾经的旗舰，却并未伤及朱元璋。

宋军越战越勇，廖永忠、俞通海、汪兴祖、赵庸等将驾驶着六艘战船直冲敌阵，灵活机动的小船在汉军巨舰前左右穿插，竟然没有一发炮弹能够将其击中，汉军遂缩小间距，试图把六艘小船围歼在船阵中。没想到廖永忠、俞通海等人的航船技术出神入化，居然能在汉军巨舰的包围中全身而退。

当宋军将士都以为淹没在敌阵中的六艘战船已全数阵亡时，势如游龙的六艘战船突然从汉军船阵中鸣炮杀出，众军见状士气大振，惊呼声震动天地。备受鼓舞的宋军随即发动全面进攻，汉军巨舰行动缓慢的劣势越来越明显，宋军战船以类似的机动作战，穿插在汉军船阵各处，炮火从四面八方射向汉军巨舰，无数箭矢落在汉军船上。一些船舰的汉军士兵全部阵亡后，下面划桨的船夫对此还一无所知，继续驾船航行，宋军遂对汉军舰船再次发动火攻，不少汉军巨舰毁于熊熊烈焰之中。①

到中午时分，汉军巨舰败局已定，汉帝陈友谅只好率领残部撤退，丢弃的旗帜、战鼓、兵器和仪仗漂满了水面。宋军凯旋。

大战发展到此时，朱元璋已从劣势转为优势，汉军的败亡已初见

---

①《明史纪事本末·卷三》：时汉舟大，我师环攻之，杀其卒殆尽，而操舟犹不知，呼号摇橹如故，已而焚其舟，皆死。

端倪。

陈友谅似乎也意识到局势的危险，试图退保鞋山，然而朱元璋早就派兵先一步到了罂子口，以战船横截湖面阻击，汉军无法通过，只好退守水寨自保，任凭朱元璋如何叫阵，汉军始终不肯出来交战。

僵持中，俞通海建议让船队扼住上游要害之处，阻止汉军逃走，朱元璋为避免大军移动时被汉军偷袭，特意让船队在夜晚行动，由头船挂一船灯引路，余船均跟随船灯航行，大军顺利驶至左蠡驻扎。陈友谅接着也转移至水中小洲的岩石旁下锚，双方相持三日。

当时，陈友谅向诸将寻求对策，右金吾将军认为战事不利，应该焚烧船队，然后登岸撤回大本营，等到时机成熟后再回来交战。而左金吾将军却认为战事虽然不利，但己方毕竟人多势众，且战船多于朱元璋所部，拼死一战胜负犹未可知，而如果弃船登岸，万一朱元璋上岸追击，己方没有战船作为依靠，到时候进退失据，便不可能再卷土重来。让人意外的是，陈友谅听完两种意见后犹豫不决，想了许久才说右金吾将军的建议在理。这让左金吾将军非常失望，他害怕祸及自己，于是率部投降了朱元璋。右金吾将军自知势单力孤，失去了继续抵抗的勇气，居然也投降了朱元璋。[①]还未交战，汉军就投降了两位大将，虽然不知道他们的具体姓名，但此次事件已经充分表明汉军军心浮动，早已到了要全面崩溃的地步。

朱元璋于是写信继续打击汉军士气，对陈友谅说道：“公乘尾大不

---

①《明史纪事本末·卷三》：初，友谅战不利，右金吾曰：“今战不利，出湖实难，莫若焚舟登陆，直趋湖南，谋为再举。”其左金吾曰：“今虽不利，而我师犹多，戮力一战，胜负未可知，何至自焚以示弱！万一舍舟登陆，彼以步骑蹑我后，进不及前，退无所据矣。”友谅犹豫不能决，至是失亡多，乃曰：“右金吾是也。”左金吾闻之惧，来降。右金吾见其降，亦率所部来归。

掉之舟，殒兵敝甲，与吾相持。以公平日之强暴，正当亲决一死战，何徐徐随后，若听吾指挥者，无乃非丈夫乎！”[①]

陈友谅看后果然大怒，尽数斩杀了宋军俘虏。朱元璋得知后心中不怒反喜，当即下令释放俘虏的汉军官兵，又给粮食，又给伤药，还让他们把朱元璋意欲劝降汉军的消息带回去。两相比较，汉军军心更加浮动，不少人就此投降朱元璋。

不久后，朱元璋将大军驻扎在湖口，让常遇春、廖永忠把战船横在湖面上，又在岸边竖起栅栏，以此阻击可能突围的陈友谅。汉军虽然试图从湖口杀出，奈何宋军部署得当，只好继续僵持了五天时间。

朱元璋继续写信打击汉军士气，又讥讽陈友谅“度量何浅浅”[②]，说他的土地已经丢了，若带着残部来战也是必败无疑，唯有去除帝号，等待天下真正的主人（指朱元璋自己），不然连后悔都来不及了。

终于，一直无法突围的汉军粮草耗尽，陈友谅只好派出部分船舰到洪都抢掠粮食，此时已经恢复元气的朱文正率部出城交战，纵火焚烧汉军巨舰，陈友谅不仅没能抢到粮食，反而又损失了一部分军队，士气几乎到了崩溃的边缘。

二十六日，几乎绝望的陈友谅不得不命令大军强行从湖口突围，亲率一百艘巨舰杀向南湖嘴。但是宋军早已严阵以待，对汉军又是炮击，又是火船冲撞，汉军损兵折将，被宋军追杀了数十里，侥幸逃到泾江口后，又遇到了朱元璋在战前留下的兵马，又是一场恶战，汉军被杀、被俘的士兵不计其数。

---

① 引自《明史纪事本末 · 卷三》。

② 引自《明史纪事本末 · 卷三》。

最后一战中，陈友谅在混战中被流矢击中眼睛，箭矢贯穿头颅，一代枭雄陈友谅就此阵亡于鄱阳湖上，年仅四十四岁，称帝仅四年。汉军当即分崩离析，平章陈荣率领剩下的五万残部投降，太子陈善儿及一众文武官员被生擒，太尉张定边护着陈友谅幼子陈理趁夜脱逃，几经辗转才撤回武昌，鄱阳湖上只剩下朱元璋的旗帜还在飘扬。

至此，聚集了八十万大军的鄱阳湖水战宣告结束。汉帝陈友谅本来抱着一战定乾坤的决心而来，却不想成全了朱元璋一统江南的雄心，他这一败几乎损失了陈汉政权所有的能战之兵和舰船，空国而出的后果是汉军再也无力抵挡朱元璋的全面进攻，陈汉政权的结局已经无可逆转，剩下的时间都是朱元璋攻城略地的表演。在中国的南方，陈友谅、朱元璋、张士诚三足鼎立的局面已不复存在，陈汉政权进入了苟延残喘的最后阶段。

侥幸逃出鄱阳湖后，张定边扶持陈友谅幼子陈理于武昌继承皇位，改年号“德寿”，试图保存湖北一带的地盘。朱元璋善于抓住战机，断不可能坐视陈汉政权恢复元气，战后他仅返回应天大本营休整十天，便立即亲率数十万大军和常遇春、康茂才、廖永忠、胡美等将，顺江而上，攻向武昌。

十月初七，朱元璋的水陆大军包围了武昌，常遇春竖起木栅栏封锁四座城门，廖永忠则将战船连接成营寨横在长江上，武昌守军成为困兽。

武昌被围，陈汉政权的各地守将便失去了统一指挥，都成了无头苍蝇，既没有联合御敌，也不知道该怎么守城，朱元璋因而分兵各处，先平定了湖北诸郡，砍断了武昌的臂膀，接着传檄劝降湖广各地。

至正二十四年（公元1364年）正月，以徐达、李善长为代表的文武官员正式上表劝进，朱元璋顺水推舟，自称吴王，立嫡长子朱标为王世子，设置中书省左右丞相，以李善长为右相国，徐达为左相国，常遇春、俞通海为平章政事，拟订百官秩序，任命文臣武将，但依旧奉韩宋小明王为正朔，沿用“龙凤”年号，发布文书皆是“皇帝圣旨，吴王令旨”。

当年二月，朱元璋加紧了对武昌城的围攻，但由于守军战斗意志很强，朱元璋一方迟迟没有取得决定性进展。为此，朱元璋采用扫平外围的策略，不断压缩守军的阵地，慢慢蚕食武昌地界。十七日，宋军决定对城池东面的高冠山发起猛攻，该山因地势较高，可以俯瞰武昌全城，张定边便留下重兵防御，作为护卫武昌的偏师。

其实，宋军之前已经多次进攻过高冠山，但都因守军工事坚固而失败。这一次，朱元璋下达攻下高冠山的命令后，竟然没有将领愿意接受任务，唯有从陈汉投降而来的傅友德自告奋勇要去夺山，为了彰显自己的勇武和忠心，他提出仅带数百人即可。朱元璋不了解傅友德，但见其相貌不凡且求战心切，遂决心让他一试。

高冠山一战，傅友德率领数百勇士佯攻山头，守军仗着人多势众，不断用箭矢、滚石攻击宋军，宋军不少人阵亡。然而，作为在多方阵营里屡不得志的“金子”，傅友德决心以死战、恶战来证明自己的价值，纵然身边箭矢如雨，他依然毫不畏惧地不断冲杀，即便面颊和肋下都被飞矢射中，他也不为所动继续作战，这种不要命的疯狂之举让守军大为惊骇，最终高冠山被傅友德以几百人的微弱兵力一举攻克。从此，朱元璋的心腹战将里又多出一员猛将。

随着围攻的加剧，武昌守军一方面多次出城奇袭，一度突袭至朱元璋近前，但被郭兴纵枪击杀，另一方面则不断突围求援。岳州守将张必先，人称“泼张”，骁勇善战，是唯一率部来援的将领，而他带来的也是陈汉守备潭州、岳州的最后野战力量。朱元璋遂派平章常遇春率部与之大战于夜婆山，顺利生擒张必先。

张必先被俘，武昌彻底失去了抵抗的勇气，内外交困的陈理只好衔璧肉袒，率张定边等汉臣出降，汉阳、沔阳、利州、岳州等郡县不久也相继归顺，仅剩下熊天瑞据守的赣州还在抵抗。

八月，常遇春、邓愈率部扫荡剩下的汉军，很快攻克临江、吉安，进围赣州。九月，徐达、杨璟攻下江陵，派遣唐胜宗分兵拿下了长沙、沅陵、醴陵三地，傅友德又夺取了夷陵。十二月，徐达攻陷辰州、衡州。到至正二十五年（公元1365年）春时，熊天瑞据守的赣州已经羽翼尽失、弹尽粮绝，不得不举城而降，南安、雄州、韶州等地也相继归顺。至此，以徐寿辉建立的天完政权为基础的陈汉政权全数并入朱元璋的势力。

陈友谅曾兵多将广，带甲数十万，实力远胜朱元璋，为什么他还是身死国灭了呢?

首先，陈友谅缺乏战略定力，作战急于求成。龙湾一战，陈友谅在发现康茂才是诈降后，本可以稳扎稳打，调整战略，但他却冒险深入龙湾，结果被伏兵一举击溃。鄱阳湖之战时，陈友谅妄想一战平定江浙，竟然亲率号称六十万的大军空国而出，分明是把战争看成了一场豪赌，缺乏长远规划和战略，以致一战败北则举国无兵，白白丢失了千里疆土。

其次，陈友谅的军队空有数量优势，却没有朱元璋军团的质量。双方的几场大战中，陈友谅每次都有超过朱元璋的兵力，安庆、龙湾、洪都、鄱阳湖都是如此，然而兵不在多而在精，将不在勇而在谋，朱元璋素来以精兵作战，以最小的损失赢得最大的胜利，而陈友谅的数十万大军连小小的洪都城都拿不下。

最后，陈友谅缺乏忧患意识，过早称帝且贪图享乐。他死于鄱阳湖水战后，朱元璋缴获了一张镂金御床，其奢华程度堪比孟昶的七宝溺器，须知这张金床是陈友谅特意带上的，出兵打仗还带着黄金做的床，可见其耽于享乐日久。

陈友谅虽曾称霸一方，却没有君王的气量与远见；他虽有远超朱元璋的军力、财力，能组建由数百艘巨舰构成的水师，却无法击败由小船组成的巢湖水师；他有占据长江上游的地理优势，能顺江而下扫荡江南，却无法攻克一座小小的洪都城；他有带甲百万和文臣武将无数，却鲜有人为他舍生忘死，所以他最终被历史淘汰。

斩断江北

陈汉政权覆灭后，鼎立长江以南的三大军事集团便只剩下了两个，吴王朱元璋不可避免地要将战略重心转移到攻略张士诚身上。说起张士诚，此人虽然出身盐贩，却在多年的征战中建立了一个地逾两千里的王国，其疆域北起济宁，南抵绍兴，辖下包括杭州、高邮、泰州、徐州、淮安、宿州、濠州、泗洲等地，江南膏腴之地的财富半数归于其手，麾下虽然没有陈友谅的六十万之众，但也不遑多让，实力不容小觑。

至正二十三年四月，也就是鄱阳湖之战发生前夕，一向喜欢间谍战的张士诚成功策反了诸全守将谢再兴，终于撕开了朱元璋的防线。谢再兴本是淮西战将，论关系与朱元璋的淮西集团是很密切的，但他却在朱元璋与陈友谅大战将起时叛投张士诚，着实给朱元璋的势力带来了不小的影响。

关于谢再兴背叛的原因，《明通鉴前编·卷二》记载，谢再兴屡次违反军令，私下与杭州等地贸易，导致军情泄露，朱元璋遂将其召回应天斥责，并在他头上安排了李梦庚作为节制。[①]不仅如此，当时朱元璋为了能长久控制诸将，往往以前线危险为由，把外派将领的家眷留在应天，名为保护，实为人质，而谢再兴的家眷不仅被作为人质留在应天，且朱元璋还在未告知谢再兴的情况下将其女儿赐婚他人，谢再兴由此大怒，加之受人节制，遂决心反叛。[②]

谢再兴的叛离让诸全旧城落入张士诚之手，李文忠镇守的金华、建德由此门户洞开，如果这条防线被突破，再加上从西边杀来的陈友谅，朱元璋便要分兵两线作战，局势危险。

至正二十三年九月，叛将谢再兴带着张士诚的兵马大举杀入金华，目标是东阳城。真是怕处有鬼，朱元璋最担心谢再兴叛逃后会引兵攻来，因为他手里掌握着不少军事情报，肯定知道李文忠在金华、严州等地的部署，结果他真的带兵来攻。接到战报后，李文忠展现出极强的应变能力，毫不犹豫地率部狂奔一百六十里，于义乌一战击溃谢再兴的兵马。更重要的是，李文忠第一时间意识到了诸全失守后对防线的重大影响，于是立即在距离诸全六十里的五指山紧急修筑了一座新城，修补好了防线。

张士诚自然不肯让李文忠如愿，立即派爱将李伯升率领十余万大军（号称六十万之众），攻向了新城。新城虽然修筑得仓促，但防御力极好，再加上有大将胡德济镇守，李伯升围攻了很久依然不能攻下，无奈

---

①《明通鉴·前编卷二》：初，再兴有心腹二人，常往来贩鬻杭州，太祖怒其泄军事，禽二人，诛之。召再兴赴应天，别遣参军李梦庚总制诸全，已，复遣再兴归。至是愤梦庚出己上，遂作乱，杀知州栾凤，执梦庚赴绍兴，降于张士诚。

②《国初事迹》：太祖自主婚，以再兴次女嫁与右丞徐达，复取再兴回京听宣谕。另遣参军李梦庚往诸暨节制军马，却令再兴回还听调。再兴既到诸暨，愧无权势，出怨言曰："女嫁不教我知，有同给配。又着我听人节制。"

之下只好悻悻而归。金华等地的防线在李文忠手中依旧坚如磐石，这一切都出乎张士诚的预料，更超过朱元璋的预期，故而李文忠在宋军中的地位越来越高。

策反谢再兴虽然没有起到多大作用，但张士诚却越发骄横。鉴于朱元璋前往湖广征讨陈汉政权，张士诚便胁迫江浙行省丞相达识帖睦迩表奏封其为王，但达识帖睦迩拒不从命，张士诚索性自称“吴王”，大封王府官属，以兄弟张士信为丞相，又大兴土木，建造新的王宫，正式脱离了元朝的统治，从此不再向大都运送粮食。至于达识帖睦迩，他被张士诚剥夺了江浙行省丞相一职后，幽禁于嘉兴，不久后便被逼死。

等到朱元璋进位吴王后，江南一隅便出现了两个吴国，朱元璋的吴国在西，故称“西吴”，张士诚的吴国在东，故称“东吴”。

至正二十四年十月，张士诚以丞相张士信为统帅率先发动进攻，目标还是屡战屡败的长兴。这一战毫无意外，张士信兵马虽多，但战力不佳，兵临城下不久便被耿炳文、费聚打了个措手不及，等到汤和率部来援后，又被守军和援军内外夹击，狼狈而逃。不甘心失败的张士诚于次年正月，亲率数十万大军围攻长兴，结果还是一败涂地，镇抚欧大智战死。史载：“士诚自是不敢复犯长兴。”[①]

太湖防线突破不了，张士诚又转向李文忠的南线。当年二月，张士诚以叛将谢再兴为向导，以李伯升为统帅，派二十万水陆大军围攻五指山新城。李伯升大军在城下修庐室，建仓库，还提前任命了州县官属，看起来是志在必得。

李文忠又一次急速来援，很快便在距离新城二十里处下寨，与李伯

① 引自《明史纪事本末 · 卷四》。

升对峙。三十日清晨，李伯升为打李文忠一个措手不及，命令军队在李文忠大军吃饭时发动进攻。李文忠的应对依旧迅速而有序，立即将军队一分为三，张开左右两翼迎敌。

这一战，李文忠一边指挥各部人马正面作战，另一边又亲率数十精骑绕到敌军大阵后方发起进攻，一度被敌军重重围困，但李文忠作战勇猛无畏，纵然膝盖被敌军击伤，他依然策马冲杀，几进几出，成功扰乱了敌军阵形，吸引了不少火力。新城守将胡德济立即率部从城内杀出，李文忠的左右两翼也顺势突破，张士诚的军队又一次被援军和守军前后合围，大败而逃，还被追杀了十余里，损失的兵器、铠甲、辎重不计其数，李伯升、谢再兴仅以身免。

多年的恶战始终是一边倒的结局，张士诚除了“暗战”能占到便宜外，正面对战总是一败涂地，难怪朱元璋和刘基都认为张士诚素无大志、安于守成，是可以缓图的对手。如今陈友谅已然覆灭，朱元璋又与盘踞四川的明玉珍政权建立了友好关系，西面无忧的宋军可以放心大胆地攻打张士诚了。

至正二十五年十月，朱元璋决心一统江南，遂以张士诚屡次制造事端、连兵构祸为由，正式出兵讨伐张士诚。比起陈友谅的“空国而出”，朱元璋作战很讲策略，因为张士诚的疆土虽然很大，但南北过长而东西很窄，如果先攻取长江沿岸的泰州、通州，那么江北诸郡与平江的联系便会被切断，江北沦陷则江南唾手可得。

因此，朱元璋的作战方略是先打长江—泰州一线，切断江南与江北的联系，然后先平江北，再收江南。

十月十七日，吴王朱元璋以左相徐达、平章常遇春为统帅，冯国胜、胡美、华高等将为副将，出动马步舟师二十余万杀向淮东、泰州。四天后，大军首先在通州击败张士诚的守军，于海安坝下寨。二十三日，徐达发兵围攻泰州新城，轻松击败了张士诚的淮北援兵，擒获其元帅王成。二十五日，常遇春又击败淮安援兵，活捉万户吴聚等将。

同样是攻城作战，同样是援兵来救，李文忠等朱元璋南线守军总能里应外合击败张士诚的数十万大军，而张士诚却无法以相同的战术击败徐达、常遇春，其中的差别远不是战术战略水平不同可以概括的。

三路援军先后败北急坏了张士诚，他虽然打仗不如朱元璋，但战略意识还是有的，知道泰州一旦失守，江北就保不住了，可是他麾下的那些将领没有谁是徐达、常遇春的对手。而他自己又不敢亲自上阵搏杀，只能设法用计解围，办法就是“虚张声势”“调虎离山”“围魏救赵”。

不久，张士诚出动四百余艘战舰逼近范蔡港，同时不断派小船到江中孤山游弋，看起来是要从水路发动进攻，首当其冲的便是江阴。为了弄清楚张士诚的目的，朱元璋不惜冒险亲往一线侦察敌情，很快就发现张士诚的舰队迟迟没有向上游移动的迹象，当即识破了这是张士诚的诱敌之计，就是要把徐达、常遇春的大军骗到江阴，以便他派兵马救援泰州。

于是朱元璋立即下达命令，让徐达坚持围攻泰州，而常遇春也不得轻易离开海安大寨，不攻破泰州绝不移兵。

十月二十六日，泰州城破，张士诚守将严再兴、夏思诚等被俘。如此一来，长江以北从扬州、泰州到通州的整个沿岸都竖起了吴王朱元璋的旗帜，张士诚与江北的联系就此被切断了。徐达继续向江北其余州府推进，高邮东侧的兴化守将李清不敌而降，高邮门户洞开，宋军于十一月初兵临高邮城下。

江北这边战火连天，平江那边也如热锅上的蚂蚁，张士诚无法渡江增援高邮，只好再次使用“围魏救赵”之计，以数十万兵马围攻太湖西岸的宜兴，试图逼迫宋军回援。

这一次，张士诚还真就如愿了，应天周边的大军都去江北围攻高邮了，太湖一线的兵力很有限。朱元璋为此调整部署，让冯国胜领兵继续围攻高邮，徐达则率部渡江南下，于宜兴击败了张士诚的大军，俘获三千余人。

见宜兴之战没有达成目的，当年十二月，张士诚又派出八万大军攻打安吉。安吉守将费子贤手里只有三千余人，但防守严密，又在城楼上架起车弩，屡屡将攻城士兵射杀，吴军最终无功而返。

连输两阵，张士诚还是不甘心，又派遣左丞徐义率军走海路，绕开泰州、通州增援高邮。然而这位左丞胆小如鼠，根本不敢孤军深入江北战场，便把军队屯驻在昆山、太仓等地，三个月不敢行动。至正二十六年（公元1366年）正月，张士诚实在等不了了，于君山集结五百余艘战船，准备大举攻向江阴。

朱元璋对张士诚此举非常重视，亲率大军前往江阴战场，没想到江阴还没看到，张士诚的将军又带着战舰逃走了，枢密院判吴良、都督副使康茂才立即纵兵追击，在出海口追上了张士诚大军。张士诚水军趁涨潮之际发动反攻，吴良率军逆潮而战，竟然把数百艘敌舰打得落荒而逃，侥幸逃上岸的吴兵又被吴良提前埋伏在岸上的伏兵聚歼，俘获二千余人。

朱元璋得知吴良周密的部署后，不禁感叹道："汝非昔日之吴起乎？"[①]还称赞他"保障一方（江阴），我无东顾忧，功甚大，车马珠

---

① 《明史纪事本末·卷四》：太祖幸江阴，见良等防御有方，曰："汝非昔日之吴起乎？"称叹久之。

玉不足旌其劳”[1]。并让宋濂写诗颂扬吴良的功绩。

江北战场这边，徐达南下泰州后，冯国胜成为围攻高邮的最高指挥官。随着围攻的加剧，守军便假意派人出城投降，约定推倒城楼女墙为应。冯国胜信以为真，在约定之夜派指挥康泰率领数百人攻城，结果他们刚一进入城内，守军就关闭了城门，所有宋军将士悉数被杀。

朱元璋得知后大怒，将冯国胜召回应天杖责十下，命令他徒步返回高邮前线。冯国胜也是一员虎将，哪里受过这样的气，回到高邮后便对城池昼夜猛攻，而徐达、常遇春也奉命支援冯国胜。终于，冯国胜、徐达于三月十四日攻陷高邮，斩其守将俞同佥。

四月，徐达、常遇春合兵一处，又马不停蹄地攻向淮安，而张士诚派来增援高邮的左丞徐义此时还屯驻在马螺港，宋军仅用了一次夜袭，这位胆小如鼠的将军便弃军“海遁”，逃之夭夭了，留下的数百艘战舰成了徐达、常遇春的战利品。没有了援军，江北各路吴军都失去继续抵抗的勇气，淮安守将梅思祖首先开城投降，濠州守将李济也不敌出降，而徐州守将陆聚直接带上徐州、宿州全境归顺。

同时，徐达等将率领马步舟师三万余人转向西边的安丰。起初，朱元璋为救小明王韩林儿攻下了安丰，但由于围攻庐州三月之久仍然未能取得战果，陈友谅又率领六十万大军攻打洪都，朱元璋只好撤去了兵马，全部南下迎战陈友谅，安丰便被元军占领。如今，淮安一线平定，宋军便再次攻克了安丰城，还一路追杀元军直至颍州，元将左君弼等人只能撤退到汴梁。

至此，张士诚的江北诸郡相继投降朱元璋，韩宋政权曾经的江北行

---

① 引自《明史·吴良传》。

省也大都落入朱元璋之手，宋军大旗又一次插到了元廷边境，只不过此时的宋军已不是刘福通当年的那帮人马了。

吴越一统

至正二十六年八月，朱元璋以徐达为大将军，常遇春为副将军，倾二十余万大军征伐张士诚。战前，朱元璋还是像往常一样制订了作战方略，首先申明了严禁扰民、滥杀的军纪，反复告诫诸将不得肆意掳掠，不得随意杀戮，不得毁坏坟墓，不得破坏房屋，还特意叮嘱不要破坏张士诚母亲的墓地。这么做，一是要让浙东百姓看到朱元璋军纪严明，从而赢得民心；二是要让各军将领严格约束军队，以便形成惯例。

关于具体的作战方略，常遇春认为“逐枭者必覆其巢，去鼠者必熏其穴”[①]，所以应该直捣张士诚的平江大本营，但朱元璋向来喜欢稳扎稳打，认为张士诚的平江、张天骐的湖州、潘原明的杭州呈掎角之势，可相互声援，若直捣平江，湖州、杭州的吴军必定前来救援，届时三路吴军就会把宋军围在平江城下，胜算渺茫。因此，朱元璋的策略依然是斩其羽翼，先打下湖州，解除平江外围的威胁，然后再集中力量消灭平江的强敌。

另外，朱元璋多次体验过张士诚的间谍战、情报战，他发现降将熊天瑞闷闷不乐、神色异常，多半是被张士诚的间谍策反了，于是他暗中告诉徐达、常遇春，要他们对外宣称大军将直捣平江，同时要让熊天瑞

① 引自《明史纪事本末·卷四》。

相信这一计划，若熊天瑞真的被策反了，消息一定会传至张士诚处，到时候张士诚肯定会把兵力集中到平江，这样一来宋军就可以毫无后顾之忧地突袭湖州。

湖州战场上，徐达的大军首先在太湖、毗山赢得两场小规模遭遇战，擒获敌将尹义、陈旺、石清、汪海等人，而熊天瑞也如预期那样叛逃张士诚处，声言宋军的目标不是湖州而是平江，张士诚因而错过了增援湖州的最佳时间，等他反应过来时，宋军已经抵达湖州城外的三里桥。湖州守将张天骐自恃兵力雄厚，主动出城来战，三里桥之战爆发。

此战，吴军分成南、中、北、后四部作战，黄宝领南路军，陶子宝将中路军，张天骐率北路军，三箭齐发，全线出击，另有唐杰率领一支机动部队位于后方，随时准备增援三路战场。

宋军一方，徐达同样兵分四路御敌，以常遇春为南路军主帅，王弼为北路军主帅，骁将王国宝为长枪军主帅，徐达自己则统率中军。南、北、中三路人马直奔敌军阵地，意在用猛烈的攻势吸引吴军注意，以掩护正向吴军侧后方移动的长枪军。

徐达的迂回包抄战术意在围歼敌军，不过他显然高估了吴军的作战能力。

常遇春一如既往的势不可当，其部推进速度很快，一战便打垮了黄宝率领的南路军，溃兵肝胆俱裂，马不停蹄地逃向湖州城，谁料吊桥已经被割断，这些人无法渡过护城河，全都成了俘虏。南路吴军一败，北路、中路的吴军都失去抵抗的勇气，仗都还没打就撤走了，一场围歼战未能如期实现，宋军就此进抵湖州城下。

湖州被围后，张士诚才匆忙派李伯升经荻港增援湖州，但他被宋军包围在湖州城内，在一次试探性的突袭失败后，李伯升再也不敢出城作战。无奈，张士诚又遣大将吕珍率领六万大军增援湖州，屯兵于城东四十里处的旧馆，筑起五座营垒自守。徐达为断绝援军与守军的联系，调常州守将汤和的兵马进入湖州战场，分兵屯驻阡镇南姑嫂桥，连筑十座营寨作为回应。这么一来，吕珍的兵马便无法与湖州李伯升、张天骐取得联系，徐达遂决定先解决援兵，然后再攻打湖州城。为此，徐达首先派兵夜袭了驻扎在旧馆不远处的潘元绍，断绝了旧馆援兵的粮道，如此便把吕珍的兵马给困住了。

张士诚得知吕珍也被包围了，不得不亲率大军前往湖州战场，哪知他脚还没站稳就在皂林被徐达打得一败涂地。九月，张士诚卷土重来，改陆战为水战，派大将徐志坚率领一支舰队走水路攻打姑嫂桥。常遇春的水战经验丰富，亲自划桨出战，恰逢天降大雨，天色昏暗，常遇春率领的数百艘战船乘风快速推进，势不可当，尽数歼灭吴军战船，还擒获了敌将徐志坚和两千溃兵。

张士诚一再增援湖州，此地已成为两军的“绞肉场”，朱元璋为了缓解战场压力，便让李文忠率部攻打杭州，华云龙领兵讨伐嘉兴。这两支兵马都在南线战场，张士诚只能抽调湖州的兵力去支援，留在湖州战场的兵力就大为削弱了。

为了打破僵局，也为了和旧馆取得联系，张士诚派左丞徐义率军悄悄进入旧馆，恢复了与吕珍等人的联系。常遇春发现后立即截断徐义归路，但为时已晚，徐义与张士信约定了突围日期，而张士诚也亲率赤龙战船前来助战，徐义因而顺利突围而出，一路狂奔到平望。张士诚遂将兵马集中在平望和乌镇，试图两路夹攻，以解旧馆之围。

徐义的成功脱逃激怒了常遇春，他率领水师战船一直追杀到平望，与吴军赤龙战船主力展开决战。宋军作战勇猛，大将王铭挺戈先登，纵火焚赤龙船，吴军军资器械俱被烧毁，平望吴军全数被歼，赤龙战船也损失殆尽。紧接着，常遇春又乘胜杀向乌镇，打得徐义、潘元绍溃不成军，追杀至升山时，又攻破张士诚平章王晟的六座营寨，余部尽数投降常遇春。

十月十六日，南线战场也取得进展，李文忠率领朱亮祖等人连克桐庐、富阳，进围杭州。

三十日，徐达亲率全数大军攻打吴军升山水寨，吴军亦出动战船迎战。决战时，宋军大将顾时驾船绕过敌舰，趁敌不备从后方跳上战船大肆砍杀，宋军其余战船趁机发动攻势。然而，吴军主将五太子（姓梁，张士诚义子）率战船紧急驰援，攻势相当凶猛，竟抵挡住了宋军的进攻，连常遇春的船队也不得不退却。

关键时刻，薛显率领所部船队奋勇向前，与敌船作战时纵火焚烧，大火很快在吴军战船间蔓延开来，令吴军惊慌失措，宋军由此展开反击，终于大破吴军主力，五太子、吕珍、朱暹及旧馆被围吴军只好投降。

旧馆吴军既破，徐达当即把吕珍等人押到湖州城下示众。李伯升、张天骐知道外援已经断绝，继续抵抗也毫无希望可言，在挣扎了一番后，还是投降了徐达。至此，湖州落入朱元璋之手，十余万吴军不是投降就是被歼，而张士诚依赖的大将李伯升、吕珍都归顺了朱元璋。

好消息接踵而至。在经过短暂的围攻后，杭州守将潘原明率领全城军民投降李文忠，苗军叛将蒋英、刘震均被斩杀。到十一月底，绍兴、嘉兴俱被攻克，南浔、吴江、鲇鱼口的吴军也相继崩溃。如此一来，张士诚的平江便成了彻彻底底的孤城，既无大将坐镇，也无任何援兵可求。

两位吴王的大决战终于拉开了序幕。

十一月二十五日，宋军正式包围平江城。徐达驻军葑门，常遇春屯军虎丘，郭兴驻军娄门，华云屯军胥门，汤和驻扎阊门，王弼围困盘门，张温扼守西门，康茂才督军北门，耿炳文驻军城东北，仇成驻军城西南，何文辉驻军城西北。围城大军四面修起长墙封锁城池，又在城内佛塔相对处架设攻城木塔，建造配备有弓弩、火铳的三层“敌楼”，并不断用襄阳炮轰击城墙，飞火巨石频频撞向城内，被砸死、砸伤者不绝于道，城中军民皆震恐不已。

平江城内守军依然有数万之众，加上张士诚亲自坐镇，守军士气相当高昂，因此攻城战打得相当惨烈。据记载，指挥茅成在攻打娄门时就被飞矢当场射杀。作为高级将官的俞通海在湖州会战结束后，分兵攻克太仓州，战后约束军纪，与民秋毫无犯，军名远播各处，昆山、崇明、嘉定、松江等地皆不战而降。其后，俞通海也加入平江战场，先攻渡桥，后破桃花坞，激战中身先士卒，被敌箭射中，不久即因伤重去世，时年三十八岁，朱元璋为此泪流不已。

围攻平江的战事就此陷入僵局，攻则损兵折将，退又无法破敌，朱元璋因此亲自写信劝降张士诚，承诺其投降后所得礼遇不在当年窦融、钱俶之下，但张士诚不改其志，一直不予回复，战事就这样被拖到至正二十七年（公元1367年）六月。不过，守军意志再强，城池防御再高，终究还是挡不住饥饿，长久的围困逐渐耗尽了平江城内的粮食，张士诚唯有突围。

这下攻守之势互换。张士诚先是杀向城东，但城东营寨整齐，守备严密，张士诚无法突围，于是让徐义、潘元绍转向城西盘门突围，那里是常遇春部下王弼的防区。常遇春机敏异常，猜到了吴军的目的，当即派兵扼守北壕，截断吴军退路，然后率部出战，与吴军杀得昏天黑地。

守军突围意志坚定，纵然是在悍将常遇春阵前，他们也丝毫不惧，更没有一点儿退缩的意思，《明史纪事本末·卷四》载：“战良久，未决。”围城方即使有工事作为依托，也还是不能击退突围的吴军。张士诚又向城西战场投入一千精锐作为援军，自己也杀向山塘声援徐义、潘元绍，企图多路突破。

两军数路兵马很快齐聚城西战场，山塘一带本就狭窄，如今人马比肩接踵，战场变得异常拥挤，进退不得，只能原地挥舞兵器厮杀。见局势胶着，常遇春转身找到大将王弼，拍着他的肩膀问道：“军中皆称尔为猛将，能为我取此乎？”[①]

王弼应声纵马杀入阵中，挥舞着双刀，杀出一条血路，敌军阵形由此动摇。见时机已至，常遇春立即命人吹响决战号角，亲自带队顺着王弼的方向发起冲锋。吴军由此大败而逃，被常遇春、王弼追杀至沙盆潭，溺死者不计其数，据说连张士诚最精锐的银甲勇胜军也全数溺死，而张士诚的战马受惊落水，他只能被人用轿子紧急抬回城内。

战至此刻，胜负已分，吴军败局已定。张士诚曾经的心腹爱将李伯升受命入城劝降，张士诚出于昔日的恩情表示愿意考虑，实际上，他死意已决，宁可玉碎也不投降朱元璋。不久后，张士诚再次组织兵力从胥门突围，但被常遇春打了回去，丞相张士信在城楼就餐时，又被徐达的襄阳炮击碎头颅而亡，守军更加困窘。

到当年九月，战斗已经激烈到殃及全城百姓的地步，守将熊天瑞为了制作守城用的飞炮，下令搬空了城中树木、石头，后来连寺庙和百姓的房屋也被一一拆毁，但这依然不能阻止宋军的进攻。终于，在徐达督军猛攻之下，葑门首先被攻破，常遇春也攻破了阊门新寨，众军渡桥，来到城下。[②]登城拒战的唐杰和修补外城的周仁首先投降，随后徐义、潘元绍、钱参政

---

① 引自《明史纪事本末 · 卷四》。

②《明史纪事本末·卷四》：“九月辛巳，达督将士破葑门，常遇春亦破阊门新寨，遂率众渡桥，进薄城下。”

等人也跟着投降，局势已不可挽回，各路宋军鱼贯入城。

在这样的局面下，张士诚依旧不肯放弃，聚集数万残部死守万年街，最终在激烈的巷战中落败。万念俱灰的他在逼迫妻儿自焚而死后，绝望地上吊自杀，但被李伯升及时救下。被俘的张士诚不食不语，在被送往应天的船上，他干脆一卧不起，到应天后更无视李善长的问话，见到朱元璋后同样不卑不亢。

张士诚不久离奇死去，有人说张士诚是自缢而死，后被朱元璋厚葬，但也有人认为他是被朱元璋活活打死的，连尸骨也被焚烧成了灰烬。

至此，平江攻城战在历时十一个月后结束，仅平江一地投降朱元璋的军民就不低于二十万，吴国仅剩的无锡守军也在不久后投降，曾经雄霸吴越、两淮的吴王张士诚覆灭了，多年来两线作战的朱元璋连灭东、西两个强敌，一统长江中下游地区，天下膏腴之地大半落入其手，军力、财力、物力空前强大的朱元璋已然不能用割据一方的诸侯来看待了，他的实力早已达到称帝建国的标准，这意味着“高筑墙，广积粮，缓称王”的战略目标即将成为过去。

第十三章

戡乱难，军阀混战

元廷的中原战役

元顺帝至正二十七年十月，朱元璋任命徐达为征虏大将军，常遇春为征虏副将军，率甲士二十五万，由淮入河，长驱北伐，直指元朝的心脏——大都。战争发展到此时，元末乱世已经进入了倒计时，元王朝对九州的统治即将结束。

对于朱元璋的崛起，元廷其实有不少机会干预，但在很长一段时间里，元廷高层一直把韩宋红巾军和天完红巾军视为最大的反叛力量，大量的资源被用于消灭刘福通和徐寿辉，甚至在大都城缺粮的那段时间里，元廷还集中上百万兵力进攻徐州、高邮，却始终没有人重视从濠州发展壮大的朱元璋势力。

等到杨完者被杀后，朱元璋便开始自由攻略江浙行省剩余的土地，元廷又被内斗牵制，导致中央权威尽失，无力阻止朱元璋继续壮大，只能眼睁睁地看着他逐渐统一吴、楚之地，把元朝最富饶的行省据为己有。

彼时的元廷基本丧失了对四川、江浙、江西、湖广等行省的控制权，仅剩的山东、陕西、山西、河南等地也因为红巾军的三路北伐而残破不堪，岭北、辽阳又地处北境，既没有充足的人口，也没有足够的钱粮物资，失去江南膏腴之地支撑的元廷犹如行将坍塌的大厦，摇摇欲坠。对元廷来说，要想重新夺取南方的土地，必须先巩固黄河以北的领土，整合各地善战的元军，这样才能集中力量南征。然而，随着战事的不断发展，元廷最善战的武装基本集中到了一些有实力的新军阀手中，他们构成了两大军事集团，分别是孛罗帖木儿集团和察罕帖木儿集团。

孛罗帖木儿，四川行省左丞相父答失八都鲁之子，自幼随军征讨起义军，多有战功，答失八都鲁死后继承了全部军队，至正十八年，受封河南省平章政事，当年即攻克濮州、曹州等地，擒杀起义军官员武丞相、仇知院等，缴获印信、金牌等物。次年兼任大都督兵农司，专门督促屯兵种粮之事。同年又击败义军关先生，克复蔚州。至正二十年，再破数路义军，升任中书省平章政事，总领境内诸军，奉命守卫石岭关以北。

察罕帖木儿，乃蛮氏，长于河南沈丘，身高七尺，修眉覆目。至正十二年在沈丘募兵数百人，与信阳罗山人李思齐联手击破当地起义军，收复了罗山一带。因功受封汝宁府达鲁花赤，屯兵沈丘。至正十五年，察罕帖木儿领万余元军乘风大破三十万义军于中牟，升任兵部尚书。次年，阻截西进义军，因功加中奉大夫、佥河北行枢密院事。至正十七年到至正十八年，察罕帖木儿转战潼关、陕西、太行山一带，先平关中，后救京畿，因功晋升陕西行省右丞兼侍御史、同知河南行枢密院事，守御秦、晋两地。一年后，又升任陕西省平章政事，专制陕西。

两大军事集团各有雄兵数万，得以专制一方军政，节制麾下将领，官职、兵马都可以传之子孙，犹如元朝初年的世侯武装，名为剿贼的他们逐渐形成了各自的势力范围，这不可避免地导致他们为了各自利益而发生武装冲突。

至正二十年，孛罗帖木儿、察罕帖木儿两大军阀以石岭关为界第一次发生摩擦，起因是两人都想扩大地盘，特别是控制冀宁所在的山西。当年九月，孛罗帖木儿首先越界突袭冀宁，抢得战场主动权，元顺帝害怕事态扩大，动摇前线平乱事宜，于是同意孛罗帖木儿进驻山西，同时另派官员一同驻防冀宁，以作为制衡。但孛罗帖木儿控制冀宁后却拒绝顺帝派遣的官员，企图自专军务。

察罕帖木儿的驻地本就是冀宁一带，当地钱粮是其征讨义军的战略物资，一旦丢失军心必乱。眼见顺帝如此软弱，察罕帖木儿决定自己夺回山西，遂派部将锁住、陈秉直提兵攻打冀宁，一举击败了孛罗帖木儿的部将脱列伯，双方由此结怨，展开了围绕冀宁的长期厮杀，山西、河南一带乱成一锅粥。元顺帝只好派大臣前往两人军中调解，孛罗帖木儿、察罕帖木儿因此暂时罢兵，但双方已势同水火。

很明显，元顺帝一方面让孛罗帖木儿总领诸军，另一方面又允许察罕帖木儿专制秦、晋，两人权力过大且势力范围有所重叠，名义上的中书省平章政事孛罗帖木儿是可以管理山西的，但察罕帖木儿又有权守御山西，同知河南江北行省政事，这不是让两人相互制衡、互生嫌隙吗？

因此，围绕山西的管理权，孛罗帖木儿和察罕帖木儿已不可能勠力同心、竭诚合作，两大军阀不但相互掣肘，还公然刀兵相见，陕西、河南江北两省已经不再由元顺帝掌控，而是成了两大军阀相互争斗的演武场。

更糟糕的是，孛罗帖木儿和察罕帖木儿的争端波及面极广，不仅牵扯到他们的部将，还延续到他们的后代，甚至波及元朝中央政府。很快，元朝将迎来晚期最大的内战，这无疑让拱卫大都的防御体系出现了裂痕，为朱元璋的北伐创造了条件。

至正十八年，中原起义军风卷残云扫荡各路元军，以刘福通为代表的安丰系红巾军推韩林儿为小明王，攻克了昔日宋王朝的帝都——汴梁。这样一来，韩宋政权就变得更加危险：一则汴梁距离大都城不过六百五十公里，如此之近，自然难以令人心安；二则天下义军都尊小明王为主，韩宋政权如同一面旗帜鼓舞着义军；三则汴梁乃是中原大城、旧宋帝都，历史地位非比寻常，对百姓很有号召力。元廷因此视韩宋政权为眼中钉、肉中刺，欲除之而后快。

元廷两大军事集团中，真正有心扶大厦于将倾的是察罕帖木儿，其麾下带甲十万，钱粮无数，有权节制河南、陕西等地元军。作为一刀一枪杀出来的新世侯，察罕帖木儿的首要目标还是消灭扰乱天下的义军之首韩宋政权。

察罕帖木儿于至正十八年起便开始筹备收复汴梁之战。至正十九年，察罕帖木儿以陕西省平章政事之职征调陕西、山西、河南等地元军，屯兵十万于虎牢关。当年五月，察罕帖木儿兵分两路，水陆并进，北路军从虎牢关一路向东，会同自陕西而来的元军屯驻汴梁西面的杏花营。南路军则乘战舰沿黄河绕至汴梁东部，会同山西南下的元军，先后攻克归德、陈州、亳州、上蔡，从东面逼近汴梁。两路大军顺利会师汴梁城下，把韩宋都城围了个水泄不通。

大战很快开始，察罕帖木儿善于用兵，虽然麾下大军长途跋涉，但丝毫没有影响他们的战斗力，建塔楼、挖地道、堆高垒，各种攻城手段轮番上阵。交战伊始，察罕帖木儿就在城南设下伏兵，派苗军诱敌出城，打得守军伤亡惨重。由于察罕帖木儿事先拆除了城外的民房建筑，并围起了栅栏，守军很难出城伏击，因为汴梁地处平原，空旷的原野几乎无法隐蔽。而方圆数十里的道路都被元军阻断，任何援兵都不可能进入，守军只能靠自己拼死抵抗。

此时的韩宋政权为何如此不堪一击呢？夺下汴梁后，得到旧都的红巾军立即开始腐化堕落，早期的艰苦朴素精神一扫而空，征钱粮、修宫室、抢美女、摆大宴轮番上演。表面上，江淮、齐鲁、甘肃等地义军对小明王俯首称臣，实际上，各地义军既没有统一的指挥，又没有共同的战略目标，汴梁的中央军几乎被孤立。元军围困汴梁后，起初气势如虹的义军很快就越来越虚弱，士气在饥饿的折磨下几乎荡然无存。城内的物资也消耗殆尽，滚木礌石早已用完，瓦片、砖石也拆得差不多了，所有人都知道汴梁守不住了。

八月，察罕帖木儿下达了总攻的命令，十万元军猛攻汴梁各处城门，刘福通亲率数百骑护着韩林儿从东面突围，强行杀退围攻的元军，一路绝尘而去。汴梁失守。

汴梁失守后，河南一带的义军纷纷逃窜，察罕帖木儿轻松地招降了各处城池关隘，很快就平定了河南全境。如此顺利便收复了河南，似乎证明了元廷荡寇计划的正确性，即“擒贼先擒王”。元顺帝大喜之余，加封察罕帖木儿为河南行省平章政事，兼知河南行枢密院事、陕西行台御史中丞。

《新元史·察罕帖木儿传》记载：“察罕帖木儿既定河南，乃分兵守关陕、荆襄、河洛、江淮，而以重兵屯泽、潞，营垒旌旗千里相望。日修车船，缮兵甲，务农积谷，训练士卒，谋大举以复山东。”

如此算来，察罕帖木儿凭借收复汴梁的功绩，已经身兼陕西、河南两省军政大权，地盘包括长安、洛阳、汴梁等地，另外还有壶关、函谷关、虎牢关在手，实打实的元朝第一大军阀。如果察罕帖木儿能按计划夺取山东，平定中原之功无出其右，届时除了中书省平章政事一职外，怕是没有更好的赏赐了。这样一来，孛罗帖木儿就位居察罕帖木儿之下，这绝对是孛罗帖木儿所不能容忍的。

至正二十一年六月，踌躇满志的察罕帖木儿亲临洛阳召集各路将领，其目的即商谈平定山东之役，确定出兵的日期。然而如此盛会却独独少了孛罗帖木儿，不知道是察罕帖木儿故意不通知对方，以免其分得讨平山东之功，还是孛罗帖木儿拒绝接受察罕帖木儿的调度，毕竟在官职品秩上，两人都是从一品，自然没有服从的理由。

察罕帖木儿部署的山东战役很快就打响了。这一次的大战比起之前的汴梁之战规模更大、兵力更多，南北共分六路：第一路为晋宁军，出井陉；第二路为辽阳军，出邯郸；第三路为泽州、潞州军，出磁州；第四路为怀庆、卫辉军，出白马；第五路为汴梁、洛阳军，沿黄河而下，水陆并进，直抵山东；第六路则为察罕帖木儿亲自统领的蒙古铁骑，取道孟津，一战而取冠州、东昌、盐河三地。

值得一提的是，察罕帖木儿派出了一支五万人马的偏师，攻打有重兵防守的东平。东平城地理位置险要，易守难攻，是山东义军首领田丰、王士诚的指挥部。为此，田丰派麾下大将崔世英率数万精锐出城拦截元军。然而他们想不到的是，新任元军统帅虽然年轻，却身先士卒、作战勇猛，极擅指挥突击铁骑，他带领的骑兵时而风驰电掣、形影无踪，时而静若磐石、雷打不动。

元军骑兵在年轻的指挥官的带领下，连破义军各路人马，斩杀敌军上万，迫使田丰、王士诚投降，一举攻克了东平城。这位带着骑兵长途奔袭的统帅正是察罕帖木儿的外甥兼养子——扩廓帖木儿。此人自幼在察罕帖木儿膝下历练，一直跟随察罕帖木儿南征北战，已经成长为合格的骑兵将领，可谓元廷新秀。

东平之战后，元军进抵齐河、禹城一线，山东义军为避免元军继续推进，在此处集结了大多数兵力，试图以逸待劳。不过察罕帖木儿发现了义军部署上的重大漏洞，立即派出又一支偏师，走小路绕到义军身后，向南攻下了泰安，向北攻占了济阳、章丘，中路又收复了沿海诸郡，义军反而被元军前后夹在了中间。这使得义军惊骇不已，纷纷后撤。

义军部署的防线已然崩溃，察罕帖木儿遂领主力大军渡过黄河，轻松吃掉了四散而逃的义军，占领了此前重兵把守的齐河、禹城，包围了山东首府济南城。济南虽然坚固，可惜山东义军早已土崩瓦解，无心抵抗，各地州郡纷纷投降，济南也在被围攻三个月后沦陷，至此除了益都外，山东基本平定。

元顺帝大喜，当即拜察罕帖木儿为中书平章政事，知河南、山东行枢密院事，仍兼陕西行台中丞。如此一来，陕西、山西、河南、山东都由察罕帖木儿管辖，他的势力元廷中无人能及。

然而意外却突然发生了，此前已经投降的田丰、王士诚密谋反叛，欲联合益都义军反手一击，杀察罕帖木儿一个措手不及。不过，义军的情报工作不够严谨，察罕帖木儿很快收到了消息，而叛军此时尚未举事。对察罕帖木儿来说，最稳妥的办法就是先发制人，以雷霆之势包围田丰、王士诚所部，逼其交出主谋，重新任命各级将领。可是察罕帖木儿过于自信，数年来的顺风顺水让他既骄傲又固执，他相信自己的威望足以震慑任何人，于是不顾将领们的反对，仅带轻骑十一人便闯入敌营，妄想说服叛将投降。这时的叛军知道事情已经败露，并没有因为察罕帖木儿的宽宥而收手，反而直接斩杀了察罕帖木儿，举起了反旗，会同益都义军抵抗元军。十余万元军顿时大乱，山东局势又发生改变。

元廷得知此巨变后，不免慌了手脚，一个新的问题摆在他们面前：中原十余万元军该由谁来接手呢？考虑到察罕帖木儿的威望，最简单的办法便是把兵权交给他的养子扩廓帖木儿，毕竟东平之战已经证明了扩廓帖木儿的带兵能力，而世侯武装的继承制度在蒙金战争期间也有先例，只不过隐患也是有的。

不久，元廷下发了两份诏书：一是追赠察罕帖木儿为推诚定远宣忠亮节功臣、开府仪同三司、上柱国、河南江北行省左丞相、忠襄王，谥“献武”，后改为颍川王，食邑沈丘县，追封其父阿鲁温为汝阳王，后晋爵梁王；二是任命扩廓帖木儿为银青荣禄大夫、太尉、中书平章政事、知枢密院事、皇太子詹事，总领察罕帖木儿的军队。

如此一来，扩廓帖木儿便成了察罕帖木儿的接班人、第二代中原大军阀、元末的新世侯。

扩廓帖木儿上位后，立即加紧了对益都的围攻，于同年十一月挖地道直入城内，大破义军，屠杀万余人，斩了杀父仇人田丰、王士诚，并剖出叛贼心肝血祭察罕帖木儿。很快，扩廓帖木儿扫荡各地复叛的势力，基本平定了山东全境。

《新元史·扩廓帖木儿传》记载："是时，东自淄、沂，西逾关陕，无一贼。扩廓帖木儿乃驻兵河南，朝廷倚以为重。"

扩廓帖木儿凭借养父的功绩接掌重兵，夺得平叛大功，位列群臣之首，这自然让资历远在他之上的孛罗帖木儿不满。如果说察罕帖木儿在时，他还要忌惮三分，如今一个毛头小子就想统领中原，孛罗帖木儿肯定是不甘心的。

就在察罕帖木儿刚死之际，孛罗帖木儿便策划了新一轮的军事行动，围攻扩廓帖木儿空虚的大后方，目标依然是之前反复争夺的山西一带。按说如此叛逆之举是该严惩的，毕竟扩廓帖木儿有顺帝亲自下发的任命，名正言顺的中书省平章政事，孛罗帖木儿没有平叛寸功，反而挑起内战，怎么看都是大逆不道。但是让扩廓帖木儿想不到的是，元廷又开始和稀泥，也许是元顺帝过于软弱，又或许是元廷有意制衡扩廓帖木儿，总之朝廷的处置是各打五十大板，命令两人和解，不允许扩廓帖木儿扩大战事，任由孛罗帖木儿慢慢侵蚀山西。

显而易见，制衡两大"帖木儿"的政策并不能让元朝安定团结，反而激化了朝廷与新世侯的矛盾，也挑起了以山西为界的军阀混战，无疑是自损兵马钱粮。

两"帖木儿"之争与元末朝堂动乱

元至正二十三年，就在孛罗帖木儿与扩廓帖木儿相争时，大都城内的元廷也分成两派相互倾轧。之所以会出现党争，元顺帝负有很大责任。身为元朝的掌舵人，顺帝理应制衡朝堂、选贤任能，但顺帝此人性情软弱，无大谋远见，统治后期逐渐沉溺酒色，其执政之策多由大臣和奇皇后母子敲定，时间一久，奇皇后母子便有了自己的政治势力，在争夺储君的斗争中，前丞相脱脱就因为反对立奇皇后的儿子为太子而被贬黜，最终奇皇后之子爱猷识理达腊登上了储君的宝座。

爱猷识理达腊，元顺帝长子，母亲是高丽进贡元朝的贵族女子，因其姓奇，史称“奇皇后”。至正十三年，爱猷识理达腊受封为皇太子。新储君长期参议朝政，素来野心勃勃。和他的父亲元顺帝比起来，爱猷识理达腊的性格更加冷酷，杀伐果决，这样一个人是很难久居人下的，因此他早就开始谋划架空顺帝，独揽朝政。元廷由此分成“帝党”和“太子党”两派人马。

起初，两派还能勉强维持着表面上的平衡，但元顺帝毕竟是皇帝，手中握有人事任免权。为平衡朝堂势力，他便封罕禄鲁氏老的沙为御史大夫，让他以整肃风纪为名打压太子党。老的沙，元明宗徽裕皇后的兄弟，隶属帝党，此人有丰富的政治斗争经验，曾协助中书平章政事哈麻以天象有变为由罢免了脱脱的兵权。

至正二十年时，元顺帝打算任命新的宰相，要老的沙举荐一人，他思来想去推荐了搠（shuò）思监，但没想到此人倾向太子爱猷识理达腊。老的沙自恃有举荐之恩，屡屡插手搠思监的政务，搠思监怒而拒绝，两人便势同水火，一度逼得老的沙险些辞官。

至正二十三年，两派党争愈演愈烈，老的沙纠集监察御史也先帖木儿等人，联名弹劾太子党的重要成员宦官朴不花。皇太子爱猷识理达腊和奇皇后立即反击，非但朴不花安然无恙，还罢免了也先帖木儿等人的官职。老的沙不甘心失败，又指使陈祖仁、李国凤再次上疏弹劾。此事严重激怒了太子一党，这次连顺帝也保不住老的沙了。陈祖仁、李国凤相继被贬官，老的沙也被罢免了御史大夫一职，明着加封他为雍王，让他到封国就藩，实际是要把他赶出朝廷中枢，以便秋后算账。

政治斗争经验丰富的老的沙当然不会乖乖听命，旋即投奔了盘踞在大同的孛罗帖木儿。为什么老的沙敢投奔孛罗帖木儿？难道两人是朋友？其实，老的沙之所以投奔孛罗帖木儿，而孛罗帖木儿又敢藏匿太子要除掉的人，完全是因为元顺帝密令孛罗帖木儿保全老的沙，故而当太子向孛罗帖木儿要人时，他坚决不给。

爱猷识理达腊不甘心，指使搠思监上奏顺帝，称孛罗帖木儿隐匿老的沙，明显是要图谋不轨。至正二十四年，顶不住压力的元顺帝只好下诏解除孛罗帖木儿的官职、兵权。孛罗帖木儿看后大怒，撕碎了诏书，称皇帝被奸臣挟持，用伪诏谋害封疆大吏。其实他很清楚，顺帝是害怕自己密令他保护老的沙一事穿帮才下诏的，绝不是皇帝本意。于是，孛罗帖木儿扣押了使臣，联合知枢密院事秃坚帖木儿举兵犯阙。

同年四月初九，孛罗帖木儿以秃坚帖木儿为先锋，首先攻入居庸关。太子爱猷识理达腊立即派遣知枢密院事也速和太子詹事不兰奚两支人马抵御。两军于皇后店展开决战，不兰奚首先出阵，直击秃坚帖木儿中军。

本来太子党的兵力不少，又分为两路人马，彼此互为依凭，然而也速此人胆小怕事，根本不懂带兵打仗，他见两军鏖战，一时恐惧起来，竟然按兵不动。结果，不兰奚力战被俘，军队几乎被屠杀殆尽。也速见状，竟然丢下旗帜、辎重逃跑了。秃坚帖木儿由此推进至清河一线。

此时，无论是元顺帝还是太子都惧怕秃坚帖木儿攻入大都，便派使节询问罢兵条件，孛罗帖木儿坚持要太子交出搠思监与朴不花两人，于是这两个替罪羊立即被送到孛罗帖木儿军中斩首。

事后，孛罗帖木儿、秃坚帖木儿都被封为中书平章政事，其中孛罗帖木儿还兼知枢密院事、太保，仍然镇守大同。

经过孛罗帖木儿举兵犯阙这一恶性事件，元廷权威一落千丈，对各地诸侯的震慑力也大幅度下降，帝党丢了威望，太子党折了肱骨，两败俱伤。在这一巨变中，中原第一大军阀扩廓帖木儿却按兵不动，倒不是他故意作壁上观，而是他在等一个时机，一个起兵的理由。很快，太子爱猷识理达腊就成全了他。

不到一个月时间，刚刚还是“清君侧”功臣的孛罗帖木儿立马又成了“奸臣”“逆贼”，元顺帝在太子的怂恿下，诏令扩廓帖木儿总领各路兵马，共讨犯阙逆臣孛罗帖木儿。两大帖木儿集团本就是水火不容，如今没有了束缚，自然是舍命相搏，非要置对方于死地不可。

按照扩廓帖木儿的部署，大军共分两路：一路由大将白锁住领数千人马护卫大都城，其部下青军杨同佥坚守居庸关；另一路则由扩廓帖木儿亲自领兵，从冀宁进攻大同城。然而孛罗帖木儿也是久经战阵的大将，他很快探知白锁住一路人马还不到万人，与其打一场大同保卫战，不如撇下大同，主动进攻，突破口就是白锁住的数千人马。

当年七月，孛罗帖木儿、秃坚帖木儿及老的沙等人取道居庸关进攻大都。太子爱猷识理达腊亲临清河一线，坐镇指挥朝廷各路军队，另派也速带兵增援居庸关。如此安排不禁让人大跌眼镜，也速上一次带兵出征就因为畏敌不前，致使不兰奚惨败，如今不但升了丞相，还再次挂帅，这不是摆明要给孛罗帖木儿送战功吗？

果然，也速只能在朝堂上装装样子，真上了战场立马现出了原形，他又一次畏敌不前，任由居庸关守将青军杨同佥兵败被杀，吓得太子赶紧逃离清河。白锁住自知兵力不足，难以抵御孛罗帖木儿，只好带着太子一党于二十六日夜急忙逃离大都城，投奔扩廓帖木儿。

二十七日，孛罗帖木儿大军进入大都城。元顺帝立即封孛罗帖木儿为开府仪同三司、上柱国、太保、中书右丞相，节制天下兵马，老的沙为中书平章政事，秃坚帖木儿为御史大夫。其部属将士都被任命为台、省官员，孛罗帖木儿一党由此总揽国家大权。

局势发展至此，不得不承认孛罗帖木儿下了一步好棋，但这步棋并不能结束战争，因为太子爱猷识理达腊逃走了。据《新元史·孛罗帖木儿传》记载："戊子，孛罗帖木儿兵至，营健德门外，欲追袭皇太子，老的沙力止之。"

如果当时孛罗帖木儿袭杀了太子爱猷识理达腊，太子党便会自动土崩瓦解，顺帝便可下诏让扩廓帖木儿返回冀宁，但是他并没有这么做，这使得战争迟迟不能结束。逃出生天的太子立即发布讨逆檄文，称孛罗帖木儿挟持天子、祸乱朝纲，人人得而诛之。同时命令岭北、甘肃、辽阳、陕西等诸路兵马一起入京勤王，扩廓帖木儿自然是主力大军，当年四月便攻克了孛罗帖木儿的老巢大同，断了他的后路。

为抵御四方来敌，孛罗帖木儿制订了突围、防御两策，其中突围一策意在打破包围网，由秃坚帖木儿提兵攻打上都，企图逃到关外。防御一策重在拖延时间，派也速领兵抵挡扩廓帖木儿的主力大军，结果也速一出大都立马反了孛罗帖木儿。《新元史·孛罗帖木儿传》载："也速次永平，西连太原，东结辽阳，军声大振。"

这么一来，也速非但没有去前线，反而霸占了永平，还和扩廓帖木儿、辽阳人马结为同盟，成为又一支威胁大都的"叛军"。

情急之下，孛罗帖木儿又派麾下大将姚伯颜不花讨伐也速。但是大军刚到通州就遇到了大水泛滥，姚伯颜不花一时过不了河，只好屯兵虹桥等待水势变缓。然而，出人意料的是，曾经那个畏敌不前的也速，趁姚伯颜不花大意轻敌、疏于防备之际，突然率部强渡河流，猛攻敌军大营。

由于大水阻隔，姚伯颜不花并未在临河一侧设防，也速因此轻易推翻了寨栏，杀入大营放火。姚伯颜不花军顿时大乱，各自为战，不少人因战况不明，纷纷逃出大营。姚伯颜不花因事出仓促，被也速生擒。

孛罗帖木儿得知后，再也坐不住了，立即点齐兵马，亲自杀奔通州一线。但是当时天降大雨，三日不停，道路泥泞不堪，大军士气因此直线下降。孛罗帖木儿自己也失去了信心，于是又撤回了大都，准备依靠大都城墙打一场守城战。

连番兵败、也速倒戈、大将被杀、大雨阻碍，这一个又一个打击让孛罗帖木儿丧失了斗志，现在的他变得疑神疑鬼，害怕身边的人像也速一样倒戈相向，因此肆意诛杀将领，还整日宴饮作乐，并公然向元顺帝索要嫔妃伺候，气得元顺帝大怒道："欺我至此耶！"[1]

如此一来，孛罗帖木儿同时惹怒了自己的将领和顺帝一党，威顺王之子和尚受顺帝密旨，与待制徐士本招揽勇士上都马、金那海、伯达尔等人，准备刺杀孛罗帖木儿。

七月二十九日，当孛罗帖木儿收到上都大捷的消息时，他本想入宫禀告顺帝，但是当他走到延春阁旁的李树下时，早已准备多时的刺客突然杀出，当即要了孛罗帖木儿的命。老的沙伤了额头，侥幸逃出了大都。其余孛罗帖木儿党羽尽数被杀，而老的沙、秃坚帖木儿也在数月后被俘斩。顺帝遂派人提着孛罗帖木儿的首级，请扩廓帖木儿撤兵，并请太子爱猷识理达腊返回大都城。

至此，两"帖木儿"之争终于告一段落。

纵观两"帖木儿"之争，元末军阀内战因孛罗帖木儿抢夺冀宁而起，当时察罕帖木儿正集中力量讨伐中原义军，此时抄别人老巢，既破

---

① 引自《新元史·孛罗帖木儿传》。

坏了元廷的荡寇计划，又扰乱了各地的治安，更动摇了皇帝的权威，从任何一方面来看都是大逆不道之举。然而元顺帝不仅不惩戒，反而诏令和解，等于纵容孛罗帖木儿，让他更加跋扈，更加轻视朝廷，以致孛罗帖木儿竟敢举兵犯阙，挑起了元末的大规模内战，进一步损坏了元廷的大都防线。而他们真正的噩梦，朱元璋的二十五万北伐军还在等着他们。

北伐前的乱局

两“帖木儿”之争犹如打开了潘多拉魔盒，严重动摇了元廷的权威，盘踞在地方的各路军阀通过镇压义军，既体验到了专制一方的快感，又扩充了自己的军事实力，截留州县赋税作为军费，名义上的地方元军势力成长为割据一方的独立政权，类似于元初的世侯武装，察罕帖木儿其实就是这样崛起的。

孛罗帖木儿的势力覆灭后，元廷是否能如愿统治陕西、山西、山东、河南等新平定的地方呢？其实，元顺帝错误地以为中原平定后，朝廷可以任意调动各路藩镇，平定荆楚、巴蜀的叛军，但现实并非如此。

至正二十五年，太子爱猷识理达腊意气风发，带着一众追随者浩浩荡荡地“凯旋”大都城，他身旁是同样满怀壮志的扩廓帖木儿，麾下带甲十万，皆为能征惯战之士，大军沿途旌旗招展、金戈耀日。当年九月，元廷拜扩廓帖木儿为中书省左丞相，算是对他起兵护卫太子的奖赏。不过，元廷并未把孛罗帖木儿的权力都交给他，而是另外任命伯撒里为中书省右丞相。元朝以右为尊，且伯撒里为功臣宿老，如此安排有制衡扩廓帖木儿之意。

在大都待了两个月后，扩廓帖木儿明显感觉不舒服，和他的大本营冀宁比起来，大都暮气沉沉，到处都是达官显贵，规矩、制度、礼节让人寸步难行，而朝廷又有顺帝、太子两位首脑，相互之间暗中较劲，且两派都有拉拢之意，一不小心就可能被逼“站队”。

扩廓帖木儿越待越难受，决定离开大都城，以视察军队为由回到了自己的地盘。这么做至少有三个好处：一则能远离朝廷是非，免得惹怒任何一派人马；二则能牢牢抓着兵权，免得军队另立主帅；三则能尽快部署新的战役，扩大地盘，增募军队，早日平定义军。这三者中，扩廓帖木儿可能更关心镇压荆楚义军的军事行动。

朝廷内部总是问题不断，经过孛罗帖木儿之乱后的太子爱猷识理达腊越发骄横，他虽未上阵杀敌，但也略知用兵之道，自认为能指挥军队讨伐义军。于是屡次上疏元顺帝，要求担任讨逆大元帅之职，节制各路兵马，出兵江淮。

元顺帝虽然软弱却也不傻，太子本就野心勃勃，自成一派，如果再让他节制天下兵马，那他这个皇帝岂不是真的要成为傀儡了？所以顺帝一再推托，直到实在推不了后，他立即想到了办法，转而封扩廓帖木儿为河南王，设王府官署，总领天下兵马，代皇太子出征。太子正欲拉拢扩廓帖木儿，不方便在此时抢他的兵权，因此扩廓帖木儿顺利进位为王，又得节制天下兵马之权，骄横之心和跋扈之态也日渐显露。但是要说明的是，扩廓帖木儿虽然有野心，但他确实也想平定各路义军。

封王后的扩廓帖木儿也像元顺帝一样错判了形势，认为有诏书在手，便能调动辽阳、陕西、甘肃等各地的军阀，于是发布檄文，命令关中李思齐、张良弼、脱列伯、孔兴四将南下讨伐义军。注意，扩廓帖木儿是“命令”而不是“邀请”，这种态度只适合上级指挥下级，却不适合同僚间使用。须知，关中四将的资历都不比扩廓帖木儿低。

李思齐，罗山人，至正十二年与察罕帖木儿一同举兵收复罗山，朝廷起初打算封他为县尹，但元顺帝力排众议，加封其为汝宁知府，让他和升任汝宁达鲁花赤的察罕帖木儿一起镇压叛乱。达鲁花赤有节制当地兵马的权力，同时也是地方最高行政长官，而知府一职名为行政首脑，实际只是蒙古官员的副手，让李思齐就任汝宁知府，等于是要他做察罕帖木儿的副手，两人协同作战。

在很长一段时间里，李思齐与察罕帖木儿一起征战四方，先后转战河南、陕西，堪称军中二把手，至正十七年，因功被升为四川行省左丞，次年便自立门户，屯兵凤翔。元廷这么安排，是要让李思齐去关中讨伐义军。同一时间的关中军阀还有宣慰使张良弼、郎中郭择善、宣慰同知拜帖木儿、平章政事定住、总帅汪长生奴等人。这些人在察罕帖木儿的调度下，击败了叛军首领李喜喜。[①]

这就是平叛之后关中主要的军阀势力。

叛军被消灭后，各路军阀便开始相互兼并，拜帖木儿、郭择善、定住三股势力很快就被李思齐和张良弼吞并，兵马也被两人收编。元廷鞭长莫及，只能睁一只眼闭一只眼。

至正二十一年，李思齐向巴蜀方向拓展势力，攻克了伏羌诸县，然后又受诏进兵四川，抵达益门镇，稍微扩大了些地盘。回到凤翔后，曾经携手瓜分别人地盘的李思齐、张良弼两人又兵戎相见，究其原因，仍然是为了争夺关中的地盘。两年后，李思齐不满孛罗帖木儿插手陕西，又与孛罗帖木儿大战，不分胜负。

① 《新元史·扩廓帖木儿传》：败李喜喜于巩昌，思齐驻斜坡，张良弼驻秦州，郭择善驻崇信，拜帖木儿驻通渭，定住驻临洮，各自除府州县官，征其赋为军需。

在李思齐与张良弼、孛罗帖木儿得战争中，元廷看到了李思齐的潜力，于是在至正二十五年时，元顺帝加封其为许国公。太子爱猷识理达腊为拉拢李思齐入伙，立马“锦上添花”，表奏李思齐为银青光禄大夫、邠国公、陕西等处行中书省平章政事、太子詹事兼知四川等处行枢密院事、招讨使。李思齐由此以邠国公的头衔割据凤翔一带，加上张良弼、脱列伯、孔兴三人，关中军阀自成一派。

扩廓帖木儿的命令来了以后，张良弼是最先跳出来反对的，声言绝不听命于扩廓帖木儿。至于李思齐，他的态度很大程度上关乎其他藩镇的决定。《新元史·李思齐传》载：“思齐得檄大怒曰：‘我与汝父同乡里，汝父进酒，犹三拜然后饮。汝于我前无立地，今敢公然调我耶！’”李思齐遂将檄文抛至一边，并联络张良弼、脱列伯、孔兴等人合力对抗扩廓帖木儿。四大关中藩镇立即达成一致，建立了关中统一战线，张良弼、脱列伯、孔兴共推李思齐为盟主，于长安含元殿歃血为盟，共同抵御扩廓帖木儿之兵。

消息传到扩廓帖木儿处后，新任河南王勃然大怒，他很快发现不仅陕西军阀们拒绝听命，山东王宣、王信父子也不回应，这让他很是下不来台。于是，扩廓帖木儿也不南征了，转而将矛头指向西面的陕西，提兵讨伐李思齐的关中联盟。

此举无疑会让内战再次爆发。李思齐等人长期盘踞关中，又有关隘天险为恃，粮草充足且以逸待劳，绝不是能轻易打败的，何况李思齐等人并未反叛，只是不听扩廓帖木儿调遣，纵然有错，也该由元顺帝处置。然而扩廓帖木儿并没有请顺帝裁决，而是自行发兵处置，还赶走了元顺帝派来说和的使臣，此举严重激怒了元顺帝。

让人想不到的是，就在扩廓帖木儿发兵讨伐李思齐时，太子爱猷识理达腊突然驾临冀宁。太子此行，史料并没有说明其主要目的，也没有说清楚他是私自去的，还是顺帝同意的。据推测，太子突然到访很可能有试探扩廓帖木儿之意，因为扩廓帖木儿本应该出兵讨伐南方义军，如今不打义军，反而打起朝廷的封疆大吏，居心可疑。

另外，《新元史·扩廓帖木儿传》记载了另一种可能：太子爱猷识理达腊准备效仿唐肃宗灵武自立的旧事，企图在扩廓帖木儿军中来一出“黄袍加身”的大戏，不过扩廓帖木儿并不同意，于是他又把太子送回了大都。[①]据说，太子一党仍不死心，奇皇后准备等扩廓帖木儿带兵送太子进大都时，逼他立即站队，拥立爱猷识理达腊为帝。可是，扩廓帖木儿何等精明，他不想表明立场，故意在距离大都三十里处停了下来，让军队原地待命，自己带着几个骑兵随太子入朝，奇皇后的计划就此落空了。

如此一来，扩廓帖木儿便同时惹怒了帝党和太子党，两方都准备拿他开刀。

不过这个说法未必准确，毕竟这极有可能导致另一场内战，爱猷识理达腊未必敢冒这个险。

至正二十七年八月，元廷达成一致，顺帝诏令皇太子爱猷识理达腊总领天下兵马，命扩廓帖木儿、李思齐、张良弼等分道出兵，收复江淮、四川。言外之意，扩廓帖木儿不是调不动各路军阀吗，那现在改由太子爱猷识理达腊担任讨伐军总指挥，扩廓帖木儿只需要管好自己的地盘就行了，不用去干涉关中藩镇的事了。

然而即使如此，愿意南下征讨义军的还是只有扩廓帖木儿，关中军阀没有一个人愿意配合扩廓帖木儿行动。这次轮到扩廓帖木儿拒不听命

---

① 《新元史·扩廓帖木儿传》：皇太子之奔太原，欲用唐肃宗灵武故事自立，扩廓帖木儿不可。

了，他依然命令自己的将军们按原计划进攻李思齐等人。顺帝又派人赶来说和，扩廓帖木儿终于被激怒了，当即把天子诏使天下奴斩首，举朝哗然。

扩廓帖木儿如此一意孤行终于引发了军队的哗变。当时，扩廓帖木儿麾下大将貊高、关保带兵在外，准备渡河突袭李思齐的大后方，两人在察罕帖木儿时期就屡立战功，很有威望。但如今的扩廓帖木儿不仅不去讨伐义军，居然连顺帝的命令也不听，还斩杀了朝廷的使者，这不是造反是什么？恰逢貊高麾下的部队多数是从孛罗帖木儿处投降的人马，这些人不是察罕帖木儿的旧部，对扩廓帖木儿没有多少忠诚度可言。因此，军队抵达卫辉时，将领们突然举事，推举貊高讨伐扩廓帖木儿，貊高也没有推辞，顺势自立门户，割据卫辉。元廷得知后，认为扩廓帖木儿已经惹得天怒人怨、众叛亲离，于是设立抚军院，由太子爱猷识理达腊总领天下兵马，以貊高为知枢密院事，兼平章政事，领河北军事，赐号“忠义功臣”。同年十月，又下诏削扩廓帖木儿兵柄，仅保留河南王封号。

至于扩廓帖木儿的军队，元廷出台了新的人事任命。其中扩廓帖木儿直辖的军队由白锁住与虎林赤掌管，在河南的其他军队由李克彝统领，山东的军队则由也速收编，山西的军队改由沙蓝答儿为主帅。扩廓帖木儿被召至泽州，麾下李景昌、关保等人都被朝廷封为国公。

这么一来，扩廓帖木儿麾下的将军们都成了割据一方的军阀，不少人还得到了国公的爵位，与李思齐无异，相当于拆分了扩廓帖木儿的地盘、军队，扩廓帖木儿本人变得势单力孤。当然，这么做只是第一步，等到一切安排妥当后，元廷立即罢免了扩廓帖木儿的所有官职、爵位，同时命令关中四大军阀出函谷关，联合貊高的河北军队，一同讨伐扩廓帖木儿。扩廓帖木儿不得已退守冀宁，怒杀了朝廷任命的所有官吏。

至正二十八年（公元1368年）年初，元廷各路大军开始行动。其中魏赛因不花及关保，联合李思齐等军队，夹击泽州一线。二月，扩廓帖木儿退至平阳，关保攻克泽、潞二州。另外，貊高领兵出卫辉，夹击扩廓帖木儿，很快就与关保合兵一处，直逼平阳一线。

至此，元朝的中原地区一片大乱，各地豪强争相自保，拒不听从元廷指令。扩廓帖木儿与元廷诸路兵马交战数十场，致使各地城墙残破、田地荒芜，原本用以抵挡义军北伐的中原防线不战自溃，大都纵然远居燕北，也不免有痛失屏障的窘迫。那么，在元廷内部战乱不断时，南方义军又在做什么呢？

明朝的北伐战略

元至正二十七年，定都金陵的朱元璋政权已经基本平定了长江以南大部分地区，此时的吴政权尚未以“大明”为国号，但军事、财政实力已经超过了当时的元廷，虽然《明史》并未给出具体的数字，但从之后发生的战争来看，朱吴政权的可调动兵力应该在五十万左右，至于粮草、装备，朱吴政权接管了陈友谅的军辎武器，又缴获了张士诚储备多年的粮草，战争所需的物资是相当充足的。因此，吴王朱元璋很快就敲定了继续扩张领土的大战略。当然问题也随之而来。

彼时的天下局势仍是群雄割据，除了占据金陵形胜之地的朱元璋，明玉珍的夏政权割据四川，元梁王的地方势力仍守着云南，而元廷的中原军队正在合力讨伐扩廓帖木儿。朱元璋该向哪个方向发展呢？答案似乎是显而易见的。

时人都认为朱元璋英武果决，但比起这些特质，讲战略、收人心才是朱元璋最让人钦佩的地方。一个政权要想脱颖而出、力压群雄，在军事行动上就必须讲策略，故而朱元璋采用了“高筑墙，广积粮，缓称王”的初期策略。

高筑墙，即保证自身领地，以防御为主；广积粮，即贮备物资、兵力，待军事、经济实力足够时再图天下；缓称王，即隐藏自身，不求虚名，不引起元廷注意。由此可见，朱吴政权奉行的是稳健的扩张发展政策，作战是伺机而动的，绝非陈友谅式的冲动冒进，也不是张士诚式的偏安一隅。

当下，朱元璋等待的时机已经出现。元廷在经过多次内战后，兵马、钱粮损耗大半，刚赶走红巾军的中原地区又变得混乱不堪，如果此时北伐大都，朱元璋的胜算远比龙凤三路北伐时更大。但细说起来，朱吴政权的战略纵深从南至北超过了八百五十公里，由东向西也不低于一千二百公里，如此庞大的疆域已经很不好管理了，而继续扩张又会带来更多管理上的难题。因此，朱元璋如要北伐大都，就必须考虑争取北方士族百姓支持的新问题。

在这一点上，朱元璋所采用的策略是给北伐战争起一个响亮的、看起来无可反驳的口号——“驱除胡虏，恢复中华”。

这个口号表明，朱元璋的北伐不是一场简单的扩张战争，也不是抢钱、抢粮、抢地盘的土匪行径，而是为了恢复华夏文化，光复先辈江山的大义之战。从这一点上看，朱元璋很好地迎合了天下百姓的期望，如今他要代表天下百姓掀起推翻元朝统治的大战，即便是割据四川的明夏政权也没有理由反对，毕竟他们也是打着推翻元朝旗号的政权。

“驱除胡虏，恢复中华”的北伐口号充分证明了朱元璋在讲策略、收人心上的高明之处，这场大战还未开始，朱吴政权就已经赢在了起跑线上。不过，除了竖起了一面光复河山的大旗外，在北伐的具体战略、战术上，朱元璋也非常谨慎，其战略思想是多路并进，使敌首尾不能兼顾、东西难以增援。

具体来看，朱元璋的第一个北伐方案是五路并进。第一路为襄阳方面军，走唐县、邓州，向北进攻嵩县、汝宁一线；第二路为安陆、沔阳地方军，攻略德安，兵力指向信阳、息县一线；第三路为安丰、濠州、泗州之兵，取道陈州、汝宁之地，直接进攻河南首府汴梁；第四路是徐州、邳州之军，目标是山东的济宁；第五路则从淮安沿着海路北上，联合割据山东的王信以及俞宝等人，从东线威逼山东沿海。如此一来，元朝的河南、山东一线将面临处处有敌军的困境，而扩廓帖木儿势必东西奔袭，疲惫不堪不说，侧后方也没有掩护，势必土崩瓦解。

元至正二十七年时，朱元璋在给扩廓帖木儿的信中直言不讳地阐明了自己的作战方针，故意“明牌”示敌，从心理上形成压迫感。“如其不然，我则命襄阳之师，经唐、邓之郊，北趋嵩、汝；以安陆、沔阳之兵，掠德安，向信、息；使安丰、濠、泗之将，自陈、汝捣汴梁，徐、邳之军取济宁；淮安之众，约王信海道舟师，会俞宝同入山东。此时阁下之境，必至土崩瓦解。”①

收到这封信时，扩廓帖木儿还是河南王，节制山东、山西、河南各省，总领天下兵马。对于朱元璋的威胁，他不以为意，更不相信南国义军能掀起什么大浪来。为表明自己绝不妥协，他当即在同年二月遣麾下大将李贰南征，驻军陵子村，目标是傅友德守御的徐州。徐州之战由此爆发。

徐州，距金陵约二百七十公里，西联归德，东接沂州，北举济宁，南压

① 引自《明史纪事本末 · 卷八》。

安丰，是朱吴政权与元廷交界点，也是上文提到的第四路军所在。扩廓帖木儿攻打徐州一线，其用意是渡过黄河，从东线威胁淮水的滁州、扬州、安丰一线，该处在金陵的正北方，相当于门户重镇，如果元兵杀到此处，能极大地威胁朱元璋，如此便能反过来压迫朱吴政权。

镇守徐州的是时任雄武卫指挥使的傅友德，他虽然勇猛无畏，却不是莽撞冲动的武夫。扩廓帖木儿部将李贰来犯时，徐州守军的兵力远不及元兵，所以傅友德采用了坚壁清野的策略，将军队集中在城内，坚决不肯出兵与李贰交战。几番挑战下来，李贰始终无法与傅友德交手，而他的粮草又消耗大半，只好放弃围城挑衅，转而四处劫掠粮草。傅友德等的就是敌军分散劫掠的时机，因为只有当对方兵力分散后，徐州守军才有各个击破的机会。

不久之后，傅友德亲率步骑三千余人乘轻舟抵达吕梁，突袭了李贰部将韩乙所部。大战中，傅友德又一次身先士卒，跃马奋槊，砍倒了前来迎战的韩乙，令元军士气大跌，三千步骑乘胜掩杀，全胜而归。

此战激怒了元军主将李贰，傅友德判断李贰闻听败报后必定率部反击，所以他没有撤回城内，而是命人大开城门，自己带着全部精锐在城外埋伏，并让所有人枕着长枪静待。不多时，李贰果然带着元兵主力杀来，傅友德旋即鸣鼓迎战，众人持枪奋起，杀了李贰一个措手不及。元兵因此惊慌失措，四处逃窜，大多数人被驱赶入河，溺死者不计其数。傅友德凭借此战，生擒了李贰，俘获其将士二百余人、战马五百匹，因功擢升江淮行省参知政事。

徐州之战是朱吴政权与元廷第一次正面交锋，也是朱元璋对扩廓帖木儿战力的一次试探。局势发展得很快，反扩廓帖木儿联盟成立后，元廷收其兵权，削其封地，内战四起后的扩廓帖木儿已经顾不上朱吴政权北伐的威胁了，守住冀宁尚且困难，更不要说讨灭南方义军了。

时机已至，刻不容缓。

至正二十七年十月，朱元璋以信国公徐达为征虏大将军，常遇春为征虏副将军，起兵二十五万北伐大都城。大军行前，朱元璋制订了北伐战争的总方略，即“先取山东，撤其屏蔽；旋师河南，断其羽翼；拔潼关而守之，据其户槛。天下形势，入我掌握。然后进兵元都，则彼势孤援绝，不战可克。既克其都，鼓行而西，云中、九原以及关、陇，可席卷而下”①。

这一大战略的核心思想可以概括为“战略孤立大都城”。其作战方略不再是之前为了应对扩廓帖木儿时的五路并进，因为那时扩廓帖木儿还能控制从山东到河南一线，但现在元廷内乱，军阀各自为战，扩廓帖木儿不可能集中兵力拱卫大都。朱元璋正好可以先取山东，再下河南，拔除大都城南方的门户重镇，然后攻克潼关，阻止李思齐、张良弼等关中军阀救援。之后再集中力量进攻没有外援的大都。

除了大战略外，朱元璋还制订了“六勿”政策，即“勿妄杀人，勿夺民财，勿毁民居，勿废农具，勿杀耕牛，勿掠人子女”②。此“六勿”是朱吴政权笼络人心之策，也是为下一步统治中原做准备。由此看来，朱元璋已经对北伐战争的结局有了明确的判断，自信能赢得战争的最终胜利。

同年，朱元璋的北伐檄文已经广为传播：“予本淮右布衣，因天下大乱，为众所推，率师渡江，居金陵形势之地，得长江天堑之险，今十

---

① 引自《明史纪事本末·卷八》。

② 《明史纪事本末·卷八》：祝毕，复召将士谕之曰：“此行非必略地攻城，要在削平祸乱，以安生民。凡遇敌则战。若所经之处，及城下之日，勿妄杀人，勿夺民财，勿毁民居，勿废农具，勿杀耕牛，勿掠人子女。或有遗弃孤幼在营，父母亲戚来求者，即还之。”

有三年。西抵巴蜀，东连沧海，南控闽越，湖湘汉沔，两淮徐邳，皆入版图，奄及南方，尽为我有。民稍安，食稍足，兵稍精，控弦执矢，目视我中原之民，久无所主，深用疚心。予恭承天命，罔敢自安，方欲遣兵北逐胡虏，拯生民于涂炭，复汉官之威仪。虑民人未知，反为我仇，絜（xié）家北走，陷溺犹深。故先谕告：兵至，民人勿避。予号令严肃，无秋毫之犯……”[①]

至此，推翻元朝统治的北伐战争终于打响了。

① 引自《明史纪事本末·卷八》。

第十四章

复天下，驱逐胡虏

南征闽粤群雄

北伐大都是朱元璋定下的第一战略，声势浩大，而在此之前，朱元璋先用地方兵马发动了扫清闽粤的南征战役。与北伐不同的是，南征所要面对的敌人很多，海寇方国珍长期盘踞台州、温州、庆元三郡，闽帅陈友定统领着汀州、延平等福建八郡，南越之主何真占据着新成立的广东行省，再加上忠于元廷的广西平章也儿吉尼，这些人都尊奉元顺帝为主，但他们又拥兵自重，割据一方，相互间并没有统属关系，故而朱元璋只需发兵各个击破，便能平定福建和两广。

朱元璋南征的第一个目标是方国珍。方国珍与朱元璋打交道的时间至少可以追溯到至正十八年，那时的朱元璋刚刚攻取金华，还看不出他有一统江南的实力，方国珍假意顺从，明面上送金银，遣质子，实为缓兵之计。可是一直到至正二十一年，方国珍始终没有归顺朱元璋的意思，期间一边遣使联络，一边接受元廷号令，甚至还主动当元廷的中间人，朱元璋对此很是不快。

至正二十四年，朱元璋的统一战争进入高潮，方国珍却在这时撕下了伪装，派方明善率部进犯平阳，但被胡深打得大败，还丢了瑞安。方国珍这才感到恐惧，立即遣使谢罪，并表示愿意每年上贡白银两万两，待朱元璋打下杭州后就举国来降。朱元璋此时还无意南征，遂接受了方国珍的求和，但已经打定主意要秋后算账了。①

然而，时间很快来到至正二十六年，杭州已被朱元璋占领，可是方国珍依然没有归顺的意思，反而和扩廓帖木儿、陈友定等人往来频繁，

① 《明史纪事本末》卷五：国珍心持两端。太祖闻之，笑曰："姑置之，待我克苏州后，欲奉正朔，晚矣。"

被元廷封为江浙行省左丞相，须知江浙行省大部分州府已经并入朱元璋的势力，方国珍还敢接受江浙行省左丞相的任命，岂不是明着挑衅朱元璋？

至正二十七年，腾出手来的朱元璋决心南征方国珍，遂兵分两路：一路以参政朱亮祖为大将，领金华、衢州之兵走陆路攻打台州；另一路以汤和、吴祯为将，领常州、江阴之兵走海路直捣庆元。

战前，朱元璋不忘先打心理战，写信斥责方国珍首鼠两端，列举了其十二项大罪，并说将要挥师南下，攻取庆元、温州、台州三郡，要方国珍审时度势，缴纳二十万石粮食。如若不然，要么背水一战，要么逃亡海上，但自古以来还没有人能在海上终老的，言下之意是说方国珍必败无疑。①

不过，朱元璋的心理战还不足以让方国珍举手投降。为此，朱亮祖首先发起了对台州的攻势，连取关岭山寨、天台等地，进逼台州城下。之所以要先打台州，这恐怕与朱元璋斩断江北的战略相似，因为台州北面是方国珍的大本营庆元，而南面就是温州，打下台州就能把方国珍的势力斩成两截，届时庆元外援断绝，便只有投降一条路可走。

方国珍自是知道台州的重要性，故而派遣兄弟方国锳（yīng）死守台州，只不过方氏兄弟虽然想死战到底，普通士兵和将校们却不想白白送死，纷纷乘夜逃亡，守军一天比一天少，士气也一日比一日低，待到朱亮祖攻城，方国锳第一时间弃城而逃，先躲到黄岩，后遁入海上，台州就此落入吴军手中。朱亮祖继续向南追击，十月即攻克温州。

---

①《明史纪事本末》卷五：太祖遗书数其十二过，且征贡粮二十万石，曰："克杭有日矣，公何负约如故？张士诚与公接壤，取公振落耳，所不敢者，以谁在耶？吾旦暮下姑苏，奄至公境。背城一战，亦丈夫矣。不然，去之入海，亦一策也。然自古未有老海上者，公审思之。"

当年十一月，汤和、吴祯的水路军也攻入庆元，轻松占领了余姚、上虞，方国珍也第一时间选择了逃跑，放弃了经营多年的大本营，再次漂泊海上，吴军遂攻占定海、慈溪，得军士三千人、战船六十艘、马二百余匹、银六千九百余锭、粮三十五万四千六百石。

战事就此转移到海上，朱元璋特地调来了水师大将廖永忠，让他会合汤和、朱亮祖之兵，合力追剿方国珍。三郡皆失的方国珍很快就受不了在海上流亡的苦日子，在廖永忠的频频打击之下，他不得不奉表乞降。朱元璋本来还对其反复无常愤恨不已，但看见方国珍降表后又改变了主意，一是因为撰写降表的詹鼎文采绝佳，很大程度上化解了朱元璋的怒气；二是因为海洋广阔无边，追剿难度相当大，若一时不能抓住方国珍，他就会变成海寇袭扰沿海各地。所以朱元璋还是接受了方国珍的乞降，并给了他个广西行省左丞的虚职，允许他在应天终老。

讨灭方国珍的同时，朱元璋又开启了福建攻略。

福建原属于江浙行省，后因战乱不断，元廷不得不把福建单独升为行省。福建的地理位置险要，一面临海，三面环山。镇守福建的是对元朝忠心不改的陈友定，此人出身贫寒，早年曾在富户罗家当佣工，虽然娶了罗家之女，却一直被罗母轻视，后来他经商失败，被迫投身义兵，被元汀州判蔡公安招为黄土寨巡检，在征讨延平、邵武山贼的战斗中立下战功，得以出任清流令。

至正十九年，陈友谅遣大将邓克明攻打汀州，元廷遂升陈友定为汀州总管，陈友定大败邓克明，收复了全部失地，自此声名鹊起，官至行省参知政事，从二品。至正二十一年，邓克明再次攻打福建，连克多座城池，陈友定又将其打败，悉数收复邵武、汀州、延平诸郡，元廷便提拔陈友定为行省左丞，掌管军政大权。三年后，原行省平章燕只不花已然被陈友定架空，元廷遂允许陈友定在延平建立行省衙署，任行省平章政事。之后，陈友定在福建大肆铲除异己，杀戮反对他的大小官员，完全控制了福建八郡。

陈友定虽然出身不高，但对元廷很忠心，每年都会搜刮数十万石粮食送往大都，由于是走海路，这些粮食往往沉入大海，只有两到三成能安全抵达。元顺帝知道福建距离大都路途遥远，运粮非常不易，陈友定却每年按时送来粮食，可见其忠心，于是屡屡下诏褒赞。

至正二十五年，陈友定首先发兵进攻处州，被朱元璋大将胡深击败，让朱元璋有了出兵的口实，朱亮祖、胡深立即发起反击作战，迅速攻下了浦城、松溪，进而围攻陈友定的建宁。建宁一战，陈友定展现出了惊人的军事天赋，先以四万兵马绕道锦江，截断了胡深退路，然后亲率主力正面死战胡深。胡深腹背受敌，最终被陈友定俘斩。双方由此退兵。

陈友定这次军事行动虽然斩杀了朱元璋的大将，却算不上重大胜利，不仅因此得罪了朱元璋，还丢了福建的门户浦城，让朱元璋有了进攻福建的桥头堡。

至正二十七年，即将消灭方国珍的朱元璋令前线军队转向福建，准备彻底剿灭陈友定，为死去的胡深报仇。比起打方国珍的两路而进，有了上次兵败经验的朱元璋三路并进：第一路由征南将军胡廷瑞、何文辉从江西方向攻打杉关，第二路由汤和、廖永忠走明州海路攻打福州，第三路由李文忠从浦城方向攻取建宁。

三路大军气势汹汹，朱元璋以为这足以逼陈友定就范，遂遣使劝降。没想到陈友定非常强硬，在酒宴上怒斩来使，还沥血酒中盟誓，要与朱元璋死战到底。

《明史·陈友定传》载："吾曹并受元厚恩，有不以死拒者，身磔（zhé），妻子戮。"

当年十一月，胡廷瑞首先攻破杉关，连下光泽、邵武、建阳等地，汤和也从海路攻克福州，传檄兴化、漳州、泉州等地。次年，胡廷瑞包围建宁，守将同佥达里麻、参政陈子琦力战不敌，最终开城投降，陈友定坚守的延平很快便遭到各路兵马的围困。

延平被围，陈友定主张固守不出，但军中求战之声不绝于耳，气得他不惜斩杀大将来稳定军心。据说陈友定之所以大开杀戒，是因为他怀疑主张出战的将领已经被策反。[①]这明显是一步错棋，本来大家同仇敌忾还有些胜算，可陈友定一意孤行，斩杀主战派，将士便都失去了战斗意志，更对陈友定失望透顶。

此外，他对守城将士也极为苛刻，不允许他们轮换，将士们早已怨声载道。而此时恰逢城中火药库发生爆炸，围城军队以为是内应发出的信号，立即四面攻城。此时的守军内外交困，很快全线崩溃，开城投降。

延平陷落，陈友定绝望之际服毒自杀，奈何毒药用量不足，未能如愿，反被降兵献出。在被押解至应天后，朱元璋当面斥责陈友定道："元已亡，若为谁守?杀我胡将军，又不纳使者。今何惫也!"哪知陈友定怒吼道："死耳，尚何言!"[②]

既然对方宁死不降，朱元璋只得把陈友定父子押送闹市斩首示众。

陈友定死后，福建守军群龙无首，兴化、汀州、漳州、泉州等各地守军均被胡廷瑞和李文忠讨平，福建并入朱元璋的政权。

至于两广行省，朱元璋同样也是在至正二十七年时发兵进讨。北路军由湖广行省平章杨璟、左丞周德兴、张彬率武昌、荆州、潭州、岳州等卫军，由湖广攻略广西。南路军由征南将军廖永忠、参政朱亮祖从海路直取广东首府广州。

---

① 《明史 · 陈友定传》：诸将请出战，不许。数请不已，友定疑所部将叛，杀萧院判。

② 本段引文引自《明通鉴 · 卷一》。

两路大军中，南路军几乎没有遇到什么像样的抵抗，广东之主江西行省右丞何真比方国珍、陈友定都识时务，知道自己根本不是朱元璋大军的对手，在廖永忠抵达潮州后，何真立马奉表请降，献上广州全城，之后英德、清远、连江、连州、肇庆、德庆等地先后投降。朱元璋很满意何真的识时务，授其江西行中书省参知政事，后封为东莞伯。

至于北路军，他们的对手广西行省平章政事也儿吉尼誓死抵抗。杨璟的永州首战便碰到了钉子，战事前前后后打了近五个月，期间相继攻克宝庆、道州、宁远州，却依然无法逼降永州，耽搁了不少时间。直到永州粮草耗尽，守将邓祖胜服毒自杀，百户夏升缒城出降后透露了城中虚实，杨璟方才抓住战机，一举破城。

南路军则在平定广东后，立即转向广西。廖永忠、朱亮祖这一路进展神速，梧州、滕州、容州、郁林州等地都不战而降，海南、海北道元帅罗福等及海南分府元帅陈干富等也是全军归顺。

唯一的恶战发生在靖江。

北路军在围攻永州的同时，分兵攻取了全州，掐住了靖江四周的交通线，却始终不见靖江有人归降。等到永州陷落后，杨璟便会同朱亮祖引兵攻打靖江，但打了很久也没有任何进展。

杨璟认为，靖江之所以难打，是因为有濠水环绕其城，如果濠水干涸，守军将无险可依。于是，杨璟分兵攻打闸口关，尽杀堤坝守军，然后决堤放水，导致濠水干涸，围城大军遂建起与城高等同的土垒，昼夜攻打城池。

即便如此，平章政事也儿吉尼依然顽强抵抗长达两个月时间，直到杨璟策反了也儿吉尼的总制张荣，此人泄露了城中布防，并于夜四鼓[①]

① 即四更天，凌晨一点到三点。

打开城门引杨璟大军入城，靖江城方才陷落。

至于广西剩下的地区，靖江陷落后也就没有大的抵抗了，廖永忠不久进取南宁，逼降象州，广西悉数归顺朱元璋的南征大军。

至此，江浙、福建、广东、广西尽数落入朱元璋之手，长江以南除了四川和云南，基本都成为朱元璋的领土，天下一统的趋势越发明显。

能有如此摧枯拉朽之势，除了朱元璋调度有方、战略得当外，应天政权的硬实力也是很关键的，到陈友谅、张士诚被消灭后，朱元璋手握数十万雄兵和无数钱粮，南方各路军阀的财力、物力都不足以对抗朱元璋，而他们又不愿结成统一战线，始终各自为政，再加上麾下将校贪生怕死、望风归顺，方国珍、陈友定、也儿吉尼迅速惨败也就不足为奇了。

北军水攻沂州

至正二十七年，信国公徐达指挥的二十五万大军浩浩荡荡地渡过长江，取道徐州，直奔中原地区。此时的徐达既可以从沂州进兵山东，也可以直驱河南首都汴梁。不过按照朱元璋的部署，北伐军第一阶段的目标是平定山东，“撤其屏蔽”。[①]因此，徐达首先要打击的是山东最南侧的沂州，那里是山东军阀王宣、王信父子的地盘。

王宣，扬州兴化人，曾任元廷的司农掾，因为治理水患有功，被升任招讨使，从此投身军旅。起初他在元丞相也速麾下效命，随其收复了徐州，很快就升任义兵都元帅一职。而王宣之子王信，在察罕帖木儿麾

---

① 《明史纪事本末·卷八》：吾欲先取山东，撤其屏蔽；旋师河南，断其羽翼；拔潼关而守之，据其户槛。

下作战，曾参与讨伐山东叛军田丰、王士诚的战役，后来山东平定后，王宣、王信父子便被元廷派去镇守沂州，守卫山东南大门。

很明显，割据山东南部的王宣、王信父子是没有足够兵力对抗北伐大军的，在实力如此悬殊的情况下，投降是大多数人的选择。基于这样的判断，徐达先礼后兵，遣使招降王宣、王信父子。这么做的目的，主要是为了树起一面招降纳叛的旗帜，好让王宣、王信父子做个表率，以此吸引元廷各路守将主动来降，从而减少不必要的抵抗，降低北伐的战斗“成本”。

接到招降信后，王信第一时间拍胸脯保证沂州会投降北伐军，同时也派人送去酒肉和金银，但他却道出了自己的难处，大致意思是沂州的元朝旧将有很多，要劝降他们还需花些时间，所以请北伐大军暂时停驻城外，等万事俱备之时，他会打开城门迎接北伐大军入城。

王信的安排似乎合情合理，朱元璋为表达招揽元廷旧将的诚意，派徐唐臣为使，授予王信江淮平章政事一职。所谓平章政事，前文已经多次提到过，是元廷派驻地方行中书省的最高行政长官之一，仅次于丞相，兼有军事、行政两项大权。当然，这一职务在元朝的含金量很高，在朱吴政权里却只是个虚衔。另外，朱元璋还加了一道命令：王氏父子率兵跟随大将军征讨。意思是要把沂州的军队并入北伐军。

得到朱吴朝廷的正式任命，王宣、王信父子并不满足，因为他们的底牌是割据沂州，即继续当沂州的草头王，而不是交出地盘、军队，跟着北伐军远征大都。由此看来，一个江淮平章政事的虚衔是买不了沂州的，何况只封了王信，却没有封赏王宣。所以王宣一面派人继续犒劳徐达的北伐军，使其放松警惕，另一面让王信潜入莒州、密州等地招募军队，从而增加对抗北伐军的筹码。

从王宣、王信的计划来看，他们应该是想在徐达不知情的情况下，在沂州东线组织一支军队，然后突袭驻扎在外且缺乏警惕的北伐军，从而与沂州守军形成夹击之势。如果能就此破敌，便是大功一件，元廷定会嘉奖。如果不能破敌，也可以坚守沂州，消耗北伐军的军粮。这么一来，朱吴政权想要招降沂州就必须给出更多的赏赐。

计划虽好，但难以执行。想要在徐达的眼皮子底下阴持两端可不是一件容易的事，首先要瞒过从应天赶来的使臣徐唐臣，此人现在就在沂州城中，任何秘密行动都逃不过他的眼睛。王宣思来想去，决定劫杀徐唐臣，以免消息泄露。当夜，王宣派出一队人马突然袭击徐唐臣所在的驿馆，好在徐唐臣警惕性很高，侍卫护着他迅速突破了包围。由于天色昏暗，王宣的兵马混乱不堪，徐唐臣趁机脱身，连夜逃至北伐军大营。

如此一来，王宣、王信诈降的事实便暴露了。徐达得知后立即整备军马，于同日包围了沂州城，并派兵昼夜急攻。此时，王信还在莒州、密州一带招募兵马，夹击北伐军的计划尚未准备就绪，而徐达已经有所防备，王宣父子的原定计划全都泡汤了。

彼时的局势是，王信控制了沂州以东的大部分州县，如果徐达不能快速拿下沂州城，赶来救援的王信便可与王宣夹击北伐军。为避免这种情况发生，徐达首先采取了强攻之策。北伐大军遂围着沂州各门疯狂进攻，云梯、攻城车不断靠上城墙，士兵们一个又一个地攀爬上墙，但王宣也准备了足够的滚木礌石，砸得北伐军抬不起头来，密集的箭矢也如雨下，战事一度僵持。

为尽快拿下沂州城，徐达向众将问计，时任都督冯国胜提出了“水攻”之策。沂州不缺水，沂水、蒙阴水正好在沂州城外流过，而城池西侧不远处还有一条武河。这样的地势正适合水攻。于是都督冯国胜立即命人在城外阻断河流，修筑堤坝，待水势足够后，突然掘堤放水，大水汹涌而下，顷刻间便淹没了沂州城。

面对滔滔江水，王宣的守军士气大跌，军队乱作一团。而徐达的北伐军多出自南方，擅长水战，顺水攻城并不是难事。王宣自知无法抵御北伐军的下一次攻城，只好开城投降，沂州易手。

攻克沂州后，山东的门户算是打开了。徐达让王宣写信劝说在外募兵的王信投降，并派镇抚孙惟德前去招降。怎料王信不但不降，还把镇抚孙惟德斩首示众。但他也知道仅凭周边州县的兵力不足以抵挡徐达的二十五万北伐军，故而他一边命令费县、峄州、莒州诸县坚守城池，拖延北伐军，另一边却抛下地盘、军队逃去了山西。

王信突然逃走让各地元军乱了方寸，峄州赵蛮子、莒州周黼（fǔ）以及海州马骊三个小军阀开城投降，沭阳、日照、赣榆诸县也跟着改易旗帜，连此前由王信统率的军队也一并投降了北伐军。徐达就此控制了益都路南部的全部土地城池，北伐首战告捷。

作为北伐首战的沂州之战，徐达用时极短，前后不过一月时间，算是为北伐战争搏了一个头彩。从整场大战来看，徐达的北伐军拥有压倒性的优势，王宣、王信父子的兵力是不足以与之对抗的，投降是最好的选择，而且朱元璋有意厚待王宣、王信父子，以便形成榜样效应，招降其他元军将领。可惜王宣父子企图阴持两端增加自己的筹码，甚至长期割据沂州，最终惹来了水淹沂州的惨败。

山东平定战

沂州光复后，山东门户洞开，朱元璋为此制订了针对山东战役的局部作战方略，简单来说，就是类似于以孤立为主的“瓮中捉鳖”式战略，具体部署是先集中兵力进攻沂州北部的益都，此处兵多城坚，位置刚好在山东中部，是连接海州及济南的枢纽，拿下该城便可以把山东一分为二。如果不能破城，就转攻山东西部的济南、济宁两地，同样也能斩断山东同元廷的联系，然后再慢慢蚕食山东诸城。①

按照以上战略部署，山东平定战很快开始，徐达兵分三路展开第一阶段的山东攻略。第一路为徐达主力，目标便是朱元璋钦定的益都城，此处距离沂州不远，沿途多河流，大军通过水路运输粮草物资，补给方面毫无压力；第二路为平章韩政所部，任务是攻打榆行、梁城诸镇寨，分兵扼黄河要冲，以便断绝山东援兵，作用是关门捉鳖；第三路是千户赵实的偏师，目标是沂州西部的滕州，这一路的任务是打通沂州与济宁、东平的交通线，当地守将杨知院不战而溃。

三路大军中的第二路、第三路基本没有遇到像样的抵抗，各地元军或开城投降，或弃城逃跑，北伐军很快便实现了对益都等山东东部地区的战略孤立。最主要的战事仍然发生在益都城，当地守将是元宣慰使普颜不花，此人忠于元朝，拒不投降。徐达不得不展开大规模攻城作战。

《明史纪事本末·卷八》载："宣慰使普颜不花扞（hàn）城力战，不能支，城陷，还，与母诀，曰：'儿不能两全忠孝矣。'达闻其贤，遣使召之，不往。被执，不屈，与总管胡浚、知院张俊俱死之。不花妻阿鲁真亦抱其子女投井死。执其平章老保与白知县等，获士马兵粮以万计。"

益都之战并未拖延北伐军多少时间，除了拒不投降的普颜不花、胡浚、张俊等人外，百姓、士卒还是愿意接受新政权的统治，徐达因此

---

①《明史纪事本末·卷八》：太祖遣使谕达曰："闻将军已下沂州，如向益都，当遣精锐扼黄河要冲，断其援兵，可以必克。若益都未下，即宜进取济宁、济南。二城既下，益都、山东势穷力竭，如囊中物矣。"

“获士马兵粮数以万计”。第一阶段的山东战役达成了战略目标。

益都既克，北伐军开始向西扩张领土。第二阶段的军事行动仍然采用分兵作战的方式，同年十二月，都督同知汪兴祖取道滕州、泰安州，攻克了重镇东平，并挥师北上收降了东阿参政陈璧的五万人马，接着便以水师攻克了安山镇，元右丞杜天佑、左丞蒋兴全部投降。东平路光复后，益都、东平的北伐军便把济宁围在了中间，元守将陈秉直害怕汪兴祖包围城池，连夜弃城逃走，济宁也一并光复。

徐达亲率主力直逼山东首府济南城，元平章忽林台、詹同、脱因帖木儿引兵驱赶百姓逃走，平章达朵儿只进巴等开城投降。北伐军又得降兵三千八百五十五人、战马四百二十九匹。济南既克，胶州半岛已被彻底孤立，傅友德遂引兵攻克了莱阳，不久便占领了整个山东地区。

鉴于此前王宣、王信父子诈降，朱元璋并不信任各地投降的元军，所以他命令徐达把投降的元朝官员、将领全部送回应天，朝廷量才录用，待其真心归附后再另外任命要职。这一策略此后被长期执行，虽然执行难度大，但避免了元朝降将据城叛乱的可能，不失为合理的收降政策。

北伐、南征进展顺利，应天城内自是喜气洋洋。

公元1368年正月，朱元璋于应天登坛祭天，称帝建国，立国号“大明”，年号“洪武”，大明王朝至此正式建立。

从兵起濠梁到建国称帝，朱元璋仅用十六年时间便成就了帝业，不得不说这是他稳扎稳打的结果，也是合理采取战略战术的结果。能有如此成就，朱元璋的耐心、毅力、眼光都远超常人。他不急于称帝，甚至也不急于称王，在很长一段时间里都依附于韩宋政权，直到自己的实力强大到可以雄霸天下时才肯冒头。他也很讲究礼仪、名分，并没有像陈友谅那样在采石小庙就草草登基，而是经过了文武大臣三次劝进才登坛祭天，诏告皇天后土，待一切程序完成后才戴上皇冠，穿上龙袍。

关于国号的选择，也很有深意。早前，朱元璋为了应和民间“但看羊儿年，便是吴家国”[1]的预言，自封“吴王”，但“吴”这个国号已经被孙权用过，所建立的国家也不过是个短命的地方政权。朱元璋有意跳出地域限制，选用一个能包含华夏九州的新国号。之所以选择“大明”作为国号，朱元璋可能考虑到元末天下大乱，百姓大多依附于烧香拜佛的红巾军，而红巾军很早就在传播“明王降世”的预言，使得不少人认为新的天下之主就是“明王”，以“大明”为国号就是告诉天下人，朱元璋就是明王下凡，以后任何人都不得以“明王降世”来煽动新的红巾军起义，乱世将终结于明朝。

同时，以“大明”为国号还有另一层含义。古人对天文知识很匮乏，并不了解宇宙的奥秘，在普通人眼中，太阳、月亮是大地的主宰，万物都必须依靠太阳、月亮才能生存，以“大明”为国号，就意味着新王朝是代表上天来统治华夏九州的，日月山河即大明，天下万物尽属大明，明朝就是整个世界，而朱元璋就是统治世界的主人。[2]

既然是天下的主人，既然日月山河即大明，朱元璋就不可能满足于现有疆土，统一战争还是大明当前的第一要务。

明朝开国后，北伐军的攻势越发凌厉。洪武元年（公元1368年）二月，为加快北伐大都的推进速度，朱元璋诏令汤和在明州打造战船水师，负责督运北伐粮草物资。都督同知康茂才领兵前往济南，接受大将军徐达调遣，增强北伐军兵力。彼时的大明北伐军有多少人马呢？

按照之前给出的数字，徐达北伐的初始兵力为二十五万人，这二十五万人应该不仅包括用于作战的士兵，也包括负责转运物资、开路

① 佚名《羊儿年谣》：富汉莫起楼，贫汉莫起屋。但看羊儿年，便是吴家国。

② 关于“大明”国号的由来以及释义参考自吴晗所著《明朝简史》。

修桥和后勤工作的人员。之后攻打东阿时，元廷又投降了五万人马，除去老弱也该有一万到两万人。如此算来，在不加上各地投降的守军的情况下，徐达的兵力在三十万人左右。

在已有这么多兵马的前提下，朱元璋依然派汤和、康茂才领兵支援北伐军，不久明军就攻克了东昌、乐安等地，兵临德州一线。这两人的兵力虽然没有记载，但保守估计，督运粮草的水师不会低于万人。加上徐达自己的兵力，北伐军的规模肯定超过了三十万，算是真正能“投鞭断流”的大军了。

北伐军之所以要扩充兵力，原因可能有三：一是通过前期对山东的攻略，明朝增加了如益都、济南、东平等大城，各地均需要补充力量守备城池；二是北伐军日渐逼近元朝的心脏大都城，所遇到的抵抗会越来越多，特别是元廷的中央军尚未与明军交手，还不知道对方战力如何；三是徐达等将已经远离应天超过五百公里，明廷对他们的控制力会越来越弱，而朱元璋又是多疑之人，当然要派如汤和这样的心腹加入北伐，避免徐达尾大不掉，这也是朱元璋的御下之道。

山东平定的同时，朱元璋决定启动北伐大战略的第二环——“旋师河南，断元之羽翼”。

这一次，明廷派出了征南将领邓愈，由他统领襄阳、安陆、景陵等处兵马组成的第二方面军，作为北伐军的偏师，目标是河南首府汴梁城。邓愈首先派麾下别将王成、李廷琛攻取了唐州，之后又进取南阳路，擒获元朝守将史国新。南阳路的位置在汴梁西南，东靠汝宁府，西接元陕西行省。邓愈占领南阳府后，便能渡过堵水，包围裕州。只要占领了裕州，邓愈的偏师向西则可以取道鲁山、汝州，进兵古都洛阳；向东也可以取道叶县、襄城、许州，直逼汴梁。

为了一战而陷汴梁城，明廷计划从东、南两个方向夹击。其中，徐达的北伐军为东路军，沿着黄河进兵，攻克了永城、归德、许州，师至陈桥。邓愈的偏师则为南路军，按计划攻取了唐州，杀入了南阳路，切断了汴梁与东南方向陈州的联系。这么一来，汴梁东、南两个方向都已经被堵住，而北面是滔滔江水，只有西向洛阳一条路可走。

本来邓愈所部有条件攻下位于汴梁、洛阳之间的虎牢关，如果攻克虎牢关，汴梁守军便成困兽，全数围歼他们是完全可以实现的。然而明廷作战以招降纳叛为主，似乎不喜欢进行大规模攻城作战，山东战役便是旁证。明廷可能考虑到汴梁城池坚固而守军较多，并不想把守军逼到死地，更不想激起他们决一死战的斗志，故而放开了虎牢关这个口子，让守军看到突围逃走的希望，从而战略放弃汴梁城。《孙子兵法·军争篇》云："围师遗阙，穷寇勿迫，此用兵之法也。"说的正是这个道理。

果然，在明军东、南两线的持续压迫下，元汴梁守将李克彝连夜驱赶城中百姓向西逃进洛阳，汴梁防线便交给了左君弼、竹昌两人。但是战局已呈不可逆转之势，留下的守军必定军心涣散、惶恐不安，还有谁愿意做无谓的挣扎呢？

恰好朱元璋早年坚持收揽人心之策，曾专门针对左君弼实施过一轮攻心战。当时义军一路攻克唐州、安丰，左君弼一路败退，最后逃至汴梁，被李克彝任命为陈州守将。然而左君弼的母亲却没有跟他一起逃到陈州，而是被义军抓获。朱元璋为招降左君弼，特地写信劝慰称："功名富贵，可以再图；生身之亲，不可复得。足下能留意于是，幡然而来，予当弃前非，仍复待以故。"[①]为了加强劝降力度，朱元璋干脆把左君弼的母亲送还陈州，但并没有要求左君弼开城投降。此举甚是高

① 引自《明史纪事本末 · 卷八》。

明，充分展现了朱元璋招降的诚意，深深打动了左君弼，左君弼就成了朱元璋放长线钓的“大鱼”。

如今左君弼镇守汴梁城，主帅李克彝逃至洛阳，明朝大军将至。左君弼感念归母之恩，终于放弃抵抗，率城中军民投降徐达，明军兵不血刃地占领了坚固的汴梁城，光复了北宋曾经的帝都，其象征意义与实际意义同样巨大。

经过这一轮作战，明军彻底占领了山东地区，驱逐了元廷在汴梁一线的军事力量。至此，旋师河南的战略目标便只剩下孤立无援的洛阳城了。

纵观明朝的山东攻略，从皇帝到将领都非常明智，策略上以战略孤立为主，战术上以招降纳叛为辅，几乎没有遇到真正意义上的大战，轻轻松松完成了“断元之羽翼”的战略目标，不仅北伐军毫无损失，还兵不血刃地攻下了济南、济宁、汴梁等大城，可谓完胜。

抢渡塔儿湾

明朝的北伐军兵不血刃地夺取汴梁后，朱元璋立即改汴梁为“开封”，设属衙，置官吏，开始了明廷对河南的统治。

如今，失去开封的元廷大势已去，在河南的军事力量一路向西逃窜，大多聚集在洛阳一线，他们还幻想以虎牢关为界，与明朝保持战略对峙。然而徐达受命“旋师河南，断其羽翼，拔潼关而守之”，不是以虎牢关为界，而是潼关。

徐达非常善于抓住战机，攻克开封后，他没有让北伐军休整，而是立即挥师向西，以数千人马为先锋，追逐逃窜的元兵。虎牢关本是三国时期的著名关隘，但实际上，这里的地势算不上险要，周边有村落，又有汜水流过，进攻方的军队根本不用担心补给问题。试图以此为倚仗是不切实际的。

即便如此，元朝派驻洛阳的守将脱因帖木儿依然决定在虎牢关一线布置防线，拉开明军与洛阳的战略距离，以便为援兵抵达争取时间。可惜唯一可能增援的扩廓帖木儿自顾不暇，李思齐、张良弼等关中军阀又与他们不和。徐达的攻势摧枯拉朽，虎牢关的守军见开封等地的元军陆陆续续地逃过来，心中早已七上八下，大家一合计，干脆也加入了向西逃窜的队伍，虎牢关因此关门大开，任由明军占领。

徐达得知战报后，立即调集主力向西，同时把副大将军常遇春的兵马也召集了过来。这一次，徐达没有采用山东战役时的“分兵”之策，而是集中力量直奔古都洛阳城，这充分证明了明军对洛阳城的重视。

其实，洛阳城的守军战力不弱，加上从开封逃窜而来的人马，本地驻军有五万之多，他们均由脱因帖木儿指挥。另外，陕西李思齐、张良弼等人之前组成讨伐扩廓帖木儿联盟，已然挥师山西，而貊高手里握着扩廓帖木儿派驻卫辉的军队，如果这些人有心救元，完全可以调兵增援洛阳城，元顺帝也可以公开命令各路兵马去解洛阳之危。这恐怕就是徐达集结重兵杀向洛阳的原因。

然而，洛阳城注定不会得到援军，因为洛阳守将脱因帖木儿是扩廓帖木儿的弟弟，他深知李思齐等人的军队只会趁火打劫，就算元顺帝下诏救援洛阳，李思齐等人也未必奉诏，洛阳之战无疑是一场孤独的战役，是一场利明不利元的战役。

对明军来说，赢得洛阳战役的关键是速度，如果北伐军磨磨蹭蹭，元廷可能真能组织各路兵马驰援洛阳，到时明军将面临一场大战，难度加大不说，白白损耗兵力也不利于之后进军河北。故而徐达长驱直入，对沿途的巩县、登封、偃师、孟州都弃之不顾，直奔战役重点洛阳城。

元军的形势不容乐观，明军势大似乎难以抵挡，如果坚守城池，凭借洛阳城坚固的城防体系，也许能拖延一段时间，但如果徐达围而不攻，元军的粮食供应将面临更大的挑战，因为洛阳本来就是大城，再加上从开封等地逃过来的溃兵、难民，本就不多的粮食哪里够这么多人吃，届时守军怕是进退两难，白白被人“包了饺子”。

于是，脱因帖木儿决定出城迎击，当即点齐五万人马布阵于洛水以北。[①]

从地图上看，洛阳城就修建在洛水以北，而它的西侧又有谷水流过，两条河流刚好把洛阳城夹在中间，如一双大手捧着一颗明珠。更有意思的是，洛水流过洛阳城后，在东侧数公里处又紧急改道向北，直抵谷城山。如此一来，除了北边地形开阔以外，洛阳西、南、东三面都有河流拱卫。明军首先面临的就是渡过河流的问题，“半渡而击”自古就是取胜之道，元军不可能不知道。脱因帖木儿敢于出城迎战就是因为洛水。

此时正值四月，天气算不上炎热，洛水河畔微风习习，倒是让人无比惬意。元军主将脱因帖木儿的斥候早已四散而出，把徐达北伐军的动向掌握得一清二楚。料敌于先是每个指挥官的必修课，虽然山东、河南元军的表现乏善可陈，但洛阳守军还是做足了准备，他们在城池不远处的塔儿湾扎下大营，设置了些防御工事，占尽了地利优势。

徐达、常遇春领导的明朝北伐军当然知道塔儿湾的地形有利于敌军却不利于自己，但是从虎牢关一路向西，沿途多有河流，而洛阳又夹在几条河之间，渡河作战是明军无法回避的，所以只能硬着头皮上。

随着明军擂起大鼓，常遇春率领的数千骑兵被部署在战斗第一线，

---

① 《明史纪事本末 · 卷八》：元将脱因帖木儿以兵五万迎战，列阵于洛水之北。

战马的嘶吼响彻天际，脚下踏起的烟尘遮天蔽日，隆隆声震天动地。不多时，常遇春率先策马冲杀而去。脱因帖木儿示意部下迎敌，二十个蒙古骑兵如拉满弓弦的利箭，瞬间脱弓而出。他们的目标是常遇春本人，只要能把他击落马下，剩下的明军骑兵必定胆寒。

常遇春无惧敌众我寡，挺枪跃马，战马腾空而起，迎着蒙古骑兵奔驰而去。就在双方即将迎面撞上的电光石火之际，常遇春熟练地取下箭矢，引弓如满月，几乎是在众人屏息凝神那一刻，他手一抬，一支箭正中领头的蒙古骑兵。对方旋即栽落马下，被后面的同伴当场踩死，其精准程度让人咋舌。就在元军骑兵受惊的瞬间，常遇春挥舞着长槊，左右横刺，突入敌阵，大喝之声震动原野，其陷阵的勇气让明军气势大振。①

徐达领导的明军大受鼓舞，纷纷跃马冲锋，追杀而去，两军骑兵迅速在河中撞在一起，长矛、利刃相互撞击，不断有人坠入河中，明军强行从蒙古骑兵中间杀出一条血路，刺死、砍死的元军士兵不计其数。明军如一道洪流势不可当，冲得元军阵地人仰马翻，连连后撤，元军阵形由此乱成一团。

明军得势不饶人，以摧枯拉朽之势冲向元军，惊恐的元军士兵见明军已经杀到面前，吓得丢盔弃甲而逃，五万军队崩溃在即。常遇春的气势有如泰山压顶，轻易击碎了元军最后的心理防线，慌不择路的元军溃兵四处逃窜，脱因帖木儿独木难支，只好匆忙撤向陕州。李克彝也抛弃洛阳逃去了陕西。

---

①《明史纪事本末·卷八》：我军既成列，常遇春单骑执弓矢冲入其阵，敌发二十骑攒槊刺遇春。遇春发一矢，毙其前锋，大呼杀入。

大战过后的洛水被染成了赤色，无数尸体漂浮在河中，元军的旗帜、战鼓、兵器散落各处，跪在地上求饶的俘兵更是不计其数。至此，塔儿湾之战以明军的全面胜利宣告结束，而常遇春单骑击毙元军先锋的战绩也载入了《明史 · 常遇春传》。①

河南府境内再也无人能抵御明军，惊恐不已的元河南江北行省平章、梁王阿鲁温开城投降，北伐军大踏步地开入城中，洛阳树起大明的旗帜，元朝在河南的统治就此土崩瓦解，朱元璋“旋师河南，断其羽翼”的战略目标已经实现，接下来就是最终目标大都城了。

攻占大都城

经过激烈的塔儿湾之战，元廷在河南江北行省的军事力量基本瓦解，大明王朝将成为中原不可替代的新主人，这已经是不争的事实。攻克洛阳后，徐达的北伐军再次兵分数路向前挺进：一路由冯国胜指挥，连克新安、渑池、陕州，又一次赶走了脱因帖木儿；另一路南下，攻陷了嵩州、汝州，平定了整个南阳府，福昌知院张兴、钧州守将哈剌鲁、许州右丞谢李、陈州知院杨崇均上表投降，明军就此光复了河南全境。

明军一路凯歌高奏，未遇强力抵抗，那元廷的数十万精锐都到哪里去了？扩廓帖木儿、李思齐、张良弼、也速等实权派难道都销声匿迹了吗？

其实，即便明朝北伐军已经杀至眼前，元廷各方势力仍想着争权夺

① 《明史 · 常遇春传》：元兵五万陈洛水北。遇春单骑突其阵，敌二十余骑攒 朔刺之。遇春一矢殪其前锋，大呼驰入，麾下壮士从之。敌大溃，追奔五十余里。

利、趋利避害。其中，李思齐、张良弼等关中军阀早已出关东进，但当他们得知徐达的北伐军已攻克洛阳，这些人不是想着如何收复失地，而是赶紧收拾细软朝陕西撤退，同时遣使与扩廓帖木儿议和，谎称出兵讨伐他实非本意，全是元顺帝和太子爱猷识理达腊的命令，算是给扩廓帖木儿找了个台阶。

然而关保、貊高所率领的军队却不想与扩廓帖木儿和解，执意攻打平阳，究其原因无非是两人背主自立，害怕扩廓帖木儿秋后算账，所以也顾不上明军了。不过，论起带兵打仗，扩廓帖木儿自有韬略在胸，他没有立即与关保、貊高的军队决战，而是坚壁清野，提前转运了各地的粮食物资，然后退守城池，每日悬挂免战牌。

时间一长，关保、貊高的粮草用尽，两人不得不派兵四处劫掠粮食，其中貊高分兵前往祁县，导致大营空虚。扩廓帖木儿早已洞悉了一切，趁机夜袭敌营，以骑兵为先锋，步兵为支援，先是袭破关保大营，接着又追杀貊高，关保、貊高双双被斩。太子爱猷识理达腊的抚军院至此再也无军可抚。

消息传至大都，元廷震惊。扩廓帖木儿的叛军已经近在眼前，而李思齐、张良弼又逃回陕西，明朝北伐军更是逼近河北，元顺帝这时才感到后悔。如今权臣未除，明军又至，内外交困。无奈之下，元廷只能学着李思齐等人的样子找台阶下，罢抚军院，尽黜太子所用的帖林沙、伯颜帖木儿、李国凤等人，把开战责任推给了几个大臣。

扩廓帖木儿也明白轻重缓急，跟着上表自陈，表达忠心，并表示要拱卫大都。元顺帝旋即下诏，恢复扩廓帖木儿的爵位、官职、兵权，令其迅速南下迎战徐达的北伐军，另外诏令李思齐、张良弼、也速迅速与扩廓帖木儿会合，一起抵御明军。

然而，如今中原防线彻底崩溃，各路军阀明哲保身，无论是扩廓帖木儿，还是李思齐、张良弼等人，都没有实力和能力与二十余万明朝北伐军抗衡。更何况他们本就相互猜忌，又怎么会携手御敌呢？元廷的诏令不过是皇帝、太子的一厢情愿，很快就被现实泼了一盆冷水。

洪武元年五月，明朝皇帝朱元璋亲临开封城。六月，徐达、常遇春等北伐高级将领也齐刷刷地赶到开封觐见。多年以来，朱元璋一直深居都城应天，调度各路兵马，运筹帷幄，决胜千里之外，这一次，他一改常态，亲自前往开封检阅诸军，一则是为了犒劳连战连捷的北伐军，二则是筹划下一步的军事行动。

和中国历史上大多数君王相比，朱元璋是异常冷静、谨慎的，他很少因为某场大战的胜利而得意忘形，越是临近最后关头，朱元璋越是谨慎小心。在开封，朱元璋亲自敲定了进兵大都城的作战计划。他认为元廷虽然当下势单力孤，但大都附近多属平原地带，非常适合蒙古骑兵作战，而明军来自南方，以步兵居多，如果悬师深入，很难和骑兵正面较量。因此，朱元璋制订的作战计划是由一员先锋大将开路北进，徐达都督大军在后面水陆并进，由陕西向赵地，行至临清后再向北，直驱大都城，而山东各州县负责北伐军的后勤补给。[①]

结合地图来看，朱元璋的北伐决战是以山东为基地展开的，当时元廷在长城以南只剩下河北、山西、陕西等地了，而北伐军由山东进入河南，再从开封一直到陕州，最近的进攻路线有两条，一是向西进入陕西，逼咸阳、长安；二是北进山西，威胁冀宁。然而，徐达判断扩廓帖木儿只会在老巢太原一带观望，不会去增援大都，而李思齐等人早已逃回关中，大都的声援

① 《明史纪事本末·卷八》：上据图指示曰："卿言固是。然北土平旷，利骑战，不可无备。宜选裨将提兵为先锋，将军督水陆之师继其后，下山东之粟以给馈饷，由秦趋赵，转临清而北，直捣元都。彼外援不及，内自惊溃，可不战而下。"

已绝，现在直驱大都，必然胜利。只要拿下元朝的心脏，山西各州县闻状必会胆寒，到时只有投降一条路可走。[①]

事实上，徐达等人的判断完全正确，扩廓帖木儿损兵折将，根本不会派兵增援大都城。但为了保险起见，朱元璋仍然任命冯国胜为征虏右副将军，康茂才为副将，从陕州出兵，攻克了安邑、夏邑两地，以此威胁扩廓帖木儿的大后方，避免他真的出兵救援大都。

当一切部署妥当后，徐达便掉转大军向东，沿着卫辉、彰德、磁州、邯郸北上，在东昌召集都督同知张兴祖、平章韩政、都督副使孙兴祖、指挥高显等益都、济宁、徐州之师，合兵数十万，朝着终极目标大都挺进。

面对明朝大军，元廷官兵能不抵抗的就不抵抗，能逃跑的绝对不坚守，德州、长芦、青州、靖海相继投降。不久后，明军抵达直沽，俘获七艘海船，大军遂造浮桥渡河，由常遇春、张兴祖各率舟师，沿着河道东西而进，徐达步骑大军循陆而前，吓得守卫海口的元丞相也速慌忙撤走。

明军抵达河西务时，又轻松击败元平章俺普、达朵儿只进巴，擒其知院哈喇孙等三百余人。终于，徐达的北伐军兵至大都最后一道门户——通州。在通州，元廷紧急调来了最后一支兵马，包括皇帝的亲军也被编入其中，由知枢密院卜颜帖木儿统率。

徐达、常遇春秉承朱元璋的旨意，越是接近胜利就越要谨慎小心。明军兵分两路而进，徐达布阵在河流东岸，常遇春扎营在河流西岸，两支人马利用舟师相互策应，稳扎稳打，与卜颜帖木儿的大军在通州河口

---

①《明史纪事本末 · 卷八》：达对曰："臣自平齐、鲁，下河、洛，王保保逡巡太原，观望不进。今潼关又为我有，张良弼、李思齐失势西窜，元之声援已绝。臣等乘势搏其孤城，必克无疑。"

附近对峙。

当时大多数将领认为，卜颜帖木儿所部兵力不足、士气低落，大军正好可以发动进攻，一举打垮大都的最后一道防线。但指挥郭英却提出了相反的意见，他认为明军远征疲惫，卜颜帖木儿又是以逸待劳，如果强攻通州城，会增加不必要的伤亡，不如出其不意，攻其不备。[①]

那么问题来了，卜颜帖木儿坚守城池，如何才能绕过城墙攻其不备呢？

恰逢翌日突然天起大雾，双方都无法看见远处的情况。徐达立即想到了作战方略：设伏。徐达分给指挥郭英四千人马，命令他挑出一千人埋伏在道路两旁，然后率领剩下的三千精锐骑兵直抵城下挑衅。卜颜帖木儿被大雾迷惑，见郭英兵马不过三千，旋即开城出击，引上万人马进攻郭英，还特别张开了两翼，试图包抄郭英，将其全部围歼。

战斗的结果如同预料，兵力不足的郭英很快“败”下阵来，连忙指挥骑兵后撤。由于明军都是骑兵，他们比卜颜帖木儿的军队跑得更快。卜颜帖木儿被胜利冲昏了头脑，也顾不上大雾后面的真实情况，一个劲儿地指挥元军追击。突然，埋伏在道路两旁的明军高举旗帜，大声呵斥，无数箭矢从天而降，射中了冲在最前面的元军官兵。

卜颜帖木儿顿时三面受敌，赶紧转向迎战道路两旁的明朝伏兵。然而，由于大雾久久不散，明军又多竖旗帜、卖力吆喝，让卜颜帖木儿弄不清战场的真实情况，他以为自己被数万明军包围了。郭英等明军将领趁卜颜帖木儿惊魂未定之际，带着骑兵杀了个回马枪，将元军拦腰

---

①《明史纪事本末 · 卷八》：众欲速攻之，指挥郭英曰：“吾师远来，敌以逸待劳，攻城非我利也，宜出其不意攻之。”

斩断，明军由此各个击破，斩首数千余级，生擒了卜颜帖木儿。当月二十七日，通州落入明军之手。

消息传到大都后，元顺帝彻底失去了抵抗的勇气，于同日把太庙里的祖宗牌位全部运出了都城。然后象征性地任命淮王帖木儿不花监国，丞相庆童留守。次日深夜，元顺帝带着太子、后妃从健德门逃离大都城，取道居庸关，逃去了上都开平。

没有皇帝坐镇的大都如同泄了气的皮球，除了待在原地等待明军占领，似乎没有任何办法了。八月初二，徐达指挥北伐军攻打大都城，明军毫无阻碍地填埋壕沟，从齐化门登墙而入。留在大都的元宗室淮王帖木儿不花、太尉中书左丞相庆童、平章迭必失朴、赛不、右丞相张康伯、御史中丞满川等均被擒获斩首，剩下的士兵很快放弃了抵抗，宣府、镇南、威顺诸王子六人，以及玉印、玉玺等宝物均落入明军之手。

至此，元朝统治九州的历史宣告结束，繁华的大都城属于大明王朝了，元明战争即将进入下一个阶段。

大都，这座承载着元王朝天命的国都，曾是元世祖忽必烈征讨四方的大本营，也曾是元代权臣枭雄争相夺占的城市，繁华的大都在很长一段时间享誉海内外，无数来自欧、亚异域的商贾齐聚于此，各类奇珍摆满了街市与商铺，热闹非凡。然而现在一切都变了，元朝最重要的两座都城，上都毁于红巾军的龙凤北伐，大都又落入大明王朝之手，朝代更迭已成定局。

大都陷落，但元朝的皇室却逃走了，接下来，新生的大明王朝将面临一个很严峻的问题：若不能消灭逃走的元朝皇室，逐鹿天下的战争就不会轻易结束，而塞外的战场绝非中原可比，新政权又一次走到了需要抉择的时刻——是攻还是守？

第十五章

攻秦晋，北疆之战

蓟北反击战

大都已克，朱元璋给这座城市改了一个新的名字——北平。为了加强对北平及燕云地区的控制，大明以原飞熊卫为大兴左卫，淮安卫为大兴右卫，乐安卫为燕山左卫，济宁卫为燕山右卫，青州卫为永清左卫，徐州五所为永清右卫，留兵三万人，设置“燕山六卫”[①]。

燕山六卫的设置表明明朝要长久统治燕云地区，而丧失都城的元朝已然配不上“大哉乾元”，更无法称之为王朝，因此以明军攻克大都（北平）为标志，元朝作为统一的封建王朝宣告灭亡，逃至上都开平的残元势力被称为“北元”。

北平初定，旧元廷的中书行省尚未全部光复，徐达、常遇春等北伐军高级将领马上又提兵出征，进攻方向是东北。一路由傅友德、薛显、曹良臣、顾时等将出兵古北口，侦察北元动向；一路由都督同知张兴祖领兵攻打永平路，当地缺兵少将，很快也会改易旗帜。在做这些部署的同时，明军驻扎在东昌的韩政也把主要部队调往广平。这么做可能是为了防范山西的北元军队从西线偷袭，因为广平挨着晋宁路，那里仍是扩廓帖木儿的地盘。

洪武二年（公元1369年）二月，不甘心就此失去都城的北元发动了第一次反击，也速领数万兵马突然出现在通州方向，其目的不言自明，战火即将烧到北平城。让人意外的是，明明之前徐达已经安排傅友德等

① 《明实录·大明太祖高皇帝实录卷之三十四》：癸未，诏大将军徐达置燕山等六卫以守御北平。于是达改飞熊卫为大兴左卫，淮安卫为大兴右卫，乐安卫为燕山左卫，济宁卫为燕山右卫，青州卫为永清左卫，徐州五所为永清右卫。上以元都既免，遂命大将军徐达、副将军常遇春率师取山西，别留兵三万人分隶六卫，令都督副使孙兴祖、佥事华云龙守之。

人侦察古北口，为什么完全没有发现元军要再次南下的迹象？由此可知，明朝对北平一带的防卫还不完善，至少古北口、居庸关等多处位置存在防御上的漏洞，北元可以在明军意想不到的地方突袭。

此时，徐达的大军已经离开了北平，燕山六卫刚刚建立，通州兵力不过数千，当地守军面临一场大战。时任通州指挥使的曹良臣却并不担心，他告诉麾下将领，己方兵力太少，不能与元军正面交战，元军虽然很多，但他们远道而来，不知道己方虚实，而且屡战屡败，士气大跌，可以用计破敌。①

曹良臣的判断可谓精准，北元丞相也速是出了名的“胆子小”，先前与扩廓帖木儿交战时就暴露了这个问题，怎奈元顺帝帐下无人，只能让此等庸臣一再领兵，反倒错失了战机。明军针对也速的“谨慎”，制订了虚张声势之计，具体做法是让指挥徐勇找了很多船只，每条船上都插满旗帜并立着披甲草人，然后将这些船沿着河岸排开三十余里，再让士兵夹杂其中，不定时地敲锣打鼓，钲鼓之声响彻河岸。

北元丞相也速一看这架势，心里自然会疑惑：难道徐达的主力没有离开，通州还有数万兵马埋伏？也速本来就害怕与明军主力交战，如今明军严阵以待，偷袭通州的计划肯定行不通，如果待得太久，明军主动来攻，岂不是要被围歼？

“谨慎”的也速没有决一死战的勇气，竟然忘记派侦骑去河边一探究竟，慌忙带着军队沿着原路返回，一口气跑了上百公里。事后北元密探才查明通州的真实兵力，气得元顺帝破口大骂，但偷袭通州的计划已

---

①《明史纪事本末·卷八》：守将曹良臣谓其部下曰：“吾兵少，不可与战。彼众虽多，然亡国之后，屡挫之兵，可以计破也。”

经错失，下一次只能正大光明地进攻了。

洪武二年六月，北元再次兴兵来犯，指挥官依然是“谨慎”的也速，军队也是上一次逃走的那些人。北元之所以会在此时再次来犯，主要原因是徐达、常遇春等北伐将领已经向关中方向发动进攻，北元朝廷认为北平兵力空虚，是出兵收复失地的最好时机。

可惜，明朝不会再给北元朝廷偷袭通州的机会，朱元璋针对北平防线的问题，早已着手收拢战线，征虏副将军常遇春为此专门返回北平防线，另有朱元璋的外甥李文忠为副将，集结兵力共计九万人。[①]

集结这么多兵力，朱元璋的战略意图并非加强北平防线这么简单，他要在徐达向西北进攻的同时，朝北元朝廷所在的开平再发动一场新的战役，一劳永逸地解决通州屡被骚扰的问题。

为此，常遇春所部从凤翔一路奔驰而来，从距离和速度大致可以推断他们多为骑兵。骑兵作战素来以野战、速战为主，常遇春指挥的骑兵更是快如闪电，抵达北平稍作休整后，明军便取道开平，穿过鹿儿岭，直抵会州一线。

也速恐怕没有料到常遇春的军队会来得这么快，他的先锋江文清才刚刚抵达锦川，距离通州还远得很，这些人后援不济且没有掌握明军动向。常遇春统率的明军却人人摩拳擦掌，只想着迅速吃掉北元军队的这支偏师。

既然敌弱我强且也速主力尚远，常遇春遂从正面发动攻势。明军步骑九万余人声势浩大，一路疾驰而去，突然逼近江文清的军队，又是射箭，又是冲杀。北元军队应对不及，被明军杀得大败，士兵乱成一团，辎重也丢了不少。江文清抵挡了一阵后，便抛弃军队和营寨逃之夭夭了。

---

①《明史 · 常遇春传》：会元将也速攻通州，诏遇春还备，以平章李文忠副之，帅步骑九万。

锦川一战，常遇春的九万大军小试锋芒，俘获兵马数以千计。明军轻松获胜，自然也倍受鼓舞，争先恐后地跟着常遇春朝更远处追击。

击败也速先锋大将后，常遇春没有就地休整，以逸待劳，他用兵作战在于勇、快、狠，可能考虑到也速刚刚收到江文清战败的消息，必定惊慌失措且未准备充分，此时正好全力一击，把战果发挥到最大。于是常遇春果断朝全宁进军，很快撞上了也速的主力。本来是北元进攻大明的战役，现在反而变成大明一路追杀，北元处处防守。

也速耻于上次在通州被吓退一事，不肯再次撤退，仓促应战，错误地就地迎战明军骑兵，看起来好像是以逸待劳，实际却是准备仓促、军心浮动，反倒是常遇春的明军在锦川之战的鼓舞下，犹如虎狼之师，一经接触就突破了也速数万大军的防线，杀得北元军队节节败退。也速的勇气在明军凌厉的攻势下很快消失，慌忙带着军队撤至大兴州。

常遇春又马不停蹄直奔大兴州，也速被吓得夜不能寐。

按常遇春的性格，在他看来，北元军队如惊弓之鸟，正是奋起直追的时候，但作为副将的李文忠提出了自己的见解，他认为也速必然再次逃走，应该在他的必经之路上设伏以待。[①]当时的情况是，北元军队连败两阵，一路溃逃，军心早已大跌，虽然停在了大兴州，但也速未必敢拼死一战，如果他再次逃走，明军又要追击，不如设伏聚歼，战术是非常合理的。

常遇春一听也深觉有理，于是让李文忠分兵数千，分成八道埋伏，把也速逃回草原的必经之路堵得死死的。果然，也速见明军又杀到面前，一刻也不敢多待，当夜就带着全部军队弃城逃走，被李文忠逮了个正着。

---

①《明史纪事本末·卷八》：进攻大兴州，文忠策其必走，乃分兵千余为八屯，伏其归路。

夜战中，明军的火把、旗帜很难数清楚，也速无法分辨明军的真实规模，只能不顾一切地突破包围。奈何明军埋伏分为八道，几乎断绝了北元军队的所有退路，也速从哪个方向都无法逃脱，最终北元军队成了明军屠戮的对象，被砍杀、射死、射伤了一大片，未死者多举手投降，连随军出征的北元丞相脱大赤也被李文忠俘虏。

战争打到这个程度，明朝也不甘于只击败也速一支军队，上都开平已经完全暴露在明军面前，于是常遇春让军队稍微休整后，挥师继续进攻北元老巢上都。

现在，北元为数不多的主力军队被全数歼灭，根本无力保卫城墙简陋的上都城，元顺帝又一次吓破了胆，毫不犹豫地再次逃跑，上都也被抛弃了。

常遇春抵达上都时，城门大开，军队早已没了踪影。明军断定北元君臣还没有走远，旋即挑选了一些精锐骑兵，抛弃了沉重的装备，迅速朝元顺帝逃走的方向追击而去，一连追了数百里，总算追上了北元逃跑的大部队，一阵厮杀过后，北元士兵纷纷逃散，举手投降的就达一万余人。明军俘虏宗王庆生、平章鼎住等人，另有一万辆车、三万匹马和五万头牛成了明军的战利品。

上都之战的战利品虽然不少，但元顺帝依旧未能擒获，这意味着北元与大明的缠斗还会继续。望着北元朝廷逃去的草原，所有人都明白未来战争的艰巨性，在茫茫草原上，明军既无地图，也无向导，更不清楚北元军队的动向，该如何消灭来去如风的蒙古骑兵呢？这恐怕成了大明王朝未来最大的难题。

然而，谁能想到蓟北反击战竟是常遇春的绝唱。

得胜的明军本是喜气洋洋，但当大军抵达柳河川时，主帅常遇春却突发疾病，不知道是因为长途奔袭过于疲劳，还是塞外水土不服，这场突如其来的恶疾夺走了常遇春的生命，年仅四十岁。这位明王朝最英勇善战的将军，见证了明朝的诞生，他的足迹从南至北遍及大半个中国，采石矶、龙湾、鄱阳湖、塔儿湾都是他英勇无畏的证明，他与徐达并为朱元璋的左膀右臂，是大明王朝的开国功臣。

朱元璋听闻噩耗后，既震惊，又悲痛，亲自到龙江迎接常遇春的灵柩，并主持祭奠。追赠常遇春为翊运推诚宣德靖远功臣、开府仪同三司、上柱国、太保、中书右丞相、开平王，谥号“忠武”，配享太庙，在功臣庙中排在第二位。

山西藩屏

元朝的中央直辖领地主要包括今天的河北、山西、山东三省，由中书省管理，被称为“腹里”，意为“国家最核心的地区”。为保卫都城，元廷围绕河北地区建立了一系列防线，除了河南江北行省的中原防线外，山西、陕西所在的西北防线同样也是元朝都城的重要藩屏。

其中山西因为靠近帝都，通常由蒙古军或探马赤军管理。在元朝的等级制度中，处于顶层的是蒙古族，其次为早期归附蒙古的部族，他们所构成的军队被称为“探马赤军”，再往后是金国治下的中原民族，归附的军队统称“汉军”，最下等的便是由南宋曾统治的江淮以南地区的人民组成的“新附军”。

按照这种军事体系，元朝以不同的军队分别管理国家内外，和林及蒙古本土等地由亲王领兵镇抚，拱卫帝都的“腹里”由蒙古军、探马赤军等家臣管理，往南的行省通常由汉军、新附军卫戍。因此，越往北的行省越忠于元廷，其军事力量也越强悍，远胜过江南地区的汉军和新附军。大明王朝夺下北平后，由于没能及时抓住元顺帝，北元残余势力依然能有效运作，很快就组织力量反扑，北元丞相、梁王也速两次突袭通州就是很好的例子。明廷非常清楚，如果不能抓住元顺帝，那么就必须尽快打垮北元仅剩的西北防线，否则新的攻势可能会从山西而来。

此时坐镇山西地区的是原河南王扩廓帖木儿，虽然他曾与元廷闹得兵戎相见，但在明朝这个共同敌人的威胁下，元廷很快与扩廓帖木儿和解，不仅将他官复原职，还晋爵“齐王”，命其伺机收复元朝曾经的都城，如今的北平。

正所谓“先发制人，后发制于人”。明洪武元年八月，以徐达为首的明朝北伐军转向山西地区，主要将领包括副将军常遇春、冯国胜和偏将军汤和，很快就扫荡了保定、中山、真定、武陟、怀庆、泽州、潞州、雄州等地。从以上地区的位置来看，明朝的攻势是从东、南两个方向逼近山西首府冀宁城，其目的是要让扩廓帖木儿疲于奔命。

这么一来，如果扩廓帖木儿引兵向东，冯国胜统率的南路明军就可以从潞州北上攻打冀宁；如果扩廓帖木儿引兵向南，常遇春率领的东路骑兵便可以从真定杀奔冀宁；如果扩廓帖木儿坚守冀宁，两路明军就会在冀宁城下会师，届时北元军队的压力更大。扩廓帖木儿该怎么选择呢？

扩廓帖木儿不愧是北元军队中最能打的，在各路北元军纷纷溃败的当下，竟然能在十一月的韩店之战中击败士气正旺的明军，足见他有不俗的指挥能力。然而，任何试图保住山西的计划都很难成功，北元朝廷于是做了一个大胆的决定——“奇袭北平”。

比起扩廓帖木儿的冀宁，元顺帝更关心自己曾经的帝都，如今徐达率部直逼山西，留在北平一线的兵力被削弱，如果这时走雁门关，再绕道保安州，从居庸关突袭北平城，明军一定猝不及防，届时就可能光复帝都。但是光复帝都后呢？北元朝廷来不及考虑，也暂时不想考虑。

明军方面，徐达很快就得知了扩廓帖木儿正绕道去攻北平。北元和明王朝的军事博弈很快开始。两军统帅都有自己的理由，也都有信心：扩廓帖木儿意在用骑兵快速推进，趁敌后方空虚时抄略北平城；徐达则相信燕山六卫足以抵御北元骑兵，想在扩廓帖木儿远离冀宁时，占领山西。

从兵力上看，扩廓帖木儿的兵力不低于五万人，包括前锋一万骑和后军四万骑，而徐达军的数量没有记载，但燕山六卫的三万人没有调动。从兵种组成来看，扩廓帖木儿的军队几乎全是骑兵，机动性明显高于徐达统率的明军，而徐达为了快速抵达太原，带着骑兵先行，步兵尚未抵达战场，胜负难料。

奇怪的是，表面上看是两军赛跑的博弈却没有按原定剧本发展，拥有骑兵优势的扩廓帖木儿行动缓慢，才刚刚抵达保安州时，徐达的明军就已经兵临冀宁城下了。扩廓帖木儿不可能不关注明军的动向，他得知老巢告急后，当即放弃了元顺帝给他安排的任务，兵分两路，沿着原路折返冀宁，其中先锋为一万精锐骑兵。

扩廓帖木儿的万骑精锐行动极为迅速，昼夜兼程直抵冀宁城外。明军当时的情报系统似乎短时间失灵，对北元骑兵的到来没有做好准备，遭到了一拨突袭。疯狂的北元骑兵手持长矛、弓箭，对营寨外的明军步兵乱砍乱杀，试图攻破明军外围的营寨。紧急时刻，明军大将傅友德、薛显带着数十敢死骑兵策马杀出，与北元先锋骑兵混战在一起。

有勇将指挥的少数明军骑兵大显神威，于阵中左右冲杀，弓矢不能中其身，刀剑不能破其甲，北元骑兵纷纷坠马，战场一片混乱。明军主力不久后便出寨增援傅友德等人，战线逐渐稳定。意识到突袭失败的北元骑兵也不恋战，旋即脱离了战场，退至后方重新布阵，不久即与扩廓帖木儿的主力会合，驻扎在城西，逼近明军列阵。

彼时的局势是明军夹在冀宁、扩廓帖木儿之间，大有被包围的危险，如果徐达的情报工作得当，明军倒是可以围点打援，伏击扩廓帖木儿的主力。可是徐达没有侦知扩廓帖木儿的行动，伏击肯定是不行的，要么立即攻破冀宁，要么突破扩廓帖木儿。前者难度大且容易被偷袭，后者正面交战同样变数很大。

危急时刻，还是指挥郭英想到了办法。他带着一队骑兵登上高山侦察北元大营，发现扩廓帖木儿的营地虽然很大、兵士很多，但是守备不足，兵士散漫，正好给了明军偷袭的机会。因此，明军决定夜袭，在北元官兵休息时突然杀入。

恰在这时，明军营寨收到了一封密信，写信的是北元大将豁鼻马。在这么敏感的时刻，北元大将想做什么？原来，豁鼻马本隶属于孛罗帖木儿帐下，孛罗帖木儿战败后才转投扩廓帖木儿，但他毕竟不是扩廓帖木儿嫡系，自然与扩廓帖木儿不是一条心，所以他准备投奔一贯招降纳叛的明军。

徐达正愁夜袭没有必胜的作战方案，豁鼻马的投诚让他想到了办法。夜幕降临后，明军大寨里窜出了一队约五十骑的明军，这些人打扮成元兵，还带了不少引火物。他们由郭英率领，人衔枚、马裹脚、熄火烛，悄悄奔赴城东。

直到深夜，北元军队人困马乏时，等待多时的郭英带着十余人悄悄接近了扩廓帖木儿的一处寨门。北元哨兵似乎早已察觉，但既没有射箭，又没有示警，而是打开了寨门，让郭英等人潜入大营内。郭英等人入营后立即分散开，很快就消失在营寨之中。

同一时间，明军另一队人马一直埋伏在城东十里处，见时机已到，便立即举火鸣炮，高声大喊，做出一副要大举进攻的架势。黑夜的宁静被明军的吼声打破，所有北元官兵都不约而同地眺望城东，难道明军要发动进攻了？但他们不是扎营在城西吗？

就在北元军队疑惑不解时，营寨内突然火光四起，郭英所率的骑兵在营寨内放火、吼叫，呼应寨外的伏兵，而豁鼻马也在此时倒戈，进攻自己的同袍，扩廓帖木儿的大寨顿时陷入混乱，人马相互践踏，士兵彼此挥剑砍杀，他们无法确定面前站着的是自己人还是明军，也弄不清楚哪个士兵背叛了扩廓帖木儿。

对北元军队来说，更糟的事情接踵而至，两队明军举火后，常遇春便带着准备多时的明军主力冲破了扩廓帖木儿的营门，沿途鼓噪而进，与城东的数十伏兵相互呼应。这让北元军队惊慌失措、自相践踏，因为他们发现城东有明朝军队，寨内又有叛军内应，现在连常遇春的主力也杀了进来，里应外合，北元军队被内外夹击。

扩廓帖木儿完全没有料到明军会夜袭，他正在两个侍童的服侍下聚精会神地读书，他发现寨内大乱后，慌忙寻找铠甲、武器，但外面的喊杀声越来越近，扩廓帖木儿才刚刚穿上一只鞋。恐惧让他顾不上思考更多了，匆忙抛下穿不上的靴子，骑上离他最近的一匹骣（chǎn）马，在十八名骑兵的护卫下策马杀出大营，连夜逃去了甘肃。

没有了指挥官，北元军队举手投降。《明史纪事本末·卷九》记载道："豁鼻马以其将校降，得兵四万人，马四万余匹。"

冀宁之战以明军的成功夜袭落下了帷幕。明军此后追亡逐北，迅速北上平阳、大同等地，当地北元军队要么投降，要么弃城逃跑，明朝很快就控制了几乎整个山西。洪武二年正月，明廷诏令免除北平、燕南、山东、山西、河东、河南、潼关、唐、邓、光、息等处税粮，明元战争进入了又一个阶段。

进军关中

冀宁之战后，扩廓帖木儿遁走甘肃，井陉、散关改易旗帜，山西落入明朝手中，北元政权想要重新夺回北平，难度无疑大幅提升。正所谓“唇亡齿寒”，没有扩廓帖木儿镇守山西，割据关中一带的李思齐、张良弼终于感到了害怕，这些元末军阀长期雄霸一方，截留税赋，横行一时，当初拒绝接受扩廓帖木儿调兵的将令，一晃不过数年时间，明军就已经打到了家门口，这是李思齐、张良弼怎么也想不到的。

关中，自古就是形胜之地，西部一马平川适合农耕，东部又有群山拱卫利于防守，旧时的函谷关有迹可循，今日的潼关同样险峻，算是可进可守的四塞之国。一千五百多年前，秦朝以关中为大本营，频频出崤山蚕食六国，终于成就天下一统的伟业；七百五十多年前，唐朝以长安为都城，剪灭群雄，征伐突厥，疆域超过了一千万平方公里。由此可见，关中地区自古就是夺取天下的理想根据地。

关中之地之所以能成就帝王基业，主要有两项优势：一是人口，二是耕地。人口多寡是衡量一个国家强盛与否的基本要素，在农耕社会，人口既能提供耕种的人力，又能提供征伐的兵丁，只要有足够的人口，国家就能生产，就能打仗，如此便不惧任何外敌。至于耕地，只有耕地肥沃、充足时，一个国家才不至于挨饿，才能发展壮大。关中平原曾经就是这样的地方，耕地肥沃，人口充裕，对外可以长期征战，对内也能自给自足。

但是随着时代的变迁，关中已经发生了很大的变化。

陕西行中书省，辖下路、府、州超过二十个，大小县城八十八个，其中首府奉元即曾经的长安，另有兴元、延安、凤翔、庆阳、临洮、平凉、泾州、兰州等重镇。看起来地理面积很大，但《中国历代户口、田地、田赋统计》记录该行省当时的户籍人口只有八万九千余户、七十六万余人，但该记录并不完整，很可能是某些数据在战争中遗失了。不过，即便在已有数据上再加一倍，陕西行中书省的人口也不到二百万。而同一时期的江浙等处行省的人口已经达到了二千八百万，稍差一点的湖广行省也有九百余万人在册。

这么一看，关中早已不是历史上的关中了，人口稀少不说，土地也荒芜大半，既没有足够的兵源，也没有充裕的粮食，而即便如此，当地军阀依然忙于你征我伐、鱼肉乡里，陕西因此更加混乱和贫穷。在这样的情况下，若仍想挡住明军西征，统治者就必须有过人的胆识和谋略。那么李思齐、张良弼等人有这样的魄力和能力吗？

早在明洪武元年时，李思齐、张良弼等人就意识到明朝早晚会讨伐关中，所以他们试图在潼关一线布防，把明军挡在关隘以东。然而两位军阀又一次发生内讧，张良弼的大营突然火光四起，不知道是意外失火，还是李思齐的杰作。事后两人互不信任，李思齐留部将张德钦、穆薛飞守潼关，自己撤到了葫芦滩。潼关因此防御力差，兵力也不充足。

同年五月，明军在都督同知冯国胜的率领下，首次尝试攻打关中。大军刚刚抵达关下，李思齐就抛下辎重逃去了凤翔，而张良弼也退守麟城，生怕被明军追上，潼关不战而下，关中门户洞开。当时朱元璋明令禁止明军深入陕西，目的是全力北伐大都，因此冯国胜刚刚攻克陕州便又撤回了汴梁，关中诸侯暂时躲过了一劫。

喘息的时间总是短暂的，山西并入明朝后，洪武二年二月，明军开始大规模进军关中，指挥官依然是大将军徐达。面对明军的大举来犯，关中军阀的表现乏善可陈，总结起来就一个字：跑。李思齐、张良弼未经一战就放弃了陕西首府奉元，当地父老见明军到来后夹道欢迎，徐达兵不血刃地占领奉元。明廷随即改奉元为西安，取关西安定之意。

如果说明军之前还对关中军阀避而不战充满了困惑，等到大军占领丰元（西安）后，他们才明白关中的穷困，当地百姓早已到了易子而食的地步，朱元璋不忍关中百姓挨饿，下令转运粮食入关，给每户百姓拨粮食三石，虽然《明史》没有记载拨粮的具体数量，但保守估计也应该在十万石以上，史载“民大悦”。[1]

西安光复时，李思齐躲在凤翔，张良弼兄弟逃去了庆阳。明廷依然秉持能招降纳叛就不拼死血战的基本原则，朱元璋亲自写信劝降李思齐，称李思齐如果幡然来归，将得到不低于汉朝窦融的礼遇，如果执迷不悟，那结果就不得而知了。

大明皇帝的亲笔书信算是恩威并施，李思齐在这一刻动摇了，然而他的部将们仍不愿意投降，建议李思齐逃去吐蕃，再借助当地势力与明廷周旋。李思齐左右为难，又不想抛弃一切投奔吐蕃，两相权衡，他决定退守临洮，当地城池还算坚固，能避一时。

李思齐这边逃，徐达那边追。四月，明军攻克被李思齐抛弃的凤翔。明军主力全部进入关中腹地。在这里，明军召开军事会议，商讨是北伐还是西征。不少将领认为临洮远在西疆，路途遥远，不如庆阳容易攻打。但是徐达不以为然，他认为临洮虽然远，却西接番戎，北邻河州、湟水，当地人力充足，可以征募士兵战斗，而肥沃的土地又能生产足够的军粮。如今李思齐不向西投奔胡人，就只能束手就擒，只要临洮光复，其余州县必定望风而降。[2]

基于这一判断，明军暂时放弃了较近的庆阳，马不停蹄地直奔临洮，沿途攻占了陇州、秦州、巩昌、兰州等地，各地元兵一败再败，等到徐达抵达临洮时，李思齐早已丧胆，即使他还有城池、士兵和军粮，这位曾经的关中枭雄也不得不开城投降。一切均如徐达所料，丢失信心

---

①《明史纪事本末·卷九》：时关中饥，上闻，命户赐米一石，继又命赴孟津仓，户给米二石，民大悦。

②《明史纪事本末·卷九》：达曰：“不然。思道城险而兵悍，未易猝拔。临洮之地，西通番戎，北界河、湟。取之，其人足以备战斗，其土地所产足以供军储。今以大军蹙之，思齐不西走胡，则束手就缚矣。临洮既克，则旁郡自下。”

的元军再无力对抗明军，临洮并没有发生任何大战。

光复临洮后，明军迅速挥师北上，直逼庆阳。

张良弼见徐达即将杀来，马上收拾金银细软奔向甘肃，留弟弟张良臣坚守庆阳。五月，徐达兵至萧关，平凉、延安落入明军之手，庆阳已无屏障可倚。而此时张良弼刚到宁夏就被扩廓帖木儿绑了的消息传到了庆阳，张良臣气得捶胸顿足，只好开城投降徐达。

徐达的凤翔决策正一步一步变成现实，陕西几乎是传檄而定，因此徐达没有亲临庆阳，而是派右丞薛显率领五千骑兵去接管庆阳。这显然是不信任张良臣，想用薛显镇守庆阳。张良臣很愤怒，主动归顺只是权宜之计，没想到自己的地盘和军队即将被剥夺，于是他打定主意与徐达开战。等到薛显的五千骑兵抵达庆阳后，张良臣命令城内张灯结彩，还亲自出城迎接薛显，并拜倒在路旁听候徐达的指示。

张良臣的卑躬屈膝骗过了薛显。夜晚降临后，张良臣率兵悄悄出城，突然杀入明军大营。彼时的明军以为不会有战事，各方早已睡下，营寨因而缺乏防备，被张良臣轻易攻破。大火迅速燃遍营寨，指挥官薛显在混战中被击伤，狼狈弃营而逃，五千骑兵几乎全军覆没。

庆阳复叛的消息很快传开，张良臣反叛的严重性不言而喻，如果任由张良臣势力壮大，其他投降的北元将领说不定也会据城叛乱。更让人不安的是，张良臣遣使向扩廓帖木儿服软求救，届时陕西未定，外敌又至，局势很可能出现逆转。因此，冯国胜、傅友德、汤和纷纷朝庆阳靠拢，徐达更是制订了全面包围庆阳的计划。

具体方案是，俞通源扫荡庆阳以西，顾时攻略庆阳以北，傅友德包围庆阳以东，陈德集结庆阳以南，四路大军从各个方向全面包围庆阳城，另外明军还派出偏师攻打庆阳外围的隆德、秦安等处，搜捕未附头目杜伯不花、罗左丞相等人。如此布局，张良臣的压力相当大，他唯一能指望的就只有扩廓帖木儿的援兵。

七月时，北元残余势力的援兵果然前来救援庆阳，很快就攻克了原州，领兵的是扩廓帖木儿的大将韩札儿（又作哈札尔）。冯国胜与徐达商量道："今大军围庆阳，张良臣虽困，未能遽下。王保保欲为良臣声援，故令札儿攻原州，欲以救庆阳。请得移军逼关，以扼原州，彼无所施矣。"[①]

明军的对策就是从各个方向挡住韩札儿，不让他的军队接近庆阳，同时也不让两支军队相互通信，既避免增强守军的信心，也避免庆阳的情报落入韩札儿手中。具体做法是继续包围庆阳，另遣右丞徐礼率兵据守驿马关要冲，指挥叶石真守卫彭原，韦正镇守邠州，傅友德、薛显驻兵扼守灵州，副将军冯国胜则率领一支机动部队直逼原州，进攻韩札儿。

冯国胜首先率部向驿马关方向移动，在庆阳三十里外的大道上安营扎寨，截断了韩札儿经原州直达庆阳的道路。韩札儿不明敌情，自然不敢前进，但他也算果决，立即掉头南下，攻克了庆阳南面的泾州，试图从陈德所部所在的位置突破。然而，冯国胜的军队以骑兵为主，接到消息后立即由西向南，又出现在泾州。

韩札儿还是不敢与冯国胜正面交锋，于是又战略移动至邠州，哪知冯国胜立马又追到邠州，韩札儿只好继续转进至宜禄，可是冯国胜就像甩不掉的牛皮糖，又追到了宜禄。北元军队这下无计可施了，他们走到哪里，冯国胜就会追到哪里，别说救援庆阳，连庆阳的城墙都看不到，明军的包围网犹如铁桶一般。韩札儿经过长时间转移，早已累得筋疲力尽，粮草也快用完了，只好放弃了救援庆阳的原定目标，撤回甘肃向扩

---

① 引自《明史纪事本末 · 卷九》。

廓帖木儿复命。

这下张良臣更窘困了，他曾试图从四面突围，但都被明军一一击溃，出城求援的信使被明军抓获，突围的军队又被明军赶了回来，城里的粮食已经全部吃完，到了煮人肉汤、捏泥丸充饥的地步。[①]再这么打下去，庆阳的元军不被明军杀死，也得自己饿死。如此一来，人心思变，再坚固的城池也会从内部坍塌，当下的庆阳就是如此。

北元将领姚晖、熊左丞、胡知院知道张良臣大势已去，煽动士兵造反，主动打开城门迎接徐达的军队，明军就此攻入庆阳。巷战几乎在一天之内结束，北元士兵举手投降，只为分得一点儿粮食。明军控制了城内各处道路，四处搜捕叛党，逆首张良臣无法出城，便躲入井中，被明军拖出斩首，一并处死的还有不肯投降的二百余叛党。

至此，庆阳光复，散落在各州县的北元残兵败将纷纷逃走，西起兰州、东到潼关的整个陕西行省并入大明王朝，北元势力已经被彻底驱逐至荒凉的大漠，剩下的甘肃、辽东、蒙古本土都没有与大明王朝叫板的资本，北元政权收复北平，乃至收复中原的计划无疑成了镜中月水中花。

后起之秀：李文忠

洪武二年的关中战役中最引人注目的要数庆阳攻防战，明朝原计划在这一战场上同时派出徐达、常遇春、冯国胜三员大将，这三人是当时

---

①《重刻校正皇明资治通纪 · 卷二》：王保保援兵又为我师所扼，不能至，内外音问不通，粮饷乏绝，至煮人汁，丸泥咽之。

明军最杰出的三员虎将，都是能独当一面的将领，其中徐达多智，常遇春多勇，冯国胜多谋。如此重要的三员大将如果全部抵达关中，对北元乃至关中军阀都能起到极大的震慑作用。然而，本该一同进抵关中的常遇春却病逝于洪武二年七月，没有等到出兵的那一天。

作为明军蓟北反击战的统帅，常遇春的突然离世带来一个新的问题：谁来接掌常遇春的兵权？朱元璋很快给出了他心中的最佳人选：李文忠。

李文忠，字思本，小名保儿，母亲（后追封曹国长公主）是朱元璋的亲姐姐，早年随父投奔还在滁州的朱元璋，之后便随军转战四方，屡获军功。要在乱世中生存，没有过人的胆量肯定是不行的，李文忠在军中脱颖而出的时间相当早，十九岁就奉命带领亲军随大部队增援池州。作为他的初阵，李文忠虽然带兵不多，但敢于突入阵中搏杀，史载其“破天完军，骁勇冠诸将”①。一个十九岁的少年能得到如此评价，足见李文忠的勇猛。

事实上，李文忠的勇猛绝不是武夫的鲁莽。淳安之战时，李文忠的对手洪元帅有精兵数千，远远多于他的亲兵。李文忠知道兵力悬殊不能硬拼，却也不想被动防守，因此他故意在白天示弱迷惑敌军，夜里却带着军队趁其不备发动袭击，大破洪元帅，降其众千余人。

这一战，李文忠以少胜多，至少体现了他的三个品质：一是敢于挑战强敌的勇气，二是能够冷静制敌的谋略，三是带兵打仗的指挥能力。朱元璋就此发现这个外甥是不可多得的将才，于是让他去镇守严州，想看一看他是否有独当一面的能力。

---

① 引自《明史・李文忠传》。

彼时的严州是战略要地，是朱元璋与张士诚激烈争夺的焦点，把李文忠放在严州，既有锻炼李文忠之意，也因为他是朱元璋的至亲。很快，难度和危险远超淳安之战的大战来了，因为张士诚太想得到严州了，他听说朱元璋派到严州的守将居然是他的外甥，于是判断朱元璋任人唯亲，严州不足为惧，当即组织军事力量征讨严州，誓要打破与朱元璋的战略平衡。

虽说有些轻敌，但张士诚非常理智，他知道严州是坚城，轻易攻不下来，故而建议当时的江浙行省丞相达识帖睦迩祭出他的王牌——苗帅杨完者。杨完者的苗军战力强悍，多次击败天完军，也击败过张士诚的军队。杨完者得到命令，旋即统兵数万，水陆并进，直扑严州。

和淳安之战相比，李文忠这一次的对手不仅兵力众多，更有不少水师，战力和装备都非之前的敌人可比，而且李文忠这次没有援兵，只能靠自己，因为应天大本营太远了，远水解不了近渴。

通常情况下，处境越危险就越考验统帅的应对能力，遇到这种情况，求援往往是指挥官的必然选择。然而，李文忠不仅没有向朱元璋要援兵，他甚至都不打算坚守城池。杨完者的数万大军来之前，李文忠做的第一件事是广派斥候。既然李文忠已经知道了杨完者有数万人马，目标是严州，而且水陆并进，还派斥候干什么？不是更应该关闭城门严守城池吗？

李文忠所关心的并不是杨完者什么时候来这样的低级情报，他所关心的是杨完者的军事部署，而且是军事部署中的可乘之机。事实证明，战机通常就在情报之中。李文忠发现了杨完者水陆大军的重大漏洞——行军速度不一，前后脱节，难以增援，他由此想出了攻破敌军的策略：分而治之。

李文忠决定主动出击。他做的第二件事即精选上千精兵，抛弃了重甲厚盾，携带弓弩箭矢，轻装简从，直奔跑得最快的杨完者陆军。

具体经过我们大致可以推测，李文忠又一次“出其不意”，在敌军必经之路上设伏，射得对方人仰马翻，杨完者的陆军就此瓦解。杨完者肯定没想到，严州城还没看见，自己的陆军就被杀得大溃。

虽然杨完者的陆军溃败，但其主力是水军，战事仍然没有结束。李文忠做的第三件事就是“攻心”。他命人砍下了杨完者战死士兵的首级，将其全部堆放在一张巨大的木筏上，就这样放在杨完者水军必经的水道上。等到杨完者的水军一来，看到如此骇人的一幕，顿时吓得军心全无。杨完者也难免震惊，疑惑明军的兵力和战力，因此不敢决战，最后率军遁走。

撤走后，杨完者一打听，原来严州守军不过数千人。意识到自己被戏耍的杨完者再次提兵来犯，誓要血洗耻辱，俘杀李文忠。可惜最佳的战机已经失去了，朱元璋的援军业已抵达，由名将邓愈指挥，杨完者被邓愈、李文忠联手攻杀，彻底失败，不仅野战军一战而溃，连己方地盘浦江也一并失守。

这一次，李文忠展现出了他的第四个优点：大局观。

李文忠攻克浦江后的第一件事是禁止焚掠，安定人心，前者是保护百姓财物，后者是为了拉拢人心。至于如何执行，李文忠听说“义门”郑氏因害怕被兵祸波及而躲进了山谷，于是他派人招抚，还派兵护送郑氏族人返家，并张榜严禁士兵抢掠。

如此一来，李文忠就得到了“仁义”的好名声，当地百姓自然归附，不再抵制新政权。

经过杨完者的考验后，李文忠镇守严州的难度进一步增加，因为张士诚亲自来了，数万大军包围了严州城。李文忠善战，有谋略，心理素质还很好，就算是面对敌方势力的最高指挥官，他依然没有向朱元璋求援，而是严防死守。

又是一次以少打多的战役，李文忠这次的计划还是“出其不意”，他故意把兵力集中在张士诚攻略的东门，暗中却选出精兵，趁敌军的注意力集中在东门时，派出一队奇兵从北门悄悄出城，然后走小道绕到张士诚大军背后，前后合击，大败张士诚所部。之后，李文忠转守为攻，又多次击败敌军，彻底打垮了张士诚在严州的军队。①

严州战役以后，李文忠升任同佥行枢密院事，总领一方兵马，四处攻伐，镇压叛乱，因功官拜浙东行省左丞，总领严州、衢州、信州、处州、诸全的军事事务。从这时起，他不再只是地方州府的守将，而是总督一方军务的高级指挥官，除了防守的任务外，还有权出兵攻城略地。不过，权力越大责任就越大，彼时的南线防线压力很大，张士诚时刻谋划攻取严州、诸全，而随朱元璋起兵的淮西旧将自恃自己在军中的资历，难免轻视李文忠，要管理好这些地方的军事可不是一件容易的事情，挑战很快就来了。

至正二十三年，朱元璋的淮西集团发生了重大变故，本被视为心腹的诸全守将谢再兴突然倒戈加入了张士诚，并领敌军进犯东阳。谢再兴的反叛虽然有他与朱元璋沟通上的问题，但也不能排除谢再兴对李文忠的轻视。但是很快，谢再兴就会知道他误判了李文忠的实力。

这一次，李文忠的身份不同了，除了保卫严州外，还要统筹全局，镇压叛乱，因此他与胡深主动出兵迎战于义乌。

大战中，勇猛的李文忠亲率上千骑兵横冲直撞，正面突入了谢再兴

---

①《明史·李文忠传》：张士诚寇严州，（李文忠）御之东门，使别将出小北门，间道袭其后，夹击大破之。复来攻，又破之大浪滩，乘胜克分水。士诚遣将据三溪，复击败之，斩陆元帅，焚其垒。士诚自是不敢窥严州。

的大阵，张士诚的吴军被杀得乱成一团，大败而逃。谢再兴本以为能拿李文忠当大礼送给新主子，没想到自己一败涂地。

战后，李文忠为加强诸全的防御能力，在距城五十里处又修了一座新城，形成掎角之势。如果张士诚攻打诸全，新城的军队就可以骚扰敌军补给线或从背后夹击，如果张士诚攻打新城，诸全守军也可以采取同样的策略。在这种设计下，张士诚大将李伯升统兵十六万攻打新城，竟然没有攻克。

两年后，李伯升领兵二十万再次犯境，声势浩大，誓要攻下新城雪耻。这一次又是李文忠亲自挂帅，他率部驻扎在新城十里外，加上诸全形成了三角阵。不过，和过去的战役相同，李文忠依然没有足够的兵力。随军诸将都建议按兵不动，等周围援兵抵达后再做决断，然而李文忠却说道："兵在谋不在众。彼众而骄，我少而锐，以锐遇骄，必克之矣。彼军辎重山积，此天以富汝曹也，勉之。"①

李文忠决定主动出击，理由有三：一是用兵打仗在于谋略而不在于军队数量；二是李伯升的二十万兵马骄傲轻敌，而自己的军队少而精锐，胜算是很大的；三是李伯升军队的辎重堆积如山，打赢了战利品多到搬不完，可以此激励部下。如此一分析，军队士气大涨，既不怕李伯升的二十万大军，又眼馋战利品，一经出阵，士兵个个狂呼求战。

次日清晨决战时，恰逢天起大雾，能见度严重不足，本来还有数量优势的李伯升再无优势可言，因为大雾遮挡了李文忠这边的视线，无法看到李伯升骇人的大部队，只能看到眼前的小部队，李文忠一方的心理压力顿时就没有了，而李伯升一方因为无法窥视战场全貌，搞不清楚李

① 引自《明史·李文忠传》。

文忠的部署，也弄不清他的军队规模，心里反而打起鼓来。

机不可失，李文忠大声喊道："国家之事在此一举，文忠不敢爱死以后三军。"[①]意思是他要与大军共进退、同生死。于是以徐大兴、汤克明等统率左翼，严德、王德等指挥右翼，自己指挥中央，发动了全面进攻。

激战迅速席卷战场南北，双方因为看不清对方虚实而奋力搏杀，一时间战鼓声响彻于天，喊杀声震动于地，血腥的砍杀让人分不清谁的优势更大。就在这时，李文忠的处州援军抵达战场，战场形势开始朝李文忠一方倾斜，毕竟战前李伯升就很怀疑李文忠的实际兵力，等到处州援兵加入战场，李伯升就更弄不清李文忠的实际兵力了。

大雾在激战中散去，战场形势已经清晰可见，但由于李伯升的迟疑，他的军队再也不像开战前那么自信，士气早已跌了不少。李文忠毕竟人少，他知道如果不能迅速击垮敌军士气，随着时间的推延，自己的小部队还是会被李伯升一点一点吃掉。

于是，李文忠大喝一声，高举长槊，领着数十铁骑直冲敌军中坚，一头扎进了李伯升的大阵中。敌军骑兵见状纷纷杀来，连围李文忠好几重，但李文忠毫无惧色，挥舞着长槊横冲直撞，纵骑驰突，所向披靡。李伯升非但没能围歼李文忠，反而损兵折将，被杀得人仰马翻。

不到百人的骑兵就搅得敌军大部队乱成一团，如此壮观的一幕深深地鼓舞了李文忠一方的士兵，无论是李文忠的部队，还是远处城墙上的守军，都变得热血沸腾，守军当即鼓噪出击，联合李文忠所部舍命搏杀。李伯升的阵线由此全线溃败，士兵争相逃窜，反被李文忠连追带砍

---

① 引自《明史 · 李文忠传》。

了数十里，沿途尸横遍野、血流成河。史载“斩首数万级，溪水尽赤，获将校六百、甲士三千，铠仗刍粟收数日不尽，伯升仅以身免”[①]。

李文忠凭新城一战名扬江左，次年即反手杀入张士诚境内，攻克桐庐、新城、富阳、杭州，得兵三万，获粮二十万。他因功官拜荣禄大夫、浙江行省平章政事。

淳安、严州、新城三场大战见证了李文忠的成长。洪武二年，李文忠正式接管了常遇春的兵马，朱元璋交给他的第一个任务是立即赶赴关中增援徐达，合力攻打庆阳的张良臣。然而，当李文忠率领数万人马抵达太原时，一封军报拦下了他：大同危急！

大同城，位于明朝九边防线的突出部，是抵御北元侵袭的最前线，而且由于当地战略位置重要，是明朝与北元政权反复争夺的焦点，彼时正被北元悍将脱列伯围攻。李文忠向来善于思考，大同被围该怎么办？如果遵照朱元璋的命令，此时最好立刻赶赴关中庆阳战线，但如果真的这么做了，大同必定失守，因为李文忠接管的常遇春旧部是河北唯一能战的野战军，而剩下的燕山六卫大多随徐达去了关中。大同一旦失守，北元兵马就能长驱直入，转攻北平城。这么一来，北元偷袭并光复大都完全可以实现。

李文忠对左丞赵庸说道：“我等受命而来，阃（kǔn）外之事苟利于国，专之可也。今大同甚急，援之便。”[②]理由虽然很有说服力，但这样做也可能引起朱元璋的猜忌，李文忠做了生平最大的冒险：挥师大同。至于皇帝会怎么看他，就交给时间来证明吧！

---

① 引自《明史 · 李文忠传》。

② 引自《明史 · 李文忠传》。

事不宜迟，李文忠的风格依然是雷厉风行，他当即掉转方向，出雁门至马邑。正好撞上了北元数千骑兵，想必是对方的侦察骑兵。李文忠没有迟疑，立即挥师进攻，北元骑兵猝不及防，一战而溃，平章刘帖木儿被擒获。明军马不停蹄继续赶路，进至白杨门，又抓获不少敌寇。

时逢天降雨雪导致视线不清，李文忠担心马邑之战的消息已经传到北元统帅脱列伯军中，北元军队会在道路上设伏，便亲自率几名骑兵侦察敌情。李文忠重视情报的习惯让他发现了脱列伯的主力，就在明军扎营的五十里外，还好没有贸然挺进，不然就会在大风雪中逆战北元骑兵。

确定没有埋伏后，李文忠让明军顶着大雪向前推进了五里，靠着河流扎营布阵，同时派斥候前往大同，告知援军已经抵达，避免大同守军擅自开城投降。消息传到大同，明军一片欢呼，谁也没想到援军抵达得这么快。当然，李文忠增援大同的消息也传到了脱列伯那里，北元遂集结重兵，准备打李文忠一个措手不及，毕竟明军新至，立足未稳，即便倚仗河流，也是有可能被击败的。

夜袭、伏击、夹击都是李文忠用过的战术，面对来去如风的北元铁骑，李文忠的军队单凭速度是比不上对方的，夹击偷袭的胜算很小，要想出其不意，就要改换战术，但中心思想依然不变，就是要出乎让敌军意料。这一次，李文忠的战术更加大胆，而且非常危险，他从军中选了两营兵马，命其单独列阵引诱北元骑兵发动攻势，且“督令死战”，剩下的人则厉兵秣马，养精蓄锐，紧紧关闭营门，不准随意出战。

这么一来，脱列伯所要面对的便只有两个营的明军。李文忠打的什么算盘？难道要让这两个营的士兵当炮灰？不管明军作何打算，脱列伯都不会放弃先行歼灭两营明军的机会。于是，北元骑兵迅速包围了两营明军，疯狂进攻。面对如此局面，李文忠早有心理准备，始终不准任何士兵出营增援友军。将军们颇为不满，骂声连连。然而李文忠下了死命令，不准任何人擅自出营。

两营明军不愧是李文忠的精锐，面对数倍于己的北元骑兵，始终奋力搏杀，终于在风雪交加中挡住了敌军的攻势，但自己的伤亡也非常大。这些明军作为抵挡敌军进攻的孤军，一旦崩溃并被赶出阵地，结局只能是全军覆没，故而上至将领指挥，下至士兵马夫，无不疯狂搏杀，拼命抵挡着北元骑兵。

随着时间的流逝，北元骑兵不可避免地消耗了大量的体力，而两营明军也快支撑不住了，双方军队既饿又累，李文忠等的正是北元骑兵人困马乏之时。明军主力立即大开营门，兵分左、右两翼，从两个方向围攻脱列伯的大军，而李文忠自己则高举长槊，从敌军中坚突破，会合被围的两营明军，夹击脱列伯。

直到这一刻，李文忠的高明之处才得以体现，如果两军正面交战，以北元骑兵的机动性，明军是不可能完全包围他们的，后者很可能安全撤离。但如今北元骑兵被挡在两营明军前，而身后又被李文忠的左右两翼夹击，四面都是明军，还有逃出生天的可能吗？

答案是：没有。

大同一战，李文忠的战绩再创新高，不仅生擒北元统帅脱列伯，俘虏上万北元兵马，还把北元在大同一线的主力全数消灭，吓得北元朝廷赶紧向更北方的荒原撤退，大同防线真正地建立了起来。仅此一战，北元收复大都的最后一次尝试也失败了，明朝已经成了华夏大地真正的主人。而最让朱元璋高兴的是，李文忠已经用他的辉煌战绩证明了下一代青年将领的军事能力，大明王朝的江山也将更加稳固，剩下的目标便只有辽东了。

第十六章

征沙漠，明军出塞

兰州争夺战

李文忠驰援大同战场时，围绕庆阳一线，元军还有一路人马试图在陕西打开局面，统帅由北元大将贺宗哲担任。贺宗哲所部趁明军集中在庆阳之际，绕过了明军哨骑，穿过了几乎无人防守的城池、乡村，直抵凤翔城下。

北元军队偷袭的凤翔距庆阳较远，约二百三十公里，但不远处就是陕西首府西安。对北元来说攻打凤翔至少有三个好处：一是切断明军与陕西后方的联系；二是威胁陕西首府西安；三是逼徐达的明军主力南下救援。

结合大同、庆阳、凤翔三地的战事来看，北元并没有执着于救援庆阳，而是敏锐地发现了明军主力被庆阳牵制的有利局面，试图从其他战场扳回一局。然而，明军在北方的战事势如破竹，要打开局面谈何容易。

不难发现，自从北元失去了中原地区后，军队的作战能力大打折扣，其中一个重要的原因是北元军队缺乏强悍的步兵力量。

在蒙古人征伐四邻的战争中，蒙古骑兵的机动性和远程打击能力一直被视为作战的撒手锏，而每当他们攻坚时，蒙古骑兵都会退避三舍，把推云梯、攻城车的危险任务交给其他部族的步兵，这些人不是被招降的叛军，就是被俘虏的奴隶。

随着战事的不断扩大，蒙古大量招揽各族归附武装，任用汉人世侯所率领的汉军，汉军在阵地战、攻坚战、水战等战斗中有不俗的表现，提高了汉军在元军中的地位，也导致元朝越来越依赖汉军作战，蒙古本族骑兵贪图安逸的生活，战斗力日益降低。

中原地区失守后，北元军队的建制开始崩坏，因为没有足够的汉人步兵供他们驱使，过去的攻坚战术突然就无法使用了，曾经不算坚固的土城变得难以逾越。除了这一原因外，蒙古本土的部落首领有较大的自主权，作战时就不可避免地畏首畏尾，一些将领为了保证自己的地位，想方设法保存实力，因此军队很难适应苦战、恶战。

正是上述原因使得贺宗哲的军队在凤翔城下久攻不克，史载贺宗哲的元军“或隧地，或突至瓮城”，这至少说明元军不是围而不打，而是想尽办法攻坚，挖地道，突破城门，各种手段轮番上阵，可是十五天下来，明军守将金兴旺、周兴据守城池，牢固设防，屡屡打退贺宗哲的部队。[①]等到庆阳城都被明军打下来了，北元军队还没有拿下凤翔，反而在攻城战中损失了不少人马，贺宗哲只好由六盘山遁去，徐达也派出上万人马追击，但并没有追上。

贺宗哲所部从凤翔一路向西退却，明军在史书中把北元军队描写成“逃窜”，不过贺宗哲的遁去也许不是逃窜，而是战略转移。不难发现，明军自庆阳战役结束后，徐达派了傅友德、顾时、薛显领上万骑兵追击，这三人都是明军中的高级将领，其中傅友德还是排在第一序列的杰出统帅。然而，傅友德的万余人马有什么战果吗？没有，史书中没有任何傅友德追上贺宗哲的记载，也没有斩获多少人马的记录，甚至没有傅友德等人最终的去向，反而有贺宗哲以众犯兰州的记载。这是怎么回事呢？

有两种可能：第一种是傅友德追上了贺宗哲，却被杀了个一败涂地，故而史官刻意略去了战斗经过，只用贺宗哲乘胜大掠兰州草草盖过。第二种是傅友德压根就没有追上贺宗哲，北元军队不仅远远甩开了

---

①《明史纪事本末 · 卷九》：先是，贺宗哲攻凤翔，或隧地，或突至瓮城，凡十五日，指挥金兴旺、周兴婴城固守。

他，还毫无顾忌地杀向了兰州。如果是第二种情况，至少证明北元骑兵的奔袭能力远胜明军骑兵，毕竟明王朝从江南发家，骑战不是特长。

贺宗哲以众犯兰州，兰州危急，徐达只好重新点将，让副大将军冯国胜领一万七千骑兵，取道平凉、静宁、会州救援兰州。从地图上看，冯国胜是从庆阳沿一条直线直奔兰州，不仅急切，而且很快。这下，贺宗哲终于被明军咬住了，双方骑兵难免在兰州一线大战了一场。然而战斗经过没有翔实的记载，可能贺宗哲不愿意与冯国胜这样的名将决一死战，也有可能北元军队劫掠的战利品过多，不适合打一场决战。总之，北元军队放弃了兰州，贺宗哲渡河遁去，冯国胜率部返回。

贺宗哲被赶跑后，关中的战事是否就告一段落了呢？答案是否定的。不管是韩扎儿，还是贺宗哲，他们无一不是北元军队偏师，真正的主力是齐王扩廓帖木儿麾下的军队，只要扩廓帖木儿的军队没有出阵，决战就不算开始，战事自然就还没有结束。

洪武二年九月，没有猜到北元军队下步行动的徐达率领主力离开。仅仅过了两个多月，即同年十二月，扩廓帖木儿突然入寇兰州城，来势汹汹，其目的是从甘肃杀入陕西，把张良臣、李思齐丢失的关中重新夺回来。对北元来说，这看起来是必胜之局。

兰州城外，北元军队的行动很快，不久即兵临城下。此时镇守兰州的是指挥张温，此人在之前的战斗中名声不大，唯一知道的是他在消灭张士诚的平江战役中负责包围西门，但从指挥的官职来看，张温应该是一刀一枪干起来的将领，徐达留张温坐镇兰州，很明显是信任他的，也从侧面证明此人有一定军事指挥能力。

张温手里的军队不多，是明军用来镇守地方并维持治安的，因此兵力应该只有数千人。另一边的扩廓帖木儿有数万人马在兰州地界肆虐，掀起的烟尘遮天蔽日。

看着众多北元骑兵，张温没有慌张，他召集众将商议对策，分析道：“眼下敌众我寡，北元军队以众击寡，优势很大，而我军人少，很难在正面战斗中击败北元军队。不过，北元军队远道而来，还不知道我军的实际兵力，如果此时我们乘夜进攻，必定能挫其兵锋，若是敌军不退，再固守城池也不晚。”①

众将都深以为然。明军立即动员起来，在张温的指挥下，乘夜出城迎战。黑夜中，北元军队远道而来，颇为疲惫，所有人都忙着修营寨，准备好好休息一晚。张温选择的时机就是扩廓帖木儿人困马乏之时。明军熄火烛，人衔枚，马裹脚，无声无息地接近了北元军队大营。突然，明军擂鼓呐喊，箭矢齐发，数千明军在张温的指挥下将北元军队杀了个措手不及。

打斗声很快传遍全寨，但夜色昏暗，很难看清战场全貌，要弄清楚到底有多少明军谈何容易。已经退到塞外的扩廓帖木儿早已不是河南、山西之王，他手里的军队是他能在北元朝廷立足的资本，稍有闪失，损失的不仅是北元的军事力量，还有自己的前途与身家性命。于是，扩廓帖木儿传令撤军，迅速与明军结束战斗，从原路退走。北元军队撤走后，张温也率军迅速撤回了兰州城内。

兰州城外的夜袭鼓舞了明军士气，却无法吓走扩廓帖木儿。天亮后，扩廓帖木儿折返兰州城，又一次包围了城池，试图邀明军出战，但张温等人始终控制着城门、城墙，连日高举免战牌，就是不与北元军队野战，北元军队一时间竟然没有了办法。

---

①《明史纪事本末·卷九》：彼悉众袭我，我兵寡，难与为敌。然彼远来，未知我众寡，乘暮击之，可挫其锋。彼不退，则固守以待援。

缺乏攻坚步兵严重影响了北元军队的作战，扩廓帖木儿眼前的兰州城不算坚固，可就是这些低矮的城墙挡住了蒙古铁骑，让扩廓帖木儿打下兰州的计划无法实现，时间一久，北元军队入寇的消息已经传遍陕西，甚至传到了山西、北平，明廷的援军很快就会到来。当时负责镇守巩昌的鹰扬卫指挥于光是第一个提兵来援的将领。

双方激战于马兰滩，史载于光“卒遇保保兵，战败被执”[①]。结局虽然并不意外，过程却值得推敲。这一战和张温的夜袭不同，是北元军队骑兵的正面作战，充分发挥了骑兵在野战中的优势，杀得明军步兵毫无还手之力，经典的围点打援，如果换成张温出战，结果也不可能有太大的变化，足见北元骑兵在野战中强悍的战斗力。

于光被俘虏后，扩廓帖木儿让他到城下喊话，劝说兰州守军投降，允诺他只要事成，高官厚禄应有尽有，于光听后想也没想就答应了。是日，扩廓帖木儿把于光押到城下，让他当着众人的面喊话，没想到于光根本没有按“剧本”表演，反而大呼道：“我不幸被执，公等但坚守，徐总兵将大军至矣。”[②]

兰州守军听后立即欢呼起来，非但没有被打击士气，反而战斗的欲望更加强烈了。扩廓帖木儿大怒，当场杀了于光。

然而泄愤不足以打开兰州的城门，于光的那声大喊鼓舞的不仅是兰州守军的士气，还传递了一个重要的情报：徐达又要来了。扩廓帖木儿知道，如果再拿不下兰州，就只能和徐达打一场赌国运的大战。

北元军队很快调整了部署，扩廓帖木儿决定让骑兵下马，正面攻

① 《明史纪事本末 · 卷九》：鹰扬卫指挥于光守巩昌，将兵来援，至兰州之马兰滩，卒遇保保兵，战败被执。

② 引自《明史纪事本末 · 卷九》。

坚。为了一战成功，扩廓帖木儿也选择了夜袭，一度登上了城墙。当时的千户朱佑因醉酒不能起身，北元军队几乎就要实现自己的计划了，但是巡夜的士兵及时发现了北元军队，旋即预警招来援兵，大战在黑夜中很快结束，扩廓帖木儿的军队被杀退，北元军队唯一一次登上城墙的战斗失败了。

此后，扩廓帖木儿使尽各种手段攻城，却被张温一再破解。数月时间转瞬即逝，徐达领导的明军主力已经近在眼前，扩廓帖木儿纵然有万般不甘，也只能放弃兰州，撤回了塞外，兰州争夺战就此结束。

兰州争夺战在明蒙大战中不算显眼，双方投入的兵力也不多，不过这一回合的较量却展示了北元、明两军的真实战斗力。随着北元失去中原等地后，没有汉军步兵协助的他们虽然有很强的野战能力，但很难拿下有城墙的城池，只能以偷袭为主，凤翔、兰州两战都是很好的证明。至于明军，由于陕西的并入，明朝从迁民镇到兰州的战线越拉越长，北平、大同、庆阳、延安、兰州都是战斗的第一线，北元军队可以随时突袭任何一处，明军主力又以步兵为主，奔袭起来相当疲惫，如果同一时间处处有警，难道明军主力又要处处增援？显然，没有足够骑兵的明王朝很难真正守住辽阔的北方防线。这成了明朝廷亟待解决的新问题。

第一次肃清沙漠

大同、凤翔、兰州三场大战无疑给明朝敲响了警钟，别看北元朝廷已经逃至塞外，但对大明的威胁一点儿也没减少，茫茫大漠有上千公里的边境线，北元骑兵来去如风、忽东忽西，他们掌握着战场的主动权，能在明朝的北疆肆意劫掠。长城是肯定挡不住北元骑兵的，该如何消除来自北元的威胁呢？

洪武三年（公元1370年）春，朱元璋在朝会上直言不讳地指出沙漠之患的严重性。显然，明朝如果不能靖宁北疆，中原地区就不会真正太平，也无法恢复生产，赋税更是奢求，大明只会在北方投入越来越多的人、财、物，而这些人、财、物多数来自富庶的江南地区，时间一长，江南也势必被拖垮，绝不是长久之计。因此，明朝决定肃清沙漠，彻底打垮北元朝廷。

然而，肃清沙漠困难重重，首先要面对的问题就是沙漠的未知，茫茫大漠犹如一个谜，那里没有固定的城市、乡镇，没有现成的道路、桥梁，明军一旦进入大漠就必须到处寻找粮食、水源，风险是难以预测的。不仅如此，明军并不知道北元朝廷到底在什么地方，也就没有明确的进攻方向。

彼时的北元仍然控制着蒙古、辽东、甘肃等地，其中蒙古本土是顺帝和蒙古亲王们的直辖领，而辽东盘踞着以纳哈出为首的地方势力，齐王扩廓帖木儿也在甘肃一带拥兵自重。三股势力各在一方，相距很远，相互增援要花费些时间。该先打哪里呢？

关于主攻方向的选择，将军们认为应该先打元顺帝，只要拿下北元的中枢，扩廓帖木儿便不足为虑。然而朱元璋不这么想，他说道："王保保方以兵临边，今舍彼而取元主，是忘近而趋远，失缓急之宜，非计之善。"①看来，朱元璋仍然很谨慎，担心如果集中力量讨伐元顺帝，扩廓帖木儿会领兵救援，明军就必须同时应对两个方向的进攻，风险很大。

故而，比较保险的策略是两线开战，即同时出动两支大军，东路军

---

① 引自《明史纪事本末·卷十》。

的目标是元顺帝的北元朝廷，西路军的目标是盘踞在甘肃一带的扩廓帖木儿。

明廷随后任命右丞相、信国公徐达为征虏大将军，浙江行省平章李文忠为左副将军，都督冯国胜为右副将军，御史大夫邓愈为左副将军，汤和为右副将军，往征沙漠。其中西路军总指挥是大将军徐达，路线是从安定北上，寻找扩廓帖木儿决战；东路军总指挥是左副将军李文忠，目标是开平以北的应昌。

肃清沙漠之战的核心思想是出其不意，其要义是“快”，要快到北元来不及反应前开战，也要快到北元军队来不及增援时决战。首先领会朱元璋思路的是燕山六卫和大同方面军，当年二月，在两路大军正式开拔前，北平战线的明军就抢先发动了进攻，时任北平守御的华云龙攻克了云州，俘获北元平章火儿忽答、右丞哈海等；大同指挥金朝兴攻克了东胜州，俘获北元平章荆麟等；大同都督同知汪兴祖又攻克武州、朔州，俘获北元知院马广等。在华云龙、金朝兴、汪兴祖等人的攻略下，东路军率先打开了局面，规模虽然不大，却打响了明军肃清沙漠的第一枪。

四月，大将军徐达领导的西路军发动了攻势，首先兵临平西，把扩廓帖木儿逼退至车道岘。扩廓帖木儿虽然战略放弃了一些沿边地区，但他并没有逃跑，而是就近寻找适合的战场，并不断派小股部队袭击明军，只要明军追来，扩廓帖木儿就绕开，然后换一个位置继续袭击。徐达的大军以步兵为主，机动性不足，自然是没有那么好的耐心与扩廓帖木儿追逐，故而他让邓愈领骑兵急追，贴着扩廓帖木儿的大营立寨，然后用栅栏包围对方，试图迫使扩廓帖木儿与之决战。

这一招很有效，明军骑兵越是靠近，扩廓帖木儿就越是不敢冒险撤离，等到徐达率领的步兵赶到沈儿峪时，扩廓帖木儿已经无法撤走，他只好就地与明军展开战斗，两方隔着一条河沟，连日交战，互有胜负。

扩廓帖木儿毕竟也是长期带兵打仗的悍将，知道阵地战不是北元骑兵所长，必须打破局面。扩廓帖木儿的策略是“偷袭”。按照他的计划，北元军队一边保持营寨的规模，不减少帐篷和锅灶，另一边却悄悄集结千余精锐骑兵，抄小路，从东山绕过正面的明军，突然出现在明军大营的东南面。

守卫东南营垒的将领是左丞胡德济，此人也是随朱元璋打天下的老将了，曾有守信州、救诸全的战功。不过，胡德济并未意识到北元军队会从东南面奇袭，整日无所事事。主帅的大意轻敌让麾下的将士也松懈起来，难免忽略哨骑、巡营等工作，因此并没有发现远处的异常。

扩廓帖木儿的上千精骑很快就完成了穿越东山的任务，绕到了明军大营的东南侧。扩廓帖木儿一如既往地重视情报，他发现胡德济的部署松懈后，立马发动奇袭。

奇袭的场面不难想象，上千北元骑兵策马扬鞭，一路呐喊着冲了出来，无数弓矢齐刷刷地从天而降，守在营寨哨塔上的明军猝不及防，被射成了筛子，预警都还没有发出就命丧当场。紧接着，北元骑兵加快速度直冲营寨，很快就攻克了寨门，杀入大营。

等主将胡德济发现北元骑兵近在眼前时，东南营垒中已是一片混乱，士兵们争相逃窜，明军上下竟然没有一个人能组织成功的反击。扩廓帖木儿的骑兵随即在营地展开大规模的屠杀，恐怖的弯刀收割了一个又一个明军将士，鲜血把草地染成了赤红色。

营火蔓延，杀声震天，东南营垒被偷袭的消息终于传到徐达的大帐中。大将军不愧是名将，他冷静、镇定、思路清晰，当即率部驰援胡德济，阻止北元军队的攻势，防止东南营垒的恐慌波及更多的地方。

徐达知道稳定军心的重要性，如此混乱的局面不用雷霆手段不足以稳定军心，于是他毫不客气地把指挥不力的赵指挥及将校数人问斩，高声喝止败退的士兵，命令各部将校立即把自己的人马重新组织起来，排开阵形防御，凡是不听命令继续逃窜的，一律斩杀。

混乱的明军士兵见徐达亲临战场，其亲兵严格执行军法，混乱的局面才逐渐稳定下来，营地总算恢复了秩序。不久后，更多的明军赶到战场，又是射箭，又是冲锋，局势开始朝有利于明军的一方倾斜。刚刚还在四处烧杀的北元骑兵见明军开始反击，只能撤出大营，慌忙逃走。

东南营垒的损失让徐达颇为愤怒，虽然史料并未记载具体数量，但从徐达当场处斩众多将校，事后还奏请朱元璋杀掉胡德济等事件来看，明军的损失肯定不小。

当夜，徐达命令各部擦亮兵器，提前进食，并穿好铠甲。次日，明军出寨决战，因为前一日的事情，所有人都想多杀几个元兵，以免事后被主帅追责，明军因而振奋，狂呼求战，猛攻北元军队大营。扩廓帖木儿显然没有料到徐达的反击来得这么快，一通苦战之后，连忙退至川北乱冢间，但他们的战线没能坚持多久，明军弓弩遮天蔽日，步骑将校人人争命，扩廓帖木儿的军队旋即崩溃，死伤无数。

明军得势不饶人，一路追杀，很快就歼灭了北元的机动力量，剩下的士卒不如明军步兵善战，几乎毫无还手之力，只能举手投降。明军俘虏北元郯王、文济王、国公阎思孝、平章韩札儿、虎林赤、严奉先、李景昌、察罕不花等官员一千八百六十五人，将校士卒八万四千五百余人，以及战马一万五千二百八十余匹，骆驼、驴骡等杂畜更是不可计数。

扩廓帖木儿的亲兵死伤殆尽，他只能带着妻子夺路而逃，头也不回地逃向黄河。当他逃到黄河边时，河水波涛汹涌，战马无法泅渡。然而，就在扩廓帖木儿以为命不久矣时，河中突然漂来了不少浮木，他立即抛弃铠甲、战马，跳入河中，紧紧地抱着木头，随着河水漂到了河岸的另一边，明军追赶不及，只能看着他逃走。扩廓帖木儿由宁夏逃往和林，没有被北元朝廷追责。

沈儿峪一战，扩廓帖木儿的主力被歼灭大半，损失的骑兵多达万余，仅被俘虏的士卒就超过了八万人，其经营多年的军队被彻底打垮。此战基本消除了北元在甘肃一带的军事威胁，称得上是一场决定性的战役。

此战中，明军先败后胜，险些让扩廓帖木儿偷袭得手，很大程度上在于主将大意轻敌，好在扩廓帖木儿只在东南营垒投入了上千骑兵，否则就算徐达亲自前来救援，也难保营地不失。

北元朝廷并不知道，沈儿峪之战不是明军的全部攻势，东线的明军很快就杀到了他们门前。

同年五月，东路军在左副将军李文忠的带领下，师出野狐岭，首先击败了北元平章祝真的小股部队，接着在骆驼山与北元主力交战。负责指挥北元军队的是太尉蛮子、平章沙不丁朵耳只八剌，这两人在之前的战斗中未见名号，应该是近期提拔的指挥官，和李文忠这样的骁将相比，只能算是不入流的将军，结果自然是大败而归。两场战斗暴露了东路北元军队的虚实，李文忠决定继续深入，又一次杀至开平，镇守开平的北元平章尚都罕等人投降，开平陷落。

不过，李文忠遇到的战斗不会总是这么简单，当时的东路明军为了搜索北元军队，将军队一分为三，三路齐进的确效率更高，但分兵却间接削弱了明军的优势，其中都督孙兴祖率领燕山右卫指挥平定、大兴左卫指挥庞禋（yīn），进兵至三不剌川时，被北元大军阻击，全军覆灭于五郎口，无一人生还。海宁卫指挥副使孙虎率兵至落马河时，遭遇北元太尉买驴率领的北元主力，又是以少战多的恶战，孙虎阵亡，明军又一次惨败。

几路明军的不同遭遇应该算是对明朝的警告，北元虽然逃至塞外，但依然有不少兵马，一旦明军分散兵力时遭遇北元主力，结果通常是被全歼，因为明军多步兵而北元多骑兵，辽阔的荒原没有掩护，步兵作战的风险远远高于骑兵。

两路明军的覆灭并没有改变李文忠的计划，他所率领的主力依然是凯歌高奏，一路上连续击败多支北元军队。这时，李文忠通过捕获的北元骑兵得知了一个惊人的消息：北元顺帝于当年四月二十八日驾崩了，太子爱猷识理达腊继承了北元帝位，称“必力克图汗”，年号“宣光”，意为光复旧时山河。

意识到北元朝廷更替，政权处于混乱中，李文忠决心冒险继续深入，目标就是北元朝廷盘踞的应昌。果然，爱猷识理达腊刚刚继承北元政权，手里的兵力不多，人心也不稳，当他得知李文忠率领的明军大举来犯时，仅派出了一支数量有限的军队抵挡，惨遭围歼。

李文忠率部昼夜兼程，很快兵临应昌城下。爱猷识理达腊大惊，慌忙带领数十亲随逃走，而大多数北元贵族、后妃、大臣都来不及撤出应昌就被李文忠的大军围了起来，一番激战后，应昌城破，明军俘虏了北元王孙买的里八剌及后妃、宫人、诸王、省院达官等人，缴获宋代玉玺、金宝、玉册、玉带、玉斧等宝物以及无数驼马牛羊。

北元朝廷暂时瘫痪，各路军队均仓皇北逃，此前歼灭另外两路明军的北元军队也不知去向，东路军只能结束了此次军事行动。消息传回都城应天后，洪武帝朱元璋大喜，当即颁布《平定沙漠诏》，告知四方邻国，正式宣布取代曾经的元王朝。

经过明朝的第一次肃清沙漠战役，东、西两路大军都取得了大捷，虽然东路有孙兴祖全军覆灭，西路又有胡德济大意被袭，但整体而言依然达到了预期的战略目标，其中盘踞在甘肃一带的扩廓帖木儿近十万主力被歼，而在应昌苟延残喘的北元朝廷也被明军一锅端，被俘的达官显贵不计其数，极大地动摇了北元朝廷的威望，再加上元顺帝于此时驾崩，新主爱猷识理达腊是否能约束蒙古各部的亲王成了北元朝廷当下最大的问题，明朝彻底平定沙漠似乎指日可待，然而事实真的如此吗？

三道征沙漠

洪武三年，明朝俘虏的一众王侯将相中，最重要的人物当属顺帝之孙买的里八剌，他的被俘让朱元璋大喜过望，因为自元明战争以来，明军还没有俘获过蒙古黄金家族的高级成员，凭此大胜足以宣传大明取代了大元，《平定沙漠诏》由此遍传安南、高丽、占城等国，仿佛北元已经被彻底消灭了。

事实上，诏书虽然写得慷慨激昂，终究只是给不知情的百姓看的，明朝君臣深知战争尚未结束，茫茫大漠依然是谜一样的存在，那里土地贫瘠，农作物产量极低，且地广人稀，要长期占领十分困难，纵然应昌距北平不过八百余里，明军也不得不在粮草耗尽前全数撤离，周遭数百里的土地无兵驻守，北元骑兵不久便回师占领了它们，继续威胁明朝的北部疆界。

故而，朱元璋的对元政策在以“战”为主的同时也有“和”的一面，这也就解释了当群臣建议把买的里八剌献俘太庙时朱元璋为什么断然拒绝，并封其为崇礼侯，后来甚至将其放归草原。

北元并没有因为明军捣毁了应昌就停止军事行动，武州很快就遭到北元军队的报复，边警依然不断，这是对《平定沙漠诏》最大的挑战，看来北元仍没有被大明打服，纵然应昌被毁、顺帝已逝，北元这只百足大虫还在挣扎，肃清沙漠之战还要继续。

洪武五年（公元1372年），明朝将军队进一步集中起来，以徐达为征虏大将军，李文忠为左副将军，冯国胜为右副将军，计划兵分三路征讨沙漠，擒拿爱猷识理达腊，彻底结束沙漠之患。然而问题来了，大都（北平）、开平、应昌三都被打掉后，北元朝廷进一步北撤，现在又盘踞在何处？最大的可能是成吉思汗的旧都——和林。

和林，岭北行省首府，曾是大蒙古国成吉思汗、窝阔台、贵由、蒙哥四朝都城，是当之无愧的政治、经济、文化中心，有“据上游而建瓴中夏，控右臂而扼西域”[①]之称，元世祖忽必烈与阿里不哥争夺蒙古最高统治权时，和林是阿里不哥的根据地，忽必烈南迁后，和林便成了行省首府，失去了统治中心的地位，但其城郭尚在，宫宇犹存，北元依然能在和林号令各部首领。

与开平、应昌等地比起来，和林位于大漠深处，远离长城，不是明军突袭几百里就能抵达的目标，更何况和林是有近十公里城墙拱卫的坚固城池，明军孤军深入后一旦无法破城，必定有去无回，所以要进攻和林，必须非常慎重，不能像过去那样说打就打，但是又不得不打。彼时北元顺帝已死，王孙买的里八剌被俘，北元朝廷似乎正处于崩溃的边缘，只要拿下和林，整个岭北行省都会瘫痪，北元与辽东、云南等地的联系也会被切断，肃清沙漠的战略目标才能真正达成。

为了一战定乾坤，明朝依然采取了第一次肃清沙漠之战时的多路并进战略，目的就是要让敌军首尾不能相顾，东西无法增援。这一次，明

① 引自王恽《秋涧集·总管范君和林远行图诗序》。

军的规模更加庞大，合计十五万人马，出动了徐达、冯国胜、李文忠、傅友德、汤和、蓝玉、顾时等明军最优秀的将领，调集了各处卫所的精兵强将，分成西路甘肃集团军、中路岭北集团军、东路应昌集团军，每一路均由五万野战军组成，另有负责辎重、运输等民夫数万人。

三路大军中的中路是主攻方向，由雁门直捣和林，征虏大将军徐达任统帅，汤和、蓝玉辅佐；西路军的目标是牵制甘肃一带的北元军队，阻止他们驰援和林，由冯国胜任主将，傅友德辅佐；东路从居庸关出兵，意在重新夺取应昌，切断和林与辽东的联系，由李文忠任指挥官，顾时、何文辉、曹良佐辅佐。

洪武五年三月，征虏大将军徐达抵达山西，建立了中路军的大本营，他首先任命年轻且精力充沛的蓝玉为先锋，领上万人马出塞扫荡并侦察北元动向。

蓝玉，定远人，长身赪（chēng）面，骁勇有谋，天生的大将之才，他是开平王常遇春的妻弟，早年在常遇春帐下，《明史·蓝玉传》称其“临敌勇敢，所向皆捷”，常遇春因此常在朱元璋面前称赞蓝玉，再加上他屡立战功，很快就官至大都督府佥事。洪武四年（公元1371年），蓝玉又随傅友德征讨割据蜀川的明夏政权，有攻克绵州的战功，官拜都督，就此挤入了明军高级将领的行列。

由于常年在常遇春麾下作战，蓝玉的作战风格类似常遇春，既大胆又迅速，徐达任命他为先锋，可能也是想让蓝玉打出常遇春的先锋突进效果。一经出阵，蓝玉首先在野马川击败了扩廓帖木儿的游骑，接着又追杀至吐剌河，遭遇了扩廓帖木儿的主力。不过，蓝玉并不怯战，即便只有万余人马，他依旧率部猛打猛冲，正面冲撞扩廓帖木儿的大军，迫使扩廓帖木儿的大军一再后撤，最终夺路而逃。

消息传回大营后，大将军徐达既惊又喜。作为北元朝廷唯一能拿得出手的悍将，扩廓帖木儿可是徐达的老对手了，双方前不久才在沈儿峪大战一场，徐达是见识过扩廓帖木儿的手段的，如今两军刚刚交手，扩廓帖木儿就被新生代将领蓝玉打得一路溃逃，不禁让人怀疑北元军队是否已经没有了精兵猛将。

如果此时加快速度北进，极有可能一举攻下和林，再现霍去病封狼居胥的丰功伟业。因此，包括徐达、蓝玉、汤和等大将在内，所有人都错判了孤军深入的风险。为了快速行军，徐达一改往日的谨慎，也兵分三路，自己率领三万大军居中，汤和、蓝玉各率一万人为左右翼，分道急驰，狂追扩廓帖木儿的败兵。

然而，明军这次错了，扩廓帖木儿是被朱元璋称为“奇男子”的优秀统帅，岂会轻易败逃？北元新主爱猷识理达腊也是在政坛摸爬滚打多年的成熟统治者，他们结合几次与明军交手的经验，制订了诱敌深入的策略，即以扩廓帖木儿为诱饵，不断诱使明军向草原深处挺进，直到进入伏击区。

这种战术在成吉思汗时代也是屡试不爽的有效打法，现在急需立功的蓝玉虽然也像常遇春那样善战，却没有常遇春的作战水平，正是扩廓帖木儿最好的目标。野马川、土剌河都是扩廓帖木儿诈败，目的就是要徐达深入沙漠。现在徐达果然来了，还兵分三路，这正好给了北元军队分而歼之的机会。

首先进入伏击圈的自然是先锋蓝玉的万余人马，他们昼夜急驰，早已疲惫不堪，战斗力大打折扣。而扩廓帖木儿像守候多时的猎人，静静地等待着猎物的到来。蓝玉本以为此次战斗会与土剌河无异，却不想当他们深入岭北后，安静的草原突然震动起来，天空中出现大量振翅惊飞的鸟儿，北元军队随即从四面八方号叫着冲杀而来。

战斗来得太突然了，从蓝玉到麾下士兵，无人不意外，无人不惊恐。明军只好就地摆开阵形，试图抵挡北元骑兵的冲锋，但北元骑兵像换了一群人一样，各个骁勇异常，纵马飞驰，局势一开始就不利于明军。蓝玉虽然奋力杀敌，奈何北元骑兵越来越多，再不突围，明军先锋覆灭无疑。

战局逆转的消息很快传到了徐达那边，大将军这时才发现自己轻敌大意了，但大局已定，唯有设法救出蓝玉的万余明军。徐达立即命人修建营寨，深挖壕沟，设置拒马，为大军撤入做准备。而他自己则带着主力循着蓝玉的方向奔驰，一路追击截杀落单的北元骑兵。大军抵达伏击圈时，看到漫山遍野的北元旗帜，徐达不免心惊，如果走在最前面的不是蓝玉，如今深陷重围的就是自己了。

徐达毕竟有三万余人，兵力不比扩廓帖木儿少，双方在不断的运动中相互砍杀、追逐，互有损伤。与蓝玉的残兵顺利会合后，明军随即调整阵形，前军变后军，后军变前军，迅速朝大营方向撤退。扩廓帖木儿骑兵虽多，却无法阻止明军撤离。

明军撤入大营后，扩廓帖木儿顺势发起总攻，北元军队疯狂地冲撞明军大营。比起平原野战，明军更擅长阵地战，能凭借工事击杀不断拥来的北元士兵。大战血腥而持久，随着时间的推延，明军凭借工事作战，越战越勇，而体力消耗大半的北元军队损失惨重，已经无力继续强攻，只能后撤休整。

明军不敢长期固守，寻着机会就开始撤退，也按照之前的方式沿途修筑营寨，秩序井然，总算从扩廓帖木儿的包围圈里撤了出来。

徐达、蓝玉等与扩廓帖木儿鏖战时，汤和也遭遇了一支北元偏师，兵败断头山。

至此，中路明军全无战果，原路返回，仅战死的人就超过两成，受伤的更是不计其数，几乎人人负伤。

同一时间东、西两路的战况又如何呢？

李文忠的东路军与徐达的中路军大致相同，北元军队一触即溃，而且连抵抗也没有。两军第一次遭遇时，北元军队连夜弃营逃走，丢弃了无数牛马辎重。两军第二次遭遇时，北元一方又是惊溃逃窜，几乎在未发一箭一弹的情况下就逃走了。李文忠所部就此快速推进至胪朐河。

为了尽快追上逃走的北元军队，李文忠做了一个大胆的决定，他认为："兵贵神速，千里袭人，难以负重。"[①]于是把大军的辎重留在了胪朐河，全军轻装简从，仅带二十日粮食，兼程而进，终于在土剌河追上了北元太师合剌章蛮子。面对李文忠的大军，合剌章蛮子让妇孺、辎重悉数渡河北撤，只留下骑兵在岸边列阵，迎战明军。

这一战，北元骑兵终于和明军正面对抗了一次，却没有决出胜负，北元骑兵在掩护己方妇孺辎重安全撤离后，也陆续脱离了战场。这显然不是李文忠想要的结果，他决定继续追击，一直杀到了阿鲁浑河。然而，明军终于因为过于深入中了敌军的伏击，赶来决战的北元军队不减反增，人马越来越多，而且作战积极，丝毫没有撤退的迹象。明军由此摆开阵形与北元骑兵血战。

战况极为激烈，明军前后均被敌军袭击，各部将校无不亲自提剑作战，连李文忠的主帅营也遭遇了数股北元骑兵的袭击。激战中，北元骑兵发动了一轮又一轮弓箭齐射，来不及躲闪的明军士兵相继中箭，李文忠的坐骑也被一支利箭击中，使得他栽落马下，幸而他反应迅速，捡起地上的短兵器与杀来的北元骑兵搏斗。然而更多的弓矢从天而降，更多的敌军骑兵从四面杀来。

① 引自《明史纪事本末 · 卷十》。

李文忠身边的亲卫刘义见主帅陷入危险，快步上前用身体掩护，挡住了不少流矢。指挥李荣见情况危急，不顾个人安危，把自己的战马交给了李文忠，让他骑马指挥军队撤离，而他则在激战中又夺过了一匹蒙古战马，继续与敌军周旋。

眼前的景象让李文忠颇为愤怒，骑上战马后的他并没有指挥军队撤离，而是强令明军列阵作战，他本人亦据鞍横槊，冲锋在前，指挥明军发动反击。被主帅勇气鼓舞的明军士兵士气大振，皆殊死搏杀，北元军队这才放弃了围歼明军的计划，转身撤离战场。

阿鲁浑河一战，李文忠损失的部下不计其数，除了直接战死的外，那些伤者因为在草原上无法治疗，也只能放弃。李文忠仍然不甘心，决定继续深入沙漠追击。他没有发现这是北元军队的诱敌之计，追击到聘海时，北元军队又一次突然出现，而且数量比阿鲁浑河时还要多出许多，显然是有备而来。

李文忠这时总算清醒了，明军的粮食已经消耗得差不多了，而且又远离辎重和援兵，如果继续与北元决战，那便是九死一生的赌博，失败的可能性非常大，于是，他下令部队就地修建营寨防卫。为了麻痹追来的北元骑兵，李文忠命令士兵在营寨周围多竖旗帜、草人。另外，他还把缴获的牲畜全部放到营寨四周吃草，让士兵们三三两两地放牧，故意做出松懈的样子，用来迷惑敌军。

见到明军完全没有要撤退的迹象，北元追兵害怕李文忠要伏击他们，不敢继续靠前，不久后便撤走了。李文忠见状赶紧命令军队收拾行装，迅速向南撤离。

由于走得匆忙，明军在撤退时迷失了方向，一些人与大部队失去了联系，而李文忠本部在撤退途中找不到水源，躲过了敌军的追杀，却没能逃过被渴死的命运，不少人永远倒在了荒原之中。据《明史纪事本末·卷十》记载，就在李文忠以为自己也要渴死在草原时，他所乘坐的战马突然奔跑嘶吼起来，他们在战马的引导下发现了泉水，这才安全走出沙漠。[①]

东路军除李文忠本部艰难撤离外，顾时所部也在深入沙漠后粮草耗尽，当北元军队出现时，士卒大多饥饿疲惫不能作战，顾时独率数百人跃马迎战，凭勇气斩敌无数，大掠其牛马辎重而还。曹良臣所部抵达阿鲁浑河后，由于冒险深入且没有后援，终致全军覆没，骁骑卫指挥使周显、振武卫指挥同知常荣、神策卫指挥使张耀均阵亡于此役。

相对中路、东路明军的悲惨遭遇，唯有冯国胜领导的西路军打出了明朝的军威。大军于当年五月进抵兰州后，傅友德领五千精兵为先锋，于西凉城外取得首战大捷，歼灭北元沙实罕的军队。接着又追击北元败兵至永昌忽刺罕口，大破以逸待劳的北元太尉朵儿只巴所部。最后再与冯国胜主力合兵扫林山，当场射杀北元平章卜花，俘获太尉锁纳儿加等人，第三次击败了北元军队，取得了甘肃战场的主动权。

六月，冯国胜兵不血刃地攻陷亦集乃，逼得北元岐王朵儿只班逃走并丢下了数十万牛马，各地守军不是投降就是逃跑，傅友德又在瓜州、沙州再次斩获数万辎重，与冯国胜一路攻城略地，基本赶走了甘肃一带的北元残兵，大胜而还。然而，西路军的作用是牵制北元军队，掩护徐达的中路军，可是中路军战败而归，西路军的胜利就失去了原本的意义。

明军的三道征沙漠战役一胜两败，完全没有达成原定的目标，不仅

---

① 《明史纪事本末·卷十》：迷失道，至桑哥儿麻，乏水，渴死者甚众，文忠患之。忽所乘马跑地长鸣，泉水涌出，士马赖以俱济。

担任主攻方向的徐达折损了上万人马，一向擅长恶战的李文忠也差点全军覆灭，前后损失不低于四万人，这从任何角度来看都是一场失败的战役。作为三道北征的主力，中路、东路明军的表现实属罕见，也证明了北元依然有善战的军队和优秀的将领。

三道北征的失败证明了蒙古骑兵的战斗力依旧强悍，也证明了沙漠的危险性，要深入敌境击败北元政权，明军就不得不在没有补给和援军的前提下冒险一战，这成了战争里最大的变数。不难看出，明军虽然在中原战场上所向无敌，却不能在草原上长驱直入，肃清沙漠的难度非常大，消灭北元政权仍然需要很长的时间，这场战役改变了大明对北元的战略，也开启了大明塞王戍边的新时代。

第十七章

收巴蜀，明夏战争

明夏政权立国史

大明与北元的塞上争锋并不是朱元璋唯一开启的定国之战，大明的西线还有另一场战争在同一时间进行着，那就是大明与明夏政权之间的巴蜀之战。虽说鄱阳湖一战奠定了明朝一统长江以南的基础，能顺利赢得这场史诗级大战，朱元璋的运筹帷幄、临阵指挥固然是很关键的因素，但也不能忽视另一个事实，即陈汉政权并没有继承昔日天完政权的全部实力，陈友谅领导的只是天完分裂后的势力，南方仍有强大的天完系对手尚未被消灭。

天完政权最鼎盛时，向北占据湖北武昌，向东攻克浙江杭州，向南略定湖南、江西，向西攻取了四川，俨然领有大半个中国南方。如此辽阔的疆域足可与元朝一争天命，可惜徐寿辉缺少了君主的杀伐果决，以致天完中央难以御下，各地元帅逐渐坐大，倪文俊、赵普胜被杀后，陈友谅挟天子而令诸侯，天完政权事实上已然分裂。

天完政权分裂时，征战四川的天完西路军团已经尽数占领了从兴元到重庆的巴蜀之地，其统帅明玉珍所拥有的兵马钱粮丝毫不输给任何一路军阀，陈友谅曾以封王赏爵的虚名拉拢明玉珍，但明玉珍同样有争雄天下的志向，岂能贪图这等小利，断然拒绝了陈友谅的橄榄枝，进而封锁关隘，陈兵东向，准备与陈友谅一争高下。

明玉珍与陈友谅的决裂意味着陈汉政权面临东、西两线作战的不利局面，故而陈友谅尽可能地压住了怒火，没有进一步激化自己与明玉珍的矛盾，他的计划应该是先集中力量消灭朱元璋，然后再挥师西征明玉珍。

而今，随着明朝相继占领陕西、甘肃，明夏政权成了长城以南唯一一个能与大明抗衡的政权，两个政权之间的战争一触即发。

夏帝明玉珍，祖上世代务农，他出生于随州，身高八尺，一目有重瞳。和陈友谅的阴鸷沉笃不同，明玉珍很重信义，喜好打抱不平、扶弱救危，这种品性自然赢得了乡里百姓的拥护。

元末乱世时，在当地颇有号召力的明玉珍拉起了自己的队伍，聚众十余万，结寨于青山。强大的实力很快引起了天完政权的注意，徐寿辉等天完高层有意拉拢，而明玉珍也想投奔天完谋求发展，双方于至正十二年成为一家，明玉珍得授元帅一职，镇守沔阳，隶属于倪文俊麾下。如此一来，明玉珍和陈友谅都在倪文俊辖下，一个在沔阳，一个在黄州，共同拱卫武昌。不同的是，明玉珍的地位比陈友谅更高，更受天完高层的重视，他是带着大量兵马“入股”的武装首领，起步即大元帅，而陈友谅却是从倪文俊秘书做起的。

在天完政权中，明玉珍作战勇猛，敢打恶战，在与元军将领哈麻秃的洞庭湖之战中，明玉珍身先士卒，被飞矢射中右眼，几乎失明，但他强忍着疼痛，依然坚持作战，竟然反败为胜，时人皆服其勇，明玉珍在天完军中的威信也越来越高。

至正十五年，明玉珍镇守的沔阳因为常年战乱且洪水不断，百姓日渐困窘，饿死、流亡的人很多，连明玉珍的军中也开始缺粮了。明玉珍不同于元末群雄，他的心中是有百姓的，看着百姓生活在水深火热之中，明玉珍认为应该想办法筹措粮食赈济沔阳百姓。为此，明玉珍决定西征四川，亲率上万兵马、斗船五十艘，溯巫峡而上，进入夔州搜集粮食。这一年的征粮行动应该很顺利，次年冬天时他已经准备带着粮食从巫峡返回沔阳。

机遇却在这时不期而至。当时的四川行省右丞完者都坐镇重庆，不知是出于何种原因，此人突然萌生了兼并义兵元帅杨汉所部的想法，但杨汉不肯接受元廷官员的调度，完者都便设下鸿门宴，于席间杀死了杨汉。杨汉一死，他麾下的义兵便发动了叛乱，不仅没有被完者都兼并，反而顺着长江向东逃离，刚好遇到了准备回沔阳的明玉珍，透露了重庆兵力空虚的重要情报。

在部将戴寿的强烈建议下，明玉珍将义兵并入自己的队伍，然后兵分两路，一路带着大部分征集来的粮食返回沔阳赈济百姓，另一路由其亲自领兵偷袭重庆。这次军事行动非常迅速，目的是打元军一个出其不意。完者都玩阴谋诡计是内行，御敌打仗却是个懦夫，纵然明玉珍只有数千兵马，他还是毫不犹豫地弃城逃走了。

主帅一走，守军的士气可想而知，恰好留下来指挥元军的统帅是射瞎明玉珍右眼的哈麻秃，仇人见面自是分外眼红，明玉珍纵马而进，大破元军主力，哈麻秃当场被擒，重庆就此落入天完军之手。占据重庆的明玉珍和朱元璋一样重视军纪、民心，严禁军队抢掠百姓，城中秩序井然，百姓因此大悦，归降者不计其数，明玉珍很快在重庆站稳了脚。消息传回武昌后，天完皇帝徐寿辉大喜，立即成立了陇蜀行省，任命明玉珍为行省右丞，允许他攻略巴蜀。

位置决定发展方向，江州在东线，陈友谅自然要进取江西，而重庆在西线，明玉珍不可避免地把目光投向了蜀中。当时的四川并不太平，龙凤北伐落败的西路军李喜喜于至正十七年杀入四川境内，弃红巾而裹以青巾，人称“青巾军”或“青军”。这支队伍逃出了察罕帖木儿的魔爪后，立即凶相毕露，对手无寸铁的巴蜀百姓大加杀戮，虽然历史上关于青巾军的记载不多，但他们的出现却给巴蜀带来了深重的灾难，当地百姓对青巾军深恶痛绝，而以完者都为代表的元军多次征讨却无功而返，只能坐看青巾军占领了成都。

明玉珍正是看到了巴蜀百姓对拯救者的殷殷期盼，便决心以重庆为大本营，就地募兵西进四川，谋求更大的发展。至正十八年，明玉珍进驻泸州，以部将万胜为先锋，夜袭了屯兵嘉定的元军主力，右丞完者都又一次弃城而逃，天完军遂把元军主力困在了嘉定大佛寨。

不过，大佛寨的元军并没有像重庆守军那样被轻易击溃，其统帅赵资拼死力战，竟然与天完军对峙长达半年之久。至正十九年，明玉珍转换思路，决定袭击元军大后方以打击大佛寨元军的士气，他一方面加紧围攻赵资的元军主力，阻止赵资任何突围的尝试，另一方面派万胜带兵奇袭成都，又来了一次攻其不备。这是高明的一招，彼时的成都经过青巾军之乱，防御力非常低，守军也全无士气，万胜轻松攻陷成都，擒获了不少元廷官吏的家眷，其中包括赵资的妻子和儿子。

明玉珍将赵资的家眷召至大佛寨，试图以此逼降赵资。没想到赵资引弓将妻子当场射杀，接着还准备再取一箭射死儿子。如此决绝的行为令两军骇然，明玉珍知道死战是免不了了，遂放弃了劝降元军的想法，出动左右两翼夹击元军，自己则率中军直逼赵资本阵。

然而，赵资虽然决心死战，但被长期围困的元军已经失去了抵抗的勇气，最终全线溃败，赵资被迫突围至龙州，后和完者都、朗革歹一起被俘送明玉珍处，三人忠于元廷拒不投降，明玉珍只能将其处斩，元廷在四川的势力就此瓦解。之后，明玉珍在四川扫荡李喜喜的青巾军残部，陆续攻克四川各州府，还收降了虎将傅友德，可惜明玉珍未能看出傅友德的能力，得不到重用的傅友德不久便投奔了江汉的陈友谅，最后归顺了朱元璋。

明玉珍对四川的经营很得人心，他一方面严格约束军纪，禁止士兵侵犯百姓，另一方面大力恢复四川的经济，劝农桑，兴文教，招人才，巴蜀之地在经过青巾军之乱后第一次恢复了安宁，蜀中百姓对明玉珍的支持率节节攀升，士族地主也纷纷加入他的队伍，如元朝进士刘桢（又作刘祯）就受邀成为军中理问，后来当上了明玉珍的首席参谋，如同李善长之于朱元璋，是四川文人的代表。明玉珍的巴蜀基业就此建立。

至正二十年，陈友谅悍然杀害天完皇帝徐寿辉，自立为大汉皇帝，改元“大义”。明玉珍得知后既哀且怒，亲自为徐寿辉举丧，仍奉天完年号，并派兵封锁夔关，塞兵瞿塘，发布讨陈檄文，与陈友谅彻底决裂。次年，明玉珍接受巴蜀百姓拥戴，自称“陇蜀王”，宣布新政权建立。

至正二十二年三月，已成一方割据势力的明玉珍在刘桢等文武大臣的推戴下，正式称帝建国，立国号“大夏”，改元“天统”，定都重庆。立世子明升为太子，仿周制设六卿，以戴寿为冢宰，万胜为司马，张文炳为司空，向大亨、莫仁寿为司寇，吴友仁、邹兴为司徒，刘桢为宗伯，设立翰林院，开科取士，分四川为八道，以刺史、太守、县令为三级行政长官管理各地，史称“明夏”。

至正二十三年到至正二十五年，明夏政权在明玉珍的领导下积极对外扩张，同时向南北两线发起攻势：一路以司马万胜为大将，兵分三路攻打云南；另一路则分取兴元、巴州等地，基本确立了明夏政权的疆域。

明玉珍称帝建国的那一年正逢陈友谅与朱元璋大战于鄱阳湖，若夏军此时顺流而下直逼后方空虚的湖广地区，明玉珍便可坐收渔人之利，尽取陈友谅的武昌等地，恢复天完政权昔日的领土，届时一个实力不低于陈友谅的新政权就会出现在朱元璋西侧，天下大势便不可预知了。可惜，明玉珍并未预见陈友谅的迅速败亡，他可能也与张士诚一样持坐山观虎斗的态度，白白错失了扩张地盘的最佳时机。等到鄱阳湖大战结束后，夏军已经来不及介入战争，朱元璋迅速吞并湖南、湖北，明夏政权也就此被封锁在天府之国中。

至正二十六年三月，明夏政权的开国君主明玉珍病逝，时年三十六岁。

他死后，明夏政权的统治者是年仅十岁的明升，因其年幼暂由皇太后彭氏临朝听政。自古以来，主少国疑，是国之大患，年幼的皇帝无法驾驭战功赫赫的武将勋贵，很快，没有雄主约束的明夏高层发生内讧，都察院张文炳怂恿明玉珍义子明昭矫诏处死万胜，企图独揽大权。坐镇地方的大将吴友仁遂以此为由，举兵"清君侧"，朝廷不得不派戴寿领兵征讨，但两者很快达成协议，明昭被处死，吴友仁入朝谢罪。

经此动乱后，明夏政权的军事实力大幅度下滑，骁将万胜被杀，国中竟无将领可以替代。[①]幼主临朝，权臣当政，大将被诛，明夏政权由盛转衰，明朝一统巴蜀的战机终于来了。

两道伐明夏

明夏内乱结束的第一时间，夏帝明升立即遣使应天府，通报了新帝继位的消息，同时自夸其国东有瞿塘三峡之险，北有剑阁栈道之阻，是一夫当关万夫莫开的四塞之国。之所以要这么强调山川险隘，明夏君臣显然是害怕大明在伐元战争结束后会引兵而来，遂以此暗示朱元璋不要轻举妄动，甚至表示可以按时入贡应天，只要维持现状就好。

然而，朱元璋偏偏要反其道而行，明夏越是不想发生战争，就越说明他们害怕战争，而害怕战争的理由不就是实力不够嘛，何况四川天险从未保住任何一个割据巴蜀的政权，九州一统是天下必然的大势。不过，朱元璋没有立即表明自己心中所想，而是假意遣参知政事蔡哲友好

① 《明史纪事本末 · 卷十一》："胜，夏骁将也，兵无不一当百。胜死，夏以不竞。"

回访，暗中让使团带上画师，沿途记录入川的地形地貌，以备伐夏战争之需。

洪武二年，大明皇帝朱元璋开始谋划对明夏的征伐，考虑到不战而屈人之兵是兵家上策，遂先遣杨璟进入重庆，直言不讳地提出要明升“奉国入觐”，换言之就是举国归降，如果明升同意，那他就会成为第二个安乐公刘禅；如果拒绝，那灭国大战就在旦夕。

明夏政权自然不愿意，两国大战肯定是免不了了。为拖延开战时间，明夏君臣始终不给出确切的答复，只是暗中聚财敛兵，以备大战的到来。朱元璋想必也猜出了明夏君臣所想，但他并未催促得过急，明军主力当时还在与北元交战，晚点儿动手也符合大明的利益。

明夏政权和过去许多蜀地政权类似，中部以成都平原作为钱粮大后方，北部以剑门古栈道为门户，兼有汉中山川为屏障和缓冲，东部以瞿塘峡为界，聚兵两岸阻止战船进入，控制着入川的大门。至于南部，夏军虽然一度攻入云南，但那里各部落聚集，山川错综复杂，元军的兵力号称有三十万之多，夏军最终还是败退回了四川。而不同于过去的蜀地政权，明夏的政治中心有两处，除古都成都外，还有一处是有“山城”之称的重庆，门户即当年明玉珍征粮的夔州。

要征讨明夏政权，明军必须同时攻克重庆、成都两座重镇，而两者都有屏障拱卫，比如重庆东侧的夔州有高山险隘，大军很难走陆路通过，唯有长江水道可直达重庆，可水道又有瞿塘峡堵塞，夏军可以布重兵防守。而成都虽在平原地区，其北侧却有秦岭和大巴山，古蜀人修筑剑门关阻断南北，有“一夫当关万夫莫开”之险。另外，明玉珍很早就意识到四川北部的安危取决于汉中地区在谁手中，因此他整整花了两年时间攻略兴元，又给剑门关多加了一道保险。同样，朱元璋要攻伐四川也必须先打下兴元。

洪武三年五月，趁着徐达统兵甘肃的有利时机，朱元璋让西征关中的军团向南谋攻兴元，作为入蜀作战的跳板。徐达遂调遣两路人马，一路以傅友德为先锋，从秦州转向南侧的略阳，一路直抵阳平关和沔州。另一路则由金兴旺率队从凤翔走连云栈道，也抵达沔州一线。

两路人马会合后，兴元守将刘思忠、知院金庆祥竟然被吓得开城投降，汉中这道屏障在未经大战的情况下并入大明，这是明夏君臣怎么也想不到的。汉中屏障这么重要，而兴元城居然没有大将镇守，被奇袭也就不足为怪了。

意识到问题的严重性后，明夏以大将吴友仁统兵三万反攻兴元，当时兴元守将金兴旺只有守军三千人上下，十倍之多的差距让夏军大胆攻城。这一战，守将金兴旺首先率部出城迎战，以求在气势上压倒夏军，混战中面部被飞矢射中，他径直拔出箭矢，奋力搏杀，斩首数百人，逼退了夏军的第一拨攻势。

第二次交锋中，夏军四面围城，决濠填堑，发起强攻。明军兵力不足，金兴旺只好退入城内凭城固守，用滚木礌石砸退夏兵，双方围绕城墙展开激烈的搏杀，但守军有高墙作为依靠，夏军的攻势虽然迅疾，却始终拿不下城墙。

对守军来说，胜利的关键在于时间，三千明军断不可能击退三万夏军，唯一的胜算是等徐达的明军主力抵达战场。而此时的徐达已经派傅友德领三千精锐取道木曹关，抵达兴元东侧的城固，很快就攻破了斗山砦，与兴元守军成包夹之势。

援军来是来了,奈何数量还是太少,加起来也不到夏军的三分之一。

傅友德素来智勇双全，他没有立即发动进攻，而是绕到夏军后侧的山上，让每个士兵都准备了十支火把，并于夜晚举火。晚上的视线本就不清楚，三千人点着了三万支火把，夏将吴友仁上当，毫不犹豫地放弃了围城，带着三万夏军连夜退走。兴元之围解除。

洪武四年开春，朱元璋祭告天地，宣布开启西征明夏的战争。明军组建了两支部队：北路军是徐达留在兴元的原征西军团，包括投降后的关陇军队，以颍川侯傅友德为前将军，济宁侯顾时为左副将军，另有都督佥事何文辉等将；东路军则是明军京卫会同荆湘卫所兵马组成的新军团，以中山侯汤和为征西将军，江夏侯周德兴为左副将军，德庆侯廖永忠为右副将军，另有荥阳侯杨璟、都督佥事叶升等将。

两路明军的具体兵力没有找到准确记载，考虑到北路军就是曾经讨伐关中军阀的征西军团，而明军还要防备塞上的北元军队，他们不可能全数进入四川，傅友德手里也许只有部分兵马，他们的进攻方向是从兴元切入广元、绵州，由北向南进攻成都。

东路军属于新组建的军团，统兵大将是朱元璋最信任的汤和，配备的军侯多达四人，可见他们是伐夏的主力，而明军在湖北、湖南屯有重兵，再加上京卫，东路军的数量可能超过了北路军。此外还有长江水师的各式战舰，目标就是易守难攻的瞿塘峡和重庆。

明夏方面，夏军对两处战场的危险程度判断不同，出于对剑门天险的信任，夏军在北部防线上只调派了吴友仁当初率领的三万兵马，分别守备栈道各处，屯以足够的军粮，意在长期坚守。

瞿塘峡一线则紧靠重庆，大多数夏军集中在夔州，他们在峡道最窄处（约五十余米）的峭壁上修建了防御工事，拉起了三道飞桥连接峡口，桥上和两侧峭壁都部署了飞弩、火炮，形成三面合击的火力覆盖网，水面上还有横江铁索阻拦大船经过，只要明军战船进入火力网范围，势必被打得抬不起头。

明军两路军的进军路程相差很大，北路军如果走剑门关入川，仅到成都就要走四百多公里，再从成都去重庆还要走二百五十公里以上，而东路军顺着长江，仅用四百六十多公里便可以到达重庆。就夏军的兵力部署来看，明夏君臣最担心的不是成都防线，而是都城重庆的安危，毕竟沿着水路进攻，明军就省去了走路的时间，大军坐船很省体力，而且路程也不长，汤和率领的军团更像是主攻，而傅友德的兵马是佯攻。

朱元璋对两路大军的部署是否有主次之分不得而知，但他显然很关心傅友德率领的陆军，在大军出征后又单独给傅友德下了道密谕："蜀人闻吾西伐，必悉其精锐东守瞿塘，北阻金牛，以拒我师。彼谓地险，吾兵难至。若出其意外，直捣阶、文，门户既隳，腹心自溃。兵贵神速，但患卿等不勇耳。"①

这份密谕在很多史料上都有记载，是不是事后为了衬托明太祖运筹帷幄而编造的，恐怕不好考证，但它明确指出了北路军的战略思想，即绕过剑门，出其不意直捣成都。这一招并不新鲜，当年邓艾征伐季汉时就走的阴平道，如今傅友德也选了阴平道。具体路线是翻越摩天岭，攻取青川果阳关，然后穿过绵州、汉州，直抵成都城下。

要走这条路线，傅友德首先要打下明夏控制的阶州、文州，这两个地方在兴元的西部，也就是略阳以西。明军的优势就在于略阳、兴元都控制在自己手中，剑门一线的夏军无法准确地掌握明军的行动。

基于这一有利条件，当年三月，傅友德再次使出疑兵之计，一边扬言要走金牛（龙门山以北），把少量军队派到那里活动，制造出明军确实要攻关的假象。实际上，傅友德精选了五千精兵北返陈仓，然后转向西边，攀援山谷，昼夜兼行，花了一个月时间到达阶州，守将丁世真仓促应战，被杀得大败，弃城南逃，明军占领阶州。

---

① 引自《明史纪事本末 · 卷十一》。

拿下阶州后，傅友德没有休息，立马挥师直趋文州。文州城下，丁世真砍断了白龙江大桥，试图把明军挡在江对岸。没想到傅友德就地修桥强渡，发起猛攻。

大战中，都督同知汪兴祖策马冲锋在前，被夏军飞石当场射杀。大将阵亡并未影响明军士气，反而激起了明军的怒火，傅友德亲自督兵强攻，丁世真的夏军被这一幕惊得溃不成军，他本人仅带着数人逃出战场，文州也落入明军之手。

阶州、文州到手，接下来傅友德很轻松地拿下了青川果阳关，数万明军就此翻山越岭，冲入了辽阔的四川盆地，首先攻略的就是江油、彰明。本来这里还是可以抵抗一下的，但明军来得太快，各地百姓、守军都很惊恐，绵州一线的夏军非常慌乱，一经冲杀就溃不成军，两城相继沦陷。

唯一的恶战发生在绵州城。夏军守将向大亨在城外修筑了营寨，亲自带兵屯驻其中，如此便与绵州守军形成犄角之势，明军若攻营寨，守军就会来救，若攻打城池，向大亨也会来袭击。面对这种情况，傅友德故意把大军对准绵州城池，擂鼓、呐喊之声响彻天际，夏军以为明军要攻绵州了，而实际是傅友德选了一队精兵，命令都督佥事蓝玉带领他们夜袭向大亨的营寨。

当夜，蓝玉利用夜色，一会儿攻寨西，一会儿打寨北，通宵达旦，攻势不断。蓝玉这么做并不是为了攻破营寨，而是让向大亨彻夜不眠，消耗他们的耐心和体力。等到天亮后，傅友德再率领主力正面攻打向大亨的营寨。恰好天起大风，夏军在风中战力大减，眼睛都被吹得睁不开，根本无法作战，因此被明军杀得落荒而逃。

向大亨的营寨既破，绵州孤城难支，很快就被明军攻克，向大亨被迫退往汉州重新布置防线。

汉州一线，夏军倚仗水流湍急的汉水防守，实在拿不出任何退敌之策，只好原地不动，干看着。傅友德的大军一路南下，连克阶州、文州、青川、绵州，士气高涨，断不可能就地休整待变，他们大量砍伐汉水附近的树木，没过多久便打造了上百艘战船。夏军见明军即将渡河，惊恐不已，斗志可想而知。

傅友德此时还不知道东路军的进展情况，为了与友军取得联系，也为了震慑长江沿线的夏军，他把战报刻在造船剩下的木材上，写明了攻克阶州、文州、绵州的日期，木板顺流而下，不仅汤和看见了明军北路军的战绩，沿线的夏军也因此惊骇不已，士气大跌。傅友德此举大有不战而屈人之兵的效果。

部署在瞿塘关一线的夏军看到木板后，立即改变作战部署，由丞相戴寿带着半数主力紧急回援汉州一线，留太尉吴友仁继续抵御东路明军。但傅友德大军已渡过汉水，向大亨只好在汉州城下列阵迎战。不用多说，作为手下败将的向大亨又一次被傅友德杀得落荒而逃。

倒是戴寿来得很快，傅友德刚刚击败向大亨，夏军就抵达了汉州战场。傅友德认为："彼劳师远来，闻向大亨新败，必汹汹，可一战克也。"[①]明军因而发起新的攻势，打了戴寿一个措手不及。

至于戴寿，他的统兵作战能力明显不如傅友德，并未想到要避开明军锋芒，用拖延战来消耗明军的锐气和士气，只想着尽快解除汉州之围，返回瞿塘峡战场。结果，连夜赶路的夏军疲惫不堪，明军一鼓作气，轻松击溃戴寿的生力军和向大亨的残兵，戴寿和向大亨逃向成都，绵州也落入明军之手。

---

① 引自《明史纪事本末·卷十一》。

打到此时，北路军在傅友德的指挥下，一路高歌猛进、攻城拔寨，凡是路上挡道的夏军，无一不是溃败南逃，势如破竹，傅友德的锋芒几乎无人可比，战绩辉煌。

明军北路军能有今日之捷，主要有两个原因，一是“奇”，二是“快”。奇，即出其不意，奇袭空虚的阶州、文州，打了对手一个措手不及，从而增加自己的胜算，正是《孙子兵法·计篇》所谓“攻其不备，出其不意”；快，即行动迅速，不给对手反应的时间，以动若雷霆的攻势闪击对手，破坏对方部署的防线。有此两点，傅友德不愧为明初排在第一序列的大将。

三个月时间，北线战事即将收尾，而东线的汤和所部又到哪里了呢？

一统天府之国

关于巴蜀之险，谷应泰总结道：“夫中国之得地险者，宜无过巴蜀，栈道揭其北，泸水阻其西，表岷峨之天阙，带二江之双流，勇夫重闭，几乎斗绝矣。”①攻打这样一个四塞之国，若无合理的作战策略，是很难突破防线的。

洪武四年三月，大明对明夏政权的战争是从两线同时展开的。同时开战，目的就是要分散明夏的兵力，让其分兵御敌，不能集中一处。傅友德所率领的北路军翻山越岭的同时，汤和领导的东路军也按时出征，

① 引自《明史纪事本末·卷十一》。

他们的第一个目标是悬孤在外的归州。归州在元代隶属于湖广行省，古时被称为秭归，当年汉昭烈帝刘备讨伐东吴时，也是先打秭归。

之所以说归州悬孤在外，是因为它夹在四川、湖广两个行省之间，除了明夏政权外，西南诸蛮的山寨部落遍布四周，《明史·土司》载：“自巴夔以东，及湖湘岭峤，盘踞数千里，种类殊别。”因此，取归州就要保证西南诸蛮不来捣乱，否则一旦明军入川，西南诸蛮断其后路，军队的处境就危险了。

问题也正是由此而来。西南诸蛮盘踞的地域很广，元朝以及陈汉都采用赏爵雇兵的政策，以取得名义上的统属关系。陈汉政权灭亡后，湖南的土司畏惧朱元璋的兵锋，主动归附，都被授予原职。然而，洪武三年，慈利安抚使覃垕（hòu）联络周边诸蛮共同作乱，明军要征伐明夏就必须先讨平当地的蛮族部落。

战事本来应该在当年结束，江夏侯周德兴以奇兵连破多处营寨，进克温阳关，但是当地形势复杂，明军管理不易，只好放弃各处山寨。明夏趁机东进，窃取了明军的胜利果实。一直到洪武四年二月，为了保证东路军能按时入川，汤和首先发动了一场围绕归州诸山寨的局部战争，江夏侯周德兴出兵龙伏隘，重新夺取温阳关，南雄侯赵庸、宣宁侯曹良臣从另一处攻取了桑植后，与周德兴合力夹攻茅冈、覃垕寨，汤和本人亦进兵归州，费了不少力气才打通了进入四川的通道。

当年三月，东路军先锋杨璟率先抵达瞿塘关战场。

瞿塘关一线，明夏在这里部署了大量的军队，有戴寿、邹兴、莫仁寿等明夏军方高层指挥官，可见他们对此地的重视。杨璟一到战场立即兵分三路发起了第一轮攻势，一路攻赤甲山，一路取白盐山，杨璟主力出犬溪口，搏战扼守瞿塘的夏军主力。然而，这一轮的攻势打得相当憋屈，三路明军全数落败，史载：“璟战不利，赤甲、白盐之师亦退还归州。”[①]

明军退回归州而不就地建立据点有两种推测：一是当地地形险峻，无法建立据点；二是败得太惨，被夏军一路追杀，不得不逃回归州。更让人意外的是，杨璟所部只是先锋，汤和带领的才是东路军的主力，而汤和部在瞿塘峡的表现完全没有记载可寻，唯一可以确定的是“伐蜀三月，未得捷报”[②]。

换言之，汤和进抵瞿塘峡后，从三月一直打到六月也没有任何战果。朱元璋最关注和最不放心的其实是汤和的东路军，他始终密切关注着这条战线的战事，生怕没有进展。三月未获捷报，朱元璋知道战况不妙，不得不集结了另一支军队，以永嘉侯朱亮祖为右副将，作为汤和的增援力量。

六月，明朝廷终于弄清楚了前线的真实战况，就在傅友德一路快速推进时，瞿塘峡水位暴涨，汤和大军因此驻师大溪口，想等水位降低后再发起第二次进攻。

原来不是打不赢，而是畏惧不前，气得朱元璋发信斥责道：“傅将军率精锐，冒险深入，克阶、文及青州、果阳、白水江之地。兵既越险，次于平川，蜀人无险可恃，正当水陆并进，使彼首尾受敌，疲于奔命。平蜀之机，正在今日。朕前日所以语尔者，独不记忆乎？何怯之甚也！”[③]

皇帝的愤怒再清楚不过了。得到这样的诏书，东路军的将领们按捺不住了，廖永忠深以按兵不动为耻，首先率部开拔，再次杀奔瞿塘关战

① 引自《明史纪事本末 · 卷十一》。
② 引自《明史纪事本末 · 卷十一》。
③ 引自《明史纪事本末 · 卷十一》。

场。然而，作为最高指挥官的汤和仍然犹豫不决，直到江中漂来很多木板，上面写着傅友德攻克阶州、文州、绵州的具体时间，汤和才知道自己的犹豫不决差点儿贻误战机，只好率部前进，自白盐山伐林开路。

胜利和荣誉永远属于勇者，属于那些不畏艰险、敢于冒险的战士。廖永忠手里的兵马、战船虽然不多，但他征战多年，何曾受过如此侮辱，军人只有战死疆场的，没有坐等胜利到来的，纵然汤和所部还远在后方，纵然面前山川险要，他依然率部与夏军单独接战，正面进攻坐镇夔州的明夏平章邹兴。

面对敌众我寡的不利局面，素来擅长水战的廖永忠第一次展现出指挥陆战的战术修养，他将大军分成前后两部，只用前部人马与敌接战，待两军混战在一起后，他才出动后部兵马。不过，他不是直接把后部兵马作为预备队增援前方，而是又把他们分成左、右两翼，从两侧穿插到敌军侧翼，形成左、中、右三面夹击之势。廖永忠兵马虽少，但战术指挥得当，连战两日皆是大捷，生擒夏军元帅龚兴，战死、溺死的夏军不计其数。

首战告捷后，明军士气为之一振，廖永忠毫不犹豫地进抵最危险的瞿塘峡战场，此时的汤和依然在后方，不知道何时才能与之会合。到底等不等主力到来呢？廖永忠的抉择还是那一个字：“战！”见瞿塘峡飞桥、崖壁上的火力密集，战船无法攻破横江铁索，廖永忠遂分出壮士数百人，令他们每人携带干粮、水筒，身上披着青蓑衣伪装，扛着小船翻山越岭，直插瞿塘关后方。

由于当地山林茂密，廖永忠的奇袭小队又披着与植被颜色一样的伪装，夏军竟然一点儿也没有发现这些扛着小船的明军小队。估计奇袭小队已经抵达目的地后，廖永忠于夜晚五鼓时分，兵分两路发动正面进攻，步兵攻打夏军陆寨，战船攻打夏军水寨。其中，攻打陆寨的作战非常顺利，到天亮时分，明军已经成功攻克了夏军陆寨，狠狠打击了瞿塘峡夏军的骄横之气。

至于水师，廖永忠擅长水战，更擅于炮战，他给所有的战船裹上了一层厚厚的铁皮，船头架着火炮、火铳。当夜，火器不停地吞吐着火舌，夏军也奋起反击，双方几乎要把狭窄的战场点燃。突然，一通齐射从战场的另一侧袭来，夏军大惊失色，回头一望，只见翻山越岭的数百明军驾着小船从上游杀出，船头的明军大旗在风中猎猎作响。明军实现了前后合围。

夏军阵地顿时慌成一团，对上游明军的到来惊愕不已。廖永忠抓住战机，命令主力战船大声鼓噪，呼应友军，同时开足马力冲撞横江铁索，并连发火炮、火筒夹攻，战况激烈的战场很快就被明军旗帜淹没。夏军前后应战，进退失据，统帅邹兴被火箭当场射杀。

主帅一死，没有统一指挥的夏军争相逃离战场。明军乘胜追击，连毁三座飞桥和横江铁索，生擒同佥蒋达等八十余人，斩首千余级，溺死的夏军不计其数，水寨就这样被攻破，瞿塘峡天险落入明军之手。

直到第二天，汤和率领的明军主力才抵达战场，对战局已经没有太大的影响了。紧接着，东路军分成水、陆两军，汤和率领陆军走大路，廖永忠指挥战船，沿着长江逆流而进，先后攻克奉节、云阳、万州、忠州、丰都、涪陵。各地的夏军无力组织第二道防线，只得投降，眼睁睁地看着明军逼近都城重庆。

明夏君臣都知道重庆守不住了，部分人建议立即撤退到成都，但皇太后彭氏叹息道："事势如此，纵往成都，不过延命旦夕，何益！"[①]

---

① 引自《明史纪事本末·卷十一》。

彭太后说得没错，撤到成都也不可能挽救大厦将倾的明夏政权，彼时的成都也正遭到傅友德的攻略。君上没有斗志，臣下又如何继续抗争呢？明夏君臣最终决定向廖永忠投降，但廖永忠以主帅汤和未至为由，让他们等明军主力抵达后再举行出降仪式。

洪武四年六月二十二日，夏帝明升开城投降，汤和下令安抚重庆百姓，并让明夏旧臣戴寿、向大亨的家眷带着书信前往成都劝降。

七月，彼时的成都大战正酣，戴寿、向大亨尚不知道都城重庆已经失守，皇帝明升也奉表投降，他们在城外集结了不少军队，以战象打头阵，试图用这些野兽踩踏、恫吓傅友德的部队。然而，明军向来重视火器，各军都配备有一定数量的火器。面对战象的进攻，傅友德用火铳、火炮射击敌军，密集的火弹飞速穿过战场中央，频频击中体型庞大的战象，再加上火器的轰鸣声非常刺耳，从未被火器攻击过的战象立即失去了控制，纷纷逃窜躲避，竟然踩死、撞死身旁无数的夏军士兵，夏军阵地顿时一片大乱，还未正面厮杀就折损了大部分兵马。

等到戴寿、向大亨的家眷带着汤和的劝降信赶来后，成都守军才知道小皇帝已经开城投降了，士兵们的斗志就此瓦解，夏军只好举手投降，成都城头升起了明军旗帜。

截至当年八月，夏军最后的火种在保宁被扑灭，建国不足十年的明夏政权终于在大明摧枯拉朽的攻势下覆灭了，北起兴元、南到叙州的天府之国属于大明了。

因为及时归顺，夏主明升得封归义侯，后被迁往高丽安置。而明夏大臣戴寿、向大亨在经过夔州时“凿舟自沈（沉）死”①。

①《明史纪事本末 · 卷十一》：寿、大亨既降，至夔峡皆凿舟自沈死。

纵观大明征伐巴蜀的两线大战，夏军从一开始就错判了两路明军的作战能力，他们虽然看出了汤和率领的东路军是主攻，却忽略了兴元、阶州等地的防务，让明军抢先拿下了北部防线，导致傅友德能在毫无阻碍的情况下，以洪水奔流之势迅速席卷辽阔的成都平原。

北线一乱，夏军不得不把原本部署在瞿塘峡的半数兵马派往成都，这使得东线战场的兵力不足，原本全线堵塞峡口的计划难以为继，甚至出现了漏洞。廖永忠能以数百人穿插到瞿塘峡上游，轻松拔掉之前三个月都拿不下的飞桥、铁索，恐怕正是夏军这一军事调整后的结果，否则夏军以十万兵力堵塞夔州，廖永忠又怎么能以一支偏师飞渡呢？

第十八章

战南北，覆灭元廷

进讨云南

一统天府之国后，明朝在西南地区的影响力大幅增加，有成都平原这样的钱粮大后方，明军对西南地区的征战势必要继续下去。朱元璋用兵历来讲求稳扎稳打，军队往往打到哪里，就以当地为军事基地继续推进到更远的地方，征虏大将军徐达当初的二十五万北伐军，就有部分兵马按照上山东、平河南、逐北平、征山西、入关中、取四川的路线来到了诸蛮盘踞的大西南。

在消灭明夏后的第一时间，也就是洪武五年春，朱元璋便遣使云南，试图招降元朝镇守云南的梁王把匝剌瓦尔密。元梁王一系出自元世祖忽必烈第五子忽哥赤，元军占领云南后一直镇守当地，相当有威望。而现任梁王把匝剌瓦尔密对元廷忠心耿耿，在元廷逃往塞外后，依然奉其为正朔。

明玉珍建立明夏政权时，夏军曾集结重兵进攻云南，一度占领中庆。然而，元梁王在当地的统治根深蒂固，各部首领都支持梁王，特别是世代居住在大理的段氏积极协助梁王御敌，将夏军逐出了云南。至此，明夏基于云南道路艰险、瘴气弥漫，且诸蛮与梁王关系错综复杂，便放弃了攻占云南的计划。

夏军无法攻占云南，那明军能否做到呢？

明朝同样对云南很感兴趣，这里虽为西南远僻之地，却早在汉朝时就已经归属中国，不打下云南，那大明王朝就不算完整。而从战略的角度看，云南北临四川、东接广西，是西南地区的缺口，何况云南的统治者出自忽必烈的家族，有与北元夹击大明的可能，断不能弃之不顾。

为此，朱元璋多次选派重臣前往云南，反复劝说梁王把匝剌瓦尔密归附大明，可是北元也很重视云南，多次遣使西南，生怕云南悬孤在外太久会失去控制。

在两方使者同时出现的情况下，梁王把匝剌瓦尔密选择了血脉相连的北元政权，当即将明使斩杀。

既然和平统一云南的路走不通，那便只能武力统一云南。

洪武十四年（公元1381年）秋，腾出手来的明朝决定开启征伐云南之战，以颍川侯傅友德为征南将军，永昌侯蓝玉、西平侯沐英为副将军，列侯曹震、王弼、金朝兴及都督郭英为统帅，起兵三十万征讨云南。

关于作战方略，朱元璋向来喜欢提前谋划，对于云南这种地形复杂的地方，明廷早就派人入滇收集情报，故而他在给傅友德等人的谕旨中说自己通过研究地图、咨询众人，已经弄清了云南的“扼塞”。[①]所谓“扼塞”，即瞿塘峡、剑门关相一类的险要，只有打通它们，才能拿下云南。

具体的作战计划和讨伐四川时一样，依然是兵分两路征讨，由傅友德一人节制：主力军是从湖广辰州、沅州进攻云南东边的普定、普安，目标是中庆的门户曲靖；偏师则由永宁渡过赤水，进攻乌撒，待攻取曲靖后，再会同主力直取中庆、大理，剩余地区传檄可定。

这一作战计划与接下来发生的云南之战完全一样，朱元璋运筹帷幄的能力可见一斑。兵家常说，将在外，君命有所不受[②]，战场情况往往瞬息万变，远在千里之外的君主遥控指挥得越细，战败的概率可能就越大，比如宋朝皇帝。那为什么朱元璋总能决胜千里呢？

---

①《明史纪事本末 · 卷十二》：朕尝览舆图，咨询于众，得其扼塞。

②《孙子兵法·九变篇》：凡用兵之法，将受命于君，合军聚众。圮（pǐ）地无舍，衢地交合，绝地无留，围地则谋，死地则战。途有所不由，军有所不击，城有所不攻，地有所不争，君命有所不受。

这得益于他很好地掌握了管理“尺度”，只提前制订明军兵团作战的大计划，却不干预战术上的细节问题，也多次对徐达等人强调要临机应变，不要事事请奏，这才能应对瞬息万变的战局。

当年九月，总指挥傅友德、蓝玉、沐英的二十五万大军已经抵达沅州，都督郭英、胡海、陈桓率领的五万偏师也抵达了永宁，战争旋即开始。

首先是主力部队战场。傅友德所部兵强马壮、人多势众，轻松拿下了挡在路上的普定、普安。梁王把匝剌瓦尔密得报后立即遣平章达里麻率领十余万军队屯驻曲靖，阻止明军逼近中庆大本营。曲靖位于中庆以东约一百二十公里处，城池东侧有一条大江，名为白石江，地形利于防守作战。梁王军把主力集中在曲靖，正是看中了白石江的水势，想在明军半渡时进攻。

明军身经百战，什么大场面没见过，当然不会畏惧小小的白石江。沐英建议道：“彼谓我师疲于深入，未有虞心。若倍道疾趋，出其不意，破之必矣。上所谓‘出奇取胜’者此也。”[①]

这一方略正合傅友德之意，出其不意和倍道疾趋都是他喜欢的战术，也是最熟悉的战术。明军就此强行军，以接近平日两倍的行军速度赶到了白石江。当时正碰上大雾天气，守在对岸的梁王军因能见度太差没有发现明军的行动，等到大雾散去后，梁王军才发现明军已经站在对岸了，大为惊愕。

可是白石江毕竟水流湍急，正面强渡不正好让梁王军有机会半渡而击吗？沐英建议傅友德的主力故意在岸边摆出一副要强渡河流的架势，以此吸引梁王军的注意力，然后再派一支偏师绕到远处渡河，待他们移

① 引自《明史纪事本末 · 卷十二》。

动到梁王军侧后方时，两路明军再合力夹击梁王军。

这一计划很成功，沐英派出的偏师只有数十人，比较容易隐匿行踪，梁王军统帅达里麻没有发现他们。过河后，他们立即在梁王军背后插上旗帜，并奋力敲响金鼓。梁王军一回头，只看见无数旗帜，听见很急促的鼓声，根本弄不清楚明军是怎么过河的，也不知道到底有多少人在那里。

同一时间，沐英下令强渡白石江，让擅长游泳的士兵先下水，用盾牌挡住射来的箭矢，游到对岸后用长刀砍杀岸边的梁王军，攻势迅猛且持久。守在岸边的梁王军本就被搞得心神不宁，一经冲杀就崩溃了大半，达里麻只好命令其余人马退后数里重新列阵，傅友德的主力顺势一起渡河，成功跨过了白石江。

没有了白石江这道屏障，梁王军只能和明军主力正面交锋，作为防守一方的他们士气本就不高，傅友德这种虎将一出马，飞驰入阵，连撞带砍，身后的弓箭如密集的雨点落下，顷刻间便让梁王军全线溃退，横尸十余里，两万余人当了俘虏，达里麻被生擒，梁王的主力就此被消灭。

攻克曲靖后，梁王的中庆大本营唾手可得，傅友德遂按照部署，派蓝玉、沐英率部追击，直捣中庆，而他则率领一部人马北上乌撒，增援都督郭英率领的偏师。此时，郭英的五万余人已进抵赤水，就等着主力从敌军身后赶来。

傅友德一到，明军立即从赤水两岸包围乌撒的梁王军，战斗几乎没有任何悬念，郭英于深夜造筏强渡，北元右丞实卜带着主力逃离战场，剩下的梁王部队被悉数歼灭在赤水，乌撒陷落。

不过，右丞实卜领导的梁王军主力并未被消灭，放弃赤水和乌撒后，集结了更多的力量反击。就在傅友德屯驻乌撒不久后，实卜带着从各地蛮酋那里借来的兵马再次杀来，比上次气势强了不少。傅友德遂把军队部署在高岗之上，以居高临下的优势严阵以待，任由梁王军队嘲讽与挑衅，始终不肯下来。

可是，明军诸将并不愿意久据高岗，他们是来征服云南的，怎么能被围在高岗上呢？众人纷纷请命出战。傅友德也想出战，却故意不许，放任山下的梁王军肆意叫嚣挑衅，目的就是要激发军队的求战意志。

见求战声越来越高，傅友德知道大军可以恶战了，这才同意全军出阵。明军憋了一肚子气，都像刚从囚笼里释放的野兽，纷纷狂奔下山，舍生忘死地投入战斗。芒部土酋这时前来增援梁王军，两军展开了极为血腥的恶战。明军是身经百战的正规军，部队有建制和阵形，而梁王军由诸蛮组成，各自为战，不少蛮族酋长被明军的长槊刺杀，所辖部落便全数崩溃，局势逐渐倾向于明军。

最终，明军杀得蛮族联军全线溃败，斩首三千级，俘获战马六百匹，连下七星关、毕节、东川、乌蒙、芒部等地。

消息传到中庆后，兵马尽失的梁王把匝剌瓦尔密自知大势已去，遂放弃中庆逃往晋宁州忽纳寨，最终他焚烧了自己的龙衣，驱赶妻子儿女跳入滇池自杀。蓝玉、沐英行至板桥时，北元右丞观甫保出降，中庆落入明军之手。

不久后，失去首脑的梁王军成建制地投降，《明史纪事本末·卷十二》载："元曲靖宣慰司、行省枢密院同知怯列该、傅慰、高仁，廉访司副使孛罗海千及中庆、武定、征江三路，嵩盟、晋宁、昆阳、安宁、新兴、路南、建水七州，昆明、富民、宜良、南甸、河阳、阳宗六县达鲁花赤、答麻等官，皆诣蓝玉、沐英营降。"

中庆既克，蓝玉、沐英率部向西，直奔土酋段氏的大本营——大理。

大理城位于洱海西侧，西边是险要的点苍山，南北两面各有一座关隘，分别是龙尾关和龙首关，看起来是易守难攻的城池。可对蓝玉、沐英来说，这样的地形正好可以瓮中捉鳖，只要困住两座关隘，再切断洱海的水运，大理段氏就插翅难逃了。

具体作战部署上，明军派定远侯王弼攻打龙首关，永昌侯蓝玉攻打龙尾关，都督胡海洋走小路渡河，悄悄穿插到点苍山上，然后遍竖旗帜，布置疑兵。段氏守军见后大惊，沐英乘势策马渡河，大水淹没至马腹，士卒皆争相跟进，一举破关陷城，段氏对大理的统治就此结束。

中庆、大理作为云南的政治、经济、军事中心，是元朝统治当地的象征，它们被明军先后攻陷，代表着盘踞云南近百年的蒙古势力就此烟消云散。蓝玉随后分兵取鹤庆，略丽江，破石门关，下金齿，平万户砦，车里、摩些、和泥、平缅等地的守军都相继投降，云南五十二府、六十三州、五十四县基本平定。

大明平滇一战势如破竹，数十万梁王军被悉数歼灭，各地土酋也望风归顺，究其原因是明军战略得当，将帅争相用命，且有一支战斗力强大的军队。然而，云南毕竟很大，土酋势力错综复杂，明军在曲靖、赤水两战中歼灭的只是梁王的兵马，各地土酋仍持观望态度，一旦大明与他们的既得利益发生冲突，这些土酋还会俯首称臣吗？

平定诸蛮

大明平滇一战前后不过百日，百日时间就把盘踞云南近百年的梁王势力连根拔起，速度惊人。云南不比四川，山林险峻，道路未开，瘴气弥漫，蛇虫遍地，最重要的是众多部落聚集。从秦汉时期起，云南便有很多规模不同的部落，他们盘踞在高山、深林之间，彼此时而联合，时而攻伐，要把这些部族一一收服几乎是不可能的，而要推广皇统和中原文化难度也不小，故而历代统治者多采用各部族自治的政策，以各部酋长为联络人，遥控当地政治。

云南梁王政权覆灭后，各土酋势力便失去了束缚，明军如同过去一样传檄四方，各部土酋纷纷表示归顺，看起来云南似乎尽在明王朝囊中。但那只是表面现象，各方土酋知道汉人习惯了安逸的生活，不会在云南这样的蛮荒之地长期居住，等明军走了，云南依旧是他们的天下。

云南各部错判了明廷开疆扩土的决心，朱元璋并不是为了打败北元才进讨云南的，而是要完全统治云南。要达到此目的，大明就必须占领当地的主要城市，还要留下重兵分驻各处要塞，进而完全控制各部落。朱元璋在给征南大将军傅友德的谕旨中说："前已置贵州都指挥使司，然去云南尚远。今必置都司于云南，以统诸军。既有土有民，又必置布政使司及府、州、县治之。其乌撒、乌蒙、东昌（应为东川）、芒部、建昌之地，更宜约束渠长，留兵守御，禁民勿挟兵刃。"[①]

换言之，朱元璋对云南是有长远规划的：一是设立贵州、云南都指挥使司，管理大明留在当地的军队；二是设置云南布政使司，管理各处州府；三是在部落势力较大的乌撒、乌蒙、东川、芒部、建昌五地留下军队监视，禁止云南百姓携带武器。

如此一来，大明便剥夺了各地土酋自治的特权，而禁止百姓携带兵器又成功解除了部落的武装力量。

洪武十五年（公元1382年）四月，也就是傅友德、蓝玉、沐英还未班师回朝时，乌撒、东川、芒部便急不可耐地举兵反叛了。对云南土酋

---

① 引自《明史纪事本末·卷十二》。

来说，比较合理的策略是等大明远征军班师回朝时发动叛乱，这样他们所要面对的明军只是当地卫所，胜算更大。可是云南土酋们并没有等到那一天，为什么他们这么着急叛乱呢？

这是因为大明在各处关隘、要道留军筑寨，收缴当地百姓的兵器，时间拖得越久，各部落的军事力量就会越弱，用不着明军班师回朝，他们自己就已经解除武装了，这是诸蛮所不能接受的。

首先发兵叛乱的乌撒、东川、芒部三部位于云南东北处。从地图上看，三部南坐曲靖，东接川、贵，位于明军的侧后方。领兵打仗的将军最担心的就是后路被切断，三部叛军如果四面出击，很容易封锁明军返回四川、湖广的通道，对傅友德等人来说是不利的。故而，收到三部叛乱消息的第一时间，傅友德便传令沐英从大理赶回昆明，以便合兵北上，讨平叛乱。七月，傅友德、沐英两部人马拔寨进攻乌撒，当即斩首三万人，取得大捷。但问题也随之而来，明军主力全部离开，昆明大本营就空虚了。

云南土酋们很有战略眼光，旋即集结了二十万叛军，分成三十六座营寨包围了空虚的昆明城。而这时镇守昆明的是冯国用之子冯诚，他手里只有几千老弱残兵，连饭都吃不饱。

冯诚一边派人向傅友德求援，一边组织数量不多的守军加固城墙。幸好明军有不少重型弓弩，冯诚将它们全部搬上了城墙，部署在各处要害位置。诸酋军攻城时，这些重型弓弩立即射出夺命的长箭，贯穿了不少部落兵。重弩强大的穿透力对身着甲胄的士兵尚且有很大杀伤力，何况土酋的军队并没有精良的铠甲，在经过几轮弓弩齐射后，蛮军死伤惨重，于是只好围城以待明军粮尽。

冯诚可不会放过这么好的时机，趁敌军士气大跌之际，明军主动开城逆战，大获全胜。虽然不能以此退敌，却也鼓舞了城中军民的士气，为援军抵达争取了时间。

昆明危急的消息很快传到了乌撒，沐英调遣一万精骑奔袭昆明，在抵达曲靖后便派人先行潜入城内，通报援兵已至的消息。这么做既是为了鼓舞士气，又是为了和冯诚内外夹击叛军。然而，这个被派去传递消息的明军士兵却意外被蛮军抓住，土酋们自然要严刑拷打一番，好弄清楚明军的具体情况。这个士兵身陷险境却非常勇敢，他没有如实透露沐英只有一万骑兵的事实，而是谎称总兵官已经率领三十万大军回师昆明，不日即可抵达。

三十万大军？土酋们的军队加起来也才二十万，战斗力还不怎么样，这要是和傅友德决战，岂不是以卵击石？于是，土酋们连夜商议，决定放弃攻破昆明的原定计划，所有人都带兵返回，分别据守安宁、罗次、邵甸、普宁、大祺、江川等处，试图和明军打一场阵地战。

昆明之围就这样解除了。

云南土酋们想打阵地战的思路没有错，但他们忽略了一个问题，据守这么多地方会导致原来的二十万军队过于分散。对沐英来说，只有一万精骑的他最怕与兵力远胜于己的部落兵野战，现在土酋联军自动解散，正好给了明军各个击破的机会。

沐英抓住战机，把冯诚的守军也从昆明拉了出来，马不停蹄地去攻打叛军的营寨，战果相当显著，共计斩首六万余级，生擒四千余人。而傅友德率领的主力也在这时顺利平定了三部叛乱，诸酋的第一次反明浪潮被镇压了。

洪武十六年（公元1383年），认为云南大局已定的朱元璋终于让傅友德、蓝玉率领明军主力班师回朝，但他出于对云南诸酋的担忧，留下了数万兵马给沐英，让他镇守云南，继续完成屯军、修路的任务。

凯旋的明军将领们得到了朱元璋的大力褒奖，征南将军傅友德由颍川侯晋爵颍国公，郭英加封武定侯，陈桓加封普定侯，胡海加封东川侯，张翼加封鹤庆侯，沐英、蓝玉家族侯爵世袭罔替。

从洪武十六年到洪武十七年（公元1384年），西平侯沐英在云南严格地贯彻朱元璋的既定方针。一是开道修路，便宜交通；二是分置卫所，屯田自足。

然而，明王朝在云南的统治并非一帆风顺。起初，明军在云南的攻伐吓坏了当地土酋，其中平缅土酋思伦发（元封平缅宣慰使）见大明势力抵达金齿，害怕明军会进一步攻击平缅，遂上表纳贡，表示臣服，等到傅友德大军撤离云南后，思伦发的野心开始膨胀，他认为留在云南的数万明军不足为惧，征服云南指日可待，于是在洪武十八年（公元1385年）起兵攻入景东，都督冯诚不敌战败，明军不可战胜的神话被打破。云南局势骤变，各部土酋的反叛之火迅速被点燃，臻洞、西浦、摆金、摆榜诸酋也跟着反叛，傅友德不得不再次领兵前去平叛。

不过，到洪武二十年（公元1387年）时，西平侯沐英依然没有反攻思伦发，而是从楚雄到景东每一百里设一营屯兵防守，景川侯曹震选四川精兵驻守云南寻甸，普定侯陈桓、靖宁侯叶升率云南诸军屯驻定边、姚安、毕节、曲靖、越州等处。看来这段时间明军致力于控制各处要道，一是为了震慑蠢蠢欲动的土酋们，二是在为征讨平缅做准备。

洪武二十一年（公元1388年）正月，思伦发率先发起了新的攻势，在摩沙勒留兵筑寨，准备大举侵入云南。沐英当然不会让他们顺利建立进攻云南的桥头堡，立即遣都指挥宁正率部进讨，大败平缅军，斩首一千五百级，取得了首战大捷。

桥头堡没了，思伦发自然大怒，立即纠集了三十万蛮军，包括一百多头战象，浩浩荡荡地杀向定边。此时的沐英手里只有三万铁骑可用，如果等屯驻姚安、毕节、曲靖、越州的明军集结，思伦发可能会攻破定边。沐英陷入了两难，如果召集云南各卫所明军来定边，失去监视的土酋们可能再次反叛，但若不召集明军，自己就得以一当十，局面相当危险。

一边是为了国家安宁，一边是自己的人身安全，思来想去，沐英最终选择了国家安宁，他决定以身犯险，独自上阵，没有召集分散各处的明军，而是带着仅有的三万骑兵快速迎上思伦发。定边之战爆发。

沐英，字文英，濠州定远人，元末兵乱父母双亡，朱元璋和妻子马氏将其收为养子，赐名朱英，从小养在身边，教他学文习武。他十二岁便随朱元璋攻伐征战，十八岁时开始担当军事要任。至正二十七年讨灭陈友定后，改为沐姓。

自古兵家多认为兵精胜于兵多，以少胜多的例子不胜枚举，沐英虽然只有三万兵马，但他们都是百战老兵，战斗经验十分丰富，在云南也驻守了多年，熟悉蛮兵的战术习惯，并非全无胜算。更重要的是，明军掌握了当时先进的火器技术，很早就给军队装备了火铳、火炮，这些火器在与陈友谅的鄱阳湖大战中发挥了重要作用，而平缅蛮兵们却对此一无所知，迷信战象克敌的老战术。

决战首日，沐英首先派之前战败过的冯诚出战，这既是给他雪耻立功的机会，也是要证明明军将士依然不可战胜。冯诚为血洗前耻，自然奋勇向前，仅率三百轻骑前去挑衅。

思伦发见明军先锋就这么点儿人马，立即派三十头战象和一万兵马前去迎战，准备以绝对的优势歼灭这小股部队。然而，令思伦发没想到的是，冯诚麾下的云南前卫指挥张因仅带着五十余骑冲入阵中，用火铳精准地射中大象的左膝及肋骨，战象因疼痛而扑倒在地，明军骑兵趁机立即冲上去射杀了战象上的蛮酋，斩首数百人，俘获战象一头。

三百人就能击败一万蛮兵，寡不敌众的担忧显然是多余的。沐英借此次交锋弄清楚了战象的弱点，于是，他把所部装备的火铳全部搬了出来，将全军分成三队，每一队都持有火铳，只要思伦发的军队发起冲锋，就用火器射杀战象，第一队射完就第二队上，第二队射完就第三队上，射完一轮的队伍迅速移动到队列最后一排填装火药，如此反复，三万明军骑兵立即变成了一支训练有素的火枪军，其火力不仅威力大，而且持续不断。

如此阵势是思伦发从未见过的，同样也是战象从未见过的。火器射击不但能发出巨大声响，还能形成硝烟，在战场上形成巨大的震慑力，而动物天生畏惧异响，再加上弥漫的硝烟，战象很快失去控制，纷纷转身逃窜，还把蛮兵们踩死了一大片。沐英抓住战机鼓噪追杀，指挥张因、千户张荣祖率领的骑兵径直攻到思伦发的大营外纵火焚烧，战场上火焰冲天，甚为恐怖。

然而，思伦发毕竟有三十万之众，这群人犹如困兽，仍在拼死抵抗。蛮将昔剌亦率领一队精兵逆战明军，一度逼退了明军左翼，大有反败为胜的架势。

沐英登高望远，发现左翼溃退后，立即找来督战官，将一柄长刀交予他们，准备处决后退的左翼指挥官，稳住阵地。左翼将领见督战官飞马而来，知道无路可退，前后都是死，不如死得轰轰烈烈，当即掉转马头，率领溃逃的骑兵再次冲杀入阵，消失在混乱的战场中。

沐英督战各处，凡是有退而不进的，一律就地格杀。严格的军纪让明军将士有了死战不退的勇气，军队陷入鏖战，声势震天。终于，明军的勇气与死战的决心让他们坚持到了最后，兵多而不精的思伦发在这样强大的攻势下全线溃退，被斩首三千余级，投降上万人，一百头战象被明军俘虏三十七头，其余均被射杀。沐英为了不让思伦发卷土重来，下令继续追击溃兵，沿途斩杀了不少落单的蛮兵。而思伦发的军队为了不被追上，不得不一直跑，连东西都顾不上吃，饿死、累死者填塞了道路。

定边之战，沐英以三万骑兵击溃思伦发三十万大军，又为中国军事史上增添了一场史诗级战役，而他首创的火器三队连击战术，解决了火器填装慢且无法连续射击的难题，比欧洲的火器战术早了近百年，在中国火器发展史上留下了浓墨重彩的一笔。

平缅战争结束，但云南反抗明王朝的浪潮并没有就此结束。

洪武二十一年，东川、越州阿资反叛，傅友德亲自领兵征讨，于次年平定。洪武二十四年（公元1391年），沐英移越州卫于陆凉镇，阿资不愿被大明兼并再次反叛，由平羌将军何福率部讨平。四年后，实力恢复的阿资再次举兵，终于被第二任西平侯沐春及何福斩于越州。

洪武三十年（公元1397年），平缅刀干孟篡权反叛，思伦发逃到大明寻求政治庇护。朱元璋遂以西平侯沐春为征南将军，都督何福、徐凯为左、右副将军，集合四川、云南之兵发起第二次平缅战争，于次年直捣南甸，逼降景罕，攻破崆峒，最终再次平定平缅，扶持思伦发复国。

对于叛服不定的云南，明朝除了采用驻兵屯田、建立卫所的方式监视各部土酋，也会授予他们一定的自治权，不干涉部落内政，以定期入贡和世授官职的形式间接统治各部。同时为了推进文化传播和认同，大明也积极开设学校，将土酋子弟招入这些学校接受中原文化教育，以加强两者的文化认同感，各部叛乱这才逐渐减少，而西平侯沐氏一族也被大明永远地留在了云南，世代镇守这片土地，直到明朝灭亡。

捣毁北元王庭

明军三道征沙漠为何而败？就当时的情况来看，明朝对塞外的情况仍缺乏了解，而朱元璋对北元政权的评估也可能过于乐观了，指望一鼓作气肃清沙漠并不现实，那么洪武五年之后的明朝是不是由主动进攻变成了被动防守呢？

根据《明太祖实录》卷七十五到卷一〇一的记载，北元对大明的袭扰非常严重，边警每年都有，不定时地出现在上千里的北疆防线上，若非要划分区域的话，甘肃、陕西所在的西北频繁被扩廓帖木儿及其麾下兵团袭击，而河北、山西一带常在朔州、永平等地看见北元劫掠者，这一地区是由大将军徐达亲自坐镇的，却仍然无法保证当地的安全，时常有北元军队掠民杀将。

洪武五年八月，北元军队突入云州城，斩杀同知黄里。十一月，北元太尉纳哈出兵出辽东，劫掠永平牛家庄，烧毁大明仓粮十余万石，斩杀明军官兵五千余人。洪武六年（公元1373年）二月，北元军队攻入永平的迁安县，杀知县，掠居民、牲畜无数。永平卫指挥使杨某率部作战，竟然阵亡。指挥樊某率部增援，被北元军队用诱敌之计引入董家口聚歼，亦阵亡。同样是洪武六年二月，北元将领脱脱木儿兵犯庆阳、保安、会宁等地。五月，北元又攻打武州、朔州。七月，山西白登县同样遭到北元骑兵袭击，北元岐王朵儿只班率众屯驻大通山黑子城，欲入寇河州、兰州。八月，蔚州广陵县及弘州、忻州等州均有边警传来。

从《明太祖实录》中的这些记载来看，北元的威胁并没有因为明军三道征沙漠就有所收敛，反而有愈演愈烈之势，可见即便明朝不主动征讨沙漠，也无法保证北元军队不来劫掠，所以把元主逐出塞外并不是元明战争的结束，战争还得继续打下去。

作为以武立国的开国皇帝，朱元璋必然不能忍受如此频繁的边警。明朝要保证边境的相对安全，势必要打出一个缓冲区。《明史》《明太祖实录》中很难找到描述明廷大战略的内容，但结合战争的发展来看，明朝此时仍然坚持主动进攻，目标是进一步压缩北元的战略纵深。

早在洪武四年时，明朝的势力便开始进入寒冷的辽东地区。当时的辽东虽在北元的控制之下，但各路军阀割据，是一盘散沙。其中北元丞相也速屯兵开元，太尉纳哈出拥兵十余万盘踞金山，平章高家奴据守辽阳山寨，知院哈剌张占据沈阳古城。各个击破是明军最稳妥的策略，辽阳行省参政刘益首先被明朝策反，携辽东各地州府的地图及兵马、钱粮数目表册归顺大明，大明由此成立了辽阳卫，任命刘益为辽阳卫指挥同知，总领辽东军务。

可以预见，刘益虽然归顺了大明，但他的辖地与大明并不接壤，这么远的一块飞地很难守住。不久之后，不满刘益归顺大明的北元平章洪保保、马彦翚（huī）袭杀了刘益，占领了盖州，而刘益部将张良佐、房皓为主报仇，又反攻盖州，斩杀了马彦翚，赶走了洪保保，盖州再次树起了大明的旗帜。显然，如果大明不尽快接管盖州等地，辽东地区的大明旗帜很快就会再次倒下。明廷当即决定将此前在河北作战的马云、叶旺任命为新的辽东卫都指挥使，以吴泉、冯祥为指挥同知，王德为指挥佥事，总领辽东诸卫兵马，正式开始攻略辽东。

为保证辽东明军的军需供应，明朝狠下血本，调集了山东、河北各处卫所精兵，从山东登莱渡海直抵辽东半岛，首先击溃了平章高家奴，占领了辽阳城。辽东明军此后的粮草物资均从山东海运至辽东半岛的南端，由靖海侯吴祯负责这条航线。这么做固然有补给线未能打通的无奈，但更重要的是海运不会遭到北元军队的袭击。只不过当时航海技术有限，明军虽不至于被北元劫去了粮草，但极有可能出现海难，一旦遇险，往往是船毁人亡，要冒极大风险。但大明依然坚持供应辽东军需，足见朱元璋攻略辽东的决心。

洪武八年（公元1375年）十二月，不愿明军在辽东扎根的北元王庭命令辽东最大的军阀纳哈出征讨盖州、金州。这一情报很快被马云、叶旺得知，他们决定坚守城池，以防守反击的方式与纳哈出的十万大军周旋。盖州卫指挥吴立、张良佐、房暑等严兵守城，坚壁清野。纳哈出见盖州城池坚固、守备严密，而自己的，且他军队又多是骑兵，很难在如此寒冷的季节攻下盖州，于是放弃了盖州，直奔城墙还未修缮完毕的金州城。

这一决定看起来很明智，实际却非常危险。因为金州在盖州的南侧，靠近大海，是明军补给线上的重要枢纽，打下金州肯定能切断明军补给线，从而慢慢饿死盖州城的守军，但是纳哈出一旦进入金州，同样也像钻进了“笼子”，三面环海，一面是盖州明军，他的补给线也同样被切断了。

金州指挥韦富、王胜等闻北元大军将至，命令士卒分守各处城门，选精锐登城守备，严密程度丝毫不比盖州差。金州城下，纳哈出的大军气势汹汹，自认为可以一战攻克金州，裨将乃剌吾自恃骁勇善战，率领数百骑到城下挑战，不料反被明军的弓弩射中，当场被擒。这让纳哈出大惊失色，因为明军不但一举擒获了他的先锋大将，还出城作战，且他害怕明军援兵不久就会到来，故引兵退去。《明太祖实录·卷一〇二》记载道：“（韦）富等复纵兵出击，纳哈出不利，虑援兵且至，引兵退走。”

金州一战，明军声威大振。纳哈出率领的北元军队常年生活在辽东的冰天雪地里，又以骑兵居多，按理来说战斗力应该不弱，但他攻城、野战无一胜绩，士气一跌到底，士兵们只想尽快逃回大本营金山。正如前文所言，若不能一举攻下金州，纳哈出就等于钻进了“笼子”，现在要突破盖州回到大后方，难度就非常大了。

马云、叶旺没有让纳哈出顺利经过盖州，他们料定纳哈出不敢直接从盖州城墙下经过，于是兵分两路，一路守城以待，另一路由叶旺率领直趋祚河，他们沿着河道垒冰筑墙，并用水反复浇灌，筑成了一座十余里的冰城，辅之各种陷阱，然后埋伏在城南两山之间。纳哈出大军撤至该处后，叶旺突然打出炮火，一时间伏兵四起，箭矢如注，两山之上尽是明军旗帜。这一幕让北元军队惊慌不已，仓皇向北撤退，正好被叶旺提前修筑的冰城挡住，落入明军陷阱的不计其数。马云见时机成熟，当即挥师出城追击，叶旺也领兵杀来，纳哈出的数万大军被四面合围。

这一战，《明太祖实录·卷一〇二》给出的结果是："纳哈出仅以身免。"可见此战是明军在辽东获得的前所未有的大捷，极大地削弱了北元太尉纳哈出的实力。此后十余年间，明军在辽东的攻势越来越频繁，打通了山海关到辽东的补给线，这使得明军不再需要从海路运输粮草物资，也意味着明军即将发起对辽东的最后一击。

洪武二十年正月，明朝以宋国公冯国胜为大将军，颍国公傅友德为左副将军，永昌侯蓝玉为右副将军，南雄侯赵庸、定远侯王弼为左参将，东川侯胡海、武定侯郭英为右参将，前军都督商暑参赞军事，曹国公李景隆、申国公邓镇、江阴侯吴高等随征，率师二十万北伐，直指金山纳哈出。

当年二月，右副将军蓝玉亲率一支轻骑兵，冒着严寒大雪从松亭关出关，突袭了有重兵把守的庆州，斩杀了北元平章等人。三月，大将军冯国胜领二十万主力出关，修筑大宁、宽河、会州、富峪四座城池，亲自坐镇大宁，集结粮草物资。五月，冯国胜仅留下五万人守备大宁，主力直逼金山，擒获了不少北元官兵，其中纳哈出部将观童归降。

此时的纳哈出已是穷途末路，根本没有击败冯国胜的可能，但他仍旧犹豫不肯归降。于是，冯国胜派此前被马云、叶旺俘虏的乃剌吾招降纳哈出，表示大明绝不亏待归降的北元将领，同时让蓝玉率部逼近纳哈出营地，迫使他立即给出答复。

万般无奈之下，这位曾经手握十万雄兵的辽东诸侯只能选择投降，亲率百余骑前往蓝玉营中。不料酒宴中双方发生争执，纳哈出决定离开，郑国公常茂认为纳哈出出言羞辱明军，竟然砍伤并绑了纳哈出。这一变故让辽东的北元军队不敢投降大明，大多数人连夜拔营逃走，冯国胜让降将观童前去解释，可惜只带回了四万人，剩下的人都不肯归顺大明，他们在明军撤离时，竟然袭击殿后的三千军队，把将领濮英处以剖腹之刑，朱元璋由此大怒，解除了冯国胜的大将军印。

辽东战役的结局并不如大明的预期，但随着大宁都司（后更名为北平行都司）的建立，明朝边境与北元有了一个数百里的缓冲区，而且位于蒙古草原以东，对北元王庭形成了多线夹击之势，这明显不利于北元王庭。趁着北元政权还无法立即做出应对，洪武二十一年三月，朱元璋任命永昌侯蓝玉为新的大将军，延平侯唐胜宗为左副将军，武定侯郭英为右副将军，都督佥事耿忠、孙恪为左、右参将，率兵十五万由大宁至庆州，准备对北元王庭发起最后一击。

这一次，明朝的战略终于正确了，因为蓝玉的北伐军得到了北元王庭所在位置的具体情报，就在距辽东不远的捕鱼儿海。此处距离大宁六百多公里，虽说距离依然不短，但比起未知的茫茫草原，明军算是有了具体的目标和方向。这么一来，明军的进军速度将会更快。

四月，蓝玉大军抵达距离捕鱼儿海仅四十余里的百眼井，冻死的明军士兵已经非常多了，而派出去的侦察骑兵依然没有发现任何蒙古人，但是明军并没有因此退却，在定远侯王弼的坚持下，[1]蓝玉决心冒着严寒继续深入，沿途禁止兵士喧哗，生火做饭也通通在地下挖洞进行，总

---

①《明史纪事本末·卷十》：王弼曰："吾等提十万众，深入沙漠，未见敌而班师，何以复命！"

之就是要做到绝对的隐蔽。当明军抵达捕鱼儿海南端时，侦察骑兵终于发现了北元王庭就在捕鱼儿海东北八十里处，等了二十多年的机会终于来了。

蓝玉当即以王弼为先锋直扑北元王庭，而北元兵民似乎受天气寒冷的影响，基本都躲在帐篷里，再加上风雪交加，能见度太低，哨兵的视线也很有限，等他们发现明军部队时，通报已经太晚了。负责组织抵抗的北元太尉蛮子在明军急如闪电、快比流星的突袭下，当场阵亡。其余的北元军队更是一触即溃，纷纷逃窜。混乱增加了明军攻势的威力，也让北元人无法正确评估明军的真实兵力。

这一战，北元王庭被明朝彻底摧毁，北元皇帝脱古思帖木儿与太子天保奴、知院捏怯来、丞相失烈门等数十人骑马逃走，脱古思帖木儿次子地保奴及亲眷六十四人，故太子亲眷五十九人，吴王朵儿只、代王达里麻、平章八兰等二千多名蒙古勋贵被俘虏，投降的士兵和百姓多达七万七千余人，宝玺、典籍、金银印章、马驼牛羊及车辆等悉数被缴。

作为北元心脏的王庭至此不复存在，元主脱古思帖木儿的权威也荡然无存，他在向西逃跑时，被阿里不哥系后裔也速迭儿擒获，脱古思帖木儿及其子天保奴等人均被也速迭儿杀死。至此，忽必烈建立的元王朝彻底崩溃，草原由此发生分裂：瓦剌首领猛可帖木儿拥立也速迭儿称汗，号为“卓里克图汗”，蒙古以西尽是瓦剌的地盘。原先效忠于脱古思帖木儿的蒙古勋贵们一部分投降了大明，另一些活跃在蒙古中南部地区，他们与瓦剌势同水火，伺机重新拥立忽必烈系后裔称汗，这些人被明朝称为“鞑靼人”。而活跃在大兴安岭一带的蒙古人，以木华黎后裔为主的另一些部落又组成了“兀良哈”，这些人的实力相对较弱，时而依附大明，被整编为“朵颜三卫”，时而投奔鞑靼、瓦剌，袭击大明的边境。曾经的草原帝国就此分裂成瓦剌、鞑靼、兀良哈三部，明朝在国家实力上占据了绝对优势。

从这以后，朱元璋暂停了大规模征讨草原的战争，改为防守反击，他着力打造大明的北疆防线，把自己的儿子们分封到漫长的防线上，形成了以西安秦王朱樉（shǎng）、太原晋王朱棡（gāng）、北平燕王朱棣、大同代王朱桂、兰州肃王朱楧（yǎng）、广宁辽王朱植、宁夏庆王朱㮵（zhān）、大宁宁王朱权、宣府谷王朱橞（huì）构成的“九大塞王”，九大塞王节制北疆防线上的各卫所兵马，闲时耕种，战时出塞作战，其中燕王朱棣、晋王朱棡等人多次出塞获得大捷，擒获了当时盘踞草原南端的北元余寇乃儿不花，蒙古与明廷的战争就此进入另一个阶段，大明与鞑靼、瓦剌、兀良哈三部的战争就此开始了。

第十九章

胜何为，元明兴替

洪武帝的御人之术

朱元璋起自草莽，其他义军领袖要么闻名乡里，如徐寿辉、明玉珍，要么仗义疏财，如芝麻李、张士诚，与这些人相比，朱元璋既无名望，也无家财，可他却在元末乱世中拉起了一支强悍、忠诚的队伍，这很大程度上要归功于他的御人之术。

朱元璋能在乱世中崛起，首先靠的就是郭子兴的队伍——郭家军。有郭子兴女婿这层身份，朱元璋便能以郭子兴的名义拉起第一支队伍，徐达等二十四将便是朱元璋争夺天下最早的班底。朱元璋与这些人有出生入死的情谊，又是同乡，自然视其为心腹股肱。

但是打天下只靠这点儿人是远远不够的，能征惯战的武将，运筹帷幄的谋臣，都是朱元璋所缺失的。因此，朱元璋非常重视人才和民心，他经常在作战前告诫出征的将领切勿屠杀俘虏，一个重要的原因便是害怕滥杀会失去众人的归附之心，从而失去有价值的人才。在朱元璋的早期征战中，招降纳叛是他扩大队伍的主要手段，比如驴牌寨的三千壮士，横涧山的二万义军，无一不是通过招降纳叛所得。

招降纳叛虽然在短时间内壮大了朱元璋的队伍，但也让这支队伍的成分越来越复杂，如何管理并约束这些人，是朱元璋不得不考虑的问题。对于这一问题，朱元璋势必要经历血与剑的教训。第一个给朱元璋教训的人，也是给郭家军带来毁灭性打击的人——陈野先。

陈野先本是元军将领，手里有数万元军义兵，他的身后是坐镇集庆的江南诸道御史大夫福寿，早在义军攻取和州时，陈野先就已经与朱元璋交过手了，是当地比较强大的势力。在义军攻取集庆的战役中，陈野先被徐达的前后合围之计击败并俘虏，朱元璋为了拉拢他，非但没有杀他，还诚心以待，甚至说道："人各有心，从元从我，不相强也。”[①]。可是陈野先毕竟是小有威名的地主武装元帅，看不起草根出身的红巾军，所以一直伺机回归元廷。

恰好当时的郭家军正谋划强攻集庆城，兵马不足的他们用陈野先策反了不少义兵，全都交给陈野先一人节制。然而，攻城战开始后，陈野先立马带着部队倒戈一击，把郭家军杀得大败，郭天叙、张天祐均阵亡于此役，朱元璋也被迫逃走，险些身死。这直接导致义军的第一次集庆之战以失败告终，损失兵将更是难以计算。

第二个带给朱元璋血的教训的是杨完者麾下的苗兵降将。至正二十二年，朱元璋已是江浙三分有其一的势力了，其南线战事大多交给了爱将胡大海。胡大海是个爱才之人，因苗兵骁勇善战，便将他们置于麾下，用之不疑，待之甚厚。但苗军只是出于情急才投降，一旦时机合适，他们就毫不犹豫地杀死胡大海、耿再成，再次站到了义军的对立面。朱元璋不仅损失了胡大海镇守的南线州府和数万士兵，还损失了两员足以独当一面的虎将，这不免让他痛心疾首。

两次降将叛变给义军造成的损失难以估量，可见要把成分复杂的队伍管理好绝非易事。为此，朱元璋想了很多办法来管理队伍，他最早采用的御人之术是“待人以诚”，即以宽宏大度的方式接纳那些战败投降的兵将，允许他们自决去留，以此争取人心。

如至正十五年，朱元璋主动释放了太平之战俘获的万户纳哈出。再如至正十六年，朱元璋以挑选五百降兵作为贴身侍卫的方式，收服了降而复叛的陈野先旧部，这些人在后来的集庆攻坚战中悍不畏死，先登陷阵，为朱元璋打下集庆起到了关键作用。

---

① 引自《明史纪事本末 · 卷一》。

虽然“待人以诚”的方法能换来部分降兵的忠诚，但并非百试不爽，胡大海被苗兵所杀便是血淋淋的教训。为了杜绝降兵集体反叛的事情发生，朱元璋御人之术的第二种手段是“拆散兵将”，即把整支投降的军队全部打散，把人员分别派到其他将领管理的军营中，逐营逐队地分散，不允许旧将带旧兵，这样便能避免降将心生反意后拉着整支部队投敌。这一招被朱元璋大量用于处置投降的部队。如果是被击败俘虏的降军，他会直接整编部队，但保留或者提升降将的军职作为安抚；如果是主动归附的军队或城池，他会加派嫡系军队去接管，或者委派将领分降将兵权，目的就是不让旧将带旧兵。

这个办法虽好，但实行起来并不容易，很可能弄巧成拙。

比如龙湾之战后，陈汉原江西行省丞相胡廷瑞举龙兴而降，提出的投降条件就是“勿散离其所部兵”。胡廷瑞手里的龙兴城十分重要，朱元璋虽不情愿，表面上却不得不同意。等胡廷瑞归降，龙兴城到手后，朱元璋立马委派心腹邓愈节制胡廷瑞旧部，带走了胡廷瑞。胡廷瑞走后，失去约束的降将祝宗、康泰很快便举兵谋反，不仅夺回了城池，还赶走了邓愈。

可见“拆散兵将”还是不能完全杜绝降而复叛的问题。

朱元璋御人之术的第三种手段是“挟持家眷”，把在外将帅的父母妻儿截留在京充当人质，将领们要谋反难免会有所顾忌，就算想反也不敢反、不能反。

为了让所有人都认为朱元璋这种行为是出于公心，朱元璋对军中将领一视同仁，只要在外带兵就必须把家眷送到应天安置，包括徐达、常遇春、汤和这样的心腹大将。当初徐达北伐刚攻下山东时，朱元璋就在给徐达的信中直言不讳地说道：“闻大军下山东，所过郡县，元之省院官降者甚多，二将军皆留于军中，吾虑其杂处，或昼遇敌，或夜遇盗，将变生不测，非我之利。盖此辈初绌于势力，未必尽得其心，不如遣之使来，处我宫属之间，日相亲近，然后用之，方可无患。”[①]

可见，把降将降臣的家眷送到应天软禁已是军中公开的事情。有徐达等人当表率，其他人也就不得不从了。

朱元璋后来干脆更进一步，连降将降臣也要来应天接受“教育”，等到确定对方已经彻底归心后，才把他们再次派往前线，这时他们的家眷便顺理成章地留在了应天城。

但新的问题也随之而来：挟持家眷当人质并不能完全解决反叛的问题，更有甚者，反叛正是由此引发的。

同样是至正二十二年，诸全守将谢再兴叛逃张士诚，南部防线被张士诚撕开了口子。谢再兴投敌固然有他贪财被责的缘故，但更重要的原因是朱元璋挟持了谢再兴的家眷，还在不征求谢再兴意见的情况下，将其女儿嫁人。由此可知，挟持家眷的方法也不一定奏效。

朱元璋还有办法，其御人之术的第四种手段便是广派“监军”。

朱元璋派出的“监军”权力很大，地位也很高，全都是由他和马皇后亲自培养的义子。这些义子总共有二十多人，基本都是父母双亡的孤儿，从小就被朱元璋收养在身边，有的还被赐予朱姓，成年立功后才恢复本姓。

比较出名的当属朱元璋外甥李文忠、镇守云南的西平侯沐英、靖难名将平安，以及何文辉等人，还有如王驸马、周舍、金刚奴、真童、也先、买驴、泼儿、老儿的都被派出去做过监军，他们与将帅同守城池，有权直接奏报朱元璋。如周舍监军镇江，王驸马监军衢州，平安监军严

---

① 引自《明史纪事本末 · 卷九》。

州，而李文忠尤其可靠，直接被派到胡大海处，有权调令所属兵马，胡大海遇害后，李文忠便总制金华、处州等地诸军事，接过了兵权。

有这些义子监军在侧监视，再加上家眷被软禁在应天城中，朱元璋便能放心地把在外军队委托给他人，而一旦某人意图谋反，朱元璋也能第一时间得到情报，有足够的应对时间。

以上诸策略都是针对武将，那么文臣呢？

这就不得不提声名狼藉的“检校”了，它是朱元璋御人之术的第五种手段。

检校，专门负责监听各级官吏的不法之事，可以不经过司法机构直接上报朱元璋。夏煜、杨宪都是这一职务上的干吏，其中杨宪胆子最大，连李文忠也敢监视，还敢直接禀奏其不法行为，可见检校权力之大。

检校明面上是监察不法，私下却是大小琐事无不可查，而且他们无处不在，让人防不胜防。比较出名的例子当属宋濂，有一次宋濂请客吃饭，第二天朱元璋见面就问他昨天喝了什么酒，吃了什么菜，请了哪些人，宋濂毫无隐瞒，一一作答，朱元璋听后很满意宋濂没有欺骗他，宋濂这才知道自己的一举一动都在检校的监视之中。

大明建国后，为了扩大监视范围，加强特务机构的权力，朱元璋又设立了锦衣卫，指派正三品指挥使一人，从三品同知二人，四品佥事三人，五品镇抚二人，千户、百户若干，专门负责侦察不法之事，有越过三法司直接抓人、审讯、处刑的权力。

手握刀柄的锦衣卫把朱元璋对文臣武将的控制发挥到了极致，他们不仅侦查不法行为，也查探悖逆言论，但凡有对朝廷不满的一律法办，但凡威胁皇权的一律处死，证据可以屈打成招，同党可以随便攀咬，朱元璋把锦衣卫用作制约乃至屠杀文武官员的刀，一时间朝堂内外谈锦衣卫色变。

锦衣卫无疑是检校的升级版，不仅能完成检校的监听工作，还有缉拿之权，比杨宪等人更加可怕，他们为朱元璋集中权力、铲除隐患立下了汗马功劳，终明一朝，锦衣卫始终是令人胆寒的存在。有这样一支武装特务机构存在，谁还敢轻易谋反呢？

这便是朱元璋御人之术的最高形式，用实实在在的恐怖来震慑众臣，让人不敢妄想妄言，扼杀了威胁皇权的隐患。

不可否认的是，朱元璋在开创基业的早期，对各路首领都诚心以待，对降兵降将也用之不疑，但血淋淋的教训让他不得不采取措施，转而用拆散兵将、挟持家眷、外派监军，乃至设立检校、锦衣卫等方式全面监视文臣武将。这也昭示着朱元璋已从一位重情重义的义军领袖蜕变为杀伐决断的专制帝王。在御人这一方面，他日益变得冷酷、果决且专断。

朱元璋的御人之道在当时的社会环境下确实很有效，不仅确保了他对大明的直接掌控，亦几乎消除了所有威胁皇权的隐患。然而，这套御人之术处处透出森然寒意。到明成祖朱棣设立东厂之后，明朝的统治更趋严苛，其治下社会，亦不复汉唐盛世之恢宏气象。

明朝的洪武军团

自应天建立基业起，朱元璋所领导的明军经历大小战役无数，击败的元廷军阀、义军领袖亦无数，其所面对的，多如陈友谅的六十万大军，强如扩廓帖木儿的蒙古铁骑，无不在大明军团的战刀下望风溃败，少有血战险胜的恶战，多的是传檄而定、一触即溃，大明军团的创业之战着重突出一个“稳”字，攻城战稳，野战亦稳。

那么明朝的军团究竟是如何发展而来的呢？

朱元璋的大明军团脱胎于早期红巾军，杀元吏，逐元兵，抢钱粮，都是他们早期主要的军事目标。那个时候的义军多是被逼得活不下去的普通百姓，他们的唯一目的就是找一条活路，没粮食就抢有粮食的地方，没钱就打有钱的州府，大小首领多不胜数，却没几个有长远的战略规划，纵然是韩宋政权刘福通发起的龙凤北伐，也几乎是抢了就走，败了就逃，流窜在河南、陕西、甘肃、四川、山西、河北、辽东乃至高丽等地，却始终没有建立一处稳固的根据地，就连国都汴梁也是得而复失。显然，这样的征战不可能长久，也不可能建立稳固的政权。

朱元璋有指挥作战的战术天赋，更有长远的战略眼光，他知道要真正推翻元朝的统治，就必须有步骤、有计划地建立自己的政权。早在濠州时期，朱元璋就认识到政出多门的濠州红巾军难以坐大，故而坚持带兵出走，而在郭子兴试图在滁州关门当滁阳王时，他也看出滁州不是长久的根据地，坚持要渡江东进，这些都说明朱元璋很早就有战略意识，有长远的战略目标和规划。

因此，朱元璋在应天建立基业时，立即抛弃了红巾军的传统，严禁侵犯百姓，严禁毁坏城村，不允许士兵肆意掠夺财物，也不允许将领擅自屠杀俘虏，这些限制都是为了争取民心，为了把明军打造成一支王者之师，为了建立一个稳固的根据地。

对立业之初的朱元璋来说，要建立一个稳固的根据地，最难的就是如何守住夺下的城池。关于这一点，朱元璋借鉴了元朝的军事制度，广设拱卫中央的翼军，建立“翼军元帅府”。

翼军元帅府这一军事组织借鉴的是蒙古军队的“翼”和“元帅”制度，即将军队分成营翼，由可信的将领分别统属，协同作战。在元世祖忽必烈夺取江南后，元朝整合了蒙古军队、汉人军队、新附军，在淮南、江南地区建立了上、中、下三个万户府，每个万户府设有数个翼军，比如上万户包括宿州、蕲县、真定、沂郯、益都、高邮、沿海七翼，中万户包括枣阳、十字路、邳州、邓州、杭州、怀州、孟州、真州八翼，下万户包括常州、镇江、颍州、庐州、亳州、安庆、江阴水军、益都新军、湖州、淮安、寿春、扬州、泰州、弩手、保甲、处州、上都新军、黄州、安丰、松江、镇江水军、建康二十二翼，合计三十七翼军。[①]

翼军这一构想本是为了方便成吉思汗在征战时指挥大集团军作战，和平时期，这些翼军便成了用来分镇地方的武装力量，用以控制广袤的国土。朱元璋在草创大明军团时还没有办法建立一套能长久使用的军事组织体系，一来他的地盘和军队都不多，二来他也没有比较可行的原创方案，他借鉴元军的“翼”军制度，正是为了效仿元廷的组织结构，在新占领地区建立自己的义军政府，以便能长期、有效地统治当地。而他采用元帅府这一称谓，很大程度上也是因为当时的各路义军喜欢自称某地元帅。唯一的区别是，翼军元帅府的前面加上了独特的“翼”字，它表明这些军队是隶属于某一集团军的地方军团，是用以护卫中央政权的翅膀、羽翼，强调他们是枝叶而非树干，从而强化归属感，避免这些外派军团逐渐走向独立。

元至正十五年，朱元璋成功占领太平路，就此建立了第一个翼军元帅府——太平兴国翼元帅府，由朱元璋自任大元帅，以李善长为帅府都事、汪广洋为令史、陶安参幕府事，全权管理新地盘太平府。此时的朱元璋还只是郭家军三把手，自任大元帅有助于巩固其地位并牢牢抓住兵权，他借建立翼军元帅府之机名正言顺地组建了自己的幕僚班子，建立

---

① 参见刘晓《元代镇戍军府名称构成初探——以江南镇戍军为中心》相关论述。

了只属于自己的根据地，这与他在滁州、和州时的身份并不完全相同。

到朱元璋渡江占领集庆后，他的身份已由濠滁义军三把手变成了整支军队的领导者，这时他新建立的天兴建康翼统军大元帅府便不再由其亲任大元帅，而是让心腹廖永安出任统兵元帅，太平兴国翼元帅府也交给了赵忠，主官改称为兴国翼元帅。

可以看出，作为大本营的应天府是朱元璋集团的中央，在这里建立的元帅府被冠以“大元帅府”之名，强调其地位高于太平兴国翼，而廖永安、赵忠虽为帅府主官，但他们只是统军元帅、翼元帅，而非大元帅，这也表明各翼军元帅府的最高长官始终是大元帅朱元璋。

从这时候起，以应天的大元帅府为中央，各地翼元帅府为枝干的军事组织体系开始推行。朱元璋集团每占领一个路府级别的地区便会在当地设立翼军元帅府管理，行政机构有知府、知县，军事机构有副元帅、总管、万户一类的长官，实行军政合一，全面取代元朝在当地的政府。到至正二十年时，朱元璋集团南征北战，占领了江浙行省大片土地，而其所建立的翼军元帅府也多达二十二个，分别是：

太平兴国翼元帅府、天兴建康翼统军大元帅府、淮兴镇江翼元帅府、芜湖永昌翼元帅府、秦淮翼元帅府、广兴翼行军元帅府、长兴州永兴翼元帅府、常州毗陵翼元帅府、兴安雄峰翼元帅府、扬州淮海翼元帅府、建德德兴翼元帅府、金华翼元帅府、兰溪闽越翼元帅府、宜兴全吴翼元帅府、婺源星源翼元帅府、诸全浦江翼元帅府、明海翼元帅府、龙游金斗翼元帅府、处州安南翼元帅府、广信龙虎翼元帅府、安庆翼（宁江翼）统兵元帅府、徽州永平翼元帅府。

这些翼军元帅府的主官大多是朱元璋的亲信，比如徐达、汤和、邓愈、耿炳文等，他们的名号有元帅、总兵都元帅、统军元帅等，他们有的常驻一方负责周边地区的防务，比如耿炳文长期驻守长兴州永兴翼，作为阻止张士诚越过太湖的屏障。也有一些人是从其他势力归附朱元璋被暂时授予元帅之职，以便继续管理他带来的部众。但整体而言，朱元璋对中央及重要地区的翼军元帅府管理得很严，只交给自己的亲信主理，对稍微远一点的归附区则相对宽纵一点，直到他逐渐分离归附的降兵降将为止。

需要说明的是，天兴建康翼统军大元帅府的地位不同于地方翼军元帅府，它的职能也很不同，不仅要管理直属于朱元璋的中央军团，还有调配各地军团的职能，对在外的翼军元帅府也有管理之权。朱元璋任韩宋吴国公时期，他有意分开两种职权，便把天兴建康翼统军大元帅府的参谋管理权并入江南行枢密院。

枢密院负责军机要务、边地防务并兼管禁军。枢密院制度同样来源于元朝官职。朱元璋有意效仿元廷官僚体系建立政府机构，故而此时出现了江南行中书省、江南行枢密院这样的机构，朱元璋自己兼任行省平章政事，兼管行枢密院，枢密院与地方翼军元帅府的区别便更加明显。

朱元璋改组天兴建康翼统军大元帅府，既有效整合了中央军团，又削弱了部将们的军权，以便他能牢牢地控制自己的军队。为此，他又在旧大元帅府的组织体系上建立了前、后、左、右、中翼元帅府，以华云龙、唐胜宗、陆仲亨、邓愈、陈兆先等人为元帅，天兴建康翼统军大元帅府自此不复存在。换言之，应天中央对地方翼元帅府的管理权交给了江南行枢密院，所统之兵又拆分成五个新的翼元帅府，朱元璋对中央军团、地方翼军元帅府的控制变得更加有效，明代五军都督府的雏形已开始出现。

朱元璋集团的翼军元帅府并不都是管理地方的军政府。由于江南地区多水路，水师在南方的地位很高，巢湖水师即朱元璋的主要水师力量，为了能有效管理并扩大自己的水师力量，朱元璋在至正十六年时成立了专管水师的秦淮翼元帅府，以俞通海为元帅。秦淮翼元帅府作为水师管理机构，是最为独特的存在，也表明巢湖水师在朱元璋集团的独特地位。俞通海之父俞廷玉率部攻打安庆阵亡时，他所领导的军队有不少来自秦淮翼元帅府。

然而，翼军元帅府制并不是朱元璋最理想的军事制度，因为它有一个重大的缺陷。

由于翼军元帅府的军事组织体系源于元朝军制，所以当时的朱元璋集团还大量使用元军官职名称，包括元帅、万户、总管等。但随着地盘的不断扩大，以及对军队管理经验的积累，朱元璋心中逐渐有了抛弃翼军元帅府的想法，放弃使用元军的官职官名，特别是元帅这一称呼。究其原因，乃是当时的各路义军都喜欢自称元帅，他们归附朱元璋后被允许继续统辖旧部，所担任的官职当然也一并保留，元帅、总管的名号便延续了下来，这使得朱元璋集团里派系林立，诸将和部曲被长期绑在一起，以致诸将对所辖军队的影响力很大，正如前文所述，一旦他们有了二心，原来的军队很可能跟着一起谋反。

很显然，翼军元帅府的设立只是为了有效统治新占领的土地，它并没有消除原来诸将自行管理部曲的传统，有些翼军元帅府本就是由同一将领的部曲组成，使得“私兵”有成为“私党”的倾向，但随着朱元璋即将开创新朝，旧将带旧兵的模式便成了隐患。要消除诸将谋反的隐患，朱元璋就必须打破原来的管理体系，把诸将的“私兵”分拆开来，变“私”为“公”，整编义军成了大势所趋。

至正二十四年，朱元璋称吴王，建立以应天为中心的朱吴政权。借着升级换代的契机，朱元璋立即改组了自己的军队，首先是罢撤诸翼军元帅府，设立武德、龙骧、豹韬、飞熊、威武、广武、兴武、英武、鹰扬、骁骑、神武、雄武、凤翔、天策、振武、宣武、羽林十七卫亲军指挥使司，同时改江南行枢密院为大都督府，以侄子朱文正为大都督，节制内外诸军，而原来地方上的各翼军元帅府全部改为卫指挥使司，元帅改为指挥使，另设指挥同知、佥事等职务。

自此，借鉴元代军制的翼军元帅府消失了，以义军部曲为基本单位的组织结构也消失了，大明军团的卫所制度开始出现。

“卫所制”是由诚意伯刘基策划并制订，结合了唐代府兵制度和元代侍卫亲军制，它既要保证大明有数量足够的中央军，又要保证地方军的粮饷不成为国家负担，因此朱元璋延续了元朝的户籍制度，把军人变成一种职业和永久的身份，要他们世世代代生活在所属的卫所里，同时要求他们开垦军屯田，做到自给自足，其基本思想是寓兵于农、兵农合一。

具体来讲，卫所制度即在全国范围内建立不同规模的军事组织，从上至下依次是都督府、都指挥使司（行都指挥使司）、卫、千户所、百户所。其构成规模按照“度要害地，系一郡者设所，连郡者设卫”①的基本原则，把全国划分为北平、山西、陕西、浙江、江西、福建、山东、湖广、四川、广东、广西、辽东、云南、贵州、河南、大宁、直隶十七个都司，一个中都留守司，甘州、大同两个行都司，简称“都司”，主官称“都指挥使”，相当于元代行省的军事长官。都指挥使与明代管理民政的布政使、管理司法的按察使并称“大明三司”，地位相等，但职权不同，既要配合，又要掣肘，是中国古代三权分立的另一种体现。

一个都司负责管理相当于元朝一个行省的全部军队，通常下辖卫指挥使司若干，每一个卫指挥使司约有五千六百人，下辖前、后、左、右、中五个千户所，每个千户所有一千一百二十人，下辖十个百户所，

① 引自《明史 · 志六十六 · 兵二》。

而每个百户所有一百一十二人，下辖两个总旗，每个总旗五十人，下辖五个小旗，每个小旗十人，如此比联成军。据《明太祖实录·卷二二三》统计，洪武末年的大明军团已达到一百二十万人之多，其中中央京军有二十万余人，地方卫所多达九十九万余人。[①]

洪武十三年，太祖朱元璋为了加强自己对军队的控制力，以“权不专于一司，事不留于壅蔽”[②]为由，拆大都督府为前、后、左、右、中五军都督府，并将全国都司划给不同的都督府管理：前军都督府管理湖广都司、福建都司、江西都司、广东都司，前军都督府管理北平都司、大宁都司（后更名为“北平行都司”）、山西都司，左军都督府管理浙江都司、辽东都司、山东都司，右军都督府管理云南都司、四川都司、贵州都司、陕西都司、广西都司，中军都督府管理中都留守司、河南都司司。

卫所制度的核心是“兵农合一”，军队官兵既是农民又是士兵，延续了朱元璋在早期实行的屯田制度。各卫所官兵按照“闲时耕种，战时出征”的原则，平时由各卫指挥使管理，七成的官兵负责耕种粮食，剩下的官兵负责戍守城池关隘，战时由朝廷任命总兵官征调卫所精兵随征，战争结束后他们又各回本部，总兵官也交回“将军印”，回归本职。如此设计正是为了彻底破坏旧翼军元帅府各将军与部曲间的联系，同时也避免了兵权长期集中于一人之手，进而威胁皇权。该制度将军队管理权与指挥权分开，将不识兵，兵不识将，杜绝了军事强人出现的

---

① 《明太祖实录·卷二二三》：计内外武官并兵马总数，在京武官二千七百四十七员，军二十万六千二百八十人，马四千七百五十一匹，在外武官万三千七百四十二员，军九十九万二千一百五十四人，马四万三百二十九匹。

② 引自《明太祖实录·卷一百二十九》。

可能。

朱元璋设计的卫所制度实现了他的三大设想：一是罢撤各义军元帅、将军的兵权，打乱按照部曲组成的旧义军体系，收私兵于国家，实现大明军团的完全国有化；二是寓兵于农，延续开创基业时的军屯田制度，让军队在闲暇时自己耕种粮食，做到自给自足，从而减轻国家负担；三是构建一个组织结构严密且有效的全国军事体系，全面戍守辽阔的大明疆土，既能防范边塞的来犯之敌，又能保证内地的政治稳定。太祖朱元璋骄傲地称“吾养兵百万，不费民间一钱”，曾经的义军联盟就此成为朱元璋一人的洪武军团。

当然，合理的军事组织体系让大明军团有了高效的指挥系统、稳固的大后方和足够的军需资源，但仅有这些还不足以让他们百战百胜，朱元璋对大明军团的建设还包括对各兵种的强化和训练，他所建立的是有先进军事思想指导、各类兵种有效组合的合成军团，其中居于首要地位的便是步兵。

步兵是陆战中最常见的作战力量，明军起源于红巾军，士兵都是穷苦农家出身，拿上一把剑，扛起一张弓，便是能够作战的步兵，但这样的军队只是一群乌合之众，根本不足以撼动威震欧亚的蒙古军队。朱元璋为了提升步兵的作战能力，非常重视对其的训练和强化，要求步兵必须保持长期的军事训练，跑步、技击、编队训练都是必不可少的，各级军官的晋升也必须通过比武胜出才算有效。同时，为了提高步兵存活率，朱元璋想尽办法打造铠甲兵器，给步兵配备了各式盾牌和盔甲，从而加强了他们的防御力。因此，明初的洪武军团非常热衷于武力的提高，是一支相当强悍的步兵力量。

另一方面，朱元璋也很重视步兵的天然克星——骑兵。骑兵是蒙古军队横扫欧亚的主要作战力量，在冷兵器时代几乎是无敌的，而中国北方有大量的马场生产战马，蒙古军队在野战中便有了很大优势。然而，随着元朝的衰落以及在南方推广牧场的政策，元廷在南方建立了马场，南方战马也逐渐多了起来。朱元璋知道骑兵的作战价值，对能俘虏战马的士兵不吝赏赐，鼓励军队积极获取战马，在征战时也注重优先夺取有马场的地方，从而组建了一支规模不大但战力不凡的骑兵力量。

不过，南方的马场毕竟数量太少，朱元璋能得到的战马并不多，所以他很珍惜自己的骑兵，在将骑兵应用于战争时非常强调步骑的协同作战，除了胜券在握的战役外，明军骑兵必须配合步兵从侧翼发起进攻，而不是直接向敌军中央冲撞，这让他们不至于陷阵死战，又让他们能在战事僵持时扭转战局。同时，为了克制对方的骑兵，朱元璋训练了大量的长矛军，专门部署在作战的第一线，用以刺杀冲在最前面的敌军骑兵，掩护自己的骑兵力量。

除此之外，为了有效削弱敌军的骑兵力量，朱元璋非常重视火器的应用。早在朱元璋攻克和州时，义军中便出现了名为“火龙枪”的武器，这是一种类似于火铳的小型火器，其威力足以射杀高速冲来的骑兵。朱元璋发现，如果给军队配备足够多的火器，他们便能在敌军尚未近身肉搏时发起第一轮远程打击，对削弱骑兵力量极其有效，而且随着口径的增大，火器还能应用于攻城战和水战，是极好的破敌武器。因此，朱元璋积极研究火器的应用技术，建立了专门生产火器的作坊，使得当时的大明军团中有多达百分之十的火器部队，这是之前的朝代所不敢想象的。也正因为积极推广火器的应用，朱元璋领导的鄱阳湖水战才能以弱胜强，打垮了陈友谅的六十万大军，可见先进军事装备对明军的战力有着大幅提升。

明初的洪武军团是忠于大明皇帝的国家武装，不仅是一支所向披靡的作战力量，也是镇守地方的军事组织，它起源于元代军制，蜕变于翼军元帅府制，成形于兵农合一的卫所制。这支军团建立了以五军都督府为树干、地方都指挥使司为枝叶的组织体系，采用军屯田制度，极大地减轻了国家的负担。再加上朱元璋广招人才，任用有能力的降将降兵，如傅友德、朱亮祖等人，又积极接受新式技术，大量组建自己的火器部队，形成冷兵器与火器结合的新战术。

总的来说，大明初期的洪武军团是一支纪律严明、技术先进、组织有效的作战力量，他们在当时的战役里大放异彩，最终击败了曾威震欧亚的蒙古军队。

重建华夏秩序

从定鼎金陵到攻占大都，朱元璋仅用十二年时间便成就了帝业，实现了改朝换代的壮举。彼时天下英豪多不胜数，荆楚有雄霸长江的陈友谅，江浙有富甲一方的张士诚，河洛有忠于元廷的扩廓帖木儿，关陕有拥兵自重的李思齐、张良弼，巴蜀有割据一方的明玉珍，都是带甲十余万，割据一方，为何重建华夏秩序的是朱元璋集团？

任何一支军队，任何一个势力，一定是基于共同需要而凝聚在一起的。元朝末年天下纷乱，加之严重的洪涝等自然灾害，民不聊生，红巾军由此出现并快速壮大。人们之所以加入反抗元朝的队伍，最主要的原因是他们要吃饭，要活下去，只有打破旧有秩序才能生存，这是他们最基本的需求。靠着这个信念，元末红巾军初期的征战大放异彩，杀得元廷溃不成军，江北遍地烽烟。

然而，靠着求生信念聚集而成的义军，终究逃不过自己的局限性，不少队伍深陷抢钱、抢粮、抢地盘的泥潭而不能自拔，从而得罪了除底层农民以外的所有势力，这支队伍很快就在元军、地主武装的围剿下濒临崩溃，而明玉珍、陈友谅、朱元璋等人能在激烈的战争中发展壮大，无一不是抛弃了红巾军早期的劫掠式发展，转而设法团结各个阶层的势力。比如朱元璋招揽“浙东四贤”刘基、宋濂、叶琛、章溢，明玉珍拜元末进士刘桢为谋臣，这些都是拉拢士族的典型表现。团结更多阶层成为朱元璋、明玉珍等人能成就霸业的重要原因之一，而朱元璋能在各路群雄中异军突起，实现一统天下的伟业，一定是在争取各阶层支持上有自己的过人之处，或者说他有让人们追随他的理由。

而提到朱元璋争取各阶层势力的策略，就不得不提到大明王朝的北伐檄文，即《谕中原檄》。

“自古帝王临御天下，皆中国居内以制夷狄，夷狄居外以奉中国，未闻以夷狄居中国而制天下也。自宋祚倾移，元以北狄入主中国，四海以内，罔不臣服，此岂人力，实乃天授。彼时君明臣良，足以纲维天下，然达人志士，尚有冠履倒置之叹。自是以后，元之臣子，不遵祖训，废坏纲常，有如大德废长立幼，泰定以臣弑君，天历以弟酖兄，至于弟收兄妻，子烝父妾，上下相习，恬不为怪，其于父子君臣夫妇长幼之伦，渎乱甚矣。夫人君者，斯民之宗主；朝廷者，天下之根本；礼义者，御世之大防。其所为如彼，岂可为训于天下后世哉！及其后嗣沉荒，失君臣之道，又加以宰相专权，宪台报怨，有司毒虐，于是人心离叛，天下兵起，使我中国之民，死者肝脑涂地，生者骨肉不相保，虽因人事所致，实天厌其德而弃之之时也。古云‘胡虏无百年之运’，验之今日，信乎不谬！

“当此之时，天运循环，中原气盛，亿兆之中，当降生圣人，驱逐胡虏，恢复中华，立纲陈纪，救济斯民。今一纪于兹，未闻有治世安民者，徒使尔等战战兢兢，处于朝秦暮楚之地，诚可矜闵。方今河、洛、关、陕，虽有数雄，忘中国祖宗之姓，反就胡虏禽兽之名，以为美称，假元号以济私，恃有众以要君，凭陵跋扈，遥制朝权，此河洛之徒也；或众少力微，阻兵据险，贿诱名爵，志在养力，以俟衅隙，此关陕之人也。二者其始皆以捕妖人为名，乃得兵权。及妖人已灭，兵权已得，志骄气盈，无复尊主庇民之意，互相吞噬，反为生民之巨害，皆非华夏之主也。

“予本淮右布衣，因天下大乱，为众所推，率师渡江，居金陵形势之地，得长江天堑之险，今十有三年。西抵巴蜀，东连沧海，南控闽越，湖湘汉沔，两淮徐邳，皆入版图，奄及南方，尽为我有。民稍安，食稍足，兵稍精，控弦执矢，目视我中原之民，久无所主，深用疚心。予恭承天命，罔敢自安，方欲遣兵北逐胡虏，拯生民于涂炭，复汉官之威仪。虑民人未知，反为我雠，絜家北走，陷溺犹深，故先谕告：兵至，民人勿避。予号令严肃，无秋毫之犯，归我者永安于中华，背我者自窜于塞外。盖我中国之民，天必命我中国之人以安之，夷狄何得而治哉！予恐中土久污膻腥，生民扰扰，故率群雄奋力廓清，志在逐胡虏，除暴乱，使民皆得其所，雪中国之耻，尔民其体之！如蒙古、色目，虽非华夏族类，然同生天地之间，有能知礼义，愿为臣民者，与中夏之人抚养无异。故兹告谕，想宜知悉。”

事实上，要建立怎样的队伍，要干出怎样的事业，要实现怎样的志向，乱世中的朱元璋在不断的征伐中逐渐厘清了自己的思路，那就是打出“驱逐胡虏，恢复中华”的旗号——推翻元朝腐朽的统治是元末天下百姓共同的心声。

“华夷”这一概念很早便已出现，春秋时期的齐桓公便以“尊王攘夷”为口号成就了春秋首霸的伟业，到元末乱世时已然过去了近两千年，经过两晋南北朝的民族大融合及唐代开放的政治制度后，华夷之分已不像春秋时期那么泾渭分明，早已不再拘泥于血统和民族，而在于文化认同度。

北宋灭亡后，金朝能在中原站稳脚，靠的就是迅速接受华夏文化，而到元朝讨灭南宋时，广大底层人民对蒙古的到来并非毫无心理准备，他们之前已经有不少人投入了元廷阵营，甚至扮演了击溃南宋的主要角色，比如帮助忽必烈打赢阿里不哥的史天泽、焦山之战的董文炳、崖山海战中的元军总指挥张弘范，甚至连元世祖忽必烈身边的主要智囊几乎全是汉人。而蒙古人也开始接受并学习中原文化，比如指挥灭亡南宋的伯颜就是个“汉文通”，不仅能书写汉字，还能吟诗作对。

可是，到了元末时期，元朝在治国政策上昏着迭出，就连科举制度都形同虚设，汉人士族对元廷的抵触情绪越来越强烈，更不要说连活下去都困难的普通百姓。朱元璋身边如李善长、刘基等读书人通过不断地说教，逐渐让朱元璋有了重建华夏秩序的奋斗目标。

因此，朱元璋在《谕中原檄》中明确提出了“恢复中华”“复汉官之威仪”的概念，即要重振中华文化，恢复昔日的典章制度。而华、夷两者早已不能一分为二，朱元璋提出的“驱逐胡虏”口号，绝不等同于要把胡虏杀戮干净，也不等同于要把夷狄彻底赶走，因为民族大融合后的华夏与夷狄同属中华，二者已是一体，所以，檄文最后特别加上了一句：“如蒙古、色目，虽非华夏族类，然同生天地之间，有能知礼义，愿为臣民者，与中夏之人抚养无异。”这就是在告诉各族人民，只要愿意加入中华，接受中华文化，同样也是中华之民。这与韩愈在评价《春秋》时所说的“夷而进于中国则中国之”是一个道理。正是“帝王临御天下，皆中国居内以制夷狄，夷狄居外以奉中国”。

如此说来，大明王朝的奋斗目标即要重振华夏文化，恢复汉家威仪，重现天朝居中统御四方，各族百姓在外以奉中国的盛况。这就是大明立国时的最高旗帜，是他们能迅速赢得社会各阶层支持的原因，更是他们能取代元朝的前提条件和为之奋斗的终极目标。

显然，红巾军口中的“弥勒降生”和“重开大宋之天”都没有达到这样的高度，大明王朝虽脱胎于龙凤政权，但朱元璋坚决反对继承龙凤政权，并向世人表明自己不是“明教教主”，也不认同白莲教是合法组织，甚至称某些红巾军领袖为“妖人”。明王朝要代表的是包括广大士族百姓在内的整个中华。

《谕中原檄》对大明开国后的战争和政策起到了指引作用，所以在很长一段时间里，大明王朝始终保持对蒙古的追击态势，包括发动对云南、甘肃、辽东等地的战争，同时不断搜罗唐宋的典章制度，改革官制，复兴文化，这些都是为了重建华夏秩序，建立一个大明居中而宾服四方的新王朝。

目标很美好，但要落实却不得不结合实际。若说朱元璋建立的大明王朝彻底废除了元朝的典章制度是极不客观的。朱元璋虽然能一举荡平天下，却很难再完全重现汉唐气象，因为时代已然不同，文化的转变与遗失都很严重，而他所能做的只是在当前的环境下尽可能恢复旧时制度，同时吸收元朝实用的政治制度，将其改造成符合当时社会实际的新制度。

这些从元朝继承来的制度有很多，比如明中央政府对地方的管理体系就是在元朝行省制度的基础上进行的改良。元朝时期，基于领土过于庞大，中央在各地设置行中书省，授权行省丞相执掌地方民政、军务、司法大权，出现了如江浙、湖广等重要的行中书省。到大明开国后，朱元璋废除了地方行省，但没有完全消除行省的影响，而是在原有制度的基础上实行“三权分立”：将民政管理权交给了承宣布政使司，设布政使和左右参政等职；将军队管理权交给了都指挥使司，设都指挥使和同知等职；将刑事司法权交给了提刑按察使，设按察使等职。既继承了元朝管理地方的基本思路，又加强了中央权力，避免地方官员专政一方，威胁中央。

而对百姓的管理，大明王朝也参考了元朝的“户籍制度”，将全国人民划分为不同职业，世代相袭，不准随意变更，比如“民户”一辈子就只能种粮当农民，“匠户”世代都要当手艺人，而“军户”更是永远不能脱离军队卫所，如果绝嗣则从其家族中抽丁编入卫所。这种户籍限制远比汉唐时期苛刻，百姓的身份一旦固定下来，就意味着他们无法通过其他途径改变命运。更可怕的是，百姓的活动范围也被朝廷严格限制，没有朝廷允许就不得离开自己的户籍地，否则后果严重。这都是对元朝管理百姓的制度的继承。

至于中央，朱元璋基本继承了元朝的政治制度，如枢密院改为五军都督府，御史台改为都察院，换了个名字却不换职能。但朱元璋也做了一定程度的改革，最大的一项举措就是废除宰相，六部直属于皇帝，极大地加强了中央集权，防止朝中出现权臣。为了达到这一目的，胡惟庸、李善长、汪广洋等早期为相的人都没能逃过朱元璋的屠刀，被杀的文武官员多不胜数。可是废相后的皇帝政务太多，朱元璋疲于应对，不得不恢复了大学士制度，选拔无实权的文人做自己的秘书，辅助自己处理政务，这一举措在明永乐年间发展成为内阁制度。

同样，朱元璋在恢复华夏文化方面下了很大功夫。开科取士、兴建学校、推崇儒家、劝课农桑，以及兴文字、立典章、制律令、恢复传统礼仪，都是复兴华夏文化的表现，至于恢复到何种程度还需进一步研究，不过毋庸置疑的是，朱元璋的努力对恢复华夏文化起到了极为重要的作用，其贡献延及子孙后代直至今日，是值得肯定的。

总体来说，大明王朝站在了重振华夏文化的高度上，团结了各族百姓，被契丹、女真、蒙古统治多年的北方汉人也无不归心，这也是大明最终能扫平天下的原因。但立国后，大明却不得不沿袭大量元朝的传统，延续了很多胡汉相结合的制度。而大明要重建秩序就意味着要像汉唐一样宾服四方，得到周边各国的认同和朝拜，这免不了要恢复朝贡和对外征战，他们和北方蒙古势力的较量就不可能像辽宋、金宋时期那样轻易结束，战争还将继续，而且将扩展到更多的地方。

参考文献

1.（元）脱脱等．金史 [M]. 北京：中华书局，1975.

2.（元）脱脱等．宋史 [M]. 北京：中华书局，1977.

3.（明）宋濂．元史 [M]. 北京：中华书局，1976.

4.（清）柯劭忞，张京华，黄曙辉．新元史 [M]. 上海：上海古籍出版社，2017.

5.（清）毕沅．续资治通鉴 [M]. 北京：中华书局，1999.

6.（明）陈邦瞻．宋史纪事本末 [M]. 北京：中华书局，2018.

7.（清）谷应泰．明史纪事本末 [M]. 北京：中华书局，2015.

8.（清）夏燮．沈仲九 标点．明通鉴 [M]. 北京：中华书局，2013.

9.（明）陈邦瞻．元史纪事本末 [M]. 北京：中华书局，2015.

10.（清）张廷玉等．明史 [M]. 北京：中华书局，1974.

11.（元）苏天爵，姚景安．元朝名臣事略 [M]. 北京：中华书局，2019.

12.（元）苏天爵，张金铣．元文类 [M]. 安徽：安徽大学出版社，2020.

13. 台湾三军大学．中国历代战争史（第13册）：元 [M]. 北京：中信出版社，2013.

14. 台湾三军大学．中国历代战争史（第14册）：明 [M]. 北京：中信出版社，2013.

15. 中国人民革命军事博物馆．中国战争史地图集 [M]. 北京：星球地图出版社，2007.

16.[法] 勒内・格鲁塞，蓝琪．草原帝国 [M]. 北京：商务印书馆，1998.

17.[瑞典] 多桑 著，冯承钧．多桑蒙古史 [M]. 北京：商务印书馆，2013.

18. 拉施特，余大钧，周建奇．史集 [M]. 北京：商务印书馆，1983.

19. 班布尔汗．细读元朝一百六十年 [M]. 北京：华文出版社，2021.

20. 猴格．你一定爱读的中国战争史：元朝 [M]. 北京：民主与建设出版社，2022.

21. 周思成．隳三都：蒙古灭金围城史 [M]. 山西人民出版社，2021.

22. 李治安．元代分封制度研究 [M]. 北京：中华书局，2007.

23. 吴晗．明朝简史 [M]. 北京：中国华侨出版社，2019.

24. 吴晗．大明兴衰三百年 [M]. 北京：中国华侨出版社，2021.

25. 吴晗．朱元璋传 [M]. 北京：人民出版社，1985.

26. 李湖光．明朝的新技术战争 [M]. 北京：台海出版社，2017.

27. 梁方仲．中国历代户口、田地．田赋统计 [M]. 北京：中华书局，2008.

28. 李国祥，杨昶．明实录类纂：涉外史料卷 [M]. 武汉：武汉出版社，1991.

29. 李国祥，杨昶．明实录类纂：军事史料卷 [M]. 武汉：武汉出版社，1993.

30. 蔡传亮．战争事典024-黄金家族的血腥内斗 从蒙古帝国分裂到元帝国两都之战 [M]. 北京：台海出版社，2019.

31. 孛儿只斤・苏和，孛儿只斤・苏日娜，包・巴雅尔，牧人．蒙古历史一百名人 [M]. 内蒙古：内蒙古人民出版社，2017.
32. 班布日 . 雄踞欧亚：蒙古四大汗国 [M]. 内蒙古：内蒙古人民出版社，2015.
33. 周松 . 元末黄河中游地区的政治形势与军阀集团 [J]. 中国历史地理论丛第21卷第1期，2006年1月 .
34. 谭其骧 . 中国历史地图集 第七册：元 · 明时期 [M]. 北京：中国地图出版社，1996.
35. 熊剑平 . 古代谍战史话 [M]. 北京：社会科学文献出版社，2015.
36. 陈秋速 . 蒙元时期回汉法冲突初探 [J].
37. 张弛，王福革 . 元代汉人世侯问题研究 [J]. 青春岁月，2017年11月上 .
38. 董云飞 . 蒙元前期汉军万户研究 [D]. 西北师范大学硕士学位论文，2013年5月 .
39. 路阳 . 蒙元时期汉人世侯群体和北方儒士关系探讨 [D]. 郑州大学硕士学位论文，2006年5月 .
40. 谢永梅 . 五投下军及五投下探马赤军统领权的演变 [D]. 内蒙古师范大学学报，2008年1月 .
41. 赵文坦 . 汉人世侯与蒙元关系的演变－以世侯征伐镇戍为中心 [J]. 文史哲·2010年第2期,2010年2月 .
42. 黄阿明 . 明建国前朱元璋集团的军事领导机构及其演变 [J]. 史林，2010.
43. 元史研究会 . 元史论丛 第一辑 [M]. 北京：中华书局，1982.
44. 符海朝 . 元代汉人世侯群体研究 [M]. 保定：河北大学出版社，2007.
45. 李涵 . 宋辽金元史论 [M]. 成都：四川人民出版社，2022.
46.[法] 勒内 · 格鲁塞，吕维斌 . 活着就为征服世界：蒙古帝国史 [M]. 北京：光明日报出版社，2015.
47. (元) 佚名，汪圣铎 . 宋史全文 [M]. 北京：中华书局，2016.
48. 陈雨露 . 中国是部金融史 2：天下之财 [M]. 北京：九州出版社，2014.
49. 李天鸣 . 宋元战史 [M]. 台北：食货出版社，1996.
50. 刘晓 . 元代镇戍军府名称构成初探—以江南镇戍军为中心 [J]. 史学月刊，2024年第8期 .